La France au XIXe siècle
1814-1914

Dominique Barjot
Jean-Pierre Chaline
André Encrevé

La France au XIXe siècle
1814-1914

QUADRIGE / PUF

ISBN 2 13 054894 6

Dépôt légal – 1re édition : 1995
1re édition « Quadrige », 2005, juillet
2e tirage : 2006, septembre

Premier Cycle
6, avenue Reille, 75014 Paris

Sommaire

SECONDE PARTIE
1848-1914

Introduction

Pour caractériser l'évolution de la France entre 1815 et 1914, les formules ne manquent pas. Suggérons, par exemple : « De Waterloo à Sarajevo », « De la monarchie chrétienne à la république laïque » ou, dans un autre registre, « De la Grande odalisque aux Demoiselles d'Avignon ». Formules discutables, sans doute, mais qui ont l'intérêt d'attirer l'attention sur la diversité des approches possibles de la vie d'une nation et sur les transformations que la France a connues en un siècle.

Pour traiter cette période, marquée par de profondes pérennités en même temps que par d'évidentes évolutions (ou révolutions), plusieurs découpages chronologiques seraient imaginables, mettant en évidence des charnières tout autres que les dates, trop exclusivement retenues, des changements de régime politiques. Les années quarante ou soixante ou encore l'aube du XXe siècle seraient sur certains plans sans doute aussi pertinentes que 1830 ou même 1848. Conservant cependant ici, pour ne pas dérouter le lecteur, des coupures classiques et distinguant seulement, en deux grandes parties, une France « romantique » encore empreinte d'archaïsmes et dominée par ses notables, d'une France s'ouvrant progressivement, dans la seconde moitié du siècle, à la démocratie et à la modernité, on entend bien rappeler qu'un tel découpage n'a rien d'absolu. L'innovation, en maint domaine, n'est en effet nullement absente dans la première partie du siècle — songeons aux anticipations d'une pensée « utopiste » aussi bien qu'à l'irruption des techniques industrielles — tandis que la seconde révèle encore bien des immobilismes, qu'il s'agisse de techniques agricoles ou de tels comportements sociaux ou religieux. A l'évidence, chacun de ces aspects successivement envisagés dans le cadre des deux grandes parties de l'étude relève plus précisément d'une périodisation particulière. Sur le plan culturel par exemple, le romantisme, plus lent à s'imposer qu'on ne l'imagine, vu l'enracinement en France de la tradition classique, marquera les esprits plus durablement que l'apparition de courants rivaux le laisserait croire, ne serait-ce qu'en raison de la longévité et de la gloire immense d'un Victor Hugo.

La démographie française présente des traits qui la distinguent de nombre de ses voisins. En 1815 la France se présente comme un pays peuplé (environ 29,5 millions d'habitants), le plus peuplé d'Europe après la Russie (47 millions). En 1914, bien que sa population avoisine les 40 millions, elle est distancée aussi par l'Allemagne, l'Autriche-Hongrie et le Royaume-Uni, qui ont vu leur population s'accroître beaucoup plus vite. Les spécialistes hésitent sur les raisons qui permettent d'expliquer cette évolution ; mais ils s'accordent sur la description du phénomène. Car l'évolution n'est pas linéaire : jusqu'en 1846-1851 la France continue à connaître une croissance démographique soutenue, assez proche de celle qui était la sienne durant la seconde moitié du XVIIIe siècle. De ce fait, au milieu du XIXe siècle la campagne française, où vit encore 75 % de la population, supporte la plus forte pression démographique de son histoire (par endroits la situation est proche du surpeuplement). Ce qui ne saurait rester sans conséquences sociales et politiques (chacun sait que Napoléon III est « l'empereur des paysans », et il est vrai que sa politique de désenclavement des campagnes, par création d'un réseau de voies de communication locales, a aussi pour but de contribuer à résoudre cette crise de la société rurale). Mais la tendance ne se poursuit pas et, après la crise de 1846-1851, la démographie prend un autre visage. De 1851 à 1872 la croissance se ralentit ; ensuite, l'accroissement naturel diminue fortement. Au début de XXe siècle il est presque nul, en raison de la baisse de la fécondité, dont les effets sont à peine compensés par la diminution de la mortalité. Par suite, la France présente un aspect assez original en Europe d'autant que la population rurale y est encore très importante (56 % en 1911), beaucoup plus que chez ses voisins. Et, puisque le suffrage universel a été adopté en 1848, nul régime politique ne peut espérer se maintenir s'il ne possède pas l'appui des campagnes ; ce que Gambetta et ses amis républicains ont bien compris, et qui donne son caractère si particulier à la IIIe République.

Dans le domaine économique, la France connaît deux grandes périodes. Dès 1815, il est vrai, elle s'engage sur la voie de la modernisation ; mais le « modèle » français de développement possède ses caractères propres. Durant la première moitié du siècle, il est patent que la croissance économique est soutenue : dès les années 1815 à 1840 le produit national par tête augmente de 1 % par an, ce qui est loin d'être négligeable (en Grande-Bretagne, qui fait alors figure de leader, le taux de croissance est de 1,4 % par an) ; et, durant la période 1840-1860, première grande phase d'industrialisation, le rythme s'accélère pour atteindre environ 2 % par an. Il est clair, cependant, que si, durant la première moitié du XIXe siècle, les performances industrielles de la

France sont comparables à celle de l'Angleterre, le retard pris à la fin du XVIII*e siècle ne se comble pas totalement, malgré l'expansion des années 1840-1860, d'où le recours au protectionnisme, jusqu'au traité de commerce avec l'Angleterre imposé à la grande majorité du patronat par Napoléon III en 1860. Par ailleurs, la croissance économique française est moins régulière et les crises économiques sont fréquentes. Quant à l'agriculture, encore si importante (44 % du revenu national en 1847), elle connaît une modernisation tardive et inégale, même s'il est certain que, durant la première moitié du* XIX*e siècle, la croissance de la production agricole est plus forte que celle de la population.*

La seconde période, que la plupart des auteurs font débuter en 1860, offre un visage différent. La croissance économique y est plutôt modérée ; car la deuxième grande phase d'industrialisation française ne commence que dans les années 1890, et elle ne s'accélère réellement qu'après 1905. La dépression du dernier tiers du XIX*e siècle est donc incontestable ; tout comme la crise structurelle que connaît alors l'agriculture, et qui pèse sur les performances de l'économie française. Sans naturellement s'interrompre, la croissance économique est donc modérée, avec des fluctuations marquées. Par ailleurs, après 1905, la reprise est incontestable ; mais, moins de dix ans plus tard, la guerre vient interrompre un processus prometteur. Il reste que tout le* XIX*e siècle français est marqué par la croissance économique, et que l'analyse des phases de cette croissance révèle une certaine autonomie du politique par rapport à l'économique.*

En ce qui concerne la vie politique, le XIX*e siècle se caractérise d'abord par une forte instabilité institutionnelle. Deux monarchies, deux républiques et un Empire se succèdent, agrémentés de cinq années incertaines entre 1871 et 1875, ce qui est un record parmi les grandes nations européennes et exprime ce qu'on pourrait appeler un « déficit de légitimité ». Pourquoi, en effet, les Français éprouvent-ils le besoin de changer si souvent de régime ? Et pourquoi les régimes successifs se défendent-ils si peu, jusqu'en 1871, quand ils sont attaqués ? Sinon parce que, comme l'écrit Jean-Jacques Rousseau dans* Le Contrat social *: « Le plus fort n'est jamais assez fort pour être toujours le maître, s'il ne transforme sa force en droit et l'obéissance en devoir. »*[1] *Si donc jusqu'en 1875 les gouvernements qui se succèdent en France se révèlent incapables de se faire obéir plus d'une quinzaine d'années c'est bien parce qu'en France, et même au sein de la classe dirigeante, l'accord ne règne pas sur la forme constitutionnelle qui a le* droit, *en quelque sorte métaphysique, de réclamer l'obéissance. Ce qui renvoie, naturellement, à l'expérience exceptionnelle que constitue la Révolution française.*

1. *Du Contrat social,* liv. 1, chap. 3 : « Du droit du plus fort », Paris, Editions Garnier-Flammarion, 1966, p. 44.

Entre 1789 et 1799, en effet, les Français font diverses expérimentations politiques et sociales, mais en même temps, indirectement il est vrai, ils élaborent quelques principes fondamentaux d'organisation sociale qui, une fois passés les orages de la Terreur, parviennent à s'exprimer, en partie tout au moins, sous le Directoire. Ce qui revient aussi, d'une certaine façon, à appliquer les Principes de 1789, et le libéralisme qui leur sert de base : liberté individuelle, égalité de droits entre les hommes, propriété considérée comme rempart de la liberté[1]*, liberté des cultes, placés sous le régime d'une séparation* des *Eglises et de l'Etat. Sous le Directoire, en effet, à l'instar de ce qui se passe à la même époque aux Etats-Unis, l'Eglise catholique est libre de célébrer son culte*[2]*, et les Eglises protestantes le sont aussi, tout comme les communautés juives, mais l'Etat ne reconnaît ni ne salarie aucun culte. De ce fait, la* religion *peut être honorée publiquement, mais aucune* Eglise *ne possède le droit de tenter de régenter la vie sociale et politique. Ce qui revient à dire qu'on reconnaît aux ministres des différents cultes le droit de régenter le domaine dogmatique et spirituel ; mais qu'on leur dénie celui de diriger la vie politique et sociale. Mais, par ailleurs, cela ne résout pas le problème de la souveraineté, et donc de la légitimité du pouvoir. Dès lors que l'on abandonne la notion de souveraineté d'un roi de droit divin, il est, en effet, difficile d'imaginer une autre souveraineté que celle du peuple, qui s'exercerait par l'intermédiaire d'élections. Mais elle ne garantit pas l'exercice de la liberté, comme le montre l'exemple de la Terreur.*

En tout état de cause, même s'il fait des expériences intéressantes, que l'on retrouvera plus tard, le Directoire reste un régime instable, non assuré de sa propre légitimité (il n'est pas fondé sur le suffrage universel), incapable de faire la paix avec le reste de l'Europe, et qui, par ailleurs, n'applique pas totalement ses principes ; il disparaît donc assez vite. Et Napoléon Iᵉʳ (qui fonde tout de même son pouvoir sur le plébiscite, et donc, en théorie, sur le suffrage populaire) s'engage dans une autre voie pour tenter de terminer la Révolution, ambition de pratiquement tous les régimes politiques français du XIXᵉ siècle. Il reste que les deux problèmes fondamentaux que nous venons d'évoquer — le libre exercice des droits de l'homme et la place à accorder aux Eglises (surtout l'Eglise catholique) dans la vie politique et sociale — vont continuer à se poser tout au long du XIXᵉ siècle.

Tout cela ne suffit pourtant pas à expliquer l'instabilité. Si, en effet, la

1. L'article 2 de la Déclaration des droits de l'Homme précise que les « droits naturels et imprescriptibles de l'homme » sont : « la liberté, la propriété, la sûreté et la résistance à l'oppression ».

2. A cette époque, il arrive que l'église du village soit utilisée par plusieurs cultes (catholique, révolutionnaire, protestant aussi, parfois).

classe dirigeante avait été suffisamment unie, en ce qui concerne le type de régime politique possédant légitimement le droit de réclamer l'obéissance à ses lois (ce qui renvoie au problème des élections, et donc du droit de vote) la France aurait pu connaître une période de stabilité institutionnelle, agrémentée d'une série de réformes législatives, comme la Grande-Bretagne à la même époque. Mais tel n'est pas le cas. Une partie de la classe dirigeante estime que l'exercice des droits de l'Homme, tels qu'ils ont été définis en 1789, et la relégation de l'Eglise catholique au simple rang d'une Eglise parmi d'autres Eglises, ayant le droit de se faire obéir seulement dans le domaine spirituel, le libéralisme en un mot, sont inacceptables, contraires aux enseignements de l'Eglise romaine et aux véritables besoins des hommes et de la société. Tandis qu'une autre fraction de la classe dirigeante (qui comprend, comme la première, des aristocrates et des bourgeois car le problème est d'ordre idéologique et que l'idéologie transcende les appartenances sociales) souhaite l'application du libéralisme dans les domaines politique, économique, social et religieux. De cette fracture à l'intérieur de la classe dirigeante naît, pour une part tout au moins, l' « instabilité française » tant que le pouvoir se révèle incapable d'expliciter une légitimité qui emporte une très large adhésion.

En 1848 l'adoption du suffrage universel règle, partiellement, le problème de la légitimité. Et, en droit tout au moins, depuis lors aucun régime politique (pas même le régime de Vichy), n'a osé le supprimer. Mais, durant la IIe République, la fraction conservatrice de la classe dirigeante ne l'accepte pas véritablement, si bien que, servi par les circonstances, Louis-Napoléon Bonaparte tente de le confisquer à son profit. Sans parvenir à stabiliser la vie politique, car son régime qui mêle légitimité monarchique (hérédité) et légitimité populaire (plébiscite) ne satisfait véritablement aucun des deux camps. Au fond, ce n'est qu'à partir de 1876 que le peuple français est en mesure de s'exprimer librement. Ce qui tranche la question ; car la grande majorité des Français révèle à cette occasion son adhésion aux principes fondamentaux du libéralisme politique et social. En effet, les républicains anticléricaux — ils retrouvent, pour une part tout au moins, des principes sur lesquels le Directoire était fondé — gagnent toutes les élections législatives entre 1876 et 1914, ce qui leur permet d'établir un régime stable, qui met en application les Principes de 1789.

D'un domaine à l'autre, les rythmes d'évolution diffèrent donc sensiblement. Aux vagues précipitées de la vie politique s'oppose la longue houle des cycles économiques ou, plus encore, le calme que suggère la pérennité des structures juridiques comme les principes du Code civil, immuables en dépit des changements de régime. Mais le même contraste, en fait, se retrouve sur chaque plan, l'économie connaissant à la fois l'incertitude des crises périodiques et l'imperturbable stabilité du franc « germinal », tandis que la politique elle-même transcende ses péripéties par la permanence étonnante de sensibilités (qu'elles soient de droite ou de gauche) régionalement enracinées. Autant de réalités qu'il convient de garder présentes à l'esprit, nuançant une opposition trop dichotomique entre les deux parties distinguées dans le siècle.

Pris dans son ensemble et, par-delà la stricte histoire hexagonale où l'on s'enferme trop souvent, dans une perspective comparative avec le reste de l'Europe, ce XIXe siècle français offre des traits originaux, qu'il nous faut nettement souligner. Entre une défaite en 1815 confirmant la ruine de ses rêves hégémoniques et l'entrée dans une guerre mondiale où elle obtiendra — chèrement — la victoire, la France traverse en fait un des siècles les moins belliqueux de sa longue histoire. Hors des conflits, d'ailleurs localisés, où croit pouvoir s'aventurer le Second Empire, on ne peut guère citer que des conquêtes coloniales ou des démonstrations militaires. Une paix due sans doute, après trois lustres ou presque de bruit et de fureur, au réalisme du Congrès de Vienne, puis, après Sedan, à la diplomatie bismarckienne : paix souvent mal perçue par une France deux fois vaincue ressassant son humiliation et rêvant de revanche, mais qui permet au moins de se consacrer aux activités productrices pour le plus grand profit de la richesse publique.

Socialement, un pays jusqu'au bout très majoritairement rural, ignorant hors l'exception parisienne l'intense urbanisation qui après la Grande-Bretagne affecte l'Allemagne, tout comme, sauf en de rares foyers, la vraie révolution industrielle qu'ont pu connaître ces pays. Une France de petits exploitants ruraux, exemple rare, même si l'image oublie grands propriétaires et journaliers, de « démocratie paysanne » ; une France artisanale beaucoup plus que « prolétarienne » ; une France « bourgeoise » largement rentière, capable de payer sur-le-champ ses dettes de guerre et de prêter ses capitaux à l'univers entier. « Faites des épargnes plutôt que des enfants », lui recommandait Jean-Baptiste Say : la leçon a été trop bien entendue et dans l'Europe prolifique d'alors, la France se distingue par un malthusianisme croissant, qui mine sournoisement sa vieille prépondérance démographique.

Ce comportement exceptionnel a-t-il un rapport, comme le pensaient certains contemporains, avec cette autre originalité française qu'on découvre au niveau politique ? Patrie de la Révolution, et toujours « révolutionnaire », elle suscite admirations et craintes. Et si celles-ci s'avèrent bientôt sans objet, la question du régime n'étant plus qu'un débat intérieur, il faut attendre la IIIe République pour qu'un relatif consensus s'établisse au sein de l'opinion. Pourtant, ne l'oublions pas, la singularité française se maintient : c'est la seule grande république au sein d'un continent sujet de têtes couronnées. Et, séquelle de la Révolution, une faille profonde scinde la nation, opposant de façon durable la droite à la gauche : modèle politique appelé à faire des émules, dont on trouve ailleurs des équivalents, mais rarement avec l'élément viscéral, passionnel ajouté ici par les souvenirs de guerre civile.

Originale donc à maints égards, mais à certains points de vue en perte de vitesse, cette France du XIX*e* *siècle n'en garde pas moins une place éminente en Europe : puissance économique majeure, derrière la Grande-Bretagne, même si l'Allemagne finit par la dépasser largement, grande puissance militaire (elle saura le montrer en 1914), c'est peut-être avant tout par son rayonnement culturel qu'elle s'impose, jusqu'à la fin du siècle, à l'attention du monde.*

Le but de cet ouvrage est d'offrir un manuel aux étudiants débutants. Son plan demeure donc classique dans son découpage, et son contenu essentiellement factuel : l'objet étant moins ici de développer des problématiques de pointe ou d'ouvrir tel débat historiographique, que de présenter les connaissances de base et, dans les domaines controversés, les conclusions qui paraissent acquises. L'orientation bibliographique se limite aux ouvrages les plus accessibles et souligne, de ce fait, cet objectif essentiellement pédagogique : proposer un manuel d'initiation à une époque devenue peu à peu très lointaine à nos contemporains, à une France presque aussi étrangère aux générations qui viennent de franchir le cap de l'an 2000 que pouvait l'être la France d'Ancien Régime aux hommes de la Belle Epoque.

PREMIÈRE PARTIE
1815-1848

I – La France en 1815

Au sortir d'un quart de siècle marqué en tous domaines par de spectaculaires bouleversements, par des déchirements intérieurs inexpiables, par des guerres incessantes et, pour finir, par une double invasion étrangère, la nécessité s'impose de faire le point sur ce qui subsiste et sur ce qui a irrémédiablement changé. Quel visage offre donc la France en 1815 ? Quel tableau peut-on dresser de son économie, de ses structures sociales, de ses institutions politiques ou religieuses ?

La date proposée pour cet indispensable bilan soulève en fait un double problème : celui de la rupture révolutionnaire, avec ses limites (qu'on songe par exemple à l'interprétation d'un Tocqueville, soulignant non sans raisons les continuités, avant comme après 1789, dans l'évolution à long terme du système politique et administratif français), et celui de la vraie nature du régime napoléonien : dans quel sens peut-on dire que celui-ci « achève » la Révolution ? Nul doute qu'aux yeux des fidèles du roi restauré, « Buonaparte » n'ait été avant tout l'héritier sinon le continuateur du jacobinisme ; un point de vue rejoint, d'ailleurs, par beaucoup d'éléments populaires mais pour tenir gré, cette fois, au héros victorieux d'avoir consacré les acquis de 1789. N'est-il pas cependant tout aussi plausible de voir plutôt dans le Premier Consul puis Empereur l'homme qui a su clore le temps des troubles et jeter les bases durables d'un nouvel ordre assez largement admis pour survivre aux changements successifs de régime politique ?

De tout ce qui s'est fait, ou défait, durant ces vingt-cinq années qu'ont duré la Révolution et l'époque napoléonienne, qu'est-ce qui reste en définitive comme héritage, comme expérience, ou encore comme objet de nostalgie pour ceux qui vont devoir prendre la relève ? En bref, sur quelles bases s'organisera la vie du pays au seuil du long siècle qu'il nous revient d'étudier ?

Après la défaite

Avant toute autre considération, et dût certaine fierté nationale en souffrir, force est de souligner d'emblée cette réalité qu'une occultation peut-être inconsciente, dans notre mémoire collective, sous les drapeaux de l'épopée ne saurait empêcher d'être durement présente : en 1815, la France est un pays vaincu ; deux fois vaincu. Le territoire occupé par l'ennemi, des puissances étrangères décidant de la dévolution du pouvoir, pour trouver semblable avanie, il faut remonter loin dans notre histoire : au temps de la Ligue ou pis encore de la guerre de Cent ans... Succédant brutalement aux gloires impériales et à l'habitude si facilement prise des bulletins de victoire expédiés de Berlin, de Vienne ou de Moscou, une telle humiliation avait de quoi paraître insupportable et nul doute qu'à côté de certaines maladresses des Bourbons ou des inquiétudes suscitées par l'arrogance des émigrés enfin de retour, elle n'ait eu sa part dans le violent retour de flamme des Cent-Jours. Mais quel que soit le mythe qui entoure cette fulgurante épopée jusque dans son finale certes plus grandiose que les arrangements médiocres de 1814, Napoléon dès lors entrant vivant dans la légende, peut-on en négliger le coût ?

L'année précédente, en effet, à l'issue d'une campagne de France assez magistralement menée pour laisser l'illusion d'un empereur invaincu, victime de la trahison de ses proches, l'habileté d'un Talleyrand jouant des divergences entre les Alliés avait pu développer la fiction d'une France restée, dans le fond, royaliste et appelant massivement de ses vœux les Bourbons. Une France, en quelque sorte, libérée de son despote par l'intervention des coalisés ; une France retrouvant du même coup sa place légitime parmi les monarchies européennes, sans donc que ses vainqueurs puissent abuser de leur succès. De fait, au traité de Paris du 30 mai 1814, les Alliés s'étaient contentés de la ramener à peu près aux limites qui étaient les siennes au début de 1792, autre façon de « renouer la chaîne des temps », comme dit le Préambule de la Charte, en mettant entre parenthèses ses débordements ultérieurs. Elle perdait ainsi, avec la Belgique et la rive gauche du Rhin, ces fameuses « frontières naturelles » qu'on lui avait reconnues au terme des guerres de la Révolution. Au moins conservait-elle, outre d'anciennes annexions non remises en cause (Avignon, le Comtat, Montbéliard...), certains territoires avancés stratégiquement précieux : l'ouest de la Savoie, et diverses places fortes (Philippeville, Marienbourg, Bouillon, Sarrelouis, Landau...) couvrant utilement sa frontière du Nord-Est. Nulle contribution de guerre n'était exigée, et aussitôt les troupes alliées allaient quitter une France apte, semblait-il, à réintégrer le concert normal des puissances.

Il en va tout autrement après l'équipée des Cent-Jours et sa liquidation brutale, le 18 juin, dans le furieux combat de Waterloo. Quel que soit l'héroïsme alors déployé en ce qui deviendra pour l'imaginaire national — Victor Hugo aidant — la plus glorieuse défaite de notre histoire, le désastre est sans appel et c'est en ennemis déclarés, cette fois, que les Alliés envahissent de nouveau une France décidément incorrigible dont ils entendent bien prévenir de nouveaux soubresauts. Un second traité de Paris (2 octobre 1815), en lui enlevant ces quelques cantons savoyards, belges ou allemands qu'on lui avait précédemment laissés, affaiblit sciemment ses capacités défensives face aux Etats-gendarmes postés à ses frontières : le Piémont-Sardaigne, le royaume des Pays-Bas et surtout la Prusse, projetée à l'ouest par l'acquisition de la Rhénanie. Une géopolitique nouvelle, et des plus inquiétantes. Malgré bien des efforts pour y remédier, on en mesurera encore les inconvénients en 1870, sinon en 1940... Dans l'immédiat, 1 200 000 soldats des diverses armées alliées occupent le territoire au nord ou à l'est des vallées de la Loire et de l'Allier, se livrant souvent sans retenue aux violences et pillages. Réduite, à partir de novembre 1815, aux départements frontaliers du Nord et du Nord-Est, cette occupation s'y prolongera trois années, signe du peu de confiance en une France confirmée comme trouble-fête de l'Europe, et gage de paiement d'une lourde indemnité de guerre fixée à 700 millions de francs.

Ainsi ramenée à quelque 528 000 km^2 (des 130 départements du Grand Empire, on retombe à 86) et guère plus de 29 millions d'habitants, cette France vaincue et sous surveillance n'est cependant pas écrasée. Par sa superficie comme sa population, elle demeure un des tout premiers pays d'Europe, les vainqueurs ayant su résister (ceux de 1918 n'auront pas cette sagesse...) aux velléités de démembrement dictées par l'idéologie ou l'esprit de vengeance. Avant tout soucieux d'équilibre continental, leur réalisme les dissuade de trop affaiblir la France : une fois brisé son rêve hégémonique, place lui reste donc offerte, si elle sait être sage, dans le nouveau concert des puissances. Cela suppose que, renonçant aux aventures guerrières, elle cherche en elle-même les éléments de sa prospérité et, tout d'abord, d'une stabilité qui, depuis 1789, lui a par trop manqué.

Dans le domaine économique, quel bilan ?

En 1815, après Waterloo, la France, très affaiblie, est donc occupée par les armées étrangères. Outre les inévitables pillages, de la part des Prussiens surtout, ces armées requièrent des frais considérables, à la charge de l'Etat français : 50 millions de francs pour la nourriture, 144 pour l'habillement et l'équipement. Certes, ces sommes ne sont que partiellement acquittées, mais le second traité de Paris prévoit une indemnité de guerre de 700 millions, à verser en cinq ans, durant lesquels un corps d'occupation de 150 000 hommes se maintiendra sur le sol français, aux frais de la nation occupée. Le traité prive également la France de la Sarre et de la Savoie, soit pas moins de 300 000 habitants. Ramenée dans ses frontières de 1792, elle a subi une lourde ponction démographique : environ 1,4 million de morts dus aux guerres de la Révolution et de l'Empire. Il s'ensuit un déséquilibre des sexes et un nombre accru de célibataires. *A contrario,* le pays compte un nombre appréciable d'étrangers — 200 à 300 000 —, dont de nombreux partisans de la Révolution française (*Afrancesados* espagnols par exemple). De plus, la France demeure, par sa population, la seconde puissance d'Europe après la Russie :

Tableau 1. — Population des principaux pays d'Europe en 1815 (en millions d'habitants)

1 / Russie : 46,8	5 / Autriche : 24,5
2 / France : 29,4 (1)	6 / Grande-Bretagne : 14,5 (3)
3 / Etats allemands : 25,5 (2)	7 / Espagne : 10,6 (4)
4 / Etats italiens : 25	

(1) Territoire du Congrès de Vienne.
(2) Frontières de 1869.
(3) Sans l'Irlande (avec l'Irlande, le Royaume-Uni compte 19 millions d'habitants).
(4) En 1800.

Sources : A. Armengaud, *La population française au XIXe siècle*, 1971 ; A. Broder, *L'économie française au XIXe siècle*, 1993.

Les guerres de la Révolution et de l'Empire ont renforcé, au sein des élites françaises éclairées, le sentiment d'un grave retard technologique et économique sur l'Angleterre. Se pose ainsi la question, toujours ouverte aujourd'hui, de savoir si les événements de la période 1789-1815 ont accentué ou non ce retard. A ce point de vue, l'on peut tenir pour certaines trois réalités : durant le XVIIIe siècle, l'économie française s'est déjà engagée dans la voie de la croissance ; la Révolution et l'Empire se sont accompagnés de mutations structurelles importantes ; ils ont eu un effet de freinage peu contestable sur le développement économique du pays.

Au XVIIIe, la France réalise d'incontestables progrès économiques. Leur ampleur reste l'objet de discussion. Certains auteurs, comme Ernest Labrousse, insistent sur le fait que l'expansion économique du XVIIIe siècle fut une croissance sans répartition, marquée par une aggravation des inégalités de revenus : pour eux, la Révolution française est une « révolution de la misère ». D'autres soutiennent, à l'instar de Jean Marczewski, que le pays s'était engagé, à partir de la seconde moitié du siècle, dans la voie du décollage, ce dernier interrompu par les événements révolutionnaires. Il est certain cependant que la France a connu, pendant une grande partie du XVIIIe, une croissance démographique, agricole et industrielle parallèle à celle de la Grande-Bretagne (François Crouzet). Cette même France fait figure de grand pays industriel — plutôt qu'industrialisé. Si, en 1789, elle produit moins de charbon, de métaux non ferreux, de navires et de cotonnades que la Grande-Bretagne, elle fournit en revanche plus de lainages, de soieries et de fer. A cette date, par la valeur de sa production industrielle totale, elle l'emporte, tandis que c'est la Grande-Bretagne si l'on considère la production industrielle par tête. Le dynamisme de l'économie française se lit surtout au travers d'une croissance si rapide de son commerce extérieur que, malgré son niveau très déprimé par rapport à celui de l'Angleterre en 1714, elle a rejoint le niveau de celle-ci dès le début des années 1780.

Mais la performance française doit être ramenée à sa juste dimension. En effet, comme le souligne Pierre Léon, « la diffusion des techniques nouvelles » dans l'industrie « est », au XVIIIe, « lente, tardive, inégale ». Durant ce même siècle, la croissance française « se fonde sur une énorme accumulation de travail humain » (François Caron), le pays ne connaissant alors, à la différence de la Grande-Bretagne, ni sous-emploi généralisé dans les campagnes, ni exode massif vers les centres industriels. De plus, les progrès de l'agriculture sont, dans la France du XVIIIe, assez limités, justifiant le jugement d'E. Labrousse : « La révolution agricole n'est pas faite, la jachère subsiste, le faible rendement persiste ». En revanche, l'introduction du maïs en Aquitaine, du sarrasin en Bretagne, de la pomme de terre accroît la productivité du travail et la capacité de résister aux famines, tout en préparant l'agriculture à recevoir des innovations techniques plus profondes. Moins spectaculaires qu'on ne l'a dit, ces progrès, joints à la conjoncture haute des prix, ont permis à la production agricole de s'accroître au moins aussi vite que la population.

Toutefois, à la veille de la Révolution française, l'économie française demeure fragile. Elle l'est d'abord en raison de sa vulnérabilité extérieure. Les guerres — celle de l'Indépendance américaine par exemple — ont eu des conséquences beaucoup plus lourdes pour la France que pour la Grande-Bretagne ; de plus, le traité de commerce franco-britannique de 1786 s'est traduit par un déséquilibre croissant pour les produits manufacturés industriels, l'industrie cotonnière se trouvant la plus touchée. Autre signe de cette fragilité : la crise industrielle et agricole de la fin de l'Ancien Régime. Il s'agit en fait d'un ensemble complexe de crises. Leur origine se trouve dans l'agriculture : à une classique crise des subsistances, résultant d'une insuffisance de la production des céréales, viennent se superposer plusieurs crises sectorielles (crise fourragère de 1785-1786, crise de la soie en 1787, crise viticole de 1789). Le cheminement de chacune de ces crises s'effectue au travers d'une série de mécanismes amplificateurs : la hausse du prix du pain accroît considérablement la part de ce dernier dans le budget des travailleurs, d'où la réduction corrélative des dépenses d'habillement et la crise de l'industrie textile ; quant à la hausse du prix des matières premières, elle entraîne une poussée du chômage industriel, comme à la suite du traité de commerce franco-britannique de 1786. Essentiellement agricole à ses origines, la crise est déjà industrielle et urbaine quant à ses principales manifestations.

L'impact de la Révolution et l'Empire fait, on l'a dit, l'objet d'un débat entre historiens. Certains y voient avant tout une mutation structurelle décisive, à l'instar du juriste Georges Ripert, pour qui la destruction du féodalisme marque le début de la croissance économique moderne. D'autres, tels F. Crouzet ou Maurice Lévy-Leboyer, insistent sur la désorganisation complète de l'économie ayant résulté d'une longue série de guerres. En fait, le premier point de ne peut être totalement écarté. A cet égard, l'œuvre agraire de la Révolution apparaît ambiguë. Cherchant à canaliser la révolution paysanne, l'Assemblée constituante décide l'abolition ou le rachat des droits féodaux. Poursuivant dans la même voie, la Révolution jacobine proclame l'abolition sans indemnité de l'ensemble de ces biens féodaux. Le transfert de propriété ne porte cependant que sur les biens nationaux, c'est-à-dire les biens d'Eglise attribués à la Nation au moment de la Constitution civile du clergé ainsi que sur les biens des émigrés confisqués après leur départ hors de France : il profite surtout, semble-t-il, à la bourgeoisie urbaine. Si l'on y ajoute le faible impact de la Révolution sur les systèmes de culture, l'on conclut aisément que son œuvre est assez conservatrice. La principale conséquence de la Révolution et de l'Empire a sans doute été la consolidation, pour un siècle et demi, d'un régime de petite exploitation et de petite propriété.

La Révolution et l'Empire voient aussi l'affirmation de la liberté de l'industrie et du commerce, proclamée par la loi du 17 mars 1791. Dominante, l'idéologie libérale débouche sur la suppression des corporations (décret d'Allarde de 1791) et l'interdiction de toute association de salariés ou d'employeurs (loi Le Chapelier de 1791). Poursuivant dans la même ligne, mais dans une perspective plus autoritaire et dirigiste, le Consulat et l'Empire accroissent l'inégalité des rapports sociaux, par l'entremise du livret ouvrier et du Code civil. Au total, cette affirmation de la liberté reste, pour une très large part, l'œuvre de l'Assemblée constituante ; les gouvernements suivants tournent en effet le dos aux principes libéraux. N'ayant pas su mettre sur pied un système fiscal moderne, ils sont obligés de se lancer dans l'aventure des assignats. En revanche, le Consulat réalise une brillante stabilisation monétaire avec la création de la Banque de France en 1800, puis du franc germinal en 1803. Il s'ensuit une hausse modérée des prix favorisant plutôt l'activité économique.

Mais ce redressement succède à une période difficile. Les années 1792 à 1796 ont vu un véritable effondrement économique, surtout ressenti par les villes. En dépit d'une amorce de normalisation sous le Directoire, la situation économique demeure incertaine jusqu'au coup d'Etat du 18 brumaire. De plus, l'Empire s'engage dans une série ininterrompue de guerres. Elles se traduisent par des destructions physiques relativement limitées, puisqu'elles se déroulent pour l'essentiel hors des frontières françaises. Mais elles sont marquées, on l'a dit, par des pertes humaines sans précédent : 1 million d'hommes pour les seules périodes du Consulat et de l'Empire. Les relations économiques extérieures du pays sont bouleversées par le Blocus continental. Institué par le décret de Berlin de 1807, il s'accompagne d'un effondrement du grand commerce et de graves difficultés pour l'industrie française, laquelle se trouve privée de matières premières et affectée par le freinage de l'introduction des techniques anglaises. Certes, l'Empire crée un espace économique élargi, mais il n'entraîne que très peu d'annexions durables (Alsace). Durant la Révolution et l'Empire, la France s'efforce de dominer économiquement l'ensemble des pays soumis, mais avec des conséquences inégales : bénéfiques pour la Belgique, néfastes pour l'Italie.

L'on ne peut cependant nier la réalité, pendant la période impériale, d'une politique d'industrialisation. Les effets en sont contrastés. Elle se traduit par des encouragements à l'innovation (métier Jacquard), notamment dans l'industrie lainière, qui voit notamment l'introduction de machines Douglas et l'acclimatation de mérinos espagnols. En revanche, l'industrie cotonnière se trouve pénalisée par les droits élevés perçus sur les importations de coton. En fin de compte, il existe de fortes disparités entre les branches industrielles. Plusieurs ont été stimulées par les conditions exceptionnelles de la période. Tel est le cas de l'industrie lourde belge, de l'industrie sucrière, grâce au développement de la culture de la betterave à sucre, de la laine et de la soie, dont la prospérité apparaît évidente. L'industrie cotonnière elle-même connaît une véritable révolution industrielle, marquée par l'essor des filatures du Nord et de l'Alsace, tandis qu'émerge une industrie chimique, fondée sur l'exploitation du procédé Leblanc de fabrication de la soude. Cependant, le ralentissement est marqué par rapport à la croissance d'Ancien Régime. En raison de l'effondrement de son commerce atlantique et des industries qui lui étaient liées, la France perd beaucoup de terrain sur la Grande-Bretagne. Le phénomène est d'ailleurs d'autant plus marqué que le dynamisme industriel de la France repose sur des branches où elle est nettement distancée par le Royaume-Uni.

En 1815, ce retard de la France sur l'Angleterre résulte de l'existence d'un décalage déjà marqué au début du XVIIIe siècle. Dès cette époque, les niveaux de consommation et de technologie sont plus élevés en Angleterre, où il existe une classe moyenne plus importante et déjà orientée vers un type de consommation favorable à la production industrielle de certains produits. Ce décalage se maintient pendant le siècle. Mais, à la fin de ce dernier, l'écart technologique entre les deux pays tend à s'accentuer, la croissance française reposant alors sur « une énorme accumulation de travail humain » (F. Caron). En Angleterre, l'on observe au contraire une explosion de techniques nouvelles et liées entre elles, explosion que favorisent la structure de la demande interne et externe ainsi que les caractères propres des facteurs de production disponibles outre-Manche : pénurie de bois, pénuries sectorialisées et localisées de main-d'œuvre, facilité de l'accumulation du capital. La Révolution et l'Empire ont accentué le décalage en raison de la ruine du grand commerce, de la perte des possessions coloniales ainsi que de l'isolement technique du continent. Même si l'Empire s'est engagé dans la voie d'une politique protectionniste devant permettre à la France de rattraper une partie de son retard, ses efforts ont été largement annihilés par les désastres de la fin du règne. En 1815 encore, la France est loin d'avoir totalement réussi sa révolution industrielle.

Les expériences politiques

Tenter de dresser un bilan politique en 1815 n'est pas simple. Certes, un roi règne à nouveau sur la France, mais l'adhésion d'une bonne partie du peuple français à l'aventure des Cent-Jours ou, tout au moins, son rejet des Bourbons en mars 1815, sans lequel le « vol de l'Aigle de clocher en clocher jusqu'aux tours de Notre-Dame », se serait révélé impossible, démontre la fragilité du régime. Au fond, rien n'est réglé ; comme le confirme le rétablissement de Louis XVIII par des armées étrangères ; ce qui est rarement un gage de stabilité...

Entre 1789 et 1814, en effet, la France a expérimenté d'assez nombreux régimes politiques : pas moins de six constitutions sont alors rédigées. Ce large champ d'expériences institutionnelles ouvre un domaine de réflexion dont les Français vont se nourrir pendant encore soixante ans avant de parvenir à une stabilisation. La première question qui se pose est donc, naturellement, celle de l'instabilité. D'autant plus que nos concitoyens ont alors sous les yeux l'exemple contraire de l'Angleterre qui, après une période troublée au XVIIe siècle, est parvenue à trouver la stabilité à la suite de sa « Glorieuse Révolution » de 1688. Dès février 1689, en effet, grâce à une sorte de contrat entre le roi et la nation, formalisé dans le vote par les parlementaires du *Bill of Rights (Loi sur les droits)* et son acceptation par le souverain, l'Angleterre est parvenue à élaborer un régime qui fonctionne depuis plus d'un siècle. Or l'Angleterre a vaincu la France en 1815 ; ne serait-il pas judicieux de s'inspirer de son exemple ?

Pour comprendre la situation politique française, il convient de revenir sur le passé proche. En 1789, en effet, quand l'Assemblée nationale entreprend de rédiger une constitution, elle connaît le modèle institutionnel britannique : un monarque, qui conserve des droits historiques hors d'atteinte du Parlement, et deux Chambres. L'une, élue au suffrage censitaire, est censée représenter le peuple ; l'autre, héréditaire pour la plupart de ses membres, est la voix de l'aristocratie. Ce bicamérisme est en lui-même un gage de modération ; car, pour être appliquées, les lois (et notamment les lois de finances, qui fixent les impôts) doivent être votées par les deux Chambres. Elles ne peuvent donc pas léser gravement les intérêts de l'un des deux groupes sociaux en présence. Ce qui ne s'obtient que par le compromis, puisqu'en matière législative les deux Chambres ont les mêmes pouvoirs[1].

Rien de tel en France en 1789. Relisons le début de la Déclaration des droits de l'Homme. ART. 1 : « Les hommes naissent et demeurent libres et égaux en droits [...] » ; ART. 2 : « Le but de toute association politique est la conservation des droits naturels et imprescriptibles de l'homme. Ces droits sont la liberté, la propriété, la sûreté et la résistance à l'oppression. » Or cette déclaration est placée en tête de la Constitution de 1791, qui s'efforce de mettre ces principes en application. De ce fait les constituants français ne s'inspirent pas de l'exemple britannique. Suivant plutôt les idées exprimées par Sieyès dans *Qu'est-ce que le Tiers Etat ?*, ils estiment qu'une constitution n'est pas un contrat entre le roi et la Nation, parce que la souveraineté réside dans la Nation (art. 3 de la Déclaration des droits de l'Homme). Et que la seule limite à la souveraineté de la Nation, et donc du peuple, est le droit naturel, qui fait de la liberté un droit imprescriptible de l'homme. Suivant ce cadre général, la constitution met sur pied un système où le roi n'est qu'un représentant de la Nation, une sorte de premier fonctionnaire de l'Etat (le

1. Certes les lois de finances sont votées en premier lieu par la Chambre des Communes ; et, depuis le début du XVIIIe siècle, la Chambre des Lords ne s'est pas opposée à un budget voté par les Communes ; mais elle le fera en 1909 (et y perdra l'essentiel de son pouvoir).

mot roi ou le mot monarchie ne figurent pas dans la Déclaration des droits de l'Homme), qui ne peut pas dissoudre l'Assemblée. Le pouvoir royal y est « recréé » par la Nation (en fait par l'Assemblée, qui la représente) sur des bases totalement différentes de celles sur lesquelles il se fondait avant 1789.

Pourtant les constituants français ne font pas table rase du passé : le maintien d'un roi héréditaire montre qu'ils n'abandonnent pas totalement la notion de droit « historique » que posséderait Louis XVI. Mais ce droit « historique » se limite au souverain. Aussi refuse-t-on l'établissement d'une seconde chambre aristocratique et héréditaire (dont les droits seraient d'origine historique, et non pas naturelle). Pour cette raison, en dehors même des maladresses ou des hésitations des uns et des autres, un conflit entre les deux principes contradictoires qui s'expriment dans la constitution (traduit en conflit entre le roi et l'assemblée) est difficile à éviter.

D'autant plus qu'il se double d'un conflit religieux. On le sait, les constituants ont conservé l'Eglise nationale, mais en la transformant par l'intermédiaire de la Constitution civile du clergé. Or, comme pour le pouvoir politique, cette nouvelle organisation religieuse mêle des principes contradictoires (le dogme n'est certes pas touché, mais l'élection des curés et des évêques est jugée par le pape contraire à la doctrine catholique, par exemple). Ici aussi l'affrontement est prévisible ; mais, parce qu'il met en jeu des systèmes de représentation où le sacré est inclus, il prend par moments des dimensions tragiques, et inexpiables, dont le souvenir perdurera.

La Constitution de 1791 est donc un échec ; car elle se heurte à la résistance de la monarchie et de l'Eglise, qui sont fondées sur des principes opposés à ceux qui constituent le socle idéologique des révolutionnaires (la souveraineté du peuple). D'autant plus que la guerre, qui éclate en 1792, et ne cesse qu'en 1815, durcit les oppositions et ne facilite pas l'apprentissage régulier et serein des nouveaux rouages du pouvoir politique.

Après la chute de la monarchie, le 10 août 1792, la nouvelle assemblée (la Convention) se donne pour tâche de rédiger une nouvelle constitution. La République ayant été proclamée, les compromis entre droit historique et droit naturel peuvent désormais être évités. La constitution de l'an I (1793) est donc plus cohérente. Elle n'est pas agencée dans le but de limiter l'arbitraire royal mais pour permettre au maximum de citoyens de participer au pouvoir (elle prévoit le suffrage universel masculin). Elle affirme clairement la souveraineté du peuple, et elle tente de la mettre en œuvre. Elle établit un exécutif faible (24 ministres élus par l'assemblée en dehors d'elle, sur une liste préparée par les assemblées électorales des départements, à raison d'un candidat par département, ce qui interdit tout gouvernement homogène) et une assemblée unique qui concentre le pouvoir. Etant entendu, cependant, que toutes les lois seront soumises à référendum. Cette constitution, qui prend au sérieux la souveraineté du peuple, représente une tentative de mise en forme de la démocratie directe. Etait-elle applicable ? Cela semble peu probable. De toute manière les circonstances — l'invasion étrangère et la guerre civile (Vendée) — ne permettent pas d'en tenter l'expérience. Et l'annonce de la mise en application de la souveraineté du peuple limitée par le seul droit naturel se termine dans la dictature de la minorité et la Terreur. Cela sauve certes la révolution ; mais cela fait réfléchir sur le régime. Car, depuis sa proclamation en septembre 1792, la république fondée sur la seule souveraineté du peuple se révèle incapable de donner à l'Etat un gouvernement stable, vivant en paix avec ses voisins, permettant le fonctionnement régulier des pouvoirs publics, et respectant la liberté, pourtant reconnue en 1789 comme un droit imprescriptible de l'homme. Et la dérive « terroriste » de la première république que la France ait connue est encore présente à la plupart des esprits à la chute de l'Empire. Elle le sera très longtemps au XIXe siècle.

Après la chute de Robespierre, la Convention se remet à la tâche pour tenter d'établir le régime qui respecterait la nouvelle société que les principes de 1789 ont fait naître (et donc la liberté). En théorie la constitution de l'an III (1795) conserve le principe de la souveraineté du peuple. Mais on s'efforce d'interdire toute dérive vers la dictature au moyen d'institutions complexes et, surtout, en morcelant le pouvoir, ce qui risque de nuire à son efficacité. On limite donc le droit de vote (suffrage censitaire) et on le fractionne : les citoyens élisent des électeurs (environ 30 000) qui choisissent les parlementaires. De plus, par réaction contre le gouvernement révolutionnaire unifié, et en s'inspirant de Montesquieu plutôt que de Sieyès, on prend soin de séparer les pouvoirs, qui sont eux-mêmes divisés. Le pouvoir exécutif est partagé entre cinq directeurs et le pouvoir législatif est partagé entre deux conseils (des Cinq Cents et des Anciens). Mais, séparation des pouvoirs oblige, les cinq directeurs, élus par les conseils, nomment les ministres, qui ne sont pas responsables devant les assemblées. Tandis que le pouvoir exécutif ne peut pas s'opposer au vote des lois ni dissoudre les conseils, et que, de leur côté, les conseils n'ont aucun autre moyen d'action sur le pouvoir exécutif que l'élection annuelle d'un directeur. Aucune solution n'est prévue en cas de conflit, soit entre les directeurs et les conseils, soit entre les directeurs eux-mêmes.

S'il avait été expérimenté dans un autre climat politique, et en temps de paix, ce système aurait peut-être pu acclimater en France l'art du compromis « à l'américaine » (aux Etats-Unis le président ne peut pas dissoudre les Chambres, qui n'ont pas le pouvoir de renverser le président). Mais les circonstances ne s'y prêtent pas, et le « culte de la loi » n'est pas encore établi en France. Même chez les constituants, qui, avant de se séparer pour laisser la place au nouveau régime, votent le « décret des deux tiers » (les deux tiers des nouveaux députés devront être issus de l'Assemblée sortante), ce qui revient à inaugurer le règne de la liberté par un semi-coup d'Etat légal. Et, comme la guerre extérieure continue, le Directoire devient l'époque des coups d'Etat, militaires cette fois. Dès 1797 le coup d'Etat de fructidor entérine cet « appel au soldat » (pour reprendre une formule que Barrès utilisera à propos du général Boulanger à la fin du XIXe siècle) ; certes, comme il s'agit de s'opposer au retour de la monarchie, bien des libéraux approuvent ce sauvetage de la liberté par les armes, à commencer par Benjamin Constant. Mais il se renouvelle, si bien que le 9 novembre 1799 (18 brumaire) Bonaparte s'empare du pouvoir, et la Révolution s'abîme dans le césarisme.

Inspirée à nouveau des idées de Sieyès, une nouvelle constitution, dite de l'an VIII (décembre 1799), est pourtant élaborée. En principe elle tente elle aussi de combiner l'exercice des droits naturels et l'efficacité gouvernementale, tout en se fondant sur la souveraineté de peuple. Pour ce faire, on fragmente au maximum les fonctions et les pouvoirs. Personne ne devant être nommé par ceux sur lesquels il exercera une autorité, les députés ne sont pas élus par le peuple : le peuple établit simplement des listes de candidats sur lesquelles le pouvoir choisit les titulaires. Dans le même ordre d'idées, le pouvoir législatif est divisé en deux assemblées, qui n'ont pas les mêmes fonctions : le Tribunat discute les projets de loi (préparés et défendus par les conseillers d'Etat) et le Corps législatif les vote sans les avoir discutés, etc. Ce système complexe est difficile à mettre en œuvre. De toute façon l'irruption d'un général victorieux (Bonaparte) dans ce fragile équilibre n'en permet pas l'essai loyal ;

d'ailleurs la reprise de la guerre interdit tout véritable gouvernement constitutionnel. Et, peu à peu, par le recours au plébiscite et la centralisation administrative, Bonaparte consolide son pouvoir, que les remaniements constitutionnels de 1802 et 1804 renforcent. Et, logiquement, c'est la défaite militaire qui tranche la question en 1814.

A la fin de l'Empire la leçon que l'on peut tirer des expériences constitutionnelles antérieures est donc complexe. Le principe de la souveraineté du peuple a bien été proclamé, mais il s'est révélé difficile à mettre en œuvre. Trois tentatives différentes ont échoué : limitée par les droits historiques du roi, elle s'est révélée la plus forte, et le peuple a détruit la monarchie (1792) ; limitée par le seul droit naturel, elle s'est brisée sur la dictature d'une minorité, où la liberté fait naufrage (Terreur de 1793-1794) ; limitée par un équilibre de plus en plus complexe de pouvoirs fractionnés, elle s'est révélée impraticable et s'est évanouie devant le sabre d'un général victorieux (1799). Il est clair que, comme l'écrira Guizot, si la Révolution a bien fait naître une nouvelle *société* — que le pouvoir ne peut ignorer —, elle s'est révélée incapable de mettre au point un nouveau *gouvernement*. Le Bourbons restaurés ont donc le champ libre, pour peu qu'ils admettent (et l'Eglise avec eux) que l'Ancien Régime est mort en 1789. Et que, de ce fait, un retour à la souveraineté royale limitée par la seule foi catholique (ce qui était le principe de base de la « monarchie chrétienne » française) est inacceptable, et voué à l'échec. Une monarchie inspirée de l'exemple anglais de 1688 — c'est-à-dire une restauration par l'intermédiaire d'un contrat entre le roi et la nation — est envisageable. Mais il faut que le compromis, car c'en est un, soit accepté sincèrement par les deux parties (et l'Eglise). Or, entre 1789 et 1814, les Français ont montré fort peu de dispositions au maniement de l'art du compromis.

De nouvelles bases sociales

Dans l'immense bouleversement qu'a connu la France dans le précédent quart de siècle, c'est, pourrait-on penser, la sphère du politique qui a connu les changements les plus spectaculaires. Au niveau de la société, cependant, s'opèrent probablement les mutations les plus profondes et les plus durables. Et si notre pays semble à la recherche, pour longtemps encore, de la « meilleure des républiques », à la fragilité de régimes successifs incapables d'atteindre leur vingtième année s'oppose la pérennité de principes et d'institutions fondant l'ordre social pour un siècle ou plus. Acquis de 1789 ? Fruits de la maturation napoléonienne ? Les deux sources, à la vérité, se mêlent, conjuguant la proclamation de fondements nouveaux pour la société, dans l'euphorie des grandes journées tirant un trait définitif sur des siècles d'histoire, et la recherche réaliste de structures durables où la volonté d'organisation rationnelle tire les leçons de l'expérience des faits.

Dès le départ, c'est une rupture totale avec un type de société traditionnel en qui on ne verra plus, désormais, que l' « Ancien Régime » ; d'emblée c'est l'affirmation de principes audacieux qui, malgré leur nature révolutionnaire, ne seront plus vraiment remis en cause par la suite.

Ces options définitives ont été prises immédiatement, dès les premiers mois de la Constituante. La théâtrale nuit du 4 août consacre la renonciation aux privilèges et la liquidation de droits féodaux dont le théorique rachat par les redevables sera lui-même un peu plus tard abandonné. Trois semaines plus tard, la solennelle Déclaration du 26 août 1789 affirme avec l'autorité d'un nouveau Décalogue les droits « naturels et imprescriptibles de l'Homme et du Citoyen » : droits politiques mais en même temps fondements d'une société « régénérée » aux membres « libres et égaux en droits », une troisième référence essentielle étant faite à la propriété, droit tout aussi « inviolable et sacré », dont « nul ne peut être privé si ce n'est lorsque la nécessité publique légalement constatée l'exige évidemment, et sous condition d'une juste et préalable indemnité » (art. XVIII). Tous principes dont la pratique fera quelquefois bon marché, le maintien de l'esclavage aux colonies constituant un accroc majeur, mais sur lesquels on ne reviendra pas. Témoin la Constitution de 1793, qui réaffirme hautement liberté et propriété, quelles que soient les sérieuses atteintes qu'elles subissent sous la Terreur.

Fondée sur l'idée de liberté, cette société nouvelle se veut affranchie de toutes les anciennes entraves ou contraintes. Libération de l'individu, moins d'un servage si résiduel qu'il en devenait presque mythique que de l'encadrement des ordres et divers corps intermédiaires ; libération de la terre, débarrassée de l'emprise féodale et — du moins s'y efforce-t-on — des usages collectifs ; libération du travail, de l'entreprise, de l'initiative individuelle par une abolition systématique des ci-devant maîtrises ou jurandes, des réglementations, contrôles ou monopoles, le libéralisme économique et son « laisser faire » triomphant de la tradition colbertiste, indissociables qu'ils paraissent des autres libertés. D'où le souci de la législation nouvelle (après le décret d'Allarde, la loi Le Chapelier, en 1791) d'empêcher toute reconstitution d'organismes corporatifs et de punir toute « coalition » sur la base d'intérêts professionnels.

L'affirmation de l'égalité civile ne distingue pas moins la nouvelle société de l'ancienne, par nature inégalitaire avec ses privilèges. Toute différence de statut, tout titre de noblesse étant désormais supprimés, et nulle distinction sociale n'étant plus admise que fondée sur « l'utilité commune » (art. 1 de la Déclaration des droits de l'Homme), il n'existe plus, théoriquement, que des citoyens égaux devant la loi (désormais identique pour tous) et devant l'impôt, peu à peu ajusté aux ressources apparentes de chacun sous forme de quatre « contributions » directes, celles-là mêmes qu'on retrouvera inchangées en 1914, surnommées alors les « quatre vieilles »[1]. Tous les Français sont maintenant « également admissibles à toutes dignités, places et emplois publics », sans considérations de naissance ni obligation d'acheter leur office, au seul vu de « leurs vertus et de leurs talents ». L'égalité préside encore au nouveau mode de partage entre héritiers, mettant fin à l'ancien droit d'aînesse. Elle inspirera de même, sur le plan militaire, le principe de la conscription finalement institué sous le Directoire par la loi Jourdan.

Autant de mesures, autant d'options fondamentales qui restructurent complètement la société française et sur lesquelles là encore, malgré certaines tentatives, on ne reviendra pas, un autre acquis définitif consistant dans la vaste redistribution foncière que représente la vente des biens « mis à la disposition de la Nation » : biens du clergé d'abord, disparu en tant qu'ordre, mais également biens des émigrés (propriétés privées ceux-là et posant donc pour l'avenir un tout autre problème), dont les acquéreurs innombrables se trouveront liés désormais, au moins par intérêt, à la cause révolutionnaire. Rien n'est plus significatif, quant à cette préoccupation, que la fameuse Déclaration de Saint-Ouen (2 mai 1814) par laquelle

1. Il s'agit des contributions mobilière et foncière, de la patente et de l'impôt sur les portes et fenêtres.

Louis XVIII rentrant enfin d'exil comprendra la nécessité, quoi qu'en puissent penser ses fidèles, d'entériner tout cela et de garantir aux Français, avec les libertés et l'égalité devant la loi, le caractère « irrévocable » de la vente des biens nationaux.

L'importance de cet héritage révolutionnaire dans le nouveau visage qu'offre la société française en 1815 ne doit cependant pas faire oublier d'autres apports ; 1789 a jeté bas l'ancien système social et posé les principes de celui à venir, mais la reconstruction a parfois tardé ; il lui est arrivé de s'égarer dans des impasses, et elle a connu des expériences sans lendemain. Il convient d'évoquer aussi cette « part de chimère »[1], indissociable de toute mystique révolutionnaire, propice aux enthousiasmes mobilisateurs, mais parfois durement confrontée à la réalité des choses : la société du siècle finissant n'est pas celle — rêvée — d'une cité antique où régnerait la Vertu ; l'épanouissement des libertés individuelles et l'idéal égalitaire ne font pas toujours bon ménage ; l'utopie d'une gestion décentralisée, aux pouvoirs uniquement électifs, s'avère mal adaptée aux habitudes françaises...

Pour tous ces problèmes non résolus, c'est seulement le gouvernement consulaire qui devait trouver des solutions assez réalistes pour être largement et très durablement admises. Héritière des principes révolutionnaires qu'elle va, par son succès même, contribuer à enraciner définitivement, cette œuvre napoléonienne correspond en même temps à une volonté, devant certains échecs de l'individualisme libéral, de restructurer la société nouvelle dans un esprit d'ordre et d'autorité : synthèse finalement réussie (sa pérennité le prouve) et refonte cohérente, unissant aux leçons de dix années d'expérimentation une logique organisatrice dans la tradition rationnelle des Lumières.

La pièce maîtresse en est le Code civil, achevé en 1804, fruit d'un long effort des juristes pour unifier les lois et les harmoniser avec les nouveaux principes. Accompagné d'un Code pénal et d'un Code de commerce (1807) eux aussi promis à un long avenir, ce « Code Napoléon », comme on le désignera significativement, va très profondément et très durablement marquer la vie sociale des Français. Puisant aux sources du droit romain (ainsi pour l'autorité affirmée du *pater familias* ou pour l'ampleur du droit de propriété) comme à la tradition des coutumes d'Ancien Régime (pour les

1. Selon l'expression de René Rémond dont on lira avec profit l'*Introduction à l'histoire de notre temps* (Seuil, 1974), notamment ici le tome 1, *L'Ancien Régime et la Révolution*.

mariages, la communauté légale s'inspire de l'ancienne coutume de Paris), mais incorporant les acquis de la Révolution, tel le partage égalitaire des successions, il constitue le cadre juridique d'une société moderne, exemple dont s'inspireront maints pays étrangers.

Consacrant les principes de liberté individuelle et d'égalité civile, exaltant la propriété privée, cette société nouvelle témoigne en même temps d'une laïcisation que le régime du Concordat, transformant le clergé séculier en une sorte de service public, ne remet nullement en cause. La disparition de ce clergé en tant qu'ordre et la liquidation de ses biens que le pape, en 1801, a finalement entérinée amènent les pouvoirs publics à prendre en charge certaines fonctions, certains services assumés naguère par l'Eglise. C'est le cas de l'état civil, très symboliquement substitué aux registres paroissiaux tenus par les curés, avec référence désormais non plus aux actes religieux mais aux faits biologiques, naissance, décès, ou à un type d'union purement civile que peut rompre un divorce. C'est le cas de l'assistance, avec la conscience nouvelle d'un devoir de la société envers les indigents ou les malades relayant la traditionnelle charité des établissements religieux ; ou encore d'une « instruction publique » dont on revendique le contrôle sinon encore totalement la charge. Car si cette laïcisation se traduit par l'élargissement des rôles dévolus à l'Etat, l'absence de moyens correspondants laisse encore pour longtemps un très large rôle à l'initiative privée, à des associations philanthropiques ou encore aux congrégations bientôt reconstituées.

A côté d'acquis révolutionnaires qu'elle institutionnalise, l'œuvre napoléonienne se distingue tout particulièrement par son effort de consolidation, de stabilisation d'une société en quelque sorte atomisée jusqu'au niveau de l'individu. Cette société va donc être restructurée selon un principe d'autorité. Autorité de l'Etat, qu'exprime une administration centralisée et efficace avec sa hiérarchie de fonctionnaires nommés et révocables par le pouvoir, depuis le préfet jusqu'au simple maire de village. Autorité du père de famille, dont le Code civil consacre la domination sur les enfants mineurs mais aussi sur l'épouse, tenue pour juridiquement incapable et dépendant de son mari pour la gestion de ses propres biens. Autorité du chef d'entreprise sur ses employés, le patron, cru sur parole en cas de contestation, alors que le salarié doit prouver ses dires, se trouvant par le biais du livret ouvrier (rétabli en l'an XII) associé au contrôle policier de la main-d'œuvre et de ses déplacements.

De plus en plus sensible sous l'Empire, le souci de donner à la France nouvelle une armature sociale conduit Napoléon à revenir en partie sur l'*a priori* libéral de la Révolution qu'était l'abolition des corps intermédiaires, voire à remettre en cause le non moins sacro-saint principe égalitaire. L'expérience, il est vrai, avait montré l'inconvénient d'une suppression par trop systématique de tout encadrement professionnel. Pour sclérosées qu'elles aient pu paraître, les ci-devant facultés délivraient au moins des diplômes et empêchaient les charlatans de se livrer à la médecine ; de même pour certaines fonctions d'homme de loi, le libre exercice n'offrira pas toujours les garanties souhaitables... C'est pourquoi l'on restaure, dès le Consulat, des Chambres de Commerce, lien officiel entre l'Etat et les milieux d'affaires ; on regroupe, en 1810, les avocats en un barreau ; on organise des chambres d'officiers ministériels (par exemple pour les notaires ; mais ce n'est qu'en 1816 que les charges redeviendront vénales). Surtout est créée en 1806 une Université, organisme d'Etat doté d'un monopole de l'enseignement et de la collation des grades, avec un corps de professeurs formés à cet effet, une stricte hiérarchie, enfin des cadres d'enseignement rigoureusement fixés.

Plus frappante encore est la tendance à reconstituer une sorte d'élite officielle au sein de laquelle seront recrutés les éléments dirigeants. L'effort en est constant tout au long de l'époque napoléonienne, avec une recherche systématique par l'administration préfectorale des personnes auxquelles leur fortune ou leur talent confèrent une influence, un prestige social particulier, en bref ceux que l'usage du temps fait considérer comme des « notables ». Allant plus loin encore, Napoléon en vient à recréer une noblesse. Aristocratie certes différente de l'ancienne, puisque fondée non plus sur la naissance mais sur le mérite personnel, liée à l'obtention de tel succès militaire ou, plus souvent encore, à l'exercice de telles hautes fonctions ; noblesse de service par conséquent, assez comparable en cela au *tchin* (ou tableau des rangs) en vigueur dans la Russie tsariste, mais susceptible néanmoins de devenir héréditaire[1] ; nouvelle noblesse finalement reconnue par la Restauration, face à l'ancienne qui retrouve alors ses titres.

C'est de tout cela que porte la marque, en 1815, la société française. Combinant ces empreintes successives, elle offre une synthèse

1. La condition était de constituer un majorat, patrimoine d'un montant défini pour chaque titre.

originale, par rapport aux autres pays d'Europe, mais en même temps cohérente et durable, renforcée qu'elle est par ces éléments connexes que sont l'appui cherché par le pouvoir auprès des autorités sociales, le large consensus de fait autour des institutions nouvelles, ou encore la stabilité enfin obtenue de la monnaie (le franc germinal, créé en 1803 et qui traversera le siècle), meilleure garantie du maintien sinon de l'épanouissement des fortunes.

Les nouveaux cadres étant ainsi posés, et le plus souvent pour longtemps, il y a lieu de s'interroger sur l'effet concret de tous ces changements sur les principaux groupes sociaux : au bout du compte, quels perdants et quels bénéficiaires ?

Sans doute convient-il ici de prendre du recul par rapport à certaine image d'Epinal volontiers diffusée au cours du XIXe siècle et tout spécialement sous la IIIe République. On songe au discours si couramment tenu par les officiels lors du premier Centenaire de la Révolution, en 1889, vision passablement caricaturale d'une France de paysans asservis et analphabètes auxquels la Ire République aurait « donné la terre » et la IIIe l'instruction. L'effective destruction d'une société d'ordres avec ses privilèges, la saisie puis la vente d'immenses domaines confisqués à l'Eglise ou aux émigrés, la ruine consécutive voire la guillotine pour maints « aristocrates », tout cela force l'idée d'une liquidation en tant que tels des ci-devant nobles ou membres du clergé, tandis que l'affranchissement de Jacques Bonhomme et les carrières brillantes ouvertes à des roturiers, qu'il s'agisse de certains hommes d'affaires ou de maréchaux d'Empire, créent l'impression d'une société libérée de tous ses blocages, où le travail et le talent autorisent toutes les promotions. Il en est à coup sûr de très spectaculaires exemples et sans s'attarder sur la pittoresque maréchale Lefebvre, ancienne blanchisseuse devenue duchesse de Dantzig, on comprendra sans peine que l'armée ou le service public, en ces temps de guerres incessantes et de complète refonte administrative, aient pu être les voies de rapides ascensions sociales, une bonne partie des anciens cadres étant éliminés. D'autres fortunes, plus contestables, ont pu de même se bâtir en trafiquant sur les biens nationaux ou sur les fournitures militaires, le contexte d'alors étant souvent plus favorable aux spéculations qu'aux affaires régulières.

Cas bien réels qu'on ne peut cependant généraliser. Car, si la rupture est certes complète avec l'Ancien Régime sur le plan des principes généraux, la réalité sociale, avec ses hiérarchies de fait, n'en a pas toujours été pour autant bouleversée. Des catégories entières comme les domestiques, qu'on retrouvera nombreux tout au long du XIXe siècle au service notamment des citadins aisés, ou comme les valets de ferme et autres salariés agricoles, restent dans une condition tout aussi médiocre et dans une dépendance, en pratique, tout aussi grande vis-à-vis de ceux qu'ils continuent d'appeler leurs « maîtres ». Le gain des ouvriers ou compagnons n'est pas plus évident, privés qu'ils sont et pour longtemps au nom du libéralisme économique (le droit de grève ne sera reconnu qu'en 1864, et celui de former des syndicats encore vingt ans plus tard) de tout moyen légal de défendre collectivement leurs intérêts, alors même que l'obligation du livret (institution d'Ancien Régime rétablie en 1803 et officiellement supprimée seulement en 1890) restreint sensiblement leur propre liberté de circulation et d'embauche.

Il faut donc faire la part d'une certaine légende, qu'elle soit noire ou dorée d'ailleurs. La Révolution n'a pas eu l'effet d'une baguette magique sur le quotidien de la masse des Français. Devenus certes des « citoyens » (encore que seulement « passifs » pour la majorité), avec une dignité nouvelle et une libération de certaines charges (dîmes, droits féodaux) dont on ne doit pas sous-estimer l'effet immédiat ni l'écho dans la mémoire collective, il s'en faut, pour le reste, que les droits nouveaux proclamés aient profondément changé leurs conditions de vie. Disons-le : concrètement, la grande majorité des pauvres est restée pauvre, et les puissants, sauf confiscation pour raisons politiques, ont conservé pour l'essentiel les éléments de leur fortune, dès lors que la propriété privée se voyait déclarée droit « inaliénable et sacré ».

Principale victime des événements, dans la mesure où ses biens n'étaient pas personnels mais ceux, collectivement, d'un ordre aboli, le clergé lui-même n'a pas, en définitive, tout perdu. Passé le temps des persécutions, des massacres de septembre aux pontons de Rochefort, le cadre concordataire lui rend (au moins en ce qui concerne les séculiers car le problème du clergé régulier continuera de se poser pendant tout le XIXe siècle) une existence en tant que grand corps de l'Etat, jouissant comme l'Armée ou l'Université d'une place officielle et de traitements décents. De sorte, pourrait-on dire, que les biens enlevés à l'Eglise auront, d'une certaine manière, constitué le capital d'une rente ponctuellement servie à ses membres pendant plus de cent ans, jusqu'à la Séparation de 1905...

Quant au second ordre privilégié, celui de la noblesse, lui aussi atteint dans ses biens comme dans ses personnes, la plupart de ses membres retrouvent après l'épreuve une situation plutôt favorable. Plus question sans doute d'avantages spécifiques, de droits féodaux ni d'organisation en tant que corps ; les seuls titres nobiliaires reconnus, avant 1814, sont ceux de l'élite rivale mise sur pied par l'Empire ; rappelons enfin l'abolition du droit d'aînesse, menace à terme pour la survie des patrimoines. Mais tout bien pesé, les confiscations, les impositions n'ont que partiellement amoindri les fortunes de l'ancienne aristocratie. Tous les nobles, et de loin, n'avaient pas émigré et si certains, rentrés seulement avec leur prince se retrouvent entièrement dépouillés, revendiquant alors d'autant plus fort le prix de leur fidélité, le plus grand nombre a profité de l'amnistie pour revenir dès le Consulat, récupérant en bien des cas l'essentiel de ses biens, mis sous séquestre mais pas encore vendus. Toutes sortes d'arrangements, en fait, ou d'arguties juridiques ont contribué à limiter les pertes, sans oublier que plus d'un noble a été lui-même acquéreur de biens nationaux ! C'est ainsi que sur les listes, dressées sous l'Empire, des plus forts contribuables de chaque département, les anciens nobles viennent en tête lorsqu'ils ne représentent pas la totalité. Grands propriétaires ils étaient et le plus souvent demeurent, avec tout le prestige qui s'attache à la possession de la terre et l'influence durable que cela leur confère sur leurs « gens », leurs métayers ou leurs fermiers. Plus d'un siècle après, André Siegfried notera que tels paysans de l'Ouest se disent encore « de la sujétion » de M. le comte ou marquis de X...[1].

Peut-on alors parler d'une société « révolutionnée » ? Indépendamment de nuances régionales parfois très sensibles, une réponse des plus instructives est fournie par cette « statistique personnelle » dressée par l'administration napoléonienne où, pour chaque notabilité, sont indiqués l' « état ou qualité » avant la Révolution et depuis. Pour quelques changements spectaculaires — religieux « déprêtrisés » ayant fait une haute carrière politique, tel Fouché ; militaire de bas rang ayant conquis leur bâton de maréchal... —, c'est une relative stabilité de situation qui domine : fonctionnaires ayant servi les gouvernements successifs, juges passés des ci-devant offices aux cours impériales, « propriétaires » continuant avant comme après à vivre de leur revenu...

Globalement, on peut estimer qu'ont bénéficié du changement

1. André Siegfried, *Tableau politique de la France de l'Ouest sous la Troisième République*, Paris, 1913.

les paysans-propriétaires, catégorie déjà nombreuse, par rapport aux autres pays d'Europe, dans la France de l'Ancien Régime. Libérés de l'emprise seigneuriale et de l'entretien du clergé, ils ont pu souvent acheter, fût-ce de deuxième main (l'enchère initiale, par lots importants, n'étant guère à leur portée) des parcelles de biens nationaux : de quoi les attacher au souvenir de cette époque, ne serait-ce que par crainte — on le verra encore au temps de Gambetta — d'une remise en cause de ces acquis.

Et la bourgeoisie, couramment présentée comme ayant tiré le principal profit de la période ? Elite de l'ancien Tiers Etat, instruite, aisée, ambitieuse, c'est elle essentiellement qui avait dirigé la Révolution, peuplé ses assemblées, orienté ses réformes. Ce qui n'exclut pas qu'elle ait pu en être elle-même également victime. De fait, de nombreux bourgeois détenteurs de fiefs ou titulaires d'offices ont perdu dans l'affaire autant que les nobles. Rentiers, ils ont souffert de la dépréciation de l'assignat et finalement subi, sous le Directoire, la banqueroute des deux tiers. Industriels ou négociants, ils ont pâti de troubles intérieurs peu propices aux affaires et de la perturbation du commerce en raison des guerres ou du blocus anglais. Ajouterons-nous que, pour avoir fourni ses têtes au mouvement révolutionnaire, la bourgeoisie en a laissé plus d'une sur l'échafaud ? Voilà qui sans doute inciterait à nuancer l'image d'une Révolution ouvrant le « règne de la bourgeoisie »...

En quoi peut-on cependant dire que celle-ci est gagnante au sortir de ces bouleversements ? C'est qu'en détruisant la structure juridique d'une société d'ordres qui la cantonnait, au moins officiellement, dans un Tiers Etat aux horizons bloqués, la bourgeoisie fait disparaître toute entrave à son épanouissement virtuel. Tout critère légal de distinction ayant disparu entre des citoyens désormais civilement sur le même plan, reste seulement le discriminant de fait qu'est la différence de fortune. De quoi certes fonder la réalité non dite d'une société de classes, avec ses propres inégalités ; mais l'on n'en prendra que progressivement conscience. Dans l'immédiat, les principes nouveaux, même s'ils avantagent à l'évidence des bourgeois libérés dans leurs entreprises, accédant aux plus hautes carrières et acquérant massivement des biens nationaux, sont perçus comme une justice rendue à ce Tiers qui, d'après le constat de Sieyès, n'avait « rien » alors qu'il était « tout ». Même le suffrage censitaire, legs paradoxal de la Révolution aux régimes à venir, a pu paraître justifié par les capacités plus grandes qu'une certaine aisance laissait présumer, en référence notamment à la conception antique d'un citoyen propriétaire.

Fondement de la société nouvelle, la richesse est considérée comme le reflet d'autres valeurs : travail, talent, gestion de « bon père de famille ». Plus que l'argent dans sa trivialité, c'est la Propriété, sacralisée comme un des Droits de l'Homme et souci primordial des rédacteurs du Code civil. Une propriété, alors, essentiellement conçue sur des bases foncières, comme le montrent bien les enquêtes personnelles du Premier Empire, où l'estimation du revenu se fonde avant tout sur celui de la terre. Autant dire que les horizons ruraux et que les fortunes nobiliaires gardent une importance considérable. Plus qu'une société « bourgeoise », avec les implications trop modernes du terme, c'est une société de propriétaires et de notables dominant une masse avant tout paysanne que celle de la France en 1815.

II – Une France romantique ?

On s'étonnera peut-être de voir ouvrir l'étude de cette première partie du siècle sous l'angle des sensibilités et dans une perspective culturelle : cet aspect n'est-il pas couramment rejeté en fin d'analyse, comme s'il ne constituait qu'un épiphénomène par rapport aux structures jugées plus fondamentales de la production ou de la société ? Ce n'est pourtant pas le simple désir d'originalité qui nous fait ainsi déranger dans son ordre classique le traditionnel trio économie-société-civilisation, mais plutôt le refus d'enfermer dans un enchaînement causal ce qui est davantage un jeu d'influences réciproques. Dès lors il n'est nullement illégitime de partir ici d'une donnée culturelle, étant bien entendu qu'avec le romantisme il s'agit non seulement d'expressions littéraires ou artistiques liées à une mode passagère mais, beaucoup plus profondément et plus durablement, d'un courant général et d'un renouvellement majeur affectant, à des degrés certes variables, de multiples aspects de la période.

Poser d'autre part la question d'une France « romantique », c'est faire référence à l'esprit marquant d'une époque, à la sensibilité qui caractérise une génération. Ce n'est certes pas prétendre que tous en furent influencés : pour des millions de paysans encore mal alphabétisés, l'effet du « mal du siècle » est pour le moins hypothétique et, même chez les classes instruites, les plus aptes à en partager les émois, l'accueil ne fut pas d'emblée unanime, vu la résistance dans notre pays de toute une tradition classique très fortement ancrée. Le mode interrogatif s'impose donc en la circonstance. Ces réserves faites, et l'on voit qu'elles sont d'importance, on ne peut nier cependant l'écho du romantisme chez les contemporains, fût-ce indirectement par les refus qu'il les amena parfois à opposer à l'impétuosité de ses remises en cause. Comme tout bouleversement dans les modes de penser, de sentir, celui-ci touche en premier lieu les élites : ceux qui lisent, qui sont en mesure d'apprécier les arts ou qui ont le loisir de rêver... Petite minorité ! Mais, comprenons-le bien, ce sont eux aussi qui s'expriment, qui donnent le ton et qui finissent par modeler l'opinion bien au-delà de leur cercle restreint. Ils ne sont qu'une poignée de « Jeune-France » à la première d'*Hernani* en 1830 ; quelques années après, pourtant, on découvre des ouvriers, simples autodidactes, récitant avec émotion des vers de Lamartine, tandis qu'au fond de sa province la future Emma Bovary, fille de paysans, développe son sentimentalisme à travers romans ou gravures de style « troubadour ». Un nom résume mieux que tout autre cette médiation des élites cultivées : celui de Victor Hugo dont la longue existence et la consécration comme gloire nationale vont prolonger jusque sous la IIIe République l'écho du romantisme, lui ouvrant alors par le biais de l'école et de morceaux choisis un public étendu au moindre village.

Si la chronologie du romantisme dépasse ainsi, et de beaucoup, la période où il domine en France les lettres et les arts, le champ dans lequel s'exerce son influence va également bien au-delà du strict domaine de la création esthétique. La religiosité, les comportements politiques en sont eux aussi très profondément marqués, et l'on en retrouve l'influence dans une certaine pensée utopique ou révolutionnaire, ainsi que dans maint événement de portée internationale, tout un nationalisme s'alimentant de ses apports et de sa dimension affective. C'est dire qu'il y a là un phénomène majeur caractérisant à bien des égards l'époque. Développant peu à peu une ambiance générale, le romantisme imprègne cette première partie du siècle et contribue très fortement à lui donner sa personnalité. Il n'est donc pas injustifié de commencer par lui notre aperçu de la période, quitte à en rappeler parfois limites ou rejets.

Qu'est-ce que le romantisme ?

« Il faudrait avoir perdu tout esprit de rigueur pour essayer de définir le romantisme », écrivait Paul Valéry. Si l'on conçoit le bien-fondé d'un tel jugement, s'agissant d'un courant qui, d'emblée, privilégie le cœur au détriment de la raison, il n'est pas interdit de chercher à mettre en évidence les traits originaux et les aspirations nouvelles qui caractérisent cette grande mutation de la culture occidentale.

Romantisme ? L'usage s'est établi de qualifier ainsi la révolution esthétique et, plus profondément, le bouleversement dans les sensibilités qui, vers le milieu du XVIIIe siècle, a commencé à ébranler l'ordre et les certitudes de la civilisation classique, gagnant progressivement l'Europe entière et proposant avec un succès croissant de nouveaux modes de perception et de comportement. Comme c'est souvent le cas, l'adjectif, dans ses références concrètes, a très largement précédé ici le substantif, concept élaboré plus tardivement pour rendre compte d'un phénomène et, plus particulièrement, d'une école littéraire arrivée à maturité. Théophile Gautier écrira ainsi une *Histoire du romantisme,* Stendhal ayant pour sa part proposé dans un essai sur *Racine et Shakespeare* le terme de « romanticisme ». Tel que le présente en 1806 le *Dictionnaire des Beaux-Arts,* le qualificatif « romantique » apparaît comme d'importation étrangère. Bien que Rousseau l'ait parfois utilisé[1], il semble surtout traduire l'anglais *romantic,* désignant ce qui rappelle les romans de chevalerie, puis, par extension, un paysage, un édifice dignes de ces romans, qui excite l'imagination et qui fait rêver ; ou encore l'allemand *romantisch,* plus ou moins synonyme de « moyenâgeux » mais s'appliquant aussi, comme l'expliquera Mme de Staël dans son ouvrage *De l'Allemagne,* à une expression littéraire affranchie des modèles classiques.

C'est là souligner l'antériorité du courant en terre germanique ou anglo-saxonne, la France ne s'y ralliant qu'avec un très sensible décalage. Elle avait eu pourtant ses précurseurs : dès le XVIIIe siècle, J.-J. Rousseau avec *La Nouvelle Héloïse* (1761) ou Bernardin de Saint-Pierre dans *Paul et Virginie* (1787) réunissaient dans une synthèse déjà préromantique sentimentalisme et goût de la nature, le premier exprimant en outre dans ses *Confessions* une exacerbation du « moi » et un exhibitionnisme moral appelés à faire école. Mais, malgré ces préludes, le romantisme véritable n'avait pu éclore. Quelques repères chronologiques le montrent à l'évidence : les initiateurs des lettres romantiques que sont chez nous Chateaubriand ou Mme de Staël n'apparaissent qu'une vingtaine d'années après Goethe, et

1. Ainsi, dans ses *Rêveries d'un promeneur solitaire,* juge-t-il les rives abruptes et boisées du lac de Bienne « sauvages et romantiques ».

leurs représentants les plus caractérisés comme Hugo, Lamartine, Vigny, seulement un demi-siècle plus tard. Même chose dans les arts où Delacroix est de vingt ans postérieur à Turner et où Berlioz naît plus de trente ans après Beethoven.

« Retard » français ? Le terme n'a vraiment de sens qu'en fonction d'une évolution dont le romantisme serait un stade nécessaire. Or n'est-ce pas là sous-estimer certaines spécificités nationales, et une éventuelle réaction de rejet face à des éléments par trop étrangers à toute une tradition ? Dans le cas de la France, foyer par excellence de la culture classique, l'irruption d'un courant nouveau récusant les canons et les règles dont elle avait longtemps imposé le modèle bouleversait des goûts, des modes de penser si enracinés qu'ils paraissaient l'expression même du génie national. L'explosion romantique non seulement remettait en cause son hégémonie culturelle en Europe mais, pis encore, l'obligeait à chercher dans des pays voisins les voies d'un ressourcement. De quoi justifier sans doute bien des réticences et, pour une part, expliquer que se soit prolongé très durablement chez nous un néo-classicisme où l'Empire, après la Révolution, devait puiser son esthétique officielle. Si bien qu'en dépit d'éclatantes ouvertures — songeons à Chateaubriand — le courant nouveau reste relativement contenu jusqu'en 1814. D'une certaine façon, on peut dire qu'alors le romantisme aussi va arriver « dans les fourgons de l'étranger »...

La constatation de ce décalage incite à relativiser l'originalité de l'apport français, quel que soit le génie de ses interprètes : bien avant les célèbres vers de Lamartine, le thème du lac avait inspiré toute une école de poètes anglais, et près d'un siècle avant celles de Musset, *Les Nuits* de Young exprimaient déjà la mélancolie romantique... Elle amène en même temps à reconsidérer certaines explications par trop « hexagonales », ainsi des propos fameux de l' « enfant du siècle » Musset : « Toute la maladie du siècle présent vient de deux causes : le peuple qui a passé par 1793 et par 1814 porte au cœur deux blessures. Tout ce qui était n'est plus ; tout ce qui sera n'est pas encore. Ne cherchez pas ailleurs le secret de nos maux... » « Mal du siècle » oublieux en fait des « souffrances » bien antérieures du jeune Werther, lesquelles ne devaient rien à ces convulsions strictement françaises. Mutation culturelle, le romantisme est largement indépendant des révolutions de l'époque : politiques ou économiques, il les a en fait fréquemment devancées. Expression d'un mal de vivre, d'une insatisfaction devant le monde présent, il n'était pas exclu qu'il puisse être lui-même un ferment de révolte ; mais force est d'admettre qu'il s'est longtemps traduit par une fuite hors des réalités et que ni l'Angleterre ni l'Allemagne, ses foyers primitifs, n'ont connu de bouleversement de son fait. A l'inverse on peut estimer qu'en France la violence des luttes politiques et des passions guerrières, offrant un champ concret aux imaginations, a contribué à détourner durablement les esprits des rêveries romantiques. C'est seulement quand cette fureur s'apaise, après 1815, que celles-ci vont enfin pouvoir s'épanouir, dans un climat particulier de désenchantement et dans un contexte entièrement différent — celui des luttes libérales ou nationales, et de la révolution industrielle — posant des problèmes nouveaux et suscitant des engagements dont les générations précédentes n'avaient guère eu souci.

Si le romantisme français, vu son essor tardif, présente ainsi des spécificités qu'il y a lieu de mettre en évidence, il n'en participe pas moins d'un courant d'ensemble et de cette vague puissante qui, à travers l'Europe, tend à renouveler modes de pensée et d'expression. C'est donc en premier lieu sur ce plan général qu'il faut tenter d'en préciser les traits originaux.

Par son opposition au style, au goût du classicisme dominant, le romantisme prend l'allure d'un refus. Refus de l'Antiquité comme éternelle référence et source majeure d'inspiration, lassitude devant ce modèle idéal proposé à l'imitation, qui a pu susciter des chefs-d'œuvre mais finit par privilégier la forme aux dépens de la création ; d'où par exemple un progressif dessèchement du genre poétique et une évolution des arts vers cette perfection trop conventionnelle qu'exprime souvent le style Empire. Refus de normes contraignantes, telle, au théâtre, la fameuse règle des trois unités, mais, beaucoup plus généralement, remise en cause d'une vision globale dictant ce qui est beau, ce qui est admis, refrénant l'expression des sentiments individuels et imposant en tout l'ordre de la Raison. Dans tel pays voisin, ce refus avait pu s'appuyer sur un retour aux sources nationales exaltant, face au classicisme importé, le pseudo-barde Ossian, la verve shakespearienne ou les légendes germaniques. Rien d'équivalent en France hors d'une éphémère « celtomanie » ; mais l'aspiration n'en existe pas moins, au sortir de l'époque impériale, à une esthétique affranchie des normes officielles et à l'expression sans entraves d'une sensibilité nouvelle dont le succès d'une œuvre comme *René,* parue dès 1802, avait montré l'écho. Après le temps des précurseurs, c'est toute une génération romantique qui s'épanouit. Insatisfaite du présent, rêvant d'ailleurs, rejetant une vision du monde qui déçoit ses attentes, elle va par des approches nouvelles atteindre une autre perception du temps ou de la nature.

C'est sans doute une des transformations majeures apportées par le romantisme aux mentalités modernes que sa nouvelle façon de se situer dans la durée ; cela aussi bien dans une expérience intérieure du temps que dans une vision plus générale de l'Histoire.

Le désir d'évasion hors d'un présent médiocre ou douloureux amène les romantiques à se projeter dans un ailleurs que semble leur ouvrir le sentiment poussé jusqu'à son paroxysme. C'est ainsi que l'exaltation d'une passion leur fait atteindre cette sorte d'éternité où le temps « suspend son vol » selon le mot de Lamartine : brève extase que certains, plus tard, chercheront à trouver dans la drogue ou en se jetant dans quelque action violente mais qui rend d'autant plus pénible le retour au réel. D'où une tendance, plus passive, à se réfugier dans le souvenir, à revivre l'instant disparu, à moins qu'à la faveur d'une sensation fortuite le passé ne surgisse lui-même tout entier, expérience que, bien avant Proust, Chateaubriand décrit et qui semble un moment comme abolir le temps. Chez Lamartine comme chez Hugo, un même paysage revisité provoque une reviviscence du passé, dans son enchantement premier ou dans le mélancolique contraste avec un bonheur perdu, par une sorte de médiation du monde extérieur qui fait de paysages, d' « objets inanimés » le mystérieux conservatoire des émotions d'hier. Pour les romantiques, ce qui fut ne meurt pas complètement ; passions, êtres disparus, de tout cela subsiste quelque chose « visible pour les yeux de l'âme » (G. de Nerval), qu'on cherchera à conserver ou à retrouver. Ce n'est pas un hasard si l'époque voit naître le cimetière moderne (le premier est celui du Père-Lachaise à Paris) avec ses tombeaux durables qu'on ira fleurir et qui pérenniseront une présence des défunts par-delà la mort et la fuite inexorable du temps.

Celui-ci, que la pensée classique concevait comme une succession d'instants sans communication entre eux, est désormais perçu comme un mouvement sans fin et une évolution irrémédiable, source d'une nostalgie qu'essaie de surmonter l'exaltation du souvenir, source en même temps d'une sorte de vertige devant les abîmes de l'Histoire, qu'on tentera de rejoindre par l'imagination et dont on cherchera à comprendre le sens. La fin du XVIIIe siècle a vu s'esquisser cette nouvelle perception du temps historique, entre autres avec l'écho des découvertes d'Herculanum et de Pompéi et un goût inédit pour les ruines, sensible chez Diderot comme chez le peintre Hubert Robert. Suggérant l'éloignement et la mort d'une civilisation, de tels vestiges, tout en alimentant l'inspiration néo-classique, amènent à relativiser l'Antiquité et, plus généralement, à reconsidérer le passé. Au lieu d'un temps en quelque sorte discontinu, marqué par l'épanouissement cyclique de « grands siècles » laissant d'immortels chefs-d'œuvre et des leçons éternellement valables, la nature humaine restant inchangée, l'idée gagne d'un temps linéaire dont l'écoulement inéluctable éloigne sans cesse davantage ces grands ancêtres, fait prêter attention à des périodes dédaignées et amène à s'interroger sur un devenir : et si cette évolution, au lieu d'être un recul par rapport à une perfection antique qu'on pourrait au plus imiter, pouvait être gage d'un progrès ? Condorcet en avait émis l'hypothèse. Avec la Révolution, le spectacle de l'effondrement d'un système politique et social, la conscience aiguë d'une disparition sans retour de cet « Ancien Régime » et d'une brisure irréparable après laquelle rien ne sera plus comme avant contribuent à cette réflexion sur la fragilité des civilisations passées.

On lira l'extrait ci-joint de Charles Nodier, très représentatif de ce sentiment de vertige où les ruines de l' « Ancienne France » rejoignent, comme en abyme, celles de l'Antiquité elle-même :

> Les monuments de l'ancienne France (...) révèlent dans leurs ruines des ruines plus vastes, plus effrayantes à la pensée, celles des institutions qui appuyèrent longtemps la monarchie (...) Ce ne sont pas seulement les catastrophes du temps qui sont inscrites sur ces murailles abandonnées, ce sont encore celles de l'histoire. A leur vue, tous les souvenirs des jours écoulés se réveillent ; les siècles entiers, avec leurs mœurs, leurs croyances, leurs révolutions, la gloire des grands rois et des grands capitaines semblent apparaître dans ces solitudes. Autour des débris dont elles sont semées vivent toujours, parmi les simples pasteurs qui ont élevé leurs cabanes sur la place d'un palais qui n'a plus de nom, les traditions merveilleuses de ces temps (...) Dirai-je quel penchant, plus facile à sentir qu'à définir, circonscrit ce voyage dans les ruines de l'ancienne France ? Quelque disposition mélancolique dans les pensées, quelque prédilection pour les mœurs poétiques et les arts de nos aïeux, le sentiment de je ne sais quelle communauté de décadence et d'infortune entre ces vieux édifices et la génération qui s'achève, le besoin de jouir de l'aspect fugitif d'un tableau que le temps va effacer... (Ch. Nodier, Introduction des *Voyages pittoresques et romantiques dans l'ancienne France,* t. I, 1820.)

C'est là, tout à la fois, rejeter celles-ci dans leur lointain passé et rendre à celles-là — ruines féodales notamment — un intérêt qu'on leur déniait. De fait, le romantisme va s'attacher à réhabiliter des

« siècles gothiques » longtemps perçus comme une parenthèse obscure entre l'éclat de Rome et sa redécouverte par la Renaissance. Mis à la mode, après les fantaisies de style « troubadour », par la traduction des romans de Walter Scott et l'usage nouveau d'aller rêver près des vestiges de châteaux forts ou d'abbayes abandonnées, ce Moyen Age sera l'époque favorite où aime à s'évader l'imagination romantique. Elle aime y retrouver une verve primitive, un élan religieux, une exubérance artistique que devaient étouffer ensuite le retour à l'ordre antique, les règles classiques ou le rationalisme des Lumières. L'attirance pour l'époque médiévale va profondément renouveler l'esthétique du XIXe siècle, inspirant écrivains et artistes, suscitant des admirations nouvelles, revalorisant enfin des « siècles chrétiens » proposés désormais en modèle d'un retour à la foi.

Propice à tout un développement des recherches érudites ou archéologiques, cette vision nouvelle du passé suscite en même temps des interrogations dont témoigne un penseur comme Victor Cousin :

> Pour nous que la tempête des révolutions a précipités tour à tour dans des situations si diverses (...), il était naturel que nous finissions par nous demander ce que signifiaient ces jeux qui nous font tant de mal ; si la destinée humaine gagne ou perd, avance ou recule (...) ; pourquoi il y a des révolutions, ce qu'elles enlèvent et ce qu'elles apportent ; si elles ont un but (...). Toutes ces questions, à peu près inconnues à l'Antiquité, commencent à troubler les âmes et à agiter sourdement toutes les têtes pensantes... (Victor Cousin, Note rédigée vers 1820 et citée *in* M. Milner, *Le romantisme,* 1979.)

Où va le monde ? Y a-t-il un sens à tout cela ? L'étude de l'Histoire paraît pouvoir répondre à ces interrogations et plus d'un va tenter, à travers de grandes fresques brassant les siècles, d'y trouver un principe explicatif ou un moteur de ce devenir. Tel, relisant le passé à la lumière de quelque théorie, en tirera argument pour justifier une situation présente ou au contraire pour en prédire l'inéluctable renversement. Tel autre, se projetant directement dans le futur, développera par opposition aux misères de son temps l'utopie d'un avenir meilleur.

A sa nouvelle perception du temps, le romantisme ajoute une autre ouverture sur l'espace, avec tout à la fois l'exaltation d'un sentiment de la Nature et la recherche d'un dépaysement par le biais du voyage.

La Nature romantique, à la vérité, est moins un paysage réel dont on décrirait la beauté qu'un certain cadre en harmonie avec des sentiments, portant à la rêverie, exprimant la mélancolie : le soir, l'automne, la nuit, le clair de lune seront ainsi privilégiés, suggérant le déclin, la tristesse, la mort. Le paysage romantique sera de préférence un lieu écarté où l'être pourra s'isoler dans un monologue lyrique, prenant la Nature à témoin de ses amours ou de ses souffrances : forêt profonde, hauteurs abruptes dominées par quelque ruine nostalgique, eaux dormantes d'un lac, bord de mer enfin où l'immensité des ciels et la sauvagerie des flots développent la fascination d'un ailleurs et l'émergence nouvelle d'un « désir de rivage » (A. Corbin). Nature tantôt inquiétante par ses ténèbres ou ses tempêtes, tantôt consolante avec ses paysages familiers porteurs de tendres souvenirs (cf. Milly chez Lamartine), confidente que l'on associe à ses émotions et à qui l'on va même jusqu'à prêter des sentiments tour à tour tristes ou joyeux, quand elle ne devient pas par une sorte de panthéisme une expression de la divinité.

Cette attirance pour la Nature, façon de fuir un monde urbain — et plus spécialement parisien — volontiers perçu comme un univers monstrueux, maléfique, incite les romantiques à partir. Le XIXe siècle voit avec eux les débuts d'un « tourisme » étroitement lié à ces sensibilités nouvelles. A l'imitation des riches Anglais, premiers à effectuer leur grand *tour* à travers l'Europe, une mode s'impose dans les classes aisées de voyages d'agrément, combinant la quête de sites pittoresques et la visite sentimentale à des monuments chargés de souvenirs historiques. La Normandie où Stendhal voit en Rouen « l'Athènes du genre gothique », le Rhin et ses burgs admirés notamment par Victor Hugo, la Suisse avec ses cimes et ses lacs en sont les premières destinations, avant que leur relative banalisation, surtout avec les chemins de fer, n'en fasse plus que *Le voyage de Monsieur Perrichon* (titre d'une comédie célèbre de Labiche) et n'incite à chercher d'autres horizons. Très tôt en fait, la soif d'exotisme et le goût d'un passé qu'on croit y retrouver avec toute sa saveur contribuent au succès d'un « Orient » dont l'Italie du Sud, l'Espagne semblent déjà participer. Mais c'est assurément le monde musulman ou sous domination ottomane qui fait le plus rêver : Jérusalem où se rend Chateaubriand, l'Egypte qui attire G. de Nerval, le jeune Flaubert mais aussi les saint-simoniens ; l'Afrique du Nord où, sans parler des peintres de batailles, un Delacroix renouvelle son inspiration ; la Grèce luttant pour son indépendance, en faveur de laquelle témoignent poèmes engagés et tableaux célèbres... Objet d'un engouement durable, tout un orientalisme se développe. Marquant le goût de l'époque par une expression colorée allant du simple pittoresque (paysages à palmiers, personnages enturbannés...) à la représentation complaisante de massacres ou de scènes de harem, il témoigne de la fascination d'une génération qui transpose là ses fantasmes d'évasion, d'érotisme ou de violence.

A ce désir de s'échapper vers d'autres cieux comme à celui de fuir la morne réalité du présent, le romantisme ajoute une particulière attirance pour le mystère de l'au-delà. Reste à savoir s'il y trouvera Dieu ou le Diable... Par réaction contre un rationalisme qui d'ailleurs est loin d'avoir disparu (on compte ainsi douze éditions complètes de Voltaire rien qu'entre 1818 et 1825, sans parler de publications partielles ou à bon marché), le nouveau courant réhabilite un sentiment religieux naguère tourné en dérision par les « philosophes » avant d'être persécuté sous la Révolution. C'est un véritable réveil qu'entraîne, avec son éclatant succès, une œuvre comme *Le génie du christianisme,* paru peu après le Concordat. Chateaubriand entend y démontrer la vérité de la foi chrétienne grâce à sa supériorité sur le plan esthétique, en ce qu'elle est « la plus poétique » et « la plus favorable (...) aux arts et aux lettres ». Apologétique un peu mince, peut-être, mais en définitive efficace, l'auteur, dans son style superbe, appelant « tous les enchantements de l'imagination et tous les intérêts du cœur » pour toucher des contemporains chez qui le sentiment tend à l'emporter sur la froide raison. « J'ai pleuré et j'ai cru » : romantique s'il en est, la formule fameuse suggère en même temps les ambiguïtés d'un tel retour au religieux. Dans quelle mesure cet élan du cœur, chance de renouveau pour une foi hautement proclamée comme la source même de la création culturelle, était-il compatible avec les dogmes et les structures d'une Eglise ? Le drame d'un Lamennais, quelques années plus tard, devait illustrer la difficulté d'y faire place à ces âmes ardentes mais peu disciplinées. Au-delà de ce cas personnel, l'exaltation du moi et la passion incontrôlée propres à beaucoup de romantiques n'allaient pas toujours faire bon ménage avec l'orthodoxie et la morale chrétiennes ; et si ces derniers invoquent couramment Dieu, pris à témoin de leurs souffrances ou de leurs amours, force est de constater qu'ils s'en font souvent, tel Victor Hugo, une image très personnelle et que, parallèlement, Satan les fascine singulièrement aussi. Apparaît là ce qu'on a parfois qualifié de « romantisme noir », avec une attirance morbide pour un arrière-monde inquiétant dont le poète, l'artiste, tel un voyant ou un médium, sauraient entrebâiller la porte et capter le message. D'où l'attention extrême portée à ces états seconds ouverts sur l'irréel ; le rêve, univers délivré des cadres ou des censures de la raison ; la folie, où semblent affleurer des puissances obscures. D'où le recours au spiritisme, Hugo par exemple s'efforçant de communiquer ainsi avec les morts. D'où encore, bien que relativement discrète en France, l'expression d'un fantastique très présent dans l'œuvre d'un Charles Nodier ou dans la musique d'un Berlioz, mais suggéré aussi dans tel roman de Théophile Gautier voire de Balzac (cf. *La peau de chagrin*) où dans un monde rationnel surgit soudain l'inexplicable....

Par l'état d'âme qu'il répand, le romantisme, en dépit d'un individualisme extrême, impose peu à peu, très différent de l' « honnête homme » classique comme du « philosophe » du siècle des Lumières, un nouveau type d'être représentatif de son temps. Le modèle en est proposé par maint roman de type autobiographique (outre *René, Adolphe* de Benjamin Constant, *Delphine, Corinne* par Mme de Staël...), illustré par mainte représentation (songeons au Chateaubriand peint par Girodet en beau ténébreux...). L'incarneront un artiste comme Géricault, à la carrière brève et fulgurante, un cœur tourmenté comme Musset, expressions ultimes que toute une jeunesse instruite aura tendance à imiter, avant qu'une littérature populaire, la gravure, le roman-feuilleton n'en diffusent plus largement l'image et les comportements. Comme l'écrira Chateaubriand lui-même, ironisant dans sa vieillesse sur les émules de René : « Il n'y a pas de grimaud sortant du collège qui n'ait rêvé d'être le plus malheureux des hommes, qui à seize ans n'ait épuisé la vie... »

Le mal de vivre caractérise en effet l'homme romantique. Poète incompris d'une époque trop prosaïque, tel le *Chatterton* de Vigny, mourant d'ennui pour être né « trop tard dans un monde trop vieux » comme l' « enfant du siècle », son insatisfaction est à la mesure d'une sensibilité exacerbée et d'une hypertrophie du moi débouchant sur un véritable exhibitionnisme sentimental. Là où régnait naguère la raison, c'est l'irruption de l'affectivité, le débordement de l'imagination, la revanche du cœur. Rappelons les vers célèbres :

> « Ah frappe-toi le cœur, c'est là qu'est le génie
> C'est là qu'est la pitié, la souffrance et l'amour... »

Tout à ses passions, le romantique les vit intensément, passant du fol espoir ou du bonheur extrême à l'accablement le plus sombre. Tenté parfois de se jeter dans le luxe sinon la débauche du « dandy », il succombe souvent sous le « soleil noir de la mélancolie ». Vigny dira : « La vérité sur la vie, c'est le désespoir. »

Ce n'est là pourtant qu'un aspect de l'âme romantique et ce malaise, incitation fréquente à s'évader dans le sentimentalisme et le rêve, peut être aussi générateur d'action et de violence. La France en offre précisément l'exemple, le romantisme, on l'a vu tardif et dès lors contemporain des luttes libérales ou nationales, y prenant toute une dimension d'engagement et de révolte. Sans doute cette révolte est-elle pour une part symbolique : témoin la « bataille » qui culmine avec la première d'*Hernani,* opposant de jeunes romantiques barbus, échevelés, vêtus de façon excentrique, aux « bourgeois » glabres et chauves, défenseurs indignés des traditions classiques. Opposition de générations en même temps que de goûts, avec la volonté un peu puérile de choquer ces « philistins », ces « épiciers » en adoptant le genre « bohème » ou le langage cru des rapins. Hugo se flattera ainsi d'avoir « mis un bonnet rouge au vieux dictionnaire ». Ne négligeons pas cependant, chez nombre de romantiques, un attrait inquiétant pour les scènes de violence ou d'horreur. Géricault se complaît à peindre des cadavres, des fous, des suppliciés, tandis qu'un évident sadisme perce à travers la vision qu'offre Delacroix des *Massacres de Scio* ou encore de *La mort de Sardanapale.* Dans les lettres, on cultive l'atroce, l'effrayant, le grotesque, avec un mélange des genres et un rapprochement des extrêmes, l'ange côtoyant le démon, la beauté s'unissant au monstre, Esmeralda suscitant l'amour de Quasimodo...

A ces débordements de l'imaginaire, la conjoncture politique va parfois donner l'occasion de se concrétiser. Nulle révolte sans doute au début : tout au contraire, le romantisme en France apparaît d'abord favorable à la monarchie restaurée. Par réaction contre un Empire héritier des Lumières et de la tradition classique, il incarne un courant à la fois novateur et contre-révolutionnaire illustré par Chateaubriand, Nodier, Lamennais à ses débuts, sans oublier le jeune Hugo ni, un temps, Lamartine, avec maintes attaches ou au moins prétentions aristocratiques. Balzac pourra écrire : « Les royalistes sont romantiques, les libéraux sont classiques. » Peu à peu cependant, la Restauration déçoit et beaucoup, passant d'un extrême à l'autre, vont découvrir une cohérence entre leur révolte esthétique et l'idéal de liberté. C'est ainsi que V. Hugo associe dans sa préface d'*Hernani* la « liberté dans l'art » et la « liberté dans la société », sa « bataille », le 25 février 1830, offrant comme un prélude littéraire aux barricades de Juillet. S'affirme désormais un romantisme libéral voire révolutionnaire, prompt à se rebeller contre l'ordre établi et commençant à dénoncer l'injustice sociale dont la bourgeoisie, peu ouverte déjà aux sensibilités nouvelles, serait en outre l'égoïste bénéficiaire à la faveur du changement de régime. Lamartine, George Sand, Michelet et plus durablement Hugo se poseront ainsi en témoins du peuple, puisant chez lui des thèmes nouveaux d'inspiration et contribuant dès lors très fortement à diffuser dans les couches populaires un esprit jusqu'alors limité aux élites cultivées.

Peut-on parler d'un romantisme politique ? Il n'est pas toujours aisé d'établir le rapport entre ces deux domaines ni le sens d'éventuelles causalités, les romantiques n'hésitant pas à mettre en scène des événements d'actualité ou à les transposer dans telle de leurs œuvres. Force est du moins de constater, en cette première partie du siècle, une poussée particulière de comportements politiques violents ou occultes : complots, attentats, révoltes, exactement à l'unisson de ce qu'offrent théâtre, romans ou tableaux romantiques, la répression souvent sévère de ces formes d'opposition inspirant les mêmes correspondances sur le thème de l'enfermé ou du condamné à mort. Les conspirations de la Charbonnerie trouvent comme un écho dans les sombres complots d'*Hernani*, tout comme plus tard l'incarcération pour menées subversives rapproche un Blanqui du héros de *La Chartreuse de Parme*. Ces œuvres légitiment ainsi d'une certaine manière la violence politique d'individus ou de petits groupes extrémistes, quand elles ne leur suscitent pas des émules. Louis-Philippe est ainsi la cible de plusieurs attentats, tandis qu'on ne peut dénier quelque romantisme aux équipées du prince Louis-Napoléon, tentant en 1836 puis 1840 une insurrection militaire puis s'évadant de sa prison. Mais c'est sans doute autour des barricades, tant parisiennes que provinciales, que va s'exprimer le mieux un romantisme de l'insurrection à fort écho populaire dont, longtemps après Delacroix et son tableau célèbre, Hugo, dans *Les Misérables* (1862), devait éterniser le mythe. Violence nullement exempte d'idéalisme généreux voire d'illusion lyrique, comme le montrera bien l' « esprit de 48 », le rêve romantique s'unissant alors avec l'utopie d'une République fraternelle en la personne du poète Lamartine, âme du gouvernement provisoire.

Le fiasco sanglant de cette espérance brutalement confrontée aux dures réalités, issue par trop conforme au *finale* des drames chers au romantisme, devait sonner aussi l'heure du déclin pour ce mouvement, prolongé sous le Second Empire par la vieillesse de ses survivants, panthéonisé bien plus tard encore en la personne d'un Victor Hugo, mais contesté depuis longtemps par de nouveaux courants. Pourtant, au-delà des modes et des changements de goût, n'allait-il pas survivre en profondeur, marquant encore, plus souvent qu'on ne le pense, notre propre vision du monde ?

Ecrivains, artistes, savants

Peu d'époques ont connu une production intellectuelle aussi intense que cette période romantique. En quelques décennies, c'est une spectaculaire floraison, presque en tous les domaines, d'œuvres majeures et novatrices. Si toutes ne relèvent pas du courant nouveau auquel certains s'opposent et qui, assurément, touche peu certaines disciplines, on ne peut nier que son élan soit pour beaucoup dans cette fécondité. Otant tout frein à l'expression et passant outre aux vieilles règles, le romantisme pousse à la création et libère l'imagination. En bénéficie particulièrement en France la littérature, avec l'essor du roman et l'éclatante renaissance de la poésie. Parmi les arts, c'est principalement la peinture qui s'en trouve stimulée, le renouvellement étant moindre ailleurs, ou sa réception plus aléatoire. En d'autres domaines encore l'influence romantique s'exerce avec force : ainsi dans celui de l'Histoire, qui lui doit un spectaculaire réveil, ou celui de l'archéologie, objet à l'époque de tout un engouement mêlant à l'attrait du passé retrouvé certaine fascination pour les ruines et les tombeaux. Même en des disciplines apparemment très éloignées de toute perspective esthétique, l'écho du romantisme est sensible. Ainsi goût du voyage et exotisme ont-ils leur part dans le développement d'une géographie dont une société nationale, la première au monde (1821), s'efforce d'encourager les recherches. Et si les sciences proprement dites restent à l'écart, puisant essentiellement à la tradition du XVIIIe siècle, on peut penser que le sentiment nouveau de la Nature n'est pas étranger à la curiosité pour les sciences de la Terre dont témoigne la création alors à travers toute la France d'actives sociétés « linnéennes » associant des amateurs à un vaste inventaire des espèces. Est-il de même aventuré de suggérer un lien entre la naissante paléontologie et la nouvelle vision du temps propre au romantisme ? Nul doute en tout cas pour les hypothèses audacieuses — et à l'époque récusées par la science officielle — formulées par le très imaginatif Boucher de Perthes sur un homme « antédiluvien », hypothèses finalement fécondes qui font aujourd'hui légitimement parler d' « origines romantiques de la préhistoire ».

Dans la surabondance des noms qu'il faudrait citer, un choix doit nécessairement être fait. Sans doute convient-il aussi de relativiser une production française dont la comparaison avec tel pays voisin permet parfois de mieux comprendre les limites. La France romantique, en effet, ne brille pas également dans tous les domaines : la philosophie par exemple ou même la musique n'y font, avouons-le, qu'assez pâle figure auprès des exceptionnels talents dont peut alors se glorifier l'Allemagne. On réservera donc les développements aux secteurs les mieux représentés ou les plus novateurs, se bornant pour les autres à un bref aperçu.

Dans le panorama européen d'un progrès scientifique où des savants de tous pays contribuent au développement de la recherche, de l'Italien Volta au Suédois Berzelius en passant par l'Allemand Gauss ou l'Anglais Faraday, la question est surtout de situer l'apport français. Héritière d'un XVIIIe siècle animé d'une véritable foi dans la raison et dans la science, la période révolutionnaire et impériale avait vu s'épanouir une pléiade de savants mis en vedette par toute une promotion sociale et appelés parfois à aider de leurs lumières le pays en guerre[1]. Nombre d'entre eux poursuivent leur carrière après 1815. Ils sont de plus en plus des professionnels attachés à quelque grand établissement public ; moins d'ailleurs aux facultés de sciences créées comme celles de lettres sous Napoléon qu'à des organismes comme l'Ecole polytechnique, l'Ecole normale, l'Observatoire ou le Muséum, aux équipements et au prestige bien supérieurs. Ajoutons-y l'Académie des sciences, couronnement des talents les plus reconnus, et les nombreuses sociétés savantes qui alors contribuent à encadrer et stimuler le travail scientifique.

Si les diverses branches de la science en viennent à se doter chacune de méthodes spécifiques et à élaborer leurs propres principes théoriques, elles ont de plus en plus tendance à s'exprimer dans un langage commun qui est celui des mathématiques, avec leur mode

1. Rappelons de même leur rôle éminent dans la création d'un système métrique assorti d'une division décimale. Voté dès 1793, ce système ne deviendra obligatoire qu'en 1840.

de raisonnement et leurs procédés de calcul. En ce domaine dès lors fondamental, qu'avaient illustré les travaux de Monge ou Lagrange, on peut citer les noms de Chasles, de Cauchy et rappeler le génie prometteur d'Evariste Galois, mort très romantiquement en duel à l'âge de 19 ans... L'astronomie bénéficie tout spécialement du progrès des mathématiques, comme en témoigne l'œuvre considérable d'un Laplace (mort en 1827) sur la « mécanique céleste » ou, plus tard, celle d'un Le Verrier déduisant du seul calcul l'existence d'une planète encore inconnue du système solaire, Neptune, qu'on n'observera que plus tard.

Les sciences physiques, conjuguant calcul et expérimentation, connaissent à l'époque un grand développement suivi en bien des cas d'applications concrètes. Tandis que Foucault démontre au moyen de son pendule la rotation de la Terre et que Coriolis formule son théorème sur le mouvement relatif, Fresnel établit dès 1818 le caractère ondulatoire de la lumière et invente un type de lentille utile pour les phares. Sadi Carnot, fils du conventionnel, pose les principes de la thermodynamique. Ampère, par ses découvertes sur l'électromagnétisme, contribue à l'invention du télégraphe électrique. Quant à Arago (1790-1855), ses recherches se partagent entre l'optique et l'électricité, sans parler d'un ardent engagement politique.

Dans le domaine de la chimie, la succession de Chaptal ou Berthollet est assurée surtout par Gay-Lussac (1778-1850), physicien en même temps, qui formule les lois de la dilatation et de la combinaison des gaz. Ajoutons J.-B. Dumas, inventeur de la loi des substitutions, ou encore Chevreul dont les travaux sur les corps gras amorcent une chimie organique et permettent la fabrication des bougies stéariques. C'est, on le notera, comme une application de la chimie (les propriétés du chlorure d'argent exposé à la lumière) que naît alors en France la photographie, invention d'un simple amateur, Nicéphore Niepce (1765-1833), perfectionnée par Daguerre qui réalise en 1838 les premiers tirages dits « daguerréotypes ».

Dans les sciences naturelles où se poursuit l'inventaire des espèces selon des principes de classement établis au XVIIIe siècle par le Suédois Linné, et où se développe la géologie avec Dufrénoy et Elie de Beaumont, la recherche la plus originale est sans doute celle que mènent, non sans querelles d'écoles, les savants exceptionnels groupés autour du Muséum. Face à Cuvier (1769-1832), génial créateur de l'anatomie comparée et de la paléontologie, mais partisan du « fixisme », Lamarck (1744-1829) soutient la thèse d'une transformation des espèces sous l'influence du milieu et Geoffroy Saint-Hilaire (1772-1844) développe l'idée d'une unité de composition organique. Tous incarnent la primauté d'une école française que devait éclipser plus tard l'Anglais Darwin.

La physiologie, avec les travaux de Flourens ou de Magendie sur le système nerveux, et surtout la médecine connaissent également une époque féconde. Cette dernière bénéficie d'un renouveau des facultés associant désormais théorie et pratique, médecine et chirurgie, et devenant de réels foyers de progrès. Les noms illustres sont alors légion : outre Corvisart, l'ancien médecin de Napoléon, ce sont Bichat, Bretonneau, Broussais, dont de grands hôpitaux parisiens rappellent aujourd'hui le souvenir ; Laënnec (1781-1826), inventeur de l'auscultation pulmonaire et du stéthoscope ; les chirurgiens Larrey, Dupuytren ou encore Velpeau ; les aliénistes Pinel et Esquirol, initiateurs de la psychiatrie et d'une médicalisation spécifique de la folie.

Le mouvement de la pensée, lui, ne retrouve pas l'équivalent des célébrités qui l'avaient illustré au XVIIIe siècle. Le rationalisme de ce dernier survit à travers le groupe des « Idéologues », bien représenté, avec son chef de file Destutt de Tracy, à l'Académie des sciences morales et politiques recréée en 1832. Mais si leur méthode, privilégiant l'observation, inspire dans leur démarche bon nombre de savants sans parler d'enquêteurs sociaux tels que Villermé, le propre de l'époque est bien le retour en force du spiritualisme. Représenté par Maine de Biran ou Royer-Collard, chef du groupe des « Doctrinaires » qui tente de fonder philosophiquement la politique dite de « juste milieu », ce courant trouve alors sa principale expression chez Victor Cousin (1792-1867). Professeur à la Sorbonne, celui-ci fait connaître en France les grands penseurs allemands du temps : après Kant, Schelling et Hegel. Jugé subversif sous la Restauration où, dans la réaction d'après 1820, on supprime son cours en même temps que celui de l'historien Guizot, il devient au contraire sous Louis-Philippe le maître à penser de l'Université, développant sa propre synthèse, l'éclectisme, exposée dans son livre *Du Vrai, du Beau, du Bien.* Doctrine à fondement métaphysique, mal vue cependant des autorités ecclésiastiques qui dénoncent son libéralisme éloigné de tout dogme. C'est contre elle également qu'Auguste Comte (1798-1857) élabore une philosophie « positive », fondée uniquement sur des bases expérimentales. On en retrouvera le contenu ainsi que l'influence avec la seconde partie du siècle.

Si la pensée économique, représentée alors par Jean-Baptiste Say, Bastiat ou Dunoyer, tous trois adeptes du libéralisme, n'a pas l'éclat de l'école anglaise avec les héritiers de la pensée d'Adam Smith, Malthus, Ricardo ou Stuart Mill, la France voit fleurir toute une utopie sociale (cf. chap. III), tandis que s'y développe, liée à la recherche d'un nouvel équilibre après le traumatisme révolutionnaire, une réflexion politique aux options variées : traditionalisme exprimé par le vicomte de Bonald et Joseph de Maistre, inspirateurs des « ultras » sous la Restauration ; libéralisme développé, notamment à partir des idées de Benjamin Constant (1767-1830) par Charles de Rémusat ou par François Guizot dans l'action politique évoquée plus loin. Une place particulière doit être faite à l'œuvre d'Alexis de Tocqueville (1805-1859). Cet aristocrate d'une grande ouverture d'esprit publie en 1835-1840, suite à une mission d'études aux Etats-Unis, sa *Démocratie en Amérique,* ouvrage dont le succès considérable lui vaut d'entrer à 36 ans à l'Académie française et d'être considéré comme un nouveau Montesquieu. Plus lucide en cela qu'un Guizot, Tocqueville pressent qu'on ne peut bloquer l'évolution démocratique : il faut s'y préparer et le spectacle des Etats-Unis, véritable scène de la vie future, peut aider à prévenir ses éventuels dangers. Ainsi, l'aspiration égalitaire est-elle bien compatible avec la sauvegarde des libertés ? L'échec de la IIe République allait montrer le caractère prémonitoire de telles inquiétudes et Tocqueville, analysant dans un dernier essai l'Ancien Régime et la Révolution, devait suggérer leur continuité profonde quant au renforcement des pouvoirs de l'Etat, une certaine soif d'égalité aboutissant à supprimer tout contrepoids à sa croissante tyrannie.

Au confluent de ce mouvement de la pensée et d'une écriture proprement littéraire, l'histoire connaît alors une véritable renaissance, en rapport direct cette fois avec l'impulsion romantique. Y contribue sans aucun doute le choc d'une Révolution offrant, mieux que les exemples antiques, le spectacle vécu d'un événement majeur, objet pour la suite du siècle d'interrogations où le passé se trouve réinterprété. Mais l'agent essentiel de ce renouveau est bien la sensibilité nouvelle avec sa dimension de rêve et d'imagination. En cela un auteur comme Chateaubriand, à l'exactitude historique incertaine, n'en fait pas moins figure d'initiateur, comme le montre Augustin Thierry rappelant son émotion à la lecture, dans *Les martyrs,* du fort hypothétique chant de guerre des Francs : « Pharamond ! Pharamond ! Nous avons combattu avec l'épée !... Ce moment d'enthousiasme fut peut-être décisif pour ma vocation à venir... » Qu'importe en effet si ledit Pharamond n'a jamais existé : un historien, lui, vient de naître.

Le besoin d'évasion propre aux romantiques, en les tournant vers d'autres siècles en même temps que d'autres cieux, leur fait chercher dans le passé une « couleur locale » qui, au-delà du pittoresque, va permettre un pas nouveau vers la vérité historique. Un exemple : on n'hésitait pas jusqu'alors à représenter la série des rois de France tous en costume Renaissance. On voudra désormais les rendre chacun à son temps, dans une conscience nouvelle que chaque siècle a ses caractères propres, non seulement vestimentaires ou stylistiques mais aussi au niveau des mœurs et des mentalités : relativisme historique où chaque période devient un univers original et digne d'intérêt qu'on s'efforcera de rejoindre, imagination et documents aidant[1], en se plongeant dans ce passé, son quotidien et ses croyances. Insistant sur les différences, les spécificités de chaque époque au contraire de l'idée classique d'un Homme éternel, cette vision nouvelle amène à privilégier un Moyen Age mal connu dont on se plaît à retrouver le pittoresque et la truculence, et qui inspire, dans la lignée de Walter Scott, mainte œuvre romanesque ou dramatique. Dans un genre proprement historique, c'est bien ce pittoresque qui domine chez Barante dont l'*Histoire des ducs de Bourgogne,* récit haut en couleur, retrouve finalement mieux peut-être qu'une froide analyse l'ambiance de l'époque.

Le souci d'authenticité anime Augustin Thierry (1797-1873) dont les *Récits des temps mérovingiens* restituent jusqu'aux noms germaniques des personnages. S'ajoute cependant chez lui une vision orientée utilisant les événements au profit d'une certaine démonstration : histoire idéologique, relisant le passé en fonction d'une thèse dont les faits, retenus et organisés dans cette perspective, sont censés prouver le bien-fondé. L'histoire de France devient ainsi celle de la lutte des races opprimées contre leurs conquérants et d'une longue marche vers la liberté, des communes médiévales à la Révolution *(Essai sur l'histoire de la formation et des progrès du Tiers Etat).* Dans le même esprit, Guizot (1787-1874), historien[2] avant de

1. Michelet dira ainsi des documents enfouis dans les Archives, ces « catacombes manuscrites » : « Tous vivaient et parlaient (...) A mesure que je soufflais sur leur poussière, je les voyais se soulever. Ils tiraient du sépulcre, qui la main, qui la tête comme dans le *Jugement dernier* de Michel-Ange ou dans la *Danse des morts...* »

2. Guizot écrit une *Histoire du gouvernement représentatif* et analyse *La Révolution d'Angleterre,* argumentant ainsi sa philosophie politique.

devenir homme d'Etat, n'hésite pas à écrire dans un cours publié en 1828 que « la lutte des diverses classes de notre société a rempli notre histoire » et qu'elle en a été « le plus énergique, le plus fécond principe de développement ». Marx, vingt ans plus tard, en reprendra l'idée à sa manière. L'esprit de ces grandes fresques historiques visant à éclairer ou à justifier le présent se retrouve, appuyé sur une documentation plus ample mais toujours dans un style hautement romantique chez le plus célèbre historien de l'époque, Jules Michelet (1798-1874), le héros collectif devenant ici le Peuple, investi d'une valeur messianique et luttant à travers les siècles pour sa liberté. Visant une « résurrection de la vie intégrale », Michelet, malgré d'évidents partis pris (notamment anticléricaux) et un excessif usage des symboles, réussit remarquablement à traduire l'âme d'une époque et à faire goûter la « saveur » de chaque siècle. Sa grande *Histoire de France* reste un des monuments de ce premier XIXe siècle.

L'histoire récente, notamment celle de la Révolution et de l'Empire, plus proches si l'on y pense que peut l'être de nous la seconde guerre mondiale, passionne également les contemporains. Outre Michelet lui-même, Mignet, Thiers (avec surtout son *Histoire du Consulat et de l'Empire*), Edgar Quinet, Louis Blanc s'y exercent tour à tour, sans oublier Lamartine dont l'*Histoire des Girondins* connaît un exceptionnel succès. Ce dernier titre, à la valeur plus littéraire que vraiment historique, pose en fait très généralement le problème d'œuvres à l'écriture souvent superbe, aux synthèses souvent brillantes, mais brassant d'autant mieux les idées et les siècles que leur fondement documentaire demeure limité. Même un Michelet, familier des archives, tendra de plus en plus à s'en passer. On saisit là toute la différence avec la science historique à venir.

Pourtant, c'est bien en cette première partie du siècle qu'on voit se mettre en place d'importants organismes et de nouvelles méthodes de recherche. En 1821 naît l'Ecole des Chartes, qui va former au classement et à la paléographie des générations d'archivistes. En 1837 est créée une Commission des monuments historiques dont l'inspecteur général, Mérimée, saura inventorier et sauver un patrimoine menacé. Insistons sur la fondation par Guizot, en 1834, d'un Comité des travaux historiques chargé de publier des documents inédits pour servir à l'histoire de France ainsi que d'encadrer les nombreuses sociétés savantes (plus de 300 à la fin de la monarchie de Juillet) apparues à travers tout le pays. Férues notamment d'histoire et d'archéologie, ces sociétés organisent des fouilles, rassemblent des collections, publient des mémoires érudits. C'est en leur sein qu'Arcisse de Caumont renouvelle la connaissance et le classement de l'architecture médiévale. Si l'on ajoute les travaux de grands orientalistes comme Eugène Burnouf et surtout la gloire d'un Champollion qui, à partir d'une inscription trilingue (la « pierre de Rosette »), parvient en 1822 à percer le mystère des hiéroglyphes égyptiens, tous les éléments semblent réunis pour promettre une histoire plus savante et aussi plus ouverte sur d'autres civilisations.

La richesse de la création culmine dans le domaine littéraire, la période rassemblant une exceptionnelle pléiade de nouveaux talents qui souvent s'adonnent à divers genres avec un égal bonheur : Vigny, Musset joignent le théâtre à la poésie, Lamartine ne dédaigne pas la prose et Victor Hugo pratique le tout avec le même brio.

Sur le terrain préparé par Chateaubriand (1768-1848), l'initiateur par excellence avec *Atala, Le génie, Les martyrs*[1], ou encore par Germaine de Staël (1766-1817), fille de Necker, dans ses romans autobiographiques et surtout son essai *De l'Allemagne* (interdit sous Napoléon, il ne paraît qu'en 1814), une génération d'auteurs romantiques s'affirme autour de Charles Nodier, romancier apprécié en même temps que rassembleur des jeunes talents dans son « cénacle » de l'Arsenal. Premier grand nom, celui de Lamartine (1790-1869) dont *Les méditations*, en 1820, sonnent le réveil de la poésie en France. C'est le début d'une longue et brillante carrière où le poète lyrique glissera peu à peu vers l'épopée métaphysique *(Jocelyn, La chute d'un ange)* et l'engagement politico-social, avec un rôle majeur sous la IIe République. Un certain pessimisme et aussi de moindres succès (ses plus beaux poèmes, *Les destinées*, ne paraîtront qu'après sa mort) marquent l'œuvre contemporaine d'Alfred de Vigny (1797-1863), esprit plus solitaire qui s'exprime également dans le drame *(Chatterton)* et le naissant roman historique *(Cinq Mars)*.

Génie, profusion, démesure caractérisent l'œuvre de Victor Hugo, sa gloire inégalée devenant celle-même du romantisme dont sa longue existence (1802-1885) devait prolonger l'écho. Talent reconnu à 20 ans, celui qui voulait être « Chateaubriand ou rien »

1. Tous ouvrages parus à l'époque napoléonienne. Happé ensuite par la politique (*De Bonaparte et des Bourbons*, 1814 ; *La Monarchie selon la charte*, 1816), Chateaubriand devait jeter un ultime éclat avec ses *Mémoires d'outre-tombe*.

incarne bientôt la « bataille » romantique avec sa Préface de *Cromwell* et surtout *Hernani* qui, dès 1830, fait de lui le chef de file de la nouvelle école. Son exceptionnelle fécondité lui permet le triomphe à la fois dans la poésie (après *Les Orientales, Les feuilles d'automne, Les rayons et les ombres...*), le roman *(Notre-Dame de Paris)* ou le drame *(Ruy Blas)*. 1843 voit pourtant cet élan se briser avec l'échec des *Burgraves,* signe de la lassitude du public devant certaine outrance théâtrale, et surtout la noyade de sa fille Léopoldine à Villequier. Hugo se jette alors dans la politique, avec des options indécises jusqu'à sa tardive rupture avec Louis-Napoléon Bonaparte qui ouvre pour lui deux décennies d'exil : années d'épreuves où son génie mûrit avec *Les châtiments, Les contemplations, La légende des siècles* ou *Les Misérables,* avant de connaître, enfin revenu en France, les honneurs officiels qui devaient culminer dans l'apothéose de ses funérailles.

Dans le cercle de ces poètes aux talents multiples, Musset (1810-1857) tient une place à part : il est le plus romantique peut-être de tous par sa jeunesse fulgurante promise à tous les succès, et par sa folle passion avec George Sand qui le laisse à 30 ans brisé, ayant comme épuisé son génie. Pourtant l'auteur si déchiré des *Nuits,* de *La confession d'un enfant du siècle,* échappe dans son théâtre aux excès hugoliens. Etranger de même à l'idée d'une mission sociale du poète, il se rapproche en cela d'un Théophile Gautier, « hugolâtre » assagi devenu tenant de « l'art pour l'art ». D'autres talents encore doivent être cités : Gérard de Nerval, chez qui le romantisme rejoint la folie avec l'envahissement du rêve et la quête d'un surréel appelé plus tard à d'autres développements ; Mérimée, dont la sensibilité retenue n'exclut pas un goût des passions forcenées *(Carmen)* ; Alexandre Dumas, aussi à l'aise dans le drame *(Antony)* que dans le roman historique ; Sainte-Beuve, trouvant finalement sa voie dans la critique littéraire. Insistons surtout sur l'essor du roman contemporain. L'époque a méconnu Stendhal (1783-1842), ennemi du lyrisme et de l'emphase, dont le romantisme éclate cependant à travers le destin et le caractère de ses héros, Julien Sorel, Lucien Leuwen, Fabrice del Dongo... Elle devait mieux se retrouver dans l'œuvre de George Sand (1804-1876), passée d'un romantisme exalté à un socialisme sentimental avec une vision idéalisée du monde champêtre *(La mare au diable, Les maîtres sonneurs...),* et dans le véritable univers romanesque créé par l'imagination puissante de Balzac (1799-1850) : « Comédie humaine » riche de milliers de personnages où l'inspiration romantique, nullement absente, le cède à une observation qui se veut « réaliste » de la société du temps. Autant d'écrivains de génie, auxquels on est surpris de voir les contemporains égaler parfois les gloires bien dévaluées d'un Béranger, d'un Casimir Delavigne ou du romancier populaire Eugène Sue.

Les arts connaissent eux aussi ce ressourcement dû au romantisme, encore que l'effet en soit très inégal d'un domaine à l'autre et que les résistances y soient plus fortes qu'on ne l'imaginerait. C'est que l'enseignement des académies, les goûts de la clientèle ou plus encore des commanditaires officiels, le manque parfois aussi de talents novateurs contribuent au maintien des modèles classiques.

Peut-on ainsi parler d'une architecture romantique ? Avec des techniques et des matériaux inchangés (le fer apparaît timidement pour des ponts suspendus et, fait exceptionnel, pour la nouvelle flèche de la cathédrale de Rouen), les formes néo-classiques restent longtemps prédominantes : héritage impérial comme à Paris l'Arc de Triomphe et la Madeleine, achevés seulement sous Louis-Philippe, ou constructions nouvelles comme la Chapelle expiatoire, la colonne de Juillet, place de la Bastille et l'église Notre-Dame de Lorette. Le romantisme, ici, se traduira surtout par l'adoption, à partir des années 1840, d'un style néo-gothique dont Viollet-le-Duc (1814-1879), restaurateur de Vézelay ou de Notre-Dame de Paris, s'affirme le théoricien, style qui va connaître avec le décor afférent (statuaire, vitraux...) un durable succès tant pour les édifices cultuels que dans la construction privée. La sculpture, où le classicisme de Canova se prolonge à travers un Pradier, voit l'esprit nouveau s'exprimer peu à peu chez Rude (1784-1855), en particulier dans son bas-relief célèbre surnommé *La Marseillaise,* chez David d'Angers, dans telle statue animalière de Barye, ou plus tard encore dans certaines œuvres de Carpeaux.

Moins dépendante des commandes publiques, la peinture est le vrai domaine où s'affirme le romantisme. Encore doit-il compter avec le maintien d'un goût classique auquel Ingres (1780-1867) apporte son talent, marqué par la perfection du dessin et la recherche d'un beau idéal sans exclure pour autant l'observation psychologique (portrait de *Monsieur Bertin*) ni la sensualité de *La source* ou du *Bain turc.* L'innovation, qui perçait chez Gros ou chez Girodet, éclate avec Géricault (1791-1824) dont la toile *Le radeau de la Méduse,* inspirée par un drame récent, fait scandale en 1819 et prend l'allure d'un manifeste pictural. Représenté aussi par Chassériau, Devéria, Paul Delaroche, le romantisme s'incarne surtout en la personne de Delacroix (1798-1863). Des *Massacres de Scio* (1824), mêlant orientalisme et engagement philhellénique, à la célèbre *Liberté guidant le peuple*, exaltation de la révolution de 1830, il s'impose comme le chef de la nouvelle école, honoré désormais de commandes officielles, privilégiant couleur et mouvement dans une œuvre puissante et variée. La peinture paysagiste, elle, reste un peu en retrait. Illustrée surtout par Corot (1796-1876) en attendant l'école de Barbizon (Daubigny, Th. Rousseau), elle n'atteint ni l'expression romantique de l'Allemand Friedrich ni le renouvellement pictural de l'Anglais Turner. La gravure enfin doit être évoquée : favorisée par la technique nouvelle de la lithographie, elle est le terrain favori de Daumier (1808-1879), par ailleurs très bon peintre et sculpteur.

Quant au domaine musical, auquel le romantisme donne alors en Allemagne un exceptionnel éclat, il tarde à se renouveler en France. Malgré un engouement pour l'art lyrique ou le concert dans la haute société, et malgré la venue à Paris de représentants du courant nouveau comme Liszt ou Chopin, les goûts restent classiques. Les grands noms resteront longtemps Auber ou Boieldieu (1775-1834), tandis que le public apprécie Rossini, Meyerbeer, Donizetti et découvre progressivement Beethoven ou Weber. Le génie d'un Berlioz (1803-1869), seul ici à transcrire — parfois jusque dans leurs outrances — l'élan passionné et les thèmes chers au romantisme dans sa musique *(La symphonie fantastique, La damnation de Faust...)*, reste largement incompris de ses compatriotes.

On mesure là, entre autres, les limites d'une vague romantique dont le déferlement tardif en France, s'il emporte tout dans certains domaines et y marque durablement les esprits et les œuvres, se heurte en d'autres à un rejet ou à des réticences profondes.

III – Démographie et société

Durant la première moitié du siècle, la prépondérance rurale demeure écrasante au sein de la population, mais la société française présente tous les caractères d'une société en transition.

La démographie française : une prépondérance rurale écrasante, mais fragile

La croissance démographique de la France au XIXe siècle s'articule en trois périodes. La première correspond aux années 1815 à 1851. Marquée par une progression notable de la population, elle prend fin avec la crise de 1846-1851. S'ouvre alors la seconde période, celle du ralentissement, jusqu'en 1872, elle-même suivie, entre cette date et 1914, par une période de déclin. La première de ces trois périodes reste la plus mal connue. Il est néanmoins possible d'en dégager quelques-unes des caractéristiques majeures.

En 1815, un pays peuplé et encore peu urbanisé

Au début de la Restauration, la France apparaît comme un pays peuplé. Si l'on estime à quelque 29,380 millions le nombre des habitants du pays en 1815, ils sont 30,462 en 1821, selon les résultats du recensement fait cette année-là. A cette date, selon le démographe Jacques Bourgeois-Pichat, la population reste fort jeune (40,9 % de moins de 20 ans contre seulement 6,1 % de 65 ans et plus), tout en comptant une majorité — 53 % — d'adultes en âge de travailler. Il est néanmoins possible d'entrevoir l'amorce d'un vieillissement, puisqu'en 1778 Moheau estimait à 44 % la part des moins de 20 ans au sein de la population. Par suite des nombreuses pertes masculines résultant des guerres de la Révolution et de l'Empire, il existe au sein de cette population un net déséquilibre hommes-femmes, la proportion s'élevant à 1 059 femmes pour 1 000 hommes. La proportion de célibataires est élevée :

Tableau 1. — Répartition de la population française par état matrimonial selon le recensement de 1821 (en % du total)

	Célibataires	*Mariés*	*Veufs*
Hommes	56 (1)	37,8	4,5
Femmes	55,7	35,8	9

(1) Non compris les militaires mariés.

Source : A. Armengaud, *La population française au XIXe siècle*, 1971.

En outre, la population française compte, on l'a vu, assez peu d'étrangers — 200 à 300 000. La prépondérance des paysans et, plus largement, des ruraux demeure écrasante (au moins 80 % du total). Les villes restent de petite taille, les chefs-lieux d'arrondissement ne groupant que 14,5 % de la population totale. Seules trois villes dépassent 100 000 habitants : Paris, avec 714 000 individus en 1821, Lyon et Marseille. Derrière, l'on compte seulement huit villes de plus de 50 000 habitants.

1815-1846 : une croissance démographique modeste

Entre 1821 et 1846, la population totale passe de 30,462 millions d'habitants à 35,402, soit une augmentation de + 16,2 %. Supérieur à ce qu'il sera à partir du Second Empire, cet accroissement n'égale pourtant pas celui des autres grands pays d'Europe. Conséquence : la part de la France au sein de la population de l'Europe diminue sensiblement, passant de 16 % en 1800 à 14,5 en 1820 et 13 en 1850. La densité de population s'est pourtant élevée de 57,4 habitants au kilomètre carré en 1821 à 67,1 en 1846. Mais le taux d'accroissement de la population va en diminuant :

Tableau 2. — Evolution du taux d'accroissement total de la population française de 1801 à 1851 (d'une date à l'autre, en ‰)

1801-1821	*1821-1831*	*1831-1841*	*1841-1851*
+ 76	+ 105	+ 60	+ 58

Source : A. Armengaud, *La population française, op. cit.*

Certes la progression des années 1801-1821 apparaît sensiblement plus faible que celle de la période suivante, mais il s'agit là, à l'évidence, d'une conséquence des conflits de la Révolution et de l'Empire. De fait, les excédents se réduisent de façon régulière sauf de 1836 à 1845, dates entre lesquelles ils demeurent stables.

Faiblesse des migrations extérieures

Il est vrai que le solde migratoire, s'il reste positif durant toute la période, ne l'est que faiblement. Alors que la plupart des pays d'Europe connaissent des flux migratoires importants en direction des pays neufs, la France fait exception en Europe. Seules quelques régions — ainsi le Pays basque ou certaines vallées alpines — ont une tradition d'émigration. La modeste croissance démographique du pays fournit à elle seule une explication. Ceux qui partent obéissent à des motivations d'ordre économique — à l'instar des célèbres « Barcelonnettes » du Mexique — ou personnel : il n'est pas rare en effet qu'un émigré ayant réussi encourage ses proches à suivre son exemple. Il paraît toutefois difficile d'estimer le nombre de Français ayant quitté leur pays :

Tableau 3. — Evolution de l'émigration hors de France de 1824 à 1850 (nombre moyen annuel d'émigrants par période décennale)

1824-1830	*1831-1840*	*1841-1850*
2 500	14 000	26 000

Source : H. Bunle, M. Huber, F. Boverat, *La population de la France, son évolution, ses perspectives*, © Armand Colin, 1965.

Bien que certains historiens tels que Louis Chevalier aient défendu l'idée de flux réguliers d'émigration — environ 20 000 personnes par an —, il semble que l'émigration se soit accélérée progressivement au cours de la période, tout en demeurant limitée. L'Algérie constitue en effet la seule colonie de peuplement française, sans que pourtant les chiffres des immigrants y aient atteint un total important : pour la période 1841-1850, on n'enregistre que 5 000 départs par an en moyenne.

Jusqu'en 1850, le relatif surpeuplement des campagnes et le caractère dispersé de l'industrialisation limitent l'immigration étrangère à des travailleurs destinés aussi bien à l'agriculture qu'à l'industrie. Cette immigration n'est certes pas négligeable, car elle constitue un apport indiscutable et constant à la croissance démographique :

Tableau 4. — Evolution de l'immigration en France de 1821 à 1850 (nombre moyen annuel d'immigrants par période décennale)

	1821-1830	*1831-1840*	*1841-1850*
Nombre d'immigrants	+ 288 000	+ 272 000	+ 90 000
En % de l'augmentation de la population	13,7	16,4	5,8

Source : H. Bunle, M. Huber, F. Boverat, *La population de la France, op. cit.*

Mais l'on ne saurait en exagérer l'impact : en 1851 encore, la France ne compte que 379 000 étrangers (soit 1 % de la population totale environ), auxquels il convient d'ajouter 13 000 naturalisés.

Fléchissement du taux d'accroissement naturel, baisse de la natalité

Même s'il est à peu près certain que l'immigration l'emporte sur l'émigration, la croissance démographique de la France est donc pour l'essentiel déterminée par le taux d'excédent naturel, lui aussi en déclin progressif :

Tableau 5. — Evolution des taux de natalité, de mortalité et d'accroissement naturel de la population française de 1811 à 1850 (moyenne annuelle, en ‰)

	1811-1820	*1821-1830*	*1831-1840*	*1841-1850*
Taux de natalité	32	30,5	29	27
Taux de mortalité	26	25	24,5	23
Taux d'accroissement naturel	8	5,5	5,5	4

Source : H. Bunle, M. Huber, F. Boverat, *La population de la France, op. cit.*

Le nombre total des naissances reste presque stable. Très élevé de 1813 à 1816, il diminue en 1817-1818, mais dépasse toujours 950 000 de 1819 à 1830. Il diminue à nouveau en 1831-1832, avant de remonter jusqu'en 1835, année durant laquelle on compte près de 1 000 000 de nouveau-nés. Ensuite, il se restreint à nouveau, puis reste continuellement supérieur à 950 000 de 1841 à 1846. L'évolution du taux de natalité est cependant moins favorable, car la population augmente alors même que la natalité se stabilise. Il se réduit en plusieurs paliers : supérieur à 31 ‰ avant 1827, il tombe à moins de 30 à partir de 1832, à moins de 29 à partir de 1837 et se situe même à moins de 28 de 1844 à 1846.

Cette diminution ne s'explique guère par l'évolution de la nuptialité. Celle-ci augmente même entre 1831 et 1835. Elle connaît en outre d'importantes fluctuations conjoncturelles : accroissement en 1815 et 1816, avec le retour de la paix et des soldats impériaux ; baisse en 1817, par suite notamment de la disette, et maintien à un niveau déprimé jusqu'en 1822 ; hausse en 1823, puis stabilité de cette date à 1829 ; nouvelle augmentation en 1830 ; chute en 1831-1832, liée au choléra ; retour à la moyenne et stabilité jusqu'en 1847. Il est remarquable que l'abolition du divorce en 1816 n'ait eu qu'une faible incidence sur l'évolution de la nuptialité. En revanche, le facteur principal de la baisse du taux de natalité réside à l'évidence dans la forte diminution de la fécondité. Le taux brut de reproduction — c'est-à-dire le rapport du nombre annuel des naissances à celui des femmes en âge d'avoir des enfants — tombe de 200 ‰ en moyenne de 1815 à 1819 à moins de 180 ‰ entre 1843 et 1846. Quant au taux net de reproduction, qui corrige le précédent par l'évolution de la mortalité selon les âges, il est également en légère baisse. Cette évolution résulte pour une large part de l'extension de la pratique de la limitation volontaire des naissances. Sans doute les mœurs se transforment-elles. Les conceptions prénuptiales deviennent plus fréquentes (mais, à vrai dire, pas partout), les naissances illégitimes augmentent fortement, tandis que de nombreux enfants sont abandonnés : au moins 25 000 par an au cours de la période 1821-1846.

Une lente diminution de la mortalité

La diminution de la mortalité est indéniable. Mais elle reste limitée. Sauf pendant les premières années de la Restauration, la période de la monarchie constitutionnelle enregistre de lourds décès annuels : plus de 800 000 par an dès 1825. Si le taux de mortalité se trouve, en fin de période, à un niveau inférieur à celui du début, la baisse est lente : 21,2 ‰ en 1845 contre plus de 25 entre 1816 et 1831. Persiste notamment un haut niveau de mortalité infantile. Le taux de mortalité infantile est encore de 156 ‰ en moyenne de 1841 à 1845, alors qu'il se situait à 180 entre 1831 et 1835 et à 166 entre 1836 et 1840. Le maintien d'un niveau élevé de mortalité tient à la médiocrité des conditions économiques, sociales et sanitaires pour une majorité de la population. Le niveau de vie moyen, le niveau d'instruction demeurent médiocres pour une majorité de Français, le prolétariat ouvrier est alors souvent plongé dans la misère (ainsi dans l'industrie textile), l'hygiène — surtout dans les villes — et le régime alimentaire — carence d'aliments azotés — souffrent de graves insuffisances. Les conditions sanitaires ne sont pas meilleures. Trop peu nombreux et qualifiés, les médecins n'ont que des connaissances assez faibles. Le coût des soins à domicile reste relativement élevé. Quant aux hôpitaux, ils sont trop rares, parfois trop médiocrement organisés. Indice criant de ce mauvais état sanitaire, les conseils de révision réforment 37 % des jeunes gens en 1818, 1819, 1820 ; jusqu'en 1860, le pourcentage demeure voisin du tiers, en comptant ceux qui n'atteignent pas la taille minimum requise.

Il existe une surmortalité sociale. Tel est le cas des enfants abandonnés : entre 1824 et 1833, leur taux de mortalité annuel moyen atteint 430 ‰. Mais il diminue fortement sous la monarchie de Juillet, tombant à 120 ‰ en moyenne chaque année de 1842 à 1846. L'alcoolisme et la persistance de certaines maladies endémiques — ainsi le paludisme — contribuent pour une large part au maintien d'un haut niveau de mortalité. Les maladies épidémiques sont plus redoutables encore : la fièvre typhoïde, liée à l'insuffisante maîtrise de l'alimentation en eau, la tuberculose (10 % des décès ?) et les maladies vénériennes continuent de faire des ravages. Surtout, il faut tenir compte des terribles épidémies de variole de 1831 et 1835 et de choléra en 1832, 1834, 1849, 1854 et 1855. La variole est très meurtrière : 20 % des décès de jeunes de moins de 24 ans en 1820. Liée à l'intensification croissante des relations avec l'Orient et à la plus grande rapidité des communications, l'épidémie de choléra ne l'est pas moins : 103 000 morts en 1832. En 1832, elle ravage la région parisienne et, plus largement, le quart nord-est de la France. En 1854, le Nord et le Sud-Est seront très durement frappés. La propagation du virus se fait par l'eau et la sueur, mais est facilitée par la faiblesse physiologique — en période de disette par exemple — et le manque d'hygiène. L'on comprend mieux dès lors la relative modestie d'un accroissement naturel oscillant entre 206 000 de moyenne annuelle au maximum entre 1821 et 1825 et 118 700 au minimum durant les années 1831 à 1835.

Amorce d'une croissance urbaine, prépondérance écrasante du monde rural

Entre 1821 et 1846, la population des villes — en l'occurrence celle des chefs-lieux d'arrondissement — augmente de 31 %, contre seulement 16,2 pour la population totale.

Démarrage tardif et modeste de l'urbanisation

Mais le mouvement démarre tardivement, sous la monarchie de Juillet. Cette progression plus rapide des villes ne résulte pas d'un excédent des naissances sur les décès. Ce dernier est faible en règle générale, quand l'on n'observe pas, parfois, un déficit. Les villes demeurent, comme sous l'Ancien Régime, « le mouroir de la race » : ainsi Marseille ou Bordeaux, villes qui connaissent de fréquents excédents de décès. Beaucoup plus important est le mouvement d'émigration de la campagne vers la ville ou des villes petites et moyennes vers les plus grandes ou vers l'étranger. Il existe de surcroît un déséquilibre de la structure urbaine. Au sommet domine Paris, dont la population augmente de 47,6 %, passant de 714 000 habitants en 1821 à 1 054 000 en 1846 (contre environ 1,9 million à Londres). Dès le début du XIXe, la capitale exerce une vive attraction sur l'ensemble des Français : en 1833, 48 % des

Parisiens sont nés hors du département de la Seine. Durant la première moitié du siècle, la banlieue est également en vive expansion : l'arrondissement de Saint-Denis voit sa population augmenter de 41 000 personnes en 1800 à 356 000 en 1850. Plus spectaculaire : la commune de La Chapelle accueille 33 000 habitants en 1856 contre seulement 788 en 1801. A Paris comme en banlieue, les conditions de vie demeurent très difficiles, en raison entre autres de l'imbrication étroite des activités polluantes et des logements : ainsi à Belleville, décrit par Gérard Jacquemet, où les équarrisseurs sont établis en pleine agglomération. De plus, Paris est par excellence le lieu des « classes dangereuses » (L. Chevalier) et de la spéculation immobilière.

En 1846, les grandes villes restent peu nombreuses. Marseille, avec 183 000 habitants, est, semble-t-il, car il y faut tenir compte de la médiocre qualité des recensements, passée devant Lyon. Celle-ci emmène un petit groupe de trois villes, en légère progression, et dont la population se situe entre 150 000 et 100 000 : en font partie Bordeaux et Rouen. Puis viennent Nantes, Toulouse et Lille, peuplées de 70 000 à 90 000 personnes. Les grosses villes moyennes n'ont guère changé par rapport au XVIIIe siècle, à l'exception sans doute de Strasbourg et d'Amiens : Caen ne possède encore que 42 000 habitants en 1840 — au lieu de 40 000 en 1775 — et l'on pourrait faire des observations similaires à propos d'Angers, de Besançon, de Metz, Montpellier, Nancy et Nîmes, d'Orléans et de Rennes. Quelques villes industrielles et commerçantes connaissent déjà une croissance forte, à l'instar de Saint-Etienne, dont la population passe de 16 000 habitants en 1801 à 56 000 en 1851. Il en va de même pour Roubaix, qui triple le nombre de ses habitants entre 1815 et 1851. Mais le fait n'est pas général : Toulouse grandit par exemple plus vite que Lille, car l'exode rural est avant tout lié au manque d'emplois et à l'insuffisance des ressources. La France demeure un pays de villes moyennes — de 7 000 à 15 000 habitants —, voire de petites villes — de 2 000 à 7 000. En 1846, les premières sont inégalement présentes sur le territoire. Dominé par Montpellier (36 000 habitants), le département de l'Hérault en compte huit (Agde, Béziers, Sète, Clermont, Lodève, Lunel, Pézenas, Saint-Pons), mais celui de la Moselle, où Metz réunit 43 000 habitants, n'en n'a aucune, Thionville, la seconde ville, n'en ayant que 5 700.

La mortalité urbaine dépasse celle des campagnes. Dans leur quasi-totalité, les villes souffrent d'une insuffisance de l'hygiène, de l'équipement médical, de l'urbanisme. De larges couches de la population ouvrière vivent dans la misère, surtout là où se rencontre la grande industrie. L'exemple de Paris montre d'ailleurs que, si la mortalité diminue en milieu ouvrier, elle baisse moins que dans les autres milieux. Il existe en effet de très grandes inégalités devant la mort et probablement atteignent-elles, entre 1830 et 1840, leur maximum (Patrick Verley). Jacques Rougerie relève ainsi une diminution de la consommation de vin et de viande à Paris entre 1820 et 1850, tandis que celle du pain reste stable, ce qui traduit une stagnation ou une détérioration du niveau de vie. Le même auteur indique que le salaire réel dans le bâtiment, après avoir connu de hauts niveaux relatifs sous le Premier Empire, se serait dégradé jusque vers 1850. La ville constitue en fait un milieu démographique bien particulier. L'on y trouve une plus forte proportion d'adultes, mais moins de jeunes et de personnes âgées. Les hommes y dominent, du fait de l'immigration. L'on s'y marie peu, notamment chez les domestiques, l'on y a moins d'enfants alors que l'on y meurt proportionnellement plus. Enfin les naissances illégitimes y sont relativement plus nombreuses.

Des campagnes proches du surpeuplement

L'urbanisation n'entame guère l'écrasante prépondérance du monde rural. En 1836, dans sept départements, les campagnes accueillent 90 % au moins de la population. Dix ans plus tard, les communes de moins de 2 000 habitants agglomérés au chef-lieu représentent 75,6 % de la population française totale. En chiffres absolus, les ruraux continuent d'augmenter, les excédents de naissance dépassant les excédents d'émigration. En 1836, la densité des campagnes atteint 47,9 habitants au kilomètre carré : sans doute ce chiffre est-il dépassé en 1846. Selon Charles-Henri Pouthas et Jean-Claude Toutain, la population des campagnes serait passée de 23,4 millions en 1811 à 26,9 en 1841. Il existe cependant de fortes disparités en matière de densités rurales : 40 habitants au kilomètre carré dans la Marne contre 160 dans le Bas-Rhin. L'évolution est en outre différenciée. Certaines provinces progressent faiblement, tantôt en raison d'une situation économique médiocre — cas de la Bretagne —, tantôt parce que l'équilibre y est précaire entre subsistances et population : ainsi en Normandie ou dans le Jura, où le surpeuplement pousse vraisemblablement à la baisse de la fécondité. En revanche, les régions connaissant les progrès agricoles les plus spectaculaires voient leur population augmenter fortement, à l'instar des plaines du Rhône ou du centre de la France : immigration et excédents de naissances cumulent alors leurs effets.

Si la population se maintient aussi nombreuse dans les campagnes, c'est qu'il existe sur place une association souvent étroite des activités agricoles et industrielles. Ces dernières ont souvent, mais pas toujours, lieu à domicile. Il en existe de nombreux types — tissage des toiles, des draps, des dentelles par exemple — et elles sont souvent les plus développées là où il y a le plus d'hommes. Comme il n'y a pas toujours du travail pour tous, se maintiennent de nombreuses activités marginales : ainsi la cueillette, le braconnage ou... la mendicité. Les migrations temporaires jouent également un rôle essentiel. Certaines sont liées à l'exercice de tel ou tel métier : maçons de la Creuse, colporteurs auvergnats, nourrices du Morvan. Les migrations, grâce à leurs salaires d'appoint, contribuent à freiner un exode définitif. D'importance très variable, elles concernent surtout les hommes. Elles partent fréquemment des montagnes, surtout celles de la moitié méridionale de la France, et se dirigent souvent vers le Bassin parisien, l'Alsace, la vallée du Rhône et la côte méditerranéenne. Les déplacements sont en général de courte distance — d'un versant à l'autre des vallées dans les Pyrénées — et liés au calendrier agricole : ce sont les mêmes qui prennent part aux moissons en Bresse et aux vendanges en Mâconnais ou en Beaujolais. Yves Lequin parle, à propos de la région lyonnaise, de « l'utilisation d'une main-d'œuvre circulante bien adaptée à un système qui ne connaît pas le plein-emploi et qui intègre le trop-plein habituel des campagnes et les travailleurs étrangers à la région ». Mais la période voit aussi s'amorcer un exode définitif : entre 1831 et 1851, les campagnes françaises perdent 800 000 personnes. Il faut y voir, pour une très large part, l'impact de la crise des années 1846-1851.

Un tournant majeur : la crise de 1846-1851

Elle résulte d'une succession d'événements défavorables : la crise agricole de 1846-1847, la crise financière, industrielle et commerciale de 1847, les troubles révolutionnaires de 1848 et la longue dépression économique des années 1848-1851. Sur le plan démographique, elle se traduit par une diminution sensible de l'accroissement naturel, due à la conjonction d'une baisse des taux de nuptialité et de natalité ainsi que d'une hausse du taux de mortalité :

Tableau 6. — Evolution des taux de nuptialité, de natalité, de mortalité et d'accroissement de la population française de 1841 à 1850 (moyenne annuelle de chacune des périodes considérées, en ‰)

	1841-1845	*1846-1850*
Taux de nuptialité	16,3	15,6
Taux de natalité	28,1	26,7
Taux de mortalité	22,7	23,9
Taux d'accroissement naturel	+ 5,4	+ 2,8

Source : A. Armengaud, *La population française, op. cit.*

Au cours de la période, la nuptialité a beaucoup fluctué : forte chute de 1845 à 1847, relèvement en 1848, nouvelle chute, mais plus limitée, en 1849, retour au niveaux de 1845 et 1848 en 1850 et 1851. Les augmentations de la nuptialité observées en 1848 et 1850 se sont traduites par un redressement de la natalité, avec un an de décalage, en 1849 et 1851, attestant, comme sous l'Ancien Régime, du rôle persistant de l'âge au mariage comme régulateur de la croissance démographique. La mortalité évolue en revanche de manière plus irrégulière : à un premier maximum en 1847, lié directement à la crise frumentaire répond un second, beaucoup plus élevé, conséquence de l'épidémie de choléra, dont la propagation est facilitée par les difficultés économiques et la mauvaise alimentation. L'accroissement naturel demeure cependant toujours positif, mais il s'effondre entre 1845 (6,5 ‰) et 1849 (0,3 ‰), avant de revenir en 1850 à son niveau moyen des années 1841-1845.

La crise de 1846-1851 est-elle vraiment une crise de subsistance ? La question mérite l'attention. Ce type de crise se caractérise par la corrélation observée entre d'une part une forte hausse du prix du blé, de l'autre une poussée de la mortalité et une diminution de la nuptialité et des conceptions. Même si les famines ont disparu en France depuis le milieu du XVIIIe siècle, il subsiste encore de fréquentes disettes entraînant la sous-alimentation de larges couches de la population. Cette sous-alimentation favorise la transmission des épidémies et l'augmentation de la mortalité des éléments les plus exposés : enfants, vieillards, malades, etc. Il est certain que l'on relève, en 1846 et 1847, la coexistence d'une mortalité plus forte que la moyenne et d'une cherté des grains. En revanche, pour 1849, la vive poussée de la mortalité s'accompagne d'une baisse des prix alimentaires, liée à la conjonction des importants achats de blés russes et américains consentis par les autorités françaises dès la fin de 1847 et d'une succession de récoltes surabondantes à partir de 1849. La liaison entre le mouvement des prix d'une part, celui de la nuptialité et de la natalité de l'autre apparaît plus nette. Il y a coïncidence entre les périodes des hauts prix du blé et celles de baisse de la nuptialité. Sans doute certains mariages sont-ils alors ajournés du fait de la gêne matérielle entraînée par la cherté, des épidémies et de l'intensité plus grande des migrations temporaires. Avec quelques mois de décalage, l'on relève la même corrélation entre prix et natalité. La diminution de celle-ci résulte alors directement de celle de la nuptialité ainsi que d'une probable réduction de la fécondité des couples mariés, elle-même explicable par l'effet des épidémies, l'amplification des migrations temporaires et un recours plus général à la contraception.

La crise a des effets considérables sur l'évolution de la population française. En effet, pour plus de la moitié des départements, la population a diminué. Pour les deux tiers d'entre eux, l'émigration l'emporte alors sur l'immigration. Quant aux migrations extérieures, elles ont augmenté dans une très forte proportion : entre 1846 et 1851, l'émigration l'emporte de 276 000 individus sur l'immigration. Le monde rural connaît une crise grave. La population des villes industrielles et des grands ports augmente. Même si Paris ne semble pas avoir beaucoup bénéficié de la crise, le nombre de ses habitants continue de s'accroître : la capitale en compte 1 174 000 en 1856, soit 120 000 de plus que dix ans plus tôt. De même, le déclin de certaines zones rurales, ainsi en Normandie, ne fait guère de doute, tandis que s'accélèrent les départs depuis les régions de montagne. Une nouvelle époque s'ouvre, marquée par la diminution de la population des campagnes, nonobstant leurs excédents de naissances, par suite d'un exode rural plus soutenu.

La société : un univers de représentations

30 à 35 millions de Français en cette première partie du siècle, tous juridiquement égaux : à la relative précision des effectifs fournis par les recensements et à l'intangibilité d'un principe désormais reconnu par les divers régimes politiques s'opposent le flou et la disparité de conditions sociales alimentant l'imaginaire et suscitant toute une contestation. L'ancienne société d'ordres n'est plus qu'un souvenir, malgré certaines survivances dans les mentalités. Mais comment qualifier ce cadre nouveau issu de la Révolution, consacré par le Code civil, où l'égalité devant la loi et l'impôt n'exclut nullement les plus extrêmes différences de fortune et de condition sociale ? Parler d'une « société de classes » offre une étiquette commode mais pas forcément adéquate, l'expression faisant plus référence à des notions abstraites qu'à une réalité vécue, et recourant à des concepts dont l'usage devenu certes banal n'implique pas pour autant qu'ils soient clairement définis.

Qu'est-ce en effet qu'une classe sociale ? Les sociologues, au XXe siècle, y verront un groupement « de fait », « inorganisé » (G. Gurvitch) par contraste avec la structuration officielle des trois « ordres » ou « états » de l'Ancien Régime. Cela revient à souligner la difficulté de saisir concrètement une réalité aux contours incertains, fruit des jugements de valeur d'une époque (Edmond Goblot dira ainsi qu'une classe est « tout entière dans l'opinion et dans les mœurs »)[1], ou qui ne trouve pleinement son évidence qu'en fonction d'une certaine analyse de la société globale, avec cette fois le risque d'*a priori* conceptuel et de dérive polémique.

Tel est bien le cas en ce XIXe siècle où maints théoriciens et réformateurs sociaux emploient constamment le terme de « classes » sans jamais se soucier de le clarifier. Marx pas plus que les autres : c'est ainsi que le nombre même des classes dont il décrit les « luttes » varie singulièrement dans ses études successives[2] ; la seule référence qu'il donne à leur sujet est paradoxalement l'œuvre d'auteurs « bourgeois » en qui l'on reconnaît Guizot ou Augustin

1. Edmond Goblot, *La barrière et le niveau, étude sociologique sur la bourgeoisie française moderne,* Paris, 1925, rééd. 1967.

2. Citons, spécialement consacrées à notre période, *Les luttes de classes en France* (1850) et *Le 18 brumaire de Louis Bonaparte* (1852).

Thierry[1]... Mise à la mode, effectivement, par ces derniers, la notion de classes en conflit entre elles est reprise de l'Antiquité romaine : référence familière à des esprits nourris d'humanités classiques, mais que l'on transpose dans une société différente, avec les ambiguïtés que cela implique. Songeons au terme, appelé à un si grand succès, de « prolétaires ». Il désignait dans la société romaine les plus pauvres des citoyens, ceux qui n'avaient guère d'autre bien que leur progéniture *(proles)* ; encore étaient-ils au-dessus des véritables dominés, à savoir les esclaves. Dans la société moderne, que recouvrira au juste ce vocable ? L'ensemble des pauvres par opposition aux nantis ? Les classes laborieuses par rapport aux possédants ? Ou seulement l'élite politisée de la classe ouvrière, que Marx tiendra à distinguer d'un « sous-prolétariat » finalement pas si différent, à ses yeux, de ce que les autorités du temps qualifiaient de « classes dangereuses » ? La fortune extraordinaire de ces termes d'allure savante n'a d'égale que leur durable imprécision. C'est ainsi que la bourgeoisie, tout au long du XIXe siècle, sera présentée comme une « classe » et simultanément dénoncée comme une « caste » ou un nouvel « ordre privilégié », incohérence conceptuelle traduisant en fait l'usage avant toute polémique de ces termes, éléments d'une logomachie beaucoup plus que d'une réflexion objective.

Parallèlement à ce vocabulaire d'apparence scientifique qui prétend rendre compte des divisions d'une société, on découvre, en contradiction parfois totale avec lui, la permanence de représentations traditionnelles qu'une certaine vision romantique accroît de tout un imaginaire social. Inspirant l'iconographie (notamment ces caricatures où excelle Daumier) et de multiples œuvres littéraires, des romans balzaciens au vaudeville, ces représentations trouvent une de leurs expressions les plus caractérisées dans ces petits livres très appréciés vers 1840 que sont les « physiologies », portraits à la fois physiques et moraux[2] des divers types sociaux, auxquels s'exer-

1. « Ce n'est pas à moi, écrit-il à son correspondant Weidemeyer en 1852, que revient le mérite d'avoir découvert l'existence des classes dans la société moderne, pas plus que les luttes qu'elles s'y livrent. Des historiens bourgeois l'avaient exposé bien avant moi... »

2. Trouvant certaine caution scientifique dans les théories du médecin Cabanis sur les liens « du physique et du moral de l'homme », ou dans celles de Lavater dont la « physiognomonie » pensait pouvoir lire le caractère à travers les traits d'un visage, les physiologies associaient volontiers à chaque type social un physique et une mentalité propres.

cent avec esprit les meilleures plumes de l'époque. On aura ainsi des physiologies du médecin, de l'ecclésiastique, de l'usurier, de l'employé, du commis-voyageur, de la vieille fille..., tous personnages, on le notera, qui développés plus longuement nourriront *La Comédie humaine,* le type du « gamin de Paris » annonçant quant à lui Gavroche et celui de l' « épicier », voué au plus durable succès, incarnant ce type d'homme aux horizons bornés, fermé à toute culture, que dénonceront jusqu'à nos jours artistes et intellectuels et qu'on va retrouver au cœur de leur représentation du « bourgeois ».

En effet, si d'autres milieux sociaux font également l'objet d'images fort conventionnelles (songeons aux paysans dont on se plaît alors, pour chaque province, à caractériser et le costume et le tempérament local), c'est bien sur le bourgeois que se focalise la verve des auteurs contemporains. On peut s'en étonner en un siècle dit volontiers « bourgeois », notamment après 1830 qui verrait accéder « la grande bourgeoisie au pouvoir » (J. Lhomme). Et pourtant, même si n'ont pas encore paru ces grands dictionnaires qui, sous le Second Empire, énuméreront complaisamment les sens péjoratifs du terme (on lira ainsi chez Pierre Larousse à l'article « Bourgeois » : « individu sans distinction », « sans goût » et même « mesquin, vulgaire, commun » !), comment ignorer dès l'époque de la « Monarchie bourgeoise » l'essor d'une caricature tournant en dérision, sous les traits de « Monsieur Gogo » ou du « Joseph Prudhomme » d'Henri Monnier, un « bourgeois » dont bedaine et sotte fatuité semblent être les principales caractéristiques physiques et morales ? De quelques années postérieure (1854) mais situant son intrigue sous Louis-Philippe, la comédie d'Emile Augier et Jules Sandeau, *Le gendre de Monsieur Poirier,* grand succès de l'époque, rassemble tous les clichés du genre. On les retrouvera un peu plus tard chez Labiche, dans de non moins célèbres pièces comme *Le voyage de Monsieur Perrichon.* Véritable anti-héros de toute cette littérature, le bourgeois y est systématiquement présenté comme un être médiocre et grotesque, dépourvu de tout sens artistique et de toute grandeur d'âme, qui se figure tout obtenir par son argent. En bref un « épicier » borné, conjuguant sa bêtise avec des ambitions de parvenu. Mais n'est-ce pas, par là même, souligner les limites d'une vision sociale restée peu différente de celle de Molière avec « Monsieur Jourdain » ? Décrit-on ici le bourgeois « éternel » ou un bourgeois de convention, volontairement ramené au « petit bourgeois », personnage dont le manque de manières et le peu d'instruction font une cible facile pour les gens du monde et les intellectuels, ligués contre cette couche montante qui menace la prééminence des uns sans être assez sensible au talent des autres ? L'image est en tout cas promise à une longue carrière, alors même que d'autres auteurs auront de leur côté développé le thème d'une « bourgeoisie » classe dominante, accaparant avec les moyens de production tous les éléments de puissance. Mais comment concevoir alors une telle bourgeoisie avec de pareils « bourgeois » ?

Parmi les représentations où se complaît l'époque romantique, une place particulière doit être faite à celles du monde urbain. La ville en effet, avec ses quartiers bien souvent vétustes, insalubres, dont l'afflux de migrants accroît les problèmes et le surpeuplement, avec son univers social où se côtoient le luxe extrême et la misère la plus sordide, est pour les contemporains objet privilégié de fantasmes. Ecrivains et artistes s'en font l'écho, traduisant dans leur œuvre un sentiment diffus qu'à leur tour ils renforcent, tel Eugène Sue avec ses fameux *Mystères de Paris* (1843) dont le succès d'ailleurs suscitera des imitations pour des villes de province comme Rouen ou Nancy. Apparaît de la sorte un monde inquiétant avec ses taudis, ses bouges, ses bas-fonds où rôde l'ombre incertaine d'un Vidocq, d'un Vautrin ; un monde sans pitié pour le pauvre, le faible, mourant à l'hôpital ou réduits à l'usure léonine d'un Gobseck... Un monde fascinant pourtant par son animation, ses occasions de plaisirs et ses chances de gain : « Que la ville est brillante, que la campagne est triste et pauvre ! », fait dire Michelet au paysan séduit par le mirage urbain. De fait, la ville est perçue à la fois comme « enfer », une métaphore chère à Balzac, et comme paradis. Présentée comme un lieu de perdition — Paris, dans la poésie romantique, est traitée « dix fois de Gomorrhe, dix-huit fois de Sodome et quatre-vingt-dix fois de Babylone » d'après l'étude de P. Citron —, elle n'en est pas moins le théâtre obligé de toute réussite aux yeux des Rubempré et autres Rastignac : « A nous deux, Paris ! », à moins que le rêve finisse en « illusions perdues »...

Littérature ? Mais il se trouve que les statistiques, à leurs débuts en ce premier XIXe siècle où on leur prête grande attention[1], vont

1. Amorcée par l'administration napoléonienne, la curiosité statistique, développée par des sociétés ou des publications spécialisées, s'étend aux domaines les plus variés : consommations, mortalité (avec entre autres Villermé), prostitution (Parent-Duchâtelet), etc.

dans le même sens en frappant l'opinion qui prend soudain conscience du niveau élevé de la mortalité épidémique dans les grandes cités (songeons au choléra de 1832), du nombre des crimes et délits ou encore de l'étendue d'un phénomène comme la prostitution. Révélant les problèmes, les chiffres créent en quelque sorte l'illusion de leur aggravation. Jusqu'aux enquêtes sociales, même les plus solidement fondées comme celle de Villermé, dont certaines descriptions horrifiques vite généralisées contribuent à entretenir la psychose. Louis Chevalier, dans son livre *Classes laborieuses et classes dangereuses à Paris pendant la première moitié du XIXe siècle,* souligne ainsi le thème obsessionnel, dans les écrits du temps, d'une criminalité urbaine spécifique, le goût morbide du romantisme pour le drame, l'horreur, s'alimentant ici de la révélation de certains chiffres ou du retentissement de meurtres célèbres comme ceux de Lacenaire.

Se répand ainsi l'idée d'une pathologie propre à la ville : une ville malade tant au physique qu'au moral, aux statistiques du crime répondant celles du choléra ou des abandons d'enfants. Une ville perçue comme criminogène et mortifère à la fois, et de surcroît une ville puante, une intolérance nouvelle aux odeurs nées de la pollution, de la promiscuité ou de la misère se manifestant d'autant plus que la médecine d'alors tend à les associer à la présence de miasmes redoutables[1]. Une ville dangereuse enfin dont les responsables s'efforcent de repérer et de dénombrer les éléments malsains, marginaux, asociaux. Non sans difficulté : ainsi Frégier, fonctionnaire à la préfecture de la Seine, qui dans son livre *Des classes dangereuses de la population des grandes villes* (1840) essaie de chiffrer mendiants, voleurs et prostituées, en vient-il à étendre aux classes laborieuses dans leur ensemble la suspicion de criminalité, chômage et misère risquant de les entraîner vers la délinquance dans une inquiétante osmose entre bas-fonds urbains et monde du travail. Toutes craintes auxquelles l'épidémie, la crise économique, la cherté du pain confèrent périodiquement une préoccupante réalité, donnant corps à toutes les hantises des milieux aisés face à des masses misérables au comportement imprévisible : « Les barbares sont près de nous ! » Peut-on oublier d'autre part l'effet produit par les graves désordres urbains qui affectent la capitale mais également Lyon, au début de la monarchie de Juillet, avec leurs scènes d'émeute ou d'insurrection ? Si elle nourrit chez les républicains le

1. Cf. Alain Corbin, *Le miasme et la jonquille. L'odorat et l'imaginaire social, XVIIIe-XXe siècle,* Paris, 1982.

mythe de la révolte, la barricade, vue de l'autre côté, n'est qu'un acte de guerre civile assombrissant encore l'image du monde urbain et, tout spécialement, parisien qu'une comparaison significative assimile à un « volcan » toujours susceptible d'entrer en éruption.

Le temps des utopistes

A ces fantasmes nés dans l'esprit des contemporains au spectacle de la société nouvelle viennent s'ajouter, non moins imaginatifs souvent, les rêves d'un monde meilleur issus de sa critique ou de son refus. La France n'est certes pas seule à voir naître projets ou théories en ce domaine : c'est avec l'Anglais Owen (1771-1858) qu'apparaît, semble-t-il, le terme même de socialisme, ainsi que l'idée de coopérative, et l'on sait par ailleurs l'influence décisive que devait plus tard exercer, avec cette fois des prétentions « scientifiques », l'Allemand Karl Marx (1818-1883), auteur dès 1848 avec son compatriote Engels du *Manifeste communiste.* Nulle part cependant la réflexion ou l'utopie sociales n'auront autant fleuri qu'en cette France « romantique » où une génération imaginative affronte à la fois les séquelles de la Révolution politique et les prémices de la révolution industrielle.

Trait commun à tous ces penseurs, dont on ne citera que les principaux[1], la dénonciation virulente de structures sociales et économiques jugées inéquitables ou irrationnelles, ne permettant à leur avis ni le plein développement de la production de richesses, ni leur juste distribution, ni l'épanouissement des capacités de chacun. Partant de ce constat d'échec dont les observations concrètes (paupérisme, domination du capital...) s'accompagnent souvent de considérations morales avec le reproche d'infidélité aux idéaux de la Révolution ou aux préceptes évangéliques (textes ci-joints), les réformateurs proposent et volontiers décrivent une société future dont les principes différents ou quelque système nouveau d'organisation devraient assurer la marche optimale dans une plus grande justice et pour le bonheur de l'humanité.

1. Il faudrait citer encore Pecqueur, Pierre Leroux...

Une religion sociale ?

Bien qu'éloignés, sauf Buchez, de la religion chrétienne, les « utopistes » y font volontiers référence, ne serait-ce que dans le titre de leurs écrits (cf. la *« Parabole »* de Saint-Simon ou son *« Catéchisme » des industriels*). Plusieurs d'entre eux en viennent à transposer dans un domaine purement social le message de l'Evangile, Jésus, « premier des socialistes », devenant ainsi caution de leurs projets. On a là un exemple de cette religiosité vague et peu orthodoxe propre à l'époque romantique, qui sera une des composantes de ce qu'on a appelé « l'esprit de quarante-huit ».

« Les communistes sont les disciples, les imitateurs et les continuateurs de Jésus-Christ », écrit ainsi Cabet, auteur d'un livre intitulé *Le vrai christianisme.* « Respectez donc une doctrine prêchée par Jésus-Christ. Dites, si vous voulez, qu'elle est trop belle, qu'elle est un rêve, une utopie impossible à réaliser. Mais il ne vous est pas permis de dire qu'elle est immorale, méprisable, détestable. »

« Le socialisme a pour but de réaliser parmi les hommes les quatre maximes fondamentales de l'Evangile », déclare de son côté Louis Blanc[1] :

« 1° Aimez-vous les uns les autres.

« 2° Ne faites pas à autrui ce que vous ne voudriez pas qu'on vous fît à vous-même.

« 3° Le premier d'entre vous doit être le serviteur de tous les autres.

« 4° Paix aux hommes de bonne volonté. »

1. *Catéchisme socialiste,* Paris, 1849.

Ils sont beaucoup moins précis — et c'est en cela qu'on les taxera plus tard d'utopisme — sur les modalités pratiques du passage de la société présente à ce monde meilleur dont ils se veulent les prophètes. Illusion, non sans orgueil intellectuel, que leurs théories s'imposeront d'elles-mêmes tôt ou tard ? Evasion dans l'imaginaire d'une cité idéale ? Optimisme inconscient des obstacles et des inévitables résistances ? Ce bouleversement social qu'ils préconisent, « il est possible, facile même de l'accomplir pacifiquement », estime Louis Blanc, tandis que Cabet n'envisage pour y parvenir « ni violence ni révolution ». Fait exception ici un Auguste Blanqui (1805-1881), tenant de l'insurrection populaire, qui repousse après la prise du pouvoir l'étude de la question sociale et de ses solutions[1]. Mais l'utopie réside peut-être ici dans l'illusion, longtemps entretenue dans le Paris des barricades, qu'un coup de force de la rue suffit à renverser le destin et à ouvrir un avenir radieux... Quant aux solutions préconisées, elles

1. Le révolutionnaire Blanqui ne doit pas être confondu avec son frère Adolphe, économiste libéral et académicien, auteur d'une étude sur les ouvriers en 1848.

divergent singulièrement : est-ce à l'Etat qu'il faut confier la gestion de l'économie ? Vaut-il mieux préserver l'autonomie d'associations libres de travailleurs ? A moins qu'à l'instar des libre-échangistes anglais on ne voie dans l'abolition des droits de douane l'aurore d'un monde uni par les liens du commerce et libéré des « monopoles », où les classes pauvres bénéficieraient enfin d'une « vie à bon marché »[1].

Parmi tous ces théoriciens, contempteurs de la société présente, Saint-Simon (1760-1825) tient une place de choix. Héritier d'un nom illustre mais gagné aux idées révolutionnaires (il abandonne alors son titre de comte), après une vie aventureuse qui le laisse à la fin ruiné, il développe sous la Restauration des conceptions très neuves *(L'industrie, Le système industriel...)* auxquelles de jeunes disciples enthousiastes donneront un grand retentissement en attendant, beaucoup plus tard, d'en tirer certaines applications pratiques. Exprimée de façon percutante dans sa *Parabole* (1819), l'idée fondamentale est que du développement de la production dépend le progrès de l'humanité. Toute l'organisation de la société doit donc être revue en ce sens : c'est aux « producteurs », c'est-à-dire à ses yeux les savants, les artistes, les inventeurs et tous ceux qu'il appelle les « industriels », savoir aussi bien les chefs d'entreprise que les cultivateurs ou les ouvriers, que doit revenir le pouvoir et non plus — « la société actuelle, dit-il, est véritablement le monde renversé » — à ces « inutiles », ces « frelons » par rapport aux « abeilles » que sont les militaires, les fonctionnaires, les légistes ou les propriétaires vivant de leurs rentes. Hymne au progrès économique (« la politique doit être la science de la production »), la théorie de Saint-Simon comporte en même temps des accents socialistes : le but de l'exploitation devenue rationnelle des richesses planétaires devra être d' « améliorer le plus promptement et le plus complètement possible l'existence morale et physique de la classe la plus nombreuse ».

A la mort du maître, toute une école saint-simonienne s'organise avec notamment Bazard, un des chefs de la Charbonnerie, mouvement clandestin d'opposition, et le polytechnicien Enfantin. Par des conférences, des journaux *(Le Globe),* ils s'attachent à répandre une « Doctrine de Saint-Simon » accentuant ses orientations socialistes et soulignant telle de ses formules choc comme

1. Toute une utopie libre-échangiste se développe alors en Angleterre avec Cobden. On en trouve l'écho chez certains libéraux français.

« l'exploitation de l'homme par l'homme »[1]. Ils proposent, pour mettre fin à l'hérédité de la misère, de supprimer celle de la propriété : l'Etat hériterait seul des moyens de production et les redistribuerait aux plus aptes, le principe étant que tous travaillent, chacun devant être « classé suivant sa capacité et rétribué selon ses œuvres ». Enfin, Saint-Simon ayant prôné un « nouveau christianisme », l'école se constitue en secte religieuse, une quarantaine de disciples tentant de vivre en communauté à Ménilmontant sous la direction spirituelle du « Père » Enfantin. Bizarreries, poursuites pénales, l'expérience tournera court. Mais le saint-simonisme avait marqué toute une élite instruite : on la retrouvera aux affaires sous le Second Empire, ayant retenu l'idée de progrès économique avec l'encouragement de l'Etat. Les frères Pereire, Ferdinand de Lesseps ou l'économiste Michel Chevalier en seront de bons exemples.

En comparaison, Fourier (1772-1837) semble plus isolé, marginal voire extravagant. Pourtant cet employé obscur s'avère un des penseurs les plus originaux de son époque et, de tous les utopistes, celui dont les idées ont peut-être le mieux survécu à leur temps. Hanté par des visions où il croit découvrir le remède définitif aux maux de l'humanité souffrante, persuadé d'avoir un message à délivrer au monde, il les exprime dans de gros livres d'une lecture difficile, tel, en 1829, *Le nouveau monde industriel et sociétaire ou invention du procédé d'industrie attrayante et naturelle, distribuée en séries passionnées...* A la différence de Saint-Simon, Fourier dénonce les méfaits de l'industrie, à ses yeux source de misère pour les salariés (« L'Angleterre, écrit-il, a plus de pauvres que les autres pays ») et voit dans le commerce une activité parasite qu'il préconise de remplacer par le troc. Surtout il récuse tout recours à l'Etat ou à quelque organisation autoritaire : « Tout ce qu'on demande à la contrainte est fragile. » La solution est de suivre ses passions « comme Dieu les a données » et, au lieu de les combattre, d'en faire le ressort de la société nouvelle. La liberté y sera la règle, ainsi en matière sexuelle, et le travail deviendra attrayant — donc d'un meilleur rendement — parce qu'assorti aux goûts de chacun (ainsi les tâches malpropres seront-elles confiées aux enfants, dont on sait le penchant à toucher ce qui est sale...) et varié selon les moments de la journée.

1. « L'homme a jusqu'ici exploité l'homme. Maîtres, esclaves, patriciens, plébéiens, seigneurs, serfs, oisifs et travailleurs. Voilà l'histoire progressive de l'humanité jusqu'à nos jours », lit-on dans la *Doctrine de Saint-Simon. Exposition* (1829). Ce sont pratiquement les mots que reprendra Marx dans son *Manifeste* quelque vingt ans après.

L'association, « forme terrestre de l'attraction universelle », s'exprimera dans des phalanstères, communautés implantées dans un cadre rural rassemblant 1 620 membres, soit un représentant de chaque sexe pour chacun des 810 caractères dénombrés par Fourier, lequel décrit longuement l'organisation des locaux ou la vie quotidienne de cette cellule idéale. Point d'égalitarisme cependant au sein de la phalange, le travail en commun n'excluant pas des différences de richesse « nécessaires au jeu des passions » (Fourier prévoit ainsi trois classes, distinguées par leur avoir) et sa rémunération tenant compte de l'apport en capital comme du degré de talent.

Prolongée par quelques disciples ardents tel Victor Considerant, qui saluait en Fourier « le Christophe Colomb du monde social » et qui tentera, en vain, de créer un phalanstère au Texas, l'utopie fouriériste trouvera un lointain écho dans le « Familistère » de l'industriel Godin, à Guise. Elle inspirera le mouvement coopératif, tentative pour organiser production et consommation sur une base sociétaire.

A la suite de ces pionniers, diverses théories sociales fleurissent sous la monarchie de Juillet. Avec Cabet (1788-1858) et son *Voyage en Icarie* (1839), on a, dans la tradition de l'*Utopia* de Thomas More, la description d'un Etat idéal fondé sur le communisme. Possédant tout, celui-ci dirige la production et, grâce aux progrès techniques, il est en mesure de fournir à chacun en échange de son travail l'alimentation, le vêtement, le logement, identiques pour tous. On notera que la loi d'Icarie fait du mariage « la base nécessaire de l'Etat », condamnant tout écart en ce domaine : on est loin ici des débordements imaginés par d'autres utopistes et qui alimenteront dans l'opinion le fantasme d'un socialisme ennemi de la famille sinon partisan de la communauté des femmes... Pas plus que Fourier en tout cas, Cabet ne parviendra à concrétiser ses rêves, une tentative, encore une fois en Amérique, de colonie « icarienne » étant un complet fiasco.

Refusant à l'inverse la toute-puissance de l'Etat, le catholique Buchez (1796-1865), ancien saint-simonien revenu à l'idée que la religion est une nécessité sociale, seul fondement d'une morale durable, voit le remède aux maux présents dans l'association ouvrière. Les membres rassembleront un capital commun inaliénable peu à peu accru d'une part des bénéfices, qu'ils feront valoir par leur travail sous la direction de délégués élus. Plus de profit patronal ni de dépendance salariale. Encore faudra-t-il trouver des capitaux et montrer des capacités gestionnaires...

L'exemple de l'Association des bijoutiers en doré (1834-1873) montrera que ce n'était pas impossible, au moins dans un artisanat très qualifié, et le journal *L'Atelier,* rédigé par des ouvriers, s'en fera le propagandiste.

Louis Blanc (1811-1882) devait en reprendre l'idée dans son livre *L'organisation du travail* (1840), mais en conférant à l'Etat, qu'il souhaitait aussi voir prendre en charge les banques ou les chemins de fer en un véritable secteur nationalisé, un rôle décisif : celui d'aider à se créer, notamment dans l'industrie où le capital de départ est plus important, ce qu'il appelle des « ateliers sociaux » en leur fournissant les fonds nécessaires à un démarrage, ces associations devenant ensuite autonomes. Convaincu des vertus de son système dont il imagine en détail tout le fonctionnement, Louis Blanc, devenu membre du gouvernement provisoire après la révolution de février 1848, tentera de lui donner quelque réalité. On en trouve ainsi l'écho dans le décret par lequel le nouveau pouvoir « s'engage à garantir l'existence de l'ouvrier par le travail (...) et reconnaît que les ouvriers doivent s'associer entre eux pour jouir du bénéfice de leur travail ». Il n'en devait sortir que des « ateliers nationaux », beaucoup plus proches en fait des traditionnels ateliers de charité ouverts en temps de chômage. Une caricature donc de ses projets, mais qui contribuera à les déconsidérer.

L'époque voit enfin les débuts de Proudhon (1809-1865), esprit original à la plume acerbe, auquel assure d'emblée un succès de scandale sa brochure *Qu'est-ce que la propriété ?* (1840) où il donne cette réponse fameuse : « La propriété c'est le vol. » Un temps correspondant français de Marx, la publication de son livre *Système des contradictions économiques ou Philosophie de la misère* (1846), peu apprécié du penseur allemand, l'amène à rompre définitivement avec lui. C'est que Proudhon est avant tout un individualiste et un libéral, répugnant au collectivisme comme à tout principe d'autorité. Il voit dans l' « anarchie », ou au moins dans l'affaiblissement des pouvoirs de l'Etat, la « condition d'existence des sociétés adultes ». Non exempt d'un certain conservatisme (c'est un adversaire résolu de l'émancipation des femmes), il est plus proche du monde traditionnel du travail, encore dominant en France, que du prolétariat d'usine. Il prône des associations libres de travailleurs qui se fédéreraient pour échanger leurs produits, et une « banque du peuple » qui leur offrirait un crédit gratuit sur des bases mutualistes. On le retrouvera jouant un rôle important sous le Second Empire.

Les fondements d'une société

Au-delà des fantasmes et des utopies qu'a pu susciter chez les contemporains le spectacle d'un monde nouveau avec d'autres problèmes, d'autres injustices que par le passé, l'historien se doit d'essayer, par divers questionnements, d'en mieux approcher la réalité. Quels sont en effet les fondements véritables de cette société . A-t-elle retrouvé une stabilité après le séisme révolutionnaire ? Tend-elle à se stratifier de nouveau, et en fonction de quels critères ? Quelle place y tiennent éléments de conservation et facteurs de mobilité ?

Que la société, désormais, se structure avant tout en fonction des biens possédés n'a rien d'une révélation : la tendance s'en manifestait déjà sous l'Ancien Régime, où tels roturiers enrichis pouvaient éclabousser de leur luxe maints hobereaux besogneux. Mais ces derniers n'en conservaient pas moins les privilèges liés à leur état. Au contraire dans une société devenue juridiquement égalitaire, l'avoir s'impose comme principal facteur de différenciation. Règne de l'argent, souvent dénoncé à l'époque et qui hante notamment toute l'œuvre d'un Balzac, alors pourtant qu'à l'évidence il faut en nuancer la domination. Avoir, certes, mais pas n'importe quoi ni n'importe comment. C'est moins en effet l'argent sous sa forme triviale que la propriété qui se trouve en cause, avec sa dimension foncière et patrimoniale, avec sa portée tout autant symbolique que matérielle. On peut citer ici ce conseil, trouvé dans une correspondance privée d'alors et que bien des contemporains auraient pu reprendre à leur compte : « Tant que tu n'auras que de l'argent, tu seras toujours à la veille de n'avoir rien. » Expression d'une défiance — justifiée par la ruine de nombreux spéculateurs sous la Révolution ou l'Empire, puis par certaines « déconfitures » retentissantes comme celle du trop aventureux banquier Laffitte sous Louis-Philippe — mais aussi d'un jugement de valeur : l'argent ne vaut que sous la forme d'un placement offrant la sécurité et, par là, cette considération sociale qu'inspire une fortune bien assise. La rente sur l'Etat, type du placement de « père de famille » pourra assurer ce rôle, mais plus encore l'immeuble, « bien au soleil » s'il en est, gage possible de prêt hypothécaire, source de prestige enfin valant d'emblée au « propriétaire » une estime sociale particulière. N'oublions pas que sur l'immeuble, dûment répertorié par le grand recensement cadastral entrepris en 1807, se fonde le principal impôt direct de l'époque, la contribution foncière, et donc par là la principale opportunité d'atteindre le seuil fiscal conférant le droit de vote, censitaire rappelons-le jusqu'en 1848. Une autre chance en est offerte par la patente, impôt propre aux professions économiques, grâce auquel même de simples boutiquiers parfois accèdent à l'électorat.

Propriétaires et patentés (nombre de ces derniers, d'ailleurs, possédant aussi quelque immeuble) apparaissent ainsi comme les deux visages d'une élite sociale nouvelle joignant donc l'entreprise au patrimoine foncier. Dans les deux cas, référence est faite à des biens matériels, fondement contestable d'une capacité politique mais indice fort clair d'une conception sociale dévalorisant l'homme sans fortune personnelle, quels qu'en puissent être par ailleurs les aptitudes intellectuelles ou le niveau d'instruction. Le citoyen, c'est avant tout celui qui possède, qu'il ait hérité de ses biens ou qu'il ait su lui-même s'enrichir « par le travail et par l'épargne », selon la formule fameuse de Guizot, trop souvent réduite au brutal « enrichissez-vous » alors qu'elle exprime une certaine éthique largement partagée par les contemporains. Travail, épargne, ces valeurs si souvent taxées de « bourgeoises » ne sont-elles pas, de fait, au moins autant celles d'une paysannerie où la proportion de propriétaires, il faut le souligner, atteint un niveau sans égal en Europe ? Consacrés par un Code civil aux principes désormais intégrés dans les mentalités, il y a là les éléments d'un ample consensus qui, d'avance, marginalise ces contestataires dont on a vu les plans de refonte sociale. Quel que soit leur écho dans la « jeunesse des écoles » (cf. J.-Cl. Caron) ou certaines couches populaires urbaines, leur audience demeure très minoritaire. Bien plus, certaines de leurs propositions, irréalistes, inquiétantes (ou mal comprises) contribuent à souder contre eux la masse pourtant singulièrement hétérogène — du gros industriel au petit paysan parcellaire — des « propriétaires », sans oublier, nombreux aussi, ces aspirants à la propriété qui épargnent péniblement pour acquérir un peu de terre ou, artisans, pour se mettre à leur compte. On en aura la preuve au printemps 1848, avec la grande levée contre les « partageux », qui n'est pas seulement le fruit d'une habile propagande des tenants de l'ordre. Parmi ceux-ci, Adolphe Thiers dont le livre à succès *De la propriété* (1848), réfutation des arguments à la Proudhon, est en même temps l'apologie d'un droit salué comme le fondement même de la société moderne.

Rapprochant la fortune qui se fait et celle qui se transmet, cette notion de propriété, dans l'esprit des contemporains, est inséparable de certaines valeurs, de certaines références symboliques. Elle renvoie à la fois aux qualités individuelles qui ont permis d'accumuler ces biens et à la continuité d'une famille qui en héritera donc légitimement. Par là, anciennes élites et hommes nouveaux trouvent également place au sommet d'une société qui n'est déjà plus — surtout après 1830 — celle où Saint-Simon revendiquait la promotion des « producteurs », sans être encore pour autant celle que Marx résumera dans un affrontement entre « bourgeoisie » et « prolétariat ».

Tendant à se hiérarchiser en fonction des biens possédés, la société qui peu à peu se restructure pose par là le problème de ces milieux traditionnels dont la primauté, jadis, tenait d'abord à la fonction : gens d'Eglise, hommes d'épée, leur rôle s'amenuise, même si traitements publics et hommages officiels leur conservent un certain rang. Autre catégorie en porte à faux par rapport aux valeurs désormais dominantes, celle des intellectuels ou des artistes, prompts dès lors à se faire les contempteurs d'un monde à leurs yeux prosaïque et fermé aux choses de l'esprit. Cette société pourtant ne s'organise pas uniquement en fonction d'un niveau de fortune ou de la possession des moyens de production. Y comptent aussi ces critères plus subtils — train de vie, éducation... — qui « classent » les individus et tous ces liens complexes, notamment familiaux, qui d'emblée les intègrent à un certain « monde ». Même un esprit contestataire comme Gustave Flaubert saura s'en souvenir, lui qui, objet d'un procès pour son roman *Madame Bovary,* écrit à son avocat : « Il faut qu'on sache à Paris que nous sommes une *Famille...* » Richesse, notoriété, influence, tout est suggéré dans ce mot où l'on perçoit bien ce que représente encore la naissance dans la vision sociale des contemporains. Cela vaut, comme ici, pour les lignées bourgeoises, mais *a fortiori* pour une noblesse qui, sur des bases nouvelles, cherche alors à « réinventer », selon l'expression de Claude-Isabelle Brelot, les conditions de sa prééminence.

Le terme de « notables », dont l'époque napoléonienne avait rendu l'emploi courant notamment lors de ses enquêtes administratives[1], qualifie au mieux cette élite nouvelle réunissant — sans pour

1. Cf. le répertoire des *Grands notables du Premier Empire,* publié par départements sous la direction de L. Bergeron et G. Chaussinand-Nogaret (CNRS Éditions).

autant les fondre — grands bourgeois de toutes origines, aristocratie ancienne et nobles d'Empire, ennemis parfois mais rapprochés par une commune puissance sociale. Pour les uns « grands notables » avec une renommée, un réseau de relations qui fait d'eux tout naturellement le personnel des assemblées parlementaires ou des grandes institutions nationales, pour d'autres, notabilités seulement locales, se contentant d'un rôle municipal ou de quelque grade dans la Garde nationale, ils constituent la couche supérieure d'une société à la structure essentiellement ternaire. En dessous en effet, une importante classe moyenne s'interpose entre eux et les classes proprement populaires. Formée d'éléments disposant encore d'une petite aisance, bénéficiant aussi de quelque instruction, mais d'une condition plus obscure ou mal assurée encore, elle n'en sera que plus portée à revendiquer, face aux élites en place dont elle dénoncera volontiers l'esprit de « caste » et les « privilèges ». Sous le terme de « peuple » enfin, l'usage de l'époque rassemble une masse hétérogène mêlant ruraux et citadins, salariés et travailleurs indépendants, qu'unit cependant, dans une fréquente pauvreté et sans autre instruction que rudimentaire, la nécessité d'un labeur quotidien le plus souvent manuel.

Conforteront cette stratification, outre le large consensus sur la propriété, une inébranlable stabilité monétaire, gage de pérennité pour les fortunes, mais aussi certains liens verticaux comme ceux qu'essaie de nouer entre riches et pauvres la pratique assez répandue à l'époque de la « philanthropie », sans oublier enfin des possibilités réelles d'ascension sociale. Car cette société n'ignore pas la mobilité. Incluant déjà nombre de parvenus, enrichis à l'époque précédente notamment grâce aux biens nationaux, elle intègre progressivement, quelle que soit l'impatience des intéressés ou leur irritation devant certains dédains, un flux continu d'hommes nouveaux : bénéficiaires des mutations technologiques lesquelles, appauvrissant les uns, offrent aux plus entreprenants des occasions d'enrichissement rapide ; talents intellectuels que consacre un succès auprès du public ; simples boutiquiers enfin, qu'une vie de labeur et d'épargne met en mesure de prétendre, eux ou leurs enfants, à une condition bourgeoise et à qui elle confère notamment le droit de vote. Rappelons en effet que de 1831 à 1846, sans que soit abaissé le seuil censitaire, le nombre des électeurs s'accroît de quelque 45 %, indice d'une société moins bloquée qu'on ne l'a dit, offrant au contraire des chances véritables de promotion. Celles-ci seront d'ailleurs volontiers soulignées, célébrées comme le fruit du travail, de l'ordre, de la prévoyance, suggérant par là même que les élites en place doivent leur prééminence à de pareilles vertus, et justifiant dès lors la hiérarchie sociale comme étant celle même qu'établit le mérite[1].

Ne sous-estimons pas la capacité assimilatrice de ce modèle social « bourgeois », que récusent en vain opposants, utopistes, ou ces étudiants et « rapins » affectant de mener une « vie de bohème »[2]. Mais n'en vient-il pas du même coup à faire de la misère, de l'échec, de la déchéance sociale la sanction en quelque sorte naturelle d'une incapacité sinon de coupables désordres tels qu'ivrognerie, gaspillage ou débauche ? On perçoit ici les limites d'un modèle qui, tout en posant ses valeurs comme universelles, exclut pratiquement une masse considérable de la population, tant rurale que citadine, dont la si fréquente indigence — ce « mal nécessaire » comme l'écrit alors l'économiste Dunoyer — ne paraît avoir de remède qu'en une préalable « moralisation » de ces classes laborieuses.

Cette société se partage alors, très inégalement, entre deux grands cadres de vie. L'un, sinon immuable, au moins resté traditionnel, rassemble l'immensité des campagnes et toutes les bourgades en symbiose avec elles. L'autre, encore à l'époque peu développé mais déjà dynamique et combien préoccupant, correspond aux cités de quelque importance et, tout spécialement, à la capitale dont l'énormité surprend ou inquiète. Voyons-en successivement les traits caractéristiques.

Des campagnes à la ville

Avec près de 27 millions d'âmes en 1846 (c'est alors qu'on distingue pour la première fois entre ruraux et citadins en fonction d'un seuil théorique de 2 000 habitants agglomérés), les campagnes rassemblent 75 % de la population. Si l'on y joint gros bourgs ou toutes petites villes qui, fondamentalement, constituent alors la trame du

1. « La bourgeoisie est un vaste livre d'or dont personne n'est exclu par la naissance et où chacun peut écrire son nom », lit-on ainsi en 1836 dans un journal de tendance gouvernementale.

2. Thème popularisé par l'écrivain Henri Murger (*Scènes de la vie de bohème,* 1847). Le mot « rapin » désigne un peintre débutant, cultivant le genre « artiste » et méprisant volontiers le « bourgeois », sa morale et ses principes.

tissu urbain, ce sont au moins les quatre cinquièmes des Français qui continuent de vivre dans ce cadre immémorial, selon ce rythme lent que dictent les saisons et ponctue un calendrier à référence liturgique, les foires se rattachant à quelque fête religieuse et le terme des baux tombant classiquement à la Saint-Michel. Faut-il rappeler les horizons un peu bornés, au-delà desquels on ne voyage guère, et cet espace familier qu'identifie principalement le clocher, signal visuel et sonore à la fois ? Alain Corbin souligne avec raison[1] ce rôle des cloches villageoises scandant le quotidien de leurs sonneries, avec tout spécialement le double appel de l'Angélus : Millet, d'origine paysanne, en fera bientôt le thème d'un tableau resté le plus populaire de toute la peinture française. On ne saurait trop insister sur ce cadre traditionnel, sans nul doute pesant, étouffant pour de jeunes ambitieux ou des Bovary en quête d'aventures, mais en même temps sécurisant, face au monde incertain, mouvant, anonyme de la grande ville, par ses repères durables tant sociaux que moraux, chacun s'y tenant normalement à sa place sous le regard d'autrui.

Entre bourgades et plat pays existe une étroite complémentarité. La campagne nourrit la ville, elle assure le revenu de ses nombreux propriétaires par le paiement d'une rente foncière, elle lui fournit de plus l'essentiel de sa main-d'œuvre domestique. De son côté la ville offre, outre ses services administratifs ou autres, le débouché local indispensable, avant la révolution des transports, aux produits du terroir ainsi que l'ouverture sur une économie d'échanges qu'autorisent ses foires, ses marchés, ses commerces. Dans l'une comme dans l'autre, la société se hiérarchise principalement en fonction de la possession de la terre, rares étant dans les couches supérieures même les plus détachées de l'agriculture ceux qui ne détiennent pas de tels biens au soleil.

Trait caractéristique de la France où l'on évalue dès 1789 à 40 % au moins la part du sol aux mains des paysans, la diffusion de la propriété terrienne s'est sensiblement accrue du fait de la vente des biens nationaux, même si les principaux bénéficiaires en ont été les riches citadins. En 1826, on dénombre 10,3 millions de cotes foncières, ce qui, compte tenu des cotes multiples[2], représente

1. Alain Corbin, *Les cloches de la terre. Paysage sonore et culture sensible dans les campagnes au XIXe siècle*, Paris, Albin Michel, 1994.

2. Chaque cote foncière correspond à la somme des biens d'un même propriétaire imposés dans une même commune ; or il est fréquent que ces biens se dispersent entre plusieurs communes, entraînant autant de cotes distinctes.

quelque 6,2 millions de propriétaires, un chiffre à rapprocher des 7 à 8 millions d'adultes de sexe masculin que compte alors la France. Une démocratie terrienne ? La répartition de ces cotes oblige à nuancer très fortement cette impression. En fait, plus des trois quarts ne dépassent pas 20 F, correspondant tout juste à quelques hectares, et totalisent seulement 17 % de la fortune foncière. A l'inverse, quelque 10 000 cotes d'au moins 300 F (montant significatif puisque c'est le seuil, alors, de l'électorat censitaire), soit 60 000 gros propriétaires, cumulent 28 % du sol, une plus petite minorité encore (13 000 cotes de 1 000 F et plus) en possédant 9 %.

Une grande propriété subsiste donc, spécialement importante dans les riches plaines de Normandie, d'Ile-de-France mais aussi en Anjou, Bourbonnais ou Bourgogne, ainsi que dans le Midi languedocien. Elle est le fait d'une aristocratie qui est loin d'avoir tout perdu sous la Révolution et qui récupère parfois en 1814 certains biens confisqués n'ayant pas trouvé preneur[1], mais aussi, largement, d'une bourgeoisie attirée par ce placement sûr en même temps que socialement prestigieux. Autour de chaque ville s'étend ainsi une zone d'emprise foncière citadine qui réduit d'autant la propriété paysanne. Celle-ci se limiterait-elle à de maigres parcelles, autorisant à peine la subsistance d'une famille ? En fait, tout ne se ramène pas à la possession du sol. Si un paysan sur deux, environ, est alors propriétaire, et si une minorité seulement possède assez d'hectares pour vivre en pleine autonomie, les autres ont la possibilité de louer tout ou partie du nécessaire aux nombreux détenteurs non exploitants du sol. D'où une infinité de conditions combinant fréquemment divers statuts, et cette évidence à rappeler qu'un gros fermier beauceron ou cauchois, capable de prendre à bail une exploitation parfois de 40 ha, n'est en rien inférieur à un propriétaire-paysan qui n'en posséderait que le quart.

Au sommet de la hiérarchie sociale de ces bourgs et campagnes, le grand propriétaire, noble ou bourgeois. Partageant son temps entre une résidence urbaine et le château — ou au moins la « maison de maître » — où il vient au moment des récoltes et de la chasse, louant ses domaines ou les exploitant lui-même avec l'aide de quelque régisseur, il garde avec la terre, principale source de ses revenus, un contact étroit. Il fréquente volontiers ces sociétés

1. En particulier des forêts, d'une vente difficile. Notons en revanche que les ex-émigrés n'utiliseront guère pour racheter des terres le fameux « milliard » voté en 1825 pour les indemniser de leur patrimoine saisi.

d'agriculture où, entre gens du monde, on discute d'engrais, de charrues perfectionnées et, pourquoi pas, d'archéologie. Au village, il est cette autorité reconnue qu'on salue chapeau bas, qui sera tout naturellement désignée comme maire sinon conseiller général, mais qui saura aussi, à l'occasion, apporter le secours apprécié de sa charité ou de ses hautes relations.

Entre ce notable et les paysans, ne négligeons pas, si bien décrite par Flaubert dans *Madame Bovary*, une bourgeoisie de village ou de bourgade avec ses notaires, médecins, pharmaciens, et plus d'un rentier vivant tout bonnement de son bien. Autant de « Messieurs » que leur costume, leur instruction, leur mode de vie distinguent résolument de ceux qui cultivent la terre.

Parmi ceux-ci qui constituent la grande masse, une commune activité agricole dissimule en fait une grande variété et de situation et de revenu. En témoignent à leur manière les multiples dénominations locales, du *bauer* alsacien au *pagès* languedocien, un même terme pouvant d'ailleurs prendre un sens différent selon les régions — témoin le « ménager », petit paysan parcellaire dans le Nord mais riche « laboureur » dans le Midi — et la spécialité prenant le pas sur le statut social pour distinguer la « vigneron ». Le mode de faire-valoir distinguera des paysans-propriétaires les métayers dont le contrat, en principe à « mi-fruit », fréquent sur les sols pauvres, maintient la redevance à proportion de la récolte, et les fermiers qu'un bail à loyer fixe incite davantage à faire rendre au sol le produit maximum. Mais, on l'a vu, ces statuts ne sont pas exclusifs l'un de l'autre et ce qui compte surtout, c'est l'étendue de l'exploitation et les moyens de la mettre en valeur. Or, si le nombre des cotes foncières augmente régulièrement (11,5 millions en 1842, 13 millions en 1858), suggérant l'extension du nombre des propriétaires, ce n'est souvent qu'au prix d'une lourde charge hypothécaire, la soif de terre amenant les ruraux à s'endetter dangereusement, au détriment de leurs moyens de culture.

Car il existe aussi maints paysans sans terres : ouvriers agricoles et valets de ferme complétant la main-d'œuvre familiale dans toute exploitation de quelque importance, journaliers louant leurs bras à la tâche ou pour la saison, tels ceux du Perche allant faire les moissons en Beauce. N'oublions pas enfin la catégorie, nombreuse alors dans des campagnes à l'apogée de leur peuplement, des paysans-artisans joignant à quelques tâches agricoles des migrations de travail tels les maçons creusois, parfois une descente à la mine comme à Carmaux, ou plus fréquemment une production à domicile pour le compte de fabricants urbains : tissage de la « rouennerie » en Normandie, serrurerie du Vimeu picard, travail du bois ou horlogerie dans le Jura. Ne faut-il pas y ajouter les ouvriers d'innombrables petites usines (forges, verreries, filatures...) dispersées dans les zones forestières ou le long des cours d'eau, et profitant d'une main-d'œuvre aussi abondante que bon marché ? Autant d'éléments proches de l'indigence et, dès lors, d'autant plus attachés à ce nécessaire appoint que constituent pour eux les ressources des communaux et divers droits d'usage qu'ils défendent opiniâtrement, allant à l'occasion jusqu'à la révolte, comme dans l'Ariège en 1827 face à l'instauration du Code forestier.

L'image bucolique que le romantisme retient de la campagne, la vision idéalisée que George Sand offre de ses habitants ne doivent donc pas faire oublier une réalité souvent beaucoup plus fruste et rude. Ce monde rural n'ignore ni la misère ni la disette — ainsi lors des mauvaises récoltes de 1846-1847 — ni la violence tant individuelle (contre le garde-chasse, entre voisins pour quelque affaire de bornage) que collective : certains châteaux en font les frais en 1830, et en 1847, à Buzançais dans l'Indre, un pillage de grains tourne à l'émeute sanglante avec occupation du bourg par des paysans en révolte. Plus généralement, le monde villageois n'ignore pas davantage ces tares sociales (alcoolisme, abus sexuels, naissances illégitimes, abandons d'enfants) que l'opinion du temps croit découvrir dans le seul univers urbain. Quant à l'instruction, sa fréquente médiocrité dans les campagnes explique pour une bonne part les 50 % de conscrits analphabètes relevés en 1832[1] ; 25 000 communes sont encore dépourvues d'école. D'où l'importance de la loi Guizot, en 1833, obligeant chaque commune à entretenir une école primaire.

Face au cadre traditionnel des campagnes et des bourgs, le milieu proprement urbain, avec ses moyennes ou grandes cités et, *a fortiori*, le « monstre » parisien s'impose, bien qu'extrêmement minoritaire encore, à l'attention des contemporains. Le distinguent en effet non seulement un paysage particulier où le bâti estompe la nature, et des activités pour l'essentiel indépendantes de la terre[2],

1. Cette moyenne nationale masque en fait un net contraste entre une France du Nord-Est et celle du Sud-Ouest, l'alphabétisation s'avérant beaucoup plus avancée au nord d'une ligne Saint-Malo - Genève.

2. La terre n'en reste pas moins un des éléments majeurs des fortunes citadines en cette première moitié du siècle, et ce même dans de grandes cités industrielles et négociantes comme Lyon ou Rouen.

mais également des structures sociales autres, des comportements différents, enfin un rayonnement et un rôle moteur évidents. Tout cela contribue à une focalisation sur ce monde aussi attirant par son dynamisme qu'inquiétant par tous les problèmes qu'il soulève.

De ces derniers, un des plus graves est sans doute l'inadaptation grandissante à une population en plein essor. Nombre de villes, même des plus importantes, restent marquées par un archaïsme flagrant : les étroites ruelles de Rouen, avec leurs maisons en pans de bois, donnent aux romantiques ravis l'impression de plonger dans quelque Moyen Age ; en plein cœur de Limoges, les bouchers abattent encore le bétail dans la rue, sans le moindre souci d'hygiène ; à Paris, on boit encore de l'eau puisée dans la Seine... Par ailleurs, bien des cités restent enserrées dans leurs murailles, telles Avignon mais aussi bien Le Havre et maintes places frontalières comme Lille, Metz, Strasbourg ou Besançon, ce qui entrave fâcheusement leur extension ou leur circulation. Un peu partout l'afflux de migrants se traduit par un entassement dans des quartiers vétustes qui, achevant de se dégrader, constituent, tel le vieux Paris de la Cité ou de Saint-Merri, un terrain de prédilection pour le choléra et les autres épidémies. Quant aux faubourgs, moins insalubres et offrant encore des espaces agricoles, ils connaissent une croissance anarchique avec établissement, souvent, d'activités polluantes.

Il ne faut pas sous-estimer pourtant, dès cette première partie du siècle, les efforts entrepris pour améliorer le cadre urbain. Dans le prolongement des travaux de prestige entrepris sous Napoléon à Paris (rue de Rivoli, place de l'Etoile...) mais aussi en province (tel le « pont de pierre » à Bordeaux) et qui ne seront achevés, souvent, que beaucoup plus tard (ainsi l'Arc de Triomphe, en 1836 seulement), ou pour répondre à la prise de conscience nouvelle d'un problème aigu de salubrité, un urbanisme se développe. A Rouen par exemple, deux ponts modernes, une première grande percée nord-sud et une reconstruction de la façade des quais rénovent le visage de la capitale normande. A Marseille, on crée des boulevards et l'avenue du Prado, « champs-élysées » de la cité phocéenne. A Paris, où l'on achève entre autres l'aménagement de la place de la Concorde, les préfets Chabrol puis Rambuteau donnent aux rues leur aspect moderne, avec trottoirs et caniveaux latéraux. Un souci nouveau d'hygiène amène à augmenter le nombre des fontaines publiques et à se préoccuper des égouts, problème souligné par l'enquête de Parent-Duchâtelet. Dans de nombreuses villes, des travaux d'édilité aboutissent à l'ouverture de rues ou places, à la création de marchés, d'abattoirs, tandis que l'introduction du gaz, dès les années 1830, améliore l'éclairage urbain et que la réalisation, pas seulement dans la capitale, de passages couverts offre des lieux privilégiés de commerce et de sociabilité.

Cette ville dont le visage commence à changer se caractérise par une mobilité particulière. Mobilité géographique, l'afflux de ruraux (qui d'ailleurs compense opportunément un bilan naturel souvent négatif vu la forte mortalité urbaine) et les migrations d'une ville à l'autre réduisant d'autant la part des éléments nés sur place ; mobilité sociale en même temps, ces déplacements tout comme les occasions qu'offre le monde urbain facilitant changement de profession, ascension mais éventuellement aussi déchéance, le déracinement, le nouveau départ comportant le risque d'échec et de plongée dans la misère sinon la marginalité. Plus mouvante, donc, que dans le cadre rural, cette société permet des réussites parfois spectaculaires : rappelons la trajectoire d'un Jacques Laffitte, riche banquier parti de peu ; ou celle d'Adolphe Thiers, jeune homme pauvre qu'outre son talent un « beau » mariage aide à asseoir une position sociale brillante. On peut citer encore, exemple moins connu, ces patrons du textile normand dont plus d'un était d'origine ouvrière : tous succès exemplaires mais, reconnaissons-le, en nombre limité, plus fréquente étant l'ascension progressive, et au total plus modeste, d'obscurs boutiquiers acquérant peu à peu aisance et notoriété, ou d'employés réussissant à devenir leur propre maître.

Plus mobile, cette société urbaine est en même temps plus diversifiée. La richesse globale qu'elle concentre et dont témoignent les listes censitaires (Paris, avec moins de 3 % de la population française, rassemble 12 % de ceux qui paient 1 000 F ou plus d'impôt) n'exclut pas une inégalité extrême dans sa répartition. A Rouen par exemple, sous Louis-Philippe, 60 % des chefs de famille, considérés comme « indigents », sont exemptés de tout impôt direct ; et dans bien des grandes villes, les trois quarts des défunts ne laissent pratiquement aucun héritage. En revanche, dans le quart restant, les successions les plus « bourgeoises » (environ 30 %) concentrent quelque 85 % de la fortune totale. Une mince frange de nantis face à la grande masse du peuple citadin ? Argument politique efficace, ce schéma ne résiste pas à une analyse attentive, et il se trouverait d'ailleurs démenti par les choix effectifs d'une partie de ces classes dites populaires lors des affrontements de 1848.

C'est qu'entre les 10 à 15 % d'une population urbaine que ne dépassent guère les élites dirigeantes et l'élément partout majoritaire qu'y constitue le monde du salariat s'esquisse une couche intermédiaire. S'y retrouvent ces éléments que leur peu de fortune ou d'éducation fait dédaigner des couches « supérieures » mais qui cependant, bien que proches des classes « laborieuses », s'en distinguent par la possession d'un petit fonds de commerce, de quelque minime revenu, ou encore par une instruction mieux qu'élémentaire : milieu insuffisamment étudié parce que moins tranché que les autres (Adeline Daumard propose à son sujet le terme de « bourgeoisie populaire ») mais qui, avec ses « employés » (nos actuels petits fonctionnaires), ses « calicots » (c'est-à-dire les commis de magasin), ses petits commerçants ou artisans et bien des petits rentiers, peut représenter un quart à un tiers d'une population citadine[1]. Il y a là un vivier propice à d'éventuelles ascensions bourgeoises[2] en même temps qu'une catégorie « tampon » au rôle non négligeable entre riches et pauvres, notamment au sein de la Garde nationale, chargée du maintien de l'ordre en ville, à laquelle ses moyens, bien que modestes, lui permettent au moins de participer[3].

Mieux caractérisées, les élites urbaines font encore bonne place à une haute noblesse qui, même après 1830 et un certain retrait des fonctions publiques, garde le premier rang dans des villes peu marquées par l'économie moderne comme Toulouse, Aix-en-Provence et bien des cités de l'Ouest. A Paris, où la révolution de Juillet met fin aux fastes de la Cour, les salons aristocratiques continuent de régir la « vie élégante »[4], le traditionnel faubourg Saint-Germain gardant encore la pas sur l'opulence un peu trop neuve de la chaussée d'Antin ou du faubourg Saint-Honoré. C'est en effet que la noblesse se voit concurrencée par une riche bourgeoisie, principale-

1. Ces proportions indicatives, suggérées notamment par l'étude d'une grande cité provinciale, Rouen, pourront varier d'une ville à l'autre, en rapport notamment avec des fonctions urbaines différentes, conférant par exemple plus ou moins d'importance aux milieux ouvriers ou au secteur tertiaire.

2. Songeons à Aristide Boucicaut, simple vendeur dans un magasin de nouveautés, et à sa femme, d'abord blanchisseuse, qui amorcent alors l'étonnante aventure du « Bon Marché ».

3. Les gardes nationaux devaient payer leur équipement, ce qui excluait en pratique les citadins les plus pauvres.

4. Cf. Anne Martin-Fugier, *La vie élégante ou la formation du Tout-Paris, 1815-1848*, Paris, 1990.

ment d'affaires, impatiente d'occuper le rang que semble lui désigner sa fortune : grands banquiers comme les Périer, Mallet, Delessert (Rothschild, on le notera, a été fait baron...), industriels comme les Schneider... Sans atteindre les mêmes sommets, toute une « bonne bourgeoisie » prospère, dont le train de vie moins luxueux mais très soucieux du décorum vestimentaire ou de l'apparence du logement constitue un modèle imité, dans la mesure de leurs moyens, par de petits bourgeois et même par une partie des couches semi-populaires. Notons l'importance attachée dans ces milieux à certains loisirs distingués et à une certaine vie de société : fréquentation des théâtres, de cercles, de sociétés savantes, ou encore, chez les plus fortunés, réceptions mondaines, goût pour les courses de chevaux, mode des voyages d'agrément. Il faudrait ajouter, notamment pour les dames, une participation active aux œuvres charitables ou philanthropiques dont le spectacle trop courant de la misère inspire la naissance.

Au peuple citadin s'attache en effet la préoccupante image d'une « question sociale » sur laquelle témoins ou enquêteurs sociaux — le préfet Villeneuve-Bargemont à Lille, le Dr Guépin à Nantes, le Dr Villermé dans les grands foyers d'industrie textile... — présentent les plus inquiétants constats. Mais sans doute faut-il distinguer ici entre plusieurs catégories et s'en tenir à des éléments objectifs, la compassion pour des « classes souffrantes », selon une expression du temps, ou l'horrifique description de leurs conditions de vie n'étant pas complètement étrangères à une sensibilité romantique ni peut-être à certaine vision normative bourgeoise[1].

Parmi ces classes laborieuses qu'on imagine à tort essentiellement industrielles, il faut faire toute leur place aux domestiques, catégorie nombreuse en ville où toute famille un peu aisée se doit d'être servie. A eux seuls, ils forment quelque 8 % de la population parisienne, avec en grande majorité des femmes célibataires venues de la campagne, aux gages très modiques. On doit évoquer aussi tous ces petits métiers, marchands ambulants, chiffonniers, porteurs d'eau, évalués à près de 30 000 personnes dans la capitale où ils contribuent largement à l'ambiance sonore des fameux « cris de Paris ».

1. L'exemple en est fourni par le tableau fameux, chez Villermé, des taudis de la rue des Etaques, à Lille : morceau de bravoure souvent cité mais jamais rapproché des fantasmes sociaux qui en éclaireraient le sens.

Ce sont toutefois les ouvriers qui retiennent le plus l'attention, vu leur condition souvent difficile et des réactions collectives qui parfois incitent les autorités à les ranger parmi les « classes dangereuses ». Encore faut-il préciser ce qu'englobe alors cette catégorie professionnelle. En proportion très inégale d'une agglomération à l'autre — s'il est des villes de fabrique où ils dominent, telles Mulhouse ou Elbeuf, il est beaucoup de cités rentières où leur présence est faible —, les ouvriers seraient au total 4,4 millions d'après le recensement de 1851. Mais, outre que le quart seulement travaillent alors dans les établissements de plus de 10 salariés, beaucoup, il faut le rappeler, restent fixés dans un cadre rural, nombre de petites usines étant localisées à la campagne. Ajoutons que des pans entiers d'activités majeures comme le textile relèvent encore d'un système proto-industriel, avec main-d'œuvre dispersée. La ville n'ignore pas un tel mode de production, l'exemple le plus célèbre en étant les *canuts* lyonnais, tissant la soie à domicile sur leur métier Jacquard. Artisans qualifiés, ils supportent mal la dégradation de leur revenu du fait de la concurrence des machines ou d'autres tissus meilleur marché. Leur revendication d'un « tarif » garanti, réaction corporative tout à fait contraire au libéralisme économique en vigueur, sera à l'origine des graves événements que connaît Lyon fin 1831. Les ouvriers urbains, pour la plupart, travaillent encore dans un cadre artisanal, celui tout spécialement du bâtiment, avec maintien d'usages traditionnels comme celui du « tour de France », moyen d'acquérir chez divers patrons une riche expérience professionnelle, et participation à des compagnonnages avec leurs rites, leurs secrets et leur solidarité. Une « aristocratie ouvrière » s'esquisse avec certains métiers touchant à l'art (bijouterie, ameublement) ou supposant quelque instruction (typographes).

Face à ce savoir-faire, fruit d'un long apprentissage, et à cette relative liberté[1], l'usine naissante, avec sa nécessaire discipline (qu'expriment un règlement et des amendes en cas d'infraction) et son asservissement de fait du travailleur à la machine, est longtemps mal perçue par les ouvriers : d'autant plus que ses tâches souvent simplifiées, accessibles dès lors à des femmes ou même des enfants formés sur le tas, entraînent de très bas

1. Notons cependant, face à la grande mobilité de la main-d'œuvre, le long maintien d'un « livret ouvrier » conférant aux patrons un certain contrôle sur les déplacements de leurs salariés.

salaires[1] pour d'interminables journées (fréquemment quatorze heures, y compris il est vrai des pauses pour manger). Des grèves, d'autant plus violentes qu'elles sont illégales, ont lieu dès la Restauration dans certaines filatures normandes. Sous Louis-Philippe le Dr Villermé, officiellement chargé par l'Académie des sciences morales et politiques d'une enquête sur l' « état physique et moral » des ouvriers dans les foyers textiles comme Rouen, Lille ou Mulhouse, laissera un *Tableau* très documenté de leur condition très souvent misérable. L'écho de son livre, paru en 1840, devait contribuer pour une part au vote, l'année suivante, d'une première loi sociale réglementant le travail des enfants en usine[2].

Pour toutes ces classes populaires urbaines, la modicité du gain (près des deux tiers en sont consacrés à la nourriture), la précarité du travail, les occasions de chute (ivrognerie, prostitution...) auxquelles sont exposés des êtres souvent isolés créent un risque permanent de sombrer, avec l'indigence, dans la mendicité sinon la marginalité. Les signes en sont le mont-de-piété où l'on « fourgue » meubles ou vêtements dans les temps difficiles, en échange de quelques liquidités ; le « garni » ou l'asile de nuit, faute du logement fixe d'où l'on déménage « à la cloche de bois », n'ayant pas de quoi payer son loyer ; le « tour » où nombre de femmes abandonnent, au seuil de quelque couvent ou hospice, des nouveau-nés souvent illégitimes ; l'hôpital enfin où meurent, démunis de tout, un quart des Parisiens...

Au vu de cette misère urbaine dont statistiques ou enquêtes font alors découvrir l'ampleur, et compte tenu de l'aide très limitée qu'apportent les bureaux municipaux de bienfaisance, des notables et leurs femmes jouant les « dames patronnesses » créent, financent, régissent des organismes de secours. Ainsi des sociétés de « charité maternelle », fondées dans de nombreuses villes pour secourir les femmes pauvres lors de leur accouchement et combattre la mortalité infantile en préconisant l'allaitement et la vaccination ; ainsi

1. Exemple d'échelle salariale : dans les filatures normandes, vers 1840, une femme gagne en moyenne deux fois moins qu'un homme, et un enfant le quart, leur travail, il faut le préciser, étant aussi le moins qualifié et généralement aussi le moins dur physiquement : double critère qui explique les salaires nettement plus élevés d'une branche comme la métallurgie, un « métier d'homme ».

2. La loi de 1841, votée après de longs débats, interdisait le travail des enfants avant 8 ans dans les fabriques. La journée ne devait pas dépasser huit heures jusqu'à 12 ans. Le travail de nuit était prohibé avant 13 ans. Restait à contrôler efficacement le respect de ces nouvelles règles.

Une enquête sur la condition ouvrière :
réponses d'un tisserand rouennais, 1836

(L'intérêt de ce texte est de donner l'avis d'un ouvrier
et non d'un enquêteur officiel ou de quelque bourgeois philanthrope)

A quelle somme se monte annuellement le salaire de l'ouvrier tisserand ?

Le bénéfice de l'ouvrier varie selon sa force et son activité, selon les articles qu'il fait et les interruptions de travail, et peut s'élever de moins de 200 F à 600 F.

La profession emploie-t-elle des femmes ?

La profession emploie beaucoup de femmes ; mais presque toutes font les articles les plus faciles à confectionner et par conséquent les moins lucratifs, parce qu'ils sont plus à portée de leur force physique et du peu d'intelligence qu'ordinairement elles apportent dans l'exercice de cette profession.

Les ouvriers habitent-ils de préférence certains quartiers ?

Les ouvriers habitent de préférence les faubourgs et la partie nord et est de la ville. Ces quartiers, ceux de la ville surtout, sont presque généralement serrés et leurs rues sont étroites et tortueuses ; les maisons sont mal distribuées, mal aérées et malsaines. Ils préfèrent ces quartiers parce que les loyers y sont moins chers (et encore ne peuvent-ils pas toujours les payer)...

Comment se nourrissent les ouvriers ?

Une partie des ouvriers vivent à l'auberge, mais le plus grand nombre vivent en famille. Le peu de bénéfice qu'ils font ne leur permet pas d'avoir une nourriture saine, suffisante et réglée. Le déjeuner se fait souvent avec du pain sec ; souvent aussi ils ont un quart de mauvais fromage... Au dîner, comme leurs moyens ne leur permettent pas de faire leur cuisine eux-mêmes, (ils) vont dans des auberges que vulgairement on appelle *gargotes* chercher une mauvaise soupe ou un peu de viande ou de mauvaise ratatouille. Au souper c'est à peu près la même chose.

Un bien détestable usage s'est introduit parmi la partie la plus abrutie des ouvriers de Rouen. Dès que les enfants ont atteint l'âge de douze à quinze ans et même plus tôt, les pères et mères *les mettent à leur pain,* c'est-à-dire qu'ils font bourse à part, et tant pis pour eux s'ils ne gagnent pas assez pour leurs besoins. Mais aussi les enfants le leur rendent bien ; car quand les père et mère sont malades, leurs enfants les envoient à l'hôpital au lieu de les secourir, et quand ils sont vieux et qu'ils ne peuvent plus se suffire, ils en sont abandonnés... »

In *Mémoires d'un ouvrier rouennais*, publiés par J.-P. Chaline, Rouen, Société de l'histoire de Normandie, 1986.

des salles d'asile », origine lointaine des écoles maternelles, qui accueilleront les jeunes enfants dont la mère est obligée de travailler. D'autres, en fondant des caisses d'épargne[1], s'efforçant d'inculquer aux pauvres vivant au jour le jour l'esprit de prévoyance dont se prévaut la bourgeoisie. Quelles qu'en soient parfois les limites ou les arrière-pensées, on ne doit pas mésestimer cette générosité privée, expression de ce qu'on a pu appeler (C. Duprat) le « temps des philanthropes ».

1. La première Caisse d'épargne est fondée à Paris en 1818, financée et administrée bénévolement par de grands notables. Vingt ans après, on en comptait 245 en France.

IV – L'économie française, 1815-1851

Entre 1815 et 1851, la France s'engage fermement dans la voie de la modernisation, sans que pour autant l'on puisse parler de *take-off* (ou décollage de l'économie, M. Lévy-Leboyer, F. Crouzet). C'est que son modèle de développement présente une originalité certaine, bénéficie de forces d'impulsion non négligeables et apparaît à la fois équilibré et fragile.

Originalité du modèle français

Une croissance soutenue

Au cours de la période, la France connaît une croissance économique soutenue. Pourtant, au point de départ, elle souffre de lourds handicaps.

En 1815, de lourds handicaps

Au lendemain de la chute de l'Empire, on l'a vu, la situation est sombre. La production française de charbon ne dépasse guère son niveau de 1789, tandis que celle de fonte ne l'a pas même retrouvé. Les branches industrielles qui ont prospéré de façon artificielle à l'abri du blocus affrontent aussitôt de sérieuses difficultés. L'industrie du sucre de betterave plonge dans la crise. De leur côté, les entreprises cotonnières, de nouveau exposées à la concurrence anglaise, subissent une profonde récession. Beaucoup font faillite et l'industrie cotonnière ne survit que par suite du rétablissement rapide des prohibitions. La crise révèle les handicaps permanents dont souffre l'économie française. Distancée par la Grande-Bretagne sur le plan technologique, la France est en outre désavantagée par le coût élevé de son charbon. Certes, le tonnage de charbon consommé chaque année se trouve multiplié par plus de 10 entre 1820 et 1860, mais, durant cette même période, les quantités importées le sont par 22, alors que les tonnages produits en France ne le sont que par 8. Les coûts d'extraction sont si élevés que, nonobstant des droits de douane considérables, les importations de charbon belge parviennent à en concurrencer la production du Nord. Le problème réside principalement dans la localisation de ces bassins et dans le coût du transport. Jusqu'à la fin de la monarchie de Juillet au moins, la production du Nord demeure inférieure à celle du seul bassin de la Loire, malheureusement très mal relié au marché parisien. Durant la première moitié du XIXe siècle, cette cherté du charbon représente un handicap croissant pour l'industrialisation française. Même si l'industrie textile alsacienne le surmonte, il n'en va pas de même pour la métallurgie lourde, pour laquelle les dépenses de combustible peuvent représenter près de 50 % du total des coûts de production. Rien d'étonnant dès lors à ce que les efforts consentis par les pouvoirs publics en vue de moderniser les infrastructures de transport aient d'abord cherché à faciliter l'approvisionnement en charbon.

Il est possible que l'expansion économique de la France ait été freinée par la modestie de la croissance démographique ainsi que par les structures agraires : celles-ci contribuent à maintenir dans les campagnes une paysannerie nombreuse, voire, jusqu'en 1846 au moins, beaucoup d'actifs non agricoles (Jean-Charles Asselain). Certaines entreprises industrielles rencontrent d'ailleurs beaucoup de difficultés à trouver les ouvriers nécessaires, à l'instar de la Compagnie des mines de La Grande-Combe ou de l'usine métallurgique d'Alès, contraintes l'une et l'autre à recruter en Bourgogne et même en Belgique. *A contrario,* dans certaines régions, l'industrialisation a pu bénéficier de l'existence d'une tradition industrielle ancienne, notamment d'une main-d'œuvre hautement qualifiée dans les industries de luxe et de demi-luxe. Il est probable également que l'industrialisation a pâti du retard du développement bancaire français : en 1850, le montant cumulé des dépôts dans les banques françaises est encore cinquante fois moindre qu'en Grande-Bretagne. Mais une fois encore, il convient de nuancer ce point de vue. En France, l'expansion industrielle repose avant tout sur l'autofinancement des investissements : ainsi dans le textile. De plus, l'on ne peut nier le rôle de la Haute Banque, ancêtre de la banque d'affaires *(cf. infra)* : la banque Rothschild, par exemple, participe en 1836 à la création de la Compagnie des mines de La Grande-Combe et détient en 1848 près de 7 % du total des actions de chemin de fer. Enfin, les capitaux étrangers contribuent largement à la construction des chemins de fer : dans les années 1840, les investisseurs britanniques, belges et suisses détiennent près du tiers des actifs immobilisés dans ce secteur économique stratégique.

A l'extérieur, la France se voit contrainte au protectionnisme. Le tarif douanier de 1816-1817 n'est pas loin de marquer un retour aux pratiques de l'époque napoléonienne : les importations de cotonnades se trouvent prohibées, les importations de fer sont frappées d'un droit de 50 %, porté à 120 % dès 1822. Bien qu'un peu assoupli par la monarchie de Juillet, ce protectionnisme s'avère d'une efficacité incontestable : à la veille du traité franco-anglais de 1860, les importations françaises d'articles manufacturés ne représentent que 0,7 % du PNB français et 3 % de la valeur totale des importations. Mais l'économie française demeure tributaire de l'extérieur pour son charbon, pour les capitaux — destinés, on l'a vu, au chemin de fer — et surtout pour la technologie. L'un des problèmes principaux réside dans l'interdiction d'exporter vers l'étranger les machines anglaises. Elle n'est certes supprimée qu'en 1843, mais elle n'est pas plus efficace qu'avant la Révolution : se développe en effet un important trafic de pièces détachées. Nombreux sont les entrepreneurs et les ingénieurs — notamment des polytechniciens — français à se rendre outre-Manche pour observer sur place les dites machines, tandis que certains constructeurs britanniques s'implantent en France. Cette situation a un effet favorable : elle pousse l'économie française à se doter de bonne heure de sa propre industrie des constructions mécaniques. C'est un succès, puisqu'en 1850 80-90 % des machines à vapeur utilisées en France sont construites dans ce pays. Indice révélateur : en 1848, l'Anglais Crampton fait construire chez Derosne et Cail une locomotive pourvue de tous les perfectionnements : ce modèle puissant et rapide sera utilisé sur le réseau ferroviaire français jusqu'en 1890

(Patrick Verley). Au début des années 1850, l'industrie française des constructions mécaniques est ainsi devenue parfaitement concurrentielle avec celle de la Grande-Bretagne.

L'industrialisation : un défi relevé

De fait, l'économie française a, pour une large part, relevé le défi de l'industrialisation. De 1815 à 1840, le Produit national par tête s'élève de + 1 % par an en moyenne contre + 1,4 en Grande-Bretagne. Mais, entre 1840 et 1860, le rythme de sa progression s'accélère sensiblement. François Caron l'a mis en évidence en ce qui concerne l'évolution du Revenu national par habitant (+ 2 % par an en moyenne environ). Son observation rejoint celle faite par Jean Marczewski à propos de la croissance du produit matériel (somme du produit agricole et du produit industriel) par habitant :

Tableau 1. — Taux de croissance annuels moyens du produit matériel total et par habitant de 1815-1824 à 1845-1854 (en %)

Produit agricole	+ 1,2
Produit industriel	+ 2,5
Produit matériel total	+ 1,9
Produit matériel par tête	+ 1,4

Source : Jean Marczewski, *Le produit physique de l'économie française*, Cahiers de l'ISEA, 1965.

Plus récemment, Maurice Lévy-Leboyer et François Bourguignon ont nuancé cette vision des choses, sans pour autant la remettre en question :

Tableau 2. — Taux de croissance annuels moyens du produit industriel total et par habitant ainsi que du produit national de 1840 à 1860 (en %)

Produit industriel total	+ 2,1
Produit industriel par tête	+ 1,1
Produit national par tête	+ 1,1

Source : Maurice Lévy-Leboyer, François Bourguignon, *L'économie française au XIXe siècle*, Economica, 1985.

Cette croissance soutenue du premier XIXe siècle bénéficie de la progression de la population active totale : de 1806 à 1840, celle-ci augmente de + 0,6 % par an en moyenne ; entre 1840 et 1866, le rythme atteint est encore de + 0,5 % (François Caron). Mieux connue, la population active agricole masculine augmente, en tout état de cause, de façon quasiment ininterrompue jusqu'aux années 1870. Si l'on s'en tient aux estimations de Jean-Claude Toutain, la population active industrielle s'accroît au rythme annuel moyen de + 2 % entre 1803-1810 et 1835-1844 ; ensuite, il fléchit progressivement jusqu'aux années 1865-1874, ce que confirment d'ailleurs les enquêtes industrielles de 1840-1845 et 1860-1865.

Un autre facteur essentiel de l'industrialisation rapide et accélérée des années 1815 à 1860 réside dans la progression rapide de la formation brute de capital fixe, c'est-à-dire de l'investissement productif national. Donnant toujours la priorité aux investissements de base, c'est-à-dire en gros aux infrastructures de transport, par rapport aux investissements industriels, la formation brute de capital fixe a augmenté sensiblement plus vite que le revenu national :

Tableau 3. — Taux de croissance annuels moyens des investissements productifs de 1815-1819 à 1880-1884 (en %)

1815-1819 à 1880-1884	+ 2,1
1820-1824 à 1838-1842	+ 2,7
1838-1842 à 1865-1869	+ 1,4
1865-1869 à 1880-1884	+ 1,9

Source : François Caron, *Histoire économique de la France aux XIXe et XXe siècles*, © Armand Colin, 1985.

Pendant la première moitié du XIXe siècle, il est possible d'identifier deux grands cycles d'investissements en infrastructures de base : 1815-1831, avec maximum en 1825, au profit des routes et des canaux ; 1831-1850, centré sur le chemin de fer avec double maximum en 1839 et 1847. Les investissements en logement jouent en parallèle un rôle porteur évident. Bénéficiant à la fois d'une demande soutenue en bâtiment agricole, de l'augmentation rapide de la population urbaine ainsi que l'accélération progressive de l'exode rural, l'industrie du bâtiment accroît sa production au rythme de + 2,5 % par an en moyenne de 1830-1834 à 1880-1884, non sans de graves accidents conjoncturels, liées notamment à l'intensité de la spéculation. Entre 1825 et 1831 par exemple, l'activité de la branche a diminué de 27 % ; de 1847 à 1849, la chute est plus impressionnante encore : – 38 %.

Un processus d'industrialisation différent de celui de la Grande-Bretagne

Comparant les processus d'industrialisation français et britannique, Maurice Lévy-Leboyer a souligné combien les performances industrielles des deux pays sont comparables entre 1815 et 1840. Le décalage qui s'était produit pendant la Révolution et l'Empire demeure donc le même. Néanmoins, en France, il semblerait que les progrès du produit industriel aient résulté d'un appel accru au travail, tandis qu'en Grande-Bretagne ils s'expliqueraient surtout par des gains de productivité. Pourtant, le taux d'investissement intérieur reste stable en Grande-Bretagne pendant la période, avec une part de l'investissement en machines ne dépassant pas 9 % du total. En France, au contraire, l'investissement industriel augmente irrégulièrement, en deux poussées : la première, dans les années 1820, correspondant à la création de grandes usines sidérurgiques « à l'anglaise » et de filatures de coton ; la seconde, de 1834 à 1839, fondée sur ces mêmes secteurs ainsi que sur la mise en exploitation de mines de charbon.

Cette apparente contradiction s'explique en grande partie par les structures industrielles des deux pays : en France, l'investissement se concentre sur quelques secteurs restreints où des équipements de base doivent être mis en place, alors qu'en Angleterre une première génération de mécanisation est déjà passée. En outre, les progrès de la productivité proviennent autant d'une meilleure utilisation du capital que de la croissance de son volume : la poursuite de l'innovation technologique a des effets *capital saving* (économes de capital) aussi bien que *labour saving* (économes de travail). Le remplacement du travail par le capital devient moins nécessaire, car, après 1815, le marché de l'emploi devient excédentaire (poursuite des gains de productivité agricole, déclin de la proto-industrie, immigration irlandaise, démobilisation avec la fin des guerres napoléoniennes). La situation de la Grande-Bretagne se rapproche de celles de la France, où le surpeuplement rural fournit un réservoir de main-d'œuvre (point de vue divergent de celui formulé par J.-C. Asselain). Mais l'une et l'autre diffèrent par le niveau des salaires, plus élevés outre-Manche. Cette cherté relative de la main-d'œuvre britannique atténue quelque peu le handicap que constituent pour la France les prix élevés du coton, du charbon et des machines. Selon M. Lévy-Leboyer, elle aurait conduit à une intégration vers l'aval, à partir de la filature, d'où une mécanisation accélérée du tissage et, à partir de 1835, l'effondrement du tissage à bras. En outre, l'industrie cotonnière devient de plus en plus le secteur-moteur de l'économie du pays. Les capacités d'absorption du pays étant limitées, c'est soutenue par l'exportation vers l'Amérique latine, l'Afrique et l'Inde que se poursuit la croissance de cette industrie. L'économie britannique se concentre de manière croissante sur les marchés extérieurs.

On l'a vu, l'industrie française n'est pas en mesure d'affronter sa concurrente britannique. A l'abri de barrières douanières élevées, les industries textiles françaises se modernisent, mais sans que soit remise en cause leur structure dualiste : filatures mécanisées et tissage proto-industriel. Au contraire du textile britannique dominé par le coton, il se maintient, en France, un relatif équilibre entre une industrie cotonnière dominante et des secteurs dynamiques, laine, lin et soie. En dépit de la mécanisation vigoureuse des entreprises cotonnières d'Alsace ou du Nord, leurs homologues de la laine et de la soie, pourtant techniquement moins avancées, fournissent les quatre cinquièmes des exportations françaises entre 1835 et 1840. Les cotonnades françaises souffrent en effet d'un manque évident de compétitivité face à la concurrence britannique. Même si les entreprises françaises jouent avec succès la carte de la qualité, notamment en lançant les modes (ou « nouveautés »), qui s'imposent ailleurs, le soutien essentiel de la production — surtout pour le coton — réside dans l'expansion du marché intérieur. La sidérurgie française souffre du même manque de productivité. Au lendemain des traités de Paris, elle traverse une crise profonde, par suite de l'importation en France des fers britanniques. Grâce à l'adoption de tarifs protecteurs très élevés (plus de 100 %), elle retrouve la voie d'une croissance appréciable, fondée sur le développement de l'usage des outils en fer dans l'agriculture, l'emploi de plus en plus important du métal dans la construction et l'essor de la construction de machines. Pourtant, le succès de la fonte au coke se fait attendre à la suite des déboires des grands établissements pionniers (Terrenoire, le Creusot), par suite de perfectionnements continus de la fonte au bois, ainsi que du coût de revient élevé du charbon français.

Si l'on ne considère que les productions de cotonnades, de fer et de charbon, l'infériorité française paraît évidente. Mais les voies choisies diffèrent. En Grande-Bretagne, l'industrie cotonnière, de plus en plus mue par l'exportation, est, dès le milieu du XIXe siècle, relayée par une industrie lourde déjà puissante. En France, la production est plus diversifiée. A côté du textile, qui fournit vers 1840 21 % du produit industriel, le bâtiment et les travaux publics — BTP — représentent 24 %, l'habillement 21 % également, les industries agricoles et alimentaires — IAA — 15 % ; il conviendrait aussi de prendre en compte des secteurs tels que les industries du bois ou les cuirs et peaux. L'industrie française est en fait dominée par les secteurs de biens de consommation. Ainsi s'expliquent d'une part le dualisme entre grande industrie et artisanat, de l'autre l'orientation vers des produits de qualité incorporant beaucoup de travail. L'on comprend mieux aussi les résultats surprenants obtenus par O'Brien et Keyder : entre 1835 et 1855, la valeur ajoutée par travailleur industriel serait plus élevée en France qu'en Grande-Bretagne, bien que celle-ci ait l'avantage pour les mines, la métallurgie et l'industrie cotonnière.

Des fluctuations cycliques marquées

La croissance économique de la France s'est par ailleurs effectuée au travers d'une série de fluctuations.

Deux types de fluctuations cycliques

Elles appartiennent à deux grandes catégories. La première fait aujourd'hui l'objet d'intenses discussions entre économistes, car tous n'en admettent pas l'existence. Elle englobe les mouvements de longue durée, dits encore mouvements interdécennaux ou mouvements Kondratieff — du nom d'un économiste russe exécuté durant l'époque stalinienne — ou, selon la terminologie du sociologue français François Simiand, phases A et B. On les identifie généralement dans l'évolution des prix, il est possible parfois de les retrouver dans celles des revenus — salaires et profits —, mais il est plus difficile d'y parvenir pour les quantités produites. Pour les prix, l'étude de ces fluctuations est rendue possible par le fait que, au XIXe siècle, ces prix sont définis en monnaies stables et varient dans des limites assez étroites. L'on distingue ainsi une phase B de 1815 à 1851, marquée par une tendance à la stagnation ou à la baisse des prix. Cette phase B s'inscrit comme les suivantes dans une tendance séculaire (ou *trend*) à la baisse des prix. Les déterminants de ces cycles longs continuent de donner lieu à de vifs débats entre les tenants de la théorie quantitative de la monnaie (Jacques Rueff, Milton Friedman) et ceux qui privilégient l'innovation technique (Joseph Schumpeter, puis Georg Mensch).

En revanche, personne ne nie la réalité des cycles courts ou mouvements intradécennaux ou cycle Juglar, ou mouvements cycliques ou cycles, d'une durée moyenne de sept à onze ans. Ces cycles comprennent généralement quatre phases :

— essor, période d'intense activité économique : montée des prix, des salaires et de la production ; diminution du chômage et des faillites ;
— crise, souvent marquée à ses débuts par une crise boursière et définie par un renversement de la conjoncture : arrêt de la hausse des prix et des profits ;
— dépression : la crise s'installe, se généralise et s'amplifie ;
— reprise : la tendance se renverse et un nouvel essor commence.

Ces cycles courts présentent deux caractères principaux : leur généralité, car ils affectent tous les pays avancés ; leur périodicité. Pour la première moitié du XIXe siècle, les années de début de crise sont les suivantes : 1816, 1825, 1836 et 1846.

Pour les XVIIIe et XIXe siècles, Ernest Labrousse distingue entre trois types de crises. Le premier correspond à ce qu'il appelle la « crise de l'ancien régime économique » ou « crise des subsistances », dont celle de 1788-1789 fournit un bon exemple. Elle naît d'une sous-production de grains, qui provoque une hausse très rapide du prix du blé. Elle gagne ensuite l'industrie et le commerce : du fait de la diminution du pouvoir d'achat paysan, la demande de produits industriels diminue. Dans les villes se développent disette, chômage et troubles sociaux. Le second type correspond à la « crise mixte ». Elle associe, à l'instar de celle de 1846-1851, des aspects anciens — disette, cherté des grains — et d'autres, contemporains : spéculations et crise boursières, paralysie du développement industriel. Enfin, l'on observe, au XIXe siècle, des crises de type contemporain, dites de « surproduction », dont la première, toujours selon Labrousse, éclaterait en 1873. Elles présentent des caractères nouveaux dominants de crise bancaire et industrielle et sont marquées par une baisse des prix.

Il est probable que la France n'a pas connu de crises de ce type durant la première moitié du siècle. Néanmoins, il n'est peut-être pas inutile d'en rappeler les principales caractéristiques, compte tenu du fait qu'elles sont partie intégrante des crises mixtes évoquées plus haut. A leur propos se posent trois questions. La première concerne leur déclenchement. Elles éclatent dans la sphère financière (banque et bourse). La crise débute par la ruée des déposants aux guichets des banques, à qui ils réclament leur argent (dépôts). Au même moment, le cours des valeurs en bourse s'effondre. La crise touche alors le secteur commercial et l'industrie : les usines ferment et le chômage apparaît. A l'origine, l'on trouve les phénomènes de spéculation boursière. Ils se traduisent par des hausses artificielles, excessivement fortes du cours des valeurs — François Simiand parle à leur propos de « vertiges de hausse » —, au terme desquelles se produit un effondrement brutal (« krach ») des cours. En revanche, la transmission de la crise de la Bourse et de la banque vers le négoce et l'industrie alimente toujours les discussions des économistes. Le second problème porte sur les aspects de la crise. Celle-ci se traduit à la fois par le recul ou le ralentissement de la production industrielle et agricole, la chute des prix des produits, la diminution des salaires et des profits, l'augmentation des faillites et des suicides, la généralisation du chômage. Enfin, reste la question la plus controversée : celle des causes. La plus couramment invoquée est celle d'un déséquilibre entre la demande et l'offre. La production et la capacité de production dépassent la première : les acheteurs se dérobent, sans que pour autant le marché soit « physiquement saturé » ou les besoins tous satisfaits.

Ces « crises mixtes » ont, depuis Labrousse, fait l'objet de débats entre historiens. Ils continuent de les situer entre 1800 et 1870 environ. Durant cette période, un fonctionnement de type ancien perdure tandis que se mettent en place de nouvelles structures. Les dernières crises à antécédents agricoles s'observent d'ailleurs encore en 1857-1858 dans l'Est aquitain (André Armengaud) et même 1866-1867 en Loir-et-Cher (Georges Dupeux). Puis la conjoncture industrielle devient indépendante du mouvement du prix des grains, c'est-à-dire des mauvaises récoltes. Selon Labrousse, les mauvaises récoltes réduisent le revenu des paysans, donc la demande de produits industriels ; de leur côté, les travailleurs des villes consacrent une part accrue de leurs revenus à l'alimentation, au détriment encore de la consommation de produits industriels. Même si des antécédents agricoles existent — ils corroborent les témoignages des contemporains —, dans la réalité, il est probable qu'ils agissent de manière plus complexe que dans le modèle de Labrousse (Patrick Verley). Quatre facteurs doivent être pris en considération. D'abord, les ruraux disposent de revenus indépendants des récoltes de céréales (tissage, autres cultures, élevage). Ensuite, la consommation populaire urbaine n'a peut-être pas joué le rôle qu'on lui prête. De plus, la relation variations de la production de grains - variations des prix du blé pose problème : il n'y a pas de crise dans toutes les régions à la fois, les transports progressent, et l'on ne peut négliger les importations de blé, car ce prix du blé est aussi fonction des conjonctures baltique ou russe. Les pays étrangers jouent en effet un rôle important, à l'exemple du marché américain pour la production textile française.

Les historiens britanniques (Alan Millward, Peter Matthias) ne croient pas à la transmission de la conjoncture agricole par l'intermédiaire de la demande, car la croissance rapide des exportations rend de bonne heure l'économie de leur pays moins dépendante du marché intérieur. Ils proposent, toujours pour leur pays, un second modèle explicatif : la mauvaise récolte oblige à importer du blé, ce qui, dans le système monétaire du XIXe siècle, conduit à exporter de l'or. La Banque d'Angleterre, afin de protéger ses réserves, élève son taux d'escompte, ce qui renchérit le crédit et accroît les difficultés des entreprises. Un tel modèle s'applique d'ailleurs en partie à la crise française de 1846-1847. Bertrand Gille a, quant à lui, défendu une troisième thèse. Les mauvaises récoltes sont, selon lui, la conséquence d'une diminution des investissements agricoles, explicable par l'attrait des placements industriels lors des booms de l'investissement. Le cycle des investissements industriels commanderait ainsi toute la croissance de l'économie française dès le début du siècle. S'il est peut-être excessif de généraliser cette analyse à l'ensemble du XIXe, il est en revanche vraisemblable que l'on puisse l'appliquer aux crises du second tiers du siècle.

Une succession de crises

Les crises de la première moitié du XIXe siècle relèvent toutes plus ou moins du type de la crise mixte. Celle de 1816-1817 est assurément l'une des plus graves. Elle tire ses origines d'une crise agricole. Les troupes étrangères présentes en France se sont livrées à des pillages et des destructions : dans la seule Côte-d'Or, en 1815, il faut nourrir 130 000 hommes de troupes, ce qui oblige à vendre le bétail que l'on ne peut plus alimenter, entraîne un manque de fumures et entrave les travaux des champs ; en outre, ce sont les départements les plus riches qui sont les plus touchés. Au printemps de 1816, l'on a épuisé les réserves. Or, la récolte de cette année-là est d'autant plus mauvaise qu'entre 1815 et 1816 la surface emblavée a diminué de 200 000 ha. Par suite d'une diminution forte des rendements à l'hectare et des intempéries du printemps et de l'été, toutes les productions diminuent. Les prix s'envolent : en quelques mois, le prix du blé double au moins. Après une première poussée au printemps 1816, ils connaissent une nouvelle et grave flambée en avril, mai et juin 1817. Même si la Vendée, le Maine-et-Loir et la Bretagne apparaissent relativement épargnés, les prix atteignent des niveaux particulièrement élevés dans l'Est, le Midi et les Alpes. La disette est telle que les produits de substitution eux-mêmes enchérissent beaucoup (quadruplement du prix moyen du sarrasin). La disette touche tout particulièrement les salariés agricoles, les artisans ruraux, les ouvriers et les petits artisans des villes. L'on revoit des scènes que l'on croyait oubliées : les pauvres mangent de l'herbe, l'on abat en masse les animaux pour les manger, mais aussi pour ne pas les nourrir. Les troubles sociaux se multiplient en 1816 et 1817. L'intervention des pouvoirs publics — importations, interdiction d'exporter, subvention au prix du pain à Paris, ateliers de charité — et les nouveaux progrès de la culture de la pomme de terre n'empêchent pas la mévente des prix des produits manufacturés : l'industrie parisienne traverse un profond marasme d'octobre 1816 à février 1817. Mais la crise industrielle a ses racines propres : le nombre des faillites, s'il s'accroît légèrement de 1816 à 1817, augmente fortement en 1818 et surtout 1819, date à laquelle le prix des farines est à son minimum.

Les années 1818 et 1819 voient le retour d'abondantes récoltes. La conjoncture demeure euphorique durant toute la première moitié des années 1820. En revanche, la seconde apparaît plus sombre. La crise financière britannique de 1825 ouvre une période de dépression pour l'industrie française, dont la production plafonne en 1826 et 1827. S'y ajoutent des difficultés agricoles. Après trois récoltes médiocres en 1827, 1828 et 1829, celle de 1830 est franchement mauvaise. Elle déclenche en partie une nouvelle crise agricole et industrielle, celle de 1830-1832. L'industrie textile en particulier traverse, durant les années 1830, une succession de crises cycliques, qui ne touchent cependant ni toutes les régions industrielles, ni tous les types de production (M. Lévy-Leboyer). Outre celle, précitée de 1830-1832, il convient de mentionner la crise de 1837, causée par l'encombrement du marché américain : elle commence dans le négoce, touche ensuite le tissage, puis la filature ; mais elle ne concerne que les productions d'exportations (soierie lyonnaise, indiennerie mulhousienne). La crise de 1839 est en revanche beaucoup plus générale. Elle résulte de la combinaison de différents facteurs : la contraction forte du marché américain, de mauvaises récoltes et une vive poussée du prix des matières premières, due à une poussée de la demande, mais qu'il est difficile de répercuter sur les prix de vente, l'attitude du négoce, lequel, en 1839, s'abstient de soutenir l'industrie.

La plus grave de toutes est peut-être celle de 1846-1851, dont l'on dit l'impact considérable sur la démographie française. Elle comporte en fait deux phases : la crise proprement dite, en 1846 et 1847, et la dépression, de 1848 à 1851. La première phase correspond tout à fait au modèle de la « crise mixte ». Il y a crise agricole d'abord. Elle s'amorce dès 1845 avec une très mauvaise récolte de pommes de terre, due au phytophtora[1] et une médiocre récolte de céréales. En 1846, la récolte de sarrasin et de maïs est excellente, mais celle de froment est exécrable ; de plus, le bétail se trouve frappé par une crise du fourrage. Il s'ensuit une cherté presque générale, en dépit de variations régionales très marquées. Le prix des céréales atteint son maximum en 1847 et rejoint presque ses niveaux de 1812 et 1817. Entre les prix moyens du blé de l'hiver 1844-1845 et ceux du printemps 1847, l'écart est du simple au double. De surcroît, les céréales secondaires connaissent une flambée des prix de même ampleur. Les autres productions ne sont pas épargnées : le prix des pommes de terre a quintuplé entre les mêmes dates ; le vin également ; quant au bétail, il a aussi beaucoup augmenté, même si le renchérissement paraît moindre. La diminution conjointe du pouvoir d'achat des familles paysannes et ouvrières — c'est-à-dire de 75 % au moins de la population du pays — entraîne la mévente des produits industriels et la réduction de l'activité du textile et du bâtiment, puis de toute l'industrie.

1847 voit aussi le déclenchement d'une crise boursière et financière. La spéculation boursière sur les chemins de fer se termine par un krach monumental. A l'origine de celui-ci, il y a indiscutablement les difficultés propres des compagnies, qui n'épargnent pas même les

1. Champignon responsable notamment du mildiou de la pomme de terre.

mieux gérées à l'instar de la Compagnie des chemins de fer du Nord : elles doivent faire face à des charges de plus en plus lourdes alors que le trafic vient juste de s'ouvrir. De plus, 60 % des capitaux alors immobilisés dans le chemin de fer sont d'origine anglaise. Les Anglais procèdent d'ailleurs à un rapatriement massif de ces capitaux au cours des années 1847-1848. Ils y sont incités par la récession générale des transports : roulage et navigation intérieure, mais aussi voies ferrées. Ils s'inquiètent de plus en plus de la santé de l'économie française. Depuis 1842, le solde de la balance des paiements se dégrade sous le poids des importations légales (matériel ferroviaire, puis machines britanniques) ou frauduleuses (machines belges notamment). Or l'afflux des capitaux d'outre-Manche est essentiel à son équilibre. Les fortes importations de céréales qu'exige la situation alimentaire de la France en 1846-1847 aggravent encore la situation. Ces importations sont largement financées au moyen de l'encaisse-or de la Banque de France, qui élève son taux de l'escompte. Il s'ensuit un quasi-arrêt de l'immobilier et de la construction ferroviaire, qui plongent à leur tour la métallurgie et l'industrie minière dans la crise. La chute de la monarchie entraîne une nouvelle détérioration. Non seulement elle accélère le désengagement britannique, mais encore le changement de régime et les troubles qui l'accompagnent poussent les banquiers à limiter leurs engagements. L'escompte commercial se contracte fortement et durablement.

La reprise ne vient pas : c'est la dépression. Des récoltes surabondantes font chuter les prix. Le blé et les céréales sont les plus touchés : à la fin de 1851, le prix moyen du blé est revenu à son niveau de... 1787 ! Le vin ne se porte pas mieux. La pomme de terre et le bétail n'évitent pas non plus la baisse, même si elle est d'ampleur moindre. L'exemple de la région de Caen étudiée par Gabriel Désert montre bien les difficultés de la reprise. Entre 1847 et 1850, les emblavures augmentent et les récoltes sont excellentes, mais la demande reste faible, en raison de la persistance d'un chômage important et de l'insuffisance des exportations. La pénurie de crédit mais aussi la baisse du pouvoir d'achat des citadins bloquent la reprise industrielle sans que les marchés extérieurs puissent assurer la relève. Il n'est cependant pas démontré que la liaison ait été toujours aussi étroite entre crise agricole et crise industrielle. Tihomir Markovitch a montré qu'il n'existe pas de corrélation systématique entre les deux types de crises. Il paraît plus prudent de parler de conjoncture de branche (coton, laine, sidérurgie). Se trouve ainsi posée la question des *leading sectors* — ou secteurs moteurs :

« L'évolution de l'indice de la production industrielle n'est-elle qu'une somme non significative d'indices sectoriels ou régionaux indépendants ou bien existe-t-il des secteurs capables d'imposer leur conjoncture à toute l'économie ? » (P. Verley).

Les « forces d'impulsion » (Jean-Charles Asselain)

Ces secteurs ne sont devenus moteurs que grâce à l'action d'entrepreneurs innovateurs. Avec l'Etat, ils constituent les principales forces d'impulsion de l'économie française. Ces deux agents — l'entrepreneur et l'Etat — sont les principaux protagonistes de la modernisation très imparfaite et inachevée du système bancaire.

Les entrepreneurs

Une tradition historiographique persistante veut que, sur le modèle britannique, la première moitié du XIXe siècle ait vu en France émerger un grand nombre de fondateurs d'entreprises « venus de toutes les classes sociales et de toutes parties du pays » (T. S. Ashton).

Réalité et limites de l'ascension sociale

Des travaux récents ont abouti à nuancer ce jugement. Sur les 175 fondateurs de filatures de coton étudiés par Serge Chassagne pour la période 1780-1840, 97 sortent des milieux du négoce et 30 sont initialement ouvriers qualifiés. La proportion de ceux-ci est plus élevée dans l'indiennage (46 %), activité techniquement plus complexe ; toutefois la plupart d'entre eux, d'origine étrangère, doivent faire appel aux capitaux d'un négociant. Même durant cette première phase de l'industrialisation, où il suffit de sommes limitées pour démarrer une affaire, rares sont les cas d'entrepreneurs issus du bas de l'échelle sociale : ainsi Julien Lagache, ouvrier filateur, qui fonde sa maison à Roubaix en 1830. Les avis divergent à propos de ce type d'ascension sociale. Louis Bergeron en cite de nombreux cas, tandis que M. Lévy-Leboyer pense que la mobilité sociale est très faible. Il est probable que l'accès au patronat se ferme dès le milieu du siècle, car, même dans le textile, les investissements deviennent de plus en plus lourds. L'ascension sociale se fait plutôt en deux générations, à l'instar de Pouyer-Quertier, le grand filateur normand, fils de marchand-fabricant et petit-fils de paysan-tisserand du pays de Caux. En revanche, la Révolution n'interrompt que rarement cette ascension : Amédée Prouvost de Roubaix est par exemple le petit-fils d'un fabricant d'avant 1789. Parce que exigeant peu de capitaux de démarrage, la construction mécanique permet, comme le textile, la réussite d'un artisan ou d'un ouvrier qualifié. Au contraire, dans la sidérurgie, les immobilisations requises sont beaucoup plus considérables : de part et d'autre de la Révolution, la continuité est forte (Denis Woronoff). Le groupe des maîtres de forges, exploitants ou non, se trouve certes affaibli par les confiscations et la vente des biens nationaux ; mais, à l'imitation des Wendel, un certain nombre d'entre eux rachètent ensuite leurs établissements. D'autres passent, par rachat, aux mains des fermiers exploitants : tel est le cas des mines d'Indret, que possèdent désormais les Rambourg. Cependant, à l'instar des Boigues, quelques marchands de fer deviennent également maîtres de forges.

Les fondateurs d'entreprises donnent fréquemment naissance à des dynasties familiales, dont l'on trouve des exemples nombreux dans le patronat textile de Mulhouse ou du Nord. Les politiques matrimoniales renforcent les alliances entre familles industrielles et, par le jeu des dots et participations, augmentent les capitaux disponibles. Les fils et les gendres développent l'entreprise, à l'exemple des Motte : Louis s'établit à Roubaix. Avec ses propres capitaux, la dot de son épouse, Adèle Bossut, ainsi que les apports d'un oncle et de son beau-frère, Wattine-Bossut, il fonde en 1842 une très grosse filature ; au même moment, son frère Etienne, au point de départ de la branche Motte-Dewavrin, constitue une nébuleuse financière d'usines de teinturerie. De puissantes familles parviennent ainsi, par le jeu des alliances et des héritages, à s'assurer le contrôle de l'économie de la région et le conservent jusqu'au milieu du XXe siècle. En Normandie, la situation est toute différente : l'entreprise industrielle est moins considérée comme un but que comme l'instrument d'une promotion sociale. Une fois celle-ci réalisée, l'entrepreneur se retire au profit d'un genre de vie plus digne de la haute société : achats de châteaux, alliances aristocratiques, mandat politique — moins fréquent qu'on ne l'a dit. En cela, il s'oppose au patronat mulhousien ou à celui du Nord.

A l'intérieur de ces continuités familiales discernables également dans la sidérurgie, Louis Bergeron perçoit l'esquisse d'un renouvellement avec l'arrivée, avant même 1850, de patrons-techniciens. Les commandités successifs des forges de Fourchambault, Georges Dufaud comme son gendre Emile Martin, sont des polytechniciens, tandis qu'Eugène Schneider, le repreneur de celles du Creusot, s'est formé au service de la banque Seillière. En fait, ce renouvellement se réalise par intégration au sein du groupe patronal antérieur. A Fourchambault, il conduit à l'association entre le négociant (Boigues) et l'ingénieur (Dufaud), renforcée par les alliances matrimoniales. Quant à Schneider, il fonde une dynastie appelée à un brillant avenir. Néanmoins, les polytechniciens, s'ils ne se destinent pas aux grands corps de l'Etat, se tournent plutôt vers le chemin de fer, à l'exemple de Paulin Talabot, qui, pourtant, en 1849, crée avec son frère Léon la Société des Forges de Denain-Anzin. Toutefois, l'heure des entrepreneurs-techniciens n'est pas encore venue ; ils ne constituent encore qu'une toute petite minorité au sein du patronat français.

Prépondérance écrasante des sociétés de personnes

Jusqu'au milieu du XIXe siècle en effet, les entreprises industrielles demeurent de petite taille et à base familiale. Beaucoup ont démarré sous la forme individuelle, mais les stratégies familiales, les contraintes d'investissement et la nécessaire division des risques poussent à l'adoption des formes sociétaires. Le Code de commerce de 1807 en prévoit trois : la société en nom collectif (SNC), la commandite et la société anonyme (SA). La première est dirigée conjointement par les assurés eux-mêmes, elle ne comprend qu'une seule catégorie d'associés à responsabilité illimitée : ils sont en fait responsables sur la totalité de leur fortune propre des dettes de l'entreprise. L'adoptent aussi les négociants de la soierie lyonnaise (« les soyeux ») ainsi que les banquiers de la Haute Banque parisienne. La SNC reste très largement dominante durant la période : 77 % des actes de fondations entre 1840 et 1859, sans que l'on puisse savoir quelle est la répartition entre sociétés commerciales et industrielles. Il faut dire qu'elle convient très bien lorsque le capital ou les compétences associées ne dépassent pas le cercle d'une famille ou de quelques amis (Pierre Deyon et Jean-Pierre Hirsch). Cette forme sociale peut recouvrir deux stratégies patrimoniales : éviter la dispersion de l'entreprise en associant les héritiers au décès du fondateur ou la consolider par des alliances matrimoniales. Certes, la SNC est le plus souvent une entreprise de petite taille, mais elle peut être grande, des profits élevés permettant de financer la croissance sans appel à des apports extérieurs. La SNC peut aussi associer des compétences complémentaires : marchand et technicien, veuve d'industriel et chef d'atelier, détenteur de brevet et apporteur de capitaux.

Le Code prévoit aussi la société en commandite simple (SCS), qui, avec la SNC, forme le groupe des sociétés de personnes. Elle comporte deux types d'associés. Les commanditaires apportent les capitaux, mais leur responsabilité est limitée : en cas de faillite, ils perdent leur mise ou « commandite », mais ne peuvent être poursuivis par les créanciers ; en revanche, ils n'exercent qu'un contrôle financier sur la marche de l'entreprise sans pouvoir intervenir dans la gestion de l'exploitation. Le commandité a la direction effective de l'affaire, mais il est responsable des dettes de l'entreprise sur la totalité de sa fortune propre. La transformation de SNC en SCS permet de collecter des capitaux nouveaux en faisant appel aux parents, aux amis, aux connaissances ou aux banquiers et notaires ayant de l'argent à placer. Entre 1840 et 1859, elles représentent 10 à 15 % des sociétés fondées. Le Code crée encore une société en commandite par actions (SCA). Son capital est fragmenté en actions, qui sont des valeurs mobilières ou titres négociables en bourse. D'un montant d'abord élevé, puis bas à partir de 1837, ces actions constituent le moyen le plus efficace pour drainer l'épargne et rassembler des capitaux en quantités jusqu'alors inconnues. Les SCA réunissent le plus souvent quelques gros commanditaires, banquiers, négociants et industriels. De nombreuses entreprises sidérurgiques adoptent cette forme : ainsi Le Creusot où, depuis 1836, les frères Adolphe et Eugène Schneider sont commandités par la banque Seillère et les Boigues. Les SCA se multiplient sous la monarchie de Juillet, au point que l'on a pu parler de « fièvre de commandites ». Cette forme permet de réunir des capitaux sans remettre en cause le pouvoir familial sur l'entreprise, d'où son succès auprès du patronat textile du Nord. Les commanditaires peuvent en outre s'engager à opérer des versements ultérieurs, ce qui garantit l'avenir. Enfin, la SCA offre un substitut à la SA, soumise à autorisation du gouvernement après avis obligatoire du Conseil d'Etat, procédure longue, restrictive et coûteuse, mais voulue par le législateur qui redoute l'irresponsabilité de la société anonyme.

SCA et SA appartiennent au groupe des sociétés de capitaux. Elles ont en commun le partage de leur capital en actions. En revanche, il existe la même opposition qu'au sein de la SCS entre commandité et commanditaires, le premier pouvant posséder une part du capital et les seconds élire un conseil de surveillance chargé de contrôler le commandité. En revanche, dans la SA, il n'y a aucune distinction entre actionnaires et gérants, tous les propriétaires du capital se trouvant, en droit, sur le même pied ; toutefois, le nombre de leurs actions peut beaucoup varier. De 1807 à 1867, seules 651 SA sont autorisées. Il s'agit d'abord de société de capitaux issues de l'Ancien Régime — mines d'Anzin et d'Aniche, Saint-Gobain —, puis des sociétés de canaux et d'assurances, enfin de chemins de fer. Les sociétés industrielles sont beaucoup moins nombreuses : on les rencontre dans les mines — mais les compagnies minières ne deviendront sociétés commerciales qu'en 1919 —, la sidérurgie, la construction mécanique et, beaucoup plus rarement, le textile. La plupart résultent de la transformation de commandites ou de la fusion de sociétés préexistantes. Les fondations *ex nihilo* sont beaucoup plus rares. En 1867, il n'y a que 40 SA dans l'industrie. Il semble en outre que les SA — comme les SNC — soient plus favorables à la rétention des bénéfices et à la croissance par autofinancement alors que les commandites gèrent plus fréquemment dans le sens de la maximisation et de la distribution des profits (F. Caron).

Durant la première moitié du siècle coexistent des formes de production très différentes. Celles héritées du capitalisme commercial se maintiennent de façon massive : industrie rurale de type proto-industriel encore très présente dans le textile — tissage du lin et de la laine notamment — ; industrie urbaine à domicile, constituée d'ouvriers individuels ou de petits ateliers sous la dépendance d'un marchand-fabricant, comme dans la fabrique lyonnaise ou la rubannerie stéphanoise. Les formes nouvelles de travail mécanisé opposent un grand nombre d'entreprises petites et moyennes d'une part, quelques firmes géantes de l'autre. Mais ces dernières — Dollfus-Mieg, Motte et Bossut pour le textile, Schneider — sont des exceptions. En dépit des critères fluctuants utilisés par les enquêtes industrielles de 1840-1845 et de 1861-1865, il apparaît que l'entreprise moyenne est de petite taille, comme d'ailleurs en Angleterre ou en Allemagne, avec des différences très fortes entre les secteurs et les régions. Dans le cas du textile, les entreprises cotonnières ont une taille moyenne supérieure à celle des entreprises lainières, elles-mêmes plus importantes que celles de la soierie ou du lin. La filature est également plus concentrée que le tissage : en 1840-1844, la moyenne des filatures de coton françaises est de 230 ouvriers en Alsace, de 100 dans le Nord, de 80 en Seine-Inférieure. C'est en Alsace que se trouvent les plus gros établissements intégrés, comme Dollfus-Mieg — 3 000 à 4 000 personnes employées à Mulhouse en 1840 —, mais leur nombre n'augmente plus après 1830, car l'évolution se fait vers une plus grande spécialisation, comme dans le Nord. Dans les mines et la métallurgie, la taille moyenne semble plus élevée et la concentration plus rapide. Il subsiste cependant de nombreux petits établissements, surtout dans la métallurgie de transformation. Mais, à partir de 1845, du fait du progrès technique et des commandes ferroviaires, un mouvement de concentration s'affirme. Il donne naissance à des géants, comme le groupe Châtillon-Commentry et celui des Hauts Fourneaux, Forges et Aciéries de la Marine, tous deux fondés en 1854.

Les entrepreneurs et l'innovation

Il y a parmi ces entrepreneurs d'authentiques innovateurs. Ainsi « à Lyon, où les groupes traditionnels d'artisans révèlent d'importantes possibilités d'adaptation aux nouveaux besoins » (F. Caron). Lyon devient ainsi le centre privilégié d'adoption des techniques nouvelles (forges, construction de machines à vapeur). De même, dans la teinturerie, où, de la masse des artisans, se dégagent peu quelques industriels, comme François Gillet, à partir de 1838. Il est possible également d'évoquer le cas des Ardennes, où dans les années 1830, 1840 et 1850 se fondent des entreprises d'origine purement ouvrière ou artisanale. Surtout, l'industrie parisienne naît, pour une large part, d'un processus de différenciation à partir de petits ateliers employant de très faibles effectifs. Dans la première moitié du XIXe siècle, s'y crée de toute pièce une industrie mécanique, dont les promoteurs sont de « simples ouvriers formés par l'apprentissage direct » (Maurice Daumas). Le mouvement s'amorce avant même la Révolution, mais se confirme sous la monarchie constitutionnelle : l'illustre la réussite d'Onésiphore Pecqueur. Fils d'un cultivateur du Pas-de-Calais, il devient apprenti-horloger, puis chef d'atelier au Conservatoire des arts et métiers en 1824. Quatre ans plus tard, il dépose un brevet où est « décrit... le différentiel ». En 1830 enfin, il fonde son propre atelier en vue de fabriquer des moulins métalliques oléagineux et du matériel de sucrerie.

Mais certains secteurs supposent un haut degré de technicité.

Ici s'imposent notamment les ingénieurs issus des écoles d'arts et métiers (C. R. Day) : 361 des 800 diplômés issus de ces écoles entre 1825 et 1871 deviennent des dirigeants ou des propriétaires d'usines, à l'exemple d'Hippolyte Petin, fondateur de la firme Petin et Gaudet, l'un des principaux fondateurs de matériel ferroviaire de l'époque du Second Empire. L'on a signalé plus haut le rôle encore modeste des polytechniciens, mais il faut aussi mentionner celle des centraliens. Les ingénieurs issus de ces deux écoles, lorsqu'ils se sont lancés dans les affaires, n'ont, il est vrai, pas toujours réussi, comme l'atteste l'échec de la Compagnie des mines de Saint-Etienne, fondée en 1820 par Gallois. Mais, dans deux secteurs au moins, la chimie et les constructions mécaniques, ils sont à l'origine d'entreprises dynamiques. En 1820 par exemple, la maison Guimet est ainsi créée par un polytechnicien, ingénieur des poudres et inventeur d'un procédé de fabrication du bleu outre-mer. Tout aussi démonstratif est le cas d'Ernest Gouin, fondateur en 1846 de la Société Ernest Gouin et Cie, devenue en quelques années la seconde plus grosse entreprise parisienne de construction mécanique de Paris après Derosne et Cail.

« La science française vient » en effet « en aide à l'industrie » (François Caron). La suprématie internationale de la science française reste en effet incontestée jusque vers 1840. Le recours à la théorie mathématique en constitue l'un des points forts. En fondant la théorie de l'élasticité, les ingénieurs des Ponts et Chaussées, Navier, Lamé et Clapeyron, ouvrent la voie à la théorie des ondes (Fresnel) et à la science de la résistance des matériaux, elle-même à l'origine de l'avance technique du génie civil français. La grande industrie chimique se constitue de même, à partir de 1820, sur les bases scientifiques de la fin du XVIIIe et du début du XIXe siècle (en particulier le procédé Nicolas Leblanc de fabrication de la soude). Mais le système scientifique et technologique français porte en lui des germes de déclin. Les réformes impériales ont eu un effet stérilisant, notamment en privilégiant la formation d'enseignants aux dépens de la formation de chercheurs et ont donné un caractère rhétorique à la science française (Robert Fox). En outre, les activités de fonctionnaires et de gestionnaires, plus rémunératrices et plus prestigieuses, détournent les étudiants vers la fonction publique. Révélatrice à ce point de vue est l'évolution de l'Ecole polytechnique, dont l'enseignement favorise un « savoir déductif, abstrait et abstrus » (Terry Shinn) et conduit à un affaiblissement du rôle joué par cet établissement dans la recherche scientifique en France. Enfin, le système éducatif français est largement inadapté à l'évolution des techniques en ce qui concerne la formation d'ouvriers qualifiés : dès les années 1840, il existe une « crise de l'apprentissage ».

L'Etat

C'est justement l'une des principales responsabilité de l'Etat que d'assurer le développement de l'instruction. Or, durant la période, la part des dépenses d'éducation au sein du budget de l'Etat reste faible : 1,2 % du total. Vers 1825-1830, les trois cinquièmes des conscrits sont illettrés. Mais en 1836, ils ne sont déjà plus que 51 %. En outre, comme le montre Claude Fohlen, la France instruite est celle des régions industrielles ou en voie de l'être : il existe une relation étroite entre le niveau d'instruction et l'existence d'un savoir-faire artisanal et c'est d'ailleurs le Jura qui est le département le plus instruit. A partir de 1830 en effet, l'instruction populaire connaît un développement spectaculaire. La loi Guizot de 1833 crée l'enseignement primaire supérieur. De plus, toute commune doit contribuer aux dépenses d'une école de garçons. Dès 1840, 64 % des garçons et 33 % des filles fréquentent l'école primaire. La France rattrape ainsi l'Angleterre, qui a progressivement perdu son avance après 1800. La loi sur le travail des enfants de 1841 interdit ce travail avant 8 ans et le limite à huit heures de 8 à 12 ans, à douze heures de 12 à 16 ans, mais elle est très mal appliquée et n'a guère de conséquences.

Prépondérance des conceptions libérales

Le rôle de l'Etat fait l'objet d'un débat. Le libéralisme s'affirme de plus en plus comme l'idéologie dominante. Il se personnalise en Jean-Baptiste Say (1767-1832), l'un de ses plus ardents défenseurs. Auteur d'un premier traité d'économie politique en 1803, il refuse de soutenir la politique économique de Napoléon, qu'il juge trop dirigiste. Après 1815, son œuvre connaît un grand succès. Professeur au Conservatoire des arts et métiers dès 1821, il entre en 1830 au Collège de France. Au travers de ses écrits, il souligne l'importance de l'investissement au sein de l'entreprise pour le développement technologique et met en lumière le rôle majeur des « entrepreneurs d'industrie ». Adolphe Blanqui s'inscrit dans la même ligne, qui enseigne au Conservatoire des arts et métiers l' « économie industrielle », ancêtre de la gestion (Jean-Pierre Daviet). A l'instar de Guizot, il croit en l'avènement d'une classe moyenne, « par le travail et par l'épargne », comme solution à la question sociale. Il établit même une équivalence entre « la somme d'aisance matérielle » dont jouit un peuple, sa « puissance industrielle » d'une part, et son « degré de civilisation », sa « prépondérance morale » de l'autre. C'est d'ailleurs dans cette perspective que s'inscrit la création d'écoles d'ingénieurs telles que l'Ecole des mines de Saint-Etienne en 1816, l'Ecole de chimie de Mulhouse en 1822 et surtout l'Ecole centrale de Paris par le chimiste Jean-Baptiste Dumas en 1829.

Face à ce libéralisme omniprésent se développent les diverses pensées socialistes. Charles Fourier (1772-1837) se fait l'apôtre du phalanstère, sorte de coopérative par actions, mais son influence ne pénètre que lentement : elle se traduira par les initiatives de Victor Considérant (1808-1893) — création d'un phalanstère au Texas en 1855 — et de Godin, qui fonde le familistère de Guise. Il en va de même pour Joseph Proudhon, adepte d'une société fondée sur le « contrat » et l' « association », c'est-à-dire d'un anarchisme n'excluant pas l'Etat. Dans l'immédiat — et sans doute à long terme —, l'importance d'Henri de Rouvroy, comte de Saint-Simon (1760-1825), est beaucoup plus grande. Arrière-petit-fils du duc de Saint-Simon, il subit l'influence de Condorcet, dont il retient l'idée de progrès, et de Jean-Baptiste Say, dont il tire la conviction de l'importance essentielle de l'industrie. Créateur des cahiers *L'industrie* en 1816, il publie en 1823 trois textes essentiels avec l'aide de son secrétaire Auguste Comte : le politique, l'organisateur, et le catéchisme des industriels. Il défend l'idée qu'il faut remettre le pouvoir aux producteurs sans pour cela attenter au droit de propriété. Son œuvre connaît un grand succès, mais elle fait l'objet d'interprétations différentes, voire divergentes. Ses disciples, les saint-simoniens, se divisent en deux groupes. Les « réalistes » retiennent de son message l'importance du progrès technique et de l'industrialisation : parmi eux, le banquier Laffitte, les frères Pereire, Michel Chevalier, Ferdinand de Lesseps. Les « utopistes », notamment Bazard et Enfantin, fondent une authentique Eglise dotée d'un clergé hiérarchisé. Ils développent un culte de la femme, attendent qu'une femme messie donne ses fondements à leur religion et partent même à sa recherche en Egypte et dans l'Empire ottoman. La création d'une communauté des femmes à Ménilmontant vaut à plusieurs « fidèles » d'être condamnés pour outrage à la moralité publique et aux bonnes mœurs. La communauté se disperse. Mais l'influence de Saint-Simon continue à se diffuser, notamment à l'Ecole polytechnique (cf. Théodore Zeldin) et favorise l'éclosion d'un état d'esprit industrialiste qui triomphera sous le Second Empire.

Une action limitée, mais non négligeable

Même à cette époque, il n'y pas de « neutralité économique » de l'Etat. En effet, l'administration française ne cesse d'exercer une action de tutelle et de contrôle sur une partie non négligeable de l'activité du pays. Outre la législation des eaux et forêts, il convient de mentionner la réglementation des foires et marchés, l'utilisation des forces hydrauliques, la police des industries, la concession des mines. Particulièrement sensible dans le secteur des voies de communication, sa tutelle a pour but d'assurer l'ordre public et de favoriser l'expansion économique. Du premier objectif ressortent les mesures visant à sauvegarder l'ensemble du patrimoine national — défense des forêts, lutte contre la pollution — ou à maintenir sur le domaine public un contrôle suffisant de l'Etat, comme le refus de la propriété privée pour les voies de communication. Du second, le souci d'éviter les crises bancaires ou de protéger l'industrie nationale par le biais de tarifs douaniers élevés. L'Etat poursuit aussi la mise en place du cadre juridique du développement économique. A ce point de vue, l'œuvre de la Restauration paraît modeste : rétablissement de la patrimonialité des offices par la loi de finances du 28 avril 1816, ordonnances des 29 juin et 3 juillet de la même année sur les offices d'agents de change, loi du 28 juillet 1824 sur la répression des contrefaçons. Mais la monarchie de Juillet fait preuve de beaucoup plus d'initiative. Elle libéralise le régime du commerce et de l'industrie. Elle adoucit le régime des faillites par la loi du 28 mai 1838, fixe les prérogatives des tribunaux de commerce par celle du 30 mars 1840 et renforce le droit du propriétaire en faisant voter la loi du 5 juillet 1844, qui fonde notre droit des brevets d'invention. Mais elle cherche aussi à concilier désir de favoriser la concurrence et souci de ne pas bouleverser l'ordre établi : elle réglemente l'usage des poids et mesures — loi du 4 juillet 1837 — et fait appliquer avec rigueur l'article 419 du Code pénal interdisant les coalitions : un arrêt de justice de 1838 interdit par exemple la coalition des fabricants de soude de Marseille.

Sous la monarchie constitutionnelle, les dépenses de l'Etat

représentent en moyenne 9 à 10 % du produit intérieur brut (Louis Fontvieille). Mais les gouvernants font montre d'une grande prudence : entre 1845 et 1849, la dette publique ne représente que 1,8 % du total des dépenses. C'est d'ailleurs à cette époque que le baron Louis introduit, sur le modèle anglais, la pratique budgétaire moderne : distinction entre charges et ressources, discussion budgétaire par ministère et, pour chacun d'eux, à partir de 1827, par section, ajustement des flux réels aux prévisions au moyen d'un compte de règlement annuel. Certes les contributions directes ne représentent qu'un tiers des recettes, mais la politique monétaire favorise une expansion modérée, avec un accroissement de 5 % par an, de la monnaie fiduciaire en circulation. Il existe cependant une différence sensible de doctrine de l'argent public entre la Restauration et la monarchie de Juillet : la première cherche avant tout des finances saines et se préoccupe des intérêts du rentier, d'où l'échec de Villèle devant la Chambre des pairs lorsqu'il essaie de convertir la rente 5 % en 4 % ; la seconde considère davantage l'intérêt social des dépenses, ce qui se traduit par la construction d'écoles, de canaux et de routes.

En matière de politique économique, l'un des sujets les plus débattus concerne le régime douanier. Par étapes est mis en place tout un arsenal de tarifs protecteurs. Ils concernent la métallurgie — lois de décembre 1814 sur les fers et la quincaillerie, de juin 1820 sur les outils d'acier, renforcées en 1822 —, le textile — en 1814, prohibition des filés et des tissus de coton ainsi que loi sur les toiles de lin et de chanvre, puis relèvement des tarifs en 1822 et 1826 —, le blé — prohibition de fait des importations de 1821 à 1830, à l'exception de février 1828. S'y ajoute une politique de soutien à l'industrie — primes aux exportations de laine, de lin, de chanvre, de houblon, d'huile et de bétail — et au commerce — surtaxe pour les marchandises importées sur des navires étrangers. Un parti libre-échangiste se forme, qui réunit viticulteurs, sucriers, soyeux, constructeurs de machines. Son chef de file est Charles Dupin, économiste protestant et professeur au Conservatoire des arts et métiers. Sous la pression de ces intérêts puissants, la question de la réforme douanière est discutée devant le Parlement en 1832 et 1834, le gouvernement lance une grande enquête, publiée en 1835 qui débouche la même année et en 1836 sur quelques réductions de droits (houilles, fontes, laines), mais les projets de 1842 et 1847 sont bloqués au Parlement et le régime douanier reste fortement protectionniste.

Le système bancaire : une modernisation inachevée

L'action de l'Etat, celle aussi des entrepreneurs révèlent leur importance, mais aussi leurs limites dans le domaine du crédit et de la banque.

Prépondérance de la monnaie métallique

L'absence, dans la première moitié du XIXe siècle, d'un système bancaire capable de drainer efficacement l'épargne a été mise en avant par nombre d'historiens pour expliquer les médiocres performances industrielles de la France (Rondo Cameron). D'ailleurs, la structure de la masse monétaire nationale laisse apparaître une prédominance écrasante des espèces métalliques :

Tableau 4. — Structure de la masse monétaire française en 1830, 1845 et 1860 (en %)

Années	*Monnaie métallique*	*Billets*	*Dépôts bancaires et dépôts d'épargne*	*Monnaie M 1*
1 / Hypothèse 1				
1830	85,7	7,3	7,0	100
1845	82,4	8,2	9,4	100
1860	78,2	10,5	11,3	100
2 / Hypothèse 2				
1830	87,0	6,7	6,3	100
1845	84,2	7,4	8,4	100
1860	79,4	9,9	10,7	100

NB. — L'hypothèse 1 se fonde sur les estimations du stock de monnaie métallique fournies par J. Marchal et M. O. Piquet-Marchal, Essai sur la nature et l'évolution du billet de banque, *Revue internationale d'histoire de la banque*, XVI (1977) ; l'hypothèse 2 repose sur celles de M. Saint-Marc, *Histoire monétaire de la France, 1880-1980* (1983).

Source : Maurice Lévy-Leboyer, François Bourguignon, *L'économie française au XIXe siècle, op. cit.*

Cette situation reflète, selon ces auteurs, une demande de crédits médiocre et une circulation de faible amplitude. Toutefois, des travaux récents nuancent beaucoup cette analyse. Le développement des chemins de fer en particulier favorise une différenciation entre banque d'affaires et banques de dépôts, sans pour autant remettre en cause le caractère mixte des établissements bancaires, ni non plus l'importance de la banque locale et régionale. Mais, jusque vers 1860, de larges zones de l'espace français demeurent des déserts monétaires, où les mauvaises monnaies de bronze françaises ou étrangères continuent de jouer un rôle : ainsi en Normandie ou dans la Nièvre (Guy Thuillier). De surcroît, faute de sources satisfaisantes, les plus grandes incertitudes pèsent sur l'évaluation de la monnaie métallique, voire des monnaies fiduciaire et scripturale. Il semble que, pendant la Restauration, il y ait eu compression sévère de la croissance des monnaies non métalliques. En revanche, de 1815 à 1847, la circulation totale est multipliée par deux alors que le PIB n'augmente que de 75 %, la monnaie d'argent permettant de satisfaire largement les besoins de la croissance. *A contrario*, la Révolution de 1848 voit le point de départ d'un premier bond en avant de la monnaie fiduciaire — en 1853, il y a 650 millions de francs de billets en circulation contre 250 en 1848 — dont il convient cependant de ne pas exagérer l'importance.

La Banque de France, pierre angulaire du système ?

Durant la première moitié du XIXe siècle, l'ambition saint-simonienne de mobiliser le crédit en faveur de l'industrialisation bute sur les structures inadaptées de l'économie française (M. Lévy-Leboyer). Pourtant l'Empire transmet à la restauration des institutions bien rôdées. La loi du 24 pluviôse an VIII (13 février 1800) crée la Banque de France, une SA administrée par un conseil de 15 régents (appartenant au monde des affaires et désignés par les 200 plus gros actionnaires) ainsi que par un gouverneur nommé par l'Etat depuis 1806. Elle exerce de multiples fonctions. Elle offre tous les services bancaires traditionnels : gestion des dépôts de particuliers et de comptes courants, escompte des effets de commerce à trois mois et à trois signatures (il s'agit en fait d'un réescompte). Elle peut recevoir des dépôts de l'Etat et émettre, en contrepartie d'une encaisse formée de métaux précieux — or, argent — ou d'effets réescomptés, des billets qui ont cours légal à partir de 1803, date à laquelle elle obtient le privilège d'émission pour Paris. Le 28 août 1803, par une loi de germinal, le franc reçoit sa définition légale (1 F = 0,322 g d'or [à 9/10 de fin] = 5 g d'argent [à 9/10 de fin]). Les billets émis sont convertibles, c'est-à-dire remboursables en or et en argent. Le privilège d'émission est prorogé pour une durée de vingt-cinq ans en 1806, puis jusqu'en 1877 en 1840, avant de se transformer en monopole national en 1848. Ces billets restent convertibles en cas de crise : la seule exception survient en 1848, car, durant la révolution, son encaisse tombe à 176 millions de francs. C'est à la suite de cette suspension temporaire de la convertibilité que, pour la première fois, est fixé un plafond d'émission de 350 millions de francs.

Jusqu'en 1840, le rôle de la Banque de France demeure limité. Sous l'Empire, les pouvoirs publics la contrôlent étroitement, car ils attendent d'elles des crédits et des facilités pour le placement des emprunts. La Restauration allège la tutelle, sans pour autant renoncer à la nomination du gouverneur. En revanche, la banque procède à une réduction de capital destinée à en accroître la rentabilité aux yeux des actionnaires. Les milieux dirigeants s'opposent alors à la diffusion du papier-monnaie de peur de ruiner le crédit public et pour ne pas encourager un endettement excessif des entreprises commerciales : entre 1815 et 1847, le taux de l'escompte reste d'ailleurs fixé à 4 %. Pour compenser l'absence de succursales de la Banque centrale et limiter le développement des banques régionales, ces mêmes milieux encouragent la création d'établissements bancaires ayant un privilège d'émission dans leur région. Elles sont cependant soumises à l'autorisation du Conseil d'Etat et ne peuvent procéder à des opérations d'escompte hors de leur département. Les premières apparaissent à Nantes, Rouen et Bordeaux entre 1818 et 1822, puis il s'en constitue à Lyon, Toulouse, Marseille, Lille et Orléans durant les années 1830. A partir de 1836, elles fondent des comptoirs dépendant d'elles. Mais leur succès laisse entrevoir le risque du développement de nouveaux circuits financiers indépendants de Paris et, en 1840, l'Etat décide de ne plus autoriser la fondation de telles banques. Elles seront toutes absorbées après 1848, lorsque la Banque de France développera ses propres succursales.

Puissance de la Haute Banque

En dehors de cette dernière, les principaux établissements de crédit sont parisiens. Ce sont des banques privées à base familiale, qui appartiennent à ce que l'appelle la « Haute Banque ». On en compte environ une quarantaine vers 1840. Toutes ont un capital formé des ressources familiales du banquier, le plus souvent acquises dans les opérations de commerce international des marchandises, auxquelles s'ajoutent quelques gros dépôts d'une clientèle opulente et peu nombreuse : les Neuflize par exemple n'ont que 650 clients au milieu du XIXe, dont 7 % détiennent les deux tiers du total des dépôts. Ce capital est employé en escomptes commerciaux, surtout pour des opérations de grand négoce international, en prêts aux gouvernements — de 1830 à 1848, les cinq emprunts français sont achetés « en gros » par le syndicat des banquiers de Paris emmené par la maison Rothschild — et en investissements dans l'économie : création de compagnies d'assurance, à partir de 1819, puis de sociétés industrielles. S'il existe une banque catholique, une autre protestante et une troisième israélite, toutes trois exercent le même métier de la même manière et s'occupent de négoce international sur les grands produits (coton, fer, mercure, etc.) : les métiers de commerçant et de banquier reposent en effet sur les mêmes méthodes d'exploitation des traites, même si l'escompte requiert un savoir-faire spécifique. La puissance de cette Haute banque est d'autant plus grande qu'elle est très influente au sein de la Banque de France : entre 1800 et 1890, sur 104 régents, 31 représentent ses intérêts (M. Lévy-Leboyer).

Le développement de la Haute Banque s'opère en trois vagues. Dès le XVIIIe siècle, s'installent à Paris un certain nombre de maisons : Mallet (1723), Delessert (1776), Perrégaux (1782), un banquier d'origine suisse. Une seconde génération s'implante au début de l'Empire : les Pillet-Will, Carette ou Lefèbvre. La troisième se lance vers 1810-1820 : elle est souvent étrangère, avec les Rothschild, d'Eichtal, Fould ou Thurneyssen. Tous sont attirés à Paris par le rôle prépondérant de cette place dans les règlements internationaux et la plupart sont en relation avec l'Etat : il y a parmi eux beaucoup d'anciens receveurs généraux. Quelques-uns dominent la période, ainsi Jacques Laffitte. D'abord commis chez Perrégaux (1795), il en devient le successeur. Dès 1827, il fonde la première banque d'affaires, la Caisse du commerce et de l'industrie, mais échoue devant l'hostilité de la Banque de France. Son activité multiforme concerne les assurances, la presse *(Le National),* l'immobilier, les canaux, la verrerie et, bien entendu, le négoce. Il joue un rôle politique de premier plan en 1830-1831, mais ses affaires tournent mal à partir de 1837. D'autres banquiers ont des liens privilégiés avec l'industrie, à l'exemple des Davillier, présents tant dans le négoce et la banque que dans le textile alsacien et normand, ou des Seillière, qui financent l'expédition d'Alger et soutiennent l'expansion du Creusot. *Primus inter pares,* James de Rothschild s'est installé à Paris en 1814. Il tire avantage de l'exceptionnel réseau d'information et de l'appui — réciproque — que lui fournit une famille implantée aussi à Londres et à Vienne pour développer des affaires importantes et diversifiées allant du thé au textile. Banquier de Louis XVIII, de Charles X et de Louis-Philippe, il fonde notamment, en 1845, la Compagnie des chemins de fer du Nord afin de construire un réseau ferré entre Paris et la frontière belge.

Les autres composantes du système

Le dynamisme des grandes banques parisiennes — mais aussi lyonnaises — contraste avec l'anémie du réseau bancaire régional (Bertrand Gille). Vers 1830, « dans de nombreuses régions, le crédit est encore un vain mot » (M. Lévy-Leboyer). La position des banques locales demeure fragile, tant à Lille, qu'à Lyon où à Dijon, nonobstant des créations durables, telles, dans le Nord, les banques Dupont (1819) et Scalbert (1837). Cette fragilité se révèle notamment au cours de la crise de 1839-1842. Surtout celle de 1846-1851 oblige la plupart des banquiers parisiens ou provinciaux à suspendre leurs paiements. Telle est l'origine des comptoirs d'escompte, dont le capital social est partagé entre l'Etat, les municipalités et les particuliers et à qui l'Etat accorde un prêt. Leur activité s'étend d'ailleurs au-delà du simple escompte. Au nombre de 67, ils sont créés pour trois ans. Treize survivent sous forme de commandite, dont l'important Comptoir d'escompte de Paris.

La monarchie constitutionnelle crée en 1816 une institution majeure du système financier français, la Caisse des dépôts et consignations. Elle est en fait issue de la Caisse d'amortissement de l'an VIII. Elle dispose de 56 millions de francs de ressources en 1820, 114 en 1835, 304 en 1840. A partir de 1837 en effet, elle gère les dépôts des caisses d'épargne. Son rôle ne cesse dès lors de se développer : elle achète des valeurs d'Etat à long terme afin de régulariser le cours de la rente, prête aux collectivités locales, souscrit aux obligations des compagnies de chemin de fer : ce faisant, elle transforme l'épargne d'origine populaire en emplois d'intérêt public. Son dynamisme est largement alimenté par celui des caisses d'épargne. La première naît le 21 mai 1818 à l'initiative du duc de La Rochefoucauld-Liancourt, du baron Delessert et d'administrateurs et actionnaires de la Compagnie royale d'assurances maritimes. Le 18 juillet suivant la Caisse d'épargne et de prévoyance de Paris est approuvée. Le grand essor de ces caisses date néanmoins de 1834-1837, période pendant laquelle 236 sont autorisées.

En 1845, leur expansion est brisée par la décision d'abaisser le plafond au-dessous duquel les dépôts portés sur un livret sont convertis en rente, ce qui réduit les possibilités de disposer des fonds déposés. En 1848, il existe cependant 386 caisses et 207 succursales. Elles sont très éprouvées par la crise économique et financière : entre 1848 et 1850, on ne relève aucune création et, en 1849, la moitié des livrets sont soldés. Enfin, leur diffusion se limite aux villes et paraît beaucoup plus importante dans la France du Nord que dans celle du Sud (Bernard Lepetit). Même si l'archaïsme du système bancaire français contribue sans nul doute à freiner la croissance économique du pays, il convient de ne pas oublier que, même en Grande-Bretagne, les investissements des entreprises sont, à l'époque, très largement autofinancés. En fait, les besoins de ces mêmes entreprises concernent essentiellement le financement de la trésorerie. Or, dans un contexte de prix stables ou en baisse, ces besoins de trésorerie sont relativement maîtrisables. L'on comprend mieux, dès lors, que les grands secteurs d'activité aient pu se développer de manière plutôt satisfaisante.

Un développement équilibré, mais relativement fragile

En effet, l'économie française se caractérise par un développement relativement équilibré, mais relativement fragile : l'agriculture connaît un essor inégal, l'industrialisation ne s'opère que progressivement tandis que les échanges intérieurs et extérieurs témoignent d'évidentes fragilités.

Essor inégal de l'agriculture

L'importance de l'agriculture reste considérable sous la monarchie constitutionnelle : en 1847, 44 % du revenu national provient de l'agriculture, 29 % seulement de l'industrie. Les biens immobiliers (principalement fonciers) constituent en 1826 les deux tiers de l'actif successoral ; en 1848, 61 %. Parmi les notables, la catégorie des « propriétaires » est de beaucoup la plus nombreuse : ils forment vers 1840 les deux tiers des imposés à plus de 1 000 F, les quatre cinquièmes si l'on inclut les membres des professions libérales et les fonctionnaires, dont le cens est constitué essentiellement par l'impôt foncier. La possession d'une grande propriété foncière reste le symbole de la réussite sociale même pour les négociants, banquiers ou industriels. Par ailleurs, on l'a vu, les campagnes françaises de la première moitié du XIXe siècle sont caractérisées par une pression démographique forte et croissante. Dans quelle mesure cette pression a-t-elle favorisé la modernisation de l'agriculture ?

Une modernisation tardive, inachevée et inégale

La production peut être accrue par l'extension des surfaces cultivées — croissance extensive — ou par l'amélioration des rendements — croissance intensive —, liée elle-même à une diversification des activités agricoles, notamment au développement de l'élevage, le bétail demeurant le principal fournisseur d'engrais. Des défrichements s'opèrent, au cours de la première moitié du XIXe siècle, dans la plupart des régions montagneuses : ainsi, dans les Alpes du Sud, sur le plateau de Valensole, à l'initiative de petits propriétaires, dans le Massif central, dans l'arrière-côte bourguignonne au profit de la vigne. Les plaines argilo-sableuses du Bassin parisien sont aussi concernées : l'exemple le plus typique est celui du Bas-Maine étudié par L. Musset, où l'on défriche d'immenses étendues de landes. Des défrichements se produisent même dans les zones attractives : Haute-Normandie, plaines picardes, Artois où « depuis 1840-1850, il n'est point d'année qui n'ait vu sacrifier quelques bois » (A. Demangeon). Mais ce mouvement trouve rapidement ses limites. Les terres défrichées sont souvent d'une qualité si médiocre qu'elles doivent être abandonnées, comme en Picardie.

La mise en culture des sols acides n'est possible qu'avec le chaulage, or celui-ci s'avère souvent impossible (Bretagne intérieure, Limousin, Morvan), par suite de l'insuffisance des capitaux et des moyens de transport. En outre, de puissants intérêts jouent en sens inverse. Concernant les forêts, les maîtres de forges et le gouvernement tiennent à conserver une source de matières premières essentielle pour la métallurgie. La constatation des ravages de l'érosion sur les sols en pente imprudemment déboisés conduit l'administration des eaux et forêts à encourager le reboisement et à appliquer de manière rigoureuse le Code forestier de 1827 protégeant les bois domaniaux et communaux contre les excès du pâturage. Pour les landes et pâtis communaux, la mise en culture par allotissement définitif ou par amodiation profitable à la commune provoque de complexes oppositions d'intérêt : les agronomes, les grands propriétaires, les laboureurs sont favorables à la mise en culture, alors que les paysans pauvres et le prolétariat rural, à qui la commune permet d'élever un peu de bétail, défendent le maintien de la jouissance collective. Mais les grands éleveurs de moutons préconisent le maintien des communaux, qui leur offrent des pâturages gratuits, et les plus démunis, ceux qui n'ont pas même de bétail à eux, demandent le partage égal et la mise en culture. Des solutions très variées sont adoptées suivant les régions et les communes. Le mouvement de défrichement ne s'accélère qu'après la loi du 6 décembre 1850, qui transfère des conseils municipaux à l'initiative individuelle les demandes de partage. D'une manière générale, l'extension de la surface cultivée aux dépens des forêts et des terres incultes ne suffit donc pas à faire face au surpeuplement rural.

Reste l'intensification de la mise en valeur. La suppression des jachères reste aux yeux des agronomes comme Mathieu de Dombasle le principal moyen de progrès agricole. Or, en 1840, les jachères couvrent encore 25 % des terres arables et 47,5 % de la superficie céréalière totale. Elles sont particulièrement vastes sur les terroirs répulsifs des massifs anciens ou des plaines argilo-sableuses, où elles se confondent avec les landes : dans ces régions, il s'agit encore d'un système très extensif de cultures temporaires faisant appel à l'écobuage (mode de préparation et de fertilisation du sol consistant à détacher la couche herbue par plaques (gazons), qu'on fait ensuite sécher et brûler pour en répandre la cendre). Mais la jachère est loin d'être absente des régions plus fertiles pratiquant un assolement régulier : elle couvre 15 % du sol en région toulousaine, 13 en Bourgogne. Elle n'est en disparition que dans les plus riches plaines du Bassin parisien, du Nord, de l'Alsace : elle couvre 6 % seulement des terres labourables dès la fin de la Restauration ; sa surface est pratiquement nulle en Basse-Alsace dès 1837. La suppression des jachères pose des problèmes souvent difficiles à résoudre pour les petits exploitants. Il convient d'introduire des assolements complexes, dont le cycle s'étend sur quatre, cinq ou six ans au moins et doivent tenir compte de deux nécessités : celles de ne pas épuiser le sol et de nourrir un bétail privé du pâturage sur la jachère. La solution la meilleure est fournie par les prairies artificielles, qui permettent à la fois de nourrir un bétail plus abondant et d'enrichir le sol. Mais cette transformation suppose des amendements calcaires sur les sols trop siliceux et entraîne une offensive contre la vaine pâture sur les chaumes, celle-là se heurtant à de vives résistances.

Le perfectionnement du matériel de culture autorise aussi des gains de productivité agricole. Mais les charrues perfectionnées — comme celle mise au point par Mathieu de Dombasle — restent rares en dehors des régions de grande culture du Nord. La faux ne progresse que très lentement, bien que sa productivité soit double de celle la faucille. Le battage des grains s'effectue le plus souvent au fléau, alors même que le battage au rouleau assure un rendement de deux tiers supérieur. Quant aux machines à battre, elles demeurent très rares. Le développement de l'élevage constitue un élément clef de la modernisation, mais il suppose l'accroissement de la production fourragère. Or les prés, peu étendus, appartiennent surtout aux grands propriétaires et aux cultivateurs aisés. Même si certains propriétaires entreprennent, à la faveur du faible coût de la main-d'œuvre, des travaux méthodiques de drainage ou d'irrigation, l'insuffisance de la production fourragère explique l'attachement des paysans aux droits de pâturage dans les forêts. L'amélioration du bétail peut cependant venir à la fois d'une meilleure alimentation et de la sélection ou des croisements (notamment avec des races anglaises). Mais, s'il existe des réussites brillantes — bovins du Charolais —, elles demeurent l'exception. Seules quelques régions — plaine d'Alsace, Flandre, parties les plus riches du Bassin parisien — sont en fait entrées dans la voie de l'agriculture moderne.

Le rôle de l'Etat et des grands propriétaires

Le gouvernement, même celui de la monarchie de Juillet, s'appuie sur des chambres et un corps électoral composés en majorité de grands ou moyens propriétaires fonciers. Il s'intéresse donc de près aux questions agricoles. Le protectionnisme, on l'a dit, est instauré au début de la Restauration. Les grands propriétaires ultras accusent l'importation d'être à l'origine de la baisse des prix et imposent le vote de deux lois fondamentales. La première, celle du 16 juillet 1819, instaure une prohibition totale lorsque le prix de l'hectolitre tombe au-dessous de 16 à 20 F selon les régions, un droit fixe et l'échelle mobile consistant en un droit variable qui monte quand le prix intérieur baisse. La seconde, en date du 4 juillet 1821, en aggrave les dispositions, car elle porte le seuil minimal entraînant la prohibition entre 20 et 24 F et augmente les droits compensateurs de l'échelle mobile. Cette législation n'est qu'en partie assouplie par la loi de 1832, qui supprime la prohibition, mais maintient l'échelle mobile et survit à la chute du régime. La monarchie de Juillet maintient cette législation, malgré les protestations des grands propriétaires de vignobles libre-échangistes, à l'exception, en 1836, d'un abaissement des droits sur les chevaux et le fourrage. Il est peu probable que ce protectionnisme ait eu des effets positifs sur l'agriculture : le cours du blé est resté bas jusqu'en 1846 ; seuls se sont bien maintenus les prix du bétail, par suite de l'accroissement de la consommation de viande dans les villes ; surtout le protectionnisme a freiné les importations d'instruments agricoles, donc la modernisation technique de l'agriculture.

La monarchie de Juillet s'est préoccupée de désenclaver les campagnes. Son œuvre essentielle est la loi Thiers de 1836, qui oblige les communes à entretenir les chemins vicinaux existants et à en créer de nouveaux avec la main-d'œuvre locale (tous les habitants doivent fournir des prestations en travail ou en argent) et des subventions départementales. Mais l'amélioration de la vicinalité est une œuvre de longue haleine, pour laquelle l'époque décisive sera le Second Empire. Le régime de Louis-Philippe s'efforce encore d'encourager l'agriculture. Une ordonnance du 29 avril 1831 crée le Conseil général de l'agriculture, composé de grands propriétaires membres des sociétés d'agriculture et consulté sur toutes les mesures intéressant le développement agricole ; en 1836, le ministère de l'Agriculture et du Commerce est définitivement constitué ; en 1836-1838 est réalisée la première grande enquête nationale, publiée en 1840 par la Statistique de la France. Un effort est fait pour développer l'enseignement agricole : l'Etat prend à sa charge les frais de professorat de l'école de Grignon, fondée sous la Restauration ; des subventions sont accordées aux fermes-écoles créées par des particuliers (Mathieu de Dombasle à Roville), des sociétés d'agriculture et des départements. Les préfets secondent parfois activement l'action gouvernementale en favorisant l'importation d'animaux reproducteurs sélectionnés pour l'amélioration des races de bétail, encouragent les meilleurs agriculteurs par des subventions, des primes et des récompenses diverses *(Madame Bovary)*. Mais « l'action gouvernementale n'a porté ses fruits que là où des initiatives privées sont venues l'appuyer » (Philippe Vigier).

L'essentiel reste l'action des grands propriétaires regroupés au sein des sociétés d'agriculture. Selon Georges Dupeux, en 1826, 1 % des propriétaires possèdent près du tiers du sol français. La grande propriété domine dans le Bassin parisien, sauf en champagne et Lorraine, et elle est très importante dans le Centre-Est (Allier, Nièvre, Saône-et-Loire, Rhône) et dans les plaines de la

France méridionale de Bordeaux à Marseille. Cette grande propriété demeure solide, car, dans bien des départements, le mouvement de morcellement ne s'amorce que sous le Second Empire et surtout lors de la crise de la fin du siècle. Dans certaines régions, parmi les plus riches, comme l'Eure, on assiste même à un mouvement de concentration (Jean Vidalenc). L'attitude de ces grands propriétaires est d'ailleurs extrêmement variable. Il existe notamment un clivage marqué entre résidents et non-résidents, les premiers, nobles légitimistes, mais aussi bourgeois orléanistes, s'efforçant très fréquemment, à l'instar du comte Adrien de Gasparin dans le Vaucluse, de promouvoir les méthodes nouvelles. Mais la résidence est loin d'être générale. L'absentéisme est d'abord le fait de très grands propriétaires nobles et surtout bourgeois qui vivent à Paris et n'envisagent leurs domaines que sous l'angle du placement financier ; ils sont imités par beaucoup de moyens propriétaires bourgeois des villes de province, ainsi les bourgeois de Toulouse décrits par André Armengaud. Il est de même difficile de nier l'existence de tels clivages au sein des petits et moyens propriétaires, qu'il serait injuste de taxer en bloc d'inertie ou de routine.

Les données statistiques demeurent à cette époque de qualité médiocre : les moins mauvaises proviennent des enquêtes agricoles de 1840, 1852 et 1860. A partir de ces sources ainsi que des évaluations des économistes et agronomes contemporains, Jean-Claude Toutain et M. Lévy-Leboyer se sont efforcés de mesurer les performances de l'agriculture française :

Tableau 5. — Taux de croissance annuels moyens de la production agricole française d'une période à l'autre selon J.-C. Toutain et M. Lévy-Leboyer (en %)

1 / J.-C. Toutain 1835-1844	
1825-1834 à 1835-1844	+ 1,4
1835-1844 à 1845-1854	+ 1,0
2 / M. Lévy-Leboyer	
1822-1831 à 1832-1841	+ 1,3
1832-1841 à 1842-1851	+ 0,9

Sources : J.-C. Toutain, Le produit de l'agriculture française de 1700 à 1958, *Cahiers de l'ISEA*, AF, n°s 1 et 2, juillet 1961 ; Maurice Lévy-Leboyer, La croissance économique en France au XIXe siècle. Résultats préliminaires, *Annales ESC*, juillet-août 1968.

Entre 1815 et 1851, il apparaît certain que la croissance de la production agricole a été plus rapide que celle de la population française (elle n'augmente que de 0,5 % par an en moyenne) et, de manière très vraisemblable, que celle de la population active agricole. Selon J.-C. Toutain, la productivité agricole aurait augmenté en francs constants de 14 % entre 1825-1834 et 1835-1844, puis de 9 % de 1835-1844 à 1845-1854. M. Lévy-Leboyer arrive à des conclusions voisines. Il montre également qu'il y a eu accélération de la croissance agricole sous la monarchie de Juillet par rapport à la Restauration :

Tableau 6. — Taux d'accroissement de la production agricole française M. Lévy-Leboyer (en %)

1815 à 1830	+ 30 soit + 1,2 par an en moyenne
1830 à 1848	+ 37 soit + 1,3 par an en moyenne

Source : Maurice Lévy-Leboyer, La croissance économique en France au XIXe siècle. Résultats préliminaires, *Annales ESC*, juillet-août 1968.

En effet, la monarchie de Juillet voit, entre 1835 et 1845, une phase d'amélioration marquée des prix agricoles, tout juste entrecoupée par la petite crise de 1839-1840.

Le régime de Louis-Philippe voit d'ailleurs une progression remarquable des cultures de base, liée à l'extension de la surface cultivée et à une légère amélioration des rendements. Le blé et l'avoine progressent rapidement, le seigle se maintient tandis que les autres céréales augmentent lentement. Les progrès spectaculaires de la pomme de terre sont en revanche arrêtés par la maladie à partir de 1845. La vigne continue de s'étendre, surtout les vignobles de qualité courante, d'où l'effondrement des cours en 1847-1850 par suite de récoltes surabondantes. L'essor des récoltes industrielles est également remarquable : extension de la betterave sucrière sur les riches terres limoneuses du Nord et du Bassin parisien, en liaison avec l'essor des sucreries ; progression des oléagineux (colza, dans le nord-ouest) et des plantes tinctoriales (garance) ; apogée de la culture du mûrier, liée à la céréaliculture, dans les pays méditerranéens et la vallée du Rhône. Les effectifs des différents bétails s'accroissent lentement : après 1840, le nombre de bovins et d'ovins stagne alors qu'il a beaucoup augmenté depuis le début du siècle. En revanche, il y a de plus en plus de porcs. La qualité du bétail s'améliore beaucoup : développement des cultures fourragères, essor de l'élevage à l'étable et de la pratique de l'embouche, substitution du cheval au bœuf pour les travaux agricoles dans la moitié nord de la France, d'où le succès susmentionné de la culture de l'avoine.

Une industrialisation progressive

Vers 1840, la proto-industrie demeure dominante, mais l'on commence à parler de grande industrie. L'enquête industrielle de 1837 montre qu'il existe déjà 1 million d'ouvriers dans les établissements employant dix salariés ou plus, à savoir quelque 40 000 manufactures, fabriques, usines ou forges. Au total, le secteur secondaire, BTP compris, occupe 2,5 à 3 millions de personnes, dont deux tiers d'hommes.

Progrès des techniques

Cette montée en puissance de la grande industrie se fonde sur la mise en place d'un système technique associant trois éléments indissociables : le charbon, la fonte et la vapeur. A partir de 1830, la technique de la machine à vapeur réalise des progrès très importants. Elle ouvre des débouchés croissants à l'industrie charbonnière, de même que l'adoption, tardive en France, du puddlage par l'industrie sidérurgique. Mais la modernisation s'effectue avec lenteur. En matière de machines à vapeur, en 1850, le retard de la France sur la Grande-Bretagne demeure spectaculaire : en 1850, le parc français ne représente que 24 % de la puissance disponible du parc britannique. Toutefois, à partir de 1830 surtout, s'amorce un rattrapage : en 1816, la France ne disposait que de 13,5 % de la puissance utilisée outre-Manche. Il convient en outre de tenir compte, en France, de l'importance de l'hydraulique, de loin la première source d'énergie utilisée dans le pays (Serge Benoît). Elle fait l'objet de perfectionnements techniques importants, tels que la turbine de Fourneyron, mise au point en 1827. Malgré ses progrès, l'industrie charbonnière n'a donc pas gagné la partie, nonobstant la puissance des compagnies du Nord (Anzin, Aniche), voire du Massif central, à l'instar des mines de Decazeville, fondées par le duc Decazes en 1828.

Le progrès des techniques ne se limite pas à la machine à vapeur ou à l'hydraulique. Ils concernent la sidérurgie (fonte au coke, laminage), la chimie de base (fabrication de l'acide sulfurique par le procédé des chambres de plomb) et la chimie fine, les machines textiles (machines à filer le lin, introduite dans le Nord par Scrive en 1826 et par Agache en 1828, et la laine peignée, apparue au Cateau et à Fourmies en 1825-1826, etc.). Les machines surtout font l'objet de remarquables avancées : perfectionnements dans les sucreries de betterave, les usines à papier, la poterie fine, la porcelaine, la tapisserie (développement du rouleau à imprimer le papier peint), l'imprimerie (nouvelles machines à imprimer les journaux, développement de la lithographie). La Compagnie de Saint-Gobain, étudiée par Jean-Pierre Daviet, fournit un bon exemple d'entreprise ouverte au progrès des techniques. Fondée en 1665 à l'instigation de Colbert en vue de la fabrication de miroirs, elle perd son privilège royal avec la Révolution. Réagissant à la menace de la concurrence — création des manufactures de Saint-Quirin en 1804 et de Commercy en 1820 —, elle connaît un nouveau départ entre 1823 et 1835. Elle met en place un entrepôt commun avec Saint-Quirin, s'engage activement dans la voie de la modernisation (machines d'abrasion, essais de chauffage au charbon, rationalisation de la fabrication du verre), crée un important département chimique (soudière de Chauny), accorde une attention accrue à la productivité et à la rentabilité. En 1840, elle emploie environ 1 500 personnes dont 900 pour la fabrication de la glace et 600 dans la chimie. Grâce à une politique commerciale efficace, elle bénéficie d'un élargissement progressif de ses débouchés, tant pour les miroirs que pour les vitrages de boutiques et de croisées.

Une industrie diversifiée

Le textile demeure la principale branche industrielle. La région la plus dynamique pour le coton est l'Alsace, qui, vers 1840, concentre environ le quart de la filature et domine l'indiennage. Mais Rouen et se région restent un ensemble de tout premier ordre pour la filature, le tissage et, dans une moindre mesure, la teinturerie et la bonneterie. Les autres centres cotonniers sont le Nord, la Picardie et, pour la bonneterie, Troyes et Orléans. Roubaix et Tourcoing, tout en demeurant des centres cotonniers, s'orientent avec succès, dans les années 1830, vers la production de laine peignée : sous la pression des fabricants, qui adoptent alors le métier à tisser Jacquart, les deux villes produisent de nouveaux tissus de fantaisie répondant à une mode internationale et faits de pure laine ou, le plus souvent, d'un mélange de laine et de coton. Dans la sidérurgie, il existe des entreprises dynamiques : Terrenoire, Le Creusot, Châtillon-Commentry, Fourchambault, etc. Mais il s'en rencontre aussi dans la métallurgie de transformation : en Alsace, dans les Ardennes, le Nord, la Haute-Marne et l'Aube, en Normandie et dans la région stéphanoise notamment. L'époque voit de plus s'accentuer la percée internationale de l'industrie de la soie — près de 50 % des exportations françaises, surtout vers les Etats-Unis, vers 1840 — et de l'industrie du luxe parisienne : ameublement, bijouterie, horlogerie, orfèvrerie. Enfin se constitue la grande industrie chimique minérale fondée sur l'acide sulfurique : elle est proche de la science (Chaptal, Gay-Lussac, Kuhlmann) et répond à des besoins très divers : verreries, textiles, savonneries, parfumeries, etc.).

Les échanges intérieurs et extérieurs : un essor rapide, mais fragile

Durant la période, les échanges se développent rapidement. Mais leur développement demeure fragile, en raison de faiblesses structurelles de l'économie française.

Effort en faveur des routes et des canaux

Au début du XIXe siècle, l'espace français demeure mal maîtrisé. Même si la monarchie absolue a légué à la France un grand réseau routier, les troubles de la Révolution et de la fin de l'Empire n'ont pas permis d'en assurer l'entretien et l'amélioration. Ce réseau conserve sous la Restauration ses caractéristiques antérieures. Le réseau souffre de lacunes — environ 30 % de la longueur totale —, zones où l'empierrement s'interrompt pour laisser place à la terre battue, vulnérable aux intempéries et inadaptée aux lourds trafics. Il existe une grande disparité entre France du Nord et France du Sud, beaucoup plus mal lotie. De nombreuses régions se constituent d'îlots de communication peu nombreux et mal reliés entre eux : ainsi dans l'Est, en Bretagne ou dans le Lyonnais. Seules la Seine, la Seine-et-Oise, le Nord, l'Aisne, la Seine-Inférieure et la Gironde ont plus de 50 % de leurs grandes routes pavées. Ailleurs, l'empierrement domine, quand ce n'est pas la terre battue. La Restauration rend possible en 1824 le recours à la corvée pour l'entretien des chemins vicinaux et s'efforce d'améliorer le réseau des routes royales. Amplifiant l'effort du régime précédent, la monarchie de Juillet prend des mesures décisives : loi de 1836 sur les chemins vicinaux ; loi de 1837 sur le classement des routes, laquelle définit la notion de « lacune » et arrête les constructions les plus urgentes.

Grâce à d'importantes dépenses budgétaires et à l'action efficace des ingénieurs des Ponts et Chaussées, la route maintient son avantage sur la voie d'eau : en 1840, selon J.-C. Toutain, la première assure un trafic deux fois supérieur à la seconde. Les malles-postes, en autorisant la réduction par deux ou par trois des temps de parcours — par rapport aux diligences, beaucoup plus lourdes — y contribuent grandement. Les structures professionnelles évoluent. Pour les marchandises, le roulage est assuré tantôt par de grandes entreprises — les Bonnafous de Lyon —, tantôt par des artisans, comme les « granvalliers du Jura », capables de conduire des convois de 15 à 20 voitures en Espagne ou en Europe centrale. Pour les voyageurs, deux entreprises dominent : les Messageries royales, dont le monopole est supprimé en 1817, et les Messageries générales de Laffitte et Caillard. Quant au service de la poste de l'Etat, il est assuré par des maîtres de postes responsables de 1 550 relais en France. En ville, se développe un réseau de transport spécifique. Le premier omnibus à cheval apparaît à Paris en 1828. A cette époque, il existe à Paris 140 à 150 compagnies de fiacre. Dès 1819, on compte 3 000 de ces fiacres, dont la moitié en service, auxquels il convient d'ajouter 3 à 4 000 voitures particulières (N. Papayanis). Ils sont surtout exploités par de petits entrepreneurs, mais apparaissent aussi quelques compagnies plus puissantes comme la Compagnie générale de voitures ou la Société l'Alliance.

La voie d'eau n'est cependant pas négligée. En 1822, le plan Becquey est lancé, que soutiennent de puissants groupes financiers privés. L'effort de la Restauration est poursuivi par la monarchie de Juillet. Sont ainsi achevés les canaux de l'Ourcq et de Saint-Denis (1823), de Bourgogne (1832) et de la Marne au Rhin (1851), les canaux latéraux à la Loire (1832) et à la Marne (1848) ainsi que les différentes branches du canal du Berry. Cet essor est favorisé par l'introduction, à partir des années 1820, du *steamer* (navire à vapeur) sur les canaux français. Sur la Basse-Seine, le nombre de ces navires décuple sous la monarchie constitutionnelle, tandis que, sur le Rhône, sont réalisés d'impressionnants gains de temps (de trente-cinq - quarante jours à un jour et demi entre Arles et Lyon). Mais ces canaux souffrent de leur taille réduite et d'une insuffisante maîtrise des débits. Surtout, il existe une disparité évidente entre le réseau du Nord — canal de Saint-Quentin, ouvert en 1827 et dont le trafic double de 1840 à 1847 — et la Seine d'une part, les autres fleuves et canaux de l'autre. Parce que ouvert à un gabarit trop faible et grevé de tarifs trop élevés, le canal du Rhône au Rhin (1835) s'avère un échec.

Démarrage tardif du chemin de fer

Il faut dire que la concurrence du chemin de fer se manifeste déjà. Pourtant, il se développe en France plus tard qu'en Grande-Bretagne et en Belgique. Plusieurs facteurs y contribuent : l'éloignement des régions industrielles et des centres de consommation, l'incapacité de la sidérurgie française à fournir des rails en quantité et en qualité, l'incompréhension de certains hommes politiques — Thiers —, ingénieurs ou savants de premier plan. Au point de départ, les lignes de chemin de fer sont destinées au transport minier (ligne Saint-Etienne - Andrézieux, 1823), mais l'on ne tarde pas à s'intéresser au transport de voyageurs (Saint-Etienne - Lyon, 1832). Les importants travaux d'infrastructure nécessaires supposent des ressources financières sans cesse croissantes : 10 millions de francs en 1826 pour Saint-Etienne - Lyon, mais 200 pour la Compagnie du Nord. Le tournant essentiel date de 1837 avec la réalisation, à l'initiative des frères Pereire, mais avec l'appui de Rothschild et Davillier, du chemin de fer de Paris à Saint-Germain-en-Laye. Afin de trouver les capitaux nécessaires, Rothschild et les Pereire adoptent la forme de la SA et émettent pour la première fois des actions de 500 F seulement. C'est un succès réédité par Rothschild en 1845 : en quelques mois, il réunit 20 000 actionnaires.

De 1830 à 1842, des discussions ardentes opposent, à propos du statut des chemins de fer, partisans de la nationalisation (Lamartine, ingénieurs des Ponts et Chaussées) et de l'entreprise privée. Mais l'Etat manque des ressources nécessaires. Telle est l'origine des lois de 1841 sur l'expropriation pour cause d'utilité publique et surtout de 1842, adoptée à l'initiative de Guizot. Cette « Charte ferroviaire française » de 1842 définit les domaines d'intervention : l'Etat fixe les lignes à construire en priorité, finance et construit l'infrastructure de la voie (achat des terrains, construction des ponts, des tunnels et du ballast) ; les compagnies privées posent la superstructure (rails, gares et signalisation), exploitent les chemins de fer et doivent rembourser les dépenses d'infrastructure à l'Etat ; la nationalisation est prévue au terme de la concession (quinze à trente-cinq ans). Dans la réalité cependant, ce sont les compagnies qui assurent généralement les dépenses d'infrastructures. La loi de 1842 déclenche en effet une intense spéculation. Certaines lignes importantes — Paris-Rouen — entrent en exploitation dès 1843, mais l'Etat ne peut éviter le morcellement des grands axes (Paris-Lyon, Lyon-Avignon, Avignon-Marseille), tandis que les Ponts et Chaussées par le biais des adjudications réussissent à écourter la durée des concessions. La IIe République manifeste encore une plus grande méfiance vis-à-vis de l'initiative privée : elle n'accorde qu'une seule concession, Paris-Rennes. En 1850, la France ne compte ainsi que 2 915 km de chemins de fer contre 9 797 à la Grande-Bretagne et 5 856 à l'Allemagne.

Réalité et limites de l'expansion des échanges

L'essor des moyens de transport favorise l'expansion des échanges intérieurs. Certes le colporteur en demeure une pièce essentielle, mais, à partir de 1840, l'on observe un déclin des halles — ainsi à Rouen —, des foires — dès 1830, les industriels cessent de se rendre à celle de Beaucaire, l'une des plus célèbres — et des bourses de marchandises (grains à Paris, cotons au Havre, filés à Mulhouse). En revanche, s'affirme le rôle des grossistes et des commissionnaires. Installés notamment dans le quartier du Sentier à Paris, ils prospectent les usines, offrent au consommateur une gamme d'articles variés et orientent ainsi la production. Afin de leur échapper, certains industriels implantent dans les grands centres des dépôts gérés par leurs agents : tel est le cas de Dollfus-Mieg. Les professions commerciales gagnent en importance : 900 000 patentés en 1815, 1 437 000 en 1850. Mais la distribution reste insuffisamment concentrée, ce qui entretient un niveau relativement élevé des prix à la consommation et ce en dépit de l'apparition des magasins de nouveautés, dont la Belle Jardinière (1826) fournit le prototype.

Les échanges extérieurs connaissent également une spectaculaire expansion : entre 1830 et 1850, le rapport des exportations au Produit national passe de 13 à 19 %. Alors que les importations augmentent de façon régulière, les exportations s'accélèrent après 1840. La dépendance de la France vis-à-vis des importations de matières premières (coton, charbon) s'accroît en effet au fur et à mesure de la période, mais, en développant des échanges complémentaires à ceux de l'Angleterre, l'économie française parvient à assurer sa place dans le système mondial des échanges : elle exporte surtout des textiles (soie, laine) ainsi que des articles de Paris, des cuirs et des articles de confection. A l'inverse, l'équilibre de la balance des paiements reste précaire : très faiblement positive jusqu'en 1836, elle devient négative jusqu'en 1847. En effet, un déficit commercial croissant n'est pas compensé par les revenus des services : la flotte française est insuffisante et les revenus du tourisme demeurent modestes. Même si la banque française joue un grand rôle dans le mécanisme des règlements internationaux et attire en France les capitaux étrangers, il ne semble pas que celle-ci ait pu, avant le Second Empire exporter beaucoup de capitaux (M. Lévy-Leboyer). Toutefois, elle tire vite avantage de l'adoption du libre-échange par la Grande-Bretagne, puisqu'elle accumule, de 1848 à 1866, les excédents commerciaux. A l'avènement du Second Empire, l'économie nationale paraît bien engagée dans la voie de l'industrialisation, mais celle-ci demeure partielle et inachevée.

V – La vie politique sous la Restauration

Ecoutons Chateaubriand, pourtant monarchiste convaincu :

Lorsque Napoléon passa le Niémen à la tête de quatre cent mille fantassins et cent mille chevaux pour faire sauter le palais des czars à Moscou, il fut moins étonnant que lorsque, rompant son ban, jetant ses fers au visage des rois, il vint seul, de Cannes à Paris, coucher paisiblement aux Tuileries [...] La grande mesure décrétée contre Bonaparte fut un ordre de *courir sus* : Louis XVIII sans jambes[1], *courir sus* le conquérant qui enjambait la terre ! Cette formule des anciennes lois, renouvelée à cette occasion, suffit pour montrer la portée d'esprit des hommes d'Etat de cette époque. *Courir sus* en 1815 ! *courir sus !* et *sus* qui ? *sus* un loup ? *sus* un chef de brigands ? *sus* un seigneur félon ? Non : *sus* Napoléon qui avait *couru sus* les rois, les avait saisis et marqués pour jamais à l'épaule de son *N* ineffaçable !

De cette ordonnance, considérée de plus près, sortait une vérité politique que personne ne voyait : la race légitime, étrangère à la nation pendant vingt-trois années était restée au jour et à la place où la Révolution l'avait prise, tandis que la nation avait marché dans le temps et l'espace. De là l'impossibilité de s'entendre, de se rejoindre [...][2].

Explication partielle, sans doute, mais qui éclaire les difficultés de l'entreprise pour les Bourbons. En effet, le terme de « restauration » est ambigu : que restaure-t-on au juste en 1814 ? Un *roi légitime*, absent depuis longtemps, mais régnant (en droit) depuis la mort de son neveu en 1795, et dont le retour est le signal du simple retour concomitant de la société dont il était le symbole

1. Une infirmité rend à Louis XVIII la marche très difficile.

2. Chateaubriand, *Mémoires d'outre-tombe,* éd. du Centenaire, Paris, Flammarion, 1982, t. 2, p. 556 et 564.

avant 1789 ? Ou un *homme* appelé au trône par la nation parce que proche parent du dernier souverain, mais qui commence son règne en 1814 avec un projet politique et social issu des événements survenus en France depuis vingt-cinq ans et qui, de ce fait, ne restaure pas l'Ancien Régime ?

Louis XVIII ne choisit pas entre ces deux solutions ou, plutôt, il tente d'en trouver une troisième. Refusant en avril-mai 1814 d'accepter la constitution préparée par le Sénat, qui aurait fait de lui un roi occupant le trône en vertu d'un contrat passé avec la nation (et donc un roi acceptant une partie au moins des principes de 1789), il impose une Charte « octroyée » de sa propre autorité (et donc en vertu de son droit dynastique, qui ne doit rien à 1789), où symboliquement la religion catholique redevient la religion de l'Etat, alors que la Révolution s'était faite autant contre l'Eglise que contre l'Etat. Mais, sous ce « décor gothique » (Louis Girard), le texte de la Charte est modéré et la plupart des libertés et des intérêts révolutionnaires sont sauvegardés ; ce qui en fait un compromis, que Louis XVIII espère acceptable pour le plus grand nombre, et donc durable.

Pourtant, ce compromis ne résiste pas au temps ; car les symboles ont leur vie propre et, de plus, il repose sur la volonté royale acceptant de limiter son propre pouvoir. Or par sa simple présence sur le trône au nom de son seul droit dynastique, Louis XVIII crée une pesanteur, qui entraîne la noblesse à réclamer sa revanche (rentrée pour l'essentiel sous le Consulat, elle n'avait pas, alors, émis de revendications, puisque Bonaparte était le fils de la Révolution). Et, comme la paix avec l'Europe est signée en 1814, la Révolution reprend là où la déclaration de guerre de 1792 l'avait laissée. C'est-à-dire qu'une bonne partie du peuple réclame la mise en application d'une royauté constitutionnelle, où la légitimité ne provient pas du seul droit divin, où une constitution *écrite* — dont les deux principales fonctions sont de permettre le libre exercice des droits de l'homme, et d'instaurer une système politique représentatif « à l'anglaise » — s'impose, même au souverain. Alors que la noblesse *ultra*, et une partie du clergé, réclament le retour à l'ancienne société. Dès lors le régime peut durer quelques années parce que, en dépit de ses choix de 1814, Louis XVIII a la sagesse de régner comme s'il avait opté pour la monarchie constitutionnelle. Mais quand en 1830 Charles X semble revenir à des prinipes d'Ancien Régime, le peuple de Paris recommence le 10 août 1792, et la Révolution emporte les Bourbons, sans retour.

Les débuts incertains (1814-1816)

La Première Restauration

Au printemps 1814, avec l'invasion, et la défaite, la question du régime politique se pose à nouveau pour la France. Hormis le maintien de l'Empereur, évidemment inacceptable pour l'Europe coalisée, diverses solutions sont possibles. D'autant que les Alliés sont loin d'être unanimes. Et que les Français, tout en laissant partir Napoléon sans regrets apparents, ne manifestent guère de sentiments en faveur de l'un ou l'autre des successeurs possibles.

Mme de Staël l'exprime fort bien :

> Comme les princes étaient absents depuis vingt-trois ans, la nation ne les connaissait pas ; et les troupes étrangères en 1814 ont traversé la France sans entendre exprimer un regret pour Bonaparte, ni un désir prononcé pour aucune forme de gouvernement. Ce fut donc une combinaison politique et non un mouvement populaire qui rétablit l'ancienne dynastie en France[1].

On note bien un mouvement royaliste mené par une société secrète, les *Chevaliers de la foi*, à Bordeaux le 12 mars, et un certain mouvement en faveur des Bourbons dans le Midi toulousain ; mais dans l'Est, au contraire c'est l'élan patriotique qui l'emporte.

Le rétablissement de la monarchie est donc le produit d'une « combinaison politique ». Talleyrand, interlocuteur du tsar dès son entrée dans Paris, obtient des Alliés qu'ils le laissent agir avec l'appui des opposants du Sénat. Le 1er avril, 64 sénateurs rassemblés par Talleyrand (sur un total de 140) nomment un gouvernement provisoire ; puis députés et sénateurs proclament la déchéance de Napoléon. Et le Sénat entreprend la rédaction d'une nouvelle constitution (au nom de son pouvoir constituant). Plus que le détail de cette constitution, qui ne sera pas appliquée, le principe général qui l'anime est intéressant. Son article 2 précise : « Le peuple français appelle librement au trône de France Louis Stanislas Xavier de France, frère du dernier roi. » Ce qui ignore la succession dynastique (le fils de Louis XVI n'est pas mentionné) ; au fond, c'est la proximité familiale qui est invoquée et non le droit divin, et le

1. Cité par Louis Girard, *Les libéraux français, 1814-1875*, Paris, Aubier, 1985, p. 16.

peuple français pourrait fort bien faire appel à un autre. De plus « Louis Stanislas Xavier » ne deviendra « roi des Français » (et non « de France ») qu'après avoir prêté serment de respecter la constitution, qui lui est donc antérieure, et supérieure. On est très loin de l'Ancien Régime ; et très proche de la souveraineté nationale, proclamée en 1789. Et ce n'est pas par hasard si, en 1830, après une Révolution destinée à faire obstacle au retour de l'Ancien Régime, c'est une procédure de ce type qui sera adoptée pour que Louis-Philippe, qui ne possède aucun droit dynastique, devienne « roi des Français ».

Mais en 1814 les Français ne sont pas les maîtres, puisque les armées étrangères occupent le pays. Et que les souverains européens se sont ralliés à la restauration des Bourbons. Louis XVIII, en exil depuis 1791, fixé en Angleterre en 1809, peut donc imposer ses choix : il refuse la constitution « sénatoriale ». Dans une déclaration faite à Saint-Ouen le 2 mai, il se proclame « Louis, par la grâce de Dieu, roi de France et de Navarre » et, de sa propre autorité, promet d'établir une « constitution libérale », de maintenir un gouvernement représentatif, l'égalité civile ainsi que les situations et intérêts issus de la Révolution. Mais le sens général est clair : à ses yeux sa légitimité est fondée sur le droit dynastique. Ce qui ne l'empêche pas de faire des concessions aux circonstances, sans rien changer aux principes. Puis il entre dans Paris.

Peut-on mêler souveraineté de la nation et souveraineté du roi ; ou l'un des deux principes doit-il obligatoirement l'emporter sur l'autre ? Dès 1814 le problème est posé. Louis XVIII cherche pourtant à parvenir au compromis avec une Charte, « octroyée » de sa propre initiative, et qui entérine une bonne partie des acquis de la Révolution. Promulguée le 4 juin (après la signature du traité de Paris, le 30 mai, qui ramène la France à ses frontières de 1792), cette Charte comporte un préambule, qui s'ouvre par une réfutation de la souveraineté nationale : « La divine Providence, en nous rappelant dans nos Etats après une longue absence [...] bien que l'autorité tout entière résidât en France dans la personne du roi [...] nous avons reconnu le vœu de nos sujets [...]. » Ensuite, ses principales disposition se présentent comme un mélange d'emprunts aux institutions anglaises et aux idées des « monarchiens » de 1789. La reconnaissance des acquis de 1789 est claire : les 12 premiers articles ne concernent pas le fonctionnement des institutions, mais le « Droit public des Français ». Et l'article premier précise : « Les Français sont égaux devant la loi, quels que soient d'ailleurs leurs titres et rangs. » Ce qui revient à rendre les titres de noblesse simplement « décoratifs ». On peut même remarquer que le retour du catholicisme au rang de religion de l'Etat, comme avant la Révolution, est pour le moins hésitant. En effet l'article 5 précise : « Chacun professe sa religion avec une égale liberté et obtient pour son culte la même protection » ; ce qui sonne comme un reniement de l'Ancien Régime. Ensuite, mais ensuite seulement, vient l'article 6 : « Cependant *[sic]* la religion catholique, apostolique et romaine est la religion de l'Etat. » Jusque dans leur formulation ces deux articles 5 et 6 sont bien à l'image de l'ensemble du texte lui-même : un essai de compromis entre deux principes contradictoires.

La Charte reconnaît donc l'égalité devant la loi (et devant l'impôt), la liberté, la propriété (même les Biens nationaux)[1], l'indépendance des tribunaux, la liberté de la presse (mais on prévoit que des lois peuvent en réprimer les « abus »). En ce qui concerne les pouvoirs publics, il n'y a pas de séparation des pouvoirs. Le roi dispose seul du pouvoir exécutif, avec des prérogatives très étendues (art. 14)[2], et possède explicitement une partie du pouvoir législatif (art. 15) : il a seul l'initiative des lois, et il les promulgue. Deux Chambres sont prévues : la Chambre des pairs, nommés par le roi — à vie, ou héréditaires (en 1815 ils sont tous déclarés héréditaires) —, et dont le nombre n'est pas limité, ce qui permet au roi d'en changer la majorité, en nommant « une fournée de pairs », comme on dit. Et la Chambre des « députés des départements », élus pour cinq ans, avec renouvellement par cinquième tous les ans, « par des collèges électoraux dont l'organisation sera déterminée par des lois. » Les électeurs doivent payer un cens minimum de 300 F d'impôts directs (ce qui correspond à un revenu de 1 200 à

1. ART. 9 : « Toutes les propriétés sont inviolables sans aucune exception de celles qu'on appelle nationales, la loi ne mettant aucune différence entre elles. » Dans le même ordre d'idée l'article 11 précise : « Toutes recherches des opinions et votes émis jusqu'à la Restauration sont interdites. Le même oubli est commandé aux tribunaux et aux citoyens. »

2. ART. 14 : « Le roi est le chef suprême de l'Etat, il commande les forces de terre et de mer, déclare la guerre, fait les traités de paix, d'alliance et de commerce, nomme à tous les emplois d'administration publique, et fait les règlements et ordonnances nécessaires pour l'exécution des lois et la sûreté de l'Etat. » En 1830, cet article sera l'objet de vives discussions ; mais tel n'est pas le cas en 1814 où l'évocation des « ordonnances » apparaît du seul domaine technique.

2 000 F), et être âgés de 30 ans. Pour être éligible il faut avoir 40 ans et payer un cens de 1 000 F (soit un revenu de 5 000 à 6 000 F). La France compte donc environ 110 000 électeurs et 16 000 éligibles. Les Chambres votent les lois (mais les amendements ne peuvent être adoptés s'ils n'ont pas été proposés ou consentis par le roi). Cependant les Chambres ont le droit de discuter des pétitions et d'émettre des vœux. « La personne du roi est inviolable et sacrée. Ses ministres sont responsables » (art. 13) ; certes, mais rien ne précise qu'il s'agit d'une responsabilité *politique* devant les Chambres ; car, si les ministres ont le droit d'être membres des Chambres, et s'ils y ont accès, les seuls cas où les ministres peuvent être mis en accusation (par les député) et jugés (par les pairs) sont ceux de « trahison ou concussion ».

Au fond la Charte semble promettre un régime de liberté, avec des Chambres peu exigeantes et collaborant avec le roi. Comme, pour la première fois depuis 1792, le système devrait fonctionner dans la paix, un essai loyal de ces institutions « mixtes » — mêlant libéralisme et Ancien Régime — semble envisageable. Mais, pour cela, il faudra régler un problème fondamental : le régime, représentatif du fait du vote de l'impôt par les Chambres, est-il aussi parlementaire ? Autrement dit, les ministres ne dépendent-ils que du roi, et, dans ces conditions, les Chambres ne sont-elles finalement que consultatives (un peu comme les parlements d'Ancien Régime) ; ou le roi n'a-t-il pas le droit de conserver des ministres qui n'ont pas la confiance des Chambres et, dans ces conditions, le ministère est-il dans l'obligation de s'accorder avec elles, parce qu'elles sont également dépositaires d'une partie de la souveraineté nationale ? Ce qui ferait pencher la monarchie française du côté de sa voisine britannique. Cette question, que la lettre de la Charte ne tranche pas, peut être résolue empiriquement lors des premières années de sa mise en application ; mais elle ne peut être ignorée, car elle conditionne l'avenir. Or l'organisation d'un pouvoir légitime, et donc en mesure de gouverner avec l'appui de l'opinion, est capitale. C'est sur ce problème que se sont brisés bien des régimes en France de 1789 à 1876.

Assez vite, d'ailleurs, l'exercice paisible d'institutions équilibrées se révèle impossible. Pourtant, les premiers actes de Louis XVIII sont modérés. Il nomme un ministère composé des membres du gouvernement provisoire et de royalistes (avec peu de personnalités brillantes, sauf Talleyrand). Pour la Chambre des pairs, les 149 nommés comprennent 103 sénateurs ou maréchaux d'Empire et 46 représentants de l'ancienne France (grands seigneurs ou dignitaires ecclésiastiques). Pour la Chambre des députés, c'est l'ancien Corps législatif de l'Empire qui en fait fonction ; et on prévoit simplement son renouvellement annuel par cinquième. Quant à l'épuration administrative, elle reste modérée en 1814. Mais le ministre des Finances propose un budget rigoureux, et qui, outre ses inconvénients politiques, comporte des risques de déflation, générateurs de mécontentements potentiels, d'autant plus que la répartition de l'impôt est fort peu équitable.

Pour l'opinion, cependant, le plus perceptible est l'apparent retour à bien des formes d'Ancien Régime. On organise une cour fastueuse aux Tuileries, avec une étiquette surannée, et une noblesse qui semble n'avoir rien appris et rien oublié. Souvent les nobles réclament des privilège honorifiques (à l'église, par exemple). Il faut dissoudre une partie de l'armée impériale (économies budgétaires), mettre 12 000 officiers en demi-solde et licencier 300 000 soldats ; alors qu'on reconstitue une maison militaire (et même des régiments suisses !).Tandis que le clergé, qui multiplie missions, pénitences collectives, cérémonies expiatoires diverses en faveur des victimes de la Révolution (Louis XVI, Marie-Antoinette, etc.), et attaques contre l'ancien clergé constitutionnel, semble lui aussi tenir l'Ancien Régime pour rétabli. On remarque même qu'à Nîmes des bandes de royalistes, qui sont également catholiques, clament (ou plutôt chantent) dans les rues leur volonté de « faire du boudin avec le sang de Calvin » (celui des huguenots !), ce qui rappelle le temps de la Ligue. De ce fait, contre son gré, peu à peu Louis XVIII devient le symbole de la contre-révolution. Aurait-il pu éviter ce qui est souvent présenté comme des maladresses ? Certains le pensent ; mais s'il n'approuve pas bien des excès, il est clair que la reconstitution d'une Cour, ou les diverses primautés d'honneur accordées à la noblesse, et notamment à la noblesse émigrée, correspondent au choix général de Louis XVIII en avril-mai 1814. C'est-à-dire : une acceptation profonde de bien des acquis de la Révolution, enrobée, dans la reconstitution du « décor » de l'Ancien Régime. Et c'est ce choix, délibéré, qu'une bonne partie de l'opinion récuse, parce qu'elle a rompu avec l'Ancien Régime, ses fondements intellectuels comme son décor. Cela explique l'échec de la Restauration, perceptible dès le début de l'année 1815. Ce qui n'échappe pas à l'Empereur, relégué à l'île d'Elbe.

Les Cent-Jours et la Seconde Restauration

Le 1er mars, Napoléon débarque donc à Golfe-Juan ; le 20 mars, il dort aux Tuileries, abandonnées par Louis XVIII, à nouveau en exil (à Gand, cette fois). Il n'entre pas dans notre propos de traiter des Cent-Jours, qui font partie de la geste impériale. Il convient simplement de noter ici qu'ils sont d'abord la sanction de l'*échec de la restauration* (il faudra plus de 1 million de soldats étrangers pour imposer Louis XVIII). Napoléon, que les Français avaient laissé partir dans l'indifférence en 1814, ne serait pas parvenu à reconquérir son trône sans tirer un seul coup de fusil si une large fraction de la population, surtout dans la moitié Est du pays, n'avait pas désapprouvé les choix fondamentaux de Louis XVIII.

Au fond, cette « restauration » de l'Empereur, par le peuple et non par les armées étrangères, premier mouvement populaire depuis la Révolution, montre la force du rejet de l'Ancien Régime et la puissance des idées libérales sur l'opinion, beaucoup plus qu'une adhésion au bonapartisme. A tel point que Napoléon lui-même est obligé de leur faire une concession : la rédaction d'une nouvelle constitution, appelée *Actes additionnel aux constitutions de l'Empire*, œuvre de Benjamin Constant, théoricien libéral bien connu. Quant aux élections organisées par l'Empereur, marquées par de nombreuses abstentions, elles donnent une Chambre des représentants libérale et parlementaire, fort peu bonapartiste, plutôt républicaine, mais avant tout hostile aux Bourbons. On le voit le 21 juin quand Napoléon, défait à Waterloo le 18, arrive à Paris : les Chambres exigent son abdication. Puis elles tentent de proclamer Napoléon II, montrant par là leur refus de l'Empereur, certes, mais aussi du roi ! Et leur volonté de parvenir, enfin, à établir une véritable monarchie constitutionnelle et parlementaire.

Pourtant la défaite ouvre la voie à une seconde restauration des Bourbons. Mais cette fois les choses sont claires : Louis XVIII revient « dans les fourgons de l'étranger ». Ce sont bien les armées étrangères qui l'imposent, même si les intrigues de Fouché et de Talleyrand facilitent le retour du roi. Le 3 juillet, Paris capitule, car l'ennemi est à sa porte. Le 6 juillet, Fouché, ex-oratorien, ex-« terroriste », conventionnel régicide, est présenté au roi par Talleyrand. La scène est immortalisée par Chateaubriand :

> Tout à coup une porte s'ouvre : entre silencieusement le vice appuyé sur le bras du crime, M. de Talleyrand marchant soutenu par M. Fouché [...]

Fouché venait jurer foi et hommage à son seigneur ; le féal régicide, à genoux, mit les mains qui firent tomber la tête de Louis XVI entre les mains du frère du roi martyr ; l'évêque apostat fut caution du serment[1].

Le 7, le ministère « Talleyrand-Fouché » est formé. Le 8 juillet, le roi, qui a renouvelé le 28 juin son engagement de fidélité à la Charte, peut rentrer à Paris, dans une atmosphère bien différente de celle qu'il avait connue en 1814. Par ailleurs, les « patriotes n'avaient guère soutenu l'Empereur ; ils comprennent désormais que sa défaite fut aussi la leur » (Louis Girard)[2].

La réaction royaliste

Le ministère Talleyrand-Fouché, composé de royalistes modérés, anciens serviteurs de l'Empire, n'est pas à l'unisson du groupe dirigeant, beaucoup plus extrémiste, qui entoure désormais le roi. Il est utile à Louis XVIII parce qu'il facilite la transition ; mais il ne peut se maintenir bien longtemps. D'autant plus que la situation est très difficile. En effet, les Alliés, qui avaient quelque peu ménagé la France en 1814, sont maintenant décidés à lui faire payer la frayeur que le retour de l'Aigle leur a causée. Les soldats coalisés (1,2 million) « occupent » la France, dans tous les sens du terme ; ce qui se traduit par un cortège de violences, de pillages et d'humiliations. De plus la France est contrainte de nourrir, loger et habiller les soldats qui occupent, et oppriment, 61 départements. Seule la signature du second traité de Paris (le 20 novembre 1815) entraîne un début de normalisation : la France perd de nouveaux territoires (elle revient à ses frontières du 1er janvier 1790) et verse, en cinq ans, une indemnité de guerre de 700 millions de francs. L'occupation de 7 départements par 150 000 hommes (entretenus par la France) pendant cinq ans garantit le paiement.

A l'intérieur, la politique royale se fait, elle aussi, dans un climat de vengeance. C'est alors que des groupes royalistes se mettent à semer ce qu'on appelle la « Terreur blanche ». Ce qui, ne serait-ce que par le nom qui lui est donné, montre bien que ce sont les luttes révolutionnaires qui reprennent. Puisque les royalistes (plus que le pouvoir royal lui-même) reprennent à leur compte la pratique de l'exécution sommaire. Tout particulièrement dans le Midi

1. *Op. cit.*, p. 628.
2. *Op. cit.*, p. 23.

méditerranéen, où des bandes armées sèment la terreur contre ceux qu'elles tiennent pour les adversaires du roi. Dans le Gard, l'affaire prend une connotation religieuse et sociale, puisque le « peuple » catholique s'attaque aux protestants, en particulier à la bourgeoisie. Durant tout l'été et l'automne, massacres (plus d'une centaine de morts), violences sadiques (plus d'un millier de blessés), incendies (de temples et de maisons), extorsions de fonds, etc., frappent la communauté protestante. Sans que les autorités civiles et religieuses (catholiques) ne tentent réellement de s'y opposer avant le mois de novembre[1]. Bien qu'elles ne soient pas organisées, mais plutôt tolérées, par le pouvoir, ces violences colorent d'une lueur beaucoup plus sombre qu'en 1814 le retour de la dynastie. D'autant qu'elles s'accompagnent de véritables listes de proscriptions et d'une épuration administrative assez vaste ; même s'il est vrai que les structures de l'administration napoléonienne sont conservées.

Cette atmosphère générale de vengeance (des Alliés comme des royalistes) possède, naturellement, une traduction politique. La Chambre des pairs est épurée (29 de ses membres avaient accepté de siéger dans celle de Napoléon ; ils sont remplacés et on en nomme 65 nouveaux). La Chambre des représentants élue pendant les Cent-Jours est dissoute. De nouvelles élections ont lieu selon une procédure provisoire : on utilise les collèges électoraux de l'Empire car la loi qui doit déterminer les modalités du scrutin n'a pas encore été votée. Les élections des 14 et 22 août 1815 se tiennent dans un climat tendu, qui provoque de nombreuses abstentions dans les rangs des « patriotes ». De ce fait la Chambre, connue sous le nom de « Chambre introuvable », selon le mot de Louis XVIII, compte environ 350 royalistes ardents (on les appelle les ultra-royalistes, ou ultras) sur 398 députés. Résultat qui s'explique sans doute par le désarroi de l'opinion devant la brutale succession d'événements depuis mars 1815. Notons toutefois que ces élections vont avoir des conséquences paradoxales. En effet, la majorité des députés est nettement plus extrémiste que le roi lui-même. De ce fait ces hommes, élus en raison de leur dévouement passionné à la monarchie légitime, sont conduits à s'opposer au souverain, qu'ils trouvent trop modéré. Elus pour obéir et provoquer l'obéissance, ils se révèlent, au fond, les défenseurs des droits du parlement ! Ce qui

1. Naturellement, cette affaire a des conséquences politiques pour les huguenots : désormais la plupart d'entre eux seront républicains et anticléricaux.

montre la force de l'idéologie de 1789, puisqu'elle parvient à influencer même ses pires adversaires.

Dans un premier temps, toutefois, la réaction royaliste se donne libre cours. Les ultras tirent de l'expérience des Cent-Jours (qui a vu l'adhésion de tant de Français à Napoléon redevenu le fils de la Révolution, et donc leur choix, explicite, en faveur des Principes de 1789) la conclusion que la politique de la première restauration — elle consistait à faire une place aux conquêtes révolutionnaires pour mieux « dompter » ses partisans — est erronée, et qu'il faut au contraire lutter à outrance contre la Révolution. Le ministère Talleyrand-Fouché est donc renvoyé et, le 24 septembre, un ministère dirigé par le duc de Richelieu est formé. Les choses sont claires : le gouvernement est dirigé par un authentique aristocrate, ruiné par la Révolution, émigré en Russie, et gouverneur d'Odessa de 1803 à 1814. Parmi les proches du pouvoir, notons la présence d'Elie Decazes, fils d'un notaire de Libourne, préfet de police, et qui gagne peu à peu la confiance de Louis XVIII.

La Chambre, réunie début octobre 1815, est donc dominée par les ultras. Bien des leurs, provinciaux sans expérience du travail parlementaire, se laissent diriger par les Chevaliers de la foi, société secrète royaliste et catholique, dont l'idéal est l'Ancien Régime, et qui n'est pas sans responsabilité dans la Terreur blanche. A la terreur extra-légale va donc succéder une sorte de Terreur blanche légale. En quelques mois plusieurs lois sont votées : 29 octobre, loi de sûreté générale, qui permet l'arrestation arbitraire de suspects ; 9 novembre, lois contre les cris et écrits séditieux ; 27 décembre, loi organisant des « cours prévôtales », sorte de tribunaux spéciaux, et expéditifs ; 12 janvier 1816, loi d'amnistie excluant les régicides ralliés aux Cent-Jours (qui sont bannis, comme le peintre David, ou Fouché lui-même). L'ensemble s'accompagne d'une forte épuration de l'administration : environ un quart des fonctionnaires sont chassés. Tandis que près de 70 000 personnes sont arrêtées pour raison politique, et que 6 000 sont condamnées. L'exécution du maréchal Ney frappant particulièrement l'opinion, dans un sens inverse à celui qu'attendait le pouvoir, d'ailleurs. Tout comme l'instauration d'un jour de deuil national le 21 janvier ! Au fond, l'ensemble des mesures de réaction des ultras a pour conséquence de ressouder le camp des partisans de 1789 ; et de faire de Louis XVIII le roi de la contre-révolution.

Dans ce climat, la tâche des ministres n'est pas facile ; et, à la Chambre les heurts sont fréquents. En 1816, le vote du budget est ainsi l'occasion d'une passe d'armes symbolique. Pour faire face à la situation financière difficile le ministre des Finances propose la vente de 400 000 ha de bois appartenant à l'Etat. Or, avant 1789, pour l'essentiel ces bois étaient la propriété de l'Eglise. Pour les ultras le projet est inacceptable parce qu'il officialise la spoliation du clergé, et il conduit à faire payer au roi les guerres de Napoléon. Pour les libéraux, au contraire, les ultras veulent recréer la fortune indépendante de l'Eglise, prélude au rétablissement de l'Ancien Régime. Même débat difficile à propos de la loi électorale ; car le gouvernement veut maintenir le cens électoral au seuil fixé par la Charte (300 F) ; mais les ultras, qui craignent le libéralisme de la bourgeoisie aisée, et sur laquelle ils n'exercent aucune influence, entendent abaisser le cens pour permettre le vote d'hommes moins riches, qu'ils espèrent dominer, comme autrefois.

Decazes, toutefois, mesure vite les dangers de la politique des ultras ; car elle mécontente les classes moyennes, provoque, par endroits, de véritables haines dans les milieux populaires, et induit, dans l'ensemble de la nation, une sourde inquiétude. Finalement, alors que les débats sur la loi électorale n'ont toujours pas abouti, le 5 septembre 1816, le roi se laisse convaincre, par Decazes et Richelieu, de dissoudre cette « Chambre introuvable », dans l'espoir de voir élire une Chambre plus libérale, mais aussi plus soumise au roi. Car Louis XVIII ne s'est pas converti au libéralisme ; au contraire il agit ainsi dans le but de conserver l'ensemble du pouvoir. Pari hasardeux, que le roi remporte, et qui lui fait gagner quelques années de gestion plus sereine.

Une monarchie bien tempérée ? (1816-1820)

Cette période est parfois qualifiée de « libérale », ce qui est excessif, car Louis XVIII n'accepte jamais les principes fondamentaux du libéralisme. Il reste qu'elle se caractérise par un exercice du pouvoir plus modéré ; qui révèle pourtant à nouveau l'échec de la Restauration : dès que le pouvoir limite la répression, l'opposition est en mesure de faire à nouveau la preuve — déjà administrée en mars 1815 — que le pays reste attaché aux principes de 1789. Et donc hostile à un pouvoir qui n'en reconnaît pas la légitimité théorique, et qui se contente de tolérer ce qu'il ne peut pas supprimer.

Elle se termine en 1820 par une sorte de semi-coup d'Etat, qui permet à Louis XVIII de conserver son trône ; mais c'est bien son refus du libéralisme (et du régime parlementaire) qui le contraint à recourir à cette extrémité. Il l'emporte à nouveau, sans doute parce que les souvenirs de l'invasion de 1815 sont encore proches. Jouant le même jeu dix ans plus tard dans un autre contexte international, son frère entraînera la dynastie dans sa chute.

Les forces politiques

Naturellement, le débat politique ne concerne qu'une petite frange de la population : les électeurs, pour l'essentiel. Mais les divisions à l'intérieur de cette catégorie sociale, que l'on peut qualifier de « classe dirigeante » et « possédante », n'en demeurent pas moins significatives. En effet les divisions entre ultras, doctrinaires, libéraux et républicains, qui sont beaucoup plus d'ordre idéologique que d'ordre sociologique (même si les nobles sont nombreux parmi les ultras), se révéleront durables. De ce fait, la classe dirigeante française se trouve dans l'impossibilité de s'unir autour d'un projet politique ; pas plus le retour à l'Ancien Régime que l'avènement d'un gouvernement parlementaire, par exemple. Les véritables haines idéologiques, issues en partie des événements des années 1789-1799[1], dressent au sein des classes dominantes des barrières infranchissables. Cette spécificité française explique, pour une large part, non seulement l'instabilité politique chronique dont notre pays est atteint jusqu'en 1876-1879, mais aussi la victoire en fin de compte d'une République laïque et anticléricale.

Les *ultras* constituent la première des quatre familles idéologiques que l'on peut distinguer alors. Fortement influencés par la pensée de Joseph de Maistre (1753-1821) et par celle de Louis de Bonald (1754-1840), ils ont souvent pour porte-parole des membres de la petite noblesse de province comme La Bourdonnaye, Villèle, Clausel de Caussergue ou d'Haussez. Leur idéologie s'ordonne autour d'une haine passionnée de la Révolution française. Pas seulement de ses actes, voire des ses excès, mais des principes qui l'ont

1. On peut, d'ailleurs, penser qu'elles sont antérieures à 1789, et qu'elles expliquent, pour une part, l'échec des tentatives de réforme avant 1789 et les épisodes les plus violents de la Révolution. Mais il est clair que le déroulement de la Révolution les a exacerbées.

guidée. Ils estiment qu'il existe un ordre *divin* des choses, aussi bien dans le monde biologique que dans le monde politique. Une nation ne doit donc pas essayer de bâtir un gouvernement autre que celui que la nature et la Providence lui ont donné. De ce fait, la Révolution française est monstrueuse dans son principe, puisqu'elle est une tentative pour s'écarter des voies tracées par la Providence. Négation de la volonté divine, la Révolution a aussi à sa base une erreur grossière : la souveraineté du peuple, alors que l'expérience des siècles a montré qu'elle était impossible à mettre en œuvre (« Cette proposition générale ou abstraite : la souveraineté qui réside dans le peuple, n'a jamais reçu et ne peut recevoir aucune application ; donc c'est une erreur », écrit Bonald). Repoussant l'individualisme des Lumières ils ne comprennent la société qu'organisée en corps liés par des rapports hiérarchiques de dépendance. Durant ces années, d'ailleurs, on sent bien que la noblesse n'a pas accepté l'égalité civile, et qu'elle fera tout ce qui est en son pouvoir pour l'abolir. Forts de ces certitudes les ultras ne peuvent naturellement envisager le moindre compromis avec l'œuvre de la Révolution : ils refusent ainsi la Charte, qui fait des concessions à l'esprit de 1789. D'ailleurs, pensent-ils, on ne doit pas tenter de rédiger une constitution, mais au contraire se contenter, à l'image de l'Angleterre, d'entériner l'expérience des siècles : « Une constitution ne se calcule point *a priori*, d'après une théorie plus ou moins savante, elle est », écrit J. de Maistre. A cela s'ajoute, naturellement, un attachement passionné à l'Eglise catholique, qu'ils entendent rétablir dans ses droits, ses dignités et ses biens. Ils souhaitent qu'elle retrouve la place qui était la sienne sous l'Ancien Régime, et que l'on puisse à nouveau parler de l'union du Trône et de l'Autel, qui leur paraît le modèle de la société chrétienne qu'ils appellent de leurs vœux. Pour cela ils comptent aussi sur des société secrètes, comme les Chevaliers de la foi ou la Congrégation.

Plus orientés au centre, et associés au pouvoir entre 1816 et 1820, se trouvent les *doctrinaires*, que l'on appelle aussi « constitutionnels »[1], parce qu'ils acceptent la Charte, mais qu'ils veulent la faire évoluer dans un sens libéral. Peu nombreux (leurs adversaires disaient que l'ensemble du parti « doctrinaire » pouvait s'asseoir sur un seul canapé), les doctrinaires sont des intellectuels en politique. Familiers de Decazes, ils rédigent des projets, écrivent parfois

1. Les « doctrinaires » sont plutôt les théoriciens ; et les « constitutionnels », les députés qui acceptent leurs vues.

les discours des ministres, car ils comptent des plumes brillantes, comme Royer-Collard, Camille Jordan, Prosper de Barante, Ch. de Rémusat, Victor Cousin et surtout François Guizot. Leur pensée s'ordonne autour d'une réflexion sur la Révolution : ils estiment que celle-ci fut l'aboutissement ultime d'une évolution commencée au XIe siècle avec l'affranchissement des communes hors de l'ordre féodal. La Révolution a donc provoqué l'apparition d'une société où règne l'égalité des droits et où, en fait, les classes moyennes sont prépondérantes. Aussi, pour terminer la Révolution, est-il indispensable d'accepter l'égalité civile, et l'ensemble de la société à laquelle la Révolution a donné naissance. Ce qui montre le fossé, voire le gouffre, qui les sépare des ultras. Ils restent, pourtant, des modérés. Comme l'écrit Louis Girard :

> Tous acceptent la société nouvelle. Mais, adhérant aux principes, acceptant les résultats de la Révolution, ils réprouvent la manière dont elle a été conduite. La révolution sociale n'a pas trouvé le gouvernement qui l'aurait stabilisée en rendant ses résultats définitifs. Etablir ce gouvernement sera l'ambition des doctrinaires[1].

Ils acceptent donc la Charte ; mais ils veulent, écrit Guizot, « séparer la cause de la royauté de celle de l'ancien régime et la cause de la liberté politique de celle des théories et des passions révolutionnaires ». Voie étroite, et difficile, comme souvent le centrisme. Ils ne veulent pas, comme bien des philosophes des Lumières, fonder le pouvoir sur les droits des individus ; le cours des événements révolutionnaires en a montré les risques. Ils entendent donc reconstruire une société qui possède en elle-même ses propres freins. Dans le but d'édifier des lignes de défense infranchissables permettant aux libertés publiques de s'épanouir, ils se proposent de morceler le pouvoir. Et, pour que leur système fonctionne, le concours des trois pouvoirs (roi, Chambre élue, Chambre héréditaire) est indispensable ; car, à leurs yeux, aucun n'est indépendant ni souverain dans la fonction qui est la sienne. Pas même le roi, bien qu'il donne l'impulsion, sinon la liberté serait en péril ; c'est dans l'ensemble des trois pouvoirs que réside la souveraineté. Le morcellement du pouvoir servant au fond de rempart aux libertés individuelles. Mais ce projet, complexe, de monarchie « mixte » (elle mêle plusieurs pouvoirs) nécessite pour fonctionner une société où les passions ne sont pas trop exacerbées. Les années 1816-1820,

1. *Op. cit.*, p. 71.

durant lesquelles ils tentent de la faire triompher, n'y sont pas véritablement adaptées ; car ils sont combattus sur leur droite par les ultras et sur leur gauche par les libéraux et indépendants.

Les *libéraux*, ou *indépendants de gauche* forment la troisième famille. Elle n'est guère unie ; d'ailleurs, elle ne s'affirme que progressivement, parce que, jusqu'en 1816, elle s'abrite derrière les constitutionnels. Mais les renouvellement annuels de la Chambre entre 1816 à 1819 accroissent régulièrement le nombre de ses députés. Souvent plus âgés que les doctrinaires, ils ont parfois eu un rôle pendant la Révolution (La Fayette, Benjamin Constant) ou pendant les Cent-Jours, dont Constant a rédigé la constitution. On remarque aussi parmi eux des représentants des classes moyennes, comme l'avocat Manuel, ou des banquiers comme Laffitte, Casimir Périer et Delessert. Des publicistes aussi, comme Paul-Louis Courrier ou Béranger, auteur de chanson très célèbres (notamment par leur anticléricalisme populaire et leur tonalité favorable à la Révolution). Adversaires déterminés de l'Ancien Régime, de ses réglementations étatiques comme des principes sur lesquels il est fondé, ils sont libéraux aussi bien dans le domaine économique que dans le domaine politique. Ils veulent donc défendre les intérêts matériels nés de la Révolution. Comme l'écrit Molé en 1816 : « Ne perdez jamais de vue que les nouveaux intérêts et les hommes nouveaux disposent seuls de la force et de l'habileté en France. Il faut les avoir avec soi ou périr. »[1] Mais aussi, et peut-être plus profondément, ils veulent défendre les intérêts moraux issus de la Révolution : la sûreté des personnes, l'égalité civile, la liberté de conscience et de culte, la liberté de presse, etc. Plutôt hostile à Louis XVIII, qu'ils jugent imposé à la nation française par les armées étrangères, certains d'entre eux pensent (déjà) à faire appel au duc d'Orléans, ouvertement partisan d'une monarchie limitée, à l'anglaise. Ils croient en effet, comme Stendhal, que : « La France ne sera jamais heureuse que gouvernée par un souverain illégitime, c'est-à-dire qui tienne sa place de la constitution. » Ils souhaitent donc rendre la parole à la nation, en obtenant une application libérale de la Charte ; ils songent aussi à un élargissement du droit de vote. Leur modèle se trouve dans la Constitution de 1791, qui prévoit la prépondérance de l'assemblée élue au suffrage censitaire, ce qui permet de « filtrer », en quelque sorte, la souveraineté du

1. *Ibid.*, p. 83.

peuple. Mais, dans ce cadre, le roi n'est guère plus que le premier des fonctionnaires (ce qui les sépare donc des doctrinaires). Hostiles à l'influence politique de l'Eglise (leur presse s'en prend souvent aux Jésuites), ils se veulent les représentants de la bourgeoisie d'affaires, qu'ils regardent comme la classe montante, sorte de nouvelle aristocratie moderne, disposant de la « propriété industrielle », fruit de son travail, qu'ils opposent à l'aristocratie ancienne, qui ne possède plus qu'une « propriété féodale » surannée. Ils estiment que le développement de la liberté sous toutes ses formes permettra de donner libre cours à l'initiative individuelle, qui enrichira les pauvres, sans dépouiller les riches. Nombre d'étudiants parisiens se reconnaissent dans leurs revendications.

Notons, enfin, la présence d'une quatrième famille d'esprits, quelque peu en marge des trois autres, et qui n'est pas représentée à la Chambre : les *bonapartistes* et *républicains*. Clandestins, puisque adversaires de la monarchie des Bourbons, les bonapartistes se maintiennent : parmi les (nombreux) anciens soldats de la « Grande armée », dans une fraction de la bourgeoisie, qui sait bien que Napoléon était le fils de la Révolution et qu'il a consolidé ses conquêtes économiques et sociales, mais aussi dans une fraction du peuple des campagnes et des villes, sensible à la « légende impériale », où s'enrobe la gloire de la nation française, et celle du peuple français enseignant à l'Europe les Principes de 1789. Avec la mort de l'Empereur, en 1821, le bonapartisme va peu à peu rejoindre le républicanisme, adversaire lui aussi du régime, et qui se maintient dans une fraction de la bourgeoisie « éclairée » (notamment dans certaines loges maçonniques). Ces républicains songent plutôt à prendre leur modèle dans l'exemple de la République américaine, tant sont vifs les souvenirs de la dictature jacobine et de la Terreur. Ce groupe n'est pas encore bien nombreux ; il jouera un rôle en 1830, mais sa faiblesse numérique l'empêchera de prendre le pouvoir à la chute des Bourbons.

L'évolution politique

Il ne faut pas se tromper sur le sens général des choix de Louis XVIII : il ne cherche pas à promouvoir un régime permettant l'exercice paisible de l'autorité de l'Etat en respectant un équilibre complexe et raisonné entre les pouvoirs, tel que le décrivent les doctrinaires dans de savants traités. En 1816, il rompt avec les ultras pour garder le pouvoir ; et c'est un peu de façon fortuite, parce que le roi veut alors amoindrir la puissance des ultras, que les doctrinaires peuvent faire adopter par les Chambres des lois favorables à la société moderne. En 1820, le roi effectuera un virage en sens inverse, pour la même raison fondamentale (garder le pouvoir) sans s'interroger sur les justifications théoriques qui lui permettent d'agir légitimement de la sorte.

Les élections de septembre-octobre 1816 sont donc déterminantes. Decazes, qui en connaît les risques, pratique avec énergie la candidature officielle. Et il l'emporte, puisque les ultras n'ont plus que 90 élus, contre environ 150 constitutionnels et une quinzaine d'opposants libéraux. Le duc de Richelieu reste donc à son poste.

Puisque la Chambre est désormais docile à la volonté royale, le gouvernement entreprend de faire voter une certain nombre de réformes. Notons, d'ailleurs, que ces années, importantes dans le domaine politique, sont aussi marquées par des difficultés économiques et sociales et, surtout, par une très grave crise de subsistance dans les années 1816-1817, à la suite de mauvaises récoltes, qui entraînent une véritable disette, et qui obligent même l'Etat à faire distribuer des vivres aux classes populaires.

Une *loi électorale* est nécessaire. En effet, les élections de 1816 se sont encore déroulées selon des formes provisoires. Le projet du gouvernement (dit *loi Laîné*, du nom du ministre de l'Intérieur), voté en janvier 1817, prévoit l'élection directe des députés par tous les contribuables âgés de 30 ans qui paient les 300 F de cens. L'élection se déroule au chef-lieu du département, ce qui avantage la bourgeoisie urbaine. De ce fait, au sein du corps électoral, la prépondérance va revenir à ceux qui paient entre 300 et 500 F d'impôt, c'est-à-dire la « classe moyenne » de l'époque, où assez nombreux sont les homme enrichis par le commerce et l'industrie, et qui paient une patente de cet ordre. Or ils sont en général libéraux. Naturellement les ultras s'opposent très vivement à ce projet, qui fait réapparaître le spectre de 1789, mais ils sont en minorité, et la loi est votée.

Une *loi militaire* est, elle aussi, indispensable. Le projet, connu sous le nom de *loi Gouvion Saint-Cyr*, est finalement adopté en mars 1818. Il prévoit la formation d'une armée par engagement de volontaires et par incorporation d'une partie du contingent : les jeunes gens âgés de 20 ans qui tirent au sort un « mauvais numéro » (40 000 au total) doivent faire six ans de service militaire (sauf s'ils ont les moyens de se payer un remplaçant). La loi prévoit aussi que l'avancement se fera au mérite, et que nul ne pourra être officier s'il n'a servi deux ans comme sous-officier ou s'il n'est sorti d'une école militaire. Ce projet va être particulièrement discuté par les ultras. En effet, il cristallise une opposition passionnée dans la mesure où, avant 1789, l'armée était le domaine propre de l'aristocratie, le métier noble par essence même. La Révolution en avait fait le domaine privilégié de l'ascension sociale. Mais, avec la Restauration, les ultras comptent reconquérir « leur bien ». Or ils constatent avec une virulente amertume que la loi ne leur rend pas « leur » place dans la hiérarchie militaire, et que le retour à l'Ancien Régime semble s'éloigner chaque jour un peu plus. Mais ils ne peuvent rien contre la volonté royale appuyée par la majorité de la Chambre.

La fin de l'année 1818 voit toutefois éclore une crise ministérielle. Les causes sont diverses, mais les effets de la loi électorale sont les plus évidents. Comme prévu, la loi de 1817 accorde la prépondérance à la classe moyenne au sein du corps électoral. Le renouvellement du premier cinquième à l'automne 1817 permet déjà l'élection de quelques libéraux indépendants ; mais, bien que le banquier Laffitte soit élu triomphalement à Paris (où l'on compte près de 9 000 électeurs), comme ils ne sont pas nombreux, cela ne tire pas à conséquences. Le renouvellement de 1818 est plus grave ; c'est alors, en effet, que La Fayette, l'avocat Manuel, B. Constant, sont élus, tandis que les opposants sont nettement plus nombreux (une cinquantaine au total après les élections de 1818), et que, parmi les 25 indépendants élus, on remarque 16 anciens représentants des Cent-Jours. Ce qui révèle qu'une bonne partie de la banque et du commerce est foncièrement hostile au régime. Mais comment pourra-t-il fonctionner, si les électeurs désignent une majorité d'opposants ? La Charte ne semble pas prévoir ce cas de figure.

A ce problème s'ajoute celui de l'évacuation du territoire par les armées alliées en novembre 1818. Le régime se retrouve seul, face au peuple, qui peut fort bien se soulever, comme en mars 1815. Une partie des ministres, dont Richelieu et Laîné, qui à l'instar du roi n'ont pas de sympathie pour le libéralisme, et qui regrettent de s'être séparés des ultras, envisagent donc de se rapprocher de ces véritables royalistes, en modifiant la loi électorale. Mais d'autres ministres souhaitent, au contraire, continuer à tenter de se rapprocher des classes moyennes actives et entreprenantes, pour ne pas couper le roi des forces vives de la nation. Finalement, le

18 décembre 1818, Richelieu démissionne. Et c'est Decazes qui lui succède, en fait (en droit, le gouvernement est dirigé par le général Dessolle de décembre 1818 à novembre 1819 ; puis Decazes devient officiellement président du Conseil).

Cet homme jeune (38 ans en 1819), est un habile manœuvrier, et il possède l'entière confiance du roi. Sans être explicitement libéral, c'est surtout un ambitieux ; il entend, comme l'écrit L. Girard, « royaliser la nation et nationaliser les royalistes » avec l'appui des doctrinaires, qui le conseillent. Il poursuit donc la politique de réformes : en mai-juin 1819 il fait voter les *lois de Serre* sur la presse. Libérales d'esprit, elles prévoient que les délits de presse seront jugés par les jurys (plus favorables à la liberté que les magistrats professionnels) ; elles permettent de fonder un journal en se contentant d'une déclaration et du dépôt d'une caution de 10 000 F. Et, partant du principe qu'une opinion ne devient pas criminelle en devenant publique, elles n'autorisent les poursuites que si l'écrit a provoqué un délit.

Mais elles ne règlent pas le problème politique. En effet, on peut considérer que Decazes — critiqué à droite par les ultras qui le trouvent presque révolutionnaire, et à gauche par les libéraux avancés, qui le jugent beaucoup trop timide — poursuit la politique d'ouverture en direction du centre. Il en attend une certaine reconnaissance de la part des classes moyennes (qui, justement, lisent les journaux) ; faute de quoi ceux de ses ministres qui sont hostiles au libéralisme vont revenir à la charge pour obtenir la modification de la loi électorale. Déjà, au début de l'année 1819 la Chambre des pairs avait émis un vote en ce sens, et Decaze avait dû demander au roi la nomination d'une « fournée » de 60 pairs pour modifier la majorité et garder le contrôle de la Chambre haute. Les élections de l'automne 1819 se révèlent donc décisives. Or elles sont remportées par la gauche, qui gagne 35 sièges sur 55 ; et tout le monde remarque l'élection, doublement symbolique, de l'abbé Grégoire, détesté par les royalistes et par le clergé ultra, parce que régicide, et ancien évêque constitutionnel. Certes, cette élection, voyante, est finalement invalidée, mais la crise politique n'en demeure pas moins incontournable.

Decazes tente alors de se rapprocher des ultras, en remaniant son ministère dans un sens conservateur en novembre 1819. Puis il prépare une réforme de la loi électorale, qui sonne la fin de l'expérience de « monarchie bien tempérée » imaginée par les doctrinaires. Il est vrai qu'elle a échoué dans sa tentative pour assurer une base solide au régime ; sans doute était-elle trop éloignée de la réalité sociale de la France.

Decazes s'apprête donc à inaugurer une nouvelle ligne politique, quand, dans la nuit du 13 au 14 février un ouvrier nommé Louvel assassine le duc de Berry, seul descendant du roi en mesure d'assurer un héritier à la couronne (il n'a pas, encore, d'enfant mais il lui naîtra un fils posthume, or Louvel, qui voulait éteindre la dynastie, ignorait que la duchesse de Berry fût enceinte). Et la presse ultra se déchaîne contre Decazes, qu'elle rend responsable du meurtre. Il est contraint à la démission et remplacé par le duc de Richelieu, qui prend dans son ministère deux des dirigeants de la droite venus de la Chambre introuvable.

Vers un retour à l'Ancien Régime ? (1820-1830)

La fin du règne de Louis XVIII (1820-1824)

Au début de l'année 1820 le régime est donc confronté à une crise (en dehors de l'assassinat du duc de Berry, dont l'effet se limite à donner une coloration tragique à l'affaire, et à imposer la démission de Decazes, mais qui ne change rien au rapport des forces politiques). Si l'on ne modifie pas la loi électorale, le régime est perdu ; car le renouvellement de 1819 a montré que ce ne sont pas seulement les adversaires du gouvernement qui sont majoritaires au sein du corps électoral, mais les ennemis du régime. Une telle éventualité ne semblant pas prévue par les rédacteurs de la Charte, le pouvoir ne peut se sortir de ce mauvais pas que par une décision qui, sans être, au sens strict, un coup d'Etat (il n'y a pas d'usage de la force) n'en constitue pas moins un changement des règles du jeu en cours de partie ! D'autant plus qu'on ne va pas se contenter de modifier la loi électorale ; toute une série de lois d'exception vont accompagner cette sorte de « salut public » à l'envers (et ne possédant pas l'« excuse » de l'invasion étrangère).

De plus, pour sauver la monarchie restaurée, il est nécessaire de porter atteinte au texte même de la Charte (son article 36). Alors que cette loi fondamentale ne prévoit aucune procédure d'amendement. Or cette modification de la constitution est effectuée par la voie parlementaire ordinaire du vote d'une loi, ce qui est pour le moins curieux. Et révèle la précarité de la monarchie des Bourbons, contrainte, pour assurer sa survie, de recourir dès 1820 à des procédures exceptionnelles, à la limite de la légalité qu'elle a elle-même instituée six ans plus tôt. Elle va, sans doute, y gagner un répit de dix ans. Mais toute cette affaire montre que le pays est hostile au mélange d'Ancien Régime et de nouveaux principes que Louis XVIII tente d'acclimater en France. Et que les doctrinaires ont raison quand ils affirment que l'immense majorité des Français est désormais indéfectiblement attachée à la *société* que la Révolution a fait naître.

Le gouvernement du duc de Richelieu, constitué le 20 février 1820, et qui subit aussi l'influence du comte d'Artois, frère du roi, provoque donc le vote de plusieurs lois. Difficilement, d'ailleurs, car sa majorité est faible, doctrinaires et constitutionnels étant passés du côté des libéraux :

— La loi du 26 mars 1820 suspend (jusqu'à la fin de la session parlementaire de 1821) la liberté individuelle ; elle permet d'arrêter et de maintenir en détention pendant trois mois tout individu « prévenu de complot ou de machination » contre le personne du roi ou la sûreté de l'Etat, « sans qu'il y ait nécessité de le traduire devant les tribunaux ». Ce qui est contraire à la Déclaration des droits de l'homme (art. 9, notamment).

— La loi du 30 mars 1820 modifie le régime de la presse : rétablissement de l'autorisation préalable et de la censure (les manuscrits des articles politiques doivent être soumis à l'avance à la commission de censure). Prévues pour durer jusqu'en juillet 1821, elles sont ensuite prolongées un moment ; ce qui ne laisse aux journaux qu'une existence aléatoire. Certes, début 1822, la censure est supprimée ; mais les lois de mars 1822 sur la presse instituent de façon définitive l'autorisation préalable et permettent les poursuites pour des motifs politiques vagues. De plus les délits de presse ne sont plus soumis aux jurys, mais aux tribunaux correctionnels, et ils peuvent conduire à la suppression du journal. Par ailleurs, le gouvernement peut rétablir la censure par ordonnance dans l'intervalle des sessions parlementaires. En fait, à partir de 1820 la presse de gauche est un moment réduite au silence.

— Surtout la nouvelle loi électorale — dite *loi du double vote* —, qui doit permettre à la monarchie des Bourbons de subsister, est votée le 12 juin 1820. Les 258 députés en exercice demeurent élus par les électeurs payant le cens de 300 F ; mais ces élections ont lieu dans le cadre des arrondissements, et non plus dans celui des départements. Puis, ce qui ne respecte pas l'article 36 de la Charte (« Chaque département aura le même nombre de députés qu'il a eu jusqu'à présent »), le quart le plus imposé des électeurs se réunit au chef-lieu du département pour élire les 172 nouveaux députés (soit les deux cinquièmes de la Chambre qui compte désormais 430 membres). Cette disposition, qui permet aux plus riches de voter deux fois (d'où le surnom de la loi), fait dépendre la majorité d'une petite frange de grands propriétaires. A court terme cette loi va se révéler efficace : le roi obtiendra l'élection d'une majorité de députés ultras. Mais, à long terme, le bénéfice réel pour la monarchie est beaucoup plus aléatoire. En effet, le gouvernement va être conduit à mener une politique donnant, peu ou prou, satisfaction à sa majorité. Et donc une politique ultra, qui ne correspond nullement aux souhaits des classes moyennes, qui sont en tête du mouvement social, et à ceux de la jeunesse des « écoles » (les étudiants, futurs cadres de la nation). Groupes sociaux qui sont en mesure d'entraîner le peuple des villes derrières eux ; or chacun sait que ce qui fait les révolutions c'est l'union du peuple et de la bourgeoisie. De plus, en raison de cette loi du « double vote », le gouvernement adopte une politique adaptée seulement aux désirs d'une toute petite frange de l'opinion. Elle est donc quelque peu « irréelle » ou, tout au moins, irréaliste parce que le gouvernement ayant cassé le thermomètre (les élections) il se trouve dans l'incapacité de mesurer la montée de la fièvre, qui emportera le malade (la dynastie des Bourbons) en juillet 1830.

Nous n'en sommes pas là en 1820 ; dans le climat politique qui prévaut alors, et grâce à une attention toute particulière de la censure[1], les élections de novembre 1820 sont un succès pour le pouvoir. D'autant plus que le quart le plus imposé doit élire 172 députés ; que l'ensemble des électeurs renouvelle le cinquième de la Chambre (52 députés) ; et que le gouvernement « manipule » les listes électorales (on baisse les impôts des électeurs « suspects », ce qui les fait passer sous le seuil des 300 F, par exemple, on « oublie » ceux qui votent « mal », etc.). Si bien que 75 membres de la

1. Notons aussi que la duchesse de Berry donne naissance à un fils en septembre 1820, ce qui assure la succession légitime (ses partisans, qui craignaient la naissance d'une fille — elle n'aurait eu aucun droit à la couronne —, l'appellent « l'enfant du miracle »). Cette naissance semble renforcer la dynastie.

« Chambre introuvable » sont réélus contre seulement 35 libéraux. Au total, sur 430 sièges l'opposition n'en occupe plus qu'environ 80. Logiquement, Richelieu appelle quelques ultras au gouvernement (dont Corbière et Villèle) ; pourtant, pris entre les oppositions de droite et de gauche, Richelieu ne peut se maintenir. Il démissionne en décembre 1821.

Il est remplacé au ministère par Villèle, qui passe pour être l'homme de confiance du comte d'Artois, héritier du trône. Grâce à la loi du « double vote », qui assure une majorité aux ultras, il va se maintenir plus de six ans au pouvoir. Membre des deux grandes organisations qui se sont donné pour tâche de rendre à l'Eglise catholique la place qui était la sienne avant 1789 (les Chevaliers de la Foi et la Congrégation), bien qu'il soit lui-même un chrétien plutôt tiède, Villèle va s'assigner pour but, non pas au sens propre de revenir à l'Ancien Régime, mais de satisfaire une bonne partie des revendications des ultras. Et donc d'empêcher tout développement des potentialités libérales contenues dans la Charte, dont la politique suivie entre 1816 et 1820 offrait un exemple. En 1814, il avait, d'ailleurs, manifesté son opposition à la Charte. Maire de Toulouse en 1815, il y avait été accusé de sympathie pour les « verdets », qui faisaient régner la Terreur blanche. Il va pourtant se révéler un bon administrateur, attentif en particulier à rétablir l'équilibre des finances publiques. Mais il se montre aussi quelque peu étranger à l'ambiance intellectuelle du temps, faite de romantisme et d'enthousiasme, sur fond de début de révolution industrielle. Ce qui, en dépit de ses proclamations, conduit Villèle à tenter de gouverner le pays sans s'appuyer sur ses élites novatrices. Les yeux fixés sur sa majorité à la Chambre, il semble même incapable de comprendre que celle-ci n'est pas à l'unisson des volontés du pays ; et que les progrès économiques et sociaux des classes bourgeoises moyennes ne permettront pas de gouverner durablement en ignorant leurs revendications, et en se contentant de s'appuyer sur l'aristocratie et sur quelques grands propriétaires fonciers.

Regardant l'Université (où plusieurs des doctrinaires ont retrouvé leur chaire) comme un dangereux foyer d'agitation, il n'hésite pas à la reprendre en main, et à suspendre les cours de certains professeurs, Guizot, en particulier. Ce dernier, il est vrai, y enseigne que l'histoire démontre que la lutte des classes qui « remplit l'histoire moderne » a été remportée par la bourgeoisie, et qu'il est vain pour l'aristocratie de tenter de s'y opposer. Dans le même ordre d'idée, l'Ecole normale supérieure est un moment supprimée. Tout comme l'opposition est bâillonnée.

Toujours dans le but de tenter de contrôler les esprits, seul moyen, à long terme de renforcer l'assise politique du régime, Villèle veille aussi à placer l'enseignement secondaire sous l'étroite dépendance du clergé ; en particulier en nommant professeurs dans les collèges un grand nombre de prêtres ; et en favorisant le développement des petits séminaires. Cette interpénétration de l'Eglise et de l'Ecole sonne, aux yeux de bien des libéraux, comme un premier pas vers un retour à l'Ancien Régime. Et contribue à expliquer le développement de l'anticléricalisme, qui va aller en se renforçant.

Dans un tel contexte les élections de 1822 sont évidemment un échec pour les libéraux. De ce fait, une partie des opposants se lance dans l'action illégale : toute une série de complots s'organisent (où Manuel et La Fayette ont souvent un rôle). Parmi les comploteurs ont trouve en général des députés libéraux, des militaires bonapartistes, des étudiants, des membres de groupes sociaux particulièrement attachés à la Révolution (propriétaires de Biens nationaux, manufacturiers protestants, par exemple). Tandis que la Charbonnerie (association secrète, fondée tout d'abord en Italie, mais qui a une branche française, dont le but est de faire triompher le libéralisme et donc de renverser les Bourbons) se développe rapidement en 1821 (elle comptera jusqu'à 30 000 membres, répartis dans 60 départements). Pourtant, ces complots, mal préparés, sont facilement découverts par la police ; une répression sévère (et 12 exécutions capitales) en vient donc à bout sans difficulté dès la fin de l'année 1822. Et comme la politique étrangère permet au pouvoir de remporter des succès (facile intervention en Espagne en 1823 — décidée en partie grâce à Chateaubriand, alors ministre des Affaires étrangères de Villèle — pour rétablir le roi, contre les libéraux espagnols) qui renforcent le prestige de la dynastie, Villèle en profite pour demander au roi de dissoudre la Chambre en décembre 1823[1]. Et les élections de février-mars 1824, qui sont marquées par une intense pression gouvernementale, sont un grand succès pour les ultras. Les opposants ne sont plus qu'une quinzaine

1. Le gouvernement est conforté dans cette idée par la victoire de ses amis lors du renouvellement du cinquième de la Chambre en novembre 1823. Il est vrai que Villèle a usé de ses moyens de pression habituels : radiations arbitraires d'opposants, inscriptions illégales d'amis, pressions sur les fonctionnaires, etc.

sur 430, si bien qu'on parle alors de « Chambre retrouvée ». On compte aussi 264 hauts fonctionnaires (en exercice, sur lesquels le gouvernement dispose de moyens de pression efficaces) parmi les députés, soit plus de la majorité. Dans le but de stabiliser son pouvoir Villèle fait alors voter une loi, qui modifie à nouveau la Charte, et qui, supprimant les renouvellements annuels du cinquième des députés, édicte le renouvellement total de la Chambre tous les sept ans.

Les succès électoraux du pouvoir sont, naturellement, à mettre au crédit de la loi électorale de 1820 ; et au bâillonnement de la presse d'opposition. Mais cette explication demeure insuffisante ; car les ultras obtiennent aussi des résultats très importants au sein des collèges électoraux d'arrondissement, où tous les électeurs censitaires peuvent voter. Au fond, ce début des années 1820 semble favorable à la monarchie restaurée. La naissance d'un prince héritier en 1820 détruit les chances de la famille d'Orléans, espoir des libéraux, d'accéder légalement au trône ; ce qui renforce les Bourbons. La France connaît aussi cinq à six ans d'expansion économique, ce qui contribue à détendre le climat politique. Par ailleurs, les indépendants (et républicains) ont inquiété nombre d'électeurs par leur recours délibéré à l'action illégale (les complots), qui a choqué bien des modérés. Enfin, la Chambre des pairs joue plutôt un rôle modérateur[1]. Et comme Villèle ne donne pas l'impression de vouloir réellement rétablir l'Ancien Régime (même par petites doses successives), et que la présence de Louis XVIII sur le trône agit dans le même sens, le régime connaît une incontestable stabilisation entre 1820 et 1824. Mais ce fragile équilibre est mis en question par les divisions des royalistes, qui entraînent Villèle sur la voie de surenchères dangereuses, et par la mort de Louis XVIII le 16 septembre 1824.

Les débuts du règne de Charles X (1824-1827)

Dernier frère de Louis XVI, Charles X est, depuis 1814, le véritable espoir des ultras. Moins autoritaire que Louis XVIII, il tient plus que lui aux symboles traditionnels, ce qui se révèle dangereux ;

1. En 1824 la Chambre des pairs refuse, par exemple, de voter une loi indemnisant les anciens émigrés, parce qu'elle s'accompagne d'une conversion de rente (baisse du taux d'intérêts servi aux acheteurs de titres publics).

car avec cet homme « davantage fait pour la chasse que pour la guerre [...] la monarchie française, au lieu d'épouser son temps, retourne à ses rêveries » (F. Furet). D'autant plus que son attachement à bien des aspects d'Ancien Régime, qui va au-delà de la mise en valeur de son simple « décor », le conduit à prendre des décisions dans deux domaines « sensibles », la monarchie et l'Eglise, qui vont apparaître à plus d'un comme une tentative de retour à une société qui ignorerait (voire contredirait) les Principes de 1789. Ce qui va provoquer, en retour, une unification de tous les adversaires de l'Ancien Régime, et donc du peuple et de la bourgeoisie.

En 1825, Charles X décide de se faire sacrer à Reims, ce dont son frère s'était bien gardé. Il renoue, certes, avec une longue tradition ; mais une tradition contre-révolutionnaire. La cérémonie a lieu le 29 mai avec, cependant, un rituel quelque peu modifié depuis le dernier sacre (celui de Louis XVI en 1775). Il reste que l'opinion retient surtout le parfum d'Ancien Régime avec l'aristocratie et l'Eglise réunies autour du roi dans un faste chamarré, et suranné ; ce qui ne laisse pas d'inquiéter. D'autant plus que, dans son homélie, Mgr de La Fare se montre hostile à la Charte et à la liberté des cultes.

Par ailleurs, dès le début de son règne Charles X montre qu'il souhaite que l'Eglise joue encore plus de rôle dans la vie sociale (le sacre en est aussi une illustration). L'Eglise multiplie alors les « missions », c'est-à-dire les campagnes de services religieux et d'exercices de piété dans certaines régions, qui mobilisent des dizaines de prêtres durant plusieurs semaines et se terminent par la plantation solennelle d'une « croix de mission », en présence des corps constitués et de l'armée. Ces cérémonies qui, à l'instar du sacre, sont aussi la reprise de pratiques courantes de l'Ancien Régime ont alors une inflexion particulière. Dans les sermons, les prédicateurs insistent souvent sur la nécessité de la pénitence et la repentance en raison des crimes commis sous la Révolution, et particulièrement de l'exécution de Louis XVI, victime, comme le Christ, du péché des hommes. L'Eglise, que le Concordat de 1801 a réinstallée dans une position officielle, mais qui a eu besoin d'une vingtaine d'années pour se reconstituer, inaugure alors véritablement sa tentative de reconquête des âmes. Mais elle le fait par l'intermédiaire d'un catholicisme de repentance, intimement lié à la monarchie, et à la condamnation non seulement des « excès » de la Révolution, mais aussi, et peut-être surtout, des principes qui ont guidé ses promoteurs, et tout spécialement de la philosophie des

Lumières, qu'elle n'aura de cesse d'attaquer durant tout le XIXᵉ siècle. Ce qui, comme le fait remarquer F. Furet, n'est pas au sens propre un retour à la tradition, et comporte bien des risques :

> La communauté du malheur unit les deux plus vieilles institutions de l'histoire nationale dans un refus radical qui les éloigne toutes deux de leurs traditions, au moment où elles croient les célébrer. Le culte du roi-Christ ne fait pas partie du répertoire des Bourbons. Quant à l'Eglise, à faire de la Révolution un crime, non seulement elle renie la propre signature du pape au Concordat, mais elle se trouve happée par la politique, prenant le risque d'être définie par elle [...] Au début du XIXᵉ siècle, ce grand corps à demi déraciné par la Révolution, où il a perdu ses biens, beaucoup de ses fidèles et de ses attaches à la vie locale, lie son destin à une royauté fragile [...] il s'abandonne à l'air du temps qui est au dolorisme mélancolique et accusateur ; sans ancrage naturel dans la société, il regarde du côté de l'Etat ou bien, contre cet Etat, vers Rome qui ne peut guère l'aider. Voici naître le cléricalisme[1].

Il est clair, en effet, que contre ce qui est perçu comme un retour des nobles et des prêtres, prélude à un retour à l'Ancien Régime, toute une génération va se mobiliser ; d'autant plus qu'en raison de ses prises de position en 1814 et 1815, bien des hommes ont fort peu confiance dans le loyalisme constitutionnel de Charles X. Ils le soupçonnent de méditer pour le moins une profonde modification de la Charte, qui détruirait toute possibilité d'interprétation parlementaire de la loi fondamentale.

Or, en accord avec les vœux de la majorité ultra à la Chambre, bien des mesure législatives décidées par le pouvoir donnent du crédit à cette interprétation.

En avril 1825 le gouvernement parvient à faire voter la loi indemnisant les anciens émigrés (dite loi du « milliard des émigrés »), à laquelle Charles X est particulièrement attaché. A l'origine le but de Villèle est certes de prendre une mesure satisfaisant l'aristocratie, mais aussi de provoquer un apaisement, qui confirmerait les possesseurs des Biens nationaux dans leurs droits. Mais l'opinion retient surtout que la collectivité nationale va verser 988 millions (estimation de la valeur des Biens nationaux obtenue en multipliant par 20 leur revenu de 1790)[2]. Et permettre la

1. François Furet, *La Révolution,* Paris, Hachette, 1988, vol. 2, p. 78.
2. En fait, on ne verse pas cette somme mais des titres de rente à 3 % ; ceux qui sont versés effectivement correspondent à un capital de 867 millions. Comme des retranchements sont effectués sous la monarchie de Juillet on peut évaluer le total de l'indemnité perçue à 630 millions.

reconstitution des fortunes de familles illustres avant 1789, comme celle des Orléans, des Talleyrand ou des Rohan. Et même si la masse des anciens émigrés ne reçoit finalement que des sommes assez modestes, cela sonne comme un pas de plus en direction de l'Ancien Régime.

Le gouvernement prend aussi toute une série de mesures favorables à l'Eglise. En effet Villèle et Charles X souhaitent renforcer la place de l'Eglise catholique dont ils prennent au sérieux le titre officiel de « religion d'Etat ». L'opinion y voit plus qu'une connivence, et l'on recommence, comme autrefois, à dénoncer le pouvoir des jésuites, dont certains se sont, il est vrai, installés à des postes clefs. Ces derniers ne sont pourtant pas particulièrement bien en Cour ; mais « leur image mythique se charge de tout ce que le clergé peut exercer de puissance occulte, de négation de la liberté de conscience, de haine de l'héritage révolutionnaire, de l'intrusion en France d'un Etat étranger » (André Jardin). On remarque ainsi l'action de Mgr Frayssinous, symboliquement *ministre de l'Instruction publique et des cultes*, qui accroît la tutelle de l'Eglise sur l'enseignement. Le gouvernement parvient aussi à faire voter en 1825 une loi favorable aux congrégations religieuses féminines. Mais l'opinion note surtout la « loi du sacrilège », adoptée en 1825, et qui punit de mort toute personne volant avec effraction un objet consacré au culte de la religion catholique (en particulier la profanation des vases sacrés et des hosties, punie quant à elle de la peine réservée aux parricides). Royer-Collard a beau expliquer qu'il « n'y a point de sacrilège légal envers les hosties consacrées, si la présence réelle n'est pas une vérité légale », la loi est votée par 250 voix contre 95. Il est clair que cette loi scandalise l'opinion libérale. Mais la hiérarchie de l'Eglise romaine ne voit pas que, pour une partie des Français, le catholicisme redevient peu à peu, comme avant 1789, un système autoritaire, étranger à son temps. Appréciations qui s'étendent, également, à la monarchie des Bourbons.

Villèle, qui ne sent pas cette accusation générale d'anachronisme, et qui se préoccupe surtout de ses appuis à la Chambre, ne se contente pas de cette double série de décisions, pourtant fort symboliques. En effet la majorité de 1824 se divise peu à peu. Avec, d'un côté, les ultras « extrémistes », comme La Bourdonnaye, qui rêvent d'une monarchie plus ouvertement aristocratique ; non loin, mais distincts, les cléricaux ultramontains qui trouvent que l'Eglise catholique n'a toujours pas retrouvé la place qui lui est due ; un peu au centre Chateaubriand, opposant depuis qu'en 1824 il a été privé du ministère des Affaires étrangères, qui veut à l'inverse réconcilier la monarchie avec les libertés modernes, et qui rédige dans *Le Journal des débats* des articles auxquels l'éclat de sa plume confère une résonance particulière. Naturellement l'opposition de gauche n'a pas disparu. Tandis qu'à la Chambre des pairs Villèle ne dispose pas d'une vraie majorité (les pairs nommés entre 1816 et 1820 entendent défendre les libertés publiques). Si bien que, soumis à une critique permanente venue de la droite et de la gauche, il voit sa majorité se réduire peu à peu aux dimensions des députés qui attendent surtout des faveurs du pouvoir. Ce qui n'est guère exaltant ; mais, comme il ne peut se passer d'eux, il doit tenter de les satisfaire, sans trop se préoccuper de l'opinion.

En 1826 Villèle tente ainsi de faire voter une loi dite du « droit d'aînesse ». Conscient du manque de soutiens sociaux du régime il souhaite probablement favoriser la création d'une aristocratie rurale à l'anglaise, qui pourrait devenir l'un de ses piliers. Mais le projet tel qu'il est présenté se contente de permettre aux familles les plus riches de grossir la part de l'aîné lors des successions. Or cette remise en cause du Code civil napoléonien, et donc des Principes de 1789, est refusée par la Chambre des pairs, ce qui provoque des manifestations de joie dans Paris. De la même façon, en 1827 le gouvernement est contraint de retirer un projet de loi limitant la liberté de la presse, que Villèle rend responsable de ses difficultés. Votée difficilement à la Chambre (233 voix contre 134) elle se serait très probablement heurtée au veto des pairs, et Villèle la retire. Ce qui provoque à nouveau des manifestations de joie dans Paris ; et révèle le véritable sentiment du peuple des villes. Par ailleurs, ces échecs montrent que le Ministère n'est plus en mesure de gouverner. En novembre Villèle demande au roi de dissoudre la Chambre, pour que les électeurs tranchent le débat ; ce qui est un hommage, involontaire, à l'interprétation libérale de la Charte.

La crise de 1827 et la chute de Villèle

Il faut comprendre la nature de cette « crise » de l'année 1827, qui survient vite, trois ans seulement après le triomphe des élections de 1824. A cette date les libéraux, qu'ils soient doctrinaires, constitutionnels ou indépendants, sont écrasés, et les ultras peuvent escompter sept ans de tranquillité. Mais, du fait même de l'ampleur de leur victoire, ils sont en situation de se diviser ; et, comme il ne peut pas compter sur la gauche, Villèle ne peut guère éviter de céder à la droite. D'où la série de mesures favorables aux aristocrates et au clergé. Ces mesures, souvent plus symboliques que portant profondément atteinte aux acquis de la Révolution, indignent une bonne partie de l'opinion. D'autant plus que chacun connaît les réserves que Charles X, alors comte d'Artois, avait émises contre la Charte. Sa simple présence sur le trône induit donc un soupçon, qui fait interpréter les décisions gouvernementales dans un sens hostile à la société issue des Principes de 1789. De là une impopularité croissante des ministres, qui se manifeste, par exemple, à l'occasion de funérailles de libéraux célèbres ; si bien qu'en 1827 on voit même la Garde nationale crier : « A bas les Ministres » lors d'une revue. Aussitôt elle est dissoute, mais cet incident révèle l'impopularité du gouvernement au sein des classes moyennes urbaines. Mais alors se reconstitue le « front » de 1789, qui unit tous les adversaires de l'Ancien Régime. Et l'on se met à songer à « refaire » la Révolution, sans savoir, sans doute, le régime qui en sortira (entre 1789 et 1815 les exemples possibles sont nombreux) ; mais en connaissant très bien ce qu'on veut détruire, à jamais.

Cette attitude se marque dans les journaux ; en particulier dans *Le Globe*, fondé en 1824, et vite devenu l'une des tribunes de cette jeunesse qui, née pendant la Révolution, entend en défendre les principes et les résultats. Et fonder un ordre politique conforme à l'ordre social postrévolutionnaire. Cette « crise » de 1827, qui provoque la chute de Villèle, est au fond une sorte de « répétition générale » de 1830. Le renouvellement des génération en est l'une des caractéristiques fondamentales, tandis que la presse opposante se trouve au premier rang. Alors on note que la presse libérale compte 43 000 abonnés, contre seulement 14 000 pour les journaux gouvernementaux et 6 000 pour la presse de droite hostile à Villèle. Il est clair que dans l'opinion instruite le libéralisme l'a emporté, d'autant plus que les opposants ont renoncé aux complots. L'évolution du groupe des doctrinaires est, d'ailleurs, significative. Passés à l'opposition, ils en deviennent l'un des fers de lance. Adossé sur une très brillante interprétation de l'histoire de France, Guizot y joue, peu ou prou, le rôle de chef de l'opposition.

Soumis à une double critique contradictoire — « Pour les uns, Villèle n'arrivait pas à réaliser une impossible contre-révolution ; pour les autres il faisait trop de concessions aux exagérés de son parti » (L. Girard) — Villèle tente un dernier effort pour ressaisir une situation qui lui échappe. Il rétablit la censure en juin 1827 ; et il obtient de Charles X une « fournée » de 73 pairs, qui lui permet de retrouver une majorité à la Chambre haute ; enfin il provoque la dissolution de la Chambre des députés. Les nouvelles élections ont lieu novembre 1827. La campagne électorale est très active ; avec notamment la société *Aide-toi, le ciel t'aidera*, animée par Guizot. Tandis que des vérifications des listes électorales obligent le pouvoir à ajouter de nombreux électeurs « oubliés » (cela entraîne une hausse de 23 % du nombre des inscrits !). On sent, au sein de la classe moyenne, un véritable élan, une volonté affirmée de s'opposer à ce qu'elle perçoit comme un risque de retour à l'Ancien Régime. Et Villèle est battu.

Les collèges d'arrondissement élisent 195 opposants et 80 « ministériels », tandis que les collèges départementaux désignent 50 opposants et 110 ministériels. Si bien que la Chambre compte désormais 190 ministériels, 170 libéraux et 75 opposants de droite. Après avoir un moment songé à tenter de se maintenir, Villèle démissionne le 5 janvier 1828 ; donnant, ainsi, involontairement, crédit à une interprétation parlementaire de la Charte. Il est clair que, sauf à recourir à un véritable coup d'Etat, les ultras ont perdu la partie.

Le ministère Martignac, ou la dernière chance des Bourbons (1828-1829)

Au fond, Charles X n'est pas mécontent de se séparer de Villèle, dont il s'est lassé. Mais il n'est pas sûr qu'il ait saisi la gravité de la situation. Il a cependant le choix entre accepter une interprétation libérale et parlementaire de la Charte, ce qui le conduira loin des rivages de l'Ancien Régime ; mais aussi dans les eaux calmes d'une monarchie à l'anglaise, qui, appuyée sur l'opinion des électeurs censitaires, semble avoir trouvé le secret des évolutions sans révolution. Ou tenter de poursuivre la politique de Villèle, ce qui le ramène vers un port connu, plutôt proche de l'Ancien Régime ; mais qui l'oblige à affronter la tempête d'un duel avec l'opinion, avec tous les risques que cela comporte. Or ce duel avait déjà été tenté quarante ans plus tôt par une monarchie millénaire ; et elle a été vaincue. Comment pourrait-elle espérer l'emporter alors que, restaurée par les armées étrangères, elle n'a réussi à se maintenir en 1820 que grâce à des mesures d'exception ?

Dans un premier temps Charles X semble pourtant avoir retenu le message envoyé par l'opinion à l'occasion des élections. Il nomme un nouveau gouvernement, dont le principal ministre est Martignac. Cet homme de droite modéré, habile et éloquent, avait certes défendu la plupart des projets de Villèle, mais il espère rassembler l'ensemble de l'ancienne majorité, voire l'étendre au centre gauche, dans le but d'isoler la gauche. Mais son entreprise est difficile. D'un côté le roi n'est pas « converti » à une interprétation libérale de la Charte. Formé sous l'Ancien Régime il pense que les Chambres, à l'instar des Parlements d'avant 1789, peuvent présenter des « remontrances », mais que le roi a parfaitement le droit de passer outre. Cela empêche Martignac de jouer réellement la carte de la libéralisation. Par ailleurs, la Chambre est ingouvernable, car elle est composée de trois minorités juxtaposées, qui ne peuvent constituer que des majorités d'occasion. Ce qui n'est guère propice à l'adoption sereine et réfléchie des choix fondamentaux indispensables, et empêche Martignac de définir une politique et de s'y tenir. Par ailleurs la Cour, hostile à toute mesure libérale, l'observe d'un œil critique, et ne perd pas une occasion de le desservir.

Dans le but de désamorcer la crise, Martignac commence par prendre des mesure propres à lui attirer la bienveillance du centre droit et celle du centre gauche ; ce qui lui permettrait d'esquisser l'axe d'une nouvelle majorité. Il fait ainsi une concession aux adversaires des cléricaux en séparant en deux ministères différents les affaires ecclésiastiques et l'instruction publique. Il « sacrifie » aussi les jésuites à l'opinion dans ses ordonnances du 16 juin 1828, qui interdisent l'enseignement aux membres des congrégations non autorisées. Et il limite à 20 000 le nombre des élèves des petits séminaires, qui faisaient jusqu'alors une active concurrence aux collèges d'Etat. Il relâche également la pression du pouvoir, et de l'Eglise, sur l'Université, et autorise les grands universitaires libéraux (Guizot, Cousin, Villlemain) à reprendre leurs cours. Enfin, il libéralise le régime de la presse : il supprime la censure, et fait voter une loi qui abolit l'autorisation préalable et les procès de tendance. Dans le domaine de la politique étrangère, aussi, Martignac parvient à rendre un rôle à la France.

Le bilan de l'année 1828 n'est donc pas négligeable ; même si, comme c'est d'ordinaire le cas en période de crise, ces mesures indignent les ultras, qui crient à la trahison de la cause de la monarchie, tandis qu'elles semblent très insuffisantes aux libéraux. Pourtant, la faiblesse de la position de Martignac est réelle ; car seule la conjonction des centres a permis le vote de ses petites mesures libérales, et elle n'a guère de chance de se maintenir sur des questions importantes. De plus, dès 1828 Charles X songe à des initiatives autoritaires, et donc violentes, pour rétablir la prépondérance du monarque sur les Chambres. Il laisse son ministre agir un moment ; mais lui non plus ne peut pas accepter des choix engageant l'avenir dans un sens parlementaire. Martignac fait pourtant un petit pas dans cette direction en présentant en février 1829 un projet de réforme de l'administration des communes et de celle des départements prévoyant des élections. Il se heurte aussitôt à l'hostilité de la droite et de la gauche, ce qui amène le roi à demander son retrait. En fait, Charles X, qui croit avoir démontré qu'il n'est pas possible de composer avec les libéraux sans qu'ils ne fassent preuve de prétentions exorbitantes, décide d'interrompre l'expérience des concessions.

En août 1829, après le vote du budget, et la fin de la session parlementaire, il se sépare de Martignac et nomme à sa place le prince Jules de Polignac, le « candidat » des Chevaliers de la foi, qui incarne, aux yeux de l'opinion, la fidélité à l'Ancien Régime. Désormais les choses sont claires. Le roi a choisi de former un ministère chargé de gouverner sans la majorité des Chambres. Il estime, en effet, que le dernier mot doit revenir non point aux électeurs, mais au roi. Il opte donc pour l'affrontement avec l'opinion parlementaire, celle de la classe moyenne, qui s'exprime lors des élections. Sans doute croit-il pouvoir la briser, au besoin par la force. Mais, pour y parvenir, il faudrait qu'il dispose d'une légitimité incontestable, qui interdirait — moralement — au plus grand nombre de s'opposer à la volonté royale nettement exprimée.

Il oublie la leçon de 1789, qui a montré que l'union du peuple et de la bourgeoisie est en mesure de venir à bout d'une monarchie, pour peu que sa légitimité soit douteuse. Or tout montre que le peuple conserve, quarante ans plus tard, l'aversion dont il avait fait preuve alors à l'encontre de l'Ancien Régime. Si la bourgeoisie le lui demande il peut à nouveau se lancer à la conquête, en fait la reconquête, de la liberté et de l'égalité.

En nommant Polignac, Charles X scelle le destin de la dynastie des Bourbons.

VI – La vie politique sous la monarchie de Juillet

La Révolution de 1830

L'environnement général

Il convient, certes, de faire la part des circonstances, qui permettent de comprendre certains points précis de événements de juillet-août 1830. Mais cette « Révolution », qui ouvre la série des révolutions en France au XIXe siècle[1], possède aussi des causes plus générales sur lesquelles il importe de réfléchir si l'on veut comprendre l'évolution politique et sociale de la France au XIXe siècle.

Dès le milieu des années 1820, en effet, on note un ralentissement économique[2] dont il convient de se souvenir. L'économique ne commande certes pas mécaniquement le politique ; mais les hommes ne sont pas non plus indifférents à leurs conditions de vie. De fait, de 1827 à 1829 les récoltes sont médiocres (en 1829 le prix de l'hectolitre de blé est supérieur de 50 % à ce qu'il était en 1824, et il demeure à ce niveau jusqu'en 1832) ; et on note une véritable crise industrielle et agricole, en 1830-1832. Les faillites sont nombreuses, ce qui ne manque pas de provoquer du chômage dans certaines grandes villes, en particulier à Paris. Or les conditions de vie

1. En 1799 la prise du pouvoir par Bonaparte est un coup d'Etat militaire, et non pas une révolution. En 1814-1815 la Restauration est le résultat de la défaite militaire et donc, très largement tout au moins, de l'action d'armées étrangères.

2. Pour plus de détails, cf. *infra*, p. 102.

ne sont pas faciles dans les quartiers populaires de la capitale : toute une population récemment installée s'y entasse dans des immeubles souvent vétustes et les équipements collectifs (alimentation en eau potable, évacuation des eaux usées et des ordures, etc.), déjà insuffisants au auparavant, ont, de plus, été prévus pour un nombre d'habitants nettement plus faible. Cette insalubrité constitue un terrain favorable au développement des épidémies (choléra, notamment) et, jointe à la surpopulation, elle contribue à créer un climat socialement tendu, propice aux « émotions populaires », comme le remarquent de nombreux observateurs[1]. D'ailleurs, si ces quartiers s'insurgent quatre fois entre 1830 et 1848, ce n'est pas par hasard ! Il faut, pourtant, se garder de toute simplification ; en 1830, comme nous allons le voir, le peuple de Paris va se battre aux côtés de la bourgeoisie contre le pouvoir monarchique. Et l'on sait bien que ce qui fait la révolution c'est l'alliance du peuple et d'une large fraction de la classe dirigeante (la classe dirigeante isolée ne provoque généralement qu'une fronde, tandis que le peuple isolé ne dépasse guère le stade de la révolte).

Parallèlement à la perception de difficultés sociales croissantes, on constate également, au sein de l'opinion publique, une montée de l'opposition à la monarchie restaurée telle qu'elle fonctionne. A partir de 1825 le mouvement fait un peu penser à ce qui a souvent été noté à propos des années 1780 : le pouvoir royal est de plus en plus contesté. Moins par la noblesse, certes (l'exemple de la Révolution est là pour l'inciter à la prudence), mais par les autres catégories des classes dirigeantes et par le peuple. Or ce climat politique pèse sur les décisions, d'autant plus que les souvenirs de 1789 sont encore dans toutes les mémoires ; et que alors la Révolution est venue à bout d'une monarchie qui semblait bien plus solide à la fin du XVIIIe siècle qu'en 1830. Mais Charles X peut-il véritablement espérer vaincre la nation ? D'autant plus qu'il se souvient, lui aussi, de 1793 (« Je ne veux pas monter en charrette comme mon frère », aurait-il déclaré)[2].

Au fond en 1830 le problème est d'ordre politique, et donc idéologique. Il s'agit de trancher l'une des ambiguïté de la monarchie restaurée en 1814-1815. Celle-ci n'est, en effet, ni un retour à

1. Lire, par exemple, les descriptions du Paris populaire dans *Les Misérables*. Victor Hugo rédige, certes, ce texte sous le Second Empire, mais il y restitue ses observations du début des années 1830.

2. Cité, notamment, par François Furet, *La Révolution*, vol. 2, Paris, Hachette, 1988, coll. « Pluriel », p. 105.

l'Ancien Régime tel qu'il fonctionnait avant 1789, ni une adaptation continentale de la monarchie parlementaire anglaise. En effet, en 1814 le roi a accepté l'égalité civile, il n'a pas tenté d'obtenir la restitution des biens nationaux, il a laissé les protestants libres de célébrer leur culte, et inauguré une vie parlementaire à laquelle de brillants orateurs, comme Benjamin Constant par exemple, ont donné un éclat tout particulier. Mais il finit pourtant par incarner, aux yeux de bien des contemporains, le triomphe de l'aristocratie et du pouvoir sans contrôle ; et donc une sorte d'Ancien Régime. Entre 1815 et 1830, en effet, le roi gouverne en s'appuyant sur l'aristocratie, car c'est dans cette classe qu'il trouve sa véritable assise sociale[1]. De ce fait, il mécontente la bourgeoisie ; car il n'a pas accepté véritablement une monarchie parlementaire à l'anglaise. La Charte a été « octroyée » et, de ce fait, la Restauration de 1814 en France ne ressemble pas à la « Glorieuse Révolution » de 1688 en Angleterre, et ne permet pas une stabilisation du régime par intégration au sein de la classe politique dirigeante de l'ensemble de la classe (formée de nobles et de bourgeois) qui dirige la vie économique. On n'a pas tranché en 1814 quel est le véritable « sens du cens » ; c'est-à-dire quelle est la signification de l'introduction au sein des institutions monarchiques d'élections de « députés des départements », pour reprendre le texte de la Charte, au suffrage censitaire. Les députés, élus par un maigre corps électoral choisi en prenant pour base la richesse (et non les titres aristocratiques), sont-ils « censés » représenter la nation tout entière ? Ce qui entraînerait pour le souverain le devoir de les associer au pouvoir et permettrait à la bourgeoisie de s'intégrer peu à peu à la classe dirigeante, aussi dans le domaine politique. Ou bien, en raison de leur faible représentativité, les députés ne forment-ils qu'un conseil dépourvu de pouvoirs effectifs, que le souverain consulte s'il le souhaite, mais dont il n'est nullement tenu de suivre les avis. Au fond, en 1830 la France va avoir à choisir entre une monarchie aristocratique telle qu'elle existe depuis 1815 et une monarchie bourgeoise qui fait penser à la monarchie anglaise, étant entendu, cependant, que les Anglais n'ont pas eu à faire ce choix, car leur classe dirigeante mêle aristocrates et bourgeois.

1. Cela ne signifie pas que cette attitude est un retour à l'Ancien Régime tel qu'il fonctionnait au XVIIIe siècle ; car alors (depuis la Fronde) le monarque, qui avait domestiqué l'aristocratie, ne l'associait pas au pouvoir ; mais la présence de tous ces nobles dans les allées du pouvoir sonne comme un retour à l'Ancien Régime.

En 1830 ce problème très général va se focaliser sur un point précis : le roi a-t-il le droit de choisir seul, et donc en dehors du contrôle des Chambre, les ministres dont il souhaite s'entourer ? (peut-il les conserver si les Chambres refusent leur confiance à ces hommes, alors que la Charte prévoit explicitement le consentement de l'impôt). En droit, cela ne préjuge pas de la nature du régime ; mais, en fait, la réponse à une telle question offre une indication précieuse sur la possibilité, ou l'impossibilité, d'une évolution en direction d'une monarchie parlementaire proche de l'exemple britannique. Or, en 1830 deux thèses inconciliables s'affrontent, et elles renvoient à la fracture à l'intérieur de la classe dirigeante française souvent signalée au XIXe siècle : ici on débat autour des droits du souverain, plus tard on débattra autour du cléricalisme ; dans les deux cas ce qui est en question c'est l'autonomie de la société civile.

Au début de l'année 1830, en effet, le roi ainsi qu'une très grande partie de la noblesse affirment que le souverain a parfaitement le droit de légiférer seul, dans tous les domaines, et même en matière constitutionnelle (la charte a été « octroyée » par le roi en 1814). En revanche la plus grande partie de la bourgeoisie (accompagnée d'une petite partie de la noblesse) soutient que les Chambres doivent avoir la prépondérance, au moins en matière législative, et que la Constitution s'impose à tous. Le texte de la Charte n'étant pas explicite sur ce point[1], et n'offrant aucun moyen pour introduire légalement des amendements constitutionnels, seule la force est en mesure de trancher le conflit, force ouverte de la révolution, unissant le peuple et la bourgeoisie, ou force plus discrète, mais non moins réelle du roi agissant seul, avec l'appui de l'aristocratie.

Le 8 août 1829 le roi engage donc l'épreuve de force. Lassé de donner extérieurement son accord à une politique qu'il désapprouve, il se sépare de Martignac et forme un ministère qui lui convient. Parmi les principaux ministres on remarque surtout des hommes particulièrement impopulaires, comme le prince Jules de Polignac, qui symbolise l'Ancien Régime, l'émigration et l'influence « des prêtres », ministre des Affaires étrangères ; le comte de la Bourdonnaye, qui avait approuvé la Terreur Blanche de 1815, ministre de l'Intérieur ; le général de Bourmont, ancien chouan,

1. Son article 15 affirme seulement : « La puissance législative s'exerce collectivement par le roi, la Chambre des pairs, et la Chambre des députés des départements. »

qui rallié à Napoléon l'avait trahi la veille de Waterloo, ministre de la Guerre. Aussitôt la presse libérale s'enflamme et soutient, comme l'écrit *Le Journal des Débats* le 29 janvier 1830 : « Entre le ministère et la Chambre, il n'y a pas de transaction possible. Il faut que l'un ou l'autre se retire. » Tandis que la presse ultra encourage le roi a user de pouvoirs dictatoriaux. En choisissant des hommes aussi impopulaires Charles X commet certainement une erreur tactique. Mais le problème de fond n'est pas là. Il s'agit de l'interprétation, monarchique ou parlementaire, de la Charte.

Il est vrai, d'autre part, que la bourgeoisie et la petite fraction de la noblesse libérale qui la soutient savent adopter une tactique habile, qui tient compte du souvenir des affrontements fratricides de la Révolution. Les animateurs des journaux libéraux, comme *Le National* (son premier numéro paraît le 3 janvier 1830) par exemple, se présentent comme des légalistes et crient « Vive la charte » (alors que le problème est celui de l'interprétation de la Charte), ce qui est rassurant et sonne comme une défense de l'ordre et un refus des violences politiques. Mais Thiers qui veut, par ce biais « enfermer les Bourbons dans la Charte », a bien compris, en réalité, que Charles X n'acceptera pas de se contenter d'être roi à la mode anglaise. Or, et bien des acteurs le diront à plusieurs reprises, leur but est de réaliser un « 1688 français » ; car si la Glorieuse Révolution d'Angleterre n'a pas fait une seule victime elle a eu pour résultat de définir clairement les pouvoirs respectifs de l'exécutif et du législatif, d'assurer l'indépendance du judiciaire et d'ouvrir la voie à la monarchie parlementaire. Mais, pour que l'opération réussisse en France en 1830, le concours du peuple de Paris est indispensable. Comme nous allons le voir, il ne va pas le ménager[1].

Le coup de force du roi

Bien qu'il ait été désigné en août 1829, le gouvernement se révèle incapable de profiter de ce répit et de préparer la session parlementaire, qui s'ouvre le 2 mars 1830. De ce fait, en réponse au discours du trône l'Adresse, votée par 221 voix contre 181 à la Chambre des députés et lue au roi le 18 mars par Royer-Collard,

1. Voir David Pinkey, *La Révolution de 1830 en France,* Paris, PUF, 1988.

son président, explicite l'interprétation parlementaire de la Charte qui est celle de la majorité de la Chambre. Elle précise, notamment :

> La Charte [...] consacre comme un droit l'intervention du pays dans la délibération des intérêts publics. Elle fait du concours permanent des vues politiques de notre gouvernement avec les vœux de notre peuple la condition indispensable de la marche régulière des affaires publiques. Sire, notre loyauté, notre dévouement, nous condamnent à vous dire que ce concours n'existe pas[1].

Le roi, qui y voit une atteinte aux droits de la couronne, décide de ne pas s'avouer vaincu. Mais, une fois de plus, il fait preuve de maladresse. Au lieu de dissoudre la Chambre et de provoquer ainsi de nouvelles élections, dans le but de faire trancher le conflit par les électeurs (censitaires, mais qui, dans cette interprétation, sont « censés » représenter le pays dans son ensemble), comme l'opinion s'y attend, il décide, le 19 mars, de proroger la session de la Chambre, qui est renvoyée au 1er septembre. Ce qui sonne comme une semi-tentative de pouvoir personnel. En fait Charles X désire surtout attendre les résultats de l'expédition d'Alger, décidée en janvier 1830 ; la prise d'Alger devant, à ses yeux, renforcer le prestige de la dynastie et faciliter une victoire électorale de ses partisans. Mais devant la tension politique persistante (dans certains journaux on évoque, à demi-mot, un possible recours à la solution orléaniste pour dénouer la crise), le 16 mai il se décide à dissoudre la Chambre et à organiser les élections les 23 juin et 3 juillet 1830[2]. Dans le deux camps on mobilise ses forces. Toutes les nuances de l'opposition s'unissent avec comme mot d'ordre : réélection des 221. On utilise la presse, les « banquets politiques », le réseau qu'offre la société *Aide-toi le ciel t'aidera*, etc. Tandis que le gouvernement use de ses moyens de pression habituels[3] : poursuites contre les journaux hostiles, circulaires comminatoires aux fonctionnaires,

1. Cité, entre autres car c'est un texte très connu, par Guillaume de Bertier de Sauvigny, *La Révolution de 1830 en France,* Paris, Colin, coll. « U² », 1970, p. 10.

2. L'expédition d'Alger n'aura pas d'influence réelle sur les élections ; l'armée quitte Toulon le 25 mai seulement et Alger n'est prise que le 5 juillet. Pour plus de détails, cf. *infra*, p. 227-228.

3. Il recourt même à une manœuvre de dernière minute : il retarde les élections (elles sont fixées aux 13 et 19 juillet) dans le département de la Seine et dans 17 départements où l'opposition est réputée puissante. Il espère ainsi que la victoire qu'il escompte dans nombre d'autres départements encouragera les indécis à rejoindre le camp du roi.

menaces diverses, déclarations d'ecclésiastiques et même intervention personnelle du roi (proclamation aux électeurs le 14 juin). Mais le résultat est sans appel : les 221 sont désormais 274, tandis que les partisans du roi ne sont plus que 145.

Après avoir un moment hésité[1] Charles X se décide à lancer l'épreuve de force, parce qu'il pense, en se souvenant du précédent de 1789, que l'acceptation de la suprématie des Chambres risque de perdre la monarchie. Le 25 juillet 1830 il signe quatre ordonnances[2] qui s'appuient, en théorie, sur l'article 14 de la charte (« Le roi [...] fait les règlements et ordonnances nécessaires pour l'exécution des lois et la sûreté de l'Etat ») ; mais qui n'en constituent pas moins une interprétation autoritaire de la loi fondamentale. D'ailleurs, le rapport qui précède le texte des ordonnances est explicite à ce sujet :

> Nul gouvernement sur la terre ne resterait debout, s'il n'avait le droit de pourvoir à sa sûreté. Ce pouvoir est préexistant aux lois, parce qu'il est dans la nature des choses. [...] L'article 14 [de la Charte] a investi Votre majesté d'un pouvoir suffisant [...]. Le moment est venu de recourir à des mesures qui rentrent dans l'esprit de la Charte, mais qui sont en dehors de l'ordre légal, dont toutes les ressources ont été inutilement épuisées[3].

On ne saurait mieux reconnaître la faiblesse de la position du pouvoir sur le plan juridique.

Les quatre ordonnances, publiées au *Moniteur* le 26 juillet, portent sur les points suivants : suspension de la liberté de la presse, rétablissement de la censure et du régime de l'autorisation préalable ; dissolution de la nouvelle Chambre (alors qu'elle ne s'est pas encore réunie et que les pouvoirs de ses membres n'ont pas encore été vérifiés) ; modification de la loi électorale, avec calcul différent du cens dans le but de diminuer le nombre des électeurs, le nombre des députés étant, lui-même, ramené à 238 ; fixation des nouvelles élections aux 6 et 13 septembre.

Dès qu'elles sont connues, elles provoquent naturellement l'indignation de tous les libéraux, mais aussi, en particulier, celle des journalistes et des ouvriers typographes, directement visés par ces ordonnances. Et, comme on peut le penser, les journalistes vont jouer un rôle central dans la résistance à l'initiative du pouvoir. Il

1. Il attend aussi le résultat des élections retardées, c'est-à-dire jusqu'au 19 juillet.

2. En réalité une cinquième ordonnance, moins importante, s'ajoute aux quatre premières ; elle consiste en une liste de faveurs personnelles que le roi accorde à certains de ses partisans.

3. Cité, notamment, par G. de Bertier de Sauvigny, *La Révolution de 1830...*, p. 36.

reste qu'isolés ils seraient incapables de peser sur le cours de choses. Et que seule l'intervention du peuple, dans ce qui va ressembler à une « journée » révolutionnaire étalée sur trois jours, va permettre de faire échec aux Bourbons.

Réunis dans les bureaux du *National*, les journalistes adoptent le 26 juillet une protestation collective, rédigée surtout par Thiers, et signée par 44 d'entre eux. Elle dénonce le « coup d'Etat », sans remettre en cause le pouvoir royal. On note bien quelques attroupements le soir, mais sans véritable gravité. Il reste que les journalistes et les notables libéraux donnent le signal de la désobéissance (les journaux décident de paraître sans se conformer aux ordonnances). C'est le 27, la première de ces « Trois Glorieuses » journées, que l'on passe à l'émeute. Le préfet de police brisant les presses des journaux et lançant des mandats contre les journalistes des incidents se produisent : agitation de rue (d'assez nombreux patrons, libéraux, ferment leurs ateliers, ce qui permet à leurs ouvriers de manifester), pillage d'armureries, premiers coups de feu et premières barricades, tandis que, dans les quartiers populaires de l'est parisien, étudiants républicains et ouvriers s'encouragent à la résistance armée ; et que les députés libéraux se réunissent et décident de rédiger une protestation. En fait les trois principaux acteurs — républicains qui soulèvent les quartiers populaires, journalistes et députés — sont en place, mais ils agissent en ordre dispersé, et l'on ne sait pas encore qui sera le vainqueur.

Le 28 l'émeute s'amplifie, alors que les troupes, commandées par Marmont, livrent des combats difficiles ; et que symboliquement le drapeau tricolore (républicain) fait son apparition, à l'Hôtel de Ville notamment, dont le peuple s'est emparé après une lutte acharnée. Le roi ayant refusé le compromis proposé par les députés (l'arrêt des combats contre le retrait des ordonnances), la journée du 29 est décisive. Paris se couvre de barricades, tandis que les défections se multiplient dans les rangs des soldats (dont les cadres subalternes sont souvent issus des armées de la Révolution et de l'Empire). A midi les émeutiers sont maîtres de la capitale, où les combats ont fait de nombreuses victimes[1].

1. On estime en général le nombre des tués à 1 millier (800 insurgés et 200 soldats) et celui des blessés à près de 5 000 (4 000 insurgés et 800 soldats). Parmi les insurgés, la plupart des victimes sont des hommes du peuple (les deux tiers travaillent dans des ateliers artisanaux), mais il y a aussi de nombreux étudiants, d'origine bourgeoise. Ce qui illustre bien l'alliance du peuple et de la bourgeoisie en juillet 1830.

Le gouvernement se replie à Saint-Cloud, où le roi se trouve depuis le début des événements. Tandis que certains insurgés défilent au cri de « Vive la République ». Mais les députés libéraux décident d'agir pour que le pouvoir ne leur échappe pas. Réunis chez Laffitte, ils prennent des décisions gouvernementales : ils nomment La Fayette commandant de la garde nationale, ce qui rappelle 1789, le général Gérard chef des troupes de ligne, et ils désignent les membres d'une Commission municipale qui fait fonction de gouvernement provisoire, dont les membres principaux sont deux banquiers Jacques Laffitte et Casimir Périer (certains parleront d'une « révolution des banquiers »), et qui s'installe à l'Hôtel de Ville, tout comme La Fayette.

Le changement de régime

Le sang versé et la retraite de ses troupes ont, désormais, retiré toute autorité au roi. Mais, à Paris, le vainqueur est encore incertain : les sociétés secrètes républicaines, La Fayette ou les députés libéraux qui, depuis plusieurs mois déjà, sont en faveur d'une solution « orléaniste », c'est-à-dire une monarchie parlementaire et libérale ?

De plus, maladroit à nouveau, Charles X ne se décide aux concessions que beaucoup trop tard (il n'envisage le retrait des ordonnances que le 29 au soir). Mais ce sont les députés libéraux qui se montrent les plus habiles. Il est vrai qu'ils sont organisés, qu'ils ont l'appui de la bourgeoisie parisienne et provinciale et qu'ils ont un programme, ce qui n'est pas le cas des républicains. Dès le 30 juillet au matin ce groupe, où Thiers joue un rôle important, fait placarder une proclamation en faveur de la solution orléaniste qui aurait l'avantage de ne pas exposer les Français « à d'affreuses divisions », ce que ferait la République qui, de plus, nous « brouillerait avec l'Europe ». Tandis que le duc d'Orléans qui est « un prince dévoué à la cause de la Révolution » et qui « a porté au feu les couleurs tricolores » et « peut seul les porter encore » est en mesure d'appliquer la Charte[1] ; d'autant plus que « c'est du peuple français qu'il tiendra la couronne ». La majorité des députés, qui redoutent la solution républicaine, se rallient à cette initia-

1. C'est-à-dire, pour les rédacteurs de ce texte, d'en donner une lecture parlementaire et libérale.

tive ; et ils envoient Thiers offrir la lieutenance générale du royaume au duc d'Orléans. Mais, à l'Hôtel de Ville, les républicains qui, surpris par la victoire du peuple, improvisent quelque peu, parlent de nommer un gouvernement provisoire, avec La Fayette à sa tête, et envisagent l'élection d'une assemblée constituante. Toutefois les hésitations de La Fayette, qui craint une dérive autoritaire d'un pouvoir républicain, nuisent à la réussite de leur projet.

Les orléanistes gagnent donc la partie. Le 31 juillet le duc d'Orléans accepte les fonctions de lieutenant général du royaume, que lui offrent les députés. Dans une proclamation il affirme habilement : « La Charte sera désormais une vérité. » Il lui faut, cependant, se faire accepter par le second pouvoir de fait de ces journées incertaines, l'Hôtel de Ville. Il s'y rend le même jour : la commission municipale lui fait bon accueil et La Fayette se rallie à cette solution, paraissant au balcon en serrant le duc dans ses bras, alors qu'ils sont enveloppés l'un et l'autre dans les plis d'un drapeau tricolore. Ce qui ruine les espoirs des républicains, trop peu nombreux il est vrai.

La suite n'est plus qu'affaire de technique. Le 1er août le duc nomme une commission gouvernementale (avec, notamment, Dupont de l'Eure, Guizot, le baron Louis). Le 2 août Charles X se résigne à abdiquer et à prendre le chemin d'un exil définitif. Le 3 août les Chambres décident de procéder à une révision de la Charte. Elle est adoptée le 7 août : à la Chambre des députés par 219 voix contre 33 (et près de 200 absents) et à la Chambre des pairs par 89 voix contre 10 et 15 abstentions (et environ 250 absents). Le 9 le duc d'Orléans déclare au Palais Bourbon, devant les députés, qu'il accepte cette Charte « sans restrictions ni réserves » ainsi que le titre de « roi des Français ». En dépit des réticences devant ce « roi des barricades », Louis-Philippe est assez vite reconnu par les gouvernements européens, parce qu'ils voient en lui le moyen d'éviter l'installation d'une République. Quant à la province française, essentiellement spectatrice des événements parisiens, elle accepte volontiers le nouveau roi, parfois même avec enthousiasme, comme dans l'Est, et le plus souvent sans violence, grâce aux gardes nationales et aux commissions municipales mises en place dans les grandes villes.

Cette révolution ne se solde pourtant pas seulement pas un changement de souverain. Louis-Philippe, qui n'est pas roi « de France » par la grâce de Dieu, mais roi « des Français » par la volonté de la majorité des députés élus au suffrage censitaire, est-il encore un roi ? Certainement pas aux yeux d'un légitimiste comme Chateaubriand, qui affirme quelques années plus tard dans ses *Mémoires d'outre-tombe* :

> Mais depuis que sur une place publique un souverain, les cheveux coupés, les mains liées derrière le dos, a abaissé sa tête sous le glaive au son du tambour ; depuis qu'un autre souverain, environné de la plèbe, est allé mendier des votes pour son élection, au bruit du même tambour, sur une autre place publique, qui conserve la moindre illusion sur la couronne [...] le temps des rois est passé ; on a beau leur chanter des hymnes et leur offrir de l'encens, ce ne sont que des morts sur des lits de parade[1].

Désabusé il reconnaissait déjà le 7 août 1830 à la Chambre des pairs : « Quand je remuerais la poussière des trente-cinq Capets, je n'en tirerais pas un argument qu'on voulût seulement écouter [...] la monarchie n'est plus une religion. »[2] Sans doute ; mais Louis-Philippe ne pourrait-il pas être un monarque « à l'anglaise », tel qu'il se présente après 1688 ? Plusieurs éléments s'y opposent. Et, tout d'abord, les circonstances de son avènement, bien différentes dans les deux pays, en dépit de l'analogie du nom retenu par l'histoire (« *Glorieuse* Révolution » de 1688 ; « Trois *Glorieuses* » en 1830). Si, en effet, comme l'écrit F. Furet, « les journées de juillet offrent [...] l'exemple rare d'une révolution contrôlée par le calcul politique »[3], leur achèvement modéré ne doit pas masquer le caractère foncièrement révolutionnaires de ces trois jours d'émeutes, qui rappellent *la* Révolution. Pour la première fois depuis 1795 le peuple de Paris se soulève, réutilisant d'ailleurs la technique des barricades, promise à un bel avenir, et inaugurée au printemps de cette année-là. Comme en juillet 1789, auquel juillet 1830 fait penser plutôt qu'à novembre 1688, la classe dirigeante prend conscience de la force du peuple. Durant plusieurs mois de nombreux clubs se réunissent (comme aux débuts de *la* Révolution et comme ce sera à nouveau le cas en 1848 ou en 1870...) où bourgeois et ouvriers se côtoient. Le peuple savoure aussi sa victoires en multipliant les manifestations de rue, comme si le fleuve populaire en crue ne se décidait pas facilement à rentrer dans son lit ; manifestations où l'anticléricalisme n'est pas absent, comme en 1789-

1. *Mémoires d'outre-tombe,* troisième partie, livre 11, édition du centenaire, réimpression, Paris, Flammarion, 1982, vol. 3, p. 634-635.
2. *Ibid.*, p. 665.
3. *La Révolution,* p. 110.

1792, le clergé payant à cette occasion son appui au régime renversé. 1830 c'est aussi « une explosion de liberté » (Maurice Agulhon), simple liberté politique qui ne dérive pas, comme en 1848, vers des revendications égalitaires dans le domaine social. Et, d'ailleurs, il est vrai que durant les quatre ou cinq ans qui suivent la France connaît une liberté d'expression et d'association nouvelle et particulièrement féconde ; comme l'écrit M. Agulhon, ce sont véritablement les années de « l'éveil de la démocratie », et « la naissance du mouvement ouvrier n'est que l'exemple le plus frappant des élargissements d'audience, des rencontres, des prises de conscience, des cristallisations qui s'opèrent alors »[1].

Peu nombreux, surpris par les événements et n'ayant pas encore exorcisé le spectre de la Terreur, les républicains se révèlent, certes, incapables de s'emparer du pouvoir. Mais 1830 sonne un peu comme une reprise de 1789, le retour du drapeau tricolore le montre. D'autant plus que les fondements théoriques du régime sont très différents de ce qu'ils étaient en 1814. Alors la légitimité dont se réclamait Louis XVIII se situait encore dans la filiation de droit divin : il avait « octroyé » une Charte de sa propre autorité. En 1830 Louis-Philippe devient roi à la suite un vote des députés, et après avoir accepté une Charte élaborée sans son concours. Au fond c'est un retour à l'esprit de 1789 qui, retirant au roi la souveraineté, l'attribue à la nation représentée par les députés. Le nouveau régime s'apparente, de ce fait, à une royauté élective, bien qu'elle soit aussi héréditaire, ce qui est contradictoire, et illustre les incertitudes sur la légitimité du pouvoir.

En dépit de leurs ressemblances, il y a donc bien rupture, révolution, entre la Restauration et la monarchie de Juillet. Et plus qu'un roi des barricades, Louis-Philippe est surtout le roi des députés ; mais un roi élu (au suffrage censitaire) est-il toujours un roi ? Et à qui la souveraineté appartient-t-elle après la révision de la Charte ? Toutes ces ambiguïtés ne plaident pas en faveur de la longévité de cette nouvelle monarchie que, faute d'une définition précise, on appelle « de juillet », du nom du mois qui l'a vue naître, ce qui illustre aussi sa précarité. Car cette monarchie née d'une révolution ne cesse de se heurter au problème de ses propres origines : si elle accepte délibérément son côté révolutionnaire, elle divise la classe dirigeante, dont une partie refuse la souveraineté du peuple

1. Maurice Agulhon, 1830 dans l'histoire du XIXe siècle, *Romantisme,* 1980, cité par J.-C. Caron, *La France de 1815 à 1848,* Colin, 1993, p. 99.

(en raison des souvenirs de 1793) ; mais si elle les refuse, elle se coupe du peuple, qui a fait la révolution en 1830, sans pour autant rallier les légitimistes, qui lui dénient toute légitimité monarchique.

Les conditions de la vie politique

Caractères généraux du régime : résistance ou mouvement ?

Cherchant elle aussi à faire œuvre durable, cette monarchie bourgeoise, comme on l'appelle souvent, ne parvient pourtant pas à fêter ses 18 ans. Serait-ce, comme l'écrit Tocqueville dans un passage célèbre de ses *Mémoires*, parce qu'elle s'est laissée enfermer dans les limites étroites d'une seule classe ?

> En 1830, affirme-t-il, le triomphe de la classe moyenne avait été définitif et si complet que tous les pouvoirs politiques, toutes les franchises, toutes les prérogatives, le gouvernement tout entier se trouvèrent renfermés, et comme entassés dans les limites étroites de cette bourgeoisie, à l'exclusion, en droit, de tout ce qui était au dessous d'elle et, en fait, de tout ce qui avait été au dessus[1].

Il faut, certes, faire la part du ressentiment aristocratique dans ce jugement du comte de Tocqueville. Il reste que sa réflexion mérite qu'on s'y attarde quelque peu, d'autant plus — nous le verrons — que l'une des raisons de la chute de la monarchie de Juillet en 1848 est le refus de l'élargissement du corps électoral. Pour comprendre la nature profonde du régime il faut se reporter aux écrits de son principal théoricien, François Guizot (1787-1874)[2]. Pour stabiliser le régime politique en France, pense-t-il, il convient de réconcilier les Français, et donc de terminer la Révolution. Pour la terminer, il faut renoncer définitivement au rêve d'une restauration de l'Ancien Régime, même aménagé, et accepter la Révolution

1. Alexis de Tocqueville, *Œuvres complètes*, t. 12 : *Souvenirs*, Paris, Gallimard, 1964, p. 30.

2. Consulter à ce sujet Pierre Rosanvallon, *Le moment Guizot*, Paris, Gallimard, 1985 ; et Pierre Rosanvallon, Guizot et la question du suffrage universel au XIXe siècle, dans *François Guizot et la culture politique de son temps* (textes rassemblés par Marina Valensise), Paris, Gallimard-Seuil, 1991 ; p. 129-145. Dans ce paragraphe nous nous inspirons très largement des analyses de P. Rosanvallon.

comme une donnée historique sur laquelle il est impossible de revenir. C'est-à-dire d'accepter la *société* nouvelle qu'elle a fait apparaître, fondée sur l'égalité civile, apte de ce fait à permettre l'épanouissement de la liberté et régie par les principes démocratiques. Mais il faut refuser le *gouvernement* que la Révolution a inauguré, qui croyant assurer le règne de la liberté s'est abîmé dans le despotisme. Le gouvernement, explique-t-il, doit être fondé sur le principe représentatif (élection de députés chargés de voter la loi). La Révolution a certes tenté de le faire, mais elle s'est trompé en cherchant à fonder le gouvernement sur les droits des individus, qui consentent individuellement un contrat social. Ce qui a conduit à l'émergence d'une société atomisée entre une série d'individus isolés entre eux, et provoqué l'apparition d'une anarchie sur les ruines de laquelle la dictature administrative de Napoléon Ier a pu se construire.

Pour échapper à l'opposition de ceux qui ne trouvent de légitimité au pouvoir que dans le recours à la souveraineté d'un roi de droit divin, et de ceux qui la recherchent dans la souveraineté du peuple, Guizot propose de fonder le gouvernement sur la souveraineté de la raison. En effet, explique-t-il, sur cette terre tout pouvoir absolu est illégitime, non pas, comme le pensent Jean-Jacques Rousseau et ses disciples, parce que les droits de l'individu sont inviolables et sacrés (voir l'article 1er de la Déclaration des droits de l'homme), mais parce que nul homme n'est infaillible. Tout détenteur du pouvoir, qu'il soit monarque ou membre d'un gouvernement démocratique, doit se souvenir qu'il est dans l'incapacité de *posséder la vérité* ; et qu'il lui faut donc fonder son gouvernement sur la soumission aux lois de la raison, qui peut seule interdire toute dérive absolutiste ou « terroriste » (comme en 1793-1794), parce qu'elle seule est en mesure de rappeler à l'homme les limites de la condition humaine.

De ce fait les Chambres, légitimement élues au suffrage censitaire, ne représentent pas la nation (comme le pense Rousseau), elles sont l'expression de la raison politique, parce qu'elles sont formées d'hommes supérieurs par la fortune ou l'éducation, désignés par d'autres hommes, moins riches et moins instruits, certes, mais eux aussi éclairés par leur aisance ou leurs études.

Guizot écrit à ce sujet : « Il existe, dans toute société une certaine somme d'idées justes. Cette somme d'idées justes est dispersée dans les individus qui composent la société et inégalement répartie entre eux [...]. Le problème est de recueillir partout les fragments épars et incomplets de ce pouvoir [...] de découvrir tous les éléments du pouvoir légitime disséminés dans la société, et de les organiser en pouvoir de fait, c'est-à-dire de les concentrer, de réaliser la raison publique, la morale publique, et de les appeler au pouvoir. »[1]

En effet, pense-t-il, les hommes n'inventent pas les lois par leurs volontés accordées, les citoyens les plus capables, ceux qui ont la capacité « d'agir selon la raison », ne font que découvrir celles qui sont conformes à la raison. D'où le recours au suffrage censitaire ; car les électeurs — c'est-à-dire les citoyens capables d'agir selon la raison — ne possèdent aucun droit en particulier (aucun « privilège »), leur volonté individuelle ne vaut pas plus que celle des autres, c'est la part de raison qui se trouve en eux qui les autorise à s'ériger collectivement en classe dirigeante. D'où la volonté souvent affirmée par Guizot de s'appuyer sur la classe bourgeoise (et la remarque de Tocqueville citée plus haut). Parce qu'à ses yeux la bourgeoisie est la fille de l'alliance de la de la richesse et de la liberté[2].

Mais les électeurs ne possèdent pas un *droit,* ils exercent une *fonction.* D'où la distinction qu'il fait entre la société *civile*, à laquelle tous les hommes appartiennent, ce qui leur permet de disposer de droits sociaux universels et permanents (la liberté ou la propriété, par exemple), parce que la société civile est régie par le principe démocratique. Et la société *politique* qui est le fait de certains hommes, les plus capables « d'agir selon la raison », ce qui leur donne des pouvoirs sociaux (celui de voter, par exemple) particuliers et variables dans le temps, parce que la société politique est régie par le principe de la capacité.

Dans ce système, le roi incarne l'exercice permanent du pouvoir, parce qu'il a pour fonction de représenter l'ensemble de la société. Tandis que le gouvernement incarne l'action immédiate du pouvoir ; et comme il doit lui aussi obéir aux lois de la raison, il doit être responsable devant les Chambres, qui incarnent la raison politique. On comprend qu'armé de ces concepts de philosophe politique Guizot se soit opposé jusqu'en 1848 à l'adoption du suffrage universel.

Guizot et ses amis que l'on appelle en général les « doctrinaires »

1. François Guizot, *Origines du gouvernement représentatif,* cité par Pierre Rosanvallon, *Le Moment Guizot,* p. 94.

2. Il déclare, par exemple, en 1837 : « Oui ! [...] je veux, je cherche, je sers de tous mes efforts la prépondérance politique des classes moyennes en France, l'organisation définitive et régulière de cette grande victoire que les classes moyennes ont remportée sur le privilège et sur le pouvoir absolu de 1789 à 1830. Voilà le but vers lequel j'ai constamment marché », discours du 3 mai 1837 ; cité par P. Rosanvallon, *Le Moment Guizot,* p. 179.

ne représentent, toutefois, que l'une des deux tendances de l'orléanisme au pouvoir sous la monarchie de Juillet. Celle qui, une fois les institutions légèrement modifiées en août 1830 (nous allons le voir), considère que l'essentiel est accompli et que désormais le régime ne doit plus guère évoluer ; elle est connue sous le nom de parti de la « résistance » (au changement). Mais il existe aussi, au sein des partisans du régime, le parti dit du « mouvement » ; pour ses adeptes, qui se réclament eux aussi du libéralisme, le système politique doit être issu des expériences faites entre 1789 et 1792. Ils jugent, en effet, que la dérive despotique de 1793-1794 s'explique non pas par des raisons théoriques, mais par l'inexpérience des acteurs et par les difficultés extérieures engendrées par l'hostilité de l'Europe monarchique. Dans la ligne des idées de Rousseau, ils pensent que la loi est l'expression de la volonté générale et que le système politique est le lieu où les volontés d'individus libres et égaux en droits se rencontrent et tentent de s'accorder. De ce fait le vote est l'un des droits fondamentaux de l'homme. Et le recours au suffrage censitaire n'est acceptable que de façon temporaire, lié à une situation de fait : le manque d'instruction de la masse des Français. Au fond pour eux il s'agit de poursuivre, et d'achever, la destruction de l'Ancien Régime commencée en 1789, ce qui inclut une dose d'anticléricalisme, l'Eglise romaine ayant appuyé la Restauration. Dans cette optique les réformes adoptées en 1830 ne doivent être qu'un début, et le système doit tendre vers le suffrage universel par une suite d'élargissements du corps électoral. En ce qui concerne, d'autre part, la politique extérieure, ce courant, qui a pris conscience de la vague de nationalisme, souvent jointe à l'idée d'une mission historique de la France en faveur de la Liberté, qui a secoué le pays en juillet 1830, est favorable à une politique d'aide aux diverses nationalités qui tentent de se libérer de la tutelle étrangère (la Pologne, l'Italie, notamment), et qui peut conduire à la guerre. Pour le parti du mouvement le nouveau régime est donc franchement libéral, national et, chez une petite fraction de ses membres, social (pour répondre à la révélation de la force des revendications populaires).

Cette rapide description montre bien que le parti du mouvement représente une tentative de reprise des idéaux révolutionnaires modérés (1789, et non pas 1793), et se fonde sur le principe de la souveraineté du peuple. Ce qui laisse peu de place au monarque : simple magistrat du peuple, il est plus le symbole de l'unité nationale, destiné à modérer les luttes de partis, et à rassurer l'Europe, qu'à gouverner lui-même (une sorte de président de la

République héréditaire) ; conception assez proche, au fond, de celle qui triomphe alors en Angleterre. Mais qui n'est pas en accord avec les idées de Louis-Philippe.

Né en 1773 Louis-Philippe possède, en effet, une réputation d'attachement au libéralisme en raison du souvenir de son père, élu à la Convention sous le nom de Philippe-Egalité, et qui avait voté la mort du roi. Il a lui-même combattu à Jemmapes, aux côtés de Dumouriez, puis il s'est exilé en 1793 vivant, parfois difficilement, en Suisse, aux Etats-Unis et à Naples. Avant 1830 il mène une existence assez simple (bien qu'il possède une très grosse fortune, que la Restauration lui a rendue), et semble proche du modèle du « roi citoyen » ou du « roi bourgeois » alors en honneur au sein de la classe moyenne. Mais une fois sur le trône il entend gouverner, tout en sachant fort bien qu'il lui faut aussi affecter un respect rigoureux de formes parlementaires. Il se heurte, pourtant, à un problème : il ne parvient pas à donner une base théorique solide à sa prétention à gouverner. D'autant plus que les nouvelles institutions ne choisissent pas de façon claire entre les diverses interprétations possibles de la Charte ; et que, même au sein de la classe dirigeante, certains se réclament de la souveraineté du peuple.

Les nouvelles institutions

Le 3 août 1830 les deux Chambres réunies ensemble au Palais-Bourbon reçoivent celui qui n'est encore que le lieutenant général du royaume, qui déclare vouloir « assurer à jamais le pouvoir de la Charte ». Pourtant certains députés libéraux souhaiteraient aller plus loin et rédiger une constitution entièrement nouvelle. Après discussion la majorité estime suffisant de modifier le texte de 1814, et elle nomme une commission à cet effet. Adoptée le 6 août par la Chambre des députés et le 7 par la Chambre des pairs, la nouvelle Charte est promulguée le 14 août, après que Louis-Philippe en eut accepté les termes le 9.

De prime abord les changements semblent minimes. Les grandes libertés publiques sont confortées. Liberté religieuse, car la religion catholique n'est plus définie comme la religion de l'Etat, elle n'est plus que « professée par la majorité des Français » (art. 6), ce qui est un état de fait, et n'induit aucun privilège ; et liberté de presse : « La censure ne pourra jamais être rétablie » (art. 7). Les prérogatives du pouvoir législatif sont un peu étendues : le roi ne peut plus légiférer par ordonnances lorsque la sûreté de l'Etat est en cause et ses ordonnances ont pour seul objet « l'exécution des lois, sans pouvoir jamais ni suspendre les lois elles-mêmes ni dispenser de leur exécution » (art. 13) ; les Chambres reçoivent, comme le roi, l'initiative des lois (art. 14). Le droit de vote semble appelé à s'étendre : les députés, qui sont désormais éligibles dès l'âge de 30 ans (au lieu de 40), seront élus « par les collèges électoraux dont l'organisation sera déterminée par des lois » (art. 30) ; ce qui facilite l'extension du droit de suffrage et rend possible l'adoption du suffrage universel par une loi ordinaire. De plus on est électeur dès l'âge de 25 ans (au lieu de 30). Enfin, et cela sonne comme une semi-reconnaissance de la souveraineté du peuple : la Charte est confiée « au patriotisme et au courage des gardes nationales et de tous les citoyens français » (art. 66) ; d'autant plus qu'en vertu de l'article suivant « la France reprend ses couleurs [...] la cocarde tricolore », ce qui accentue la filiation de ce texte avec l'esprit de 1789. Et que Louis-Philippe, désigné du simple titre de « Roi des Français », et ses successeurs, qui ne sont pas sacrés et dont la Charte ne précise pas de quel droit ils siègent sur le trône, « jureront à leur avènement, en présence des Chambres réunies, d'observer fidèlement la Charte » (art. 65). Ce qui explicite le caractère contractuel de ce texte, et de la monarchie de Juillet.

Par rapport à 1814 les changements sont donc limités, mais l'esprit est bien différent. La Révolution de 1830 a, en effet, tranché le débat sur plusieurs points. Désormais la Charte ne peut plus servir à restaurer l'Ancien Régime ; car l'origine du pouvoir n'est plus la même : le roi, accepté par la nation représentée par les Chambres, n'a plus qu'une fonction (au lieu d'une dignité), celle de chef de l'Etat assurant la continuité du pouvoir par delà les changements de majorité à la Chambre. D'autant plus qu'il partage avec les Chambres l'initiative des lois. Extérieure au roi la souveraineté appartient donc à la nation, qui la lui délègue, partiellement. Il est certes reconnu héréditaire ; mais il doit aussi, pour devenir roi, jurer d'observer la Charte. S'il refuse ce serment peut-il encore se dire roi ? Mais alors que devient l'hérédité ?

Il suffirait donc de peu de chose pour transformer ce roi en président de la République élu pour une longue période (sept ans, par exemple !)[1]. Certes cette marque du régime parlementaire qu'est la

1. Le ralliement des orléanistes à la République en 1875 ne possède, au fond, aucun caractère paradoxal.

responsabilité collective des ministres devant les Chambres n'est pas affirmée par la Charte. Mais comme la Révolution de 1830 s'est faite en partie sur ce problème, elle ne devrait pas tarder à s'établir, sous la forme au moins de la « double confiance » : pour se maintenir un ministère doit posséder la confiance du roi *et* celle des Chambres.

Cet aspect abstrait de l'hérédité, dépourvu de liens profonds avec les bases conceptuelles de la Charte est accru par les lois votées ensuite pour l'organisation de la vie publique. La loi du 29 décembre 1831 abolit l'hérédité de la pairie, ce qui détruit le dernier reste d'aristocratie dans les institutions et accentue l'isolement de l'hérédité royale. La loi municipale du 21 mars 1831 prévoit l'élection des conseillers municipaux et, selon un système assez complexe (le nombre des électeurs varie de façon inversement proportionnelle au chiffre de la population totale), accorde le droit de vote à plus de 2 millions d'électeurs municipaux[1]. La loi du 22 mars 1831 institue l'élection des officiers de la garde nationale, cette milice bourgeoise si caractéristique du régime[2]. Enfin la loi du 19 avril 1831 sur les élections à la Chambre des députés abaisse le cens d'éligibilité (de 1 000 à 500 F) et le cens électoral (de 300 à 200 F), ce qui double pratiquement le corps électoral (environ 170 000 électeurs en 1831)[3].

On le voit, pour pratiquement tous les pouvoirs, sauf le pouvoir royal, la légitimité semble bien résider dans le suffrage des électeurs (« éclairés » par leur fortune ou leurs études ; car les titulaires de certains diplômes — médecins, professeurs, avocats, etc. — peuvent obtenir le droit de vote même s'ils ne paient pas le cens). Cet élément, caractéristique du régime de Juillet, en fait l'une des phases importantes de l'histoire de France : celle de l'apprentissage de la démocratie. Certes, le nombre des électeurs des députés n'est

1. Un dixième de la population a le droit de voter dans les communes de 1 000 habitants et au dessous (ils sont choisis parmi les plus imposés) ; 4 % dans les communes de 1 000 à 5 000 habitants ; 3 % de 5 000 à 15 000 et 2 % au-dessus de 15 000.

2. Elle reste une milice bourgeoise, car si, comme l'affirme le texte de la loi, tous les Français âgés de 20 à 60 ans sont appelés théoriquement à y servir pour « maintenir l'obéissance aux lois, conserver ou rétablir l'ordre et la paix publique », on n'inscrit au « service ordinaire » que les hommes qui sont imposés à la contribution personnelle.

3. Ces dispositions démocratisant la vie politique locales sont complétées le 22 juin 1833 par la loi qui institue l'élection des membres des conseils généraux et des conseils d'arrondissements, nommés auparavant. Mais dans ce cas le corps électoral n'est guère plus nombreux que celui qui élit les députés.

pas très élevé en 1831 et, en dépit de l'enrichissement général, il n'atteint que le chiffre de 240 000 en 1846, ce qui ne fait guère qu'un électeur pour 150 habitants (en Angleterre, depuis la réforme électorale de 1832, on en compte un pour 26). Il est clair que le refus de l'abaissement du cens (par peur de ne pouvoir s'opposer au suffrage universel qui changerait la philosophie du système) est une source de faiblesse pour le régime.

En effet, les élections ne permettent pas de faire connaître les vœux de la population, même traduits par la bourgeoisie ; car les collèges électoraux sont très étroits, souvent quelques centaines d'électeurs seulement, ce qui fait de l'élection plus une compétition personnelle (où tous les coups sont permis, et où l'administration préfectorale intervient pour favoriser le candidat du pouvoir) qu'un choix politique. Et, de ce fait, la Chambre des députés, émanation de la bourgeoisie (avec une frange aristocratique) est composée d'assez fortes personnalités, qui refusent tout embrigadement dans un parti structuré et toute discipline de vote. Ce qui donne une vie parlementaire un peu particulière : souvent cultivés et grands orateurs, les députés sont pénétrés de leur propre importance, d'autant plus qu'ils ont « fait » le roi en 1830. Ils sont comme attirés par les jeux du pouvoir, ses poisons et ses délices, avec scissions, coalitions, désertions, trahisons, réconciliations, etc. Ce n'est certes pas fait pour faciliter une juste traduction des aspirations réelles du pays. Mais cela présente l'avantage de permettre un véritable apprentissage du travail parlementaire ; et cette expérience sera transmise à la génération suivante, durant la période incertaine qui suit les élections de 1871. Le revers c'est, comme d'ailleurs sous la IIIe République, une certaine instabilité parlementaire : en dix-huit ans on compte 17 gouvernements (« ministères », comme on dit alors), alors que l'un d'entre eux dure sept ans ! Mais elle est compensée par une certaine stabilité des hommes. Ch. Pouthas a calculé[1] que pour 154 portefeuilles ministériels distribués entre 1830 et 1848, on compte seulement 60 titulaires (Thiers est ministre 6 fois, Guizot 8 fois, etc.). Au fond sous la monarchie de Juillet une douzaine de personnes dirigent le pays, et leurs rivalités individuelles sont pour beaucoup dans l'instabilité avec, aussi, les intrigues du roi, qui cherche à diviser pour régner. Il reste qu'en dépit de ses imperfections la Chambre des députés se révèle

1. Cité par Ph. Vigier, *La Monarchie de Juillet*, Paris, PUF, 1972, p. 79.

comme le lieu d'apprentissage d'une nouvelle forme de vie politique promise à un bel avenir, le parlementarisme[1].

La vie politique locale sert aussi de cadre à l'apprentissage de la démocratie. Dans les petites communes, en effet, 10 % de la population dispose du droit de vote ; et même si ce pourcentage est plus faible dans les communes de plus de 1 000 habitants, le nombre total demeure tout de même assez élevé. En 1834 on compte ainsi 2,9 millions l'électeurs municipaux ce qui permet un véritable début de la vie politique locale, comme l'ont montré les travaux, pionniers, de Maurice Agulhon[2]. Désormais, même les paysans commencent à avoir accès à la vie politique : de petits « partis politiques » locaux se constituent, le plus souvent derrière des notables, et ils se classent en tendances, de « droite » ou de « gauche ». Certes le gouvernement continue à nommer maires et adjoints, et les pouvoirs des conseils municipaux demeurent limités, mais la loi municipale de 1831 permet au débat politique de voir le jour au niveau local, la commune devient un lieu d'apprentissage de la vie politique. Ce qui ne manquera pas de poser un problème au gouvernement : ces hommes qui ont pris l'habitude de participer à la gestion des affaires publiques de leur commune peuvent-ils se satisfaire indéfiniment de leur exclusion de la vie politique nationale.

Les « partis » et les idéologies politiques

Naturellement les partis politiques structurés n'existent pas comme aujourd'hui ; il s'agit de tendances idéologiques, qui commencent à s'affirmer.

L'orléanisme qui apparaît alors est difficile à décrire. Car il ne se résume nullement à l'attachement à la famille d'Orléans ; et si tous les orléanistes sont libéraux, il y a aussi des libéraux qui ne sont pas orléanistes (les républicains, par exemple). De plus, le libéralisme est, lui-même, peu aisé à définir. On en trouve une expression brillante sous la plume de Benjamin Constant, qui écrit en 1829 :

> J'ai défendu quarante ans le même principe : liberté en tout : en religion, en philosophie, en littérature, en industrie, en politique ; et par liberté j'entends le triomphe de l'individualité ; tant sur l'autorité qui voudrait

1. Notons que la Chambre des pairs, dont les membres ne sont plus héréditaires, a perdu de son lustre. C'est plutôt un rassemblement de notables qui n'a guère de poids sur l'opinion publique. Docile aux consignes du pouvoir elle joue peu de rôle politique.

2. Voir *La République au village*, Paris, Plon, 1970 (réimpr. Le Seuil, 1979) ; et *Une ville ouvrière au temps du socialisme utopique, Toulon de 1815 à 1851*, Mouton, 1970.

> gouverner par le despotisme que sur les masses qui réclament le droit d'asservir la minorité à la majorité. Le despotisme n'a aucun droit. La majorité a celui de contraindre la minorité à respecter l'ordre ; mais tout ce qui ne trouble pas l'ordre, tout ce qui n'est qu'intérieur, comme l'opinion, tout ce qui, dans la manifestation de l'opinion ne nuit pas à autrui [...] ; tout ce qui, en fait d'industrie, laisse l'industrie rivale s'exercer librement, est individuel et ne saurait être légitimement soumis au pouvoir social[1].

On le voit, la base du libéralisme est bien la défense de la liberté sous toutes ses formes, religieuse, politique, intellectuelle et économique aussi, car ils conçoivent la propriété comme le rempart de la liberté. Mais le libéralisme est également une sorte de centrisme : il entend défendre l'exercice des droits de l'homme aussi bien contre le despotisme que contre la dictature de la majorité.

Acceptant, partiellement, la Révolution (1789 mais non pas 1793), les orléanistes sont également les fondateurs du parlementarisme qui est, à leurs yeux, la seule forme de gouvernement susceptible de préserver la liberté. Influencés par l'exemple britannique, ils pensent que pour stabiliser la monarchie en France il convient de lier monarchie et parlementarisme, de façon à ce que la monarchie se mette à la tête de la société nouvelle (qu'elle se place, en quelque sorte, à la tête du tiers état, ce qu'elle n'a pas su faire en 1789) ; ce qui revient à renforcer la monarchie par la liberté. Car, à leurs yeux, le parlementarisme est le seul système capable d'autoriser la mise en application de la souveraineté de la raison qui, nous le savons[2], rappelle à l'homme ses limites et conduit au respect des opinions d'autrui, et donc à la conciliation. Dans le but d'obtenir le maintien de l'équilibre entre les pouvoirs, ils développent donc la théorie dite de la « double confiance » : pour se maintenir le gouvernement doit bénéficier de la confiance du roi *et* de celle du Parlement. Ainsi le gouvernement ne dépend pas totalement des Chambres (le roi le nomme) ; mais il ne dépend pas non plus totalement du roi (le Parlement peut le renverser). Ce système parlementaire, qui oblige le pouvoir à tenir compte de l'avis de ses adversaires, possède également l'avantage de faire l'économie des révolutions, et de les remplacer par des évolutions successives. Il s'agit, certes, d'un gouvernement par les élites sociales et intellectuelles, qui ne se préoccupe guère de pratiquer des réformes

1. Benjamin Constant, préface à ses *Mélanges de littérature et de politique* ; cité par André Jardin, *Histoire du libéralisme politique...*, Paris, Hachette, 1985, p. 232.

2. Cf. *supra*, p. 182-183.

sociales. Comme l'écrit René Rémond : « libéralisme politique et conservation sociale, voilà les deux colonnes du programme »[1]. On aurait sans doute pu imaginer un orléanisme moins conservateur, plus proche de la petite bourgeoisie, « précurseur à sa façon du radicalisme ». Mais les circonstances politiques des années 1830-1832, qui voient la victoire du parti de l'ordre sur celui du mouvement, vont fixer l'orléanisme à droite « bien qu'il affecte d'être un centrisme »[2]. Sans doute a-t-il eu aussi, dans certaines régions, une assise populaire, particulièrement en ville, chez les artisans et dans la toute petite bourgeoisie ; mais elle n'a pas été assez importante pour influencer l'évolution générale du régime.

Les orléanistes ont à faire face à deux types d'adversaires. Les *légitimistes*, tout d'abord ; partisans de la seule dynastie « légitime », à leurs yeux, ce sont surtout des notables ruraux, qui se veulent aussi des fils soumis de l'Eglise romaine. Sans être, au sens strict, des champions de l'Ancien Régime, ils refusent de toute leur âme la victoire de la bourgeoisie, parce qu'elle signifie le triomphe du libéralisme, et donc de l'individualisme, incapable, selon eux, de bâtir une société durable. Mais ils sont aussi hostiles à la victoire du peuple, qu'ils jugent inapte à gouverner, et qui leur rappelle les combats de la Révolution contre les nobles et contre les prêtres. Nostalgiques d'un passé monarchique mythique, et qu'ils idéalisent, ils constituent une force de contestation que le gouvernement ne doit pas négliger, parce qu'ils refusent les bases mêmes du pouvoir de la bourgeoisie. Ils ont, aussi, une clientèle populaire mais elle n'est nombreuse que dans l'Ouest et dans le Midi, ce qui limite leurs chances de revenir au pouvoir. De plus, ce « parti » demeure très divisé sur des questions importantes : doit-il, comme le pensent certains de ses membres (l'avocat Berryer, par exemple), participer au jeu parlementaire (dans l'opposition), ce qui peut le contraindre à accorder un minimum de légitimité à la dynastie usurpatrice, ou doit-il se cantonner dans une abstention absolue (noble, mais stérile) ? Doit-il tenter de se rénover, en se montrant partisan d'une société plus démocratique que celle qui a les faveurs des orléanistes, et réclamer, par exemple, l'extension du droit de vote ? En fait ce « parti » est trop divisé pour menacer le régime, d'autant que nombre de ses membres sont plus tournés vers le passé que vers

1. René Rémond, *La droite en France*, Paris, Aubier, 1963, p. 94.
2. *Ibid.*

l'avenir. Mais son existence même interdit l'unification de la classe dirigeante française, ce qui fragilise la monarchie de Juillet.

Le « parti » *républicain* constitue un adversaire plus redoutable pour deux raisons principales. Sur un plan théorique, tout d'abord, au même titre que les orléanistes les républicains admettent les bases du libéralisme politique et économique ; mais ils sont plus conséquents, car ils acceptent la souveraineté du peuple (selon eux, en 1789 comme en 1830, le peuple n'a fait que reprendre son bien, la souveraineté lui ayant été indûment confisquée par les Bourbons). En raison des souvenirs de la période révolutionnaire l'idée de la République est, aussi, liée à celle de la nation, chargée d'aider tous les peuples de la terre à recouvrer leur liberté, puisque la souveraineté n'est pas l'apanage du peuple français. Ce qui doit induire une politique étrangère active. Par ailleurs, en 1830 ils ont eu le sentiment d'avoir été dupés par les orléanistes ; ces derniers ayant subtilisé la victoire au peuple qui avait combattu, et vaincu, le roi. Si bien que les premières années sont marquées par une véritable agitation républicaine. Et par la formation de sociétés (secrètes après leur interdiction), en particulier la *Société des amis du peuple*, dont est issue la *Société des droits de l'homme et du citoyen*, qui inclut dans son programme des réformes politiques, mais aussi sociales (suffrage universel, organisation du crédit par l'Etat, émancipation de la classe ouvrière).

Certes, tous les républicains ne partagent pas ce réformisme social, mais il montre que l'idée républicaine peut également posséder un contenu social. D'autant plus que, comme la victoire des orléanistes en 1830 provoque une division à l'intérieur du camp qui se réclame peu ou prou de 1789 et du libéralisme, elle a pour effet de repousser les républicains vers la gauche et d'accroître l'audience des socialistes qui sont, par ailleurs, républicains. En effet, ces années 1830 voient une réelle diffusion d'idées socialistes (un moment *Le Populaire* de Cabet tire à 27 000 exemplaires, chiffre fort important pour l'époque) Ce qui ne peut manquer d'influencer le peuple des grandes villes, les diverses insurrections du début des années 1830 le montrent[1].

1. Notons que le courant bonapartiste ne se distingue pas encore clairement du parti républicain ; comme le montre, par exemple, l'insurrection républicaine de juin 1832 à l'occasion des funérailles du général Lamarque, qui avait joué un grand rôle pendant les Cent-Jours.

Les premières années (1830-1836)

Les débuts incertains (1830-1832)

Pour s'installer durablement le régime doit résoudre trois problèmes principaux : changer une partie du personnel dirigeant, donner un contenu à l'orléanisme qui n'est encore qu'une tendance virtuelle et obtenir du peuple de Paris, dont une bonne partie semble acquise à la République, qu'il accepte une nouvelle monarchie. Or le peuple, qui a renversé un trône, a pris conscience de sa force ; et durant plusieurs mois on constate une véritable crise d'autorité (doublée d'une crise extérieure)[1] qui rend d'autant plus difficiles les premiers pas du nouveau régime.

Le premier ministère (11 août - 2 novembre 1830) : le 11 août Louis-Philippe nomme les membres du nouveau gouvernement ; mais il ne profite pas de l'occasion pour choisir une ligne politique claire. Ils se contente d'ajouter quelques noms de libéraux connus aux commissaires provisoires qu'il avait nommés le 1er août ; de ce fait le gouvernement est composé d'anciens collaborateurs de Louis XVIII, d'anciens soldats de l'Empire et d'opposants libéraux à Charles X ; les plus connus sont Casimir Périer, Laffitte (ministre sans portefeuille, mais qui cumule ces fonctions avec la présidence de la Chambre), Dupont de l'Eure, Guizot, le duc de Broglie et le général Sébastiani (en dépit de son rôle important pendant la révolution Thiers est seulement secrétaire général des Finances). La Fayette, qui conserve le commandement en chef des gardes nationales que lui a confié la Révolution, possède de ce fait un pouvoir matériel et moral fort important.

Le nouveau gouvernement s'acquitte sans trop de difficultés de sa première tâche, l'épuration du personnel dirigeant, d'autant plus que des milliers de légitimistes refusent de prêter serment à Louis-Philippe, et démissionnent. On remplace ainsi presque tous les ambassadeurs, 82 préfets sur 86, 65 commandants de divisions

1. Il s'agit des problèmes liés à l'indépendance de la Belgique dans l'été 1830 et à l'insurrection polonaise en novembre 1830 et, en décembre 1830, des révolutions libérales en Italie du Nord et dans les Etats pontificaux ; or les républicains et une partie des orléanistes souhaitent que la France nouvelle adopte une position claire de soutien aux nationalités ; cf. *infra*, p. 222.

militaires sur 75, etc. On revient, aussi, sur une partie des décisions cléricales de la Restauration[1]. Mais cela ne peut passer pour une politique. Et, sur fond d'agitation persistante, les dirigeants des deux tendances polémiquent par journaux interposés, tout en demeurant membres du même gouvernement : Laffitte et Dupont de l'Eure, défendus par *Le National*, souhaitent une politique favorable au *mouvement*, qui inclut une politique extérieure d'aide aux nationalités et la tolérance pour les manifestations populaires ; tandis que C. Périer, Guizot et Sébastiani, qui ont l'appui du *Journal des Débats*, sont désormais partisans de la *résistance*. Faute de choisir, le roi va tenter successivement l'application des deux politiques.

Le ministère Laffitte (2 novembre 1830 - 12 mars 1831). Le 2 novembre Louis-Philippe nomme donc Jacques Laffitte président du Conseil tout en sachant qu'il va tenter de satisfaire les partisans du *mouvement* (il est le principal commanditaire du *National*). Sans être homogène, le gouvernement est bien à l'unisson de ce programme. Pourtant, il ne se maintient guère au pouvoir. Les circonstances ne sont certes pas favorables : le peuple s'agite en cette fin d'année 1830, pour des motifs extérieurs (surtout la Pologne et l'Italie) et pour des raisons intérieures (procès des ministres de Charles X devant la Chambre des pairs[2] et vives manifestations anticléricales, liées à l'union du Trône et de l'Autel sous la Restauration)[3], tandis que la situation économique se détériore. Par ailleurs, Laffitte semble quelque peu irrésolu sur bien des points. Mais il y a une raison plus profonde : un orléanisme de mouvement est, au fond, bien difficile à mettre en œuvre ; car dès lors que l'on présuppose la souveraineté du peuple, la conséquence logique (en France) c'est l'établissement de la République et le règne du suf-

1. Abolition de la loi du sacrilège, exclusion des évêques du Conseil d'Etat, de la Chambre des pairs et du Conseil de l'Instruction publique, suppression du traitement supplémentaire des cardinaux, suppression des 8 000 demi-bourses de petits séminaires accordées en juin 1828, notamment.

2. Les ministres sont condamnés à la prison à vie ; quand la nouvelle se répand, le 21 décembre, le peuple de Paris, qui escomptait une condamnation à mort de ceux qu'il tient pour responsable des affrontements de juillet, se soulève ; l'émeute est évitée de justesse, mais La Fayette doit démissionner se son poste à la tête des gardes nationales.

3. Le gouvernement, qui n'a pas pris l'exacte mesure de l'anticléricalisme populaire, laisse célébrer le 14 février 1831 dans l'église Saint-Germain-l'Auxerrois une messe pour l'anniversaire de l'assassinat du duc de Berry. Ce qui provoque presque une émeute : le 14 l'église et le presbytère sont mis à sac et le lendemain l'archevêché de Paris subit le même sort. En province ont note aussi des agitations de ce type ; or la garde nationale laisse faire.

frage universel (au moins à terme). Un roi n'est acceptable que comme un quasi-président de la République héréditaire, dépourvu de pouvoirs effectifs. Or cela ne correspond en rien aux opinions de Louis-Philippe. De plus, une dynastie récente, et ne disposant pas d'une légitimité historique, ne peut guère l'accepter ; car, dans ces conditions, à quoi servirait-elle ? Mais, d'une certaine façon, l'échec de l'orléanisme de mouvement est inscrit dans les conditions de l'accession au pouvoir de cet étrange roi des barricades, ou des députés, qui ne peut ni accepter ni renier ses origines « révolutionnaires ».

De plus le ministère Laffitte se heurte à des problèmes financiers et à l'agitation sociale engendrée par les difficultés économiques ; assez vite il ne semble plus en mesure de définir une politique et de s'y tenir. Hésitant, à l'intérieur, entre la fermeté et la répression (il ne parvient ni à prévenir les insurrections, ni à triompher de l'agitation), tout comme, à l'extérieur, entre un soutien aux nationalités et une politique pacifique respectueuse des traités de 1815, il ne peut guère prendre les décisions que réclament les circonstances. Dès le 12 mars Laffitte en tire la conclusion, et démissionne.

Le ministère Casimir Périer (13 mars 1831 - 16 mai 1832). Formé le 13 mars ce gouvernement affiche aussitôt son choix pour le parti de la *résistance*, mais il ne se limite pas à cela. Habile, décidé, son chef possède une doctrine politique, un système conservateur, qui présente l'avantage d'offrir un cadre, presque une définition, à cette « monarchie orléaniste », inédite en France. D'ailleurs ce n'est pas par hasard que la *résistance* demeure au pouvoir jusqu'à la chute du régime, en 1848. Dans le domaine institutionnel, son système repose sur la mise en place d'une véritable monarchie (et non pas d'une sorte de « monarchie honteuse »), et donc sur la présence définitive, et indiscutée, à la tête de l'Etat d'un souverain héréditaire sachant se présenter comme le *roi*. Mais aussi d'une monarchie véritablement parlementaire : le roi doit seulement incarner la permanence du pouvoir et de l'ordre public ; c'est au chef du gouvernement, appuyé sur la majorité du parlement, que revient l'exercice du pouvoir[1]. Mais la mise en application de ce programme ne peut se faire qu'au prix d'une levée des ambiguïtés de l'été 1830, et donc de concessions discrètes de la part de Louis-Philippe, et d'une rupture éclatante avec une partie de ceux qui ont renversé

1. Pour le manifester C. Périer réunira le Conseil des ministres en dehors de la présence du roi.

Charles X ; avec ces derniers l'épreuve de force se déroulera en 1832.

Dès le 18 mars, C. Périer présente son programme devant la Chambre. Il le résume en ces termes :

« Au-dedans l'ordre, sans sacrifice pour la liberté ; au-dehors la paix, sans qu'il en coûte rien à l'honneur. » Il ajoute : « L'exigence bruyante des factions ne saurait dicter nos déterminations ; nous ne reconnaissons pas plus aux émeutes le droit de nous forcer à la guerre que le droit de nous pousser dans la voie des innovations politiques. »[1]

Ayant rapidement pris le contrôle de l'administration (les préfets sont mis en demeure de soutenir le gouvernement qui a décidé de rétablir l'ordre), il fait voter la loi du 19 avril sur les élections législatives, qui ne prévoit qu'une faible extension du droit de suffrage, puis il en appelle à l'opinion (censitaire). La Chambre est dissoute et de nouvelles élections ont lieu le 5 juillet. Sans constituer un triomphe pour le gouvernement, elles accordent tout de même une nette majorité à la « résistance »[2]. Certes, si la majorité des députés élus en 1831 se révèle prête à soutenir C. Périer, c'est sans doute plus par manque d'une solution de rechange que par conviction profonde. Il reste que ces élections voient la formation du « parti » de la résistance qui n'a pas de programme très précis, mais qui entend limiter au maximum les innovations en politique intérieure (ce qui le conduira à refuser toute extension du droit de vote) et demeurer en paix avec l'Europe monarchique[3]. Et s'il arrivera bien à ce parti de se diviser, de se fractionner même, en raison des intrigues du roi ou des ambitions personnelles de ses dirigeants, il gardera le contrôle du pouvoir jusqu'à la chute du régime.

Puisque le roi accepte la position, diminuée, qui lui est faite, C. Périer peut tenter de mettre son programme en application ; mais il lui faut alors triompher du second obstacle, et affronter le peuple (des villes, surtout) qui n'a pas pris son parti de l'abandon des espoirs nés en 1830. Or cet affrontement se déroule sur le terrain social aussi

1. Cité par Sébastien Charléty, *La monarchie de Juillet*, t. V de l'*Histoire de la France contemporaine depuis la Révolution jusqu'à la paix de 1919* (sous la direction d'E. Lavisse), Paris, Hachette, 1921, p. 58.

2. Lors de la désignation du président de la Chambre le candidat du gouvernement est élu, mais avec une très courte majorité ; toutefois, lors de la discussion de l'Adresse, C. Périer l'emporte par 282 voix contre 73.

3. Cela ne signifie pas qu'il renonce à exercer une influence ; en février 1832 C. Périer fera occuper Ancône pour ne pas laisser les Autrichiens régler seuls les problèmes italiens (cf. *infra*, p. 223).

bien que sur le terrain politique. A l'automne 1831 les canuts lyonnais, frappés par la persistance de la crise économique, réclament un salaire minimum ; devant le refus d'une partie du patronat une véritable insurrection ouvrière se déroule du 20 au 22 novembre que C. Périer fait réprimer violemment par l'armée. Mais c'est l'année 1832 qui se révèle décisive. Au printemps éclôt le complot légitimiste de la duchesse de Berry qui tente, sans succès, de soulever les paysans de Provence puis de Vendée ; l'échec, rapide, révèle tout de même une certaine fragilité de la monarchie « de Juillet », car une partie des soutiens naturels de tout souverain, les aristocrates, lui refuse son concours. De plus, dans ce contexte difficile éclate en mars une épidémie de choléra, très grave à Paris et dans la région parisienne, et qui frappe tout particulièrement les quartiers populaires et insalubres des grandes villes. Elle fait environ 100 000 victimes — dont C. Périer lui-même[1] — et, jointe aux autres problèmes, provoque une sorte d'exaspération populaire. Celle-ci s'exprime dans l'insurrection des 5 et 6 juin 1832 à Paris, lancée par de jeunes républicains à l'occasion des funérailles du général Lamarque, mais que les dirigeants, modérés, de l'opposition parlementaire refusent d'appuyer et que le gouvernement peut réprimer dans le sang (on proclame l'état de siège, on effectue aussi de nombreuses arrestations de républicains). Le régime sort donc renforcé de la crise ; mais les républicains, qui semblent prendre alors conscience que la monarchie de Juillet ne sera pas une quasi-république, n'ont pas encore fait leur deuil de leurs espérances.

L'installation du régime (1832-1836)

Comme les républicains et les légitimistes ne sont pas venus à bout de la monarchie de Juillet, elle peut se consolider. Cette entreprise est facilitée par l'échec d'une bonne partie des doctrines qui, depuis 1830, incarnent, peu ou prou, un espoir de renouvellement. En août 1832 le pape condamne le catholicisme libéral que Lamennais tentait de promouvoir[2] ; et c'est également

1. Le roi ne nomme pas de remplaçant à la tête du gouvernement : la gravité de la situation politique le conduit à conserver le « ministère Périer » durant cinq mois après la mort de ce dernier, ce qui signifie qu'il prolonge le « système » Périer, et aussi qu'il reprend, discrètement, la direction du gouvernement.

2. Cf. *infra*, p. 249.

en 1832 que disparaît *Le Globe*, organe des saint-simoniens qui tentaient de repenser la société, et que cette « école » se disperse ; tandis que « l'école » fouriériste entame son déclin, irrémédiable l'année suivante.

Le « ministère Soult » (octobre 1832 - avril 1834). En octobre 1832 le roi, qui faisait fonction de premier ministre depuis la mort de C. Périer, décide de passer à une nouvelle phase : choisir un chef de gouvernement qui, à la différence de Périer, le laisserait participer aux affaires, ce qui présenterait l'avantage de lui permettre de contrôler le pouvoir sans trop s'exposer. Il nomme donc dans ce but le maréchal Soult, l'un des héros des guerres napoléoniennes (à Austerlitz, en particulier), ce qui permet accessoirement de redorer le blason de la politique extérieure à peu de frais (sans se brouiller avec l'Europe) et de continuer la politique de « résistance » de Périer. Mais l'essentiel du pouvoir revient au roi et aux trois principaux ministres : Thiers à l'Intérieur, le duc de Broglie aux Affaires étrangères, et Guizot à l'Instruction publique.

Ce ministère, qui dure près d'un an et demi accomplit une œuvre importante dans trois domaines qui marquent les centres d'intérêt du régime : l'administration locale, le développement économique et l'instruction publique. Il commence par faire voter, le 22 juin 1833, la loi organisant l'élection des conseils généraux de département et les conseils d'arrondissement ; ce qui constitue un début de démocratisation de la vie locale, même si le corps électoral est peu étendu (les électeurs des députés, ainsi que les citoyens portés sur la liste des jurys) et s'inscrit dans le cadre de l'accession de la bourgeoisie au pouvoir. Dans le même ordre d'idées, il fait adopter en juillet 1833 la loi sur l'expropriation pour intérêt public, qu'accompagne un plan de grands travaux dans le domaine des transports et des communications présenté par Thiers, et un crédit de 100 millions (à dépenser en cinq ans) ; ce qui dénote une volonté de contribuer à la modernisation de l'économie et de ses infrastructures.

Enfin François Guizot, trois fois ministre le l'Instruction publique entre 1832 et 1837[1], fait voter la grande loi du 28 juin 1833 sur l'instruction primaire. Pour la première fois, en effet, l'Etat s'en préoccupe activement ; et en organise le développe-

1. Il est ministre de l'Instruction publique du 11 octobre 1832 au 10 novembre 1834, du 18 novembre 1834 au 22 janvier 1836, et du 6 septembre 1836 au 15 avril 1837.

ment en obligeant chaque commune[1] à entretenir une école primaire (de garçon), à en rétribuer, partiellement, le maître et à y recevoir gratuitement les indigents. La loi reconnaît la liberté de l'enseignement primaire, ce qui satisfait l'Eglise catholique, mais elle encadre cette liberté ; car si « tout individu âgé de 18 ans » (donc les congréganistes au même titre que les laïcs) peut enseigner, elle exige que tout maître d'école possède un brevet de capacité. Elle ne prévoit certes ni la gratuité, ni la laïcité, ni l'obligation. Mais elle offre un cadre de développement à l'enseignement primaire (le nombre d'enfants scolarisé double entre 1833 et 1848). Et elle correspond à l'esprit du régime : protestant convaincu F. Guizot pense que « l'accès au livre et la réduction de l'ignorance conditionnent la maîtrise des passions et la conduite raisonnable » (F. Furet)[2]. Il est vrai que la loi place l'instituteur sous la surveillance d'un conseil ou siègent le maire, autorité sociale, et le curé (et le pasteur quand la commune possède une communauté protestante), autorité religieuse ; car Guizot ne conçoit pas le développement intellectuel séparé du développement moral et religieux (l'enseignement religieux fait partie des programmes, mais il est dispensé par l'instituteur, et non par le curé). Pourtant, un peu comme aux Etats-Unis[3], ce n'est pas sur l'influence de l'*Eglise* qu'il compte, mais sur celle de la *religion* chrétienne, assimilée et acceptée par l'individu ; or, pense-t-il, seul un individu éclairé par son instruction générale est en mesure de comprendre, et d'intérioriser, la grandeur de la morale chrétienne. De là sa volonté de développer l'instruction et d'exiger des congréganistes un minimum de savoir (il doivent posséder leur brevet de capacité). L'ensemble restant sous le contrôle des notables, cette clé de voûte du régime.

Le gouvernement se préoccupe aussi d'assurer sa sécurité. Or les républicains s'organisent, particulièrement autour de la *Société des droits de l'homme* qui est, de plus, solidement ancrée dans le monde de l'artisanat parisien (même si ses cadres demeurent des bourgeois) ce qui la conduit à ajouter un volet social à ses revendi-

1. Ou groupe de communes, quand elles sont trop petites. La loi prévoit aussi l'obligation pour chaque département d'entretenir une école normale de garçons, pour former les instituteurs.

2. François Furet, *La Révolution*, *op. cit*, vol. 2, p. 134.

3. Rappelons que dès l'origine les Etats-Unis vivent sous le régime de la séparation des Eglises et de l'Etat.

cations politiques[1]. Devant l'impossibilité, malgré une très active surveillance policière, de limiter son développement dans le cadre de la législation en vigueur, le ministère décide de modifier celle-ci : en mars 1834 les Chambres votent une nouvelle loi qui interdit les associations (non autorisées) de plus de 20 personnes, quand bien même seraient-elles divisées en sections plus petites. La *Société des droits de l'homme* est directement visée. Les républicains se décident donc à tenter l'épreuve de force. L'insurrection éclate tout d'abord à Lyon, où la situation sociale est difficile : une manifestation conjointe des membres des sociétés de secours mutuel (elles sont aussi menacées par la nouvelle loi) et des républicains — ce qui illustre le lien que fait la gauche entre les revendications politiques et la protestation sociale — y dégénère en émeute le 9 avril, puis en insurrection. Il faut quatre jours de combats sanglants aux 13 000 hommes de troupe pour en venir à bout. Dès le 13 avril les républicains parisiens prennent le relais ; mais le gouvernement a rassemblé 40 000 soldats, auxquels se joignent des gardes nationaux. Le 14 il est le maître de la ville[2] ; et le Paris populaire, terrorisé, cesse de manifester ses sentiments.

La répression peut alors s'organiser : environ 2 000 arrestations, dont 800 à Paris ; et lors du procès intenté à 164 d'entre eux devant la Chambre des pairs en mai 1835, les chefs républicains étalent le spectacle de leurs divisions. Le « parti » est donc décapité pour plusieurs années. D'autant plus que le gouvernement, exploitant l'émotion provoquée par l'attentat de Fieschi le 28 juillet 1835[3], fait voter les *lois de septembre*, qui permettent de limiter encore plus la liberté de la presse et facilitent la répression des délits politiques (il est interdit de se dire républicain). Désormais les républicains ne constituent plus une force politique ; mais ils sont devenus des révolutionnaires.

L'instabilité entre 1834 et 1836. Parallèlement à cette consolidation du régime, le pouvoir donne le spectacle d'une instabilité, qui va devenir périodiquement familier. Née, en partie, des intrigues, voire des inimitiés, du roi qui entend bien se réserver l'essentiel du pouvoir, elle reflète aussi le blocage politique provoqué par la victoire du parti

1. On estime que cette *Société* compte 4 000 adhérents, dont environ 3 000 à Paris et le reste dans les grandes villes de province (à Lyon, surtout).

2. C'est le 14 qu'a lieu le « massacre de la rue Transnonain », qui sera très longtemps reproché à Thiers (ministre de l'Intérieur) : les soldats massacrent sans distinction tous les habitants d'un immeuble de cette rue, parce qu'un coup de feu a été tiré de l'une des fenêtres.

3. Il a été organisé par 3 républicains, et a provoqué la mort de 18 personnes.

de la « résistance », qui n'attend le changement que de l'évolution sociale. Début avril 1834 un incident[1] entraîne la démission de Broglie, suivie d'un remaniement ministériel, ce qui permet au roi de briser le « triumvirat » Broglie-Thiers-Guizot qui, selon lui, le neutralise. Puis il dissout la Chambre et provoque des élections le 21 juin 1834. Dans le climat du moment (émeutes d'avril) elles sont en réel succès pour la résistance, qui compte environ 320 partisans contre 90 opposants (et une quarantaine d'indécis).

Mais l'ampleur du succès nuit à la cohésion de la majorité. Et il se forme une sorte de « marais » ou « tiers parti » comptant une centaine de députés (les républicains ne rassemblent plus qu'une toute petite minorité) au programme peu clair, qui parle de conciliation avec la gauche sans réclamer la fin de la politique de résistance. Par ailleurs, les intrigues diverses des ténors orléanistes, qui prennent goût aux poisons et aux délices du système parlementaire, accentuent l'instabilité. Soult, en désaccord avec ses ministres, démissionne en juillet 1834. Il est remplacé par un autre maréchal (Gérard), qui se retire le 29 octobre ; un troisième maréchal (duc de Bassano) ne tient que trois jours, ce qui conduit à faire appel à un quatrième maréchal (Mortier) qui, quelque peu égaré dans la politique, démissionne en février 1835. Et amène le roi à accepter le retour de Broglie au mois de mars. Au fond, le pays a assisté à une longue crise ministérielle, provoquée par la volonté du roi de contrôler le gouvernement. Mais l'opposition des parlementaires, et des ministres efficaces, le lui interdit et il met onze mois à l'admettre. Avec le retour de Broglie qui reconstitue pratiquement le ministère Soult de 1832, il doit accepter que le cabinet se réunisse hors de sa présence. A ses yeux ce n'est sans doute que partie remise ; mais les difficultés de l'été 1835 ainsi que des problèmes extérieures permettent à Broglie de se maintenir jusqu'au début de 1836.

La stabilisation (1836-1847)

Durant cette période le régime connaît un fonctionnement assez régulier, avec une phase d'instabilité jusqu'en 1840 puis, ensuite,

1. Il s'agit du règlement d'une indemnité due au gouvernement des Etats-Unis, en raison des saisies de navires opérées entre 1806 et 1812 !

une phase plus calme. Pendant une dizaine d'années bien des hommes ont donc le sentiment que Guizot et de ses amis « doctrinaires » ont gagné leur pari : faire gouverner le pays par l'élite (de la fortune ou du savoir) sans que, pour autant, les exclus du pouvoir ne cherchent à prendre leur revanche ; parce que la nouvelle classe dirigeante est la bourgeoisie, qu'elle n'est pas, comme la noblesse, une classe définie par un statut juridique et que, de ce fait, tout citoyen peut espérer y accéder[1].

Pourtant, le pari est finalement perdu : en 1848 une nouvelle révolution emporte le régime. En grande partie parce que Guizot (adossé à sa théorie de la souveraineté de la raison[2]) a refusé d'admettre que cette « prise du pouvoir » par la bourgeoisie inclut une sorte d'abolition des privilèges juridiques, et donc l'élargissement du droit de vote au moins à l'ensemble de la classe bourgeoise ; car, fidèle en cela à l'enseignement de 1789, la bourgeoisie française considère le vote comme un droit, et non comme une fonction. Ce qui illustre la difficulté de maintenir le compromis élaboré en 1830 : une monarchie qui ne reconnaît ni la souveraineté d'un roi de droit divin, ni celle du peuple.

1836-1840 : le conflit latent entre le roi et la Chambre

Le ministère Thiers (février-septembre 1836)

En février 1836 le duc de Broglie démissionne sur un problème financier mineur[3], parce qu'au fond ni le roi ni la Chambre n'ont intérêt à ce qu'il se maintienne : cela provoque l'éclatement du triumvirat Broglie-Guizot-Thiers, et ouvre à nouveau le jeu politique. Et le roi appelle Thiers, qui se charge aussi des Affaires étrangères ; cela le brouille avec Guizot devenu désormais le chef de la résistance. Intelligent, ambitieux, éloquent, Adolphe Thiers

1. Tel est le sens de la fameuse formule de Guizot, que l'on cite parfois tronquée sous la forme « Enrichissez-vous », et qui ne porte nullement la marque d'un grossier matérialisme. D'ailleurs Guizot déclare exactement à la Chambre le 1er mars 1843 (selon *Le Moniteur* du 2 mars) : « A présent usez de vos droits. Eclairez-vous, enrichissez-vous, améliorez la condition morale et matérielle de notre France. Voilà les vraies innovations, voilà ce qui donnera satisfaction à cette ardeur de mouvement, à ce besoin de progrès qui caractérise la nation. » (Cité par Jacques Allier, Esquisse du personnage de Guizot, dans *Actes du Colloque François Guizot,* Paris, SHPF, 1976, p. 36.)

2. Cf. *supra*, p. 182.

3. Il s'agit d'un projet de conversion de rente.

(1797-1877) s'est fait connaître sous la Restauration par ses travaux historiques et par ses articles dans *Le National*, ce qui lui vaut de jouer un rôle important en juillet 1830. Plusieurs fois ministre depuis lors, il semble hésiter quelque peu entre le mouvement et la résistance. Il incarne peut-être mieux que Guizot la bourgeoisie de ce temps, parce qu'il en comprend mieux l'attachement profond à la Révolution, qui l'a émancipée, et aux Principes de 1789, acceptés jusque dans leurs conséquences extérieures (nostalgie d'une politique étrangère active, doublée d'un attachement au principe des nationalités)[1].

Pourtant ce premier ministère Thiers, qui ne contient pas de personnalités très importantes, tranche plus par son style, décidé, que par ses réalisations. Il se préoccupe, lui aussi, des problèmes de politique économique (droits de douane, amélioration des voies de communication). Ce qui est normal puisque la monarchie de Juillet entend favoriser la promotion des classes moyennes. Et devrait contribuer à renforcer la stabilité politique : en créant de nombreux intérêts croisés, le développement économique provoque l'apparition d'un système où trop de gens ont intérêt à son maintien pour qu'ils ne veuillent pas le défendre. Et c'est plutôt sa chute qui lui confère une originalité : le roi la provoque parce qu'il refuse sa politique étrangère (Thiers envisage une intervention en Espagne pour soutenir les libéraux) qui, en sonnant comme l'écho assourdi de 1789, est pourtant à l'unisson des souhaits d'une bonne partie de la bourgeoisie française ; mais qui est sans doute trop aventureuse pour un régime dont la légitimité n'est pas absolument certaine.

1. Alfred Nettement caractérise les deux hommes en ces termes : « Plus sympathique à la démocratie que M. Guizot, M. Thiers la craignait moins [...]. Il n'appréhendait point de se commettre avec ses passions, dont il espérait rester le maître en leur lâchant à demi la bride [...]. Au fond, M. Thiers, avait dans l'esprit, dans le caractère, dans le talent, plus d'aventure que M. Guizot. Il estimait qu'on pouvait aller plus loin au dehors comme au dedans, et raser la borne sans la toucher. L'idéal d'un gouvernement démocratique, à ses yeux, c'était précisément l'art de jouer avec les passions et d'obtenir d'elles, par la supériorité de l'intelligence et l'ascendant du caractère, le droit de les gouverner [...]. Ces habiletés de M. Thiers paraissaient téméraires à M. Guizot. Il pensait et il disait qu'en jouant avec le feu on allume l'incendie. Il rappelait, l'histoire à la main, que, lorsqu'on se trouve en face des passions révolutionnaires, la concession de la veille sert à arracher celle du lendemain » (*Histoire de la littérature française sous le gouvernement de Juillet*, Paris, 1859 ; cité par Pierre Rosanvallon, *Le Moment Guizot*, p. 351-352).

Les tentatives du roi pour reprendre les rênes du pouvoir (septembre 1836 - mars 1839)

Pour remplacer Thiers, le roi fait appel à l'un des ses proches, le comte Molé, qu'il charge aussi des Affaires étrangères ; de ce fait, en dépit de la présence de Guizot à l'Instruction publique, il est clair que le roi entend mener la politique. Un remaniement qui fait suite à un vote de défiance de la Chambre permettant, d'ailleurs, d'écarter Guizot en avril 1837 ; ce qui laisse les mains libres au roi. Se jugeant affermi, il accorde le 8 mai une amnistie à tous les condamnés politiques depuis 1830, et, à la fin du mois de mai, il fait célébrer à Fontainebleau le mariage du prince héritier, le duc d'Orléans, avec une princesse allemande et protestante ce qui, pour la première fois dans l'histoire de France, induit une double cérémonie religieuse, catholique puis protestante, pour le mariage du futur roi (cela apparaît aussi comme une volonté de modernisation de l'institution monarchique) et laisse, également, présager un avenir à la dynastie. Puis il dissout la Chambre en octobre, dans l'espoir de renforcer « sa » majorité.

Les élections lui sont plutôt favorables : on dénombre au début 249 députés ministériels sur 457. Toutefois les partis ne sont pas véritablement constitués, et assez vite Guizot fait défection avec une trentaine de députés[1], ce qui retire pratiquement la majorité au gouvernement et ouvre à nouveau le jeu politique. Notons, par ailleurs, qu'en raison de l'étroitesse du corps électoral et du corps des éligibles, et de l'absence de toute indemnité parlementaire, on commence à remarquer la présence de nombreux députés « fonctionnaires » — nous dirions aujourd'hui « hauts fonctionnaires » — (environ 45 % des membres de la Chambre), qui continuent à percevoir leur traitement, peuvent recevoir des promotions et sont souvent, de ce fait, dans la main du pouvoir. Mais leur présence fausse le jeu parlementaire et révèle l'un des blocages du régime, qui se refuse à élargir le corps électoral, et donc sa base sociale.

1. On connaît bien la composition de cette Chambre grâce au livre de E. Cadet, L. Girard, R. Gossez et W. Serman, *La Chambre des députés en 1837-1839*, Paris, Publications de la Sorbonne, 1976. Selon ces auteurs la Chambre compte 3,1 % de radicaux (républicains), 14,2 % de gauche dynastique (avec Odilon Barrot) 13,6 % de centre gauche (avec Thiers), 6,8 % de doctrinaires (avec Guizot), 3,1 % de tiers parti, 47,9 % de ministériels, 4,6 % de légitimistes et 6,7 % d'indéterminés ; elle possède aussi deux tiers de bourgeois et un tiers de nobles.

Assez vite les députés veulent reprendre l'initiative ; et, durant l'année 1838, il se forme une « coalition » quelque peu contre-nature. Rassemblant la droite et la gauche, unie seulement contre la cour, et dirigée par Odilon Barrot (gauche dynastique, c'est-à-dire le parti du mouvement) et Thiers (centre gauche), et à laquelle adhère Guizot (doctrinaire, centre droit), elle regroupe environ 130 députés. En fait Barrot et Thiers veulent surtout obtenir que « le roi règne mais ne gouverne pas »[1], ce qui semble correspondre aux vœux de la classe moyenne.

La crise de 1839

Au début de l'année 1839, tous les adversaires de Molé se regroupent, ce qui ne laisse qu'une courte majorité au ministère lors du vote de l'Adresse (221 voix contre 208), et Molé démissionne le 22 janvier. Réagissant comme un monarque parlementaire, le roi dissout alors la Chambre. Les élections du 2 mars sont nettement plus disputées qu'à l'ordinaire, Barrot, Thiers et Guizot mènent l'attaque contre la cour avec l'aide des légitimistes à leur droite et des républicains à leur gauche, tandis que Molé use de moyens de pression habituels (destitutions de fonctionnaires, promesses diverses, etc.). Et les opposants l'emportent, Molé perdant une trentaine de sièges.

Toutefois l'opposition n'est pas unie sur un programme de gouvernement ; il s'ensuit une sorte de longue crise ministérielle (un ministère provisoire, sans président, est nommé le 31 mars), et ce n'est que le 12 mai que le roi peut nommer Soult président du Conseil. Mais tout cela se déroule dans un contexte de crise politique, car les républicains rassemblés dans la Société dite « des saisons »[2] tentent une insurrection les 12 et 13 mai 1839. Le pouvoir en vient à bout, mais cela alourdit le climat. D'autant plus que le ministère Soult ne comptant ni Thiers ni Guizot, et encore moins O. Barrot, il semble ne tenir aucun compte du résultat des élections ; il ne peut donc guère espérer se maintenir longtemps. Mis en minorité dès janvier 1840, il se voit contraint de se retirer.

1. Cette formule est attribuée à Thiers, sans qu'on sache réellement s'il l'a prononcée en ces termes.

2. Cette société secrète avait succédé à la *Famille,* elle-même issue de la *Société des droits de l'homme* ; elle avait été fondée par des républicains amnistiés en 1837 (Barbès, Blanqui).

Le second ministère Thiers (mars-octobre 1840)

Dans ces conditions, et bien qu'il ne l'apprécie guère, le roi est pratiquement contraint de faire appel à Thiers. Celui-ci, qui ne peut pas compter sur les doctrinaires, et qui s'est brouillé avec le centre gauche[1], s'entoure plutôt d'hommes nouveaux. Réunissant les ministres en dehors de la présence du roi, il souhaite inaugurer une nouvelle phase de l'action gouvernementale. Mais les circonstances lui sont contraires. La situation économique et sociale est difficile : avec le ralentissement de la conjoncture économique, le chômage s'étend et des manifestations ouvrières se produisent, ce qui inquiète la classe moyenne. Dans le domaine politique une assez vaste campagne (avec pétitions et « banquets »)[2] en faveur d'une réforme électorale, partie des rangs de la garde nationale, provoque une certaine agitation, d'autant plus qu'on voit des ouvriers et des membres de la petite bourgeoisie manifester ensemble. Elle se heurte à l'opposition de Thiers, qui craint d'ouvrir la voie au suffrage universel, mais qui mécontente ainsi sa base sociale, ce qui peut conduire à terme à une alliance entre le peuple des villes et la petite bourgeoisie. Dans le but de reconquérir l'opinion Thiers organise la cérémonie, symbolique, du retour des cendres de Napoléon Ier ; mais cela ne saurait tenir lieu de politique. Et, surtout, il se heurte à une situation internationale tendue : la « question d'Orient » se pose avec acuité en raison des conflits entre l'Egypte et le sultan ottoman. Or la France, qui soutient l'Egypte, se retrouve isolée lors de la signature du traité de Londres (juillet 1840) ; ce qui provoque une vive réaction anti-anglaise dans l'opinion. Et Thiers, qui semble se laisser porter par la vague, parle de guerre, et entreprend la construction de fortifications

1. Stigmatisant l'émiettement des partis, Broglie écrit à Guizot que le gouvernement se voit forcé « de se fabriquer tous les matins une majorité artificielle par des concessions ou des compliments, par des promesses ou des caresses, en pesant, dans des balances de toiles d'araignées, la quantité de bureaux de poste qu'on a donnés d'un côté, la quantité de bureaux de tabacs qu'on a donnés de l'autre » (cité par S. Charléty, *op. cit.*, p. 160.)

2. Il est interdit de tenir des réunions publiques sans autorisation préalable ; mais la loi ne prévoit pas de demande d'autorisation pour les banquets, réunions privées (lors d'un mariage, par exemple) ; d'où l'idée de tenir des réunions, appelées « banquets » (pour la forme on y sert un repas frugal), avec souscriptions préalable et discours, mais qui, par leurs dimensions, peuvent prendre un aspect public, et en ce cas la législation est un peu incertaine. En 1848 le gouvernement contestera la légalité de certains de ces « banquets ».

autour de Paris. Mais, comme en 1836, il se heurte alors à la volonté du roi de maintenir la paix, et démissionne le 29 octobre.

Thiers a donc échoué ; il n'est pas parvenu à imposer sa conception de la monarchie parlementaire, peut-être parce qu'il ne sait pas se concilier les classes moyennes en provoquant une véritable réforme électorale ; ce qui traduit son incapacité à choisir entre la résistance et le mouvement. En échange il leur offre une politique extérieure qui possède un petit parfum « révolutionnaire » ; mais faute de moyens militaires (et de consentement royal) il est incapable de la mettre en œuvre. Il ouvre donc la voie au roi, à Guizot et à la résistance.

Le ministère Soult-Guizot (jusqu'en 1846)

Thiers s'étant révélé incapable de promouvoir la nouvelle forme de gouvernement qu'il prônait (se passer du roi sans changer les règles du jeu électoral), Louis-Philippe peut donc reprendre la direction du gouvernement. Pour cela il nomme Soult président du Conseil le 29 octobre 1840, avec Guizot comme ministre des Affaires étrangères et, en réalité, chef du gouvernement[1]. Ce ministère, qui se maintient au pouvoir jusqu'en 1848, constitue un moment important de l'histoire de la monarchie de Juillet, et de l'histoire de France.

Grand intellectuel protestant, professeur à la Sorbonne dès 1812, et l'un des principaux, et plus brillants, historien français du XIXe siècle, François Guizot (1787-1874) a forgé dans les années 1820, nous le savons[2], une théorie du gouvernement représentatif, qu'il va tenter de mettre en application. Homme de pouvoir, personnellement d'une honnêteté scrupuleuse et plutôt indifférent à l'argent, il a peu d'illusion sur les hommes, qu'il n'hésitera pas à corrompre quand le besoin s'en fera sentir. Sûr de son jugement et de ses capacités, il ne tient guère compte de l'opinion publique, ce qui lui vaudra de très solides inimitiés. Il arrive au gouvernement avec un programme : assumer les présupposés de la politique de résistance, qu'il préconise depuis 1830 : refus de la souveraineté du peuple, acceptation des prérogatives royales, politique extérieure pacifique. Il pense, en effet, que cette politique est la

1. Guizot est officiellement président du Conseil de septembre 1847 à février 1848.
2. Cf. *supra*, p. 148-149 et p. 181-185.

seule qui soit en mesure de permettre la modernisation de l'économie, et les transformations sociales qui ne peuvent manquer de l'accompagner, sans que s'accomplissent les excès de la « monarchie absolue » (celle que Charles X esquissait en 1830) ou ceux de la « démocratie absolue » (comme en 1793, par exemple). Ce programme, qui conduit il est vrai à un certain immobilisme politique — c'est, répétons-le, de l'économie qu'il attend le changement social, et donc politique[1] — et à une politique extérieure sans éclat, nécessite l'appui de l'ensemble du parti « de l'ordre » ; et il conduit l'opposition parlementaire, écartée du jeu du pouvoir, à réclamer avec insistance une réforme électorale, seule mesure apte à lui permettre de se réintroduire dans le jeu politique : simple élargissement pour Thiers et O. Barrot, suffrage universel pour les radicaux.

Au début, Guizot est servi par la conjoncture économique, qui se redresse entre 1840 et 1846. Ce qui lui permet de dissoudre la Chambre en juin 1842 ; les élections de juillet 1842 ne sont nullement un triomphe : il obtient certes un renforcement de sa majorité, mais celle-ci demeure assez courte (266 voix sur 459)[2]. De ce fait, durant toute la législature Guizot se heurte à une opposition. Elle se manifeste surtout dans deux domaines. En premier lieu, Guizot refuse toute idée de réforme électorale. Déjà en février 1842 la gauche avait fait des propositions d'extension du droit de vote soit aux membres de la garde nationale, soit aux « capacités » en plus grand nombre, ainsi que l'interdiction du cumul des fonctions publiques et du mandat de député (ce qui entraînerait la disparition des « députés-fonctionnaires »). Guizot s'y était opposé, mais

1. Dans ses travaux historiques il est le premier à avoir exposé de façon claire et systématique le rôle de la lutte des classes dans l'évolution sociale. Il écrit, par exemple, dans sa septième leçon sur l'*Histoire de la civilisation en Europe* : « La formation d'une grande classe sociale, de la bourgeoisie, était le résultat nécessaire de l'affranchissement local des bourgeois.[...] Le troisième grand résultat de l'affranchissement des communes, c'est la lutte des classes, lutte qui remplit l'histoire moderne. L'Europe moderne est née de la lutte des diverses classes de la société. [...] Aucune des classes n'a pu vaincre ni assujettir les autres ; la lutte au lieu de devenir un principe d'immobilité, a été une cause de progrès [...] » (6e éd., 1851, p. 182-184).

2. Elle peut, cependant, être plus importante. La mort accidentelle du duc d'Orléans, prince héritier, en juillet 1842, pose un problème de régence probable (son fils, comte de Paris, est né en 1838) ; la désignation du régent éventuel offre ainsi l'occasion d'un affrontement avec la gauche, qui souhaite voir désigner la duchesse d'Orléans (Hélène de Mecklembourg-Schwerin, qui passe pour libérale) et non pas le second fils du roi, duc de Nemours, plus conservateur, qui est accepté le 20 août par la Chambre comme le demandait Guizot, par 310 voix sur 404 votants.

la réforme n'avait été rejetée que par 234 voix contre 193. Par la suite cette question est souvent posée devant l'opinion, mais en dépit de cette alerte de 1842 Guizot, convaincu de la justesse de ses principes, refuse toute réforme. De ce fait la moyenne bourgeoisie, qui a soutenu la révolution de 1830 par refus du retour (supposé) de l'Ancien Régime, commence à estimer que la monarchie de Juillet s'écarte trop de l'esprit de 1789, ce qui est fort inquiétant et rend la garde nationale peu sûre ; or elle constitue le principal rempart du régime.

Guizot doit aussi faire face à une vive opposition des catholiques « libéraux » groupés autour de Montalembert. Celui-ci, ancien ami de Lamennais en 1830, mène dans les années 1840 une vive campagne en faveur de la « liberté de l'enseignement », c'est-à-dire la possibilité, pour l'Eglise catholique, d'ouvrir des établissement d'enseignement secondaire et supérieur où seraient instruits les enfants de la bourgeoisie. Dès lors, explique-t-il, que l'Etat n'a plus de religion, l'Eglise ne peut plus compter sur le contrôle de l'Etat, qui a d'ailleurs émancipé l'Université ; elle doit donc pouvoir ouvrir ses écoles pour être en mesure de contrôler elle-même ce qu'on enseigne aux jeunes gens qui sont les futurs cadres de la nation. Or cette sorte de croisade rencontre un écho réel dans une grande partie de la bourgeoisie ; ce qui illustre aussi ce mouvement de retour vers l'Eglise qui accompagne, chez les élites, la prise de conscience d'un risque de révolution sociale mettant en cause la propriété ; l'Eglise étant vue aussi comme un rempart, presque une composante, de l'ordre social. Naturellement la campagne de Montalembert provoque de très vives réactions anticléricales chez nombre d'universitaires qui entendent pouvoir continuer à enseigner librement, et chez les républicains. Mais elle gêne aussi Guizot qui a besoin de fédérer l'ensemble du parti de l'ordre pour mener sa politique ; il ne peut pas plus se passer de l'appui de la bourgeoisie restée voltairienne, ou devenue scientiste, qu'il ne peut se dispenser de satisfaire la bourgeoisie cléricale. Il fait donc préparer plusieurs projets de réforme de l'enseignement secondaire, qui n'aboutissent pas, car ce sont des compromis qui mécontentent les deux camps. Mais cela révèle aussi le mauvais fonctionnement du régime, incapable de trouver des solutions aux problèmes qui se posent.

Comme on peut s'y attendre, c'est dans le domaine économique et social que le gouvernement accomplit son œuvre principale, avec, tout particulièrement, le vote de la loi du 11 juin 1842, qui prévoit l'établissement d'un réseau national de voies ferrées[1]. On note aussi le vote de quelques lois sociales, comme en 1841 celle qui réglemente le travail des enfants, bien timide d'ailleurs, et souvent mal appliquée, mais qui dénote une prise de conscience des conséquences sociales de la révolution industrielle. Et Guizot, pourtant favorable à cette réforme, ne parvient pas à faire adopter l'abolition de l'esclavage dans les colonies françaises. Quant à la politique étrangère, elle demeure résolument pacifique, et sans éclat[2]. Elle n'est donc pas en mesure d'offrir aux fils de 1789 des compensations d'amour-propre.

De ce fait, peu à peu l'idée que le régime fonctionne mal s'impose dans de larges secteurs de l'opinion. Il est vrai qu'on ne discerne aucune perspective d'alternance politique ; et que, pour cette raison, la politique se réduit trop souvent au clientélisme (quand ce n'est pas à la corruption, directe ou indirecte), efficace à court terme pour faire voter une loi, mais dangereux à long terme, par le discrédit qu'il engendre.

La crise du régime (1846-1847)

L'année 1846 ne se présente pourtant pas trop mal pour le pouvoir. Les élections législatives d'août 1846 voient un réel succès pour les candidats ministériels, en raison, probablement, des profondes divisions de l'opposition, incapable de s'entendre : on en dénombre 291, contre 168 opposants (de toutes tendances) ; mais on compte encore 188 fonctionnaires parmi les 459 députés. Pour la première fois Guizot dispose d'une majorité cohérente, qui devrait lui permettre de gouverner. Tel n'est pourtant pas le cas. En effet, ces conclusions pourraient être tirées si les élections avaient eu lieu au suffrage universel, et qu'elles représentaient les vœux de la majorité des Français. Mais ce résultat exprime plutôt la satisfaction de la petite frange des 245 000 électeurs, qui se contentent d'un régime qui maintient l'ordre et favorise la prospérité économique ; mais cela ne va pas jusqu'à un attachement profond à la dynastie orléaniste, ou à la philosophie politique de Guizot.

Or, à la fin de l'année 1846 la France est frappée par une crise

1. Sur ces questions, voir p. 132-133.
2. Sur ces questions, voir p. 224-225.

économique brutale, et profonde, qui engendre de graves conséquences sociales et des troubles agraires d'inégale ampleur selon les régions ; mais qui inquiètent vivement la bourgeoisie et facilitent à leur tour la crise politique, latente depuis quelque temps. Tout au long de l'année 1847 on sent peu à peu une désaffection non seulement à l'encontre de Guizot, mais aussi du roi Louis-Philippe. Il est vrai qu'en exigeant le contrôle du gouvernement, il s'est exposé lui-même. De plus, avec l'âge il est de plus en plus tenté de ne pas respecter l'esprit du régime parlementaire qu'il défendait à l'origine (la double confiance), et à décider seul. Et, en dépit des conseils de son entourage, il se refuse à faire des concessions et, par exemple, à se séparer de Guizot. Ce qui met le régime en danger, car Guizot est impopulaire, les députés, dont on soupçonne l'honnêteté (au moins intellectuelle)[1], sont souvent déconsidérés parce que l'opinion les accuse de s'être constitués en groupe de pression chargé de la défense de ses intérêts, et le roi, autoritaire, commence a être contesté. De ce fait les députés les plus lucides rassemblent une coalition un peu hétéroclite — on y remarque des libéraux progressistes, la gauche dynastique d'O. Barrot, des légitimistes, des républicains modérés, des ouvriers socialistes, des bourgeois écartés du pouvoir par suite du favoritisme pratiqué par le pouvoir, etc. — qui en vient à la conclusion que le salut du régime, et de la société, passe par l'élargissement du droit de vote, seul moyen à leur yeux de restaurer la légitimité du régime. Mais, malgré deux propositions de loi en faveur de la réforme électorale, en mars (abaissement du cens à 100 F) et en avril (interdiction du cumul entre la fonction publique et la députation), Guizot refuse toute concession. Et sa majorité le suit.

Comme elle ne peut pas se faire entendre à la Chambre, l'opposition décide d'en appeler au pays. En mai-juin 1847 la gauche dynastique (Odilon Barrot), le centre gauche de Thiers et les « radicaux » qui ne peuvent plus se dire républicains, reprenant la tactique employée par certains d'entre eux en 1840, décident d'organiser une campagne de banquets politiques dans les principales villes du pays. Afin d'éviter toute provocation n'y seront admis, comme convives acquittant le prix de leur repas, que les électeurs censitaires. Y prendront la parole des représentants de toutes les nuances de l'opposition, pour réclamer, surtout, la réforme électo-

1. De plus en 1847 éclatent quelques affaires de corruption.

rale. Certes tout ne se passe pas sans rivalités, ni conflits, car le républicain Ledru-Rollin ne peut pas demander la même chose que l'opposant modéré qu'est O. Barrot. Toutefois cette campagne, inaugurée à Paris le 9 juillet et close à Rouen le 25 décembre, se déroule sans véritable incident. On dénombre environ 70 banquets, regroupant une vingtaine de milliers de convives, sur 245 000 électeurs, ce qui n'est pas considérable. Il est vrai qu'au moment des discours on laisse entrer le « peuple » ; le nombre total des auditeurs est donc plus élevé. On remarque, aussi, une radicalisation progressive au cours de l'été 1847, les modérés, qui réclament seulement un élargissement du droit de vote, étant dépassés par les partisans du suffrage universel. Mais on ne peut pas dire que cette campagne provoque une véritable agitation politique, d'autant plus qu'elle met en lumière les divisions de l'opposition. On dénote plutôt dans le pays un intérêt, qui traduit aussi cette sorte d'éducation civique induite par la loi municipale et par l'élection des officiers de la garde nationale, et révèle que la sphère de la citoyenneté consciente ne cesse de s'agrandir, ce qui rend encore plus anachronique le système électoral institué en 1830. Mais tout cela ne laisse pas présager un bouleversement politique.

Il va falloir de nouvelles erreurs de Guizot, et du roi, pour que la crise éclate. Quelques concessions du pouvoir n'auraient-elles donc pas pu lui accorder un répit, d'autant plus, la suite va le montrer, que les républicains ne sont pas très nombreux au début de l'année 1848 ? En réalité, son écroulement soudain, en février, éclaire l'usure du régime, qui ne sait ni se réformer à l'intérieur, ni faire rêver à l'extérieur. Et, plus profondément, on peut se demander si le compromis tenté en 1830 — chercher une voie moyenne entre l'Ancien Régime et la Révolution, entre la souveraineté du roi et la souveraineté du peuple — était praticable à long terme ; car il laissait sans solution le problème de la légitimité de ce régime que, faute de qualificatif, on se contente d'appeler « de juillet ».

VII – La France et le monde, 1815-1851

Après un quart de siècle de guerre presque ininterrompue, la France se réhabitue — pour certains non sans mal — à une longue période de paix. Nul conflit général en Europe, des frontières stabilisées, cela ne signifie pas, cependant, que les esprits soient uniquement tournés vers les progrès de l'économie, les débats parlementaires ou les rêveries romantiques. Outre que la violence se déplace sur le terrain civil avec des affrontements de type révolutionnaire (l'un des symboles de l'époque n'est-il pas en France la barricade ?), la guerre reste présente et, avec elle, la nécessité de forces armées. Mais il s'agit essentiellement, au moins en ce qui concerne la France, d'opérations limitées, localisées, relevant moins d'une ambition hégémonique que de l'opération de police internationale ou de la démonstration de force. S'y ajoutent, il est vrai, des campagnes coloniales qui, d'une certaine façon, offrent un exutoire aux velléités belliqueuses pour le reste assez bien contrôlées par ce qu'on appelle alors d'une expression très significative le « concert » des puissances européennes.

En cette époque, par conséquent, de paix armée, le rôle international de la France tient d'abord pour une large part au bon vouloir de ses vainqueurs, alliés bientôt divisés mais durablement méfiants envers ce virtuel trublion de l'Europe. Assagi, redevenu fréquentable pouvait-on croire, celui-ci ne soulève-t-il pas de nouveau l'inquiétude en 1830 ? Malgré tous les efforts pour rassurer du pacifique Louis-Philippe, ne sous-estimons pas cette défiance et le relatif isolement qu'elle entraîne pour notre pays, malgré la feinte « cordialité » de trop précaires ententes. Les alliés potentiels sont rares et des antipathies tenaces entravent les rapprochements que pourrait dicter la raison, qu'il s'agisse de l'anglophobie diffuse ou des rancœurs contre l'ordre symbolisé par Vienne.

Quels sont alors les intérêts de la France ? Dans l'immédiat, c'est assurément de retrouver sa pleine liberté d'action en obtenant que soient au plus tôt levés tutelle et contrôles des Alliés. A plus long terme, c'est d'affirmer à nouveau sa puissance sur le continent et dans le reste du monde par une politique d'influence ou même certaines interventions armées. Restent, à l'horizon du rêve, les désirs de gloire et la nostalgie des « frontières naturelles » incluant la Belgique et la rive gauche du Rhin, ambition qu'une élémentaire sagesse chez les gouvernants incite à ajourner mais dont l'expression bruyante dans une partie de l'opinion suffit à inquiéter les pays voisins, l'Allemagne notamment où, derrière l'image romantique qu'en a laissée Mme de Staël, on ne mesure pas assez les transformations en cours ni la dimension profondément anti-française du nationalisme naissant.

Réalisme d'une part, frustration de l'autre, il convient d'évaluer les moyens dont dispose la France pour prétendre à un rôle international retrouvé : effectifs militaires, forces navales, potentiel défensif de places fortifiées face aux frontières nouvelles... Sans doute faut-il songer aussi à ces éléments de puissance supplémentaires que sont les capitaux (bien que très inférieurs à ce qu'ils seront par la suite, des prêts, des investissements s'esquissent, notamment en Orient), l'avance technologique (les Français joueront un rôle essentiel dans la mise en valeur de l'Egypte et la modernisation de son armée) ou encore le prestige culturel : c'est ainsi qu'en 1816 une mission d'hommes de lettres ou d'artistes français est appelée au Brésil, où son rôle sera important dans l'affirmation du futur Etat indépendant.

Libération du territoire et réorganisation militaire

Dans des conditions qu'elle devait fâcheusement retrouver en 1871, la France de 1815 se voit partiellement occupée[1] et contrainte de verser aux Alliés de lourdes indemnités : quelque

1. Même après leur repli en novembre, après la signature du second traité de Paris, sur les départements frontaliers, de l'Alsace au Pas-de-Calais, il reste 150 000 soldats alliés dont la France doit payer l'entretien.

700 millions de francs, à régler par tranches de 4,5 millions tous les quatre mois, à quoi s'ajouteront de multiples créances présentées par des étrangers. Plus grave encore, elle se trouve mise en quelque sorte au ban de l'Europe, la mauvaise surprise des Cent-Jours ayant ruiné tout le crédit qu'on avait cru pouvoir lui accorder et justifiant, estiment ses vainqueurs, des mesures particulières de contrôle. Tandis que le 26 septembre 1815 le tsar, l'empereur d'Autriche et le roi de Prusse signent l'accord, à vrai dire surtout symbolique, de la Sainte-Alliance, l'ensemble des souverains alliés décide, le 20 novembre, de renouveler le pacte conclu l'année précédente à Chaumont. Visant à prévenir tout sursaut révolutionnaire ou guerrier, il prévoit la réunion de congrès pour faire face aux menaces contre l'ordre en Europe et place tout spécialement la France sous surveillance, les ambassadeurs alliés à Paris ayant droit de regard sur les actes du gouvernement.

C'est là une situation humiliante, que les opposants ne manquent pas de dénoncer, et en même temps ruineuse car l'entretien des troupes étrangères compromet tout rétablissement financier. D'où les efforts persévérants pour en sortir du nouveau chef du gouvernement depuis 1816, le duc de Richelieu. Ayant obtenu déjà en 1817 une réduction de 30 000 hommes du corps d'occupation (et donc un allégement des charges budgétaires), il réussit à négocier avec de grandes banques étrangères, Hope et Baring, les emprunts qui vont permettre de régler dettes et indemnités de guerre. C'est chose faite en 1818 et, dès lors, les Alliés réunis en congrès à Aix-la-Chapelle décident d'évacuer les départements occupés et de mettre fin à leur tutelle politique sur un pays apparemment stabilisé. Tout en prolongeant secrètement leur pacte (mais il ne jouerait plus qu'en cas de révolution en France), ils réintègrent l'ex-vaincue dans le concert des puissances en l'invitant à s'associer, désormais, à leur politique d'ordre monarchique en Europe.

Ce contexte plus favorable va permettre une réorganisation des forces militaires françaises. Sur quelles bases ? En 1814, les royalistes avaient volontiers fait écho aux vœux d'une population lasse de la guerre, de ses continuelles levées d'hommes et de son poids fiscal croissant : « Ni conscription ni droits réunis... » Retour à une armée de métier restreinte, supposée moins coûteuse ? Cela soulevait cependant le problème d'officiers en surnombre dont plusieurs milliers, dans un but d'économie, s'étaient vu mettre à la retraite avec une demi-solde, mesure d'autant plus mal perçue qu'au même moment on recrutait des Suisses ou réintégrait à des grades élevés d'anciens émigrés ayant combattu dans les rangs ennemis. Plus généralement se posait la question angoissante de la loyauté envers les Bourbons de militaires sevrés des gloires impériales et dont l'attitude lors du « Vol de l'Aigle » avait montré le peu d'empressement à défendre le trône.

C'est à tout cela qu'essaie de répondre la loi de 1818 préparée par le maréchal Gouvion-Saint-Cyr. Expression, parmi d'autres, de la politique d'ouverture libérale du parti « constitutionnel » et, de ce fait, non remise en cause après 1830, cette loi réorganise le recrutement des troupes ainsi que le mode d'avancement des officiers. Fondé théoriquement sur le volontariat, le premier conserve en réalité, pour pallier une insuffisance des engagements, le principe de la conscription, mais en l'allégeant fortement compte tenu de besoins désormais réduits. Les jeunes gens de 20 ans jugés physiquement aptes au service militaire[1] sont soumis à un tirage au sort : seuls les « mauvais numéros » seront incorporés à un contingent annuel limité à 40 000 hommes (à titre de comparaison, les levées de 1812 ou 1813 avaient porté sur plusieurs centaines de milliers de conscrits), la possibilité leur restant, si du moins ils en ont les moyens, de « s'acheter un remplaçant ». Le service actif est de six ans (la loi Soult, en 1832, le prolongera à sept), ce qui, compte tenu de réengagements fréquents, se rapproche d'une armée de métier. Les règles d'avancement sont précisées, afin d'empêcher ces nominations à la seule faveur qui avaient tant choqué au début de la Restauration. Pour devenir officier, il faudra désormais soit avoir exercé deux ans comme sous-officier, soit sortir d'une école militaire impliquant concours, Saint-Cyr pour l'infanterie, Metz pour l'artillerie. Sauf pour les officiers supérieurs, les deux tiers des nominations se feront à l'ancienneté, et quatre ans seront requis dans un grade pour prétendre à une promotion : toutes mesures qui avantagent les vétérans des guerres napoléoniennes... En dépit des ultras qui dénonçaient la conscription et voulaient réserver aux nobles des avantages de carrière, la loi est votée, avec l'appui du roi, Gouvion-Saint-Cyr soulignant la nécessité d'intégrer l'ex-armée impériale et d'en faire le soutien du nouveau régime : pari qui pouvait sembler risqué mais dont la suite des événements allait justifier l'audace.

1. Les procès-verbaux des conseils de révision réunis à cet effet offrent une source très précieuse, exploitée notamment par l'historien E. Le Roy Ladurie, sur l'état de santé, la taille, le degré d'instruction des jeunes Français.

La France va disposer ainsi sous la monarchie constitutionnelle de quelque 300 000 hommes, effectif suffisant pour lui rendre son poids dans une Europe pacifiée. L'armement, on le notera, n'évolue que lentement à l'époque : le fusil à percussion[1] ne s'imposera guère avant 1840, et l'artillerie en reste, pour l'essentiel, au type de matériel normalisé par Gribeauval à la fin du XVIIIe siècle, ses progrès consistant surtout dans une mobilité accrue[2] ou concernant les canons de marine.

C'est en effet une conséquence, à la fois évidente et insuffisamment perçue, de la situation géographique propre à la France que la nécessité d'avoir à entretenir, outre une importante armée de terre, des forces navales notables. Obligeant à des choix, expliquant certains effacements, il y a là un certain handicap par rapport au Royaume-Uni, que sa position insulaire autorise à se consacrer avant tout à sa flotte, ou à telles puissances continentales comme la Prusse ou l'Autriche, alors peu tournées vers les horizons marins. Sacrifiée depuis Trafalgar, la flotte française est en 1815 au niveau le plus bas. Des navires ont été confisqués par les Alliés, d'autres sont désarmés et de nombreux marins ont perdu l'habitude de naviguer. Caractéristique est à cet égard l'équipée lamentable de 1816 où une petite expédition, avec la frégate la *Méduse*[3], envoyée pour réoccuper d'anciens comptoirs français d'Afrique, non seulement s'échoue près des côtes mauritaniennes mais donne lieu à l'évacuation déplorable qu'illustrera le peintre Géricault. C'est, là encore, en 1818 qu'un redressement s'opère, avec le baron Portal, nouveau ministre de la Marine. Dès 1821, la France dispose de 121 navires de guerre (dont 46 bâtiments de ligne et 34 frégates). En 1840, il y en aura plus de 300, dont quelques-uns déjà à vapeur[4]. Le recrutement des matelots est assuré par le système de

1. Supérieur au fusil à silex, il utilisait une amorce permettant le tir même sous la pluie.

2. Une amélioration de l'avant-train des pièces, tractées par des attelages, permet d'y établir les coffres à munitions et d'y asseoir les servants, d'où une « artillerie montée » se déplaçant plus rapidement sur le terrain.

3. Le fait qu'on ait confié le commandement à un émigré dont l'expérience nautique était par trop lointaine allait conférer à ce drame une portée politique.

4. Pour des raisons multiples (fiabilité incertaine des machines, vulnérabilité des roues à aubes avant la diffusion de l'hélice, problèmes d'approvisionnement en charbon dans les mers lointaines...), la vapeur se limite au début aux petites unités, la première frégate française à l'utiliser datant de 1845. Les 40 vaisseaux de ligne (avec 80 à 120 canons) et 50 frégates (40 à 60 bouches à feu) de la flotte française restent des voiliers construits en bois.

l'inscription maritime, tandis que l'Ecole navale de Brest forme les officiers. Deux autres écoles, à Brest et Toulon, sont créées pour l'artillerie de marine, laquelle voit apparaître une innovation lourde de conséquences pour l'avenir avec l'usage de boulets creux remplis de poudre, préfiguration de l'obus, que leur explosion rend plus destructeurs.

Ne sous-estimons pas le rôle de cette marine : grâce à elle, la France retrouve les moyens d'une intervention n'importe où dans le monde. On le verra en Grèce mais aussi à Alger, spectaculaire opération de débarquement. Moins connues, il faut citer aussi ces démonstrations navales destinées à impressionner un pays hostile ou peu pressé d'honorer ses obligations : en 1831, le gouvernement portugais ayant malmené des ressortissants français, une flotte force l'entrée du Tage et contraint Lisbonne à donner réparation ; en 1834, on canonne le port de Carthagène, en Colombie ; même chose en 1838 à Veracruz, au Mexique, ou encore en 1845 contre l'Argentine... S'y ajoutent telle expédition soigneusement mise en scène comme le retour des cendres de Napoléon depuis Sainte-Hélène, en 1840, ou tel périple associant à l'exploration des visées coloniales, dont on reparlera plus loin.

Une France à nouveau reconnue dans le monde

A des moyens peu à peu retrouvés doit toutefois s'ajouter une volonté de s'affirmer sur la scène internationale. Est-ce bien le cas avec un homme comme Villèle, avant tout préoccupé des problèmes intérieurs ? Un esprit d'une autre volée comme Chateaubriand devait comprendre que le régime encore fragile des Bourbons avait tout à gagner à une diplomatie active, ne serait-ce que pour atténuer un peu le contraste avec les gloires passées. « Que ne pouvait-on craindre, écrira-t-il plus tard dans ses *Mémoires d'outre-tombe,* pour Louis XVIII et Charles X après l'humiliation des traités de Vienne ? Cette pensée m'oppressa comme un cauchemar pendant les huit premières années de la Restauration et je n'ai respiré un peu qu'après le succès de la guerre d'Espagne... »

De fait, invitée à participer aux congrès de Troppau et Laybach (1820 et 1821) où Metternich fait approuver, contre l'avis anglais, un droit d'intervention dans tout pays pour y écraser une menace révolutionnaire, la France semble hésiter sur le parti à prendre. Elle n'ose contrarier les vœux de l'Autriche qui, champion de l'absolutisme, va pouvoir réprimer les révoltes de Naples ou du Piémont, mais elle y montre trop de réticences pour que celle-ci lui en sache gré. C'est seulement l'affaire espagnole qui va lui permettre de s'imposer. Face aux libéraux qui ont pris le pouvoir à Madrid, il n'y a que la France, vu ses frontières communes, qui puisse intervenir militairement et rétablir dans ses prérogatives le roi Ferdinand VII, un Bourbon. Mais l'entreprise n'est pas sans risques : outre l'hostilité marquée de l'Angleterre à un tel projet et les mauvais souvenirs de l'éprouvante guerre d'Espagne de 1808, où tout un peuple s'était dressé contre les Français, le gouvernement est en droit de s'interroger sur la loyauté d'une armée travaillée par la propagande des libéraux et en proie aux complots de la « Charbonnerie »[1].

Malgré les réticences de Villèle, Montmorency puis Chateaubriand qui lui succède aux Affaires étrangères finissent par obtenir gain de cause. Au printemps 1823, une armée de 100 000 hommes sous le commandement symbolique du duc d'Angoulême, neveu du roi, franchit les Pyrénées. Contrairement à ce qu'on pouvait craindre, les militaires qui s'ennuyaient dans leurs casernes marchent sans états d'âme, sourds aux protestations du général Foy, voix de l'opposition libérale, comme aux tentatives du colonel Fabvier, avec quelques volontaires, pour leur barrer la route. En face, peu de résistance et un accueil inespéré des populations. Le 24 mai, c'est l'entrée triomphale à Madrid. Reste à s'emparer de Cadix où le gouvernement rebelle s'est retranché, emmenant le roi prisonnier : un siège difficile que Napoléon en son temps n'avait pu réussir. Or, dès le 30 août, un audacieux coup de main sur une position clé, le fort du Trocadéro, assure la victoire : l'adversaire capitule, Ferdinand VII est libéré et peut rétablir — durement — son autorité sous la protection d'un corps de 45 000 hommes stationné en Espagne jusqu'en 1828. Largement exploité au profit du régime, le succès est réel. A l'intérieur, où l'opposition libérale s'est montrée impuissante, il consacre la fidélité monarchique de l'armée. Aux yeux de l'Europe, cette facile campagne restaure en même temps le prestige militaire de la France, fût-ce dans le rôle contestable de gendarme de la Sainte-Alliance.

1. Inspirées par cette société secrète, des conspirations militaires marquent les années 1821-1822 à Saumur, Belfort, Nantes, Strasbourg..., celle de La Rochelle étant restée la plus célèbre avec le procès puis l'exécution des « quatre sergents ».

La timidité de Villèle sur le plan international, excluant en fait la poursuite d'une politique de prestige, allait paradoxalement contribuer au passage d'une politique de réaction, aux fondements dynastiques, à une certaine acceptation du vœu des populations. Confrontée ainsi au problème d'une Amérique latine en pleine insurrection, la France, après quelques velléités de soutenir une intervention, donne l'impression de se plier aux volontés de l'Angleterre, elle très favorable à une indépendance qui lui ouvre de nouveaux marchés. Face au soulèvement des Grecs contre le joug turc, c'est un long attentisme, malgré l'écho croissant dans l'opinion d'un philhellénisme dont peintres et écrivains se font les interprètes, Chateaubriand lui-même présidant le comité en leur faveur. Prudence devant les données complexes d'une « Question d'Orient » qui ne cessera guère, désormais, de préoccuper le XIXe siècle ? Crainte, en s'y engageant, de nuire aux intérêts français dans l'Empire ottoman ? Ce n'est qu'en 1827 qu'à l'instigation des Anglais, désireux de contenir les ambitions russes de plus en plus nettes sur les Balkans[1], la France signe le traité de Londres par lequel les trois puissances s'entendent pour imposer au sultan un arrêt de la répression contre les Grecs. Elle participe de la sorte à la flotte conjointe qui, à l'appui de ces exigences, fait voile vers l'Orient, et donc aussi au combat non prévu qui se solde, en octobre, par la destruction des navires turcs dans la baie de Navarin. Le remplacement de Villèle aidant, une politique plus autonome permettra ensuite à la France, grâce à un débarquement dans la presqu'île de Morée (ou Péloponnèse), de contribuer très activement à la fin du conflit et à la naissance (1829) d'un Etat grec indépendant où elle aura quelque influence.

Cette intervention en Orient a rapproché la France de la Russie. Au point de laisser imaginer au dernier ministre de Charles X, Polignac, l'éventualité avec cet appui, d'un vaste échange de territoires dont l'Empire ottoman dépecé ferait finalement les frais, la France pour sa part y gagnant la Belgique... Ce « grand projet » en restera là mais c'est un peu à titre de compensation qu'avec l'aval du tsar (et malgré l'opposition de l'Angleterre) est lancée en 1830 l'expédition d'Alger (cf. plus loin).

1. Le rêve d'étendre son contrôle sur les Balkans et, par là, sur les Détroits incite alors le nouveau tsar Nicolas Ier, ailleurs grand défenseur de l'ordre établi, à soutenir les peuples chrétiens insurgés, leur révolte étant présentée comme une croisade libérant ces orthodoxes du joug musulman.

La monarchie de Juillet en quête d'une politique étrangère

En quête, a-t-on pu dire, de la « meilleure des républiques », la France de Louis-Philippe apparaît tout autant à la recherche d'une idéale diplomatie qui concilierait le maintien d'une Europe stable et pacifique avec les vœux d'une opinion souvent agressive et chauvine. Comme pour la devise que s'était donnée Casimir Périer : « Au-dedans l'ordre sans sacrifier la liberté ; au-dehors la paix sans qu'il en coûte rien à l'honneur », le compromis ne sera pas toujours aisé...

La révolution de Juillet ouvre d'emblée l'ère des difficultés en remettant en cause la reconnaissance précédemment acquise. Cas d'intervention expressément prévu par les puissances, va-t-elle les liguer de nouveau contre cette France, décidément, incorrigible trublion de l'Europe ? Ce d'autant plus qu'on peut y voir toute une partie de l'opinion, qu'exprime un journal avancé comme *Le National,* revendiquer hautement la rive gauche du Rhin, tandis qu'à travers le *Mémorial de Sainte-Hélène* est présentée l'image posthume d'un Napoléon favorable à une libération des peuples. La Révolution belge, le 25 août, semble confirmer le péril. Va-t-on recommencer comme en 1815 ? Faudra-t-il un nouveau Waterloo pour en venir à bout ? Le tsar préconise une opération militaire, approuvé par la Prusse et l'Autriche. Mais la réaction est plus attentiste chez les Anglais, satisfaits au fond d'une Belgique indépendante et disposés à croire aux promesses françaises de non-intervention dans ce pays. Eclatent enfin les soulèvements en Pologne ou en Italie centrale, qui retiendront durablement les Russes et les Autrichiens.

La guerre n'aura donc pas lieu. Mais l'Europe n'en snobe pas moins le nouveau régime issu des barricades. L'Autriche accueille Charles X (il y mourra en 1836 à Goritz) et l'héritier de la branche « légitime », le jeune duc de Bordeaux. L'Angleterre elle-même attend un mois avant de reconnaître le roi des Français, le tsar étant de tous le dernier à y consentir. Cela exprime bien l'isolement où retombe la France, et l'on comprend toute l'importance qu'elle attachera à ces symboles de réintégration que sont telle alliance matrimoniale ou telle visite officielle d'un souverain étranger. On s'explique aussi qu'elle ne puisse, dans ces conditions, faire fi du seul soutien envisageable, celui de l'Angleterre dont la rapproche un régime politique analogue, et ce malgré des divergences d'intérêts ou des incompréhensions qui entacheront toujours les essais successifs d'« entente » de très profondes et réciproques détestations.

Cette volonté d'accord avec l'Angleterre préside au règlement de l'affaire belge. Soucieuse de rassurer l'Europe et d'éviter ainsi tout conflit, la France participe à la conférence de Londres où les cinq principales puissances reconnaissent l'indépendance de la Belgique et proclament sa neutralité[1]. Force est pour elle d'y admettre bien des sacrifices, contre des avantages mineurs. La couronne du nouvel Etat, que les Belges avaient proposée à un fils de Louis-Philippe, ira à un prince allemand, Léopold de Saxe-Cobourg, qui tout de même épousera une fille du roi des Français. La France ne réussit pas davantage à obtenir pour sa frontière du nord un retour au tracé de 1814 ; tout au plus on démantèlera quelques places fortes belges qui la menaçaient. Surtout, en consacrant solennellement la neutralité belge, elle renonce définitivement à cette extension vers le nord qui depuis des siècles était son objectif majeur. Au moins obtient-elle en compensation l'apparente protection d'un Etat-tampon. En s'en faisant le défenseur en 1831-1832 contre la tentative de reconquête du roi des Pays-Bas, elle fera la preuve de son attachement aux traités. Les succès militaires remportés à cette occasion — notamment une brillante reprise de la forteresse d'Anvers sur les Hollandais — viendront à point pour donner quelques satisfactions à une opinion française en proie à des ardeurs belliqueuses. C'est surtout la révolte des Polonais contre la domination russe, en 1830-1831, qui excite les esprits, le parti du « mouvement » n'hésitant pas devant le risque d'une guerre générale pour libérer les peuples de leurs oppresseurs et effacer la « honte » de 1815.

Face à ce romantisme politique de la gauche, le gouvernement dirigé par Casimir Périer s'en tient à une prudence « bourgeoise » mais en même temps sans doute plus réaliste quant aux véritables intérêts du pays. A défaut de pouvoir aider l'insurrection polonaise[2], on accueillera les réfugiés qui fuient la répression tsariste. Et

1. C'est le fameux « chiffon de papier » (ou, selon une traduction plus littérale de l'allemand, « bout de papier ») dont parlera l'Allemagne en 1914, violant cette neutralité belge pour appliquer le plan Schlieffen.

2. L'écrasement de l'insurrection polonaise par l'armée russe, en septembre 1831, est annoncé par le maréchal Sebastiani en une formule malheureuse qui indignera l'opposition : « L'ordre règne à Varsovie... »

pour montrer à Vienne que l'Italie n'est pas sa chasse gardée (les Autrichiens avaient occupé Bologne, soulevée contre le pape), la France, sans aider pour autant les révolutionnaires, envoie des troupes en 1832 dans la ville pontificale d'Ancône[1]. Elle s'affirme par là puissance pacifique mais en même temps libérale, politique similaire à celle du Royaume-Uni. Et l'on va voir les deux pays soutenir de concert dans la double crise de succession qui éclate alors en Espagne et au Portugal les deux jeunes reines Isabelle et Maria contre les prétendants absolutistes don Carlos et don Miguel (1834).

Entente logique mais sans vraie sympathie mutuelle : les Anglais s'irritent du protectionnisme douanier maintenu à l'encontre de leurs produits, ou de l'installation durable de la France en Algérie ; et à l'anglophobie nourrie de souvenirs historiques d'un ministre comme Thiers répond le chauvinisme arrogant d'un lord Palmerston, longtemps en charge du Foreign Office. C'est ainsi que la France va se découvrir dangereusement isolée lors de la nouvelle crise qui éclate en Orient en 1839-1840.

A l'origine, les ambitions du pacha d'Egypte Méhémet Ali, appuyé de longue date par les Français qui l'avaient aidé à faire de cette partie de l'Empire turc un pays riche (notamment par le développement d'une culture irriguée du coton, la variété à longue fibre, la plus recherchée, gardant le nom du Français Jumel qui en avait réussi la sélection) et à constituer une force militaire à l'européenne, principal soutien du sultan dans sa lutte contre les Grecs. Méhémet Ali n'avait-il pas montré sa reconnaissance en faisant don à Louis-Philippe du fameux obélisque de Louksor, bientôt érigé à Paris (1836) place de la Concorde ? La place croissante du pacha dans l'Empire ottoman, où il entre en conflit avec le sultan, écrase son armée et l'incite, aux abois, à demander secours au tsar inquiète l'Angleterre, soucieuse de maintenir en Orient un statu quo favorable à ses intérêts et, surtout, d'empêcher une mainmise russe sur les Détroits. Et tandis que la France cherche à obtenir une solution avantageuse pour son protégé égyptien, Londres s'entend, à son insu, avec la Prusse, l'Autriche et la Russie pour lui imposer une quasi-capitulation (juillet 1840). Un tel camouflet, reçu comme une gifle, surexcite l'opinion française. Le roi lui-même, pourtant fort pacifique, en est indigné. Un organe pondéré comme

1. La France devait négocier en 1838 avec l'Autriche un retrait simultané de leurs corps d'occupation d'Ancône et de Bologne.

la *Revue des deux mondes* écrit : « La France doit se souvenir que, même étant seule, elle a tenu tête à l'Europe », des voix autorisées parlant de déchaîner sur le continent le « formidable jeu des révolutions »... Thiers, chef du gouvernement, semble accepter le risque d'une guerre générale, revanche de 1815, et fait ostensiblement fortifier Paris, donnant à la capitale cette ultime enceinte qui devait jouer un si grand rôle trente ans plus tard[1].

Quelle est la part du « bluff » diplomatique dans tout cela ? Les puissances envisagent-elles réellement de se battre au risque de remettre en cause, sur un prétexte bien lointain, l'équilibre continental hérité du Congrès de Vienne ? Au-delà des gouvernants cependant, il y a le poids croissant d'une opinion et d'une presse dont le nationalisme exacerbé, le rêve d'en découdre ou l'esprit de conquête peuvent avoir sur eux un effet d'entraînement. Louis-Philippe en comprend le danger et cherche à calmer le jeu. Se sentant désavoué, Thiers démissionne le 29 octobre et c'est Guizot, ex-ambassadeur à Londres, réputé anglophile, qui reçoit les affaires étrangères. Du coup la France abandonne Méhémet Ali qui, bientôt vaincu, devra se soumettre aux dures conditions qui lui sont imposées. Alors que l'Angleterre triomphe, c'est là une reculade dont l'opinion ressent toute l'humiliation et que les opposants sauront exploiter contre le gouvernement. Plus grave peut-être, à terme, la crise de 1840 a révélé l'ampleur, en Allemagne, d'un nationalisme anti-français attisé par d'imprudentes rodomontades sur une reconquête de la rive gauche du Rhin. En témoignent poèmes ou chants patriotiques exaltant le « Rhin allemand » et, déjà, certaines revendications sur l'Alsace[2].

Sortir de cet isolement dangereux, tel sera le constant objectif de Guizot jusqu'à la fin de la monarchie de Juillet. Mais avec quel appui ? Toute sa bonne volonté — qualifiée de lâche complaisance par ses adversaires — ne parvient pas à rétablir une durable entente avec Londres. Témoin l'affaire Pritchard (1843), médiocre incident colonial (cf. plus loin) que la susceptibilité anglaise grossit

1. Notons également, pendant toute cette période, un effort continu pour mettre la France en défense grâce à un réseau de places ou d'ouvrages fortifiés ; cela tant aux frontières où la perte de la Savoie, par exemple, rend Lyon très vulnérable, que sur le littoral où les relations trop orageuses avec l'Angleterre incitent à poursuivre, ainsi à Cherbourg, d'importants travaux.

2. Le roi de Bavière déclare ainsi que Strasbourg pourrait redevenir allemande, tandis que l'hymne, composé alors, *Deutschland über alles,* définit un espace germanique « de la Meuse au Niémen ».

en crise diplomatique, Guizot, pour la désamorcer, devant présenter des excuses jugées très humiliantes par une opinion prompte à s'enflammer quant à ce qui lui paraît être l'honneur de la France. La visite officielle de la reine Victoria, non à Paris on le notera mais au château d'Eu, résidence normande des Orléans, en septembre 1843[1], puis la venue l'année suivante de Louis-Philippe à Windsor ne suffisent pas à surmonter de profonds désaccords que le retour de Palmerston aux affaires étrangères, en 1846, rend à nouveau aigus. Sans parler de l'Afrique du Nord où l'Angleterre se pose en amie du Maroc un temps en guerre avec la France (1844) et s'inquiète de liens renforcés avec la Tunisie (le bey vient en visite à Paris en 1846), les deux puissances s'avèrent soutenir presque partout des causes rivales.

Ainsi en Grèce, au Portugal et surtout dans l'affaire des « mariages espagnols ». En ce dernier pays où elle entend avoir une influence, la France réussit, après bien des péripéties, à ce que la reine Isabelle épouse le candidat qu'elle patronnait (un Bourbon de Naples, au lieu du prince allemand soutenu par Palmerston) et sa sœur cadette le duc de Montpensier, fils de Louis-Philippe, avec l'espoir, d'ailleurs déçu, d'une éventuelle succession si la souveraine n'avait pas d'enfant. On voit s'esquisser là toute une politique méditerranéenne qui, outre l'Algérie dont la conquête alors s'achève, vise à resserrer les liens dynastiques entre les branches des Bourbons régnant en France, à Naples et en Espagne. En Suisse où une guerre civile dite du *Sonderbund* oppose en 1847 des cantons catholiques et conservateurs à d'autres protestants et libéraux (ceux-ci soutenus par l'Angleterre et finalement vainqueurs), la France est favorable aux premiers : un choix qui la rapproche de l'Autriche, Guizot et Metternich prenant conscience de certains intérêts communs face à l'agitation latente en Italie et au nationalisme unitaire qui gagne en Allemagne. Mais l'opinion française pourrait-elle admettre une trop visible entente avec Vienne, symbole d'une Europe absolutiste établie sur les ruines de l'empire napoléonien ?

La révolution de Février, par son rapide écho dans la péninsule italienne et dans toute l'Europe centrale, ne s'accompagne d'aucune menace d'intervention étrangère, Prusse et Autriche ayant assez à faire pour rétablir l'ordre chez elles. La nouvelle Répu-

1. C'était la première venue officielle d'un souverain étranger depuis 1815. Une très abondante iconographie devait immortaliser l'événement.

blique, d'autre part, affirme une volonté de paix, Lamartine, chargé des affaires étrangères dans le gouvernement provisoire, proclamant dès le 4 mars que la France n'entend pas « déchirer la carte de l'Europe ». De fait, s'illusionnant sur ses premiers succès, le romantisme de 1848 imagine un « printemps des peuples » fraternel où, de l'effondrement du monde ancien, naîtrait sans grand besoin des armes un avenir de justice et de liberté : pacifisme utopique que les succès, bientôt, de la réaction en Europe feront apparaître comme un abandon des révolutions à leur sort. Priorité donnée à des problèmes intérieurs déjà assez complexes ? Prise de conscience que certains mouvements nationaux, en particulier en Allemagne[1], pourraient être un danger pour les intérêts de la France ? Très paradoxalement, la seule intervention à l'extérieur de la République française sera l'envoi d'un corps expéditionnaire à Rome : parti pour s'interposer, force de paix et de conciliation, entre le pape Pie IX et ses sujets révoltés, il en vient finalement (juin-juillet 1849) à reprendre la ville d'assaut et à liquider l'éphémère « République romaine » qui y avait été proclamée... Une attitude violemment dénoncée par l'opposition en France (une manifestation de rue le 13 juin échoue et offre l'occasion d'arrêter ou proscrire certains députés avancés), mais critiquée aussi, on le notera, par le prince-président Louis-Napoléon Bonaparte. Celui-ci, préparant l'avenir, laisse entendre son vœu d'une autre politique, accordant plus d'attention et, pourquoi pas, de soutien aux aspirations des nationalités.

Reprise d'une politique coloniale

Au sortir de longues années de guerre où l'absolue maîtrise anglaise des mers avait coupé toutes relations entre ces dépendances lointaines et la métropole, les traités réduisent encore les bribes que la France conservait de son ancien empire colonial. Subsistent en 1815 les modestes îles de Saint-Pierre-et-Miquelon, l'inhospitalière Guyane, la Martinique et la Guadeloupe, seules à offrir de vraies richesses, avec l'île Bourbon (aujourd'hui la Réunion), grâce à leurs

1. C'est ainsi que les députés allemands réunis à Francfort pour unifier l'Allemagne réclament qu'on y réintègre l'Alsace.

plantations de canne à sucre[1]. Ajoutons quelques postes au Sénégal et les très résiduels cinq comptoirs des Indes (Pondichéry, Yanaon, Karikal, Mahé et Chandernagor)... La France s'y réinstalle non sans peine, parfois seulement en 1817. En 1829, un bombardement naval permettra de réoccuper d'anciens établissements sur la côte de Madagascar. Quant à l'ancienne colonie de Saint-Domingue, devenue en fait depuis longtemps l'Etat noir indépendant d'Haïti, on n'y renonce officiellement qu'en 1825, après la laborieuse négociation d'une indemnité pour les colons dépossédés.

Dépendant du ministère de la Marine, les colonies sont soumises au système de l'« exclusif », tout leur commerce devant se faire par l'intermédiaire de la métropole et toute activité industrielle leur étant interdite. L'esclavage s'y maintient jusqu'en 1848, malgré toute une campagne abolitionniste sous la monarchie de Juillet, l'accord tardant à se faire sur les modalités d'affranchissement et sur l'indemnisation des propriétaires : retard sur l'Angleterre, qui a franchi le pas dès 1834. Cela contribue au maintien clandestin d'une traite des Noirs, proscrite en principe depuis 1815 mais toujours active, le droit de visite des navires à travers l'Atlantique, que la *Royal Navy* aurait le plus de facilité à exercer, se heurtant aux susceptibilités françaises et à la crainte d'ingérences anglaises dans le commerce national. D'une manière générale, l'intérêt pour les colonies est au départ très limité, hors du cercle restreint (mais parfois influent) des grands négociants de Marseille ou Bordeaux, et ce n'est aucunement dans cette perspective, même s'ils en voient tout de suite l'intérêt, qu'est préparée l'expédition d'Alger.

Relevant beaucoup plus de l'opération de prestige à des fins de politique intérieure, l'affaire trouve son origine dans un vieux contentieux financier remontant au Directoire. L'incident fameux du « coup d'éventail » (ou plus exactement de chasse-mouches !) donné par le dey d'Alger au consul de France Deval remonte, lui, à 1827. Affaire d'honneur qui eût pu se régler à l'amiable, le gros de la flotte se trouvant retenu en Orient, si, après l'échec d'une tentative de blocus d'Alger par des navires français, le dey n'avait été jusqu'à faire canonner, en août 1829, le navire des parlementaires venus lui demander une « juste réparation ». Or c'est précisément

1. L'intérêt du sucre de canne, dont la pénurie lors des guerres napoléoniennes avait fait chercher le remplacement dans le jus de certaines betteraves, diminue sous la monarchie de Juillet avec le développement de cette dernière culture et la production en métropole d'un sucre « indigène ».

le moment où Polignac, arrivant au gouvernement, cherche à s'imposer à une opinion largement hostile. L'occasion lui est fournie de frapper un grand coup, et force est de reconnaître que, sur un plan diplomatique aussi bien que militaire, tout sera mené avec brio. Face à l'hostilité de l'Angleterre qui tente en vain de s'opposer, la France obtient l'aval de la Russie, Prusse et Autriche laissant faire. Pour donner une portée plus haute à l'opération, on ne manque pas d'en souligner le « but d'humanité » : ne va-t-elle pas faire disparaître cette piraterie barbaresque qui perpétue l'esclavage des chrétiens ?

Les préparatifs militaires donnent la mesure du rétablissement français : en trois mois, le ministre de la Marine, D'Haussez, parvient à rassembler à Toulon une impressionnante armada de 675 bâtiments dont 103 navires de guerre. Servie par 27 000 marins, elle transportera 37 000 soldats et une importante artillerie. Moyens considérables pour l'époque. C'est que l'entreprise est risquée : jamais on n'a pu prendre Alger. Beaucoup sont pessimistes et le commandant de la flotte lui-même cherche à tergiverser, perdant du temps lors de la traversée. Le 14 juin 1830, c'est enfin le débarquement, à Sidi Ferruch un peu à l'ouest d'Alger. Le 19, à Staoueli, les troupes françaises que commande Bourmont repoussent l'armée du dey pourtant supérieure en nombre. Le 29 juin le siège commence. Le 5 juillet, la ville est prise. « Vingt jours ont suffi, proclamera Bourmont, pour la destruction d'un Etat dont l'existence fatiguait l'Europe depuis trois siècles... » Brillant succès mais qui arrive trop tard, vu l'aggravation de la crise politique en France, pour changer le destin du régime. Maître d'Alger, Charles X abdique et Louis-Philippe hérite d'une assez encombrante conquête...

Qu'en faire maintenant ? Si bien peu au départ avaient imaginé une installation durable dans l'ancienne Régence d'Alger, l'idée d'un retrait perd vite du terrain, même chez les libéraux qui avaient condamné l'aventure : « Après avoir commis la *faute* d'Alger, ne commettons pas celle de l'abandonner. » L'opinion d'ailleurs admettrait-elle qu'on semble céder aux pressions anglaises ? Tout cela en effet doit être resitué dans un cadre plus général où l'affaire belge tient une place prédominante et où les sacrifices consentis pour son règlement peuvent inciter à se montrer plus ferme ailleurs. Après quelques années d'incertitude où s'affrontent partisans (en particulier les milieux négociants de Marseille pour qui l'établissement de la France en Algérie ouvre d'immenses perspectives) et adversaires d'une colonisation, une ordonnance de 1834 définit pour la première fois l'administration des « possessions françaises dans le nord de l'Afrique » (la désignation officielle comme « Algérie » attendra 1839) : une colonie dépendant du ministère de la Guerre, avec à sa tête un gouverneur général, sorte de proconsul localement tout-puissant. On s'en tient cependant à une « occupation restreinte » de quelques points d'appui côtiers : outre Alger, Oran, Mostaganem, Bougie, Bône. Le reste du pays est laissé à des chefs arabes, le plus célèbre étant Abd el-Kader (1807-1883), fils d'un personnage vénéré, que les tribus d'Oranie proclament émir à 24 ans et sur qui les militaires croient pouvoir miser en faisant de lui une sorte de vassal de la France. Après le général Desmichels en 1834, et malgré certains déboires comme l'échec de la Macta en 1835, Bugeaud en 1837 traite avec lui, le traité de la Tafna reconnaissant à l'émir de vastes territoires dans l'ouest du pays mais garantissant aux Français, outre les villes côtières qu'ils occupent, une extension dans le Sahel et la plaine de la Mitidja. Cette paix relative à l'ouest permet aux troupes françaises d'aller réduire les dernières résistances à l'est, où la ville de Constantine, après un échec en 1836, est prise l'année suivante par le général Damrémont.

La logique amenait cependant à relier entre eux les territoires conquis, jusqu'alors discontinus : d'où l'établissement de postes militaires, la création de villes nouvelles (Philippeville) et surtout un début de colonisation agricole, notamment près d'Alger ; d'où très vite aussi un conflit de souveraineté avec Abd el-Kader, qui contrôle tous les environs. Celui-ci, alléguant une incursion française dans ses territoires (le duc d'Orléans, en visite officielle à Constantine, avait cru pouvoir gagner directement Alger par voie de terre en passant avec ses troupes par le défilé des Portes de Fer, dans le domaine de l'émir), riposte brutalement à ce qu'il considère comme un défi en pillant la Mitidja et en massacrant les colons européens. Cela oblige la France à réagir et à s'engager plus loin qu'elle ne l'avait prévu, le maintien de ses positions algériennes paraissant compromis sans une prise de contrôle du pays tout entier. Conquête difficile qui contribue à envenimer les relations franco-britanniques[1] mais qui permet aussi

1. Si l'Angleterre, mal résignée à voir la France installée à Alger, craint qu'une conquête systématique du territoire ne s'étende au Maroc voire à la Tunisie d'où un contrôle du bassin occidental de la Méditerranée, les puissances continentales voient moins d'inconvénient à cette fixation hors d'Europe des ambitions françaises. Et l'on notera que la Russie mène au même moment dans le Caucase une âpre lutte contre les musulmans tchétchènes ou autres guidés par un chef politico-religieux très comparable à Abd el-Kader, l'imam Chamyl.

de rehausser le prestige dynastique grâce à la mise en scène notamment picturale (songeons à l'imposante *Prise de la Smalah d'Abd el-Kader* peinte par Horace Vernet en 1843 et destinée à s'intégrer dans une série d'illustrations des gloires militaires de la France au musée de Versailles) de hauts faits volontiers rattachés à tel des fils de Louis-Philippe[1], celui-ci ayant rêvé un temps d'envoyer son aîné, le duc d'Orléans, comme vice-roi à Alger.

Face à l'émir Abd el-Kader qui a su réunir sous son autorité tout l'arrière-pays d'Oran et d'Alger, avec un début d'administration, des recettes fiscales et une petite armée (environ 10 000 hommes) d'une grande mobilité, le général Bugeaud, nommé gouverneur fin 1840. Officier sorti du rang lors des campagnes napoléoniennes, ce petit noble orléaniste, propriétaire foncier dans le Périgord, est en même temps député de la Dordogne. Partageant son temps entre la capitale, où il est influent à la Chambre, et Alger où il apparaît tout-puissant, il réussit à obtenir près de 100 000 hommes qu'il réorganise en fonction du terrain et de l'adversaire. Déjà s'était constituée une armée d'Afrique, avec des corps nouveaux composés de Français (zouaves, chasseurs d'Afrique...) ou recrutés parmi les indigènes (cavalerie de spahis) ; ajoutons-y la légion étrangère, créée en 1831, ou encore ces bataillons d'Afrique où l'on enverra longtemps les sujets indisciplinés. Bugeaud comprend qu'il ne vaincra qu'en reprenant les méthodes de guerre de l'ennemi : « la guerre arabe contre les Arabes ». Avant tout, il faut favoriser la rapidité de déplacement : uniformes, équipements allégés ; plus de lourds convois tributaires des routes mais des bêtes de somme pouvant transporter partout un bagage minimum et une artillerie légère ; installation de points d'appui et de ravitaillement dans les villes de l'intérieur peu à peu conquises (Tlemcen, Mascara...). Réparties en « colonnes mobiles », les troupes mènent d'autre part une constante offensive sur le mode arabe de la razzia, n'hésitant pas à brûler les villages et rafler les troupeaux afin d'acculer à la reddition les tribus rebelles affamées. Aidé de généraux auxquels leurs succès algériens faciliteront plus tard une carrière politique (Cavaignac, Changarnier, Lamoricière...), Bugeaud, bientôt honoré du bâton de maréchal, poursuit

1. De même qu'au duc d'Aumale est rattachée la prise de la Smala, on campe le duc d'Orléans aux Portes de Fer ou le duc de Joinville devant Mogador. Peinture hautement politique mais non sans rapport avec cette fascination de l'Orient qui est une des dimensions du romantisme.

pendant plusieurs années une guerre sans merci, marquée parfois par un fait d'armes plus spectaculaire comme l'heureux coup de main de 1843 sur le camp itinérant (la « smala ») d'Abd el-Kader, avec sa famille et ses approvisionnements. Affaibli, ce dernier va solliciter et obtient l'appui du sultan du Maroc : inquiétante extension du conflit qu'un bombardement de Tanger et de Mogador par la flotte du prince de Joinville et, surtout, une écrasante victoire de Bugeaud[1] sur l'armée marocaine à l'Isly (1844) réduisent à un simple épisode, le sultan signant rapidement un traité par lequel il s'engage à bannir Abd el-Kader de ses Etats. Il n'en faudra pas moins trois ans encore, avec des engagements meurtriers comme à Sidi Brahim, où une poignée de Français résiste à un assaut arabe, et une insurrection durement réprimée, en 1845, pour que l'émir finisse par se rendre, en décembre 1847.

A cette date, les Français contrôlent tout le pays, sauf le massif de Kabylie, jusqu'aux abords du désert. Depuis 1845, l'Algérie est divisée en trois provinces (Alger, Oran et Constantine), chacune comportant des territoires civils, administrés comme en métropole par des fonctionnaires, et des territoires arabes ou mixtes régis par les militaires, où les autochtones gardent leurs propres lois. C'est que cette colonie où quelque 110 000 Européens (pour moitié seulement français, les autres espagnols, italiens, maltais...) cohabitent avec environ 2 millions d' « indigènes », pose des problèmes inédits qu'on ne sait trop comment résoudre. Faut-il faire appel à de grandes sociétés dont les capitaux seront en mesure de mettre en valeur le pays ? Faut-il donner la préférence, à la romaine, à une colonisation militaire de « soldats-laboureurs » recevant des lots à défendre en même temps qu'à cultiver, *ense et aratro* (par l'épée et par la charrue) comme le propose Bugeaud ? Cela pose de toute manière le problème de la terre (on s'était au début borné à confisquer les biens du dey ou à racheter des domaines religieux), avec la difficulté de tribus semi-nomades et le risque de troubles en cas de confiscation. L'autre question majeure est celle du statut des populations indigènes. Bugeaud souhaitait qu'elles s'administrent elles-mêmes sous le contrôle de « bureaux arabes », avec des officiers parlant leur langue, connaissant leurs coutumes, et que l'armée, une fois leur soumission acquise, se fasse leur protectrice contre les

1. Passant outre aux directives du gouvernement, où Guizot craignait les réactions anglaises à une telle incursion, Bugeaud n'avait pas hésité à franchir la frontière marocaine et à attaquer.

convoitises de certains affairistes, afin de les rallier définitivement à l'autorité française. Sa démission en 1847 du poste de gouverneur général laisse entiers ces problèmes si importants pour l'avenir de la colonie.

Pas plus que la prise d'Alger pour Charles X, l'achèvement de la conquête n'aura sauvé le trône de Louis-Philippe : deux mois après la reddition d'Abd el-Kader, le roi voit lui aussi se nouer son destin. La IIe République va transformer les trois provinces d'Algérie en trois départements, avec préfets et sous-préfets : politique d'assimilation visant à réduire le rôle des militaires mais qui sera surtout l'occasion d'exporter vers la colonie certains problèmes de la métropole. Après les journées de juin en effet, l'idée s'impose d'envoyer là-bas comme colons les chômeurs des ex-ateliers nationaux. Les candidats seront nombreux, les déceptions fréquentes. Au total l'expérience aura installé quelque 10 000 Européens supplémentaires.

Hors de l'Algérie, la reprise d'un certain intérêt pour les colonies sous la monarchie de Juillet se traduit, en Afrique, par l'établissement de comptoirs dans le golfe de Guinée et au Gabon, tandis que sont annexées dans l'océan Indien Nossi Bé (1839), au nord de Madagascar, et l'île de Mayotte (1841) dans l'archipel des Comores. Par là s'affirme une politique de présence dans le monde qu'exprimera Guizot en 1842, soulignant la nécessité de « posséder sur les points du globe destinés à devenir de grands centres de commerce et de navigation des stations maritimes (...) qui servent de points d'appui ». C'est tout spécialement vers le Pacifique que l'attention se tourne. Renouant ici avec la tradition des Bougainville ou La Pérouse, plusieurs expéditions s'y dirigent dès la Restauration. Celle de Dumont d'Urville, en 1837-1840, pousse jusqu'à l'Antarctique et y reconnaît la terre Adélie ; d'autres vont vers Hawaï. Outre un souci de découverte géographique, qu'encourage depuis 1821 une active Société française de géographie (elle prime entre autres l'audacieux voyage de René Caillié vers Tombouctou), et la recherche de points d'appui pour la marine, il faut songer, étroitement liée parfois à des ambitions plus concrètes, à la volonté de soutenir les missions catholiques françaises contre celles, protestantes, de la London Missionary Society (notamment).

C'est ainsi que, dans les années 1840, la France établit son protectorat sur les îles Marquises, Gambier, Touamotou, ou sur Wallis-et-Futuna. Celui sur Tahiti devait poser plus de problèmes. Des pasteurs anglais méthodistes s'y étaient en effet déjà implantés et l'un d'eux, Pritchard, conseiller écouté de la souveraine, la reine Pomaré, avait fait chasser des missionnaires catholiques. En 1838, une escadre française contraint Pomaré à revenir sur cette mesure. Puis, devançant une probable prise de possession anglaise[1], l'amiral Dupetit-Thouars, en 1842, profite de l'absence de Pritchard pour faire accepter un protectorat français. A son retour, celui-ci tente de fomenter des troubles et se voit expulsé. L'opinion britannique prend alors fait et cause pour lui et ce très modeste incident devient en 1843 l' « affaire Pritchard » qui va durablement retenir l'attention de la presse, des diplomates et des gouvernants. Guizot qui, pour apaiser les esprits, exprime des « regrets » et propose une indemnité à Pritchard est accusé de capituler lâchement devant la perfide Albion... La France n'en garde pas moins Tahiti.

D'autres expéditions encore seraient à signaler, vers la mer de Chine où l'amiral Cécille, dans le contexte de la Guerre de l'Opium menée par les Anglais, obtient au traité de Whampoa (1844) le droit pour la France de commercer en Chine et d'y envoyer des missionnaires[2]. Le même entreprend d'établir, dans une île au sud des Philippines, un comptoir français où il voit déjà un autre Hong-kong ; mais le souci prioritaire de bons rapports avec l'Espagne, dont dépend l'archipel (on est alors dans l'épineuse affaire des « mariages espagnols »), conduira à y renoncer.

De la brève expérience de la IIe République, une décision devait rester, majeure pour les colonies : à savoir l'abolition de l'esclavage, proclamée dès le 4 mars 1848 par le gouvernement provisoire, précisée dans ses modalités par un décret du 27 avril, et à laquelle restera attaché le nom de Victor Schoelcher.

1. La France, inversement, est devancée en 1840 par les Anglais dans le cas de la Nouvelle-Zélande, sur laquelle elle avait aussi des vues.

2. La flotte française est amenée également à bombarder Tourane, sur la côte de l'Annam, suite aux persécutions dont y étaient victimes des missionnaires catholiques : indice d'un intérêt, déjà, pour l'Indochine.

VIII – La vie religieuse, 1815-1914

Au XIXe siècle l'immense majorité des Français se considère comme catholique (les protestants représentent environ 2 % de la population totale, et les juifs 0,2 %). Les formes d'attachement à l'Eglise et leurs manifestations extérieures sont souvent assez différentes de celles que nous connaissons aujourd'hui. La religion est davantage vécue de façon collective, elle se déploie volontiers dans l'espace public, tant par la pompe de ses cérémonies que par la place occupée par les édifices religieux, nombreux, qui se construisent alors. Par ailleurs, on sait que la Révolution française a connu une phase de conflit aigu entre l'Eglise catholique et l'Etat, avec même une période durant laquelle la « déchristianisation » a été tentée. Si bien qu'en 1799, lorsque le coup d'Etat de Bonaparte met fin à la période révolutionnaire, la situation de l'Eglise romaine est très différente de ce qu'elle était dix ans auparavant. Or nombre d'ecclésiastiques ont vécu cette époque comme celle d'une dépossession, tant de biens matériels, appropriés par l'Etat et vendus comme Biens nationaux, que d'avantages moraux, comme la place dans l'Etat, ou l'influence sur la société. De ce fait, le XIXe siècle se présente pour eux comme une phase de reconquête. Accoutumés à considérer leur situation d'avant 1789 comme *normale* (et conforme à l'Evangile tel qu'ils le comprennent), ils vont tenter de la retrouver, ou, tout au moins — les plus lucides savent qu'on n'efface pas dix ans d'histoire, et que, dans de nombreuses régions, la politique révolutionnaire a recueilli une assez large approbation populaire —, à parvenir à une situation aussi proche que possible de celle qu'ils connaissaient sous l'Ancien Régime.

Cette politique de reconquête catholique porte ses fruits dans de nombreux domaines, l'enseignement, par exemple. Mais elle conduit aussi à un conflit avec ceux qui se considèrent comme les héritiers, et les continuateurs, de la Révolution. On peut, par ailleurs, se demander si la hiérarchie, tout à son œuvre de reconstruction, n'a pas quelque peu négligé les diverses contestations, de l'Eglise romaine comme du christianisme lui-même, dont l'évolution matérielle et intellectuelle du XIXe siècle est également porteuse.

Les cadres de la vie religieuse

Le cadre juridique concordataire

Probablement agnostique, mais désireux de terminer la Révolution, Bonaparte négocie avec Rome une convention, visant à permettre un apaisement des conflits entre l'Etat français et le Saint-Siège. Signé en juillet 1801, ce *Concordat*[1] est ratifié par le pape en août. Puis, de sa propre autorité, Bonaparte y ajoute, en avril 1802, des *Articles organiques*, qui règlent les modalités d'application, mais qui apportent aussi un certain nombre d'innovations. Cet ensemble juridique reste en vigueur, pour l'essentiel, jusqu'en 1905. Il est fondé sur trois idées principales : accroissement des pouvoirs de l'Etat sur les évêques, accroissement des pouvoirs de l'évêque sur les curés, tentative de contrôle par l'Etat des pouvoirs que le pape exerce sur les évêques français.

Assez bref (17 articles) le Concordat s'ouvre par une sorte de « reconnaissance mutuelle » :

> Le gouvernement de la République reconnaît que la religion catholique, apostolique et romaine est la religion de la grande majorité des citoyens français. Sa Sainteté reconnaît également que cette même religion a retiré et attend encore en ce moment le plus grand bien et le plus grand éclat de l'établissement du culte catholique en France et de la profession particulière qu'en font les consuls de la République.

1. Le terme de *Concordat,* regardé comme d'essence monarchique, n'est pas utilisé officiellement ; il s'agit, juridiquement, d'une « Convention entre le gouvernement français et Sa Sainteté Pie VII » ; toutefois, il est d'un usage courant.

Bonaparte a, en effet, refusé de donner au catholicisme le titre de « religion d'Etat », ce qui aurait contraint à lui accorder des privilèges, tandis que l'affirmation qu'elle est professée par la « grande majorité » n'est que la constatation d'un état de fait, sans conséquences juridiques, mais qui implique tout de même des devoirs pour l'Etat. De son côté, le pape reconnaît l'existence de la République (il ne réclame donc pas le rétablissement de la monarchie catholique), et il se contente de constater que les consuls font profession, personnelle, d'appartenance à l'Eglise romaine, sans exiger qu'à l'avenir il en soit de même.

Le texte concordataire reconnaît la complète liberté de culte public, qui devra, cependant, se conformer « aux règlements de police » que l'Etat pourra édicter en vue du maintien « de la tranquillité publique » ; ce qui peut se révéler restrictif, en cas de conflit. Mais Bonaparte a exigé un renouvellement de tous les évêques, qui seront nommés par le chef de l'Etat (le pape leur conférant seulement l'investiture canonique). D'ailleurs, ils doivent prêter un serment de fidélité « au gouvernement établi par la constitution de la République française », ce qui sonne comme un héritage de la Révolution. L'évêque nommera « aux cures », et, comme on prévoit l'établissement d'un séminaire et d'un chapitre par diocèse (les membres du chapitre sont, théoriquement, les conseillers de l'évêque mais en fait, au XIXe siècle, il s'agit surtout d'un titre honorifique), ainsi que la suppression de tous les autres organismes qui pouvaient exister avant 1789, l'évêque devient véritablement « le » chef de l'Eglise dans son diocèse. Puis, on règle les conflits nés de la Révolution : Rome renonce explicitement aux biens vendus sous la forme de biens nationaux, et le gouvernement promet une « traitement convenable » aux évêques et aux curés[1] ; par ailleurs le pape reconnaît au chef de l'Etat français les « mêmes droits et prérogatives » dont le roi de France jouissait avant 1789[2]. On le voit, le compromis est réciproque.

Les Articles organiques sont beaucoup plus précis ; ils s'ins-

1. Toutefois, le texte du Concordat n'établit aucun lien juridique entre la renonciation aux Biens nationaux et le traitement des ecclésiastiques ; ce qui permettra de le supprimer unilatéralement en 1905.

2. On prévoit que, « dans le cas où quelqu'un des successeurs du Premier Consul actuel ne serait pas catholique, les droits et prérogatives [...] et la nomination aux évêchés » seront réglés par une nouvelle convention.

crivent dans la ligne traditionnelle du gallicanisme. Le Concordat accordant de grands pouvoirs au pape sur l'Eglise de France, Bonaparte s'attache à les limiter : une autorisation du gouvernement est nécessaire pour que soient « reçus » les « brefs » pontificaux et les décrets d'un concile, ainsi que pour toute réunion d'un Concile national (réunion des évêques français). En fait, c'est l'Etat qui délimite les nouveaux diocèses (60 en tout, en 1801, soit trois fois moins qu'avant 1789)[1] ; quant aux nouveaux évêques nommés, on compte parmi eux : 16 évêques en fonction sous l'Ancien Régime, 12 anciens évêques « constitutionnels »[2] et 32 nouveaux venus. Il est clair que Bonaparte entend tourner la page de la Révolution, sans la renier.

Les évêques nomment les « curés » (avec l'accord du gouvernement). Il y a une cure par chef-lieu de canton ; les curés sont irrévocables mais étroitement contrôlés ; quant aux « desservants » ou « succursalistes » (qui exercent dans les paroisses), ils sont nommés par l'évêque, mais révocables, et surveillés par les curés. Les évêques doivent résider dans leur diocèse et visiter chaque année au moins un cinquième des paroisses ; mais la juridiction épiscopale disparaît.

Le culte lui-même est surveillé par l'Etat : on prévoit une seule liturgie et un seul catéchisme (qui, en réalité, ne sera pas rédigé). Les ecclésiastiques ne doivent pas se mêler de politique : « Ils [les curés] ne feront au prône aucune publication étrangère à l'exercice du culte, à moins qu'ils n'y soient autorisés par le gouvernement » (art. 53). De plus, l'Etat ne reconnaît pas d'effets civils au mariage religieux, l'Eglise ne tient plus les registres d'état civil et les ecclésiastiques n'ont pas le droit de bénir un mariage s'il n'a pas été précédé par un mariage civil. Dans le but d'éviter le retour des discordes religieuses, l'article 45 précise qu'aucune « cérémonie religieuse n'aura lieu hors des édifices consacrés au culte catholique dans les villes où il y a des temples destinés à différents cultes » et que les curés « ne se permettront [...] aucune inculpation directe ou indirecte soit contre les personnes, soit contre les autres cultes autorisés dans l'Etat ». Ces dispositions ne seront guère appliquées avant la IIIe République,

1. Sous la Restauration le nombre des évêchés sera augmenté pour parvenir à un total d'environ 80, soit à peu près un évêché par département.

2. Il s'agit d'évêques ayant accepté la Constitution civile du clergé.

mais elles indiquent bien la volonté de Bonaparte qui, fidèle aux Principes de 1789, entend ne pas se contenter de *tolérer* les non-catholiques, mais au contraire leur accorder la pleine citoyenneté. En effet, les Articles organiques des cultes protestants formalisent la reconnaissance des Eglises protestantes (Eglises réformées et luthérienne), leur liberté, leur égalité avec l'Eglise catholique et la rétribution de leurs pasteurs par l'Etat. Peu après, le « culte israélite » est également reconnu ; mais les rabbins ne seront rétribués par l'Etat qu'après 1830.

Bien accueillie par l'opinion, cette réglementation est un compromis, qui reprend, sur plus d'un point, des dispositions de la Constitution civile du clergé, et diverses autres initiatives révolutionnaires (l'égalité des cultes par exemple) tout en en retranchant ce qui est inacceptable pour Rome dans le domaine doctrinal. Cependant, ces textes reconnaissent de si grands pouvoirs au pape sur les catholiques français qu'on peut affirmer qu'il n'y a plus, désormais, d'Eglise *gallicane*. Quant à l'Etat, puisque l'Eglise ne récupère pas les Biens nationaux et que de nouveaux biens, qui auraient pu lui assurer une indépendance, ne sont pas accordés, il obtient des moyens d'action accrus. Par ailleurs ces textes n'évoquent pas le *clergé régulier*, pourtant fort important. De ce fait, les ordres religieux, qui avaient été supprimés sous la Révolution, ne sont pas reconstitués officiellement. Ils seront certes tolérés, sans que leur financement soit assuré par l'Etat ; mais, en cas de problème, leur expulsion n'est pas à exclure. Notons aussi que les laïcs n'ont aucun rôle dans la direction de l'Eglise catholique telle qu'elle est réorganisée par Bonaparte et le pape Pie VII[1].

Le budget des cultes n'est pas négligeable : environ 10 millions de francs en 1805, 35 millions en 1829 (et 55 millions si on y ajoute les dépenses des collectivités locales) ; soit trois fois moins qu'en 1789, mais alors une partie de ces sommes n'était pas destinée au culte, mais aux œuvres d'assistance, que l'Etat finance désormais pour une large part. Au point de vue matériel, les desservants ne semblent pas avoir perdu au change. Il reste que les moyens de la pastorale dépendent du bon vouloir de l'Etat. Si les relations entre l'Eglise et l'Etat sont bonnes, cela ne pose pas de

1. Les laïcs jouent, naturellement, un rôle dans les conseils de fabrique, qui administrent les biens des paroisses, mais ce n'est pas un rôle dirigeant.

vrais problèmes ; mais tel ne sera pas toujours le cas. On le voit, même si elle en avait eu l'intention, l'Eglise catholique n'aurait pu se désintéresser de l'évolution politique.

Les cadres ecclésiastiques au milieu du XIXe siècle

Puisque les laïcs n'ont aucun rôle dirigeant, il convient de s'intéresser au clergé, ce qui est d'ailleurs conforme à l'ecclésiologie catholique : le 11 février 1906 le pape écrit, par exemple, dans l'encyclique *Vehementer nos* (qui condamne la loi de séparation des Eglises et de l'Etat) :

> [...] l'Eglise est le corps mystique du Christ, corps régi par les Pasteurs et les Docteurs [...] l'Eglise est par essence une société inégale, c'est-à-dire une société comprenant deux catégories de personnes, les Pasteurs et le troupeau, ceux qui occupent un rang dans les différents degrés et la multitude des fidèles. Et ces catégories sont tellement distinctes entre elles que dans le corps pastoral seul résident le droit et l'autorité nécessaires pour promouvoir et diriger tous les membres vers la fin de la société ; quant à la multitude, elle n'a pas d'autre devoir que celui de se laisser conduire et, troupeau docile, de suivre ses pasteurs[1].

Les *évêques*[2] sont donc nommés par l'Etat ; le pape leur accorde l'investiture canonique, mais l'Etat possède l'initiative. Avant de procéder à une nomination, le ministre des Cultes (il ne s'agit pas d'un ministère spécial, selon les époques il est joint à l'Instruction publique, à l'Intérieur ou à la Justice) s'informe, souvent auprès d'autres évêques (au milieu du XIXe siècle l'archevêque de Besançon, Mgr Mathieu, est un conseiller écouté). Comme il y a eu un renouvellement complet du corps épiscopal au début du siècle, le renouvellement suivant a lieu, pour l'essentiel, sous la Restauration, et alors le gouvernement choisit surtout de bons administrateurs, mais peu de personnalités brillantes. Le troisième grand renouvellement du XIXe siècle se produit au début de la IIIe République : 77 nominations sont effectuées entre 1870 et 1883, et, comme cette période voit se succéder au pouvoir plusieurs ten-

1. Cité, notamment, par Jean-Marie Mayeur, *La séparation des Eglises et de l'Etat*, Paris, Les Editions ouvrières, 1991, p. 98.

2. Pour l'essentiel, ce que nous écrivons de l'épiscopat est fondé sur la thèse de Jacques Gadille, *La pensée et l'action politiques des évêques français, 1870-1883*, Paris, Hachette, 1967 et sur celle de Jacques-Olivier Boudon, *L'épiscopat français à l'époque concordataire, 1802-1905*, Paris, Cerf, 1996.

dances politiques, ce recrutement épiscopal est assez diversifié. L'origine sociale des évêques se modifie peu à peu : si 60 % des évêques nommés sous la Restauration sont issus de familles nobles, après 1830 la noblesse ne fournit pas plus de 8 % des nouveaux évêques. Grâce aux travaux de Jacques Gadille on connaît bien les 167 évêques en vie entre 1870 et 1883 : un peu plus de la moitié sont des « enfants du peuple » (petit commerce, échelons inférieurs de la fonction publique, petite paysannerie et artisanat). En fait l'épiscopat se recrute surtout dans les milieux aisés des régions ferventes ; le monde ouvrier n'y est guère représenté.

Les évêques du XIXe siècle sont souvent présentés comme dirigistes, voire autoritaires : il est vrai qu'ils ont plus de pouvoirs qu'avant la Révolution (ils ne sont plus limités par toute une série de corps et de privilèges). Ils choisissent leurs collaborateurs comme ils l'entendent. Ils contrôlent la formation du clergé dans les séminaires (qui sont diocésains). Ils peuvent déplacer les « desservants » (environ 90 % des prêtres du diocèse) sans donner d'explications : un arrêt du Conseil d'Etat du 13 mai 1835 précise que l'évêque « use de son droit en révoquant un desservant sans être obligé d'en faire connaître les motifs ». Les religieux qui échappent à leur juridiction sont peu nombreux et les nouvelles congrégations installées au XIXe siècle (souvent diocésaines) les secondent efficacement. Par ailleurs, une fois qu'il les a nommés, l'Etat n'a plus guère de moyen de pression sur eux. Il peut seulement leur faire miroiter une promotion ; mais celles-ci sont rares ; sur les 500 évêques en fonction en France au XIXe siècle, 80 % restent dans le diocèse où ils ont été nommés pour la première fois.

Les évêques du XIXe siècle sont, par ailleurs, décrits comme sérieux, très actifs, se préoccupant beaucoup de l'instruction des fidèles (notamment par l'intermédiaire des « lettres pastorales » ; nombreux sont aussi ceux qui disposeront d'un organe de presse, *La Semaine religieuse du diocèse de...*, plutôt lue par les prêtres que par les laïcs), mais leur influence sociale est souvent limitée — lors des luttes politico-ecclésiastiques de la IIIe République les évêques ne parviennent à se faire entendre ni du gouvernement, ni de la grande majorité des fidèles, sauf dans certaines régions spécifiques comme la Bretagne ou la Vendée — parce qu'on n'a pas établi d'organisme habilité à parler au nom de l'épiscopat tout entier. Au fond, il n'y a pas d'Eglise de France, parce que ni le pape ni le gouvernement français ne l'ont souhaité.

Par ailleurs, tout au long du XIXe siècle on note un vaste effort de reconstitution des cadres ecclésiastiques locaux. Le nombre de *prêtres*[1] augmente assez rapidement, ce qui provoque un rapide rajeunissement du groupe : 42 % ont plus de 60 ans en 1814 et seulement 5,6 % en 1848. C'est une « véritable mutation : on passe d'un clergé vieux et déclinant à une masse nombreuse de prêtres jeunes ou dans la force de l'âge. A coup sûr, cela n'a pas dû être sans conséquences sur la mentalité de ce clergé, son action, son rayonnement auprès des populations », écrit Nadine-Josette Chaline, à propos de la Normandie[2]. On compte, ainsi, 35 000 prêtres en France en 1820 et 56 000 en 1870, puis leur nombre reste stable en raison, notamment, du développement de l'œuvre missionnaire. D'ailleurs, bien des prêtres considèrent que l'une de leurs principales préoccupations est d'assurer un recrutement régulier d'ecclésiastiques ; ils repèrent les enfants qui leur semblent manifester de bonnes dispositions et, si les parents ne s'y opposent pas, les orientent vers les petits séminaires ; les enfants y reçoivent le minimum de culture latine, indispensable pour qu'ils soient en mesure de suivre les cours du grand séminaire (dans les années 1880, 56 % des élèves du grand séminaire de Rouen sont passés par un petit séminaire, qui apparaît comme le mode de sélection normal pour le clergé).

Puisque l'Eglise ne manque pas de prêtres, au contraire (1 300 ordinations par an en France entre 1845 et 1865 et 1 500 entre 1865 et 1905), on peut créer de nouvelles paroisses : 5 000 entre 1825 et 1875, date à laquelle on en dénombre 35 000, pratiquement autant que de communes (mais les grandes villes ont plus d'une paroisse, tandis que des petites communes rurales sont regroupées dans une seule paroisse, qui ne disposent pas toutes d'un prêtre !). Il y a en réalité de grandes différences régionales : dans le diocèse de Rodez on dénombre plus de deux paroisses pour une commune rurale, tandis que dans le diocèse de Tarbes il n'y a que 6 paroisses pour 10 communes. L'épiscopat s'efforce pourtant de réduire le nombre de communes sans paroisses : dans le diocèse d'Arras, étudié par Yves-Marie Hilaire, sur les 129 paroisses créées entre 1820 et 1880, 115 sont attribuées aux zones rurales. En 1875

1. Consulter à ce sujet la remarquable contribution de Claude Langlois à l'*Histoire des catholiques en France,* Toulouse, Privat, 1980 (sous la direction de François Lebrun) : « Permanence, renouveau, et affrontements », p. 321-406 ; à compléter par les contributions, toujours de Claude Langlois, à l'*Histoire de la France religieuse,* Paris, Seuil, 1991 (vol. 3 : *XVIIIe-XIXe siècles,* sous la direction de Jacques Le Goff et René Rémond).

2. Nadine-Josette Chaline, *Des catholiques normands sous la Troisième république,* Le Coteau, Horvath, 1985, p. 40.

le clergé paroissial rassemble 44 000 prêtres (contre 60 000 en 1789, il est vrai). Ce mouvement s'accompagne de la construction d'assez nombreuses nouvelles églises, non seulement dans les grandes villes et dans les banlieues, en raison de la croissance urbaine, mais aussi à la campagne (c'est au milieu du XIXe siècle que la France rurale connaît sa plus forte pression démographique) tant pour équiper des paroisses qui en étaient dépourvues que pour remplacer des bâtiments vétustes. Dans chaque département ce sont plusieurs centaines d'églises qui sont construites tout au long du XIXe siècle, comme le paysage contemporain en témoigne d'ailleurs. En 1876 l'archevêque de Bordeaux explique, par exemple, qu'en quarante ans le diocèse de Bordeaux a vu se construire 310 églises et 400 presbytères. En général on estime qu'au XIXe siècle (en particulier entre 1840 et 1880, et surtout sous le Second Empire) « plus du tiers sans doute des églises de France a été jeté à bas pour reconstruction [...] la Direction des cultes recense 411 projets de reconstruction ou d'agrandissement en 1855, 430 en 1857, 455 en 1858 » (Ph. Boutry)[1]. Dans le diocèse de Belley près de la moitié (47,5 %) des églises sont alors complètement ou partiellement reconstruites[2]. En ce domaine l'aide de l'Etat est longtemps précieuse, mais l'appel à la générosité des fidèles est également indispensable et effective[3].

Formés dans les séminaires, les prêtres sont nettement plus instruits qu'avant 1789 ; mais ils y apprennent surtout les choses de la foi (la théologie scolastique, un peu de philosophie et la pratique des cas de conscience). On n'insiste guère sur les sciences profanes et l'exégèse biblique est très peu enseignée, ce qui ne facilitera pas la compréhension, par le clergé paroissial, des enjeux de la crise « moderniste » au début du XXe siècle (cf. *infra*, p. 268). La situation matérielle varie selon le rang ecclésiastique et la taille de la commune d'exercice : au milieu du XIXe siècle un évêque reçoit un traitement de 11 000 F par an, les vicaires généraux et curés de canton de 2 200 à 1 800, et les desservants 800 F, la moitié pour un vicaire à la charge de la commune (650 F quand le vicaire est payé par l'Etat)[4]. Dès 1850 un gen-

1. *Histoire de la France religieuse*, t. 3, p. 275.

2. Philippe Boutry, *Prêtres et paroisses au pays du curé d'Ars*, Paris, Cerf, 1986.

3. Consulter à ce sujet *Ces églises du XIXe siècle* (Amiens, Ed. Encrage, 1993), rédigé par Nadine-Josette Chaline, Jean-Michel Leniaud *et al.*

4. A la même époque un instituteur communal breveté touche 600 F (mais 200 s'il n'a pas son brevet) et un garde champêtre communal 400 F.

darme gagne plus que le curé ; en 1880 son traitement est dépassé par celui de l'instituteur (qui, il est vrai, a une famille à nourrir). Ces sommes sont faibles, mais il faut y ajouter les revenus dits du « casuel », c'est-à-dire les sommes versées par les fidèles à l'occasion de certaines cérémonies, comme les mariages (4 F dans le diocèse de Rouen sous le Second Empire pour la 3e classe de village et 40 F dans la classe urbaine la plus élevée) ou les enterrements (4 F pour la classe la moins chère, mais la première classe coûte 30 F), ainsi que les honoraires de messes célébrées à la demande des fidèles pour certaines occasions (il s'agit alors de messes dites privées : 1 F pour une messe basse et 1,50 F pour une messe chantée dans le diocèse de Valence en 1850, par exemple). Mais ces revenus annexes sont variables et aléatoires. Ce mode de rétribution du clergé, ainsi que les différences de pompe des cérémonies religieuses familiales, impriment leur marque au catholicisme de ce temps.

L'origine sociale des prêtres se modifie : tout au long de ce siècle de croissance urbaine, on constate un mouvement inverse du recrutement sacerdotal, qui se ruralise peu à peu. Si bien qu'en 1900 75 % des prêtres sont d'origine rurale et, le plus souvent, fils de paysans (peu de fils de journaliers, de domestiques ou d'ouvriers). Il est clair que, sans naturellement mettre en cause leur vocation, l'état ecclésiastique constitue pour nombre d'entre eux une forme de promotion sociale. D'autant plus qu'à la campagne il n'est pas rare que le prêtre soit un notable, vivant « bourgeoisement » dans un grand presbytère. Certes, il est aussi des villages où le presbytère est une maison rurale comme les autres « location précaire et inconfortable consentie par la commune ou un particulier » (N.-J. Chaline). Et, avec la IIIe République, l'influence du prêtre sera battue en brèche par celle de l'instituteur, qui possède lui aussi un savoir livresque, et que la laïcisation de l'école libère de la tutelle ecclésiastique. Souvent alors, puisque son pouvoir social est mis en question, le prêtre tente de compenser cette évolution par un regain d'activité proprement religieuse. Mais il hésite entre deux attitudes : soit tenter de retrouver la place de chef de la communauté villageoise qui était la sienne avant la Révolution, en insistant sur son rôle social ; mais, plus le temps passe, plus ce pari est difficile à tenir, en raison de la sécularisation croissante de la société. Soit il se préoccupe surtout, à l'image de Jean-Marie Vianney, curé de la toute petite commune d'Ars (dans le diocèse de Belley, Ain), souvent cité en exemple dans les séminaires, de se concentrer sur son rôle spirituel, et de tenter de transformer sa « paroisse en une “petite Eglise” de sanctifiés au milieu du monde pécheur » ; mais, se demande Claude Langlois, « combien sont assez lucides pour s’interroger sur la validité d’une pratique qui semble ne convenir qu’à une minuscule paroisse rurale dans une région isolée et pour découvrir que l’exemplarité souhaitée dissimule la nostalgie d’un âge d’or disparu »[1] ?

Par ailleurs, les desservants sont étroitement contrôlés par leur évêque, qui ne se prive pas pour les déplacer : dans le diocèse de Valence, par exemple, étudié par B. Delpal, on constate, qu’entre 1840 et 1860 certaines années « plus du tiers des “succursalistes” sillonne les routes derrière la voiture du déménagement ». Il y a certes des promotions, mais la menace de la mutation

> fait mieux sentir à chaque prêtre combien il est subordonné à l’Autorité, jusque dans le moindre geste de son apostolat : pour bénir un chapelet, il faut l’autorisation de l’évêque, également pour ériger un chemin de croix, s’absenter un dimanche, inviter un confrère à prêcher, même pour avoir le droit de lire un ouvrage protestant[2] !

Sont-ils appréciés de leurs paroissiens ? Il est, naturellement, difficile de généraliser. Au miroir des visites pastorales ils apparaissent le plus souvent comme très respectueux des signes tangibles de l’état clérical (port de la soutane), disciplinés et très consciencieux. Quant à leur « réussite » dans la paroisse, elle varie au gré des circonstances. Dans une vaste enquête menée par l’évêque de Valence entre 1844 et 1849, sur 261 prêtres on en rencontre 101 qui « réussissent »[3] très bien, 71 qui ne réussissent pas, les autres étant dans une situation intermédiaire ; mais un tiers sont considérés comme n’ayant guère de moyens intellectuels, ni de culture, ce qui n’empêche pas forcément de réussir (25 tenus pour dépourvus de moyens sont regardés comme ayant réussi, en raison de leur activité pastorale) ! Mais il ne faut pas généraliser à partir d’un diocèse partiellement montagneux et, de plus, cette enquête porte sur le clergé en fonction vers 1845 ; ces lacunes proviennent donc sans doute de la formation hâtive donnée durant la décennie 1825-1835, quand il s’est agi de reconstituer les cadres. De plus, dans cette enquête les

1. *Histoire des catholiques...*, p. 343.

2. Bernard Delpal, *Entre paroisse et commune, les catholiques de la Drôme au milieu du XIXe siècle,* Valence, Ed. Peuple libre, 1989, p. 54-55.

3. Cette notion est déterminée à partir des témoignages des paroissiens ; mais les exigences additionnent les moyens (l’intelligence), la culture, le zèle pastoral et le zèle temporel.

exigences sont grandes, du côté des fidèles « on veut un curé qui soit digne sans être distant, qui donne l'exemple sans être inaccessible, en un mot qu'il soit un saint homme » (B. Delpal). Par ailleurs, plus le temps passe et plus la formation s'améliore. Il reste que la vie n'est pas toujours facile pour le prêtre de paroisse, comme l'écrit N.-J. Chaline :

> Le desservant est un homme doublement isolé par son célibat et par ses fonctions. Certes, dans le village, il est celui à qui souvent on demande aide et conseil dans les cas graves ou avant d'entreprendre une démarche. Mais le prêtre est aussi épié par ses ouailles qui se vengent à leur manière d'un magistère moral qu'il est censé leur imposer et critiquent volontiers cet homme « qui ne fait rien ». A plusieurs reprises, les archives nous montrent des prêtres en butte à des coteries qui suscitent des cabales contre lui et vont jusqu'à le dénoncer à l'archevêché ou au ministre des Cultes[1].

Les grandes étapes de l'évolution de l'Eglise catholique en France

Le XIXe siècle, qui voit la reconstitution des cadres, et où, après les orages révolutionnaires, se manifeste un incontestable dynamisme, est aussi celui d'un véritable renouvellement. La hiérarchie, aidée par des fidèles très convaincus, tente, en effet, de mieux correspondre aux besoins des fidèles, sans pactiser avec ce qu'elle condamne, dans le but de retrouver l'influence sociale qui était la sienne avant 1789. Car elle considère l' « Etat chrétien » et la « société chrétienne », c'est-à-dire un Etat et une société où l'Eglise catholique exerce une influence déterminante, tant sur les dirigeants que sur l'ensemble des citoyens (même sur les non-catholiques, qu'il n'est certes plus question de persécuter, mais que l'on tolère plus qu'on ne considère comme des égaux en matière religieuse) comme un idéal, à la réalisation duquel il lui faut consacrer des efforts persévérants. Or à la fin du XIXe siècle le gouvernement français décide la laïcisation de l'école, puis la séparation des Eglises et de l'Etat, pourtant condamnées l'une et l'autre avec une grande vigueur par les évêques et par le pape. Et ces initiatives sont approuvées par un corps électoral composé, pour son immense

1. *Op. cit.*, p. 45.

majorité, par des hommes se considérant eux-mêmes comme catholiques. Force est donc de constater que la hiérarchie ecclésiastique qui, nous le verrons, a obtenu des résultats très importants dans le domaine proprement religieux, n'est pas parvenue à restaurer son influence sociale. Mais peut-être était-ce un objectif inaccessible dès lors que les Français avaient montré, avec constance depuis 1789, qu'ils ne voulaient plus d'une monarchie de droit divin, et donc du concept même de « monarchie chrétienne », que l'adoption du suffrage universel en 1848 rend d'ailleurs anachronique.

Le dynamisme de la première moitié du XIXe siècle

Lamennais et la condamnation de *L'Avenir*

Après une phase de rétablissement et de restructuration sous l'Empire et au début de la Restauration, le catholicisme français connaît un véritable renouvellement. C'est en effet en 1817 que l'abbé Félicité de Lamennais fait paraître son *Essai sur l'indifférence en matière de religion*, qui remporte un réel succès dans l'opinion. Préoccupé avant tout du rayonnement du catholicisme dans l'Europe postrévolutionnaire, il tente d'y renouveler l'apologétique chrétienne, sans cependant s'affronter avec les déductions présentées par Kant dans la *Critique de la raison pure*, pourtant bien connues à l'époque dans le monde intellectuel français, ce qui est quelque peu paradoxal. De ce fait, il opte pour une solution difficile à tenir : il tente de fonder la certitude religieuse sur la raison générale, l'assentiment général et traditionnel du genre humain, enrichi progressivement par la révélation divine ; ce qui lui permet de conserver une part de la foi dans le progrès dont avaient fait preuve les philosophes des Lumières (Condorcet en particulier), tout en s'exprimant dans un vocabulaire qui rappelle celui de la théologie de l'histoire, chère à l'Ancien Régime. Ce qui ne peut manquer de lui valoir des éloges en ces débuts de restauration monarchique. Pourtant, en raison de sa conception d'ensemble, cet ouvrage s'expose aussi à bien des critiques et, comme l'écrira plus tard le protestant François Guizot :

> En tenant ce langage l'abbé de La Mennais [...] oubliait déjà qu'il était chrétien et catholique. Quand on veut ici-bas une autorité infaillible, ce n'est à aucune source humaine qu'il faut l'aller chercher ; la raison de tous [...] qu'est-ce autre chose que la souveraineté du nombre dans l'ordre spi-

rituel ? [...] Mais cet apôtre de la raison générale était en même temps le plus orgueilleux adorateur de sa propre raison ; sous la pression des événements extérieurs [...] il changera de camp sans changer de principes ; il n'avait pu amener l'autorité suprême de l'Eglise à admettre son principe, et dès lors l'esprit de révolte, qu'il avait si sévèrement maudit, se déchaîna dans son âme et dans ses écrits[1].

Quoi qu'il en soit, ce livre déclenche un vaste débat et Lamennais, qui a de grandes ambitions, pour lui comme pour l'Eglise catholique qu'il entend réveiller, se révèle un ardent polémiste, d'abord comme pamphlétaire ultra-royaliste, qualifiant par exemple les lycées de la Restauration de « séminaires de l'athéisme » et l'Université de « vestibule de l'Enfer ». Il fonde, ainsi, une tradition de violence de plume que l'on retrouvera ensuite dans les écrits de plus d'un journaliste catholique, Louis Veuillot en particulier. Assoiffé de certitudes, et déçu par le gouvernement des Bourbons qu'il juge trop peu ferme, il se tourne ensuite vers l'autorité pontificale, écrivant, par exemple en 1826 : « Sans pape, point d'Eglise ; sans Eglise, point de christianisme ; sans christianisme, point de Société », inaugurant alors une apologétique à base sociologique, qui sera très souvent reprise dans le monde catholique tout au long du XIXe siècle.

A partir de 1824 Lamennais commence à rassembler autour de lui un groupe de disciples, où l'on remarque particulièrement l'abbé Gerbet (plus théologien que Lamennais), Lacordaire et, en 1830, le laïc Charles de Montalembert, qui écrivent dans des publications nouvellement créées, comme *Le Mémorial catholique*, *Le Catholique* ou *Le Correspondant.* Soucieux de présenter un visage moderne du catholicisme, ils cherchent à réconcilier la science et la foi, et ils évoluent peu à peu vers le libéralisme politique. La Révolution de 1830 leur offre l'occasion de diffuser leurs idées : en octobre ils fondent un quotidien au titre optimiste, *L'Avenir*, dont la devise, « Dieu et liberté », est explicite. Ce groupe des « catholiques libéraux », comme on les appelle désormais, insiste sur la notion de liberté, qu'ils posent comme un absolu (sauf le libéralisme économique, qu'ils rejettent comme facteur de paupérisme), jugeant qu'elle offre la meilleure chance de développement pour le catholicisme : liberté de conscience, de culte, suppression des « chaînes » concordataires, liberté d'enseignement pour l'Eglise, liberté de presse, d'association, décentralisation, etc. Plus que le

1. François Guizot, *Méditations sur l'état actuel de la religion chrétienne,* Paris, 1866, p. 15-16.

détail, l'important est la rupture, éclatante, de l'alliance du catholicisme et de la contre-révolution, qu'ils regardent comme une sorte de verrou, et qu'ils veulent faire sauter, pour faciliter la diffusion des doctrines catholiques.

Dans l'ambiance qui suit la Révolution de 1830, ce mouvement suscite un réel écho dans les rangs du clergé. Mais il inquiète l'épiscopat, qui apprécie le Concordat, et trouve ce groupe bien aventureux, tant au point de vue doctrinal qu'au point de vue politique. Lamennais et ses amis tentent alors d'obtenir l'appui de Rome contre les évêques, ce qui révèle au passage les contradictions de ces libéraux, qui font appel à l'autorité contre leurs adversaires. Or le pape condamne les doctrines politiques de *L'Avenir* en août 1832, dans l'encyclique *Mirari vos*. Il y repousse toutes les libertés modernes, et, par exemple, la liberté de conscience, tenue pour un « délire, une erreur des plus contagieuses menant à l'indifférence religieuse ». Lacordaire et Montalembert se soumettent, mais cette encyclique consomme la rupture entre Rome et la génération romantique. Tandis qu'en 1834 Lamennais, qui récuse l'infaillibilité pontificale depuis que le pape a condamné ses écrits, publie ses *Paroles d'un croyant*, « acte d'accusation contre tous les oppresseurs, souverains, évêques, pape, et un appel au peuple pour qu'il se libère des toutes les tyrannies au nom du Christ » (Y.-M. Hilaire). Ce livre rencontre un grand succès de librairie, mais il est rapidement condamné par le pape, et Lamennais quitte l'Eglise catholique.

Mais ses amis ne le suivent pas. Et comme ils ne peuvent plus guère agir dans le domaine politique, en raison des condamnations pontificales, ils transfèrent leur enthousiasme réformateur dans le sein de l'Eglise, insistant en particulier sur la nécessité renouveler le style des publications ecclésiastiques, les thèmes abordés par les prédicateurs, de moderniser les organismes catholiques chargés d'agir sur le corps social, et d'accepter une part du legs révolutionnaire en ne rejetant pas une alliance du catholicisme et de la liberté sur certains points, etc. Souvent leurs idées vont se révéler fécondes, et contribuer largement au rayonnement de l'Eglise catholique en France, bien perceptible jusqu'au milieu du siècle.

Les renouveaux

Pendant cette période le catholicisme français sait aussi rénover une partie de sa culture. Sous l'influence du romantisme, il renouvelle ses modèles, qu'il puise désormais dans un passé médiéval, quelque peu mythifié, et perçu comme un âge d'or de la civilisation catholique. Ce qui induit un mouvement en faveur de la reconstitution d'ordres religieux médiévaux disparus, comme les Bénédictins, en 1837 (avec dom Guéranger), les Dominicains en 1843 (avec Lacordaire), ou diverses familles franciscaines (les capucins en particulier), qui vont se révéler fort actifs, chacun dans le domaine qui est le leur. C'est, d'ailleurs, dans ce contexte que le style néo-gothique est généralement adopté pour les églises nouvellement édifiées. Au fond, le Moyen Age offre un modèle de chrétienté sur lequel on peut tenter de prendre appui pour retrouver une assurance, parce qu'il offre un modèle qui n'a pas été entamé par les mises en question révolutionnaires — pour l'essentiel la Révolution s'est attaquée au système absolutiste, postérieur au Moyen Age —, et qu'il présente l'image idéale d'une société rurale (avant 1850 la révolution industrielle n'a pas encore bouleversé la société française) où tout le monde était chrétien (du moins le croit-on).

Le renouveau culturel se caractérise aussi par une ouverture vers l'étranger. Quelques ecclésiastiques vont ainsi se former dans les prestigieuses universités allemandes, où s'élaborent les grands systèmes théologiques modernes, et les principales découvertes en matière d'exégèse et de critique biblique. Pourtant on ne note guère d'influence profonde de l'Allemagne (pays à large majorité protestante il est vrai) sur le catholicisme français. La principale influence étrangère vient d'Italie. Elle ne concerne pas la théologie dogmatique, mais la piété. Le premier XIXe siècle voit, en effet, l'introduction de toute une série de nouvelles dévotions, de nouveaux objets de piété, qui vont par la suite sembler caractériser le catholicisme du XIXe siècle, mais qui constituent alors une innovation. On note également une influence de la théologie morale de l'Italien Alphonse de Liguori, sur laquelle nous reviendrons, qui va bouleverser les habitudes françaises, marquées jusqu'alors par l'empreinte janséniste. Il est clair que le style du catholicisme italien est bien adapté aux attentes d'une partie de la société rurale française.

Cette volonté d'ouverture vers l'extérieur se manifeste aussi par un nouvel élan missionnaire en direction du Canada et de l'Asie, et qui précède la grande phase de la colonisation européenne (après 1870). Il occasionne la fondation d'institutions, en particulier la *Propagation de la foi*, par la Lyonnaise Pauline Jaricot, dont la publication, les *Annales*, largement répandue dans le public catholique, fait connaître les activités et contribue à permettre de rassembler des dons importants (environ 200 millions de francs au cours du XIXe siècle). Il est clair que ce mouvement missionnaire porte la marque d'une confiance retrouvée.

L'exigence de modernisation se montre également par la tentative de mieux associer les laïcs à la vie religieuse, par l'intermédiaire d'associations spécifiques. L'exemple le plus caractéristique est la *Société de Saint-Vincent-de-Paul*, fondée en 1833 par Frédéric Ozanam. Elle associe des prêtres séculiers, des religieuses, mais aussi des laïcs, autour d'un double but : fortifier la foi de ses membres et pratiquer l'action caritative (on dit alors « charitable »). Hiérarchisée, elle est cependant dirigée par un conseil composé uniquement de laïcs, ce qui doit être souligné (dans l'Eglise catholique il est rare que des ecclésiastiques soient dirigés par des laïcs)[1]. Or elle remporte vite un succès important, ce qui montre qu'elle correspond à une attente : dès 1844 on dénombre 140 groupes locaux (appelés « Conférences ») et 5 000 membres ; quinze ans plus tard il y aura 1 300 conférences (et 30 000 membres). Certes, cette société évolue avec le temps ; composée à l'origine de jeunes étudiants, elle est peu à peu prise en main par les notables de province, parfois légitimistes, qui l'utilisent pour continuer à pratiquer la charité comme autrefois. Ce qui illustre aussi le retour de la bourgeoisie vers le catholicisme, mais en atténue le caractère novateur dans la seconde moitié du XIXe siècle.

L'essor des ordres religieux

La vitalité retrouvée du catholicisme se marque, enfin, par la fondation de toute une série de nouveaux ordres religieux. Ce qui va au-delà de la reconstitution d'anciennes congrégations disparues ; car les ordres fondés au XIXe siècle se veulent adaptés à la société moderne. Souvent, d'ailleurs, ils sont intégrés à de nouvelles structures, qui regroupent clergé paroissial, frères et religieuses pour la réalisation d'un objectif spécifique. Tel est le cas, par exemple, de la congrégation des Augustins de l'Assomption, fondée en 1850 par Emmanuel d'Alzon avec le but explicite d'agir dans le siècle : dans l'enseignement secondaire (le vote de la loi Falloux le lui permet désormais), dans les missions outre-mer, mais aussi, et

1. Les laïcs jouent aussi un rôle important dans d'autres organismes, comme les conseils de fabrique ou les confréries par exemple ; mais, en général, le clergé demeure aux postes de direction.

surtout, dans la presse catholique. Et ce groupe de presse « assomptionniste », avec entre autres *Le Pèlerin* et *La Croix*, jouera un rôle considérable sous la IIIe République (en particulier au moment de l'affaire Dreyfus). Notons également, bien qu'elle soit un peu plus tardive, la congrégation du Prado, fondée en 1860 par Antoine Chevrier, dans le but de préparer les prêtres à l'évangélisation en milieu ouvrier.

L'aspect le plus spectaculaire du renouveau des ordres religieux concerne les congrégations féminines[1]. Les années 1820-1860 constituent l'apogée de la création de congrégations de femmes, du XVIIIe siècle à nos jours (entre 1800 et 1880, plus de 400 congrégations à supérieures générales sont fondées en France). Et c'est sous la monarchie de Juillet que les congrégations françaises les plus importantes (le Bon Pasteur d'Angers, les Dames du Sacré-Cœur ou l'Adoration perpétuelle de Picpus, par exemple) commencent à acquérir une dimension internationale. Ces congrégations féminines sont actives dans le siècle, ce qui constitue une innovation, car, avant 1789, le plus souvent les religieuses étaient cloîtrées.

Les premières fondations, qui ont lieu sous l'Empire, correspondent en général à des reconstitutions post-révolutionnaires. Mais le mouvement se poursuit ensuite, encouragé par diverses lois adoptées sous la Restauration et qui concernent tout particulièrement les ordres féminins. En effet l'Etat commence à se préoccuper du développement de la médecine et du soin des pauvres ; et, comme il entend n'y consacrer qu'une part limitée des dépenses publiques, les sœur « de charité » lui sont bien utiles. Sans modifications de la législation, le climat de liberté qui règne sous la monarchie de Juillet permet la poursuite du mouvement. Si bien qu'en 1850 les religieuses rassemblent 66 000 personnes, soit un total plus élevé qu'en 1789, et qui dépasse en nombre le « clergé masculin » (prêtres et religieux). Pour l'essentiel c'est sous la monarchie de Juillet que les congrégations féminines prennent le visage qui sera le leur durant un siècle, se spécialisant comme enseignantes, gardes-malades, petites sœurs des pauvres et, d'une façon générale, « sœurs de charité ».

En partie pour des raisons politiques, le mouvement de fondation se poursuit après 1850, le vote de la loi Falloux induisant une forte croissance de la demande de religieuses enseignantes : de 1850

1. Voir Claude Langlois, *Le catholicisme au féminin, les congrégations françaises à supérieures générales au XIXe siècle*, Paris, Cerf, 1984 ; naturellement, l'essentiel de ce que nous écrivons ici sur les religieuses est issu de cet ouvrage, fondamental pour ce sujet.

à 1860 on crée plus de congrégations qu'entre 1825 et 1850. A cette période chaque année 5 000 novices « entrent en religion » (alors qu'on ordonne 1 300 prêtres) ; et en 1860 leur nombre total est estimé à 100 000. C'est alors que leur présence devient manifeste dans la ville, tant dans les rues (leur costume les rend aisément reconnaissables) que dans le paysage urbain (de nombreux bâtiments sont construits). Ce qui inquiète, d'ailleurs, une partie de l'opinion (on leur attribue une fortune considérable, provenant de dons et legs) ; et permet de comprendre qu'après 1870 les républicains aient été animés de la volonté de lutter contre les congrégations. Certes, après l'apogée des années 1850-1860, on remarque un certain essoufflement : les conditions politiques sont moins favorables et, dès les années 1880, le développement de l'école laïque permet aux femmes d'enseigner sans être religieuses. Mais, à la fin du XIXe siècle, on dénombre encore 130 000 religieuses en France, soit un chiffre jamais atteint auparavant.

Il est clair que, comme l'écrit Cl. Langlois, au milieu du XIXe siècle les congrégations apparaissent comme « le modèle dominant d'organisation des élites de l'Eglise » et comme « la forme spécifique d'action religieuse sur la société ». Ensuite, l'Eglise commence à s'interroger à leur sujet. Et quand, au début du XXe siècle, à l'occasion de la séparation des Eglises et de l'Etat, l'Eglise est contrainte de choisir entre les écoles catholiques et les congrégations, la hiérarchie préfère laisser disperser les congrégations et garder ses écoles. Elle considère donc que le mode de vie des religieux et des religieuses n'est plus le mieux adapté au témoignage chrétien dans le monde.

Quoi qu'il en soit des évolutions du XXe siècle, il importe ici de se demander les raisons du très grand succès du mouvement congréganiste dans le catholicisme du XIXe siècle. Il faut, tout d'abord, y voir le résultat de son adaptation au « pacte concordataire » : en le signant, Bonaparte (lui-même agnostique) accepte de financer l'Eglise à condition qu'elle abandonne toute prétention politique, et qu'elle se résume à son utilité sociale. Or il est clair que les religieuses hospitalières sont fort utiles aux yeux du Premier Consul. Par ailleurs, ces congrégations apportent une réponse à certains besoins de la société : le XIXe siècle est celui de l'alphabétisation des filles (30 % des femmes signent leur acte de mariage en 1789 et 95 % en 1890) ; or, au début, seules les religieuses songent à ouvrir des écoles de filles, et ainsi elles s'installent peu à peu au cœur du système scolaire (en 1860, 2 religieuses sur 3 sont enseignantes). Elles jouent également un grand rôle dans la santé publique, qui commence sa croissance, et répondent là à une attente de l'opinion. Sur un plan plus général, si la France accepte un tel mouvement (entre 1800 et 1880, 200 000 jeunes filles sont entrées dans les noviciats), c'est parce que la société accorde peu de place aux femmes, en particulier dans les milieux aisés, et que seules les congrégations leur offrent des postes de responsabilité.

Comme l'écrit Claude Langlois :

> Les femmes des milieux aisés voient leur rôle se limiter : la famille, les réceptions mondaines, l'éducation des enfants, les bonnes œuvres et la dévotion. Celles des milieux populaires ajoutent à leurs sujétions traditionnelles comme domestiques, femmes de paysans ou d'artisans, celles que procure le travail dans les fabriques. Les voies de l'émancipation par l'accès à une vie professionnelle sont encore fort étroites. Sauf justement dans le cadre de la vie congréganiste. Les congrégations [...] offrent des postes de responsabilité où elles pourront faire preuve d'initiative et d'esprit d'entreprise, même si elles sont contrôlées par le clergé : fondatrices, supérieures générales ou provinciales, responsables de grosses maisons [...] les congrégations ont aussi besoin de « cadres moyens », pour diriger les maisons, de femmes disposant de compétences professionnelles, et d'autres aussi, disponibles à toutes les tâches. Au XIXe siècle, les congrégations sont pratiquement les seules à fournir, sur un marché du travail certes un peu particulier, des emplois féminins si variés, et tout particulièrement des emplois qui demandent un haut niveau de responsabilité. D'où leur succès[1] !

Mais il est clair que le succès des congrégations féminines est avant tout le signe du dynamisme du catholicisme, et qu'à leur tour elles entretiennent ce dynamisme. Elles en marquent aussi les limites, en révélant les formes d'une stratégie ecclésiastique défensive, qui vise à « reconquérir l'homme par la femme » et « le vivant par le mort » (Cl. Langlois). A l'aide d'une « armée » de sœurs enseignantes, l'Eglise, qui a perdu ses positions dans l'enseignement masculin — il y a, proportionnellement, peu de « frères » enseignants et l'Eglise n'est pas en mesure d'espérer supplanter les laïcs pour l'éducation des garçons —, tente de conserver la mainmise sur l'enseignement des filles, pour essayer, comme le dira Mgr Dupanloup, d'influencer les hommes par l'intermédiaire de leurs femmes ; ce qui est un combat défensif. Il amène les républicains à tenter de reprendre le contrôle de ce type d'enseignement pour, selon le mot de Jules Ferry, « donner des compagnes républicaines aux hommes

1. *Ibid.*, p. 643.

républicains ». Quant à la place des sœurs dans les hôpitaux, ou comme gardes-malades à domicile, elle a, également, pour fonction d'essayer de ramener dans le sein de l'Eglise les mourants qui se tenaient jusqu'alors éloignés des sacrements ; ambition limitée, et défensive elle aussi. Enfin le grand nombre des sœurs accentue le caractère clérical du catholicisme. L'Eglise n'ignore certes pas les simples fidèles ; mais, à l'aide de son clergé masculin et féminin, elle tente, plus ou moins, de vivre sur elle-même, en ne faisant guère confiance aux laïcs. Ce qui est acceptable dans les régions rurales traditionnellement ferventes, où les populations ont l'habitude de la soumission (au seigneur, au grand propriétaire, au curé), comme dans l'Ouest par exemple. Mais qui est beaucoup moins bien reçu par la société moderne, industrielle, urbaine, qui gagne du terrain après 1850, et qui, grâce au suffrage universel, apprécie chaque jour un peu plus les avantages de l'autonomie personnelle. Au fond, dans la seconde moitié du XIXe siècle, la majorité des laïcs va s'opposer au projet de reconstitution d'une « société chrétienne » élaboré par les ecclésiastiques, et dont le développement des congrégations religieuses est un des signes distinctifs.

Les années incertaines et le triomphe de l'ultramontanisme (1850-1870)

Le choix initial

Après plusieurs décennies de reconstruction, au début des années 1850 le catholicisme entreprend de manifester ses forces, sans parvenir toutefois à contrôler la société. Cela s'explique de plusieurs façons. Avec le vote de la loi Falloux, en 1850, puis l'approbation du coup d'Etat du 2 décembre, l'Eglise semble, tout d'abord, passer un pacte avec les forces les plus conservatrices. D'autant que l'Etat impérial ne se prive pas pour faire connaître cette nouvelle union du Trône et de l'Autel : hausse du budget des cultes de 11 % entre 1851 et 1859 (où il atteint, rien que pour l'Etat, la somme de 64 millions) ; autorisation de processions là où les Articles organiques les interdisent ; nombreuses aides publiques pour la construction d'églises ou de monuments symboliques (immense statue de la Vierge au Puy, par exemple, fondue avec le bronze des canons pris à l'ennemi russe à Sébastopol) ; reconnaissance de congrégations féminines. De plus, durant la phase autoritaire de l'Empire (1852-1859), l'Eglise est la seule organisation en mesure de se réunir librement, de diffuser sa presse, etc., ce qui la « compromet » aux yeux des libéraux et contribue à faire échouer le pari engagé au début des années 1830 par Lacordaire, Montalembert (en 1852, ce qui ne laisse pas d'être significatif, il accepte l'étiquette de candidat officiel) et les catholiques libéraux.

Regrettant ces alliances conservatrices, A. de Tocqueville, qui est resté libéral, écrit ainsi à un ami en janvier 1851 :

> Je leur en veux beaucoup [à ceux qu'il appelle « les dévots »] en ce moment de tous les efforts qu'ils font pour rendre la France irréligieuse, et y raviver les passions voltairiennes. [...] Il y a longtemps que je pense qu'après Voltaire le plus grand ennemi que le christianisme ait eu en France est Montalembert [...][1].

D'ailleurs, l'Eglise ne profite pas pleinement de l'appui que lui offre le pouvoir bonapartiste, car cela accentue ses divisions internes entre libéraux et « ultramontains » (partisans de la soumission à ce qui est « au-delà des monts » [des Alpes], c'est-à-dire à Rome). De plus l'Eglise se heurte à trois problèmes, qu'elle éprouve des difficultés à résoudre.

Les problèmes du milieu du siècle

Dans le domaine *politique*, depuis 1848 la France fait l'apprentissage du suffrage universel. Cela induit une modification des pratiques politiques, puisque tous les citoyens sont appelés à donner leur avis. L'Eglise, qui possède un appareil d'encadrement des masses (et un représentant dans presque toutes les communes), doit-elle l'utiliser pour intervenir de façon directe dans le jeu politique, en créant, par exemple, un parti catholique ? Certains y songent ; mais ils y renoncent vite, car ils perçoivent bien que l'Eglise n'est que l'une des composantes du « parti de l'ordre », qui gouverne la France de 1840 à 1877. Elle oscille donc entre plusieurs attitudes : accord pragmatique avec le pouvoir (entre 1852 et 1859) ; essai d'utilisation des notables catholiques, souvent légitimistes, mais leur influence s'amenuise ; efforts pour défendre avec énergie les « principes catholiques » contre les innovations de la société moderne, mais cet affrontement avec des thèmes populaires est difficile. Au fond l'Eglise ne parvient pas à définir une stratégie

1. Cité par Philippe Vigier, *La Seconde République*, Paris, PUF, 1970, p. 106-107.

politique, et la République s'organise contre elle entre 1875 et 1879, bien que l'immense majorité des électeurs se considèrent eux-mêmes comme catholiques.

Dans le domaine *social*, même s'il convient de nuancer des affirmations parfois trop catégoriques, il est clair que l'Eglise éprouve des difficultés pour s'adresser à la classe ouvrière, qui commence à compter en France dans les années 1860. Il est certes incontestable (voir les travaux d'Y.-M. Hilaire, par exemple) que tous les ouvriers ne sont pas « déchristianisés », même si la pratique religieuse varie beaucoup d'une région à l'autre. Et l'Eglise est très loin de se désintéresser de la classe ouvrière, en particulier dans les régions industrielles, où son activité en faveur des « pauvres » est souvent considérable (crèches, soins à domicile pour les vieillards, orphelinats, etc.), et incontestée. Mais les cadres qui guident son action sont peu à peu regardés comme surannés par bien des ouvriers : car elle conserve l'idée d'une activité charitable placée sous la direction et le contrôle des classes dirigeantes, et donc possédantes. De ce fait, une partie (variable) des ouvriers les dénoncent comme autant de pressions exercées abusivement sur des êtres faibles (enfants, malades, vieillards), dans le but de parvenir à la reconstitution d'une société non moins surannée, la monarchie, issue de l'Ancien Régime, dont l'Eglise catholique était l'un des principaux piliers.

Dans le domaine *intellectuel* enfin, l'Eglise doit faire face à des mises en question délicates. En effet, les années 1860 sont aussi celles d'une évolution intellectuelle rapide, symbolisée par la diffusion des travaux de Darwin sur l'origine des espèces (et donc de l'espèce humaine) et par ceux de Renan sur les origines du christianisme (et donc de l'Eglise catholique). Or dans le domaine scientifique certaines de leurs affirmations mettent en cause une partie des interprétations de la Bible traditionnellement acceptées par l'Eglise (la création pour Darwin, le nom des rédacteurs de certains livres de l'Ancien Testament pour Renan, par exemple). Cela mène une partie des élites intellectuelles, qui penche vers l'agnosticisme, à regarder la science comme une religion de substitution (« la science est une religion », écrit Renan), mieux adaptée au monde moderne que le catholicisme.

La victoire de l'ultramontanisme

Or l'Eglise éprouve des difficultés à répondre à ces mises en question intellectuelles ; d'autant plus qu'elle manque (en France) d'instituts de recherches qui pourraient aider à formuler des réponses (la plupart sont fondés après 1875). Et que quelques « affaires » provoquent une tension entre l'Eglise et bien des scientifiques : les apparitions de Lourdes en 1858, et l'organisation d'un pèlerinage qui pour bien des positivistes « devait continuer longtemps à être [...] une preuve supplémentaire du pouvoir de la superstition et des ravages de l'esprit grégaire au sein du catholicisme » (René Rémond) ; ou la publication de la *Vie de Jésus* de Renan (1863), qui conteste la divinité du Christ et qui, en dépit des faiblesses scientifiques de l'ouvrage (bien signalées outre-Rhin), provoque dans les rangs des catholiques français plus d'imprécations indignées que de réactions scientifiquement argumentées.

L'Eglise répond à ces mises en question par une sorte de défi à la société moderne : le triomphe de l'ultramontanisme, symbolisé par la promulgation du dogme de l'infaillibilité pontificale en 1870, précédé par la publication, en 1864, du *Syllabus*. C'est un catalogue « des principales erreurs de notre temps » (la liberté religieuse, la séparation de l'Eglise et de l'Etat, la liberté de la presse, etc.) dont la proposition finale, qui le résume, condamne l'opinion selon laquelle « le Pontife romain peut et doit se réconcilier et transiger avec le progrès, le libéralisme et la société moderne ». Cette victoire de l'utramontanisme a été réclamée avec persévérance durant des années par bien des auteurs catholiques — Louis Veuillot, par exemple, qui connaît un grand succès dans les rangs du clergé pour les articles au ton passionné qu'il rédige dans *L'Univers*. Son principe de base est de tout ramener à Rome, c'est-à-dire au pape, regardé comme infaillible et investi du pouvoir de régner sans partage sur l'ensemble du monde catholique.

L'ultramontanisme est donc une réponse, pas très intellectuelle, certes, mais qui gagne peu à peu de nombreux partisans, en particulier au sein des masses rurales. Les élites cultivées, souvent réticentes devant ce mouvement, ne pèsent guère, car le souverain pontife lui-même y est favorable. De ce fait, les habitudes d'indépendance de l'Eglise gallicane — autrefois fière de ses « libertés » et de ses particularités — s'estompent peu à peu au profit de la centralisation romaine. Les évêques s'adressent de plus en plus souvent au pape pour lui demander de trancher les questions disciplinaires, les problèmes touchant le culte, les manuels qu'il convient d'utiliser, etc. De nombreux diocèses abandonnent les liturgies provinciales pour adopter la liturgie romaine. Des prêtres font appel à Rome contre les décisions des évêques restés gallicans. Les évêques se rendent de plus en plus souvent à Rome. A cela « s'ajoute un développement du culte de la personnalité de Pie IX » (Cl. Langlois), qui amène certains théologiens à proposer des innovations dogmatiques.

Au fond, le cœur de l'ultramontanisme réside sans doute dans une nouvelle compréhension du rôle, voire de la personne, du pape. Au début du siècle, avec J. de Maistre le pape est considéré comme le garant d'un ordre social contre-révolutionnaire. Après 1848 (voire après 1830 pour les légitimistes), bien des monarchistes regardent le pape comme une sorte de substitut du roi (n'ayant plus de roi dans la société civile, ils aspirent à en retrouver un dans l'Eglise) ; ils effectuent donc un transfert de fidélité sur la personne du pape. Quant au clergé ultramontain des années 1850 et 1860, il tient le pape pour une sorte de Christ de substitution. L'évêque de Tulle écrit, ainsi, que le pape est « le verbe incarné [le Christ] qui se continue ». Le clergé demande presque au pape « d'être » le Christ sur terre, et pas seulement son vicaire, comme le veut la doctrine. D'attester, en quelque sorte, par sa simple présence physique à Rome, que les contestations des intellectuels au sujet de la divinité du Christ (celles de Renan par exemple) sont fausses, que les analyses philologiques des différents manuscrits du Nouveau Testament sont dépourvues du moindre intérêt, parce que le Christ « est » là, parmi eux, sous la forme d'un pape, que l'on peut voir, toucher, interroger et qu'il est investi du pouvoir de répondre infailliblement à toutes les questions.

Comme l'écrit Claude Langlois :

> On serait en droit de se demander si l'ultramontanisme n'a pas connu un tel développement à cause de la contestation la plus radicale que le catholicisme ait connue : la vérité de ses origines. La résurgence du miracle (Lourdes en 1858), l'importance du *Syllabus* (1864), évangile des temps nouveaux, la sacralisation du pape infaillible (1870), sont autant de manifestations d'un transfert sur le présent, de croyance au Dieu incarné dans une histoire qui se dérobe[1].

La quête d'une certitude fondée sur un homme effectivement présent sur cette terre est bien le sens profond de l'ultramontanisme. Le reste, c'est-à-dire la centralisation romaine et le caractère parfois autoritaire de l'exercice du pouvoir ecclésiastique, n'en est que la conséquence. L'ensemble possède une indéniable

1. *Histoire des catholiques...*, p. 394.

efficacité ; mais peut-elle être durable ? Combien de temps les questions que posent les exégètes pourront-elles être tenues pour irrecevables ?

Les difficultés de la fin du siècle (1870-1914)

Les suites de la défaite de 1870

La période commence mal : défaite des armées françaises, Commune, qui sépare l'Eglise de l'Etat, ferme une partie des églises et fusille des ecclésiastiques — même l'archevêque de Paris ! —, chute du pouvoir temporel du pape en raison de la conquête de Rome par l'armée italienne. Cet ensemble de catastrophes conduit plus d'un prédicateur à affirmer que la colère divine s'est abattue sur la France (avant 1870 l'armée française protégeait le pouvoir temporel du pape). Et qu'il convient de faire pénitence et d'en tirer la leçon : pour eux la France ne redeviendra grande et heureuse que lorsqu'elle sera redevenue fidèle à son roi légitime, en rendant son trône au comte de Chambord, et fidèle à son Eglise légitime (catholique), en rendant au pape son pouvoir temporel, et donc sa capitale.

Une bonne partie de l'Eglise s'engage dans cette voie, qui mêle étroitement choix politique monarchiste et choix religieux ultramontain, en réclamant une nouvelle « croisade » en faveur du pouvoir temporel du pape, et en multipliant les cérémonies collectives, où la pénitence tient un grand rôle, et qui se déploient sur la voie publique. C'est d'ailleurs en février 1872 que le supérieur général des Assomptionnistes institue un *Conseil général des pèlerinages* et décide peu après la publication du *Pèlerin.*

Comme l'écrit René Rémond :

> La France doit donc expier la vie de plaisir et de frivolité du Paris du Second Empire : les prédicateurs invitent à la pénitence la Babylone moderne, sur qui ses désordres ont attiré le feu du ciel, symbolisé par la Commune. L'érection sur l'éminence la plus élevée d'une basilique dédiée au Sacré-Cœur doit affirmer dans le ciel de Paris le repentir de la capitale [...] Entre la défaite de la fille aînée de l'Eglise et la prise de Rome par les Piémontais, les catholiques français voient plus qu'une coïncidence : la captivité du pape fait pendant à l'exil du roi ; le dévouement des fidèles s'exalte de voir les deux causes en butte au même ennemi[1].

1. René Rémond, *La droite en France...*, Paris, Aubier, 1963, p. 142.

L'Eglise s'affiche donc dans la rue, avec la ferme volonté de peser sur la vie politique. Les Assomptionnistes n'ont pas inventé ce type de piété, mais ils créent des pratiques et des exercices adaptés à la sensibilité du temps. « Le catholicisme de ces années leur doit d'être populaire, voire plébéien ; ils voient grand, s'adressent à de vastes auditoires, déplacent des foules » (R. Rémond), qui, agenouillées devant des statues récemment érigées, chantent à pleine voix : « Sauvez Rome et la France au nom du Sacré-Cœur. »

Cette démonstration de puissance est d'autant plus perceptible qu'en ces années 1870 l'encadrement clérical est le plus fort de tout le siècle. Selon une statistique de 1878, on compte alors en France : 130 000 religieuses, 56 000 prêtres séculiers, 20 000 frères enseignants (deux fois plus qu'en 1861) et 12 000 autres religieux, soit, au total, 220 000 « clercs » (50 000 de plus qu'en 1789). Et l'Eglise, qui possède un vaste réseau d'œuvres variées, s'adresse par leur intermédiaire à toutes les catégories sociales, et s'intéresse à un très grand nombre de secteurs d'activité. Elle dispose aussi d'une presse nombreuse et influente. Pourtant ces œuvres manquent de prise sur la société moderne, car elles sont souvent dirigées par des hommes liés aux forces sociales traditionnelles (parmi eux nombreux sont les légitimistes), et que le clergé entend les contrôler, ce qui ne répond pas aux aspirations de bien des laïcs. De ce fait, elles ne parviennent pas à intégrer à leur action les « couches sociales nouvelles », chères à Gambetta, qui vont construire la IIIe République.

Face à la laïcisation républicaine

En effet, en dépit de ses efforts, l'Eglise ne parvient ni à rendre son trône au roi, ni à rendre sa capitale au pape. Et cela parce qu'elle est sans doute moins puissante que ne le pense la hiérarchie. Ou, tout au moins, les Français vont montrer qu'ils sont capables de combiner un attachement, réel, aux aspects proprement religieux (dogmatiques) du catholicisme au sujet desquels ils acceptent tout à fait de se plier aux décisions de la hiérarchie, la crise moderniste le montrera, entre autres ; mais aussi un refus de laisser la même hiérarchie catholique lui dicter ses choix dans le domaine politique (la république l'emporte parce que la majorité des électeurs en décide ainsi) et dans bien des aspects de la vie sociale. Cette dissociation, que la hiérarchie condamne — elle estime avoir le devoir de guider les fidèles dans tous les aspects et tous les moments de leur vie (voir la citation de l'encyclique *Vehementer nos*, au début de ce chapitre) — est pourtant la clé qui permet de comprendre bien des épisodes du conflit entre l'Eglise catholique et les républicains après 1879.

Ce conflit est vécu par nombre d'évêques, et une partie des fidèles, comme une sorte de retour de la persécution révolutionnaire. En fait, les républicains de ce temps n'imitent pas leurs prédécesseurs des années 1793-1794 (alors on s'attaquait à l'Eglise, à l'ensemble du clergé et à la religion elle-même) ; ils ne font porter leur effort que sur la laïcisation de la vie publique. Mais alors ils se heurtent à la hiérarchie de l'Eglise, qui est hostile à une société laïcisée (le *Syllabus* l'affirme avec force). Et, dans les régions ferventes, où le clergé est resté influent, bien des fidèles sont choqués par cette volonté de laïcisation. Pour eux il s'agit d'une *innovation* injustifiée, d'autant plus qu'ils savent que l'immense majorité des Français se considère comme catholique. De plus, les Etats-Unis mis à part[1] (mais ils sont mal connus dans bien des campagnes françaises), dans la plupart des pays, le gouvernement ne tente pas de laïciser la vie sociale. D'où l'incompréhension de bien des catholiques militants. Ils se croyaient majoritaires, et ils découvrent que, dans le domaine politique, les électeurs qui suivent les directives de la hiérarchie catholique sont nettement minoritaires. Dans ces conditions, le conflit est inévitable ; car les républicains tentent de reprendre les deux principales conquêtes de l'Eglise au XIXe siècle, par l'intermédiaire desquelles elle entend restaurer son influence sur la vie sociale (et non pas seulement religieuse) : l'*école*, que l'Eglise contrôle depuis 1850 (vote de la loi Falloux) et qui diffuse une idéologie monarchiste et ultramontaine, jugée par les républicains hostile à la liberté et même à l'autonomie de l'individu, et donc inacceptable ; les *congrégations*, dont nous savons qu'elles constituent le vecteur principal de l'action de l'Eglise sur la société.

L'Eglise va se montrer d'autant plus ferme dans sa condamnation des lois scolaires que celles-ci s'accompagnent d'autres lois qui sécularisent l'ensemble de la vie sociale : nouvelle légalisation du divorce, suppression des prières publiques lors des cérémonies

1. Dès 1791 la constitution américaine interdit au Congrès d'accorder une reconnaissance légale à une Eglise, quelle qu'elle soit (premier amendement à la constitution, adopté le 15 décembre 1791).

officielles, interdiction aux soldats qui rendent les honneurs (lors des services funèbres, entre autres) d'entrer dans les édifices religieux. Laïcisation des hôpitaux, également, mais qui se marque surtout dans le « décor » (retrait de crucifix), car, en l'absence de personnel laïc, l'Etat laisse les religieuses exercer dans les hôpitaux publics. Plus grave est aux yeux de l'Eglise la laïcisation des cimetières, car elle les considérait, en quelque sorte, comme « l'Eglise des morts », dont il fallait exclure ceux qui n'étaient pas en règle avec elle, et qui se trouvaient rejetés dans un recoin du cimetière considéré comme infamant. Au fond, ces lois ont pour but de faire de l'appartenance à une Eglise, quelle qu'elle soit, une affaire privée, dont l'Etat ne se mêle pas ; donc de rendre tous les citoyens égaux, qu'ils soient ou non membres d'une Eglise. Ce qui est la marque d'une société laïcisée, qui tient l'Eglise catholique pour une société de pensée parmi d'autres, et se trouve aux antipodes de la « société chrétienne » telle que la comprend alors l'Eglise romaine.

Toutefois, dans les domaines cités plus haut, l'Eglise n'engage pas une lutte très vive ; en particulier dans celui des cimetières, car la nouvelle législation conduit plutôt à une appropriation du cimetière par les laïcs. Le cimetière devient une propriété communale, mais la religion n'en est pas expulsée pour autant. Au lieu de bénir l'ensemble du cimetière de sa propre autorité, le prêtre bénit les tombes de ceux qui le lui demandent. Cela correspond aux souhaits de nombre de laïcs, sincèrement catholiques, qui entendent être autonomes, même dans le domaine religieux. Cette sorte de « religion à la carte » est condamnée par la hiérarchie ; mais, comme elle sait qu'il lui serait difficile de remuer les foules à ce sujet, elle se contente de protestations modérées.

Pour l'école, en revanche, l'Eglise réagit vivement. Les républicains s'attachent, en effet, à créer un enseignement primaire laïc, à créer un enseignement secondaire public laïc pour jeunes filles et à amoindrir l'enseignement secondaire catholique. L'Etat décide donc que les écoles primaires publiques seront *laïques*, ce qui est une innovation[1] ; désormais, le catéchisme ne fera plus partie des pro-

1. Depuis la loi Guizot de 1833, toutes les écoles primaires, qu'elles soient publiques ou privées, avaient « une religion » (catholique, protestante ou juive) qui y était enseignée ; les écoles dites « mixtes » recevaient des élèves rattachés à plusieurs cultes (l'instituteur enseignait le catéchisme de la religion à laquelle il appartenait et se contentait de faire réciter leur catéchisme aux autres élèves).

grammes, il ne sera même plus enseigné dans les locaux scolaires[1], et les prêtres n'auront pas le droit de pénétrer dans les écoles primaires. Pour la hiérarchie de l'Eglise catholique il s'agit là d'un grave échec : le catéchisme obligatoire est, à ses yeux, le signe que la France est un pays « de chrétienté », que la religion catholique y est la « norme » et que les autres confessions sont tolérées à condition qu'elles acceptent, au moins extérieurement, les normes de la vie sociale sanctionnées par l'Eglise romaine. En vertu de sa conception de la société, la hiérarchie s'oppose aussi à la gratuité systématique[2] de l'école car, pour elle, le père de famille a le devoir *moral* de faire instruire ses enfants ; une école gratuite peut donc ruiner le sens du sacrifice et pervertir le sens moral. Quant à l'obligation scolaire, elle est également condamnée par l'Eglise parce qu'elle risque de désintégrer la famille, en détruisant l'autorité du père de famille, qui, en ce domaine, doit décider seul, en conscience, ce qui est bon pour ses enfants, et non pas obéir à l'Etat. Et qui s'attaque à la famille, s'attaque à la base même de la société.

Ce débat sur l'école se double d'un débat sur les congrégations, et leur rôle dans l'enseignement. En juillet 1880 la Chambre des députés adopte un projet de loi sur l'enseignement, dont l'article 7 prévoit que : « Nul n'est admis à participer à l'enseignement public ou libre ni à diriger un établissement d'enseignement de quelque ordre que ce soit s'il appartient à une congrégation religieuse non autorisée. » Et l'exposé des motifs précise qu'il y a alors en France 1 937 enseignants dans ce cas, dont 848 jésuites. L'Eglise et les républicains s'opposent vivement à propos de cet « article 7 ». Le débat va bien au-delà d'un simple conflit sur la place des jésuites dans l'enseignement secondaire. Pour les républicains, un membre d'une congrégation a prononcé des vœux (et notamment un vœu d'obéissance) ; il n'est donc plus un homme libre, dirigé seulement par sa conscience. De ce fait il est inapte à l'enseignement ; car il est incapable « d'élever » des enfants en leur apprenant à se diriger

1. En raison du climat de conflit entre l'Eglise et les républicains, on laisse échapper la solution de compromis (adoptée dans certains pays européens à la même époque) du catéchisme enseigné par le prêtre dans les locaux scolaires, mais en dehors des heures de classe et seulement pour les élèves dont les parents en ont manifesté le désir. On se contente donc de réserver un jour de la semaine (alors le jeudi) pour que le clergé puisse enseigner le catéchisme, dans ses propres locaux.

2. Avant l'instauration de la gratuité générale de l'école, seuls les indigents sont reçus gratuitement (loi Guizot de 1833).

eux-mêmes. Au contraire la hiérarchie catholique pense que, dans la société chrétienne, qui est son idéal, seuls ceux qui acceptent les dogmes de l'Eglise catholique sont pleinement aptes à apporter une formation morale aux enfants ; car ils récusent l'idée d'une morale indépendante des dogmes. Conflit symbolique, qui oppose deux visions de l'homme et de la société.

Dans les années 1880, toutefois, des deux côtés on ne pousse pas l'affrontement à son terme. D'ailleurs le Sénat rejette l'article 7 ; et Jules Ferry se contente d'expulser un certain nombre de congrégations masculines non autorisées, sans toucher au Concordat. Les écoles catholiques ne sont pas interdites ; l'Etat cesse simplement de les subventionner et l'Eglise engage un effort important pour constituer un réseau d' « écoles libres », qui rencontrent un succès certain dans les régions rurales ferventes, en particulier dans l'Ouest. Dans ces régions les écoles catholiques vont conserver une très forte position. Il reste qu'il s'agit surtout d'une stratégie défensive ; et que l'Eglise semble ainsi se replier sur ses bastions ruraux, un peu à l'écart des grands courants économiques et intellectuels novateurs, pouvant conduire à une marginalisation, non pas de la religion, mais du concept de « société chrétienne ».

Si l'Eglise agit ainsi, ce n'est pas par méconnaissance des risques encourus, mais parce que la majorité des électeurs approuve la politique des républicains. Dans son étude sur le département de l'Ille-et-Vilaine, Michel Lagrée montre ainsi des communes qui, malgré un taux de pratique religieuse de 90 %, votent à 90 % en faveur des candidats républicains, parce qu'on y craint un retour de la dîme, des droits seigneuriaux, en un mot de l'Ancien Régime[1]. Tel n'est certes pas le cas partout ; mais l'Eglise ne peut pas ignorer ce genre de réaction. De ce fait l'initiative pontificale d'engager les catholiques français à se rallier à la République au début des années 1890 (« Toast d'Alger » du cardinal Lavigerie en 1890, puis encyclique « Au milieu des sollicitudes » en 1892), d'accepter la constitution (républicaine), dans le but de modifier la législation (anticléricale), prend tout son sens. Ce « ralliement » ne réussit pas véritablement ; mais il provoque tout

1. Naturellement, dans le dernier quart du XIXe siècle, les monarchistes ne tentent pas véritablement de rétablir l'Ancien Régime, mais seulement une société qui en soit issue. Il reste que bien des paysans l'ont craint, et que les républicains ont utilisé cette crainte.

de même une modification du climat général durant les années 1890, qui se traduit par l'absence de reprise de la politique de laïcisation de la société avant le début du XXe siècle.

Face aux transformations sociales et intellectuelles

La hiérarchie a bien compris que la société rurale, même largement majoritaire, ne peut pas constituer le modèle unique d'insertion de l'Eglise dans la société. Elle innove donc en tentant de se rapprocher des classes laborieuses urbaines, mais aussi des élites intellectuelles.

Dans les années 1880 et 1890 on note un réel développement du mouvement du *catholicisme social*, symbolisé par la publication de l'encyclique *Rerum novarum* du pape Léon XIII, en 1891. Ce mouvement « ne se limite pas à "la doctrine de l'Eglise sur l'amélioration des classes populaires" [...] il porte en lui un projet global de société »[1]. Il trouve ses origines immédiates dans l'œuvre des *Cercles catholiques d'ouvriers*, établie par le comte Albert de Mun au début des années 1870. Cette œuvre cherche à rapprocher les ouvriers du catholicisme et à sensibiliser les élites catholiques aux problèmes du monde ouvrier. D'où la fondation de « cercles » où ces deux groupes pourront se rencontrer, notamment autour d'activités culturelles. Elle remporte un certain succès, en parvenant à atteindre environ 40 000 ouvriers (eux-mêmes un peu en marge du monde industriel, cependant). Mais A. de Mun agit dans le cadre d'une pensée très conservatrice. Monarchiste, il veut protéger les ouvriers de la « contagion » révolutionnaire, en obtenant que les élites continuent à contrôler « leurs » ouvriers dans les villes, comme les seigneurs contrôlaient autrefois « leurs » paysans à la campagne, ce qui limite la portée de ses cercles.

Dans le même ordre d'idées, signalons l'initiative de Léon Harmel, industriel de la région de Reims, qui organise une « usine chrétienne », sorte de communauté, dotée de mutuelle scolaire, de cité ouvrière, de caisse de prévoyance, de coopérative d'achat, etc.[2]. En 1877 il publie un petit *Manuel de la corporation chrétienne*, où il cherche à promouvoir « le bien de l'ouvrier par l'ouvrier ». Dans le but de répandre ses idées, il abandonne un moment la direction de

1. Jean-Marie Mayeur, *Catholicisme social et démocratie chrétienne...*, Paris, Cerf, 1986, p. 9.

2. Consulter Pierre Trimouille, *Léon Harmel et l'usine chrétienne du Val-des-Bois...*, Lyon, 1974.

son usine, et parcourt la France en donnant des conférences partout où l'on veut bien le recevoir. Il rencontre, certes, fort peu d'écho tant au sein de la classe ouvrière qu'au sein du patronat. Mais il est entendu à Rome. Il organise, ainsi, des pèlerinages d'ouvriers, qui remportent un petit succès : 1 800 ouvriers y participent en 1887 et 10 000 en 1890.

Harmel est donc l'un de ceux qui conduisent le pape Léon XIII à publier le 15 mai 1891 l'encyclique *Rerum novarum*, qui présente une analyse de la condition ouvrière, et des maux engendrés par la société industrielle. Elle y ajoute une condamnation conjointe du socialisme et de l'économie libérale, rappelle que l'Eglise a le devoir d'intervenir dans les problèmes économiques et conclut qu'il serait bon que les catholiques reconstituent des associations chrétiennes de métiers, rappelant un peu, sous une forme modernisée, les corporations médiévales. Cette encyclique est sans doute plus importante pour son thème que pour le détail de ses propositions. Elle provoque d'ailleurs assez peu d'écho dans le monde ouvrier comme dans les milieux patronaux (même au sein du patronat catholique du nord de la France). Mais elle induit peu à peu une modification de l'image même de l'Eglise et de celle du prêtre : le modèle du « bon » prêtre sera moins « le curé d'Ars » (qui ne disparaît certes pas, mais qui n'est plus le modèle unique), dans son petit village perdu au fond du diocèse rural de Belley, mais le prêtre urbain, qui ne se contente pas de dire sa messe et de distribuer les sacrements à ceux qui viennent les lui demander, mais qui sort de son presbytère et organise des groupes de jeunes, des cercles d'études, des activités de toutes sortes (patronage, retraites, pèlerinage, etc.). Ce modèle est fort loin d'être dominant, mais il commence à apparaître, et il se révélera porteur d'avenir. Dans le même ordre d'idées, notons la constitution des premiers syndicats chrétiens (à partir de 1887), qui seront assez nombreux après la première guerre mondiale pour constituer, en 1919, la Confédération française des travailleurs chrétiens.

On remarque aussi les premiers débuts du mouvement de la *Démocratie chrétienne*. En effet, quelques abbés démocrates créent des cercles d'études dirigés par des ouvriers eux-mêmes, qui quelque temps plus tard réunissent des congrès d'ouvriers catholiques (contrôlés par des prêtres, cependant). Ainsi l'abbé Naudet, fondateur d'un petit périodique intitulé *La Justice sociale*, l'abbé Gayraud, élu député à Brest, contre un candidat royaliste, ou l'abbé Lemire, élu député d'Hazebrouck (Nord) en 1893 contre un candidat soutenu par la patronat et dont « la cause majeure du succès réside dans l'aspect à la fois social et catholique de la candidature » (J.-M. Mayeur)[1]. Il ne s'agit, certes, que d'un petit courant, peu appuyé par l'épiscopat, mais à Rome Lemire « fut bien considéré comme un adepte de la politique pontificale, et cette protection [...] rend compte plus généralement de l'essor de la démocratie chrétienne malgré les fortes réserves de la majorité des évêques » (J.-M. Mayeur). Toutefois, si ce mouvement ne doit pas être négligé, il reste toujours assez modeste, d'autant plus qu'en 1903 la mort du pape Léon XIII et l'élection du pape Pie X ne lui sont guère favorables.

L'Eglise tente aussi de se rapprocher du mouvement intellectuel, qui jusqu'alors semblait, en bien des domaines, se faire contre le catholicisme. Nombre de catholiques souhaitent, en effet, que l'Eglise n'apparaisse pas comme hostile à la recherche scientifique. Dans le domaine des sciences « exactes », l'initiative ne rencontre guère de problèmes et, symboliquement, en 1891 Mgr d'Hulst admet, lors d'un sermon de carême prêché à Notre-Dame de Paris, que la théorie de l'évolution des espèces est probablement exacte, « avec Dieu à l'origine et au terme ». Mais, dans le domaine des sciences religieuses, et particulièrement celui de l'exégèse biblique, le débat est plus complexe. Il n'est pas neuf ; dès le milieu du XIXe siècle en Allemagne, particulièrement dans les facultés de théologie protestante, on se met à utiliser pour les textes bibliques les méthodes d'analyse (dites historico-critiques) mises au point pour les textes profanes légués par l'Antiquité. Mais elles sont peu utilisées dans le catholicisme. Nombre de savants catholiques considèrent alors que l'Eglise romaine doit rattraper son retard, tant en ce qui concerne l'exégèse biblique elle-même que l'histoire des origines du christianisme. C'est dans ce contexte qu'Alfred Loisy, ancien professeur à l'Institut catholique de Paris, publie en 1902 un ouvrage intitulé *L'Evangile et l'Eglise*, où il discute les théories du grand exégète protestant allemand Adolphe Harnack (que ce dernier avait synthétisées dans un petit livre issu d'une série de conférences aux étudiants de l'Université de Berlin, intitulé *L'essence du christianisme*). Sans s'aligner sur les thèses d'Harnack, Loisy les discute, en accepte une partie, et surtout semble admettre la légitimité de la méthode, qu'en France on appelle souvent « moderniste ».

1. Jean-Marie Mayeur, *Un prêtre démocrate, l'abbé Lemire, 1853-1928*, Tournai, Casterman, 1968, p. 134.

Mais ce livre est mis à l'Index par le Vatican (et peu à peu Loisy s'éloigne de l'Eglise). Puis en 1907 Rome condamne très fermement le « modernisme » (avec en particulier l'encyclique *Pascendi*), semonçant aussi d'autres auteurs, notamment le futur Mgr Duchesne, historien des origines du christianisme. Et, dans les années suivantes, de nombreux auteurs suspects sont condamnés : le philosophe Laberthonnière, le sociologue Paul Bureau, etc. Il s'ensuit une véritable « crise » moderniste. D'autant plus que certains évêques appliquent brutalement les directives pontificales, qu'un serment antimoderniste est imposé à tous les prêtres et futurs prêtres, et qu'un « réseau de dénonciateurs intégristes, affiliés à la mystérieuse "Sapinière" de Mgr Benigni, un proche du pape Pie X, ne répugne pas à la méthode des fiches » (Michel Lagrée). Cette crise, qui ne remue certes pas les foules catholiques, provoque un assez vaste malaise dans ses élites, et induit dans la hiérarchie « une suspicion à l'égard de l'activité intellectuelle » (Y.-M. Hilaire), qui mettra du temps à s'atténuer.

Les tensions du début du XXe siècle

Avec l'affaire Dreyfus, qui voit une bonne partie de la presse affirmant elle-même parler au nom du catholicisme, se ranger du côté des antidreyfusards et des adversaires de la République laïque[1], s'ouvre une nouvelle phase de l'évolution des rapports entre l'Eglise catholique et les autorités civiles. Elle aboutit, on le sait, à la loi de séparation des Eglises et de l'Etat, votée en 1905. Sans insister ici sur les aspects politiques, qui font l'objet de développements dans le chapitre V de la Seconde partie, on doit remarquer qu'à nouveau les Français réagissent comme ils l'avaient fait au début des années 1880. Ils approuvent les mesures qui visent à achever la laïcisation de la société, et donc l'abrogation du Concordat ; car ils regardent la reconnaissance officielle de certaines Eglises par l'Etat comme le dernier bastion de la société dont ils ont entamé le démantèlement en 1789. Mais ils refusent tout ce qui peut apparaître comme une atteinte à la religion elle-même. Ainsi s'explique la « crise des inventaires » (cf. p. 522). Dans les régions où l'inventaire des biens possédés par les paroisses apparaît comme

1. La question de l'antisémitisme de bien des publications catholiques à cette époque, en particulier dans la presse dirigée par les assomptionnistes, est analysée dans le chapitre V, p. 506.

portant atteinte à la vie religieuse personnelle, et à un patrimoine possédé en commun par les fidèles, il y a des incidents, des manifestations violentes et parfois de véritables émeutes, alors que la dispersion des congrégations ne provoque que des incidents mineurs. Rappelons, aussi, que dans de nombreuses régions, même dans des régions ferventes, les inventaires se déroulent sans incidents, parce que les fidèles n'y voient pas une menace contre la religion.

Il reste que la disparition du régime concordataire provoque des changements. Dans le domaine politique, en raison notamment de leur rôle lors de la crise des inventaires, les militants de l'Action française (cf. p. 522) gagnent de nombreuses sympathies dans les rangs de l'Eglise romaine, ce qui ramène bien des catholiques actifs du côté des adversaires du régime républicain, puisque l'Action française est monarchiste. Rencontre en partie paradoxale, sans doute, d'autant plus que le principal théoricien de l'Action française, Charles Maurras, est lui-même agnostique, et qu'il se fait le chantre d'un *catholicisme* qu'il oppose au *christianisme*. Il exalte en effet, non pas la religion des évangiles, écrits selon lui « par quatre Juifs obscurs », mais le catholicisme, qui a su faire un tri dans les textes de la Bible :

> D'intelligentes destinées, écrit-il, ont fait que les peuples policés du sud de l'Europe n'ont guère connu ces turbulentes écritures orientales que tronquées, refondues, transposées par l'Eglise dans la merveille du missel et de tout le bréviaire : ce fut un des honneurs philosophiques de l'Eglise, comme aussi d'avoir mis aux versets du *Magnificat* une musique qui en atténue le venin[1].

Tous les catholiques actifs dans leur Eglise ne sont certes pas « maurrassiens » loin de là ; mais l'Action française dispose vite de sérieux appuis dans le clergé et même dans l'épiscopat, en dépit de certaines réticences, qui aboutiront à la condamnation publique du mouvement par le Vatican, mais après la première guerre mondiale. Il reste que, dans le climat des années 1900, qui voient aussi la brutale condamnation du modernisme, cette liaison de nombre de catholiques influents avec un mouvement hostile à la république marque les années qui précèdent la première guerre mondiale

D'autant plus qu'en 1910 le pape condamne le *Sillon*. A l'ori-

1. Cité, notamment car c'est un texte célèbre, par Michel Winock, *Histoire de l'extrême droite en France*, Paris, Seuil, 1993, p. 132.

gine, il s'agit d'un mouvement de lycéens, puis d'étudiants parisiens qui, à partir de 1892, prennent l'habitude de se réunir. La revue, qui va donner son nom au mouvement, est fondée en 1894. En 1898 il commence un essor important sous la direction de Marc Sangnier, qui souhaite vivement la réconciliation de l'Eglise et de la République. Ce jeune homme « sait communiquer son enthousiasme à une élite de jeunes intellectuels qui, “allant au peuple”, vont très vite parvenir à constituer, à partir du vivier des patronages, des cercles d'étude avec de jeunes employés et ouvriers » (Gérard Cholvy)[1]. En 1905, 10 000 membres participent à 640 groupes locaux. Pourtant, la période qui suit la séparation des Eglises et de l'Etat n'est pas favorable à ce mouvement, proche de la démocratie chrétienne, et vivement dénoncé par les militants de l'Action française. Il est également suspect à de nombreux évêques, en raison de son influence sur bien des jeunes prêtres, et de l'identification que pratique le *Sillon* entre christianisme et démocratie. Finalement, en 1910 le pape le condamne, en quelque sorte pour « modernisme social », mais aussi parce que le mouvement originellement catholique, se laïcise peu à peu en intervenant sur la scène politique, et se rapproche du socialisme. Sangnier et les sillonnistes se soumettent aussitôt.

Il ne faut pourtant pas retenir seulement de ces années d'avant guerre les raidissements et les condamnations pontificales. La séparation, qui induit naturellement des problèmes financiers, conduit aussi d'assez nombreux fidèles à s'engager, pour assurer l'avenir de l'Eglise.

Comme l'écrit Yves-Marie Hilaire :

> Les années le plus critiques, de 1905 à 1909, voient l'irruption massive des laïcs dans la vie de l'Eglise sous forme d'adhésions nombreuses aux Ligues féminines, aux Jeunesses catholiques, aux associations de pères de famille ou, tout simplement, aux conseils paroissiaux [...] Libérés des entraves concordataires, les prêtres sont à nouveau tentés « d'aller au peuple » pour retrouver les appuis qui leur manquent. En quelques années on assiste à une multiplication de réunions, à une floraison d'associations [...] Partout l'accent est mis sur l'union en vue de défendre la religion menacée et de diffuser la foi[2].

1. Gérard Cholvy, *La religion en France de la fin du XVIIIe à nos jours*, Paris, Hachette, 1991, p. 150.
2. Gérard Cholvy et Yves-Marie Hilaire, *Histoire religieuse de la France contemporaine*, t. 2 : *1880-1930*, Toulouse, Privat, 1986, p. 150.

Cela correspond aux souhaits du pape, qui a défini les principes d'une « Action catholique » dans son encyclique de juin 1905 *(Il fermo proposito)*. Certes, l'action des laïcs y est toujours considérée comme le simple prolongement de celle du clergé. Mais le pape encourage les laïcs à agir dans la société. Cette encyclique est plutôt destinée aux Italiens ; mais elle trouve aussi son application en France dans le contexte général qui suit la séparation. Et les catholiques, « incertains de leur avenir, ressentent alors fortement le besoin de se regrouper, de mieux structurer leurs activités, d'organiser les œuvres » (Y.-M. Hilaire). Chaque année se tient dans ce but le Congrès national de l'Union des œuvres. Des congrès diocésains se réunissent également.

L'Eglise catholique se préoccupe aussi d'organiser et de développer des mouvements de jeunesse. D'abord en faveur de la jeunesse bourgeoise, certes, mais aussi, et surtout, en direction des jeunes des classes populaires, avec le développement des patronages qui deviennent les « lieux privilégiés de la pastorale pendant plus d'un tiers du XXe siècle » (Michel Lagrée). De structure très variable, ces patronages organisent des activités ludiques, mais elles sont toujours encadrées par des actes religieux fondamentaux, et le prêtre y joue un rôle capital. Ces années voient aussi l'essor de l'Association catholique de la jeunesse française. Fondée en 1886, l'ACJF connaît un renouvellement à partir de 1898, sous l'égide d'Henri Bazire. Il la dynamise, et l'oriente dans le sens du catholicisme social, réunissant, à partir de 1903, des « congrès sociaux », qui étudient la question syndicale, les conditions de travail de la jeunesse, etc. Après la condamnation de 1910 nombre d'anciens sillonnistes viennent militer à l'ACJF. A la différence du Sillon, celle-ci offre l'exemple d'un mouvement laïc, certes, mais subordonné à la hiérarchie, tandis que, tout en proclamant sa soumission dans le domaine dogmatique, le Sillon réclamait en fait son indépendance dans le domaine politique. Ce qui s'est révélé inacceptable pour l'épiscopat et le souverain pontife. Mais, on le voit, les initiatives sont nombreuses dans le catholicisme français du début du XXe siècle, tout particulièrement au sein des classes moyennes.

La piété et la spiritualité

Une spiritualité ultramontaine

La « romanisation » de la piété va naturellement de pair avec les progrès de la centralisation de l'Eglise catholique, et avec l'affaiblissement du gallicanisme, qui comportait, il est vrai, une composante monarchique (sous l'Ancien Régime le roi utilisait le gallicanisme pour développer son propre pouvoir). L'une des étapes les plus importantes de cette évolution[1] est constituée par le ralliement à la théologie morale exposée au XVIIIe siècle par l'Italien Alphonse de Liguori (1696-1787), fondateur de la congrégation des Rédemptoristes. Béatifié en 1816, celui-ci est canonisé en 1839, et déclaré docteur de l'Eglise en 1871. Or, au début du XIXe siècle, en France l'influence du jansénisme est encore forte. De ce fait, le clergé est plutôt rigoriste : il met l'accent sur la crainte de Dieu, les peines éternelles de l'Enfer, etc. Il recommande de s'approcher des sacrements « avec terreur », et donc rarement. Les confesseurs sont exigeants : il ne suffit pas d'avouer ses fautes pour être pardonné, il faut donner des preuves de repentir. Ce qui conduit d'assez nombreux hommes à ne pas communier. Dans sa *Théologie morale*, traduite en français en 1828, Liguori est d'un avis inverse ; il soutient qu'il n'est pas bon de priver les fidèles de l'accès aux sacrements, qui ne sont pas une récompense, mais un moyen de régénération. Ses théories sont discutées, les ultramontains se montrant favorables au « laxisme » de Liguori, contre le « rigorisme » gallican ; mais, en 1831, Rome fait savoir que la théologie de Liguori doit être acceptée, et largement diffusée. Cette diffusion ne se réalise certes pas sans réticences ; mais il est clair qu'elle se généralise en France dans la seconde moitié du XIXe siècle.

La *liturgie* romaine s'impose, elle aussi, à partir des années 1840, en particulier sous l'influence de Dom Guéranger (abbé de Solesmes), qui publie en 1840 des *Institutions liturgiques* ; puis, entre 1841 et 1865, 9 volumes de *L'Année liturgique*. Son action se

1. Dans ce paragraphe nous empruntons de nombreux éléments au chapitre que Gérard Cholvy consacre à « La piété ultramontaine » dans l'ouvrage qu'il a rédigé avec Yves-Marie Hilaire, *Histoire religieuse de la France contemporaine*, t. 1 : *1800-1880*, Toulouse, Privat, 1985, p. 153-196.

combine avec une intervention pontificale : en 1842 le pape fait savoir qu'il serait bon qu'on n'utilise plus en France qu'une seule et même liturgie. Finalement, en 1848 l'archevêque de Reims annonce qu'il adopte dans son diocèse la liturgie romaine ; et, sous l'influence des ultramontains, celle-ci s'impose progressivement durant la seconde moitié du XIXe siècle.

Le catholicisme du XIXe se marque surtout par la floraison de toute une série de nouvelles dévotions souvent centrées sur le culte des saints et celui de leurs reliques. Il ne s'agit certes pas d'une nouveauté en tant que telle : chacun sait que le Moyen Age fut particulièrement actif en ce domaine (et, réagissant contre les contestations des Réformateurs, le concile de Trente demande, depuis le milieu du XVIe siècle, à tout catholique de pratiquer le culte des saints). Mais, sous l'influence de la vogue italianisante, ce type de piété va se modifier et s'amplifier. La Révolution française ayant détruit un nombre important de reliques (les révolutionnaires n'y voient que l'exploitation de la crédulité), l'Italie va se révéler un grand pourvoyeur de reliques, parce que les Catacombes de Rome en possèdent un très grand nombre. L'un des cultes caractéristiques du XIXe siècle est ainsi celui de « sainte Philomène », martyre de l'Eglise primitive, dont on croit découvrir le tombeau à Rome en 1802 (plus tard des érudits en démontreront l'inauthenticité). Dès 1805 des prodiges lui sont attribués dans le royaume de Naples. D'Italie son culte se déplace en France, où des reliques ont été transportées, en particulier sous l'influence du curé d'Ars, J.-M. Vianney, qui leur attribue volontiers les bons résultats qu'il obtient dans sa paroisse. Par refus de composer avec l'esprit moderne, de pactiser avec la philosophie « des Lumières », par goût de braver les « esprits forts » qui ne croient guère l'utilité de ces pratiques, la hiérarchie ultramontaine insiste sur ces cultes, en organisant, par exemple, de grandes fêtes lors de la translation des « corps » des saints (le choix du mot « corps », pour désigner des ossements, et qui évoque une personne encore en vie, n'est pas indifférent, il induit une croyance encore plus forte en l'efficacité du culte de la relique).

Prenons l'exemple de saint Roch, l'un des saints guérisseurs les plus honorés au Moyen Age, car il est réputé comme protecteur contre la peste. Son culte décline en même temps que les épidémies de peste, et il est désormais plutôt spécialisé dans la protection du bétail. Au début du XIXe siècle, aucune relique de saint Roch n'est conservée à Montpellier, son lieu de naissance ; et le clergé « gallican » n'est guère favorable à son culte, qu'il tient pour entaché de diverses superstitions. Une évolution se fait, pourtant, en particulier à la suite de l'épidémie de choléra, qui frappe Montpellier en 1834, et qui entraîne un regain du culte de saint Roch. En 1854 le pape approuve les fidèles de Montpellier de se recommander « à la protection tutélaire de leur patron et concitoyen ». Et, en dépit des réticences de l'évêque (gallican), en 1856 un prêtre se rend en Italie pour ramener une relique notable du saint, dont huit jours de fêtes marquent l'entrée solennelle à Montpellier.

Comme l'écrit Gérard Cholvy :

> Pie IX encouragea plus tard Mgr de Cabrières à favoriser la dévotion. Dès lors le culte fut entretenu par la prédication, les panégyriques du 16 août [jour de la fête du saint], de nombreuses biographies cédant de plus en plus au désir d'édifier. A défaut de traditions on inventa de multiples détails destinés à populariser le saint. Un sommet du genre est atteint en 1876 par l'abbé Saumade, l'*Admirable pèlerin et guérisseur de Montpellier, saint Roch.* « Enfant du miracle », le saint est parent par sa mère de sainte Elisabeth de Hongrie, comme il l'est des familles nobles de la région (dont les Castries) et de la maison de France, de même encore des Mac-Mahon. Voici saint Roch enrôlé au service d'une cause bien actuelle[1].

Dans le même ordre d'idées, on peut remarquer que les canonisations de cette période se rapportent souvent à des hommes qui récusent les valeurs dominantes de la société profane du XIXe siècle, le travail, l'hygiène, la réflexion rationnelle. Tel est, par exemple, le cas de Benoît Labre, né à Amettes en Artois en 1748, qui vivait de la mendicité, ne se lavait jamais, était couvert de vermine, etc. Béatifié en 1860, il est canonisé en 1881. Et l'église d'Amettes, qui possède à partir de 1860 une nouvelle relique, devient un grand centre de pèlerinage ; or le culte de ce Français est introduit par des ultramontains italiens. On note, également, au XIXe siècle le développement du culte d'un Italien, saint Antoine de Padoue, qui doit beaucoup au commerce des statues en plâtre fabriquées en grande série, que diffusent dans le Midi de la France des colporteurs italiens.

Très nombreux sont les récits relatant la floraison du culte des saints au XIXe siècle. Voici quelques exemples empruntés aux *Souvenirs d'enfance et de jeunesse* d'Ernest Renan :

> Le mois de mai, où tombait la fête de ce saint excellent [saint Yves], n'était qu'une suite de processions [...] ; les paroisses précédées de leurs croix processionnelles se rencontraient sur les chemins ; on faisait alors embrasser les croix en signe d'alliance. La veille de la fête, le peuple se réu-

1. *Ibid.*, p. 162.

nissait le soir dans l'église, et, à minuit, le saint étendait le bras pour bénir l'assistance prosternée. Mais, s'il y avait dans la foule un seul incrédule qui levât les yeux pour voir si le miracle était réel, le saint, justement blessé de ce soupçon, ne bougeait pas, et, par la faute du mécréant, personne n'était béni [...] La sculpture en bois a été longtemps florissante en Bretagne. Ces statues de saints sont d'un réalisme étonnant ; pour les imaginations plastiques, elles vivent. Je me souviens d'un brave homme, pas beaucoup plus fou que les autres [*sic*], qui s'échappait quand il pouvait. Le matin on le trouvait dans les églises en bras de chemise, suant sang et eau. Il avait passé la nuit à déclouer les christs en croix et à tirer les flèches du corps des saint Sébastien[1].

Le clergé formé au gallicanisme n'est guère favorable à ce foisonnement. Dans un mandement sur le culte des saints, l'évêque de Montpellier Charles-Thomas Thibault s'estime en devoir de préciser : « Par les saints et dans les saints c'est Dieu que nous honorons [...] Nous ne faisons pas de l'idolâtrie comme on nous en accuse [...] nous n'adorons pas les saints. C'est là une stupidité qu'on nous prête » (cité par Gérard Cholvy). Mais le triomphe de l'ultramontanisme amoindrit peu à peu ce type de réaction. Ainsi à Ars, après la mort de Jean-Marie Vianney, « s'organise un service de reliques authentifiées, destiné à vendre aux quatre coins de la chrétienté, fil à fil, tous les étoffes, vêtements ou draps de lit que le saint curé a pu toucher » (Cl. Langlois).

L'ultramontanisme se marque aussi par l'accueil (ou la tolérance) de manifestations de la religiosité populaire traditionnelle, surtout après 1850 ; alors qu'auparavant la hiérarchie se montrait plus réticente. Nadine-Josette Chaline rapporte ainsi, à propos de la Normandie de la fin du siècle :

Parmi ces manifestations de la religiosité normande, il faut faire une place aux pèlerinages à des sources, des fontaines, voire des arbres [...] Chaque printemps voit reprendre les pèlerinages aux sources vénérées. Tout près de Rouen, la fontaine Saint-Siméon de Déville attire toujours les pèlerins « qui croient à son efficacité pour guérir les dartres et les maladies de la peau » [...] A Rolleville, la veille de la Sainte-Clotilde, le clergé va bénir la fontaine, ouvrant ainsi le pèlerinage : « Dès cinq heures du matin, la commune est encombrée de visiteurs... depuis le commencement de juin jusqu'à la fin juillet, deux omnibus, indépendamment des voitures de location, portent tous les jours à Rolleville des pèlerins venant du Havre, d'Ingouville, d'Harfleur et de Montivilliers... » [...] En 1900 encore, le pèlerinage de la fontaine de Caillouville sera toujours très fréquenté le premier vendredi de mai[2].

1. *Souvenirs d'enfance et de jeunesse,* Paris, Garnier-Flammarion, 1973, p. 53 et 85.
2. *Op. cit.* p. 22.

Certes, le clergé n'accepte pas toutes les manifestations de la religiosité populaire ; ainsi « fait-on fermer certaines chapelles où se déroulaient des scènes peu conformes à l'orthodoxie », précise encore N.-J. Chaline. Il faut, d'ailleurs, bien mesurer ce qui apparaît acceptable au clergé et ce qui lui semble entaché de superstition. Le conflit ne concerne pas le culte des saints ou les pèlerinages. Comme l'explique Claude Langlois :

> L'Eglise « reconnaît les premiers et approuve les seconds. Les rituels prévoient toutes les bénédictions possibles pour les hommes, les animaux, voire les objets nouveaux de la civilisation industrielle [...] Prières régulières pour les biens de la terre (Rogations) ou exceptionnelles pour écarter les calamités naturelles sont pour les premières intégrées dans le cycle liturgique annuel, pour les secondes demandées, quand le besoin s'en fait sentir, par l'évêque lui-même »[1].

Les prêtres luttent plutôt pour donner aux fidèles le sens d'une frontière entre le sacré chrétien et la superstition. Ils dénoncent surtout les agents de cette superstition, les sorciers et autres jeteurs de sorts, conscients que, parfois, « le prêtre lui-même est perçu comme un magicien par certains paroissiens. N'accomplit-il pas une série de gestes dont on ignore la signification ? » (N.-J. Chaline). Le clergé refuse donc l'expression incontrôlée de la dévotion, l'autonomie des fidèles, l' « autoconsommation spirituelle » (Langlois) en somme. Il rejette les pèlerinages individuels, mais encourage les pèlerinages collectifs et dirigés, et contrôlés, par les clercs. C'est souvent pour éviter leur dérive hors de l'orthodoxie que les prêtres acceptent de s'associer aux pratiques populaires. Né en 1823 Renan remarque qu'un « clergé sérieux, désintéressé, honnête, veillait à la conservation de ces croyances [autour du culte des saints] avec assez d'habileté pour ne pas les affaiblir, et néanmoins pour ne pas trop s'y compromettre ». Mais ceci se rapporte plutôt aux régions ferventes comme la Bretagne. Dans les régions où le clergé a moins d'influence, il se montre plus réservé. Tel est le cas, par exemple, en Limousin, où l'on constate que le culte de saints (expositions solennelles de châsses, etc.) remporte plus de succès populaire que les fêtes liturgiques. Or la plupart des clercs tolèrent ces dévotions pour ne pas « décourager » les fidèles et les ramener à une pratique religieuse régulière. Mais ils se montrent réticents si elles se réduisent à des manifestations semi-superstitieuses.

1. *Histoire des catholiques..., op. cit.*, p. 366.

Il reste que la piété ultramontaine, qui comporte une part d'accueil de la culture rurale italienne, imprime sa marque au catholicisme français de la seconde moitié du XIXe siècle. Et qu'assez souvent désormais les clercs estiment que les pratiques peu éclairées portent tout de même la marque d'un « instinct » religieux, qui ne doit pas être contrarié, parce qu'il est l'une des formes de la foi. Dans ce monde où certains regardent le catholicisme comme menacé par l'évolution intellectuelle et matérielle de la société, bien des prêtres se considèrent comme les défenseurs naturels de tout ce qui paraît menacé par l'évolution, et notamment la culture des classes rurales dominées (des clercs se font ainsi les historiens, voire les ethnologues, du folklore rural). Ce comportement est conforté par la diminution spontanée, sous l'influence des progrès de l'instruction, des pratiques populaires les plus voyantes et les plus manifestement ridicules. Le clergé se sent donc capable d'encadrer, voire de discipliner, celles qui se maintiennent.

L'exemple de Lourdes est à ce propos caractéristique : on sait qu'en 1858 une jeune bergère de 14 ans, Bernadette Soubirous, qui, faute de savoir son catéchisme en français, n'avait pas été admise à faire sa communion, reçoit une apparition de la Vierge, qui, justement, lui parle en patois, sa langue maternelle. D'abord réticent, le clergé finit par accepter le pèlerinage qui s'est organisé spontanément. Il est vrai que l'apparition avait professé une doctrine parfaitement orthodoxe (elle déclare, au dire de Bernadette : « Je suis l'Immaculée Conception » ; or ce dogme venait juste d'être promulgué par le pape en 1854). En l'organisant, l'Eglise encadre le pèlerinage et s'assure que les pratiques qui s'y déroulent (la grotte contient une fontaine, où les pèlerins atteints de diverses maladies se plongent, dans l'espoir d'obtenir une guérison miraculeuse) ne sont pas en contradiction avec les doctrines de l'Eglise.

Faut-il voir dans ce comportement un défi lancé par l'Eglise à la société bourgeoise, avide du seul profit matériel et n'accordant une reconnaissance sociale qu'à ceux qui réussissent financièrement ? Ce qui aurait pour but de valoriser les pauvres, les démunis, les laissés-pour-compte du progrès matériel, d'autant plus que, dans la piété catholique classique, la pauvreté est une valeur évangélique ? Y.-M. Hilaire le pense. Mais on peut aussi, avec M. Lagrée, regarder la piété ultramontaine comme une sorte de « populisme chrétien », dont le but est de tenter une reprise en main des masses rurales, en s'appuyant sur les sensibilités populaires dont une large partie du clergé reste proche, étant souvent lui-même d'origine rurale.

L'exemple de la piété mariale et de la piété christocentrique

Le culte marial n'est pas une innovation du XIXe siècle. Mais, à partir des années 1830, il connaît un regain qui va peu à peu donner un style spécifique à la spiritualité du XIXe siècle.

La piété mariale est liée à toute une série d'apparitions. En 1830 une novice du couvent des Filles de la Charité, rue du Bac à Paris, reçoit une apparition. Sur le moment on n'en parle guère. Mais, en 1832, à l'occasion de l'épidémie de choléra qui frappe la capitale, on a l'idée de diffuser une dévotion envers une « médaille miraculeuse » : une « vierge aux rayons » accompagnée d'une invocation à l'Immaculée Conception[1]. Dès 1832 on attribue à cette médaille des guérisons miraculeuses, dont les récits sont vite diffusés : 3 en 1832, 87 en 1834, 146 en 1835, etc. Cette médaille, dont le premier tirage atteignait tout juste le total de 1 500, connaît un succès tout à fait extraordinaire : 8 millions sont vendues de par le monde en quatre ans, et 100 millions en dix ans, et le mouvement continue.

Tout au long du siècle, il y a ainsi toute une série d'apparitions mariales en France : à La Salette en 1846, à Lourdes en 1858 (nous le savons), à Pontmain en 1871, à Pellevoisin en 1876, etc. Ce culte marial est renforcé par l'édition de nombreux livres qui cherchent à le développer. A partir de 1842 on diffuse ainsi très largement un ouvrage rédigé en 1712 par le P. Grignon de Montfort, intitulé *Traité de la vraie dévotion à la Sainte Vierge*, mais qui était peu utilisé auparavant. Naturellement, la promulgation du dogme de l'Immaculée Conception, en 1854, donne le signal d'un renforcement de ce type de dévotion, tandis que, dans le calendrier liturgique officiel de l'Eglise, la Vierge Marie est fêtée huit fois. A partir de 1840 le mois de mai devient le « mois de Marie », et il s'accompagne de cérémonies spécifiques à l'église comme au domicile des fidèles (ce qui révèle, une fois encore, une influence italienne). Ce culte se marque aussi dans le paysage rural et urbain : les statues de la Vierge se multiplient, depuis les plus humbles jusqu'aux plus gigan-

1. Rappelons que le dogme de l'Immaculée Conception (qui ne doit pas être confondu avec celui de la naissance miraculeuse du Christ) n'est pas encore promulgué ; il ne le sera qu'en 1854. Il affirme que, dès sa conception, donc dans le sein de sa mère, la Vierge Marie a été exemptée, par suite d'une grâce divine spécifique, des atteintes du péché originel.

tesques (au Puy, par exemple). De plus en plus d'églises sont placées sous son invocation (18 % des églises du diocèse de Rouen à la fin du siècle), et elles sont très souvent l'objet de pèlerinages locaux que le clergé développe.

Le culte marial s'accompagne de la diffusion de nouvelles formes de piété. En 1836, par exemple, le curé de l'église Notre-Dame-des-Victoires à Paris a l'idée de créer une « Archiconfrérie du Très Saint et Immaculé Cœur de Marie pour la conversion des pécheurs ». Rapidement il obtient un grand succès, et son église devient un lieu de pèlerinage fréquenté. Dès 1843, 3 000 paroisses sont affiliées à cette Archiconfrérie. On note aussi le développement de la pratique du « rosaire vivant », imaginée par Pauline Jaricot.

Bernard Delpal explique :

> Le Rosaire comprenant quinze dizaines de chapelets, appliqués aux Quinze Mystères de la vie de Marie et de son Fils, son idée consiste à trouver quinze associés qui s'engagent à réciter une dizaine de chapelets par jour, puis à s'adjoindre cinq associés nouveaux qui, à leur tour, recruteront cinq autres néophytes[1].

On crée des congrégations mariales de jeunes filles ; des groupes « d'enfants de Marie ». Le culte marial en vient, parfois, à conférer à la Vierge un rôle bien au-delà de celui que les Ecritures, ou les Pères de l'Eglise, lui reconnaissent. On fait d'elle la fondatrice de l'Eglise, avant les apôtres. La ferveur aidant on assiste presque, sur sa personne, à un « transfert de divinité » (Cl. Savart) : certains affirment qu'elle est en relation avec les trois personnes de la Trinité (« Fille du Père, Mère du Fils, Epouse du Saint-Esprit ») ; elle est souvent qualifiée de « divine ». On détourne aussi certains versets du Nouveau Testament pour les lui appliquer : « Soyez parfait comme votre Mère céleste est parfaite », « Notre Mère qui êtes aux cieux », etc.[2].

Outre l'efflorescence du culte marial, issu lui-même du grand développement du culte des saints, on note aussi un regain de la piété christologique. Le développement du mouvement romantique s'accompagne, en effet, d'un certain « retour à Jésus » ; parfois, d'ailleurs, en dehors de l'Eglise catholique, puisque dans les années 1830 certains célèbrent Jésus comme le premier des socia-

1. *Op. cit.*, p. 247.

2. Dans sa thèse, intitulée *Les catholiques en France au XIXe siècle, le témoignage du livre religieux*, Paris, Beauchesne, 1985, Claude Savart donne de nombreux exemples de ce type de piété.

listes. C'est plutôt avec les années 1850 et 1860 que la piété christocentrique s'affirme. C'est alors que se diffuse la dévotion au chemin de croix (célébré, dans certaines églises, tous les vendredis à 15 heures), que se multiplient les « calvaires » aux croisées des rues et des chemins, que se diffuse le culte de Sacré-Cœur, si caractéristique de la piété ultramontaine, avec l'extraordinaire diffusion de son image (un cœur surmonté d'une croix) reproduite presque à l'infini. Ce culte du Sacré-Cœur trouve son origine à Paray-le-Monial, siège d'une apparition en 1675. Mais il se développe spécialement à partir de 1870 : entre octobre 1870 et décembre 1871, 14 diocèses français sont consacrés au Sacré-Cœur ; en 1875 le pape invite tous les fidèles à consacrer leur personne, et leur vie, au Sacré-Cœur.

Ce « retour au Christ » peut être interprété de diverses manières ; comme il est étroitement lié au culte marial, la plupart des historiens y voient un simple rameau du culte des saints, Jésus étant vu par bien des fidèles comme le plus grand des intercesseurs. On remarque, d'ailleurs, une certaine ambivalence de Jésus et Marie : le Christ inspirant tantôt la confiance, tantôt la crainte, tandis que Marie apparaît tantôt comme proche des humbles, des femmes, des enfants, tantôt, au contraire, comme la reine du ciel, à qui on attribue des caractères quasi divins. Ce qui frappe surtout, c'est l'ampleur du phénomène. Claude Savart propose, à ce sujet, une explication suggestive :

> [...] le phénomène dévotionnel nous [...] est apparu comme le résultat d'une sorte d'impasse dans laquelle se débattrait alors la conscience religieuse : on aspire à rejoindre Dieu par le « cœur », mais en même temps un sentiment aigu de l'infinie distance de l'humain au divin fait recourir pour cela à des intercesseurs, que le même sentiment repousse aussitôt l'un après l'autre du côté du divin[1].

Quant à la date à laquelle ces nouvelles dévotions se développent (à partir de 1850), elle est sans doute à mettre en relation avec l'attitude antimystique de la société profane : la seconde moitié du XIXe siècle est celle où le scientisme gagne chaque jour du terrain dans les esprits. Et, comme le catholicisme lui-même ne se montre guère accueillant au mysticisme, cette piété correspond à une « demande » populaire de religion affective, qui s'exprime dans toute une série de dévotions.

1. *Ibid.*, p. 655.

Bilan à la veille de la première guerre mondiale

Il est bien difficile de faire le bilan d'un siècle d'activité religieuse catholique. Il est incontestable que les clercs ont déployé des efforts considérables pour tenter de faire disparaître les conséquences de la Révolution française qui leur semblaient contraires à la foi catholique. Des résultats importants ont été atteints, en ce qui concerne les bâtiments ecclésiastiques, l'encadrement clérical et la diffusion de nouveaux modèles de piété. Toutefois, force est de constater qu'au début du XXe siècle la laïcisation de la société, que l'Eglise condamne, a fait de grands progrès, puisque le catéchisme n'est plus enseigné dans les écoles publiques et que l'Eglise et l'Etat sont séparés. Il est clair qu'au niveau social général ce sont les principes qui guidaient les révolutionnaires qui l'ont emporté, contre le souhait de la hiérarchie et du Vatican.

En ce qui concerne la pratique religieuse, les conclusions doivent être nuancées, car les résultats sont variables (selon les régions). Ce qui conduit à s'interroger sur le phénomène dit de « déchristianisation », que certains font remonter fort loin[1]. Il est clair, en effet, que le taux de pratique religieuse diffère beaucoup d'une région à l'autre ; mais aussi que la carte générale ne se modifie que lentement. Si l'on compare la carte du clergé ayant accepté en 1791 de prêter le serment à la Constitution civile du clergé, dit clergé « jureur » (voir carte n° 1)[2], et la carte de la pratique religieuse au milieu du XXe siècle (voir carte n° 2), on constate de réelles convergences. Se dessine ainsi à la fin du XIXe siècle (voir carte n° 3)[3] une France « fervente » : l'Ouest (Bretagne, Vendée, Normandie occidentale), une bonne partie des régions montagneuses (Vosges, Jura, Massif central, la majeure partie des Alpes, l'essentiel des Pyrénées), la Corse, la région toulousaine, l'Alsace et le Nord. Et une France où la pratique religieuse est moyenne ou médiocre : Bassin parisien, Centre, Sud-Ouest, couloir rhodanien et pourtour de la Méditerranée. Nous le savons, et la carte n° 3 le montre bien, un taux élevé de pratique ne signifie pas toujours une soumission aux directives politiques du clergé.

1. A ce propos, consulter le chapitre intitulé « La "déchristianisation" », dans le t. 3 de l'*Histoire de la France religieuse,* p. 177-239.

2. Un taux élevé de « serments » indique, naturellement, une assez faible ferveur religieuse, puisque le pape a condamné la Constitution civile du clergé.

3. Noter, toutefois, que cette carte ne représente pas la pratique religieuse au sens strict.

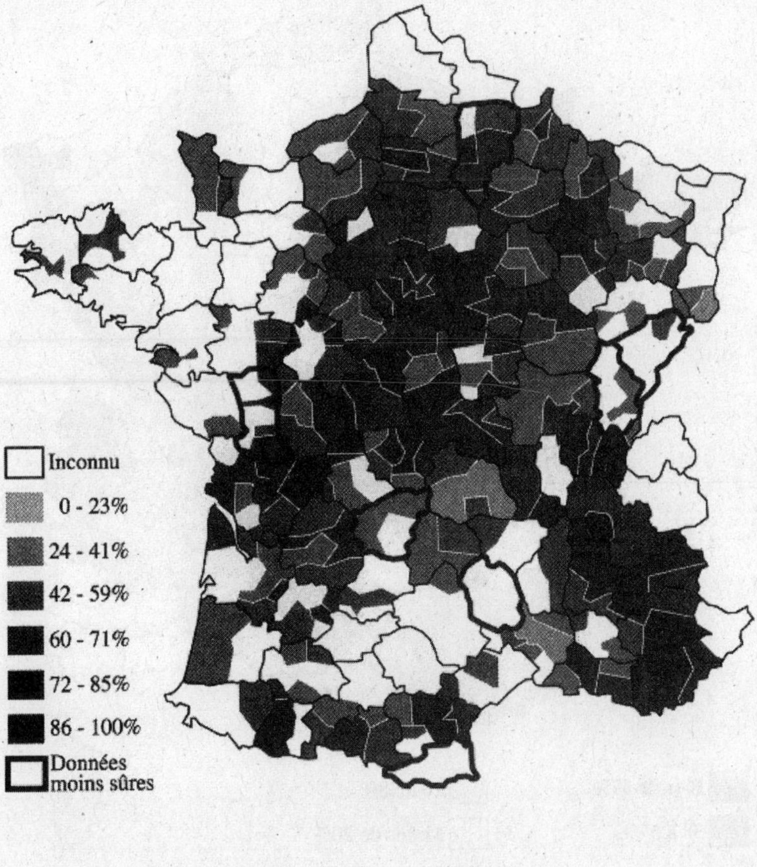

Carte n° 1 – Clergé assermenté (printemps-été 1791)
D'après François Lebrun (dir.),
Histoire des catholiques, Toulouse, Privat, 1980

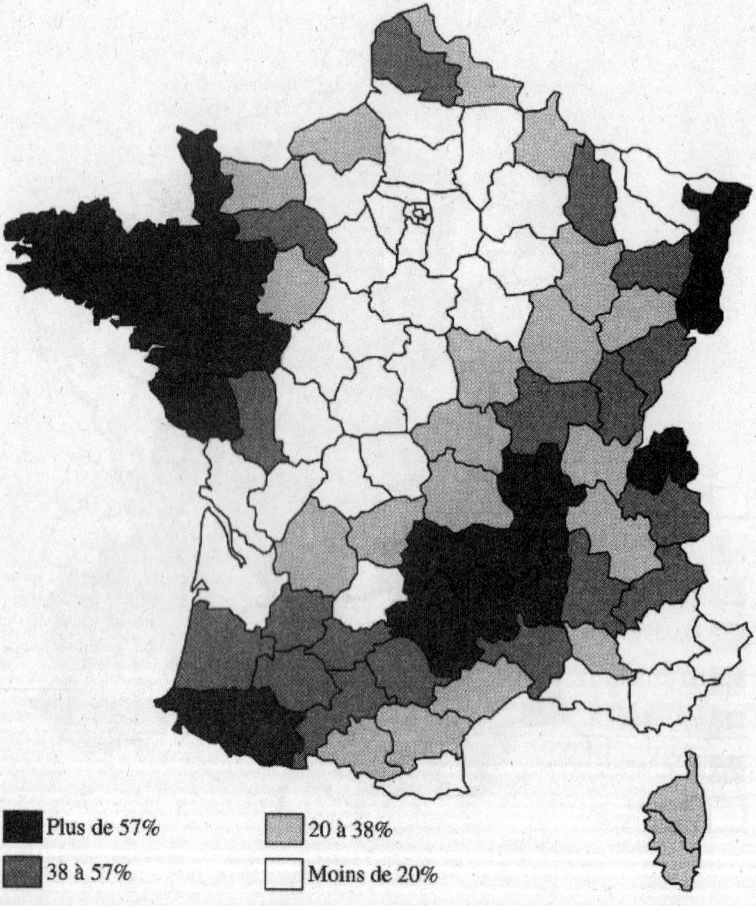

Carte n° 2 – Taux de pratique religieuse (pascalisants) au XXe siècle
D'après Jacques Le Goff et René Rémond (dir.),
Histoire de la France religieuse,
vol. 3, Paris, © Seuil, 1991

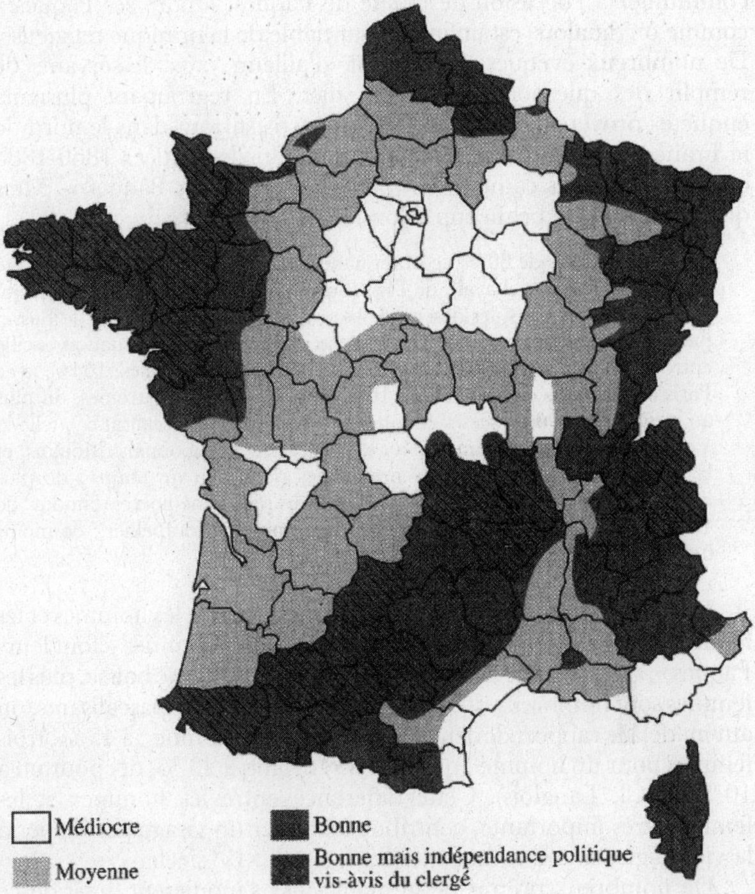

Carte n° 3 – Vitalité religieuse des diocèses de France vers 1880

D'après Gérard Cholvy et Yves-Marie Hilaire,

Histoire religieuse de la France contemporaine,

t. 1, Toulouse, Privat, 1985

On considère souvent que la pratique pascale (se confesser et communier à l'occasion de la fête de Pâques, « faire ses Pâques » comme on dit alors) est un indicateur fiable de la pratique religieuse. De nombreux évêques demandent, d'ailleurs, aux desservants de remplir des questionnaires à ce sujet. En regroupant plusieurs enquêtes provenant de 23 diocèses répartis surtout dans le nord de la France, Claude Langlois estime que dans les années 1860-1880 environ 52 % des catholiques français « font leurs Pâques ». Mais que ce taux varie beaucoup selon les régions. Il précise :

> Au sommet (plus de 80 % de pratiquants) les fameuses terres de chrétienté de l'Ouest (Rennes, Laval), de l'Est (Strasbourg, Metz), du Massif central (Rodez) ; au plus bas, les déserts de la pratique (20 % et moins) : le Bassin parisien et une partie de la Champagne (Troyes), où la situation oscille entre le moins mauvais (Chartres, 21 %) et le pire (Versailles, 10 %), avec Paris en situation intermédiaire (16 %). Entre ces deux extrêmes, du plus au moins : de bons diocèses encore (plus de 60 % de pascalisants[1]), telle la Vendée, moins pratiquante qu'au XXe siècle, le Bourbonnais (Moulins) et la Bourgogne (Autun), régions préservées pour peu de temps ; de plus moyens, comme Tours, Nancy, Perpignan ; des médiocres (autour de 40 %) comme Le Mans et Dijon, Carcassonne et Montpellier ; de moins bons encore, tels Nevers et Reims[2].

Par ailleurs la différence de comportement entre les hommes et les femmes est très grande. Guère plus de 30 % des hommes « font leurs Pâques », contre 70 % des femmes. Et, plus la pratique baisse, plus les femmes sont nombreuses, en proportion : « à 60 % de pascalisants, on atteint déjà le rapport de deux femmes pour un homme ; à 45 %, trois femmes pour un homme ; quatre à 35 %, cinq à 20 %, dix pour un à 10 % » (Cl. Langlois). Cette différence entre les hommes et les femmes, très importante, contribue à donner un visage particulier à la vie religieuse des catholiques français au XIXe siècle.

De nombreux prêtres de grandes villes s'inquiètent aussi de ce qu'ils regardent comme une « déchristianisation » des populations urbaines, et spécialement du monde ouvrier. En 1893, l'abbé Naudet n'hésite pas à présenter la France comme un pays de mission. En 1875 à Paris on compte déjà 15 % de mariages civils et autant d'enfants non baptisés ; et 25 % d'enterrements civils en 1882. Dans certains quartiers du Paris populaire le taux des obsèques civiles atteint un niveau encore plus élevé (38 % dans le

1. Les « pascalisants » sont ceux qui « font leurs Pâques ».
2. *Histoire de la France religieuse,* t. 3, p. 239-240.

XXe arrondissement de Paris en moyenne entre 1883 et 1903), bien que les rites mortuaires soient, en général, ceux que l'on abandonne en dernier. Dans les grandes zones industrielles, notamment dans les mines du nord de la France (41 % d'enterrements civils à Hénin-Liétard en 1911 où 25 % des enfants ne sont pas baptisés), ou à Carmaux par exemple (37 % d'enfants non baptisés à Carmaux entre 1903 et 1912), la place de la religion dans la vie s'amenuise régulièrement. Souvent il ne reste qu'une vague religiosité, superstitieuse. Tandis que les fêtes profanes (14 juillet, puis 1er mai) prennent la place des fêtes religieuses.

Il paraît cependant inexact d'imaginer une baisse continue de la pratique religieuse, et de l'accès aux sacrements, tout au long du XIXe siècle, qui aboutirait à la « déchristianisation » d'une bonne partie du territoire français en 1914. En effet, au début du XIXe siècle, la France est loin d'être unanimement fervente. Au contraire, selon G. Cholvy, il semble que vers 1800 en de nombreuses régions la pratique soit assez faible, et qu'on note plutôt une remontée jusqu'aux années 1860, puis un reflux, particulièrement accentué entre 1880 et 1910, « majoritaire dans les campagnes et quelquefois très prononcé dans certaines zones ouvrières », mais il s'y joint « une remontée spiritualiste allant au-delà des élites intellectuelles » (G. Cholvy), dont le résultat se fera sentir après la première guerre mondiale. Sans en contester l'aspect général, Cl. Langlois n'accepte pas cette périodisation. Il estime au contraire que la majorité des statistiques révèle une stabilité générale de la pratique pascale entre 1830 et 1880 ; les principales fluctuations se faisant plutôt à la baisse, avec, cependant, « des reprises, en plus petit nombre, plus tardives aussi et pour certaines moins durables »[1].

Les minoritaires

Les protestants

Bien que la France ait donné naissance à plusieurs réformateurs importants (Calvin, Th. de Bèze, G. Farel, entre autres), à l'issue des persécutions de Louis XIV et de ses successeurs, les protestants ne se

1. *Ibid.*, p. 244.

retrouvent pas très nombreux. Au début du XIXe siècle on dénombre près de 500 000 réformés et 250 000 luthériens, soit environ 2 % de la population française. Ce pourcentage se maintient (environ 2,35 % en 1850) jusqu'en 1871, date à laquelle la perte de l'Alsace et d'une partie de la Lorraine le fait tomber à 1,6 %.

Ils sont très inégalement répartis sur le territoire français. Au nord de la Loire on remarque des communautés importantes dans quelques régions seulement : Alsace (surtout luthérienne mais où résident aussi des réformés), pays de Montbéliard (luthériens), basse Seine et région parisienne, pour l'essentiel. Au sud de la Loire les communautés protestantes (presque toutes réformées) sont implantées le long d'une sorte de croissant entourant le Massif central. Partant de la région du Poitou-Charentes, il suit la vallée de la Garonne, aborde le sud du Massif central, puis atteint la région cévenole (Gard, Lozère, Hérault), pour remonter ensuite la vallée du Rhône par l'Ardèche et la Drôme. Cette localisation se modifie peu au cours du siècle ; on note seulement une émigration assez forte en direction de la région parisienne.

Au point de vue social, les protestants vivent surtout à la campagne et sont souvent des paysans. Il existe certes une bourgeoisie protestante dans quelques grandes villes, Paris, Nîmes, Strasbourg, par exemple (qui n'a entendu parler de la « Banque protestante » !), mais cela ne doit pas masquer le caractère massivement rural de la communauté protestante française au XIXe siècle.

Minorité ayant été persécutée par l'Etat monarchique appuyé, en cela, par l'Eglise catholique, les protestants gardent longtemps des « réflexes » de persécutés, et, en particulier, une très grande méfiance à l'encontre la hiérarchie de l'Eglise romaine, qu'ils soupçonnent très longtemps de nourrir de noirs desseins à leur égard ; ainsi qu'une profonde reconnaissance pour la Révolution française, qui leur a accordé la liberté et l'égalité. D'autant plus qu'ils s'estiment non seulement les héritiers de la Révolution, mais aussi, dans une certaine mesure, ses inspirateurs. Rien dans la doctrine protestante n'est, en effet, hostile aux Principes de 1789 ou à la Philosophie des Lumières (on trouve de nombreux protestants parmi les hommes qui l'ont élaborée). Un régime républicain assurant l'autonomie des individus est, à leurs yeux, en parfait accord avec les principes chrétiens. Il est clair, en effet, qu'au-delà des problèmes dogmatiques qui les séparent des catholiques, la différence la plus immédiatement perceptible est ecclésiologique. Nous l'avons vu plus haut, dans le catholicisme il y a une forte distinction entre clercs et laïcs, et le sacerdoce est réservé aux clercs. Les protestants professent au contraire la doctrine du « sacerdoce universel » ; il y a certes des pasteurs, mais ceux-ci n'ont pas d'autre autorité que celle que leur confère leur savoir. Et l'Eglise est dirigée par un synode, qui rassemble autant de laïcs que de pasteurs. De ce fait, ils se jugent tout à fait en accord avec la démocratie politique, le suffrage universel et les grandes libertés publiques. Ils n'ont pas à se réconcilier avec le monde moderne, puisqu'ils estiment en faire partie intégrante (le protestantisme est apparu à l'aube de la modernité).

En 1802, lorsqu'il rédige les Articles organiques, Bonaparte en réserve une partie aux protestants. Les Eglise réformées et luthérienne sont donc reconnues par l'Etat, leurs pasteurs sont rétribués, et le statut juridique, sans satisfaire réellement les réformés[1], leur paraît acceptable, bien qu'il ait été imposé et non pas négocié. Tout au long du siècle les protestants rencontrent peu de difficultés avec l'Etat, hormis durant quelques périodes. La Restauration, il est vrai, commence mal pour eux, puisque les massacres de la Terreur blanche de 1815 (à caractère politico-religieux) font plus d'une centaine de morts et plusieurs milliers de blessés dans les rangs des huguenots du Gard. Mais ensuite les relations sont correctes avec la monarchie restaurée (la Charte reconnaît la liberté religieuse, bien que le catholicisme soit redevenu la religion de l'Etat), même si l'évidente union du Trône (des Bourbons) et de l'Autel (catholique) fait que les protestants se sentent plus tolérés que véritablement égaux des catholiques. Avec la monarchie de Juillet, les relations sont bonnes ; officiellement le catholicisme n'est plus redevenu que la religion de la majorité (et les rapports entre le gouvernement et la hiérarchie catholique ne sont guère chaleureux, au début surtout). Par ailleurs, on note la présence de plus d'un protestant dans les allées du pouvoir, à commencer par François Guizot, premier ministre de fait de 1840 à 1848. Mais il est clair que la majorité des protestants préfèrent la République ; ils le montrent entre 1848 et 1851. Au début du Second Empire les relations avec le pouvoir sont un peu tendues, car Napoléon III, qui s'appuie sur la hiérarchie catholique, doit lui donner des gages. Mais les choses s'arrangent après 1860.

1. Bonaparte ne reconnaît pas le synode national, qui est l'instance de direction (disciplinaire et dogmatique) des Eglises réformées, ce qui est grave, car elles deviennent, de ce fait, un corps sans tête.

Dès les débuts de la IIIe République, toutefois, il est évident que la très grande majorité des protestants apportent leur appui aux républicains anticléricaux. D'ailleurs, on note la présence de protestants influents dans les rangs des dirigeants du « parti » républicain (Waddington, Freycinet, L. Say, G. Doumergue, notamment). Un exemple est resté célèbre, celui du ministère Waddington, constitué au début de l'année 1789 après que les républicains ont investi tous les organes du pouvoir politique : la moitié des ministres sont protestants (5 sur 10, ce qui demeure un « record » inégalé à ce jour). Et, entre 1871 et 1914, trois protestants seront présidents du Conseil (certains plusieurs fois, comme Freycinet par exemple). Certes, l'anticléricalisme des protestants est un peu particulier, car il a pour but de défendre leurs Eglises contre ce qu'ils perçoivent comme une menace de la part des monarchistes cléricaux. C'est en quelque sorte un anticléricalisme « ecclésial » ; mais il rejoint en partie celui des républicains d'origine catholique (Jules Ferry compte plusieurs protestants parmi ses proches conseillers, Ferdinand Buisson, par exemple). Par ailleurs les protestants approuvent le projet général des républicains, qui vise à créer un régime permettant le libre exercice des droits de l'homme, et assurant le respect de l'autonomie des individus. Ils approuvent donc, en général, les lois laïques, bien que certains d'entre eux trouvent que les républicains vont parfois trop loin. La conception « protestante » de la laïcité est, en effet, plutôt issue de l'exemple des Etats-Unis : ils souhaitent qu'aucune Eglise n'ait de liens privilégiés avec l'Etat ; mais ils désirent aussi que la religion soit honorée, et influente, non pas par l'intermédiaire d'institutions « chrétiennes » — le protestantisme ignorant la sacralité de l'objet, la notion de civilisation « chrétienne » est, pour eux, vide de sens —, mais par l'intermédiaire d'individus, conscients de leurs devoirs. Pourtant, d'une façon générale, les protestants se retrouvent dans le camp des républicains, en particulier au moment de l'affaire Dreyfus (il n'y a *aucun* article antidreyfusard dans la presse protestante entre 1897 et 1899). Et, au début du XXe siècle, la séparation des Eglises et de l'Etat ne leur pose pas de problèmes (même s'ils ne font rien pour la précipiter) ; ils acceptent, d'ailleurs, d'en négocier l'application avec l'Etat.

A l'instar de ce qui se passe dans le catholicisme, on note un réel dynamisme de la communauté protestante au XIXe siècle. Dès le début de la Restauration elle est animée par le mouvement dit du « Réveil », qui veut lui insuffler une vie nouvelle, la lancer à la conquête du monde, et notamment de la société française, maintenant que les persécutions ont disparu. De ce mouvement naissent toute une série d'institutions spécialisées (Société biblique pour la diffusion des Ecritures, Société des missions, etc.), qui seront actives tout au long du siècle. Le Réveil modifie aussi quelque peu la spiritualité ; inspiré par ce qui se passe outre-Manche et en accord avec l'ambiance romantique du temps, il introduit des cantiques où l'effusion sentimentale n'est pas exclue, ce qui est nouveau.

Au point de vue doctrinal, dès les années 1830 on assiste à l'éclosion d'un vaste débat entre le courant « évangélique » et le courant « libéral », et qui annonce un peu ce que sera la querelle moderniste dans le catholicisme soixante-dix ans plus tard. Les libéraux entendent interpréter la Bible, non seulement librement (tous les protestants en sont d'accord) mais aussi « libéralement ». Ce qui pose le problème non pas de l'application des méthodes historico-critiques à l'exégèse biblique, mais des conséquences doctrinales qu'il convient d'en tirer. Le problème général tourne autour du degré de modification, non pas certes de la Vérité chrétienne, mais de l'expression humaine de cette Vérité, que les progrès des connaissances scientifiques, dans tous les domaines, rendent indispensables pour que les théologiens puissent s'adresser à leurs contemporains dans un langage qui leur soit accessible. Les libéraux acceptent en ce domaine une très grande marge de modification ; certains n'hésitant pas à en venir à des formulations très éloignées des doctrines traditionnelles. Les évangéliques reconnaissent, certes, la pleine légitimité de l'utilisation des méthodes scientifiques, mais ils entendent également rester dans le cadre défini par les Evangiles. Et quand les progrès des sciences historiques ou philologiques, par exemple, rendent un peu délicat le maintien des interprétations traditionnelles (de certains miracles, entre autres), plutôt que de renoncer aux formules vénérables, ils préfèrent les conserver, tout en ayant recours à des interprétations symboliques. Il s'ensuit un vaste débat, qui se termine par un schisme dans l'Eglise réformée, parce qu'en 1802 Bonaparte n'a pas reconnu l'existence du synode national, qui était pourtant, traditionnellement, l'instance chargée de trancher les conflits doctrinaux[1]. Au

1. Un synode national est bien réuni en 1872 ; mais à cette date les lézardes de l'édifice réformé sont trop importantes pour qu'il puisse parvenir à un accord. D'autant plus que l'Etat s'est contenté de laisser réunir un synode, bien qu'il ne soit pas mentionné dans les Articles organiques, sans modifier la législation. Aucun organisme n'est donc chargé de faire appliquer ses décisions. L'ensemble conduit à un schisme de fait en 1879.

cours des années 1880 et 1890, cependant, les divisions doctrinales s'atténuent, avec le développement de l'« Ecole symbolo-fidéiste », car les libéraux les plus extrémistes, proches de l'agnosticisme, quittent l'Eglise de leur propre mouvement.

Comme dans l'Eglise catholique, on note aussi, à la fin du siècle, l'existence de mouvements qui veulent tenir compte des changements sociaux, et s'adresser aux classes populaires des grandes villes : en particulier le mouvement du « Christianisme social ». Au début de XXe siècle certains de ses membres se déclarent même « socialistes chrétiens ». Mais s'il y a bien des protestants prolétaires, il n'y a pas véritablement de prolétariat protestant (sauf dans la région de Sochaux-Montbéliard). De ce fait, ces mouvements ne connaissent pas un grand développement. On remarque, enfin, la fondation de plusieurs mouvements de jeunesse actifs et novateurs, qui joueront un rôle important après la première guerre mondiale.

Les juifs

La communauté juive française n'est pas très importante en nombre : 70 000 à 80 000 personnes au milieu du XIXe siècle (ce qui correspond à un doublement entre 1789 et 1860 dû, pour l'essentiel, au dynamisme démographique). Elle connaît une baisse numérique après 1870 en France métropolitaine, en raison de la perte de l'Alsace-Lorraine ; puis une nouvelle phase de croissance dans laquelle l'immigration de juifs d'Europe orientale, qui fuient les persécutions, joue aussi un rôle. En 1900, elle rassemble environ 80 000 membres en France métropolitaine[1].

Sa répartition géographique est très particulière. Au début du siècle on remarque surtout une importante communauté dans l'Est (en Alsace et Lorraine), et des communautés notables dans la région d'Avignon, à Bordeaux et à Paris (où résident 1 000 à 2 000 juifs). Cette localisation se modifie puisqu'à la fin du siècle 50 000 des 80 000 juifs de France métropolitaine vivent à Paris (où on en dénombre déjà 20 000 sous le Second Empire). On distingue deux types de communautés : les sépharades et les ashkénases. Au début du XIXe siècle les sépharades sont installés dans le Sud-Est et

1. Il faut y ajouter les juifs d'Algérie, qui sont au nombre d'environ 50 000 en 1900 ; ils ont obtenu la nationalité française en 1870 (décret Crémieux).

le Sud-Ouest ; souvent descendants de juifs portugais et espagnols, urbains, plutôt aisés, ils sont en général bien intégrés. Tandis que les ashkénazes, installés dans l'Est, sont moins aisés (voire pauvres), ils vivent plutôt dans des villages, sont moins instruits et moins intégrés. L'immigration du XIXe siècle (surtout à partir des années 1880) renforce la communauté ashkénaze, à laquelle appartiennent la plupart des juifs d'Europe orientale. Par ailleurs, en 1871 plus de 5 000 juifs alsaciens quittent cette région pour rester français ; bon nombre d'entre eux s'installent à Paris (comme la famille d'Alfred Dreyfus, par exemple). Paris devient ainsi progressivement le centre du judaïsme français, d'autant plus que les immigrants récents s'y installent souvent. Dès 1859 l'école de formation des rabbins, qui avait été fondée en 1829, est transférée de Metz à Paris.

Les juifs sont intégrés à la nation par la Révolution (lois de 1790 et 1791). Puis Bonaparte reconnaît le « culte israélite » en 1808 et impose de nouvelles institutions (notamment un « grand sanhédrin » et un consistoire). Dès la Restauration on commence à supprimer les règlements d'exception qui les concernent. La monarchie de Juillet achève l'intégration avec, à partir de 1831 (à l'instar des prêtres et des pasteurs), la rémunération des rabbins par l'Etat ; en 1844 l'organisation du culte ; et en 1846 la fin de toute discrimination[1]. Symbole d'intégration, trois juifs sont élus députés sous la IIe République, tandis qu'un juif (l'avocat Adolphe Crémieux) devient ministre. Au milieu du XIXe siècle les actes d'hostilité à leur égard sont rares.

Au point de vue social la communauté juive est assez diversifiée, surtout dans la seconde moitié du XIXe siècle. Jusqu'en 1860, en effet, les juifs français sont souvent pauvres (même si quelques riches banquiers sont bien connus, les Rothschild par exemple) et un peu en retard sur la moyenne nationale pour le niveau de vie. Ensuite, les choses évoluent, avec quelques riches, des membres de la petite et moyenne bourgeoisie (sans doute la majorité), qui réussissent assez bien dans l'enseignement et la fonction publique en général[2], et des

1. A cette date on supprime le serment spécial imposé aux seuls membres de la communauté juive (appelé *more judaïco*), qu'ils devaient prêter à la synagogue avant de paraître devant les tribunaux.

2. Consulter à ce sujet le livre de Pierre Birnbaum *Les fous de la République, histoire politique des juifs d'Etat de Gambetta à Vichy*, Paris, Fayard, 1992 ; il montre que la fonction publique (en particulier après la victoire des républicains) est alors pour bien des juifs un moyen d'intégration et un facteur de promotion sociale.

pauvres (voire très pauvres), dont la plupart immigrants récents qui s'entassent dans des taudis à Paris et de quelques grandes villes.

La vie religieuse connaît elle aussi une évolution. Avant la Révolution les juifs vivaient souvent dans des communautés quelque peu en marge ; la vie religieuse y avait donc un caractère collectif, et il n'était pas difficile de respecter les prescriptions religieuses (interdits alimentaires, shabbat, etc.). Mais l'intégration progressive à l'ensemble français transforme cette vie traditionnelle et distend les liens communautaires. D'une façon générale, il est clair que la pratique religieuse diminue ; d'ailleurs, dans toutes les confessions, la vie à Paris est souvent un facteur de baisse de la pratique. Quant aux juifs qui ne résident pas dans la capitale, ils habitent souvent dans des villes moyennes, où la communauté juive est faible en nombre, ce qui ne facilite pas la pratique. Naturellement, comme dans les autres confessions religieuses françaises, on y remarque un débat entre traditionalistes (ou « orthodoxes ») et modernisateurs (ou « libéraux » qui attachent moins d'importance aux formes extérieures d'appartenance et proposent des innovations dans le culte, comme l'introduction de la musique, les sermons en français, etc.). Elle est ravivée à la fin du siècle par la venue d'immigrants, souvent traditionalistes.

La communauté juive doit faire face à partir des années 1880 à la montée d'un mouvement violemment antisémite (voir p. 505-507) qui culmine avec l'affaire Dreyfus. Mais, tout en laissant des traces, celle-ci ne remet pas en cause l'intégration à la communauté française.

SECONDE PARTIE
1848-1914

I – La vie politique sous la IIe République

Brève, moins de quatre ans, cette période de l'histoire de France n'en est pas moins importante. Dans le but de résoudre le problème de la légitimité du pouvoir, et donc de parvenir enfin à la stabilité, on se décide en 1848 à adopter le suffrage universel. C'est-à-dire à trancher le débat resté incertain en 1830 et à opter pour le principe de la souveraineté du peuple. Et depuis lors, en théorie tout au moins, il n'a pas été remis en cause. Pourtant cela ne suffit pas à assurer la stabilité du régime balayé en décembre 1851 par un coup d'Etat qui reçoit, en fin de compte, l'appui d'une bonne partie de la classe dirigeante. Les raisons en sont certes nombreuses ; parmi celles-ci la plus fondamentale me semble résider dans l'absence d'unité de vue à propos de la définition du régime républicain, une fois que le principe du suffrage universel a été admis. Doit-il être seulement un ensemble de droits politiques, et dans ce cas il est acceptable pour la grande majorité des Français. Ou bien le concept même de République doit-il inclure à côté des droits politiques un certain nombre de droits « sociaux » (droit au travail, etc.), ce qui fait craindre une mise en cause du droit de propriété, et provoque l'opposition de bien des Français. Il faut attendre les années 1870, et le choix clair des dirigeants républicains en faveur de la première solution, pour que la République s'installe en France de façon durable. A ce problème, fondamental, s'ajoute une question plus conjoncturelle, mais qui ne doit pas être négligée : le retour, à partir de la fin de l'année 1848, de l'idéologie politique bonapartiste, avec l'élection de L.-N. Bonaparte à la présidence de la République. En empruntant des éléments à la droite et à la gauche dans une synthèse originale le bonapartisme brouille, en effet, les cartes, parce qu'il est difficile à classer dans le paysage politique ; d'autant plus que Louis-Napoléon joue aussi un jeu personnel, illustré par son coup d'Etat en 1851. Mais, sans les incertitudes sur la nature du régime républicain, son succès eût été beaucoup plus aléatoire.

La révolution de février 1848

La chute de Louis-Philippe

La « campagne des banquets » s'achève le 25 décembre 1847. Ses promoteurs ont rapidement l'occasion de vérifier qu'ils n'ont pas été entendus. Le 28, le discours du trône, qui ouvre la session parlementaire, n'annonce aucune réforme, bien au contraire. La discussion de l'Adresse, qui répond à ce discours, révèle pourtant l'impatience de bien des députés : Guizot n'obtient que 33 voix de majorité. Mais, enfermé dans sa logique, à l'instar de Louis-Philippe il refuse lui aussi toute concession.

Rapidement, le pouvoir montre son intransigeance. Afin de tenter un ultime effort en faveur de l'élargissement de la base politique du régime, les « réformistes » décident, en effet, de tenir à Paris un dernier banquet, accompagné d'une manifestation, le 22 février 1848[1]. La veille, il est interdit par le pouvoir. Les organisateurs, qui ne sont pas des révolutionnaires et qui, dans le climat politique du temps, mesurent les risques d'un affrontement direct, se résignent alors à le décommander. Pourtant, malgré le contrordre, la manifestation préparée depuis plusieurs jours par des étudiants et une partie des ouvriers (aidés, probablement, par quel-

1. Il est interdit par Guizot le 14 janvier ; ses promoteurs, qui avaient tout d'abord prévu de le tenir dans un quartier populaire, décident de le retarder (il est alors convoqué pour le 22 février), de le transférer dans le quartier, bourgeois, des Champs-Elysées pour éviter les incidents, et de mieux le préparer.

ques cadres des sociétés secrètes républicaines) se déroule dès le matin du 22 février. Son ampleur — elle révèle la profondeur du mécontentement — surprend le pouvoir, qui reste pourtant le maître de la rue en fin de journée. C'est le 23 que tout se joue : dès le matin la manifestation reprend et des barricades s'élèvent. Le pouvoir décide alors de mobiliser la Garde nationale, cette milice bourgeoise, qui symbolise le régime. Mais, et cela scèle son destin, celle-ci est composée en grande majorité d'hommes qui ne disposent pas du droit de vote. Ils sont, de ce fait, en sympathie avec les manifestants, et ils savent bien, par ailleurs, que ceux-ci ne mettent pas en cause la société elle-même ; ils fraternisent donc avec la foule. Mesurant, enfin, la gravité de la situation, le roi cède, renvoie Guizot et appelle Molé, ce qui sonne comme une acceptation de la réforme électorale. Mais le soir du 23, boulevard des Capucines, une échauffourée oppose les manifestants, qui fêtent leur victoire, à un poste de garde. La troupe tire ; on relève, officiellement, 16 morts.

Dès lors, on passe de l'émeute à la révolution. Durant la nuit les cadavres, chargés sur des charrettes, sont « promenés » dans les rues du Paris populaire, qui se soulève, et l'affrontement change de sens : c'est désormais le régime qui est en jeu. De nouvelles barricades apparaissent rapidement et, le 24 au matin, de véritables batailles de rue opposent la troupe aux insurgés. Isolé aux Tuileries le roi voit Molé renoncer puis Thiers se dérober. Des manifestants commençant à s'attaquer aux Tuileries, vers midi le roi se résigne à abdiquer en faveur de son petit-fils, et à prendre le chemin de l'exil. Chute brutale pour un régime, sans doute trop républicain pour les vrais monarchistes et trop monarchique pour les vrais républicains, et donc peu apte à susciter des dévouements passionnés. Mais, surtout, régime que la moyenne bourgeoisie ne défend plus parce qu'il se révèle incapable d'évoluer au même rythme que le pays, et parce que — le refus d'écouter les orateurs des banquets le montre — le roi ne joue plus le jeu libéral et semble sur le point de confisquer le pouvoir à son profit.

Au début de l'après-midi, et non sans courage, la duchesse d'Orléans se rend au Palais-Bourbon, déjà envahi par la foule, pour tenter de faire « investir » son fils et proclamer la régence. Mais il est trop tard ; sous la pression des manifestants on y établit au contraire un gouvernement provisoire avec, notamment, Lamartine et Ledru-Rollin. Les républicains, maîtres de l'Hôtel de Ville, ayant entrepris la même tâche, le soir du 24 la liste définitive de ce gouvernement provisoire est dressée[1], grâce à un compromis entre les deux tendances (les libéraux, qui se contentent des réformes politiques, et les démocrates, qui réclament aussi des réformes sociales). Cette dualité d'origine illustre, toutefois, le problème central évoqué plus haut à propos du contenu de l'idée républicaine, et que le gouvernement rencontrera durant toute la brève existence de cette IIe République. Pourtant ce régime semble alors s'imposer presque naturellement : la pratique politique de Charles X puis, finalement, celle de Louis-Philippe ont, en effet, achevé de convaincre une bonne partie de la bourgeoisie que la monarchie libérale, « à l'anglaise », n'est pas viable en France et que, pour en finir avec l'absolutisme et assurer le triomphe de la liberté, il faut détruire la monarchie elle-même.

Les premiers pas du Nouveau Régime

A peine installé le gouvernement provisoire rédige donc une proclamation où il déclare qu'il « veut la République, sauf ratification par le peuple qui sera immédiatement consulté », ce qui correspond à une « proclamation » de la République. Pourtant, en 1830 encore ce régime avait été écarté parce qu'il faisait peur à bien des gens. Il s'impose là en quelques heures pour plusieurs raisons. Tout d'abord il faut se souvenir qu'à la différence de ce qui s'était passé en 1789, en 1815 ou en 1830, par exemple, les quelques hommes du « gouvernement provisoire » se retrouvent seuls face au vide du pouvoir, sans l'aide d'aucune autre autorité (aucune assemblée, par exemple), alors qu'il n'y a plus ni constitution, ni dynastie, ni députés. Une République légitimée par le suffrage universel apparaît dès lors à plus d'un comme le seul système capable de s'imposer au peuple, vainqueur du roi.

A. de Tocqueville raconte dans ses *Souvenirs* cette sorte de prise de possession de la rue par le peuple :

> Je passais tout l'après midi [du 25 février] à me promener dans Paris. Deux choses me frappèrent surtout ce jour-là : la première, ce fut le caractère, je ne dirai pas principalement, mais uniquement populaire de la révolution qui venait de s'accomplir ; la toute-puissance qu'elle avait don-

1. Au Palais-Bourbon les noms suivants sont acclamés : Lamartine, Ledru-Rollin, Dupont de l'Eure, Arago, Crémieux, Garnier-Pagès, Marie ; à l'Hôtel de Ville on ajoute ceux des socialistes Louis Blanc et Albert (un ouvrier, dont le véritable nom est Alexandre Martin) et ceux des directeurs des deux grands journaux républicains (*Le National* et *La Réforme*), Marrast et Flocon.

née au peuple proprement dit, c'est-à-dire aux classes qui travaillent de leurs mains, sur toutes les autres. La seconde, ce fut le peu de passions haineuse et même, à vrai dire, de passions vives quelconques que faisait voir dans ce premier moment ce bas peuple devenu tout à coup seul maître du pouvoir[1].

Il y a certes, comme on dit alors, les « républicains de la veille », qui souhaitent depuis des années l'installation d'un tel régime en raison de ses mérites intrinsèques, et les « républicains du lendemain », qui l'acceptent comme un simple expédient provisoire, et dont les rangs grossiront assez vite. Il reste qu'un moment la République est facilement acceptée et cela, sans doute, parce que l'adhésion à ce type de régime recouvre une assez large plage idéologique. Un « républicain de la veille » se réclame, naturellement, de la Révolution française, et donc de la période 1789-1792, avec ce que cela inclut de reconnaissance de droits politiques et d'acceptation d'une mission de la France dans le domaine extérieur (aider les autres peuples à se libérer). Mais il se réclame aussi de la période 1792-1795 sans insister sur la Terreur (comme on le fit en 1830 pour écarter la République) en partie parce que des œuvres historiques parues dans les années 1840, comme celles de Michelet ou de Lamartine[2], évoquent surtout l'an II comme l'achèvement de 1789 ; d'autant plus qu'en 1793 on a élaboré une Constitution républicaine avec une assemblée unique élue au suffrage universel, qui peut servir de modèle.

En effet, en 1848 le suffrage universel s'impose de lui-même comme la conséquence logique de la proclamation de la République, qui élargit les droits politiques en réaction contre la « fermeture » imposée par Guizot et par Louis-Philippe. D'ailleurs, depuis les lois de 1831 qui élargissent le droit de suffrage pour les élections locales, il est moins « révolutionnaire » qu'il n'y paraît au premier abord. Mais, comme précédemment quand nous recherchions le « sens du cens », il convient de s'interroger sur le sens de son adoption ; car elle va plus loin que la simple reconnaissance de la maturité du « peuple ». Bien des gens regardent le suffrage universel comme une sorte de remède aux problèmes sociaux, mis en lumière depuis plusieurs années par les penseurs socialistes. Si, pense-t-on, les députés sont élus par l'ensemble des hommes

1. A. de Tocqueville, *Souvenirs,* Paris, Gallimard, 1964 (*Œuvres complètes,* t. 12), p. 91-92.

2. Voir, tout particulièrement, son *Histoire des Girondins,* parue en 1847.

adultes, ils seront contraints de tenir compte des besoins de tous leurs électeurs, et donc aussi de ceux des ouvriers et des paysans ; ce qui devrait permettre de résoudre la question sociale. En effet, nous le savons[1], dans les années 1840 la France voit éclore toute une série d'écoles socialistes, dont les adeptes sont, par ailleurs, républicains. De ce fait la République, qui, sous la Restauration, incarnait la nation contre l'Ancien Régime, inclut désormais également la notion de réformes sociales et devient peu à peu le drapeau du peuple contre la bourgeoisie. Dans ce cadre le suffrage universel est compris comme permettant les évolutions en faisant l'économie des drames. D'où la complexité de la définition de la République en 1848 ; car ses diverses significations s'additionnent. Elle recouvre, de ce fait, une très large plage idéologique, depuis l'opposition dynastique d'Odilon Barrot jusqu'au socialisme du militant des sociétés secrètes parisiennes.

Pourtant, ce qui apparaît le plus nettement à la plupart des observateurs au printemps de l'année 1848, c'est l'insistance moins sur la liberté ou sur l'égalité que sur la *fraternité* ; celle des hommes, à l'intérieur du pays, et celle des peuples, en Europe. Elle tient une très large place dans « l'esprit de 1848 », qui règne alors pour quelque temps sur la capitale, et sur une partie de la France. Dans une atmosphère romantique, au son des discours lyriques de Lamartine, on célèbre l'union des cœurs, en plantant des arbres de la liberté, en présence des autorités civiles et religieuses. Car cette fraternité possède aussi une composante religieuse, en raison, notamment, des écrits de Lamennais, ou ceux des socialistes chrétiens qui, comme Buchez, cherchent à permettre aux ouvriers de prendre pacifiquement possession des moyens de production en créant des associations ouvrières. A la différence de ce qui s'était passé en 1830, on remarque assez peu de manifestations anticléricales ; et, en citant certains versets des évangiles, on a plutôt tendance alors à présenter Jésus comme « le premier des socialistes ». Par ailleurs même chez un théoricien socialiste comme Louis Blanc (membre du gouvernement provisoire) la lutte n'a pas pour but l'écrasement de la bourgeoisie, mais la réconciliation des classes autour du principe de fraternité qui, à ses yeux, anime l'action des prolétaires.

On peut, certes, se moquer, comme Tocqueville par exemple,

1. Cf. *supra*, p. 68-74.

des hommes effrayés par la révolution qui se mettent à singer le peuple, et à se découvrir des origines populaires[1] ; et qui, tout en pleurant d'émotion lors de la plantation des arbres de la liberté, n'oublient pourtant pas de se prémunir en retirant leurs fonds de la Caisse d'épargne. Et il est vrai que ce climat de fraternité romantique n'a pas duré ; en raison même de ses caractères, mais aussi parce qu'il est beaucoup plus parisien[2] que provincial. On note, en effet, des incidents à Lyon, Rouen, Lille, Reims, Limoges, par exemple, ainsi que de véritables troubles agraires[3]. Ce qui illustre aussi l'un des problèmes que va rencontrer la IIe République durant toute son existence, la différence de réaction entre Paris et la province. D'autre part, les difficultés économiques et sociales de l'année 1848, amplifiées par les incertitudes politiques, vont également contribuer à son échec, auquel les « républicains du lendemain », qui n'ont jamais vu en elle qu'un expédient temporaire, ne se font pas faute de contribuer. Il reste que, caractéristique d'une époque, cette ambiance doit être connue, d'autant plus qu'elle facilite l'action, improvisée, du gouvernement provisoire.

Ses premières décisions sont, en effet, caractéristiques. Dès le 25 février un décret reconnaît le droit au travail[4]. Ce qui n'a pas

1. Il rapporte dans ses *Souvenirs* : « J'apercevais donc un effort universel pour s'accommoder de l'événement que la fortune venait d'improviser, et pour apprivoiser le nouveau maître. Les grands propriétaires aimaient à rappeler qu'ils avaient toujours été ennemis de la classe bourgeoise et toujours favorables à la classe populaire ; les prêtres avaient retrouvé le dogme de l'égalité dans l'Evangile et assuraient qu'ils l'y avaient toujours vu ; les bourgeois eux-mêmes se rappelaient avec un certain orgueil que leurs pères avaient été ouvriers, et, quand ils ne pouvaient pas remonter, à cause de l'obscurité inévitable des généalogies, jusqu'à un ouvrier proprement dit qui eût travaillé de ses mains, ils tâchaient au moins de dater d'un malotru qui eût fait sa fortune par lui-même. [...] Quant au roi Louis-Philippe, il n'en était pas plus question que s'il eût appartenu à la dynastie des Mérovingiens » (*ibid.*, p. 99-100).

2. Pour connaître l'atmosphère générale de la vie politique à Paris au début de l'année 1848 on peut se reporter aussi aux pages que Flaubert lui consacre dans *L'Education sentimentale*.

3. Philippe Vigier écrit à ce propos : « [...] la grande masse des paysans, tout comme les ouvriers de Lyon ou de Manosque, n'ont vu dans la révolution parisienne et l'avènement de la République que la possibilité de faire triompher, grâce à la quasi-disparition de la force publique, quelques-uns de leurs ressentiments [...] la révolution de Février s'est accompagnée, beaucoup plus nettement que celle de 1830, d'une explosion de fureur paysanne. Celle-ci revêt le plus souvent l'aspect d'une protestation contre un régime agraire qui défavorise la masse rurale au profit des plus riches exploitants... ou de l'Etat bourgeois » (*La Seconde République*, Paris, PUF, 2e éd., 1970, coll. « Que sais-je ? », p. 15-16).

4. Cf. *infra*, p. 306.

d'effet immédiat, mais va permettre ensuite de réclamer l'intervention de l'Etat dans la réglementation du travail, et illustre le volet social que comporte en 1848 l'option républicaine pour une partie de l'opinion. Le 25 encore, grâce à un discours bien connu de Lamartine, le drapeau tricolore est préféré au drapeau rouge comme symbole du Nouveau Régime. Le 26, on décide l'abolition de la peine de mort pour raison politique ; jointe à l'absence de poursuites contre les dirigeants de l'Ancien Régime, elle sonne comme une volonté de réconciliation. Le 4 mars, enfin, Lamartine fait une sorte de déclaration de paix au monde. Ces deux dernières mesures apparaissent, au fond, comme un refus de considérer que la Terreur fait partie de l'héritage républicain.

Au temps du gouvernement provisoire (février-mai 1848)

L'œuvre politique

Celle-ci s'accomplit au début dans un climat bien difficile, car la quasi-disparition de la force publique durant les premières semaines (en dépit de l'annonce, dès le 25 février au soir, de la création d'une *Garde nationale mobile*)[1] conduit le gouvernement à siéger sous la pression presque permanente du peuple de Paris, qui de plus n'est pas à l'unisson du peuple de province, ce qui ne simplifie pas les choses. Au fond, on rejoue un peu, sur un mode mineur il est vrai, la pièce que l'on interprétait en 1789, ce qui illustre aussi le primat du politique sur le social aux yeux de nombre de Français en 1848. Pourtant Lamartine, qui fait un peu fonction de chef du gouvernement provisoire, se montre plutôt habile ; sa principale faiblesse venant surtout de ce qu'il sait ce qu'il ne veut pas (la monarchie orléaniste et le socialisme) mais qu'il n'a pas une claire vision de ce qu'il veut. Il reste que cette œuvre politique est importante ; il est vrai qu'une bonne partie de ces dispositions sont acceptables par une large fraction de l'opi-

1. Cette décision montre, notamment, que Lamartine n'est pas le rêveur qu'on décrit parfois ; à la différence des membres de la Garde nationale, les « mobiles » sont payés (1,5 F par jour, soit une solde supérieure à celle des militaires), ce qui devrait en faire des fidèles du nouveau gouvernement.

nion libérale, dès lors que les révolutions de 1830 et 1848 ont révélé l'échec de la monarchie, et que la République ne met en cause ni la liberté, ni la propriété.

L'instauration du suffrage universel modifie, naturellement, les conditions de la vie politique. Elle s'accompagne de toute une série de mesures immédiatement applicables, qui aident à discerner le visage de ce Nouveau Régime, centré sur la liberté. Car c'est bien en ce domaine que la IIe République imprime sa marque à l'histoire de France, en abolissant le système de contrainte imposé à nouveau depuis 1835 : les réunions politiques (les clubs, comme on dit alors) se tiennent librement, les journaux fleurissent sans restriction, « Paris est à l'heure du meeting permanent, de l'effervescence passionnée de lecture et de discussion, de la détente et de la joie » (M. Agulhon)[1]. Le 4 mars, un décret annonce l'abolition de l'esclavage aux colonies (un nouveau décret du 27 avril précise que cette décision est immédiatement applicable). Le 5 mars, Michelet, dont le cours au Collège de France avait été suspendu le 2 janvier, est réintégré dans sa chaire. Le 6 mars, on abroge les lois de septembre 1835 contre la liberté de la presse. Le 8 mars, un décret ouvre la *Garde nationale* à tous les citoyens ; tandis que, le 14 mars, le gouvernement décrète la dissolution des compagnies d'élite, qui, sous la monarchie de Juillet, étaient recrutées dans les quartiers bourgeois (ce qui provoque, le 16, une manifestation hostile de leurs membres, dits « bonnets à poils », première manifestation conservatrice, illustrant un début de retour au débat politique, occulté depuis le 24 février). Le 9 mars, la contrainte par corps est abolie. Le 10 mars, un arrêté confirme la pleine et entière liberté de réunion religieuse[2]. Le 12 mars, on abolit les châtiments corporels dans la marine, etc. Au fond, le gouvernement provisoire entreprend la mise en application du libéralisme politique.

Au point de vue administratif le gouvernement provisoire (surtout sous l'impulsion de Ledru-Rollin) effectue une réorganisation, qui conduit à la mise à l'écart de la totalité des préfets de la monarchie de Juillet, remplacés par des *commissaires du gouvernement provi-*

1. Maurice Agulhon, *1848 ou l'apprentissage de la République*, Paris, Seuil, 1973, p. 47.

2. Il précise, notamment : « Le gouvernement provisoire, convaincu que de toutes les libertés, la liberté de conscience est la plus précieuse et la plus sainte, arrête : les citoyens détenus par suite de condamnations prononcées contre eux pour faits relatifs au libre exercice du culte seront immédiatement remis en liberté [...] » (cité par André Encrevé, *Protestants français au milieu du XIXe siècle...*, Genève, Labor et Fides, 1986, p. 371).

soire qui, le plus souvent modérés (et libéraux), cherchent surtout à rassurer la bourgeoisie locale[1].

Cet ensemble, qui vise à promouvoir une véritable égalité des droits, peut paraître limité ; il ne faut pourtant pas le sous-estimer. Tout d'abord, c'est bien la liberté individuelle en acte qui donne sa saveur particulière à cette période de l'histoire de France. D'autre part, c'est par la prise au sérieux des principes de base du libéralisme politique — tout particulièrement de la liberté religieuse, de la liberté de la presse, de la liberté de réunion, et de la liberté d'association —, que les sociétés anglo-saxonnes ont su préserver leur stabilité politique. Pourtant, en France bien des gens attendent davantage de l'Etat républicain, et particulièrement des réformes sociales, qui vont se révéler plus difficiles à réaliser.

L'œuvre sociale

En 1848, en effet, les socialistes ainsi que bien des républicains pensent que l'Etat ne doit pas se contenter de faire régner la liberté, il a aussi le devoir d'intervenir dans le processus du changement social, pour promouvoir une moindre inégalité des fortunes[2]. Et, dans les jours qui suivent la Révolution (surtout du 25 février au 2 mars) un certain nombre de décisions donnent une coloration socialisante au régime ; pourtant, l'application de ces décisions montre qu'à l'image de la grande majorité des Français (en particulier des ruraux) le nouveau pouvoir n'est pas socialiste.

Dès le 25 février, nous le savons, un décret, rédigé par Louis Blanc, proclame le « droit au travail » ; tout en demeurant généraux les termes mêmes du décret semblent, d'ailleurs, promettre un véritable engagement de l'Etat dans la vie économique[3]. Le 28, sous la pression de manifestants parisiens, le gouvernement accepte la création d'une *Commission du gouvernement pour les travailleurs*, présidée par Louis Blanc, ce qui accroît son caractère socialisant, dont le

1. Cette modération est surtout vraie à cette date ; fin mars et début avril, Ledru-Rollin nommera toute une série de nouveaux commissaires beaucoup plus actifs, et qui tenteront plus au moins de « révolutionner » la province.

2. En sens inverse la campagne de la droite visant à réclamer de l'Etat la défense de la propriété procède du même état d'esprit.

3. Le décret précise : « Le gouvernement provisoire s'engage à garantir l'existence de l'ouvrier par le travail. Il s'engage à garantir le travail à tous les citoyens. Il reconnaît que les ouvriers doivent s'associer entre eux pour jouir du bénéfice de leur travail [...]. »

but est de rechercher les meilleurs moyens pour améliorer la condition des travailleurs. Elle ne peut guère apporter de solutions immédiates ; mais sa création offre une satisfaction morale aux ouvriers parisiens. Le 29, on annonce une plus juste répartition des impôts, ce qui n'engage guère. Le gouvernement prend cependant deux mesures concrètes : le 2 mars, il fixe la durée journalière de travail à dix heures à Paris et à onze heures en province. Et, surtout, le 26 février, il crée des *Ateliers nationaux*, dont l'organisation est confiée au ministre des Travaux publics, Marie, qui n'est pas socialiste[1] ; d'ailleurs, dans leur mise en œuvre, Marie s'oriente, en fait, vers la constitution d'ateliers de charités assez classiques, où, toutefois, le salaire journalier (2 F par jour) est nettement supérieur à ce qu'il était d'ordinaire[2].

On le voit, ces quelques mesures ne bouleversent pas la vie économique et sociale. Elles illustrent aussi les divisions internes du gouvernement qui entend, certes, « faire quelque chose » pour les travailleurs, sans adopter une ligne directrice à long terme. De ce fait elles inquiètent les défenseurs de la propriété (la *Commission*, qui siège au Palais du Luxembourg, voit les théoriciens exposer leurs plans d'organisation du travail), sans satisfaire les socialistes, qui rêvent de transformer les relations sociales. Elles ont, par ailleurs, au yeux de la majorité des Français, qui sont encore des ruraux, le défaut de s'adresser presque exclusivement aux urbains. Or, hostile à tous les privilèges politiques, et notamment à celui du peuple de Paris, le suffrage universel va offrir à la majorité le moyen de faire entendre sa voix.

Les élections à l'Assemblée constituante

L'organisation du suffrage universel est, sans conteste, l'œuvre la plus importante, la plus neuve, et la plus durable de la IIe République. D'ailleurs, dès le 5 mars, un décret réglemente sa mise en

1. En fait ces *Ateliers nationaux* sont un compromis entre la solution mise en œuvre traditionnellement en cas de crise économique et de chômage, les *ateliers de charité*, où l'on occupe les chômeurs à des travaux publics, et la solution nouvelle, proposée par Louis Blanc, celle des *ateliers sociaux*, dans laquelle l'Etat aide les ouvriers à mettre sur pied de véritables coopératives de production, ce qui apparaît à ses adversaires comme portant atteinte à la propriété.

2. Devant l'afflux de chômeurs (40 000 fin mars), une partie des employés des ateliers nationaux, dits « en disponibilité », ne touchent que 1,50 F, puis 1 F par jour.

application. Tous les Français âgés de 21 ans pourront participer, le 9 avril, aux élections, au scrutin de liste départemental, des 900 députés chargés d'élaborer la Constitution. Ces représentants du peuple toucheront une indemnité de 25 F par jour, ce qui doit permettre aux homme sans fortune d'être membres de l'Assemblée.

Assez vite, toutefois, les révolutionnaires parisiens comprennent que le résultat du vote a fort peu de chance de leur être favorable, les masses rurales étant encore, à leurs yeux, incultes et dominées par les autorités sociales et religieuses. D'où leur volonté de tenter de retarder les élections, pour avoir le temps de faire « l'éducation » des masses. Or il est difficile au gouvernement d'accéder à leur demande ; car, autoproclamé et partisan du libéralisme, il ne possède en lui-même aucune légitimité qui lui permette de se maintenir au pouvoir plus de quelques semaines. Mais ce type de raisonnement se heurte à la tradition révolutionnaire parisienne, qui, en vue de faire prévaloir des objectifs qu'elle juge supérieurs, ne professe qu'un respect fort limité du droit libéral. Cette opposition dans les principes fondamentaux qui servent à guider l'action politique est, naturellement, grosse de périls pour la République ; parce qu'elle divise les républicains, alors que ceux-ci sont encore minoritaires en France. Le 17 mars, une manifestation des révolutionnaires parisiens demande ainsi le report des élections. Le gouvernement, qui ne veut pas encore affronter les hommes qui ont permis le retour de la République, accepte un compromis : un report, mais seulement de quinze jours (les élections auront lieu les 23 et 24 avril), délai qui ne permet évidemment pas aux révolutionnaires parisiens de convaincre les masses rurales. Ils en sont conscients ; mais, le 16 avril, une nouvelle manifestation échoue devant la détermination du gouvernement provisoire à appliquer ses principes libéraux.

Cette division du camp républicains est grave ; d'autant plus que les circonstances économiques conduisent le gouvernement à décider le 16 mars une forte augmentation des impôts (impôt dit « des 45 centimes »)[1]. Et que la droite, un moment étourdie par la révolution, entreprend d'organiser une sorte de « parti de l'ordre », qui commence à assimiler les règles du suffrage universel. Il est, par ailleurs, probable, comme l'explique P. Rosanvallon, qu'en insis-

1. Selon le décret, pour chaque franc d'impôt payé en 1848, on ajoute 45 centimes supplémentaires ; cependant, devant la vigueur des réactions hostiles, on renoncera pratiquement à percevoir cet impôt avant les élections.

tant sur la défense de l'ordre et de la propriété ce parti abandonne la grande ambition qui fut celle de Guizot : la bourgeoisie cesse alors de se penser comme une élite, chargée de faire l'histoire, pour se contenter « d'en tirer le meilleur parti »[1] ; elle substitue donc « une logique de défense sociale à une ambition de construction politique »[2]. Ce qui contribue à tendre le climat, et à lui donner des allures d'affrontement de classe ; même si bien des monarchistes n'osent pas déployer leur drapeau et se présentent comme des républicains conservateurs.

Le résultat des élections des 23 et 24 avril, qui voient 84 % des électeurs inscrits (environ 9 millions au total) participer au scrutin, est sans appel pour les révolutionnaires parisiens. En effet l'influence de ceux des clubistes parisiens qui s'étaient déplacés en province pour tenter de répandre leurs idées est sans commune mesure avec celle des autorités sociales et religieuses traditionnelles. Elles révèlent, cependant, la pénétration de l'idéologie républicaine modérée, et libérale, dans bien des bourgs et des villages, par l'intermédiaire de la frange inférieure de la bourgeoisie (médecin, pharmacien, notaire, vétérinaire, voire instituteur), qui entreprend son émancipation de la tutelle du château ou du presbytère, concrétisée sous la IIIe République. En effet, parmi les élus on dénombre[3] environ 500 républicains libéraux proches de la ligne du gouvernement provisoire, dont Lamartine (avec 285 authentiques « républicains de la veille ») ; 250 monarchistes plus ou moins camouflés en « républicains du lendemain », dont des légitimistes (comme Falloux) et des orléanistes (comme Odilon Barrot) ; et seulement 150 républicains radicaux et socialistes, qu'on prendra peu à peu l'habitude d'appeler « démocrates socialistes », ou « démoc-soc ». Consultée, la France proclame donc son adhésion à la République libérale, et rejette tant la réaction monarchiste que la révolution sociale.

Mais ce n'est pas du goût des révolutionnaires parisiens et de quelques grandes villes. Dès le lendemain des élections le sang coule

1. Pierre Rosanvallon, *Le moment Guizot*, *op. cit.*, p. 355.

2. *Ibid.*, p. 348. De ce fait, comme l'explique encore P. Rosanvallon, ce sont les républicains des années 1870 qui reprendront l'idée générale de Guizot en étendant la notion de « capacité » à l'ensemble du corps social, grâce au développement de l'instruction.

3. Les estimations varient, car il n'est pas toujours facile de classer ces hommes ; d'autant plus que les listes ne sont pas homogènes. Nous citons ici des ordres de grandeurs plus que des chiffres précis.

à Rouen (les 27-28 avril) lorsqu'une manifestation ouvrière, politico-sociale, tourne à l'émeute et fait quelques dizaines de morts[1]. Dès lors il est clair que l'ambition de transition pacifique grâce à l'insistance sur la fraternité et à l'utilisation du suffrage universel est hors d'atteinte, parce que le fossé est trop grand entre ceux qui limitent la République à un ensemble de droits politiques et ceux qui veulent y adjoindre des droits sociaux ; au fond, entre ceux qui souhaitent seulement adopter une nouvelle forme de gouvernement et ceux qui entendent transformer la société.

Le temps des choix (mai 1848 - juin 1849)

Les journées de juin 1848

L'Assemblée constituante se réunit le 4 mai à Paris. Forte de l'onction du suffrage universel, sa majorité, républicaine modérée, désigne une *Commission exécutive* de cinq membres (cela rappelle naturellement le Directoire de 1795) choisis au sein du précédent gouvernement provisoire, et composée de Lamartine, de 3 républicains modérés (Arago, Garnier-Pagès et Marie) et de Ledru-Rollin[2].

Chacun sent bien, toutefois, qu'il est temps de faire des choix et de trancher entre les deux interprétations possibles du concept de « République ». A vrai dire, en votant les 23 et 24 avril le pays a déjà tranché. La seule question est de savoir si le peuple de Paris va se soumettre au verdict des urnes, ou si, fort de ce qu'il regarde comme une légitimité historique supérieure qui remonte à la Révolution, il va tenter de forcer le destin, et prendre les armes pour défendre une certaine idée de la justice sociale, non plus contre un monarque ou une assemblée désignée par quelques privilégiés, mais contre des « représentants du peuple » librement élus au suffrage universel. Ce qui complique le jeu, qui ne se joue plus seulement à deux (peuple de Paris contre roi ou assemblée), mais à trois (peuple de Paris, assemblée et provinciaux, qui ont élu les membres de l'as-

1. On remarque aussi une émeute à Limoges, qui ne provoque pas de morts, toutefois.

2. Les autres membres du gouvernement provisoire, qui n'ont pas démérité aux yeux de l'Assemblée, sont nommés ministres.

semblée et peuvent vouloir défendre « leurs » représentants). A ce jeu, le peuple de Paris n'a guère de chance de l'emporter ; non seulement parce qu'il est minoritaire, mais aussi parce qu'il n'est pas parvenu à empêcher les élections et que son insurrection vient trop tard, l'assemblée disposant, par la grâce du suffrage universel, d'une légitimité supérieure à la sienne.

Le conflit se dénoue en deux temps. Le 15 mai, une manifestation organisée par l'extrême gauche parisienne — officiellement pour la défense de la Pologne — se traduit par l'invasion de la salle des séances (mal protégée) de l'Assemblée constituante[1], ce qui constitue un attentat symbolique, presque un sacrilège. Les révolutionnaires, qui semblent avoir oublié que désormais les députés sont élus au suffrage universel, se livrent pourtant à une sorte de renouvellement du 24 février, avec début de formation d'un nouveau gouvernement. Comme il était prévisible, le dénouement est opposé : fort de sa légitimité le pouvoir parvient assez vite à rassembler des soldats et des gardes nationaux (des quartiers bourgeois), à rétablir la légalité républicaine, et à reprendre l'Hôtel de Ville. Et l'affaire se solde par l'arrestation des principaux meneurs de la journée (Huber, Raspail, Barbès, Blanqui et Albert), ce qui décapite le mouvement révolutionnaire parisien, et accroît les risques de dérapage.

Naturellement, cette « journée » durcit les positions du camp des défenseurs de l'ordre, de la légalité et de la propriété. D'autant plus qu'on remarque, le 15 mai, en province des gardes nationaux qui amorcent un mouvement vers Paris, pour défendre « leurs » députés. Les élections complémentaires confirment d'ailleurs cette polarisation : en province, les conservateurs l'emportent souvent (Thiers, battu en avril, est élu en mai), tandis qu'à Paris, ce sont plutôt des démocrates, voire des socialistes.

Le conflit va se jouer autour du problème des Ateliers nationaux. Ils apparaissent à la majorité de l'Assemblée comme idéologiquement contestables. De plus ils fonctionnent mal : le 18 mai, on compte plus de 115 000 inscrits, que l'on a de plus en plus de mal à payer et à employer ; désœuvrés, soumis à toutes sortes de propagandes, ces « assistés » peuvent servir de masse de manœuvre révolutionnaire. L'Assemblée souhaite donc mettre fin à l'expérience,

1. On ne sait pas encore aujourd'hui si ce facile envahissement de l'Assemblée est le résultat d'une simple négligence (manque de précautions policières) ou d'une provocation destinée à discréditer les révolutionnaires parisiens.

qui, à ses yeux, a échoué. La Commission exécutive, qui connaît le poids symbolique de la seule réforme sociale importante adoptée depuis février 1848, souhaite ne pas les supprimer sans proposer une solution de remplacement. Mais comme aucune solution applicable ne se dessine, l'Assemblée s'impatiente. Finalement le 21 juin la Commission décide la dissolution des Ateliers nationaux[1].

Très vite, et spontanément, tout l'est de Paris se couvre de barricades ; le peuple se soulève contre ce qui lui apparaît comme une criante injustice. Dans le camp des républicains modérés, à Paris et en province, on regarde l'insurrection comme un insupportable attentat contre la liberté ; car elle s'oppose à une décision libre d'une assemblée librement élue au suffrage universel. Si bien que le gouvernement, fort de l'appui de la quasi-totalité des députés, n'a aucun mal à rassembler des troupes et des gardes nationaux pour lutter contre les insurgés, tandis que des milliers d'hommes — peut-être 100 000 — arrivent de province[2] pour défendre leur conception de la liberté (la droite associant dans cette lutte la défense de la liberté et celle de la propriété). Il faut pourtant trois jours de combats (23, 24 et 25 juin) acharnés pour réduire les insurgés. Et le bilan est lourd : plusieurs milliers de morts, 15 000 arrestations[3].

Les conséquences politiques sont importantes. Au plus fort du combat, le 24, Paris est placé en état de siège et le pouvoir passe au ministre de la Guerre, le général Cavaignac, qui supplante la Commission (ses membres démissionnent). Le 28 juin, il est officiellement nommé chef du pouvoir exécutif. Authentique « républicain de la veille », et légaliste, il est très respectueux des droits de l'Assemblée, et décidé à ne pas se laisser aller au courant de réaction qui porte alors une bonne partie de la classe dirigeante, en France comme en Europe. Mais, naturellement, le climat général n'est guère favorable à la gauche.

Appuyée sur la volonté de la majorité exprimée lors des élections, la force des armes a donc tranché le débat : les révolution-

1. Le décret prévoit, toutefois, que les ouvriers âgés de 17 à 25 ans doivent s'enrôler dans l'armée, et que les autres doivent se tenir prêt à partir travailler sur des chantiers des Ponts et Chaussées en province.

2. Tous les départements, sauf 15, envoient des gardes nationaux pour défendre l'Assemblée. En général ils arrivent trop tard pour participer aux combats.

3. On estime en général que le bilan est le suivant : 1 000 morts parmi les forces de l'ordre ; 4 000 dans les rangs des insurgés, plus 1 500 fusillés sans jugement ; de 15 000 à 25 000 arrestations, dont 11 000 suivies de condamnation à la prison ou à la déportation en Algérie (4 000).

naires parisiens n'ont plus le pouvoir d'imposer leurs choix à la France, et la République sera avant tout un ensemble de droits politiques. Mais les ouvriers parisiens risquent alors de se désintéresser de cette « République politique ». Au fond, les journées de juin consacrent, à Paris, le divorce entre les républicains et les socialistes ; si bien que le flambeau du réformisme social peut y être repris par d'autres (les bonapartistes par exemple)[1].

Le gouvernement de Cavaignac et l'adoption de la Constitution

Président du Conseil des ministres, Cavaignac constitue son gouvernement le 28 juin ; il choisit surtout des républicains authentiques et modérés. Et, jusqu'à l'installation du président de la République (20 décembre), la France vit en régime parlementaire.

Or, à l'Assemblée, en réaction aux journées de juin on remarque un net glissement à droite. Durant l'été plusieurs mesures significatives sont adoptées : dissolution totale des ateliers nationaux ; limitation du droit de réunion politique et entraves à la presse populaire[2]. Certes une partie des républicains (l'Assemblée compte, rappelons-le, environ 285 « républicains de la veille ») tient à ne pas mener une politique de réaction. Mais il est clair que, désormais, ils défendent la liberté en refusant le socialisme. Or leur combat n'est pas perdu d'avance ; car, et c'est là, rappelons-le, l'une des caractéristiques importantes de la vie politique française de ce temps, Paris et la province n'évoluent pas du tout au même rythme. Et si, à Paris, le mot République est plutôt synonyme de déception populaire, en province l'idéologie républicaine commence à faire des progrès au sein des classes populaires. Les élections municipales de l'été 1848 le montrent ; certes sur 65 000 maires et adjoints nommés par la monarchie de Juillet, plus de la moitié sont élus au suffrage universel ; mais, dans certaines régions (le Midi, tout particulièrement), commence à se dessiner un mouvement d'émancipation du peuple, par l'élection de républicains, parfois avancés, qui avaient été combattus par les notables

1. Le 4 juin, Louis-Napoléon Bonaparte est élu à l'Assemblée ; bien qu'il soit prétendant au trône de son oncle, il n'est pas invalidé, mais il démissionne de lui-même.

2. On rétablit le cautionnement et on définit des délits de presse (notamment les attaques contre « le principe de la propriété » et les « droits de la famille »).

locaux. Ce n'est, certes, qu'un début, mais il convient de ne pas le négliger. D'ailleurs, il n'échappe pas aux conservateurs, qui se regroupent dans une sorte de « parti de l'ordre » soucieux, avant tout, de défense sociale, et qui rassemble des républicains conservateurs et des monarchistes (légitimistes et orléanistes), qui font passer leur souci de défense sociale et religieuse avant leurs préférences constitutionnelles.

Toutefois, la grande affaire politique est alors la rédaction d'une Constitution. Et comme les conservateurs comprennent qu'il est trop tôt pour songer à une restauration, c'est une constitution républicaine qui est adoptée le 4 novembre 1848. Symboliquement, la majorité de l'Assemblée refuse de faire figurer le droit au travail dans le préambule, parce qu'il semble impliquer un certaine forme de socialisme. Inspirée, en partie, par celle des Etats-Unis, la Constitution prévoit l'élection d'un président de la République au suffrage universel pour un mandat de quatre ans. Le président est non immédiatement rééligible[1] ; il dispose du pouvoir exécutif ; il « nomme et révoque les ministres ». L'Assemblée (unique), dont les 750 membres sont élus pour trois ans au suffrage universel et au scrutin de liste, dispose du pouvoir législatif ; le président ne peut pas la dissoudre. Au fond, si, comme aux Etats-Unis, la grande majorité des Français était alors favorable au libéralisme politique sous une forme républicaine (comme ce sera le cas à partir de 1875), et donc favorable à un essai de mise en application loyale de la Constitution, la France pourrait connaître une stabilisation de sa vie politique. Mais l'élection du président va montrer que tel n'est pas le cas.

L'élection du président de la République

Naturellement le chef du gouvernement, Eugène Cavaignac, vainqueur des insurgés de juin, mais aussi républicain sincère, est le candidat des républicains bourgeois et instruits, modérés et raisonnables. Mais assez vite on comprend que Louis-Napoléon Bonaparte compte lui aussi se présenter. Né en 1808, fils de Louis Bonaparte (et donc « neveu de l'oncle »), il a été à nouveau élu député en septembre. Peu connu, il connaît mal la France ; mais il affiche des idées sociales

1. On cherche, ainsi, à se prémunir contre les risques de confiscation du pouvoir.

(non socialistes !)[1] et, depuis longtemps, il se juge appelé à restaurer la dynastie des Bonaparte. Tocqueville le décrit en ces termes :

> J'ai toujours cru qu'il était réellement convaincu de son droit, et je doute que Charles X ait jamais été plus entiché de sa légitimité qu'il l'était de la sienne ; aussi incapable, du reste, que celui-ci de rendre raison de sa foi : car s'il avait une sorte d'adoration abstraite pour le peuple, il ressentait très peu le goût de la liberté. Le trait caractéristique et fondamental de son esprit, en matière politique, était la haine et le mépris des assemblées. Le régime de la monarchie constitutionnelle lui paraissait plus insupportable que celui même de la République. L'orgueil que lui donnait son nom, qui était sans bornes, s'inclinait volontiers devant la nation, mais il se révoltait à l'idée de subir l'influence d'un Parlement[2].

Il est clair que l'élection d'un tel homme n'est pas de nature à affermir une République libérale, où le pouvoir législatif est entre les mains d'une assemblée. Or il apparaît rapidement que L.-N. Bonaparte a de bonnes chances d'être élu. En effet le « parti de l'ordre » (où Thiers joue un rôle fort important) ne peut soutenir la candidature de Cavaignac, trop sincèrement républicain, et trop peu clérical pour le satisfaire. En revanche, les conservateurs — regroupés à Paris dans ce qu'on appelle le « comité de la rue de Poitiers » — soutiennent[3] celle de L.-N. Bonaparte. Il leur paraît, en effet, peu instruit et inexpérimenté ; ils espèrent donc l'utiliser pour gouverner par son intermédiaire ; de plus cela leur permet d'éviter de choisir entre un légitimiste et un orléaniste.

De toute manière il semble bien que, même sans l'appui du parti de l'ordre, L.-N. Bonaparte aurait été élu parce qu'il possède plusieurs atouts dans son jeu. Son nom est connu de tous les Français et il additionne plusieurs sens : il est à la fois le symbole de l'ascension sociale autorisée par la Révolution, mais aussi celui de l'homme fort capable de maintenir l'ordre à l'intérieur et, à l'extérieur, de tenir tête à l'Europe. Par ailleurs, absent de France jusqu'en septembre 1848, il n'a pas été mêlé aux divers déchirements (et, surtout, aux affrontements de juin), il peut donc « représenter le désaveu de ce qui s'était fait depuis février sans provoquer une restauration royaliste » (L. Girard)[4]. Fin 1848, en

1. On sait qu'il a publié en 1844 une brochure, peu originale mais au titre bien choisi *L'extinction du paupérisme*.

2. A. de Tocqueville, *Souvenirs, op. cit.*, p. 212.

3. Notons qu'en tant que tel le Comité de la rue de Poitiers n'a pas soutenu Louis-Napoléon ; mais ses principaux membres l'ont fait (Thiers particulièrement).

4. Louis Girard, *La Seconde République*, Paris, Calmann-Lévy, 1968, p. 170.

effet, si l'idéologie républicaine a bien commencé à progresser en province, elle n'est pas encore largement acceptée, surtout à la campagne ; la candidature de L.-N. Bonaparte trouve donc d'autant plus sa place, qu'il n'est ni républicain ni royaliste, alors que pour nombre de paysans la République est plus synonyme de crise économique et de hausse des impôts (les fameux « 45 centimes » !) que de liberté de la presse. Enfin, bien qu'il soit fort loin d'être dévot dans sa vie personnelle, Bonaparte, candidat de tous les conservateurs, est tout particulièrement celui des catholiques conservateurs. C'est, en effet, à cette date que commence à apparaître la notion d'*ordre moral* ; car les vainqueurs de juin savent bien qu'à elle seule la répression est insuffisante pour « guérir » la société ; or, comme l'écrit Louis Girard, « la notion d' "ordre moral" c'est la répression devenue inutile parce que les esprits sont changés. Pour changer les esprits le parti de l'ordre voulait faire appel à l'Eglise »[1]. Et Bonaparte promet de satisfaire les conservateurs catholiques, particulièrement de rétablir le pouvoir temporel du pape[2], et d'accorder ce qu'ils appellent la « liberté de l'enseignement », c'est-à-dire la possibilité pour l'Eglise catholique d'ouvrir un grand nombre d'écoles et de collèges avec l'aide de l'Etat.

L.-N. Bonaparte n'a donc pas de concurrent sur sa droite et il a l'appui de la grande majorité du peuple des campagnes, non encore encadré par des partis politiques, eux-mêmes peu organisés en 1848. Il est donc élu facilement avec 75 % des suffrages exprimés[3]. Mais les ambiguïtés de sa candidature (candidat de tous les conservateurs, mais héritier de la Révolution, il est aussi regardé comme un homme de gauche par une fraction du corps électoral[4]) ne vont pas lui faciliter la tâche. Par ailleurs l'élection d'un président hostile à la forme républicaine du gouvernement augure mal

1. *Ibid.*, p. 205.

2. En 1848 une révolution a chassé le pape de Rome ; pour qu'il puisse retrouver son trône une intervention militaire est indispensable.

3. L.-N. Bonaparte obtient 5,434 millions de voix, Cavaignac 1,448 million et Ledru-Rollin (présenté par les républicains de gauche, les montagnards) 0,371 million.

4. Commentant la victoire de Louis-Napoléon, Maurice Agulhon écrit : « Ce que nous appellerions aujourd'hui la "classe politique" [...] avait été largement battue par un mouvement d'opinion irrationnel ; ni un programme défini, ni un homme vraiment connu, mais une légende accrochée à un nom. Pendant plusieurs décades désormais les libéraux et les républicains de toutes nuances prendront le bonapartisme [...] comme le test et la mesure de l'analphabétisme politique, et peut-être est-ce en définitive le moins contestable des diagnostics » (*1848 ou l'apprentissage...*, p. 85).

de la pérennité de la République, d'autant plus que l'assez faible nombre de voix (20 %) recueilli par Cavaignac montre qu'à cette date les vrais républicains sont minoritaires en France. C'est là que réside la cause fondamentale de leur échec. Toutefois, la crise met plusieurs années à se dessiner ; car L.-N. Bonaparte, qui a utilisé le parti de l'ordre pour se faire élire, manque de partisans pour mettre en œuvre son programme.

La mise en route du régime républicain (décembre 1848 - juin 1849)

Nous le savons, L.-N. Bonaparte aurait probablement été élu sans l'aide du parti de l'ordre ; mais il lui est difficile de gouverner sans lui. En effet, il ne peut pas compter sur la gauche (il a accepté l'appui de la droite) ; et les paysans peu instruits, voire illettrés, qui forment le gros de ses électeurs ne sont pas en mesure de participer au gouvernement.

Dès son entrée en fonction (le 20 décembre 1848), il constitue donc un gouvernement, très conservateur, dirigé par Odilon Barrot, composé surtout d'orléanistes et même de légitimistes, et dont les républicains sont absents. Inquiétant début de mise en œuvre d'institutions républicaines ; car le président et les membres du gouvernement ne se contentent pas de lutter contre la gauche socialiste, ils agissent contre la République elle-même. Au fond, le parti de l'ordre qui a pour but de refermer la parenthèse ouverte en février 1848 commence par tout faire pour affaiblir la République, avant de passer à la restauration de la monarchie. Il n'y parviendra pourtant pas, pour deux raisons principales. Tout d'abord il est divisé entre orléanistes et légitimistes, qui n'ont pas seulement un « candidat » différent pour occuper le trône de France, ils ont deux visions du monde opposées, symbolisées par les deux drapeaux dont ils se réclament (blanc et tricolore). Les légitimistes rêvent de restaurer sinon l'Ancien Régime, du moins un régime qui en soit issu ; tandis que les orléanistes acceptent une bonne partie de l'héritage de 1789. Par ailleurs, Bonaparte est décidé à jouer son propre jeu, et son programme est bien différent de celui des conservateurs. Le bonapartisme, dont il va peu à peu dessiner les traits n'est, en réalité, ni une droite ni une gauche, c'est une idéologie qui emprunte des éléments à la droite et à la gauche ; attentive au développement économique et au bien-être des « masses » (ou du « peuple »), elle s'incarne dans une conception autoritaire du pouvoir, hostile au parlementarisme et fondée sur un lien direct, de nature plébiscitaire, entre les masses et le chef de l'Etat ; elle possède aussi une composante extérieure, qui inclut la gloire militaire, la haine des traités de 1815 et l'appui au principe des nationalités. Toutes choses fort éloignées des idées simplement conservatrices du parti de l'ordre qui n'a guère de programme extérieur, et rêve de défendre l'ordre, la propriété et la famille, avec l'aide de l'Eglise catholique et sous la houlette des élites traditionnelles, tout en acceptant le système de la monarchie constitutionnelle (voire, pour certains, une République très modérée)[1].

Entre Bonaparte et le parti de l'ordre l'alliance ne peut donc être que fragile et conjoncturelle. Au début, toutefois, elle ne fonctionne pas trop mal. Les premiers mois de l'année 1849 étant surtout marqués par la lutte du gouvernement et de l'aile droite de l'Assemblée pour que celle-ci, dont la principale fonction était de rédiger une Constitution, accepte de mettre fin à son mandat. Après plusieurs péripéties, l'Assemblée décide de fixer les élections législatives au 13 mai 1849. Aux yeux de sa majorité républicaine l'élection des 750 députés de l'Assemblée législative devant constituer la dernière étape de la mise en route des institutions républicaines.

La campagne électorale est instructive. A cette date, en effet, le bonapartisme n'est pas encore véritablement constitué ; et comme au début de cette année 1849 Bonaparte a le même but fondamental que le parti de l'ordre — tout faire pour affaiblir les républicains de 1848[2] —, alors les candidats bonapartistes ne se distinguent que par endroits de la droite conservatrice. La campagne oppose donc d'un côté le *parti de l'ordre* qui, sans s'affirmer ouverte-

1. Toute classification rapide est délicate ; car une partie des conservateurs accepterait aussi une République conservatrice. On peut donc répartir les familles politiques selon les couleurs du drapeau : les « blancs » étant légitimistes et les « rouges » socialistes ; quant aux « bleus » ils acceptent les principes de 1789, mais estiment que le rôle de l'Etat est de garantir la liberté, sans se mêler de bouleverser le pays par des réformes sociales qui risquent de mettre en cause la propriété ; ces « bleus » peuvent donc être républicains (comme Cavaignac) ou orléanistes (comme Thiers) et se trouver dans des camps opposés en 1849.

3. C'est le moment, par exemple, où le ministre de l'Intérieur Léon Faucher tente de faire disparaître tout ce qui rappelle les débuts de la République, les arbres de la liberté par exemple ; il enjoint aussi à l'administration de lutter contre les sociétés et les journaux républicains.

ment monarchiste[1], condamne de la manière la plus ferme la politique suivie par les républicains depuis février 1848 ; l'appui que leur accordent les « comités de défense religieuse » donnant, par ailleurs, la touche cléricale qui complète le portrait de la droite en 1849. En face, le visage de la gauche se simplifie lui aussi ; en raison de la vigueur de l'offensive du parti de l'ordre, en effet, les républicains modérés ne sont guère sur le devant de la scène ; si bien que les défenseurs de l'œuvre accomplie depuis février 1848 sont surtout vus comme des *montagnards*, des *rouges*, des *démoc-soc* (c'est-à-dire partisans de la République démocratique et sociale). Favorables à l'adoption de réformes sociales, ils reconnaissent, d'ailleurs, que celles-ci se sont trop fait attendre, et ils réclament le développement de l'instruction gratuite et obligatoire, corollaire logique du suffrage universel, mais aussi seul moyen pour le peuple de maîtriser son destin.

Les élections confirment la défaite subie par les républicains modérés en décembre 1848 : ils ne sont qu'environ 75 sur 715 élus (avec 13 % des voix). Au contraire le parti de l'ordre remporte une très nette victoire : 450 élus (et 53 % des suffrages exprimés) ; quant aux « démoc-soc » on en dénombre environ 200 (avec 35 % des voix). De nos jours un tel résultat satisferait probablement les conservateurs. Mais telle n'est pas leur réaction à l'époque ; en effet, ils sont souvent épouvantés — le mot n'est pas trop fort — par le nombre de voix obtenu par les « démoc-soc » (2,36 millions sur 6,76), et surtout par leur répartition régionale. Car si le vote « rouge » d'une bonne partie du peuple des grandes villes, comme Paris ou Lyon, leur paraît prévisible, et donc naturel, ils sont stupéfaits de constater le succès, parfois considérable, des listes « démoc-soc » dans un certain nombre de départements ruraux, comme la Saône-et-loire (avec 68 % des voix !), le Cher, l'Allier, la Nièvre, les trois départements du Limousin, la Dordogne, le Lot-et-Garonne, la Drôme, les Basses-Alpes ou le Var, par exemple. Ils croyaient que « les » paysans étaient conservateurs, qu'ils constituaient une sorte d'ancre dans la tempête menaçante, et ils constatent qu'une partie d'entre eux sont « socialistes ». Ils jugent donc que, si la progression de ce socialisme rural se confirme aux élections suivantes, la société elle-même (telle qu'ils la conçoivent) sera en péril. De

1. Toutefois il arrive que les légitimistes affichent clairement leurs convictions antirépublicaines.

ce fait leur détermination à lutter de toutes leurs forces contre le « péril rouge » sort renforcée de ces élections ; et cette volonté passe avant le souci de restauration monarchique, auquel nombre d'entre eux sont attachés, mais qui risque de les diviser.

Le problème de Rome en fournit une première occasion. On sait que le pape avait été chassé de ses Etats par des patriotes italiens en 1848. En avril 1849, l'Assemblée constituante, sur le point de se séparer, accepte de voter des crédits militaires pour une expédition en Italie dans le but d'empêcher l'armée autrichienne d'y faire pratiquer une restauration monarchique conservatrice. En même temps une mission diplomatique française tente une médiation entre les républicains romains et le pape. Les élections de mai 1849 changent le sens de l'expédition : en juin-juillet l'armée française rétablit par la force le pouvoir temporel du pape.

Cette affaire est l'occasion d'une clarification en France. A la tribune de l'Assemblée Ledru-Rollin, principal orateur montagnard, dénonce vivement ce coup de force contre la République romaine. Comme il n'est pas suivi par la majorité, il a l'idée de se faire appuyer par une manifestation du « peuple de Paris » le 13 juin 1849. Mais, traumatisé depuis juin 1848, le « peuple de Paris » n'est pas au rendez-vous, si bien que Ledru-Rollin et les principaux chefs montagnards (Félix Pyat, Delescluze, notamment) doivent s'enfuir pour échapper à l'arrestation. Et, comme le résultat des élections pouvait le laisser prévoir, c'est une partie du « peuple de province » qui manifeste son indignation[1].

Cet échec de la « journée » du 13 juin 1849 n'en est pas moins significatif, et il marque une nouvelle étape de la IIe République. C'est, en effet, la dernière fois que la gauche parisienne tente d'en appeler de son dessaisissement, par la grâce du suffrage universel, du droit qui était le sien depuis 1789 de décider ce qui est bon pour la France. Désormais la gauche parisienne et la gauche en général acceptent le jeu normal des institutions républicaines, et elles espèrent trouver la victoire au fond des urnes. En revanche les conservateurs, qui craignent les élections, vont être de plus en plus tentés de sortir de la légalité.

1. On note des rassemblements dans plusieurs départements, l'Allier et le Rhône notamment, et une émeute le 15 juin à Lyon (avec des dizaines de morts).

L'enlisement de la République (juin 1849 - décembre 1851)

Les conditions de la vie politique

Durant cette trentaine de mois les institutions fonctionnent normalement. Pourtant, on peut parler d'enlisement, parce que, nous le savons, les hommes qui sont au pouvoir n'ont pas pour but d'affermir ces institutions en permettant à la France d'en apprécier l'utilisation régulière, mais qu'ils cherchent au contraire à les détourner à leur profit. Cependant, on note aussi trois raisons plus générales.

Tout d'abord la vie politique que nous retraçons ici se déroule dans un climat de crise économique et sociale, particulièrement de dépression agricole, dont, à la différence du reste de l'Europe, la France ne parvient pas à sortir avant 1852, en raison, notamment, de son instabilité politique[1]. Ces difficultés pèsent, naturellement sur les hommes au pouvoir ; car une partie des électeurs a tendance à leur reprocher leur incapacité à rétablir la prospérité, ce qui complique les choses.

En second lieu un débat politique de fond agite alors la France ; il oppose, comme depuis des décennies, la droite et la gauche, mais ses termes se renouvellement quelque peu. Certes la gauche rassemble toujours le camp des partisans de 1789 et la droite, ses adversaires. Mais le débat n'est pas si simple ; car les orléanistes acceptent 1789, mais ils sont à droite en 1849 ; quant aux bonapartistes ils sont eux aussi des héritiers de la Révolution. En réalité à ce conflit sur la légitimité de 1789 se superpose un autre débat sur la finalité du pouvoir : doit-il se contenter de maintenir l'ordre — comme le pense alors le « parti de l'ordre » —, ce qui permet aux individus d'agir comme ils l'entendent dans la vie sociale, ou doit-il — comme le pensent les « démoc-soc » — aider à la promotion d'une démocratie « socialiste », ou socialisante, qui se préoccupe des conditions de vie des citoyens, en tenant compte des nouveaux besoins apparus depuis le développement de la révolution industrielle ?

1. Sur ces questions, cf. p. 103-105.

Maurice Agulhon résume le débat en ces termes :

> Faut-il conserver l'ordre tel que l'ont établi des siècles de tradition chrétienne, et que l'a *en dernier lieu* amendé la philosophie libérale de 1789 ? ou faut-il le faire évoluer en fonction de besoins nouveaux, et en prenant au contraire la philosophie de 1789 comme un exemple et un *point de départ* ? Et, plus profondément, faut-il s'en tenir à une prudence empirique, fondée sur une vue pessimiste de l'homme, ou aller de l'avant, en adaptant au siècle présent l'optimisme des Lumières[1] ?

Un troisième problème, plus immédiat, se pose alors. En mai 1849, le plus souvent bonapartistes et conservateurs se sont alliés pour lutter contre la gauche ; mais, pour avoir les mêmes adversaires, ils n'ont pas les mêmes buts fondamentaux. Or Bonaparte domine le pouvoir exécutif et le parti de l'ordre le pouvoir législatif. Ils vont donc entrer en conflit dans deux domaines. En ce qui concerne l'interprétation de la Constitution : a-t-elle instauré un régime présidentiel, comme aux Etats-Unis, ou un régime parlementaire, où le gouvernement doit avoir la confiance de l'Assemblée ? Et, surtout, quel programme politique va-t-on appliquer, celui du président, ou celui de la majorité de l'Assemblée ?

Pour comprendre les péripéties politiques de ces années il faut enfin se souvenir que tout cela se déroule sur un fond de début de conquête républicaine, voire en certains lieux socialiste, d'une partie des petites villes et des campagnes françaises (en deux zones principales, le nord-ouest du Massif central et la frange méditerranéenne de l'Aude aux Basses-Alpes). Déjà en 1849 les « démoc-soc » ont augmenté le nombre de leur voix par rapport à 1848, mais les scrutins partiels, tout comme l'accueil qu'on réserve à leurs « missionnaires » en certaines régions, les encouragent à attendre l'échéance législative de 1852 avec optimisme. En effet, s'ils n'ont pas véritablement d'organisation centrale, ils ont des journaux, des cercles d'étude, des sociétés (qui, comme au temps de la monarchie, redeviennent peu à peu des sociétés « secrètes » en raison des lois répressives), des coopératives, des associations diverses, qui diffusent leur idéologie — elle mêle, dans des proportions variables, simple libéralisme, démocratie et socialisme pratique, mais, en général, elle réclame le remplacement de l'Etat répressif par un Etat fraternel — dans les chefs lieux de cantons, et même dans les

1. Maurice Agulhon, *1848 ou l'apprentissage...*, p. 97.

villages[1]. Au fond, c'est le vrai début de l'émancipation politique du peuple, permise par l'adoption du suffrage universel. Et, pire pour les conservateurs, on note que la petite bourgeoisie des petites villes accepte aussi assez souvent les idées républicaines modérées ; or chacun sait, depuis juillet 1830, que l'alliance du peuple et de la bourgeoisie est bien difficile à combattre.

Naturellement, le parti de l'ordre fait tout ce qui est en son pouvoir pour s'y opposer ; tant sur le plan idéologique, par une virulente propagande antirépublicaine et antisocialiste (qui caricature les hommes et leurs idéaux), que sur le plan pratique, par l'adoption de mesures de plus en plus restrictives, pour tenter de s'opposer à la diffusion des idées de gauche. Ainsi, dès la seconde quinzaine du mois de juin et durant le mois de juillet 1849 diverses mesures de répression sont prises pour renforcer les dispositions légales et administratives adoptées à l'issue des journées de juin 1848, afin de limiter encore plus la liberté de réunion et la liberté de la presse, et tenter d'en finir avec le colportage favorable à la gauche.

Le vote des grandes lois conservatrices et les débuts de l'opposition entre le président et l'Assemblée

Aux problèmes généraux que nous venons d'évoquer s'ajoute une question plus pratique. Assez vite, en effet, les hommes les plus lucides du parti de l'ordre (Thiers, par exemple) comprennent que L.-N. Bonaparte est décidé à rester plus de quatre ans au pouvoir, ce que la Constitution interdit. Ils lui proposent donc, implicitement, un compromis : le vote d'une révision de la Constitution (il faut la majorité des trois quarts) contre l'acceptation du programme conservateur par le président. Mais celui-ci refuse, parce qu'il a un programme et qu'il pense que le temps travaille pour lui : il sait bien que les militants républicains lui sont hostiles, mais, élu au suffrage universel, il espère que ses idées sociales, sa politique étrangère favorable aux nationalités, et l'origine révolutionnaire de la fortune des Bonaparte lui permettront de gagner les faveurs

1. Consulter à ce sujet les travaux de Philippe Vigier, *La Seconde République dans la région alpine,* Paris, PUF, 1963, et de Maurice Agulhon, *La République au village,* Paris, Plon, 1970.

d'une grande partie du peuple et, ainsi, d'enraciner en France l'idéologie bonapartiste, de manière à assurer une base stable à la restauration de la dynastie napoléonienne, but de son action depuis le début des années 1830.

Il va donc adopter une tactique simple : laisser la majorité conservatrice se « compromettre » aux yeux du peuple en votant des lois restreignant la liberté, tout en saisissant les occasions de se démarquer, et d'affermir son pouvoir. D'autant plus qu'il supporte mal l'attitude des ministres, qui ont quelque peu tendance à le traiter comme on traite outre-manche le souverain britannique. Les membres les plus conservateurs de l'Assemblée accusant, durant l'été 1849, le gouvernement de faiblesse envers les républicains, le 31 octobre, Louis-Napoléon annonce à l'Assemblée qu'il a décidé de renvoyer le gouvernement d'Odilon Barrot (qui n'a nullement été mis en minorité) et de le remplacer par un gouvernement extraparlementaire, placé sous la présidence, nominale, du général d'Hautpoul, et composé (sans que les chefs du parti de l'ordre aient été consultés) d'hommes qui lui sont fidèles. Cette procédure n'étant pas contraire à la lettre de la Constitution, l'Assemblée est contrainte de laisser faire. Elle n'en indique pas moins que le président commence à s'émanciper du parti de l'ordre. Par ailleurs, Bonaparte, habile, fait en sorte que ce nouveau ministère lutte avec une vigueur accrue contre les républicains (nombre de préfets et de sous-préfets suspects de sympathies républicaines sont révoqués) et surveille étroitement les fonctionnaires, ce qui contribue à le faire accepter par la droite. Puis, ayant avancé un pion, le président laisse l'Assemblée agir.

Celle-ci, effrayée par les progrès de l'idéologie républicaine, va adopter deux lois très importantes, l'une sur l'enseignement, et l'autre sur le droit de vote.

Le 15 mars 1850, l'Assemblée adopte la *loi Falloux* sur l'enseignement. Son but général est assez simple ; dans une logique de promotion d'un « ordre moral », il s'agit de laisser l'Eglise catholique contrôler l'enseignement, en espérant que celle-ci inculquera aussi aux enfants le respect de l'ordre, de la famille et de la propriété. En effet, avec le temps la probabilité d'un retour de l'Ancien Régime, dont l'Eglise catholique était un pilier, s'estompe de plus en plus ; de ce fait, à la différence de ce qui se passait en 1830, les bourgeois orléanistes ont beaucoup moins de préventions à son encontre. Par ailleurs, nombre de catholiques militants, comme Montalembert par exemple, ont compris que l'avenir de l'Eglise ne résidait pas dans une hypothétique restauration des Bourbons, mais dans la conquête des esprits ; et il réclame des écoles catholiques, des députés catholiques, etc. D'où, durant les années 1840, le combat de Montalembert pour la « liberté de l'enseignement ». En 1849-1850 ces deux mouvements se rejoignent ; et la bourgeoisie orléaniste, effrayée, accepte alors ce qu'elle avait refusé dans les années 1840. Si bien qu'après d'assez longues discussions la loi votée le 15 mars 1850[1], dite « loi Falloux », laisse une totale liberté aux congréganistes pour ouvrir des établissements d'enseignement (un bachelier peut ouvrir une école et aucun titre n'est exigé pour les maîtres) ; tandis que l'Université perd son autonomie et qu'elle est soumise au ministre et aux notables inspirés par le clergé. Elle se traduit rapidement par la création d'un grand nombre d'écoles et de collèges catholiques. Cette loi est très importante ; car elle fait du cléricalisme la clé de voûte du système politique conservateur. On peut, d'ailleurs, être surpris de voir l'Eglise catholique accepter d'être utilisée comme un instrument par des hommes politiques ; ce qui n'est pas sans risque pour elle car, naturellement, cela ne peut que conduire à faire de l'anticléricalisme la clé de voûte du système politique libéral et républicain[2].

La seconde grande loi de cette année 1850, *votée le 31 mai*, a pour but de *limiter le droit de vote*. En effet, au début de l'année plusieurs élections partielles montrent que, en dépit des diverses mesures administratives et policières prises depuis mai 1849, l'opinion républicaine, voire montagnarde, ne s'est pas effondrée. Effrayée, la droite ne trouve qu'une solution : retirer le droit de vote à une partie des électeurs, les pauvres, qu'elle suppose plus

1. Notons que la loi du 11 janvier 1850 (dite souvent « loi de Parieu ») au sujet de l'enseignement primaire accorde les plus grandes facilités aux congréganistes pour devenir instituteurs ; par ailleurs les instituteurs sont placés sous la surveillance des préfets (plusieurs centaines seront révoqués en raison de leurs opinions politiques).

2. François Furet écrit à ce sujet : « Elle [l'Eglise catholique] efface en apparence l'espèce de préférence exclusive qu'elle avait manifestée pour le légitimisme : en fait, elle élargit l'erreur qui la met dans la dépendance d'intérêts politiques factionnels, sans avoir l'excuse d'une histoire commune avec eux. A peine débarrassée de sa fidélité coûteuse aux frères de Louis XVI, elle suit l'opinion sous prétexte de la conquérir : comme si faute de parvenir à une conscience d'elle-même dans la nouvelle société, elle avait besoin d'en emprunter une au dehors. Elle avalise ainsi implicitement l'idée simple et grossière que ses nouveaux amis ont d'elle et de la religion. Elle a fait voter pour Louis-Napoléon en décembre ; elle fait la campagne des conservateurs en mai 1849 : le prêtre contre l'instituteur. Le libéral Montalembert a été un des premiers avocats catholiques du bonapartisme, qui va bientôt mettre l'Eglise dans le camp des adversaires de la liberté » (*La Révolution, op. cit.*, p. 276).

sensibles à la propagande de la gauche. Si bien que la loi adoptée le 31 mai prévoit que, pour figurer sur les listes électorales, il faut être inscrit sur le rôle de la taxe personnelle (les indigents ne le sont pas), ne pas avoir subi la plus petite condamnation pénale[1] et avoir conservé depuis trois ans son domicile dans le même canton (ce qui permet d'exclure de nombreux ouvriers). Cette loi, elle aussi fort importante, fait passer le corps électoral d'environ 9,6 millions à 6,8 millions ; en moyenne, près d'un électeur sur trois perd le droit de voter[2] ! Et elle est « complétée » par la loi du 8 juin, qui limite, encore, la liberté de la presse.

Le conflit entre le président et l'Assemblée

Naturellement la loi du 31 mai modifie complètement les conditions de la vie politique. D'autant plus qu'elle se montre efficace : lors des élections partielles qui suivent, souvent les conservateurs l'emportent. Et, comme ceux des montagnards qui en concluent qu'il ne leur reste plus que le retour à l'action clandestine sont assez facilement arrêtés ou condamnés[3], désormais les deux adversaires qui restent debout peuvent s'affronter sans prendre trop de risques.

L'initiative vient d'ailleurs de Bonaparte. Il a laissé l'Assemblée voter la loi du 31 mai, tout en comprenant qu'elle lui ouvre un espace de manœuvre ; car, élu du suffrage universel, il ne le craint pas, et compte même l'utiliser à son profit. La loi lui offre donc l'occasion de gagner une belle popularité à peu de frais en proposant le rétablissement du suffrage universel. Toutefois, il n'utilise pas cette

1. La loi exclut, en effet, les condamnés à plus d'un mois de prison pour rébellion, outrages et violences envers les détenteurs de l'autorité ou de la force publique ; les auteurs d'infractions à la loi du 28 juillet 1848 sur les clubs, et à la loi sur le colportage ; ainsi que les condamnés pour outrages à la morale publique et religieuse, et pour attaques contre le principe de la propriété et les droits de la famille. De cette façon on élimine les militants politiques, souvent tracassés par les autorités, et les pauvres qui ont eu affaire avec le garde champêtre pour de menus problèmes, par exemple.

2. Les effets sont variables selon les départements ; à Paris, dont on se méfie tout particulièrement, près de 57 % des noms sont radiés des listes électorales, avec des pointes de 60 et même 70 % dans certains arrondissements des quartiers populaires (cf. Raymond Huard, *Le suffrage universel en France (1848-1946)*, Paris, Aubier, 1991, p. 55).

3. Voir, par exemple, l'affaire dite du « complot de Lyon » fin 1850 et début 1851, qui donne lieu à d'assez nombreuses condamnations dans le sud-est de la France.

arme immédiatement. Tandis que les conservateurs de l'Assemblée commencent à penser réellement à passer à la dernière phase de leur plan, le rétablissement de la monarchie[1], il entreprend lui-même de soigner sa popularité en effectuant des voyages en province. Ce qui lui permet de mieux se faire connaître, mais aussi de dessiner les grandes lignes de ce que pourrait être un régime bonapartiste. Il ne serait ni de droite, ni de gauche ; mais, fondé sur le suffrage universel, attentif au sort des masses, tout en rejetant les utopies dangereuses (le socialisme). L.-N. Bonaparte fait aussi commencer, en sous-main, une campagne visant à réclamer son maintien au pouvoir au-delà des quatre ans prévus par la Constitution.

Puis, pour parer à toute éventualité, il entreprend de se donner les moyens de faire un coup d'Etat. Pour cela, le concours de l'armée qui contrôle la capitale lui est indispensable. De ce fait, le 3 janvier 1851 il utilise un incident pour révoquer le général Changarnier, commandant en chef de l'armée de Paris (et de la Garde nationale de Paris), qui avait la confiance de l'Assemblée, et nommer l'un de ses fidèles à sa place ; ce qui provoque de vives protestations des dirigeants du parti de l'ordre (les « Burgraves », comme on les appelle alors), et la démission des ministres. Mais ces protestations sont vaines, car la lettre de la Constitution donne raison au président ; et, le 24 janvier, L.-N. Bonaparte peut constituer un nouveau gouvernement, avec comme ministres des hommes encore moins connus. Le 10 avril, il remplace ce gouvernement par un ministère où les postes importants sont occupés par ses fidèles, ou par des hommes au moins résignés à son maintien au pouvoir.

Bonaparte a donc rompu avec le parti de l'ordre et, dès lors, il est clair qu'il entend se maintenir au pouvoir au-delà du terme légal de son mandat ; de ce fait, tout le reste de l'année les perspectives politiques sont dominées par l'éventualité d'un coup d'Etat, dont on discute à l'Assemblée, dans les journaux, et jusque dans le bureau du président[2]. Or, à l'Assemblée, le parti de l'ordre ne sait

1. Celle-ci est toutefois très difficile à réaliser ; car elle présuppose une réconciliation entre légitimistes et orléanistes.

2. Voir, par exemple le récit de la conversation entre Tocqueville et le président, le 15 mai 1851. Tocqueville lui déclare, entre autres : « Il y a trois manières de sortir de la Constitution : ou avec l'aide de l'Assemblée, ou avec celle du peuple, ou avec vos propres forces, celles dont le pouvoir exécutif dispose. Quant à ce dernier moyen, ma conviction est que si vous y avez recours non seulement vous jetterez le pays dans une grande crise, mais vous vous jetterez vous-même dans une aventure où vraisemblablement vous succomberez » (*Souvenirs, op. cit.*, p. 288).

trop que faire pour deux raisons principales. Sans doute serait-il en mesure de s'opposer à L.-N. Bonaparte si la majorité de l'Assemblée exprimait véritablement les sentiments de la majorité des Français ; mais tel n'est pas le cas, et elle sait fort bien qu'elle est beaucoup plus conservatrice (le vote de la loi du 31 mai le prouve). Par ailleurs, elle est elle-même divisée ; en effet, une fraction du parti de l'ordre passe peu à peu du côté du président. Non que ces hommes, comme Montalembert par exemple, soient favorables à ses idées sociales ou à son choix extérieur en faveur des nationalités ; mais, défaitistes, déçus par l'échec de la « fusion » monarchique[1], ils sont lassés des incertitudes politiques, et surtout, ils ont peur de la gauche. Ils appellent donc de leurs vœux un régime fort, capable à coup sûr de faire disparaître le « spectre rouge ». Or ils savent bien que la droite de l'Assemblée n'a pas le pays derrière elle ; réduite à ses propres forces, elle n'est pas assurée de triompher. De ce fait, l'appui d'un Bonaparte, neveu d'un Empereur autoritaire, peut être utile, quand bien même faudrait-il, pour cela, le garder plus longtemps que prévu à l'Elysée.

Ces hommes se déclarent donc favorables à une révision de la Constitution[2]. Pour que celle-ci se déroule dans des formes légales, elle doit être adoptée par l'Assemblée à la majorité des trois quarts. Mais elle a fort peu de chance d'être votée ; pour cela il faudrait que toute la droite l'appuie et qu'une partie de la gauche le fasse également. Si bien que, le 19 juillet 1851, la proposition n'obtient que 446 voix (il en fallait 543) contre 278. En dépit de son résultat, ce vote est encourageant pour Louis-Napoléon : il montre qu'une large fraction de la droite est prête à se rallier à lui. Et, dès ce moment, sans en arrêter la date précise, il décide le principe d'un coup d'Etat, et commence à recruter des exécutants, en particulier dans l'armée.

Le coup d'Etat, par l'alliance des bonapartistes et d'une bonne partie des conservateurs, se profile donc à l'horizon. Pour qu'il y soit fait échec une autre alliance serait indispensable, celle, d'ailleurs, que nous rencontrerons en 1873-1875, et qui rendra possible, et durable, la IIIe République, entre la gauche républicaine modérée et la minorité du parti de l'ordre hostile à Louis-Napoléon. Elle

1. On appelle alors « fusion » la réconciliation entre les deux branches dynastiques (les Bourbons et les Orléans).

2. Par ailleurs, à la demande du président, les préfets provoquent l'éclosion d'une campagne dans le même sens, par le biais d'un pétitionnement des citoyens, qui ne remporte qu'un succès limité (1,5 million de signatures).

échoue en 1851 parce qu'à cette date elle a encore un côté improvisé : les conservateurs ne connaissent pas les républicains modérés, ils n'ont pas discerné qu'une bonne partie d'entre eux sont libéraux, et qu'ils ont pour but de promouvoir et défendre la liberté, sans bouleverser la société, de plus, tous les républicains ne sont pas modérés en 1851, loin de là[1] ; par ailleurs, à gauche on pense que le « peuple », particulièrement à Paris, est à la fois désireux et capable de s'opposer à un coup d'Etat ; enfin, il manque à cette alliance le ciment de l'anticléricalisme. Certes la loi Falloux a montré que l'Eglise catholique acceptait de s'impliquer dans le jeu politique ; mais elle n'a pas encore béni le recours à la force des armes contre la légalité républicaine. C'est son attitude en décembre 1851, jointe à son évolution interne durant les années 1860, qui achèvera de convaincre les républicains, et les bourgeois conservateurs mais libéraux, que pour assurer le triomphe en France du libéralisme il faut rejeter l'Eglise hors de la sphère politique.

De ce fait, on s'achemine peu à peu vers un affrontement dont Louis-Napoléon a de bonnes chances de sortir vainqueur. Habile, et désireux de le préparer dans de bonnes conditions, il propose, le 4 novembre, l'abrogation de la loi du 31 mai et le rétablissement du suffrage universel, que l'Assemblée repousse, à la faible majorité, de 355 voix contre 348, ce qui révèle à nouveau le ralliement à Bonaparte de bien des conservateurs. Devant le danger la seconde coalition possible (républicains et conservateurs libéraux comme Thiers ou Changarnier) tente de se concrétiser : c'est, le 6 novembre, la « proposition des questeurs » qui consiste à rappeler solennellement que le président de l'Assemblée a le droit de requérir la force armée pour assurer la sécurité, voire la défense, de la représentation nationale. Mais la gauche se divise sur cette question, une bonne partie de ses membres se défiant encore plus de Thiers que de Louis-Napoléon, et surtout elle croit que le « peuple », cette « sentinelle invisible », est en mesure de s'opposer aux armes des conjurés bonapartistes. Le 17 novembre, la « proposition des questeurs » est repoussée.

1. Les hasards du calendrier font qu'en mai 1852 on doit à la fois procéder à l'élection présidentielle et aux élections législatives ; cette échéance paraît donc doublement périlleuse à la droite. De plus, la plupart des républicains sont décidés à attendre les élections de 1852 pour agir, certains ne cachant pas leur volonté de tout faire pour obtenir, auparavant, le rétablissement du suffrage universel.

La voie est libre pour Louis-Napoléon, qui se décide, dans la nuit du 1er au 2 décembre 1851, à violer la Constitution à laquelle il avait solennellement juré fidélité le 20 décembre 1848.

La IIe République se termine donc dans le drame[1]. Son importance ne doit pourtant pas être jugée à l'aune de sa longévité. Anticipatrice à bien des égards, elle a rénové le débat politique par l'introduction, capitale, du suffrage universel. Elle a ainsi initié l'émancipation politique du peuple, qui, soumis jusque-là aux autorités sociales et religieuses, a commencé à prendre conscience qu'il lui était possible non plus de subir la vie politique, mais au contraire d'y participer. Et si le coup d'Etat, dont l'une des principales fonctions (outre le maintien de Louis-Napoléon au pouvoir) est d'empêcher le peuple de s'exprimer librement lors de l'échéance légale de mai 1852, est en mesure de réussir, c'est parce ce que Paris et la province n'évoluent pas au même rythme, et, surtout, parce que l'émancipation du peuple n'est réelle que dans une fraction limitée du territoire. La résistance au coup d'Etat va le montrer, et peser lourd sur le nouveau régime.

1. Formellement le coup d'Etat du 2 décembre 1851 ne détruit pas la République, qui perdure encore un an jusqu'au rétablissement officiel de l'Empire. Mais, en fait, dès le 2 décembre 1851 L.-N. Bonaparte s'est emparé du pouvoir ; un nouveau régime commence donc à cette date.

II – L'évolution démographique et sociale

Entre 1851 et 1914, l'évolution démographique et sociale offre de notables spécificités. Le fléchissement progressif de la croissance démographique conduit, à partir des années 1880, à un déclin et à un vieillissement marqué. Il se produit aussi, nonobstant le poids persistant de la paysannerie, un certain changement social, qui naît largement des progrès de l'urbanisation et des problèmes qu'elle engendre.

La démographie

La croissance démographique de la France au XIXe siècle s'articule en deux périodes. La première correspond aux années 1815 à 1851. Marquée par une progression notable de la population, elle prend fin avec la crise de 1846-1851. S'ouvre alors la seconde période, celle du ralentissement, puis du déclin. Au terme de celle-ci, en 1914, la population française présente nombre de caractères originaux.

1851 à 1914 : vers la stagnation démographique

La crise de 1846-1851 marque le point de départ d'un fléchissement progressif de la croissance française. Il s'opère en deux étapes — ralentissement jusqu'en 1872, puis déclin — en même temps que s'amplifient les flux migratoires.

Le ralentissement de la croissance (1851-1872)

Les guerres et les modifications territoriales perturbent la croissance démographique : au total, de 1851 à 1872, la population totale n'augmente pratiquement pas, passant de 35,8 millions d'habitants à 36,1 soit un accroissement de 0,3 million seulement. Néanmoins, sous le Second Empire, il y a progression de la population. En effet, le taux d'accroissement naturel s'élève sous l'Empire autoritaire, puis se maintient sous l'Empire libéral :

Tableau 1. — Evolution du taux d'accroissement naturel de la population française de 1851 à 1872 (moyenne annuelle de chacune des périodes considérées, en ‰)

1851-1856	*1856-1861*	*1861-1866*	*1866-1872*
+ 1,1	+ 3,2	+ 1,7	– 5,1

Source : A. Armengaud, *La population française…, op. cit.*

En revanche, il s'effondre en fin de période, à cause de la guerre et de la Commune. Au lendemain de la chute de l'Empire, la France se trouve très affaiblie par les guerres nombreuses, surtout celle de 1870-1871 (– 200 000 hommes) ainsi que par les pertes de l'Alsace-Lorraine (– 1,6 million d'habitants) et de la Commune (de 10 000 à 20 000 morts), ce, malgré l'annexion en 1860 de la Savoie et du comté de Nice (+ 670 000 habitants). Sans ces pertes, la population aurait en fait augmenté de près de 2,5 millions entre 1851 et 1872.

Soutenu, l'accroissement naturel est lui aussi brisé par la guerre. La nuptialité ne connaît que de faibles variations, le taux de nuptialité oscillant en général entre 25 et 17 ‰, sauf en 1870 et 1871. Le phénomène remarquable de la période est la rupture du lien entre nuptialité et prix des grains, due probablement à l'adoption d'un régime libre-échangiste et aux possibilités d'importations qui en résultaient. Le nombre total des naissances reste relativement élevé : jusqu'en 1871, il n'est jamais inférieur à 900 000, chiffre comparable à ceux de la monarchie de Juillet, mais pour une population plus nombreuse. Le taux de natalité, plus faible que sous le règne de Louis-Philippe, se stabilise à un niveau moyen, non pas en raison de l'évolution de la structure par âge de la population, mais parce que la diminution de la fécondité cesse. La stabilité des taux brut et net de reproduction pose problème : l'expansion économique assura-t-elle une probable élévation du revenu moyen ? Etait-ce la conséquence de l'accroissement numérique d'un prolétariat ouvrier particulièrement fécond ? Dans quelle mesure résultait-elle des variations départementales ? Sur tous ces points, le débat reste ouvert.

A l'inverse, la mortalité résiste à la baisse. Hormis durant trois années (1851, 1853 et 1860), le nombre des morts dépassa toujours 800 000, et fut même, en six occasions, supérieur à 900 000. Le taux de mortalité demeure donc élevé, même si dans l'ensemble, il est plus faible que sous la monarchie de Juillet. Quant à la mortalité infantile, elle ne manifeste aucune tendance à la diminution et subit de très fortes fluctuations annuelles. Ce haut niveau de mortalité résulte de trois facteurs. D'abord, il y a, par récurrence, des pointes exceptionnelles de mortalité. Malgré le recul et la disparition des disettes — et, par suite, la rupture de la relation mortalité-prix du blé —, y contribuent une succession de guerres (celles de Crimée et d'Italie, conflit franco-prussien, Commune). De plus, la maladie continue de jouer un grand rôle : outre un grand nombre d'épidémies — rougeole, scarlatine, typhoïde, diphtérie, grippe, coqueluche, oreillons, paludisme —, persistent la variole, la tuberculose (10 % des morts au moins) et les maladies de carence et vénériennes. Surtout, le choléra constitue toujours une grave menace. En 1854, éclate une nouvelle épidémie, qui atteint le nord et le sud-est, en particulier les départements de la Haute-Marne et de l'Ariège. Selon Patrice Bourdelais et Yves Roulot, elle tue 143 000 personnes. La propagation du virus se fait par l'eau et la sueur, mais est facilitée par la faiblesse physiologique — en période de disette par exemple — et le manque d'hygiène. Des mouvements de population exceptionnels — en 1854, les troupes s'embarquent pour la Crimée dans les ports de Méditerranée — ou réguliers — mises en nourrice, voyages commerciaux, moissonneurs ariégeois rentrant du Narbonnais chez eux et dont l'itinéraire correspond à celui de l'épidémie — ont propagé le fléau de façon inégale. Enfin l'état physique de la population laisse à désirer — en 1860, 37,2 % des conscrits sont réformés —, surtout dans les classes âgées et le prolétariat ouvrier, comme à Lille. Au total, l'accroissement naturel n'est que faiblement positif : si les naissances l'emportent généralement sur les décès — sauf en 1854-1855 et 1870-1871, les excédents de naissance restent modestes.

Le déclin (1872-1914)

Entre 1872 et 1914, l'accroissement total est très réduit : le nombre total d'habitants n'est que de 39,6 millions en 1914, soit, depuis 1872, une augmentation de 3,5 millions. La population ne croît donc que d'à peine 90 000 Français par an. Il s'agit d'un chiffre très faible par rapport aux deux périodes précédentes, mais aussi aux pays étrangers — avant 1914, la population allemande s'élève d'environ 600 000 personnes par an. L'accroissement naturel tend à devenir pratiquement nul :

Tableau 2. — Evolution du taux d'accroissement naturel de la population française de 1872 à 1913 (moyenne annuelle de chacune des périodes considérées, en ‰)

1872-1875	+ 3,8	1886-1890	+ 1,0	1901-1905	+ 1,7
1876-1880	+ 2,9	1891-1895	0	1906-1910	+ 0,7
1881-1885	+ 2,5	1895-1900	+ 1,3	1911-1913	+ 0,5

Source : A. Armengaud, *La population française..., op. cit.*

Le taux de nuptialité ne connaît pourtant que de faibles variations. Fluctuant entre 14 et 16 ‰, il atteint son minimum de 1886 à 1890, du fait de la dépression économique, mais augmente légèrement au début du XXe siècle, par suite à la fois du redressement économique et de la loi simplifiant les mariages (1907), qui légitime nombre d'unions irrégulières. Rétablis par la loi Naquet du 19 juillet 1884, les divorces augmentent sensiblement : plus de 16 700 en 1912 contre 5 000 en 1887. En revanche, la natalité diminue de même que la fécondité. La diminution est pourtant inégale suivant les régions : l'Aquitaine, la Normandie, une partie de la Bourgogne sont particulièrement atteintes, au contraire du Massif armoricain, de la Lorraine ou du Sud-Est du Massif central. Elle est loin de se limiter aux villes, affectant des régions restées très rurales comme l'Aquitaine et la Normandie. Suivant les familles, il existe en outre de très fortes différences de fécondité : en 1911, les familles d'au moins quatre enfants, quoique représentant seulement 24,2 % du nombre des familles, fournissent plus de 50 % des descendants de la génération.

Jusqu'à la fin du XIXe siècle, la France se caractérise par la persistance d'une mortalité élevée. En revanche, à partir de cette époque, celle-ci diminue, sous l'effet des progrès de la médecine, des lois scolaires ainsi que d'une préoccupation accrue des pouvoirs publics envers les problèmes de santé publique (loi de 1902 pour la protection de la santé nationale). Elle s'oriente à la baisse, mais inégalement. Elle profite surtout aux jeunes, du fait d'une forte réduction des mortalités juvénile — de 1 à 13 ans — et infantile : cette dernière chute de 176 ‰ en 1872-1875 à 124 en 1911-1913. Les différentiels de mortalité entre ville et campagne diminuent aussi, mais persiste une forte inégalité — du simple au double — des citoyens devant la mort, les plus exposés étant les enfants illégitimes. Dans un tel contexte, le fléchissement de l'accroissement naturel paraît inévitable. Entre 1881 et 1895, la natalité diminue tandis que la mortalité se maintient à un niveau relativement élevé. Après 1895, il y a même un déficit des naissances en 1890, 1891, 1892, 1895, 1900, 1907 et 1911.

Amplification des flux migratoires

Les années 1851 à 1914 voient aussi une accélération des flux migratoires. L'urbanisation bénéficie d'un afflux régulier de ruraux :

Tableau 3. — Evolution de la répartition de la population française entre villes et campagnes de 1851 à 1872 (en % du total)

	1846	*1851*	*1881*	*1911*
Population rurale	75,6	74,5	65,2	55,8
Population urbaine	24,4	25,5	34,8	44,2

Source : A. Armengaud, *La population française..., op. cit.*

Cet exode rural constitue la raison première de la réduction de la population des campagnes. En effet, l'on ne peut l'attribuer à la baisse de l'accroissement naturel, la diminution de la natalité étant compensée par celle de la mortalité, ni non plus au changement de catégories de certaines communes. L'exode rural est en outre le double résultat du surpeuplement des campagnes et d'une révolution agricole. Bien qu'il ait inégalement touché les différentes catégories sociales, il demeure massif jusqu'en 1914. Parallèlement, l'expansion urbaine s'accélère dans la seconde moitié du siècle. Ensuite, elle est pratiquement continue. La croissance de la population urbaine dépasse nettement celle de la population totale. En même temps, elle demeure relativement modérée et ne suscite pas la formation de grandes agglomérations hormis Paris. Il existe cependant d'importantes disparités entre les villes : la croissance des capitales administratives et commerciales est nettement plus lente que celle des villes industrielles, tandis que le chemin de fer exerce un effet de catalyseur sur l'urbanisation. Dans le temps, l'urbanisation obéit à des fluctuations marquées : l'accélération est particulièrement rapide entre 1851 et 1876, puis elle se ralentit, tandis que les banlieues de Paris connaissent une expansion très forte et que stagne la ville-centre. C'est d'ailleurs une originalité parisienne que la rapide augmentation de l'agglomération. L'afflux d'immigrants y entraîne une concentration accrue de population.

Cette croissance de la population parisienne influe sur les caractères spécifiques de la démographie urbaine. La population des villes comporte une forte proportion de jeunes adultes de 20 à 39 ans et une faible part de personnes âgées ainsi que de moins de 20 ans, tout au moins dans les villes de moins de 10 000 habitants. Sa composition par sexes diffère de celle de l'ensemble du pays : du fait de l'attrait des places de domestiques, l'on y compte un nombre plus important de femmes. En outre, la grande majorité des étrangers venant en France se fixent dans les villes. Les mariages y sont relativement moins fréquents qu'à la campagne si l'on tenait compte de la seule population mariable. Si la natalité y est relativement élevée du fait du fort pourcentage de jeunes à marier, la fécondité y est faible ; de plus, à la fin du XIXe siècle, le taux de natalité y devient même plus faible que dans les campagnes. En revanche, la natalité y est généralement supérieure à celle de l'ensemble du pays, ce qui confère un rôle essentiel à l'immigration. Enfin, les taux de natalité illégitime, de suicides, d'alcoolisme et de criminalité y dépassent nettement la moyenne nationale.

A l'extérieur, le solde migratoire est fortement positif. L'émigration, quoique non négligeable, n'a jamais de caractère massif. Les diverses régions françaises y contribuent de façon très différenciée : ainsi l'Algérie et la Tunisie recrutent dans le Jura ou au sud de la ligne Hendaye-Genève. Il est probable que les flux maximum ont lieu dans les années 1851-1860, 1881-1890 et 1901-1913. Ces émigrants se composent de plus de deux tiers d'hommes, les adultes de 20 à 50 ans y sont fortement prépondérants, tandis 35 à 40 % d'entre eux viennent de l'industrie pour moins d'un tiers d'agriculteurs. L'immigration revêt une tout autre ampleur. Elle augmente d'abord rapidement avant de se stabiliser, voire de diminuer, entre 1891 et 1906. Cette stabilisation n'est en fait qu'apparente, compte tenu des naturalisations plus nombreuses résultant de la loi de 1889. Ces étrangers viennent à plus de 85 % de pays voisins ; néanmoins, ce sont les nationalités fournissant des travailleurs pour les tâches les plus rudes qui augmentent le plus : Italiens, Espagnols et Russo-Polonais. En outre, l'immigration saisonnière et frontalière tire avantage du développement des moyens de transport : chaque année, l'économie française bénéficie ainsi de l'appoint de 100 000 travailleurs saisonniers.

Ces étrangers se maintiennent fréquemment dans les régions les plus proches de leur pays. Cependant, en 1851, ils se trouvent presque tous à l'est d'une ligne Le Havre-Marseille. Soixante ans plus tard, la situation n'a guère changé, même s'ils progressent surtout dans le Midi, dans la Meurthe-et-Moselle et la Région parisienne. Parmi ces étrangers l'on compte 58 % d'actifs, souvent attirés par l'industrie, et beaucoup plus d'hommes que de femmes. Il s'agit le plus souvent de jeunes. De ce fait, ils associent une forte natalité à une faible mortalité. Leur présence ne va pas sans tensions sociales. De 1882 à 1914, elle suscite une cinquantaine de propositions de lois presque toutes dirigées contre eux. La police des étrangers se renforce peu à peu et les décrets Millerand du 10 août 1899 fixent un taux maximal à leur emploi dans les travaux effectués pour le compte de l'Etat et des collectivités locales. Mais la pénurie de main-d'œuvre dont souffre l'économie française conduit à des tentatives d'organisation de l'immigration par les agriculteurs — convention de 1910 avec la Société polonaise d'immigration — et par l'industrie : la création en 1911 d'un service de recrutement collectif par le Comité des forges débouche la même année sur un accord avec l'Italie.

En 1914, une situation démographique originale

En 1914, la France apparaît comme une population stationnaire, aux structures rigides, mais non sclérosées. En regard des autres grands pays d'Europe, le déclin est évident. Au recensement de 1911, elle ne représente plus que 9 % de la population européenne et n'est plus que le cinquième pays d'Europe :

Tableau 4. — La place de la France en Europe en 1911 (en millions d'habitants)

	Population totale en 1911	*Taux d'accroissement 1851-1911*
Russie (1)	142,6	+ 78,2
Allemagne	64,9	+ 57,8
Autriche-Hongrie (2)	49,5	+ 38,3
Royaume-Uni	45,4	+ 42,8
France	39,6	+ 9,7

(1) Europe seulement sans la Finlande.
(2) Moins Bosnie-Herzégovine.

Source : R. Presséat, La population française à la veille de la première guerre mondiale, *La France contemporaine,* Monaco, Union d'Edition, 1975, t. 1.

Elle se caractérise par sa densité relativement faible — la huitième d'Europe, loin derrière le Royaume-Uni, l'Italie, l'Allemagne et l'Autriche-Hongrie — et par la vieillesse relative de sa population : en 1911, elle compte seulement 33,9 % de jeunes de 20 ans et moins, mais 12,6 % de personnes de 60 ans et plus contre respectivement 43,7 et 7,9 en Allemagne à la même date. La taille des familles y est en outre beaucoup plus restreinte qu'ailleurs en Europe : les Français ne répugnent pas à avoir des enfants — les familles sans enfants sont rares —, mais ils en veulent peu. Le déclin démographique résulte d'abord de la faiblesse de l'accroissement naturel. Le taux de natalité y est le plus bas d'Europe, en raison à la fois de la structure par âge et par état matrimonial de la population et du bas niveau de fécondité légitime. Le taux de mortalité se maintient au contraire à un niveau relativement élevé, supérieur à celui de l'Allemagne et de l'ensemble de l'Europe du Nord-Ouest. Le vieillissement n'en est pas la seule explication, car le taux de mortalité infantile se situe encore au- dessus de la moyenne des pays d'Europe du Nord tandis qu'il subsiste une importante surmortalité masculine. De surcroît, les mentalités sont sans doute imprégnées d'une sorte de « malthusianisme du sens commun » (Alfred Sauvy) qui favorise beaucoup ce vieillissement précoce de la population française.

Il en résulte à la fois un léger déséquilibre de la répartition par sexe, explicable par le fait que la vie moyenne d'une femme est plus longue, et un « déficit de jeunes ». Le vieillissement revêt en effet une grande ampleur :

Tableau 5. — Evolution de la structure par âge de la population française de 1851 à 1911 (en % du total)

	0-19 ans	*20-39 ans*	*40-59 ans*	*60 ans et plus*
1851	36,1	31,1	22,7	10,1
1911	33,8	30,6	23,0	12,6

Source : R. Presséat, La population française à la veille de la première guerre mondiale, *La France contemporaine*, Monaco, Union d'Edition, 1975, t. 1.

Il a notamment pour conséquence d'accroître la part relative des veuves par rapport aux veufs au sein de la population totale.

En revanche, la population française bénéficie du taux d'activité le plus élevé de toute l'Europe, avant même l'Italie, l'Allemagne ou la Grande-Bretagne, en raison d'une part de la forte proportion d'adultes au sein de la population totale, de l'autre de l'importance de l'agriculture, où les vieillards sont employés très tard. Les conditions d'existence s'y sont sensiblement améliorées depuis le milieu du siècle : l'espérance de vie est ainsi passée entre 1840-1859 et 1908-1913 de 39,3 ans à 48,5 pour les hommes et de 41 à 52,4 pour les femmes. Cette évolution n'a cependant rien d'exceptionnel, car en Allemagne, en Suède et surtout aux Pays-Bas, les gains ont été supérieurs. En dépit de progrès indéniables, les conditions sanitaires sont encore loin d'être satisfaisantes : entre 1911 et 1913, sur 1 million d'habitants, 2 136 meurent de la tuberculose contre 1 519 en Allemagne, 1 476 aux Pays-Bas et 1 397 en Grande-Bretagne. Le niveau culturel s'élève pourtant. L'analphabétisme recule : chez les conscrits, il est de moins de 5 % à la veille de la première guerre mondiale contre 30 % au début de la Monarchie et 25 % au début du Second Empire ; le nombre des époux signant d'une croix leur acte de mariage est tombé, entre 1855 et 1913, de 32 à 1,6 % pour les hommes et de 48 à 2,7 % pour les femmes. L'enseignement se généralise : en 1912 et 1913, 15 164 élèves au total ont obtenu leur baccalauréat contre 4 147 pour la seule année 1850. Les progrès les plus spectaculaires concernent l'enseignement féminin, puisque les lycées et collèges publics accueillaient 33 000 élèves en 1913 au lieu de 300 en 1881. Néanmoins, malgré tous ces progrès, en 1914, la France n'aborde pas le premier conflit mondial en position avantageuse.

1851-1914 : Evolution et spécificités de la société française

Par rapport aux péripéties de la vie politique ou aux accidents d'une conjoncture économique, c'est d'un tout autre rythme que paraissent relever les faits de société. Au point de créer parfois l'illusion de l'immobilisme, qu'il s'agisse de l' « ordre éternel des champs » ou de l'inévitable pyramide sociale, avec ses strates intangibles semblant vouer sans remède les couches inférieures à la domination d'une minorité de nantis ; sauf à jeter bas le système, l'utopie révolutionnaire du « grand chambardement » étant le corollaire de cette représentation d'une société aux castes figées. Peut-être justifiée, dans la première moitié du siècle, par cette société de notables qu'avait rêvé d'éterniser Guizot[1], société pas aussi « bloquée », à la vérité, que l'affirmaient ses adversaires mais dont l'apparente sclérose devait avoir sa part dans l'explosion, largement sociale, de 1848, une telle vision des choses garde-t-elle quelque pertinence, pour la seconde partie du siècle et notamment pour la période présumée plus ouverte, socialement plus fluide, de la IIIe République ?

Rappelons d'abord ce fait d'évidence trop souvent oublié : à savoir que les positions sociales n'ont pas ce caractère immuable que suggèrent les classiques tableaux de la société à un moment donné. Fixant, telle une photographie de groupe, la situation à une certaine date, ceux-ci ne peuvent, par nature, rendre compte de l'éventuelle dynamique animant dans le temps cet ensemble. Leur multiplication grâce à des coupes sociales successives autorise sans doute des comparaisons où pourra s'esquisser une évolution. Mais

1. Oublieux des théories qu'il avait formulées dans sa jeunesse sur le rôle historique des conflits entre groupes sociaux — « le plus fécond principe » jugeait-il alors, « d'évolution et de développement des sociétés occidentales » ou refusant à tout le moins d'en tirer les pleines conséquences, l'homme d'Etat Guizot donne l'impression de vouloir arrêter le cours du temps : comme si tout ce mouvement arrivait à terme avec l'avènement d'une bourgeoisie à ses yeux modèle pour les autres classes appelées à s'y fondre, mais en réalité vite incrustée dans un rôle dirigeant de « notables ». On remarquera que K. Marx, reprenant, on l'a dit, cette idée d'une lutte des classes à travers les âges, verra à son tour dans l'avènement du prolétariat une sorte de fin de l'Histoire. Sans imaginer qu'une fois au pouvoir, celui-ci pourrait secréter sa propre élite dirigeante et ses propres « privilégiés », avec ces fonctionnaires ou cet appareil de parti qu'on devait désigner sous les termes d'*apparatchiks* ou de *nomenklatura*...

en montrant surtout une persistante hiérarchie, en particulier des très riches aux plus misérables (la possession ou non de biens est en effet l'aspect le mieux étudié par les historiens car le plus facile à saisir, grâce à la source exceptionnelle que sont les déclarations de succession faites aux services de l'Enregistrement), « pyramide des fortunes » que certains traduiront un peu vite en termes sociologiques[1], ce type de tableaux (ou figures) comparés enracine l'idée d'une stratification immuable où chacun resterait à son rang, comme prisonnier de sa classe ou de sa catégorie socio-professionnelle. Or ces groupes, quel que soit le nom qu'on leur donne, restent toujours de simples agrégats d'éléments rassemblés en fonction d'un certain critère mais dont on ne saurait aucunement assurer qu'entre deux périodes successives on y retrouve les mêmes personnes. La comparaison, dès lors, pourra illustrer une évolution, par rapport à ces groupes abstraits, de la structure d'ensemble de la société ; mais sans permettre en rien de dire ce que sont devenus les individus réels qui les composaient, s'ils sont restés au même point ou s'ils ont changé de catégorie, s'ils se sont enrichis ou au contraire prolétarisés. Tel métier populaire semble-t-il ainsi connaître un appauvrissement ? C'est peut-être seulement qu'une immigration d'éléments indigents y a peu à peu remplacé les anciens tenants de la profession, passés quant à eux à un statut meilleur.

Pour découvrir ce qu'il en est, l'histoire sociale s'appliquera, plutôt qu'à des ensembles anonymes et, de surcroît, souvent hétérogènes, à suivre des « cohortes » par exemple d'ouvriers dans leur « trajectoire » personnelle, tant géographique que sociale : elle s'attachera, plus spécialement pour les élites, propices à une information plus abondante, à établir des « généalogies sociales » joignant aux éléments de parenté tous renseignements d'ordre professionnel, économique ou culturel. Autant de recherches qui, sur la durée d'une vie ou, mieux encore, sur plusieurs générations, pourront faire apparaître le devenir véritable des individus ou des lignées ; avec l'inconvénient toutefois d'études trop ponctuelles ou trop loca-

1. Telle était la tendance des grandes enquêtes inspirées dans les années 1960-1970 par l'historien Ernest Labrousse dans une perspective « économique et sociale ». Le social y étant en fait essentiellement conçu comme un reflet de l'économique, l'accent était mis surtout sur l'étude des biens à partir des archives de l'Enregistrement (d'où sur ce plan des résultats très remarquables dont il sera fait état plus loin), à tel niveau de fortune étant censé correspondre tel niveau social. Des études plus fines ont montré depuis les limites de cette analyse trop exclusivement dépendante d'une source unique et d'un seul critère, l'avoir.

lisées pour qu'on en puisse toujours tirer des conclusions généralisables. D'où l'intérêt particulier d'une enquête plus ample comme celle, en cours, dite des « 3 000 familles » qui, analysant sur plusieurs générations un échantillon représentatif de familles, sera enfin à même d'éclairer de façon indiscutable les phénomènes d'ascension ou de déchéance sociale dans leur rapport avec la mobilité géographique, le changement professionnel ou le comportement démographique[1].

A cette mobilité sociale qui, selon divers processus (rôle des migrations, d'un « beau » mariage, de qualités exceptionnelles, sans oublier la chance de circonstances favorables) et des rythmes variables (s'il frappe davantage les imaginations, le cas du *self made man*, qu'on appellera plutôt le « fils de ses œuvres », reste beaucoup plus rare que les ascensions étalées sur deux ou trois générations) renouvelle peu à peu plus qu'on ne le croit des couches supérieures elles-mêmes soumises à une érosion naturelle ou accidentelle (extinction des familles, absence d'héritier mâle, faillite ou dilapidation de la fortune...), il convient d'ajouter les effets, d'une portée beaucoup plus générale, de certains facteurs qui, tout en favorisant les promotions individuelles, contribuent à faire évoluer l'ensemble de la société.

Les indices d'un changement social

La masse croissante, au cours du siècle, des matériaux statistiques et leur exploitation actuelle par les historiens ou les économistes fournissent des éléments précieux pour repérer certaines évolutions majeures témoignant de changements dans les structures ou les comportements sociaux.

C'est le cas, à travers les recensements quinquennaux, des données relatives aux professions et à la population active. D'interprétation parfois délicate, la classification ayant plusieurs fois changé et le travail féminin pouvant être diversement comptabilisé, ces données, une fois transformées en séries homogènes[2], soulignent tout à la fois une extension de la population active au cours du

1. Les premières conclusions de cette importante enquête sont présentées dans l'ouvrage de J. Dupâquier et D. Kessler, *La société française au XIXe siècle. Tradition, transition, transformation,* Fayard, 1992.

2. O. Marchant et Cl. Thélot, *Deux siècles de travail en France,* Paris, 1991.

siècle et une évolution de sa répartition. Extension continue, puisqu'on passe d'environ 13 millions d'« actifs », hommes ou femmes, vers 1815 à 17 millions sous le Second Empire puis quelque 20 millions en 1911 : reflet pour une part de l'augmentation de la population totale mais, également, d'une croissante mise au travail notamment des femmes, pour qui le taux d'activité s'élève de 30 % au milieu du siècle à 35 % en 1911, taux supérieur à celui des pays voisins. Répartition différente, par ailleurs ; la population active agricole (près des deux tiers au début du siècle) décline régulièrement : 56 % en 1851, 50 % à la fin de l'Empire, 38,5 % en 1911. Cela au profit de l'industrie (20 % au début du siècle, puis respectivement 26, 29 et 33 %) et plus encore peut-être[1] d'un secteur tertiaire regroupant tout le reste, y compris alors une très importante domesticité : à peine 15 % au départ, 18 % en 1851, 21 % en 1866 et plus de 28 % à la veille de 1914.

Toute une série d'indices, d'autre part, soulignent l'enrichissement global du pays. Le revenu national d'abord, expression de la croissance française, fait plus que doubler entre le milieu du siècle et la Belle Epoque[2]. Plus concret peut-être est le spectaculaire essor des fortunes privées, que l'impôt sur les successions nous permet de connaître à travers les déclarations faites à l'Enregistrement, objet à notre époque d'importants travaux d'historiens[3]. « Grand-livre de l'héritage », comme le disait Ernest Labrousse, l'Enregistrement, avec sa taxation peu à peu adaptée à tous les types de biens au fur et à mesure qu'ils se répandaient[4], offre une image assez exacte des patrimoines et permet donc, au cours du siècle, de mesurer l'enrichissement des Français. Deux approches en sont possibles. La plus rapide consiste à analyser les statistiques globales que publie le fisc depuis 1826 sur le montant annuel des successions. Cette « annuité successorale » connaît une forte progression, son montant initial se trouvant multiplié par 4 à la Belle Epoque, après

1. La population active relevant de l'industrie, en progrès rapide jusqu'en 1861, stagne ensuite pendant quelque trente ans aux environs de 29 %. La baisse, qui continue, de la population agricole profite donc alors exclusivement au secteur tertiaire.

2. Cf. F. Caron, *Histoire économique de la France, XIXe-XXe siècle,* Paris, 1981.

3. Notamment *Les fortunes françaises au XXe siècle*, enquête dirigée par A. Daumard, Paris, 1973.

4. En 1850, les droits d'enregistrement sont étendus aux rentes sur l'Etat, en 1863 aux obligations de sociétés françaises, en 1871 aux valeurs étrangères. Avec quelque retard sur leur diffusion dans les patrimoines, le fisc tient ainsi compte du succès croissant des valeurs boursières auparavant non imposables mais également peu répandues.

une accélération notable sous le Second Empire (+ 75 % entre 1852 et 1869) puis un ralentissement ensuite (+ 45 % de 1873 à 1888, et + 10 % seulement de 1888 à 1913). Son autre trait marquant serait le poids durable dans ce total des biens immobiliers, urbains ou ruraux, qui dans cette France de propriétaires ont constitué longtemps l'élément principal (58 % vers 1850, 45 % encore en 1901).

A cette évolution d'ensemble, les statistiques successorales permettent d'ajouter une analyse plus fine, distinguant entre autres par départements.

La fortune successorale en 1908

	Seine	*Lozère*	*France entière*
Montant total (en millions de francs)	64 235	147	198 585
Moyenne par habitant (en francs)	16 684	1 143	5 055
et *Rang du département*	1er	82e	
Répartition des biens (en %) :			
Meubles, outillage, véhicules, etc.	5,1	4,8	7,3
Numéraire	0,4	2,5	1,0
Dépôts et comptes bancaires	2,5	0,2	1,8
Livrets d'épargne	0,4	4,2	2,5
Assurances vie	0,4	—	0,5
Fonds commerce, marchandises	2,5	0,9	2,7
Parts d'entreprises	2,5	—	1,9
Rentes sur l'Etat	8,0	2,2	7,7
Obligations françaises	15,3	5,2	12,3
Actions françaises	12,4	0,9	9,3
Valeurs mobilières étrangères	22,6	11,3	13,4
Immeubles à usage agricole	3,3	54,5	18,1
Autres immeubles	24,8	13,2	21,7
Total	99,9	99,9	99,9

Source : P. Cornut, *Répartition de la fortune privée en France par département et nature de biens au cours de la première moitié du XXe siècle*, Paris, 1963.

Comparons par exemple, après transformation de leurs chiffres en moyennes ou en pourcentages, la fortune successorale en 1908 du département le plus riche (et le plus peuplé : 3 850 000 habitants), la Seine, et d'un des plus pauvres, la Lozère (129 000 habitants), avec pour référence les valeurs de la France entière. Le contraste éclate dans la répartition de cet avoir entre les principaux placements. Anticipant sur la tendance moyenne (40 % pour l'ensemble de la France), la Seine compte moins de 28 % de biens immobiliers, essentiellement urbains d'ailleurs, en rapport probable avec la croissance et l'haussmannisation de la capitale ; la Lozère en a encore près de 68 %, en grande majorité sous forme de terres dans ce département rural[1]. Les habitants de la Seine placent de plus en plus leur argent sous forme de valeurs boursières (58 % de leur avoir, contre moins de 20 % en Lozère, la moyenne française étant de 42 %), ne négligeant nullement, à côté d'un prudent placement en rentes et obligations françaises ou d'un engouement plus risqué dans les valeurs étrangères, l'investissement direct sous forme d'actions dans les entreprises françaises qu'ignorent presque les Lozériens. Enfin la différence est significative dans l'emploi des liquidités : compte en banque d'une part, caisse d'épargne ou « bas de laine » de l'autre. Contraste assurément entre un département purement rural et un autre, au contraire citadin et industriel, mais aussi entre un type de placement resté traditionnel et une entrée dans la modernité.

Les statistiques de l'Enregistrement fournissent également la répartition par niveau des successions françaises. En 1913, on constate ainsi que 82 % d'entre elles ne dépassent pas 10 000 F, totalisant seulement 12 % de l'avoir déclaré. En revanche 0,2 %, c'est-à-dire moins de 1 000 défunts par an, laissent chacun plus de 1 million de francs (francs or, rappelons-le), cumulant à eux seuls 26 % des biens successoraux. Répartition très inégalitaire par conséquent[2] figurée par une pyramide des fortunes à très large base, s'effilant rapidement vers le haut. Gardons-nous cependant d'y lire le reflet de la pyramide sociale elle-même : un seuil de fortune n'est qu'un découpage arbitraire, et rien ne permet ici d'induire le contenu social des catégories ainsi déterminées.

Pour en savoir plus, la nécessité s'impose d'une autre approche de cette source, et beaucoup plus difficile puisqu'il s'agit d'analyser non plus des récapitulatifs statistiques mais l'énorme masse des déclara-

1. Ce qui n'empêche pas que les 3 % d'immeubles ruraux possédés par les habitants de la Seine, rapportés à l'énorme fortune parisienne, représentent en valeur un montant infiniment plus grand que les 54 % du maigre total lozérien : la capitale contrôle encore, à la veille de 1914, un patrimoine foncier considérable réparti à travers toute la France.

2. Les catégories intermédiaires (18 % de l'effectif) rassemblent certes près de 62 % de la fortune totale, mais les deux tiers en appartiennent aux 5 % les plus aisés (successions de 50 000 à 1 million de francs).

tions de succession elles-mêmes : travail énorme, pourtant réalisable sous forme de sondages ; effectué pour quelques villes et à quelques dates significatives, il a fourni une riche moisson de résultats. Présentons-en les principales conclusions. Tout d'abord les grandes villes (et spécialement Paris) s'affirment, par le nombre de leurs grandes fortunes et leur précocité à choisir des placements productifs, comme les lieux privilégiés de concentration des richesses, y compris des terres dont elles possèdent souvent une large part. Au cours du siècle, la valeur moyenne des biens successoraux s'y accroît considérablement : elle quadruple à Bordeaux, quintuple à Rouen où l'on atteint presque le taux de croissance parisien, et si Toulouse, ville au dynamisme encore limité, ne fait que tripler sa fortune, Lille, en plein boom industriel, la décuple entre 1820 et 1914.

Or cet avoir considérable en constante extension que révèle l'Enregistrement n'est le fait que d'une minorité de la population : en effet quelque 70 %, en moyenne, des décès d'adultes ne donnent lieu à aucune déclaration de biens, le fisc jugeant d'emblée les intéressés trop pauvres[1]. Parmi ces exemptés, la grande majorité des ouvriers, des domestiques, mais également une bonne partie des employés, ainsi que certains tout petits commerçants ou artisans. Qu'en est-il des 30 % environ (c'est un maximum) qui laissent une succession imposable ? L'exemple de la ville de Rouen[2], la seule pour laquelle on dispose d'une série de coupes dans l'Enregistrement jalonnant véritablement tout le siècle, montre qu'ils se répartissent chaque fois en trois grands ensembles relativement équivalents : environ 40 % de catégories populaires (travailleurs manuels, employés...) dont on a vu qu'une faible part seulement, la plus favorisée, est présente ici), 30 % de catégories moyennes (boutiquiers, simples rentiers), et autant d'éléments plus proprement « bourgeois » avec en majorité des « propriétaires » mais aussi des professions libérales, des fonctionnaires d'un certain rang, enfin des gens de négoce ou d'industrie. Or si l'on considère non plus le nombre de ces successions mais leur montant, on découvre que le premier groupe ne possède guère que 2 à 3 % de la fortune totale et

1. Considérés par l'administration comme « indigents » et, à ce titre, exemptés déjà de tout impôt direct, ces éléments, correspondants à ceux qui vivent tout juste au jour le jour de leur labeur ou parfois nécessitent l'aide des bureaux de bienfaisance, n'étaient pas forcément dans un dénuement total. Mais ils n'avaient au mieux que ces maigres biens mobiliers ou ces faibles économies faciles à dissimuler qui n'auraient, de toute manière, rapporté au fisc qu'une taxe dérisoire.

2. Cf. J.-P. Chaline, *Les bourgeois de Rouen. Une élite urbaine au XIXe siècle*, Paris, 1982.

le second 10-12 %, les catégories supérieures se taillant donc la part du lion.

Par conséquent une nette concentration des biens, qui confirme certaines estimations relatives au revenu : en 1890, par exemple, la commission Doumer, dans la perspective d'une réforme fiscale, calculait que les deux cinquièmes des ménages les plus pauvres n'avaient que 16 % des revenus, les 10 % les plus riches en monopolisant plus de 40 %.

Doit-on pour autant penser que l'enrichissement de la France n'a profité qu'à quelques-uns ? Si les écarts demeurent énormes, pratiquement de 1 à 10 000, entre la valeur moyenne des biens des catégories situées à la base et au sommet de la pyramide, il faut tenir compte aussi d'une tolérance accrue du fisc envers les successions minimes et tout spécialement, après la loi de 1901, de la possibilité de déduire l'endettement, si important dans des couches populaires vivant fréquemment à crédit. On croira difficilement, en effet, que de la croissance générale la masse des plus pauvres n'ait pas recueilli quelques miettes et, *a fortiori*, qu'elle ait connue cette « paupérisation » dont le marxisme fit longtemps un dogme. Hors de certaines dégradations catégorielles (songeons aux tisserands manuels peu à peu ruinés par la concurrence des métiers mécaniques) et, c'est inévitable, d'échecs individuels, trop d'indices concordent pour suggérer, à long terme, une évolution positive qu'on peut, avec raison, juger trop lente, trop timide, mais qui n'en apparaît pas moins réelle.

Ainsi de l'évident succès des caisses d'épargne et de l'augmentation de leurs dépôts, type de placement certes pas uniquement mais, on l'admettra, surtout populaire[1]. Ainsi, chez les ruraux, de la progression du nombre des cotes foncières. Ainsi, plus généralement, du développement sans équivoque de la consommation alimentaire par habitant[2]. Des années 1820 à la veille de 1914, celle-ci

1. Dans les déclarations de succession, le livret de caisse d'épargne s'avère un placement classique des catégories les plus populaires, concurrencé pourtant de plus en plus dans la seconde moitié du siècle — est-ce un indice d' « embourgeoisement » de ces milieux ? — par un succès insoupçonné des valeurs boursières, présentes par exemple à Rouen en 1911 chez 15 % des travailleurs manuels et 35 % des employés faisant l'objet d'une déclaration à l'Enregistrement.

2. Le tableau, établi par l'ISEA pour l'*Histoire quantitative de l'économie française*, en est reproduit dans la *Nouvelle histoire économique* de J.-A. Lesourd et Cl. Gérard, Paris, A. Colin, 1976, t. I. Cette évolution générale est confirmée par les études locales fondées sur les statistiques de l'octroi, droit d'entrée perçu au XIXe siècle sur les marchandises à l'entrée des villes.

connaît pour tous les types de denrées un essor caractérisé, et notamment pour celles qui ne figuraient guère, au départ, dans l'alimentation populaire. La consommation de viande, de poisson, de produits laitiers fait plus que doubler ; celle d'huile n'est pas loin de quadrupler, tandis que le sucre est multiplié par 13. Plus significative encore, peut-être, est l'évolution de ces produits qui, traditionnellement, tenaient une si grande place dans la nourriture des plus pauvres. Tandis que la ration de pommes de terre, culture relativement nouvelle, quintuple, celle de pain, céréales ou de légumes secs, après un maximum historique vers 1880 (la moyenne par habitant atteindrait alors quelque 295 kg de pain, au lieu d'environ 200 au début du siècle), amorce le déclin qu'elle poursuivra jusqu'à nos jours : signe certain d'un report sur des aliments plus variés ou plus riches, sans parler des débuts, pour une boisson comme le vin, d'une consommation de masse hors des régions de production.

Nombreux sont les témoignages sur ce développement des consommations et l'amélioration du quotidien en milieu populaire. Si l'effet en est moins évident peut-être à la campagne, l'esprit d'épargne et les habitudes d'autosubsistance amenant souvent encore à se contenter d'une alimentation traditionnelle ou de vêtements très frustes, et s'il faut faire la part de la rhétorique dans tels rapports administratifs parlant d'un développement du « luxe » là où l'on commence à boire du café, à préférer le pain de froment ou à revêtir le dimanche des habits moins rustiques, il en va autrement à la ville. Là, un nouveau modèle alimentaire s'impose dans le peuple, valorisant les boissons alcoolisées, tandis que s'affirme un souci vestimentaire croissant. Alors qu'on le reconnaissait à sa tenue de travail — l'emblématique blouse — l'ouvrier, comme l'écrit en 1859 l'essayiste Louis Reybaud, « ne se résigne plus à paraître ouvrier ». Les femmes en particulier. Michelet déjà l'avait noté : « Toute femme portait jadis une robe bleue ou noire qu'elle gardait dix ans. » Avec la production industrielle de tissus bon marché comme les « indiennes », cotonnades imprimées à motifs colorés, « son mari, même pauvre ouvrier, au prix d'une journée de travail, la couvre d'un vêtement de fleurs »... Et d'ajouter : « Ces changements qu'on croit futiles (...) ne sont pas de simples améliorations matérielles, c'est un progrès du peuple dans l'extérieur et l'apparence, sur lesquels les hommes se jugent entre eux ; c'est pour ainsi parler l'égalité visible... » (*Le Peuple*, 1846).

Anticipation, sans doute, sur une uniformisation vestimentaire encore à venir, mais perception, assurément, d'un type de consommation nouveau, lourd pour des budgets populaires ; d'où la tendance, chez beaucoup d'ouvriers, à sacrifier le poste « logement », l'exiguïté voire l'insalubrité maintenues de celui-ci apparaissent comme la rançon de dépenses ailleurs accrues. Au contraire, chez des employés souvent guère mieux payés, le choix sera différent. Ici, on rognera plutôt sur l'alimentaire afin d'assumer l'apparence, celle d'un logement plus confortable, plus soigné, et d'une tenue vestimentaire de type bourgeois : contraste de comportement où s'esquisse toute la différence, malgré un revenu équivalent, entre travailleurs et « cols blancs ».

Un nouveau modèle social ?

Aux changements structurels liés à l'évolution économique qu'on vient de souligner s'ajoute l'affirmation, dans la seconde partie du siècle, d'un modèle social nouveau qui entend être à l'unisson du croissant progrès de la démocratie. Vision largement politique par conséquent, reflet en la matière de l'idéologie républicaine, et dont on ne saurait confondre les objectifs proclamés avec une réalité effective où tel verra seulement, non sans quelques raisons, un nouveau mode de domination sociale remplaçant peu à peu celui des notables[1].

« Fin des notables » ? Lancée naguère par D. Halévy pour rendre compte de la période d'implantation d'un nouveau régime dans les années soixante-dix, l'expression prend tout son sens au niveau de la société. A condition d'en étaler le processus sur une plus longue période. En effet ce pouvoir des notables, qu'A.-J. Tudesq avait pu décrire à son apogée vers 1840 et dont une certaine « peur sociale », notamment dans les campagnes[2] avait facilité le rétablissement après l'ébranlement de 48, commence à s'effriter dès le Second Empire. Pour faussé qu'il soit par des pratiques autoritaires, le suffrage universel n'en symbolise pas moins la fin d'un privilège politique des plus riches ; et, au moins au

1. Cf. Christophe Charle, *Histoire sociale de la France au XIXe siècle*, Paris, 1991.

2. Si les campagnes du Midi, et notamment de la Provence sont parfois allées jusqu'à l'insurrection contre le coup d'Etat du 2 décembre on note que la paysannerie souvent plus évoluée économiquement de la France du Nord, inquiète des « partageux, s'est largement ralliée à un régime qui promettait ordre social et prospérité.

début, le vote ouvrier en faveur du prince-président puis empereur peut être interprété comme un rejet des notables traditionnels. Il s'en faut certes de beaucoup que l'homme du 2 décembre corresponde au « Napoléon du peuple » (selon le titre de B. Ménager) que son essai sur *L'extinction du paupérisme* avait pu laisser espérer. Sa volonté d'avoir un régime fort l'amène à s'appuyer sur ces garants de l'ordre que sont les autorités sociales en place ; et, de fait, une analyse suivie des élites dirigeantes met surtout en valeur les continuités avec la monarchie de Juillet, nombre d'anciens notables orléanistes plus ou moins ralliés s'éternisant dans les conseils généraux, les chambres de commerce, voire à la députation, même s'il arrive qu'ils y côtoient des hommes nouveaux, gens d'affaires notamment, à l'ascension parfois spectaculaire[1]. Quant au bonapartisme social, jamais complètement oublié, il se limite à des actions ponctuelles (construction ici d'une cité ouvrière, attribution ailleurs de secours aux tisserands réduits au chômage...), sans oublier toutefois certains aménagements législatifs en faveur des classes ouvrières, comme la réorganisation des conseils de prud'hommes (1853) ou, surtout, la loi de 1864, sur les « coalitions » qui ouvre l'ère du droit de grève.

En fait, c'est sur un plan plus général que le Second Empire amorce une évolution sociale. Sa volonté de modernisation, en libérant tous les agents économiques, suscite une prospérité qui, longtemps, ne sera pas un vain mot. En profitent tout spécialement les paysans qu'un revenu en hausse, une ouverture croissante des campagnes et une certaine sollicitude du pouvoir (ne sont-ils pas le soutien le plus sûr du régime ?) rendent moins dépendants des notables fonciers locaux. En ville, un développement marqué des activités tertiaires entraîne l'essor de classes moyennes aspirant à un rôle politique en même temps qu'à une reconnaissance sociale. Quant aux ouvriers, ils tirent profit d'une croissance industrielle et de grands chantiers, ferroviaires ou urbains, facilitant l'embauche. Leur « mieux-être » souvent noté (ainsi par J. Rougerie à Paris), joint au progrès de leur niveau d'instruction (succès des cours du

1. Un exemple frappant en est fourni par le département normand de la Seine-Inférieure où, à la masse d'un personnel politico-administratif demeuré largement celui de la monarchie de Juillet s'ajoutent quelques individualités lancées par le nouveau régime. Ainsi celui-ci impose-t-il comme député de Rouen, au lieu du grand notable traditionnel qu'était le baron Levavasseur, un homme nouveau haut en couleurs et à la verve assez démagogique, le filateur *self-made-man* Pouyer-Quertier.

soir, des bibliothèques populaires, lecture accrue des journaux...) leur confère une plus grande autonomie et contribue au développement d'un mouvement ouvrier très revendicatif. Les efforts du pouvoir pour le canaliser dans l'esprit d'un césarisme social n'empêchent pas la montée d'une contestation aux références blanquistes ou proudhoniennes, ravivée par l'écho de la 1re Internationale. En tout cela l'Empire, consciemment ou non, ébranle l'équilibre ancien sans pleinement trouver les fondements sociaux nouveaux qui pourraient durablement l'étayer. L'explosion de la Commune, ultime expression sans doute d'un cycle de révolte urbaine animée par une classe ouvrière d'ancien type, doit en même temps beaucoup au mécontentement suscité par l'haussmannisation dans des classes populaires chassées du centre-ville et se situe dans le droit fil d'une effervescence politico-sociale croissante depuis 1868.

La République, peu à peu installée, va tirer les leçons de l'évolution en cours. Cherchant à conserver l'appui des couches sociales contestataires, elle s'efforcera de ne point perdre celui des catégories satisfaites, et en particulier celui des paysans, objet de toutes ses attentions. Avec elle et dans ce but, s'affirme un nouveau modèle de société récusant au nom de la démocratie tout reste de « privilège » lié à la fortune ou à la naissance (l'égalité devant le service militaire en sera un des symboles), ouvrant théoriquement les portes, notamment grâce à l'instruction primaire généralisée, à une ascension des plus méritants, mais justifiant aussi par cette mobilité accrue, une pyramide sociale aux inégalités maintenues. L'idée en avait déjà été formulée au temps de Louis-Philippe, mais alors le poids des notables et le privilège d'un « pays légal » la rendaient peu crédible. Elle s'impose au contraire avec la proclamation d'une démocratie politique présentée comme le gage de tous les progrès et qui, dès lors, semble rendre caduque toute distinction au sein de la société. « Il n'y a pas de classes sociales dans la nation (...). Il n'y a en France que des Français » souligne M. Thiers en 1874, en écho à un discours de Gambetta à Auxerre, où ce dernier avait d'ailleurs cru devoir préciser à propos de ce terme de « classes » : « C'est un mauvais mot que je n'emploie jamais... » Et de fait en risquant celui, on ne peut plus vague, de « couches nouvelles », le tribun républicain désigne moins une classe particulière que le processus amorcé de relève des anciens notables dans une société qui se veut plus fluide et ouverte à la promotion de toutes les capacités. Moyen désigné de cette mobilité nouvelle, l'école. Désormais gratuite et obligatoire, elle symbolise la fin du privilège de l'instruction et, par là, un accès possible à des situations jugées plus valorisantes que celle de travailleur manuel.

Qu'il y ait dans tout cela une part de mythe est évident. En témoignerait, dans le domaine scolaire, la distinction maintenue entre une « école du peuple », celle de Jules Ferry, ne débouchant guère que sur des emplois subalternes, et une formation des élites dans la filière des lycées. Le progrès indéniable — et très savamment mis en scène — que représente la première rend moins perceptible aux contemporains le privilège social que perpétue la seconde. N'y a-t-il pas de même un lien subtil entre l'idéalisation républicaine des « petits », qu'on s'efforcera de sauver de la concurrence « des gros », ou dont on soulignera la promotion grâce aux sacrifices consentis pour « pousser » leur enfant, et le malthusianisme ambiant d'une France joignant alors dénatalité et protectionnisme ? Quelles que soient ses limites, qu'ont pu masquer longtemps une ouverture, une mobilité plus grandes, ce système réussit finalement beaucoup mieux que celui des notables à résoudre les inévitables conflits sociaux et à faire accepter par les humbles la hiérarchie en place. Face notamment à la virulence d'une contestation ouvrière remettant en cause une République « bourgeoise », les alternatives pacifiques qu'il semble offrir — réformisme social, ascension méritocratique... — l'aideront puissamment à désamorcer la « logique infernale de l'affrontement violent »[1] et les explosions périodiques qui avaient caractérisé le premier XIXe siècle.

Plus « consensuelle » par conséquent, cette société aux références démocratiques n'ignore certes pas conflits et tensions internes. Contribuent à la diviser certaines attitudes autant passionnelles qu'idéologiques. Au premier rang figurerait la virulente poussée d'antisémitisme qui marque la fin du siècle et culmine avec l'Affaire Dreyfus. Mais ne peut-on en rapprocher d'autres haines alors tout aussi vivaces, vouant à l'exécration tel ou tel élément social ? Songeons à un certain anticléricalisme dont, par exemple, l'expression quasiment anthropomorphique à travers descriptions ou caricatures du clergé n'est pas si éloignée des stéréotypes anti-juifs. Songeons surtout à la violence d'un sentiment anticapitaliste, rarement exempt, pendant longtemps, de quelque dénonciation des Rothschild ou de leurs coreligionnaires, même si le thème marxiste de la lutte des classes vient lui conférer une portée générale.

1. Cf. Charle, *Histoire sociale de la France au XIXe siècle, op. cit.*

De fait, aux déchirements politiques ou religieux qui affectent alors si profondément la France, s'ajoute l'acuité de conflits sociaux dont l'aggravation saisissante, dans les premières années du XXe siècle, semble illustrer le titre du journal anarchisant de Gustave Hervé, *La Guerre sociale*. La grève[1], désormais autorisée, connaît une certaine banalisation en même temps que sa fréquence augmente. De quelque 80 conflits de ce genre et moins de 30 000 grévistes par an dans la décennie soixante-dix, on passe à plus de 400 et près de 80 000 participants dans les années quatre-vingt-dix. A partir de 1904, le millier de grèves annuel est dépassé. Alors qu'en 1866 on ne comptait guère qu'une grève pour 120 ouvriers, en 1906 on atteint 1 pour 16.

Légalisée et peu à peu ritualisée dans ses manifestations non dépourvues souvent, note Michèle Perrot, d'un caractère festif, la grève n'en reste pas moins encore occasion de désordres dégénérant parfois en affrontements violents, soit entre ouvriers voulant ou non cesser le travail, soit avec la troupe dépêchée sur place. En 1884, la grève d'Anzin dans le bassin minier du Nord, qui inspire à Zola son roman *Germinal*, s'éternise du 21 février au 17 avril, avec de graves incidents et l'occupation militaire des lieux. Celle de Decazeville en 1886 dure cent neuf jours et voit le meurtre d'un ingénieur par les grévistes. A Fourmies en 1891, la volonté ouvrière de faire du 1er mai un jour de revendication amène le drame : la troupe tire sur les manifestants, faisant 10 victimes.

Affectant le monde de la mine, tels grands établissements comme les usines Schneider du Creusot, mais aussi bien le milieu plus artisanal du bâtiment, souvent en effervescence, ce type de conflit est essentiellement lié d'abord à des revendications ponctuelles (niveau de salaire, conditions de travail...). Appuyé par un nombre accru de syndiqués (inférieur toutefois à ce qu'il est en Angleterre ou en Allemagne, il passe d'environ 60 000 vers 1884 à 400 000 en 1899), il tend à devenir, dans la conception d'un syndicalisme révolutionnaire, un moyen de prise du pouvoir et de réorganisation de la société grâce à l'arme jugée imparable de la grève générale. Et alors même qu'un gouvernement désormais radical mise sur des lois sociales pour réduire les conflits, les affrontements atteignent leur paroxysme. L'année 1906, qui est aussi celle de la catastrophe de Courrières (plus de 1 000 victimes dans la mine)

1. Cf. Les travaux de Michèle Perrot et spécialement *Jeunesse de la grève. France 1871-1890*, Paris, 1984.

connaît quelque 1 300 grèves, avec 438 000 participants, et 1910 dépassera le chiffre de 1 500. La poigne de Clemenceau — puis celle de Briand qui pour briser la grève des cheminots recourra à leur mobilisation — en vient à bout avec intervention de la troupe, mais non sans de graves incidents, des morts de Draveil ou Villeneuve-Saint-Georges, en 1908, à des actes de sabotage caractérisés de la part de certains grévistes.

Largement relatés par la presse, tout comme d'ailleurs les exploits d'anarchistes adeptes de l'action directe ou de la « reprise individuelle » contre la société « bourgeoise », ces événements qui certes inquiètent les contemporains risquent de nous donner, l'histoire retenant seulement du quotidien ces faits spectaculaires, l'impression d'une France déchirée et d'une société au bord de la guerre civile. Rien de plus inexact en fait. Ce serait une illusion d'optique que d'imaginer les Français d'alors obsédés par l' « Affaire » ou par la lutte des classes. Pour graves que soient les crises qu'elle traverse, cette société s'avère capable de les surmonter. Y contribuent sans doute certains facteurs de cohérence et de consensus sur lesquels il faut également insister.

Une large convergence, d'abord, entre les idéaux républicains et les aspirations majoritaires de la société française : acceptation d'un réformisme dans le sens égalitaire, mais non de bouleversements révolutionnaires qui mettraient en cause une propriété largement répandue ou contrarieraient l'ascension espérée des plus méritants. Une ample communion, d'autre part, dans certaines valeurs communes diffusées notamment par l'école mais plus généralement portées par l'esprit du temps : croyance au Progrès, aux vertus de la Science, dévotion à la Patrie, tout cela s'exprimant entre autres dans un culte assez général des « grands hommes » ce dont témoignent aussi bien la grandiose « panthéonisation » d'un Victor Hugo que la célébration d'un Louis Pasteur ou, un peu partout, cette « statuomanie » qui fait dresser des monuments aux moindres gloires locales.

Ne négligeons pas, enfin, toute une sociabilité dont Maurice Agulhon a si bien souligné l'importance. A côté de ce qui divise, en effet, il y a tout ce qui unit. Et notamment tous ces usages sociaux qui font se côtoyer, se fréquenter des personnes rapprochés par le voisinage ou le milieu d'appartenance mais tout aussi bien, par-delà ces proximités immédiates, par une curiosité, un loisir, un objectif communs. Cafés, promenades urbaines, spectacles ou, déjà, manifestations sportives, autant de lieux où se rencontrent, parlent, sympathisent des représentants de divers milieux sociaux. Jusqu'au service militaire, désormais égal pour tous, qui offre l'occasion de mêler toute une classe d'âge sous la commune discipline de la caserne. Le plus frappant est cependant le réseau dense que tisse à travers tout le pays une multiplicité d'associations aux buts les plus divers. Parmi celles-ci, notons le rôle, très influent sous la « Troisième », des loges maçonniques, au nombre d'environ 600 vers 1914 avec quelque 40 000 membres. Citons aussi, dans un autre domaine, les sociétés savantes : près d'un millier en France, avec 200 000 adhérents[1] ; ou les sociétés de gymnastique, en spectaculaire essor depuis 1870, ou mieux encore ces sociétés de musique, orphéons et autres fanfares, qui, présentes en ville comme dans les campagnes, rassemblent au total quelque 300 000 adhérents. Autant de liens ténus mais dont on aurait tort de sous-estimer l'apport à la cohésion sociale.

Dans cette société qui se veut de plus en plus démocratique, ne doit-on pas enfin poser la question de la place des femmes et d'un statut légal durablement marqué par son infériorité ? Négligé, longtemps, par une historiographie plus sensible aux différences de classe que de sexe, ramenant par exemple le cas de l'ouvrière aux problèmes généraux du prolétariat industriel, ce thème s'est vu récemment renouvelé[2], mettant en lumière une situation qui, sans être propre à la France[3], n'y paraît cependant que plus contradictoire avec l'égalitarisme alors affiché.

On peut noter ici que si l'utopie fouriériste, hostile aux « chaînes » du mariage, a pu jeter les fondements d'une théorie très libertaire quant à la condition féminine, un penseur aussi influent qu'Auguste Comte justifie par la biologie une hiérarchie des sexes cantonnant la femme dans la sphère du domestique et de l'affectif, compagne mais non égale de l'homme à qui seule la Nature aurait fait don de l'intellect. Quant au socialiste Proudhon, attaché aux valeurs familiales, il établit une dualité très nette entre foyer et atelier, entre la fonction de reproduction et celle de production réser-

1. Cf. J.-P. Chaline, *Sociabilité et érudition. Les sociétés savantes en France, XIXe-XXe siècles*, Paris, 1995.

2. Cf. *Histoire des femmes en Occident*, sous la dir. de G. Duby et M. Perrot, t. III : *Le XIXe siècle*, Paris, 1991.

3. Ni la société victorienne, cantonnant la femme dans le rôle de maîtresse de maison, ni la société allemande avec sa fameuse règle des « 3 K » (initiales des mots *Kinder, Küche, Kirche,* c'est-à-dire les enfants, la cuisine, l'église) n'offrent alors une ouverture plus grande.

vée à l'homme. Donnant parfois dans un propos très misogyne et tendant à ramener la femme à un « complément de l'homme », il contribuera à nourrir un antiféminisme durablement ancré dans le mouvement ouvrier français.

« Misérable et glorieuse » (J.-P. Aron), telle serait la situation de la femme au XIXe siècle : tout à la fois victime d'une infériorité légale, exploitée dans son travail, livrée aux caprices du mâle, au mieux cantonnée dans des rôles secondaires, et pourtant, sur un autre plan, adulée, exaltée, mythifiée, objet aussi bien de désir que de vénération, jusqu'à ces incarnations ultimes et antithétiques qu'offrent la Vierge et Marianne... Les représentations opposées aux faits, ou bien deux images successives déformant, chacune à sa manière, une réalité plus complexe ?

D'un point de vue juridique, la Française du XIXe siècle conjugue à son détriment des incapacités légales liées à son sexe et d'autres découlant du seul statut matrimonial, les femmes célibataires, veuves ou divorcées[1] s'en trouvant donc quant à elles affranchies. Au titre des premières, l'absence (prolongée on le sait jusqu'en 1944...) de tout droit politique : privation que rend plus difficilement justifiable l'établissement d'un suffrage « universel », les femmes apparaissant ainsi comme les exclues de cette démocratisation. Argument souvent présenté à l'appui, il serait contraire à la nature féminine, faite de douceur et de fragilité, de se mêler aux durs combats de l'arène publique, toute une vision *a contrario* de la « citoyenne » mêlant horreur et dérision, de la « tricoteuse » style 93 à ces « clubistes » de 48 plaisamment caricaturées par Daumier. La droite, au nom de l'autorité maritale, la gauche, obnubilée par la lutte des classes ou craignant simplement un vote clérical que manipulerait le Prêtre, convergent ainsi dans un même refus. Les revendications féministes formulées par quelques journaux comme *La Fronde* (quotidien de 1897 à 1903 avec la collaboration de Caroline Rémy dite Séverine) n'auront jamais qu'un écho limité, y compris, il faut le dire, chez la majorité des femmes elles-mêmes. Notons que l'exclusion du droit de vote s'étend au-delà du politique : ainsi les femmes, bien qu'ayant droit de diriger une entreprise, ne pourront élire avant 1898 les membres des tribunaux de commerce.

1. Le divorce, institué en 1792 puis supprimé par la Restauration en 1816, est rétabli par les républicains en 1884 (loi Naquet). Ce sont très largement des femmes qui y recourront, arguant d'un abandon ou de sévices de la part du mari.

Au statut matrimonial défini par le Code civil s'attachent par ailleurs d'autres contraintes ou inégalités. L'épouse doit « obéissance » au mari qui lui apporte sa « protection ». Le mariage lui fait perdre sa capacité juridique, l'époux administrant non seulement les biens du ménage mais même le patrimoine de sa femme[1]. Et celle-ci doit avoir l'accord du mari pour exercer une profession. La loi se montre par ailleurs beaucoup plus sévère pour l'adultère féminin (le risque en étant que les biens se transmettent à un bâtard) que pour les frasques masculines, le mari trompé meurtrier pouvant espérer une indulgence particulière.

Peut-on cependant, si défavorables aux femmes qu'ils puissent être, juger en fonction des seules textes juridiques, sans s'interroger sur leurs conséquences effectives et notamment sur les rapports réels au sein du couple ? Du droit à la réalité vécue, il y a toute la différence introduite par les situations individuelles, par certaines façons de tourner les obstacles légaux, de transgresser les normes apparemment admises, et très généralement par les divers moyens de persuasion dont sauront user les femmes. Comme l'écrit Michelle Perrot, celles-ci « ne sont pas seulement des victimes » : la sexualité, mais aussi le rôle au foyer ou encore celui, aussi discret qu'efficace, d'égérie de tel écrivain ou homme politique, autant de formes d'une influence insuffisamment mesurée. Ainsi, le cantonnement dans la sphère domestique et la maternité s'avère en bien des cas un atout dont les femmes savent jouer pour acquérir certain pouvoir : tant chez les ouvriers où l'épouse — la « bourgeoise » — tient fréquemment les comptes que dans les couches supérieures où les « dames » réussissent le plus souvent, dans le rôle qui leur est réservé, à imposer leurs vues dans l'éducation des enfants (ce sera un facteur puissant de retour des élites à la religion), à avoir la haute main sur la gestion de leur maison et même, à l'extérieur, à trouver dans telle œuvre de bienfaisance ou d'enseignement valorisant la fonction maternelle l'occasion d'exercer leur autorité.

Au cours du siècle d'autre part s'amorce une évolution positive. Dans l'enseignement où longtemps l'instruction féminine ne fut pas perçue comme prioritaire, la loi Falloux (1850) oblige les communes de quelque importance à ouvrir aussi une école de filles. A un niveau mieux que primaire, où n'existaient que des institutions privées de valeur incertaine, c'est, après l'essai de Duruy en 1867,

1. Il faudra attendre 1907 pour que la femme mariée puisse disposer elle-même de son éventuel salaire.

la création par Camille See des lycées de jeunes filles en 1881. Plus difficile sera de faire admettre, hors du cas des normaliennes, l'accès à des études supérieures et surtout aux professions qui en sont l'aboutissement normal. Le barreau n'est ouvert aux femmes qu'en 1900 et de vives résistances persistent dans le monde médical.

On ne conçoit guère en effet, dans les milieux aisés, qu'une femme puisse travailler. Alors qu'au début du siècle il n'était pas rare que l'épouse d'un industriel ou d'un négociant collabore avec lui, la tendance — hors le cas de telle veuve reprenant à son nom l'entreprise du mari — est à l'exclusion de la femme de ce monde des affaires, au profit d'une vie uniquement familiale ou d'un rôle de pure représentation, son salon, sa toilette suggérant la situation de l'époux. Mis à part le cas des enseignantes, relais laïcisé des traditionnelles religieuses, et d'un certain nombre de commerçantes, les activités féminines se situent surtout au bas de l'échelle : employées de magasin, domestiques, ouvrières, pour ne pas parler du trouble domaine de la prostitution.

Paradoxalement, l' « infériorité » proclamée de la femme se traduit, à l'usine, comme pour les enfants, par une législation sociale plus protectrice excluant (lois de 1874, 1892) les métiers dangereux insalubres ou le travail de nuit. En revanche, jusqu'en 1909, pas question d'un congé de maternité, une telle absence risquant de valoir renvoi. Et si l'on institue en 1913 un arrêt de quatre semaines après l'accouchement, seules les institutrices et employées des postes bénéficient en cette circonstance, depuis 1910, d'un congé payé.

La condition féminine reste donc inégale. Pourtant, accès à l'enseignement, et développement d'un travail salarié amorcent des changements profonds appelés à modifier, à terme, la place des femmes dans la société.

Les milieux sociaux : une nouvelle image

En cette seconde partie du siècle, l'image des divers milieux sociaux change. Leur représentation, longtemps masquée par une satire aimable — que Labiche prolonge sous le Second Empire — ou empreinte de romantisme (*Les Misérables* en sont le chant du cygne) tend à céder la place à une vision plus grave, plus réaliste et plus savante. La référence croissante qui est faite à la science et à ses méthodes la rend-elle pour autant plus exacte ? De même qu'au sein du mouvement socialiste, le marxisme qui, peu à peu, s'impose se veut une lecture « scientifique » de l'histoire et des rapports sociaux, les nouveaux courants littéraires entendent apporter une vision objective et documentée de la société.

Du réalisme flaubertien au naturalisme à la Zola, l'accent est mis sur l'observation du réel, appuyée sur des recherches approfondies[1] avec référence explicite à la méthode expérimentale — Flaubert parle d'un « coup d'œil médical » et de cette « impartialité qu'on met dans les sciences physiques » — sinon à certaines théories déterministes dont Zola croit pouvoir offrir la démonstration à travers les personnages de ses romans.

Le danger n'en est que plus grand pour leurs lecteurs de voir la société d'alors à travers les yeux de ces écrivains célèbres, en oubliant les principes qui parfois, les animaient, et, plus généralement, la *priorité* qu'ils n'ont jamais cessé de donner à l'art sur le témoignage historique. Soucieux du détail vrai, Flaubert l'est bien plus encore de la forme, le beau restant pour lui le but suprême. On s'illusionne tout autant en ne voyant en Maupassant qu'un pur « témoin de son temps ». Et chez Zola lui-même, l'immense talent de l'écrivain, non exempt d'ailleurs d'envolées romantiques, masque l'étroitesse de théories subordonnant mécaniquement l'homme à ses sens, à son hérédité ou au milieu ambiant. Pas plus que ceux de la *Comédie humaine*, les types sociaux campés dans les *Rougon-Macquard* ne doivent dont être admis sans réserves. L'élément vrai s'y mêle à des partis pris. Zola est bien allé examiner sur place un village beauceron ; mais tels ces enquêteurs sociaux qui vers 1840 dressaient un tableau horrifié des classes ouvrières en fonction de leurs normes bourgeoises, il juge en citadin et en intellectuel. S'il a raison de souligner chez ces paysans l'obsession de la terre, éprouve-t-il pour eux ce minimum d'estime et de compréhension qui lui permettrait d'en donner une image moins fruste ? La remarque vaudrait aussi pour Maupassant qui, bien que familier, lui, des paysans normands, les décrit en Monsieur qu'il est, écrivant à partir d'anecdotes que lui rapportent ses amis châtelains. L'auteur de *Germinal* manifeste à coup sûr plus de sympathie pour un prolétariat empreint de messianisme révolutionnaire, mais les portraits qu'il donne du monde ouvrier s'avèrent plus d'une fois des

1. Flaubert aurait dépouillé 1 500 ouvrages pour préparer *Bouvard et Pécuchet,* Zola s'enquiert du fonctionnement de la Bourse, etc.

stéréotypes repris directement de tel ouvrage contemporain comme celui de Denis Poulot[1].

Quant aux classes dirigeantes, on les voit de Flaubert à Zola progressivement quitter le visage du « bourgeois » grotesque ou médiocre pour celui du capitaliste triomphant : Joseph Prudhomme cède la place à l'exploiteur honni des socialistes ou des anarchistes, et la dérision d'un Daumier au militantisme antipatronal des caricatures d'un journal comme *L'Assiette au beurre.* Evolution où se reflète une perception plus idéologique de la société, accentuant le thème d'une lutte des classes et plus précisément d'un affrontement manichéen entre bourgeoisie et prolétariat. C'est ce qu'annonçait Marx dans son *Manifeste* en 1848. Mais au moment où ces idées finissent par trouver leur audience, cela correspond-il à la réalité française d'une société restée très paysanne et dans laquelle des classes moyennes en plein essor viennent compliquer le jeu ?

Le poids de la paysannerie

Quelque 7,5 millions d'agriculteurs soit environ 40 % de la population active à la veille de 1914 : ce chiffre à lui seul suggère le poids social (et politique) maintenu des paysans en France et les limites d'un « exode » rural dramatisé sur le thème de la « terre qui meurt ». Malgré l'amorce de dépeuplement de certains villages (les communes de moins de 100 habitants, au nombre de 443 en 1851, passent à 720 dès 1882), la densité rurale reste forte, autorisant une vie locale encore intense où les usages, les parlers locaux restent souvent prédominants. Globalement, la population paysanne ne recule que lentement : environ 19 millions en 1866, 17,5 en 1891. D'où la fausse impression d'un immobilisme, entretenue d'une certaine manière par la curiosité ethnographique et la tendance à caractériser chaque province ou « pays » par un certain type de maison, de costume ou de coiffe...

La campagne, en fait, change sensiblement durant la période,

1. Denis Poulot, *Le sublime ou le travailleur comme il est en 1870 et ce qu'il peut être,* Paris, 1872. Dans cette typologie sans complaisance (et assez éloignée du prolétaire marxien) on retrouve sans peine l'origine des personnages de *L'Assommoir,* Coupeau, le mari de Gervaise, devenant un « sublime », c'est-à-dire un type d'ouvrier paresseux et ivrogne.

même si le rythme en semble lent. Le développement routier ou ferroviaire, l'unification croissante d'un marché national contribuent à son ouverture et à son désenclavement. Ne négligeons pas les effets d'un service militaire désormais généralisé, occasion pour les jeunes ruraux de découvrir la ville et d'y croire l'existence joyeuse et facile. L'une des premières causes de mutation réside ainsi dans l'accélération du mouvement migratoire.

Partent notamment les non-agriculteurs, et en tout premier lieu ces artisans à domicile victimes, ceux du textile en particulier (tisserands, dentellières...), de la décadence face aux machines d'une production proto-industrielle. Mais nombre de petites usines dispersées connaissent le même sort, dans un processus de « désindustrialisation » très notable par exemple dans les campagnes normandes et qui aboutit à une « ruralisation » du pays.

Parmi ceux qui cultivent le sol, tendront à s'en aller aussi les plus démunis de terres, journaliers, domestiques, pour qui un salaire urbain même de simple manœuvre semblera attractif. Ajoutons-y nombre de jeunes filles qui chercheront à se « placer » en ville comme bonnes. Cela diminue une certaine pression sociale au village, source naguère d'agitation ; mais cela raréfie en même temps la main-d'œuvre, et donc la renchérit. En Auvergne, un valet de ferme qui gagnait 150 F vers 1840 en atteint 340 dès 1863, le prix de la « journée » occasionnelle, s'élevant d'un tiers. D'où l'incitation, pour les exploitants, à un début de mécanisation agricole sous forme de faucheuses ou moissonneuses tractées par des chevaux, la diffusion de la batteuse à vapeur épargnant quant à elle le long et pénible battage au fléau.

Or c'est là, tout comme l'usage d'engrais chimiques, un investissement coûteux hors de portée des plus modestes. Naguère encore largement autarcique, la paysannerie se voit de plus en plus contrainte d'entrer dans une économie d'échanges et d'acheter ou vendre à l'extérieur. Avec cette double conséquence : d'une part d'ajouter aux traditionnels aléas climatiques ceux d'une conjoncture économique dégradée à partir des années soixante-dix, et les effets d'une concurrence croissante au sein d'un marché national parfois saturé, qu'on tente avec plus ou moins de succès de protéger contre les importations étrangères ; d'autre part d'aggraver les différenciations entre paysans, selon qu'ils ont ou non les moyens d'une telle adaptation.

Face aux vrais entrepreneurs de culture que sont tels gros fermiers de l'Ile-de-France, possédant capitaux, matériel agricole, attelages et employant une abondante main-d'œuvre (en 1906, quelque 45 000 chefs d'exploitation ont de 6 à 50 domestiques ou ouvriers agricoles), et à ces paysans à l'aise (1,3 million en 1906) qui occupent de 1 à 5 salariés, restent ces petits exploitants, propriétaires ou non[1] n'ayant d'autre main-d'œuvre permanente que leur famille (2,5 millions) : modèle vanté d'une « République des paysans », dont on doit pourtant mesurer le revenu médiocre, la part d'autosubsistance et l'incapacité fréquente à participer au progrès du secteur agricole.

Résultat du partage successoral égalitaire et pour une part aussi du morcellement de domaines mis en vente vu le déclin des revenus de la terre à la fin du siècle, la contenance moyenne par cote foncière continue à baisser : de 3,9 ha en 1851, elle tombe à 2,7 en 1884. A cette date, plus de la moitié des exploitations seraient inférieures à 5 ha, seuil limite de rentabilité sauf naturellement en pays de vignoble ou de cultures maraîchères, et 4 % seulement dépasseraient 40 ha.

Individualiste avant tout, la paysannerie française découvre cependant en cette période, face à la dégradation des cours agricoles ou aux ravages d'une catastrophe comme le phylloxéra, les vertus de l'association. Autour de deux organismes rivaux, la très conservatrice Société des agriculteurs de France fondée en 1867 — le nombre parmi ses membres de grands propriétaires nobles la fera surnommer la « société des ducs et des marquis » — et la Société nationale d'encouragement à l'agriculture, d'esprit républicain, suscitée en 1880 par Gambetta[2], se développe, après la loi de 1884, un syndicalisme agricole visant avant tout des objectifs pratiques (on parlera de « syndicats boutiques », pratiquant notamment l'achat collectif à des prix plus avantageux) et animés souvent par des notables locaux. En rapport avec les syndicats se développent des caisses mutualistes offrant enfin un véritable crédit agricole (loi Méline, 1884), puis des coopératives et des assurances mutuelles. Un syndicalisme ouvrier se répand par ailleurs, suscitant des grèves chez certaines catégories comme les résiniers des Landes ou surtout les ouvriers viticoles du Midi dans les années quatre-

1. En 1882, 31 % des agriculteurs seraient des propriétaires, 19 % des propriétaires recourant en outre à la location, 7 % des fermiers (concentrés surtout dans le quart nord-ouest du pays), et 3 % des métayers, le reste ayant le statut de domestiques ou journaliers agricoles.

2. C'est en 1881 qu'est créé un ministère de l'Agriculture, signe de l'intérêt que les Républicains entendent montrer pour les paysans.

vingt-dix. Dans cette dernière région où la reconstruction du vignoble après la crise phylloxérique amène une grave surproduction, c'est en fait tout le monde de la vigne, gros et petits, qui se soulève en 1907 autour de Marcelin Albert, avec des accidents graves (4 morts à Narbonne, mutinerie du 17e de ligne fraternisant avec les manifestants). Il en restera un resserrement de la solidarité entre viticulteurs, avec une confédération générale des vignerons du Midi et un développement des caves coopératives. Ce mouvement coopératif, encouragé par les pouvoirs publics (loi Ruau, 1906), trouve également un terrain favorable dans les régions laitières comme le Jura ou les Charentes. Prenant ainsi conscience de son poids social et politique, le monde paysan s'organise et obtient, à côté des mesures de soutien (songeons au renforcement du protectionnisme douanier incarné par le très apprécié ministre Méline) qui l'aideront à pérenniser jusqu'en 1914 des structures parfois dépassées, des incitations au progrès dont les plus aisés ou les plus dynamiques sauront profiter.

Progrès et problèmes urbains

Si le milieu rural évolue peu à peu, et plus sans doute qu'on ne l'imagine, le monde urbain, lui, connaît, au moins dans les cités de quelque importance, une mutation accélérée. L'illustre en premier lieu la transformation souvent spectaculaire du cadre topographique et des équipements offerts à des citadins sans cesse plus nombreux.

L'haussmannisation qui, à l'imitation de la capitale, se manifeste un peu partout par de grands travaux urbains, percement de rues, construction de nouveaux édifices, se réfère à toute une conception presque physiologique de la circulation d'après laquelle, notamment grâce à l'achèvement du réseau ferroviaire, chaque ville pour sa région, et Paris pour la France entière, doit jouer le rôle d'un véritable cœur, pompe aspirante et foulante des hommes et des richesses. D'où la place éminente dévolue aux gares, nouvelles portes d'entrée de la ville — ce qui justifie leur fréquente monumentalité — et à leur desserte par de larges voies adaptées à un trafic intense qui les joindront aux centres d'activité ou de pouvoir. D'où le rôle également des halles et marchés dont l'approvisionnement débordant symbolise au mieux l'accès à certaine abondance surmontant définitivement les vieilles hantises alimentaires, en même temps — songeons au *Ventre de Paris* — que l'impressionnante consommation d'une grande cité.

Aux motivations économiques des grands travaux urbains engagés sous le Second Empire et prolongés, on l'oublie trop, dans les décennies suivantes, s'ajoutent des préoccupations sociales et hygiénistes (faire disparaître des taudis, des quartiers insalubres propices aux épidémies de choléra) généralement sous-estimées par l'historiographie au profit d'un souci d'ordre public (en finir avec les ruelles à barricades) qui, sans être absent, reste en fait secondaire. On ne saurait oublier enfin toute une dimension esthétique et une volonté affirmée d'embellir la ville en la dotant de larges voies, d'immeubles de prestige, et, pour développer cet exemple, d'importants jardins publics. A Paris, sous la direction d'Alphand, on aménage ainsi 2 « bois », 5 « parcs » ou « jardins » et 19 « squares », la province n'étant pas en reste avec, à Lyon, le vaste parc de la Tête d'or, ou, à Rennes, celui du Thabor.

A des aménagements discrets encore que fondamentaux (égouts, adduction d'eau potable), la ville ajoute cet élément spectaculaire qu'est un éclairage sans cesse amélioré : aux becs de gaz de plus en plus nombreux commencent à s'ajouter, à la fin des années quatre-vingt, les premiers succès de la « fée électricité », laquelle offrira aussi, au seuil du XXe siècle, la solution d'avenir au problème des transports urbains avec les tramways électriques (relayant la traction hippomobile) et, à Paris, le premier « métro ».

Plus que jamais, la ville montre son animation, ce cadre rénové se prêtant à l'épanouissement des lieux de distraction (théâtres, grands cafés...), aux manifestations de prestige (expositions régionales, coloniales ou, à Paris, universelles avec des millions de visiteurs) ou à des formes commerciales renouvelées. C'est ainsi qu'à la mode des passages couverts succède le triomphe des grands magasins, dans la capitale surtout[1] mais bientôt aussi en province avec les « Dames de France » ou les « Nouvelles Galeries » (1899). Autant d'éléments contribuant à l'attrait — d'aucuns diront au

1. Amorcé sous le Second Empire, leur succès se confirme avec extension ou construction de nouveaux bâtiments prestigieux : on commence en 1869 le nouveau magasin du « Bon Marché », le « Printemps » est rebâti après incendie en 1885, le « Louvre » finit par occuper tout le vaste immeuble, rue de Rivoli, dont il n'avait au départ que le rez-de-chaussée.

mirage — de la vie urbaine. Paris surtout fascine, à la fois ville-lumière, ville de plaisir, pour les étrangers comme pour les provinciaux aisés, symbole d'embauche et de salaire élevé pour le maçon creusois, le journalier breton, promesse de toutes les réussites enfin depuis l'Auvergnat épargnant en vue d'un fonds de commerce de « vin, bois et charbon » jusqu'à l'avocat méridional « monté à Paris » pour y faire une carrière politique.

Bien des problèmes, en fait, les y attendent, l'un des premiers étant celui du logement. La construction massive d'immeubles dans les centres urbains rénovés ou dans des quartiers neufs à la périphérie, résultat concret de l'haussmannisation, apporte-t-elle la solution ? En substituant à des bâtisses insalubres des constructions de qualité, elle crée parfois un décalage entre cette offre de logements plus confortables voire luxueux et la capacité de nombreux citadins d'en payer le loyer. D'où l'éviction de fait des anciens habitants amenés à rechercher un habitat moins cher dans les faubourgs ou les banlieues. D'où également, dans le jugement porté sur l'haussmannisation, le fréquent reproche d'avoir engendré une ségrégation sociale au sein de la ville. Qu'en est-il ? S'il est incontestable que la suppression d'un îlot de taudis, comme à Paris la « Petite Pologne » sur le tracé de la nouvelle avenue de l'Opéra, renforce l'homogénéité sociale d'un quartier, on ne peut généraliser l'évolution simpliste, souvent figurée, d'une maison à l'ancienne où, selon l'étage, toutes les classes auraient été représentées, vers un immeuble de rapport uniformément peuplé de bourgeois. Une ségrégation existait en effet avant l'haussmannisation, tant à Paris que, par exemple, à Rouen où dès l'Ancien Régime un violent contraste social opposait l'est pauvre à l'ouest de la ville. Les grands travaux, sauf création de toutes pièces de « beaux quartiers » (comme dans la capitale celui du parc Monceau), ne font le plus souvent que greffer du neuf sur le vieux : cas d'une nouvelle percée comme le boulevard de Sébastopol, auprès duquel subsiste dévalorisé l'ancien axe de la rue Saint-Denis. Si bien qu'en dépit de tropismes évidents (au Havre la bourgeoisie cossue s'établit sur la « côte », à Marseille elle est plus nombreuse à l'est que sur le Vieux Port...), un certain mélange social subsiste. A Paris en 1872 d'après J. Rougerie, les ouvriers majoritaires dans l'est ne sont absents d'aucun arrondissement, même le VIIIe ou le XVIe, les classes aisées ayant besoin près d'elles de toute une main-d'œuvre d'artisanat ou de service.

Reste la question, longtemps mal résolue sinon par l'entassement dans des taudis, du logement des plus pauvres en des villes qui ne cessent de croître. A Paris, à la fin du siècle, 68 % des valeurs locatives sont inférieures à 300 F, chiffre encore trop élevé pour beaucoup. D'où ces rapports peut-être plus tendus avec le « proprio » qu'avec le patron, que traduisent chanson populaire et caricature engagée dans une obsession du « terme », de la saisie et de « M. Vautour ». Avant d'être guillotiné en 1892, l'anarchiste Ravachol s'écrira : « Si tu veux être heureux, nom de Dieu, pends ton propriétaire ! »... L'idée d'un « logement social » sera longtemps laissée à l'imaginaire utopique — une réalisation tardive en devait être le « Familistère », habitat communautaire conçu par le métallurgiste Godin à Guise, en 1865 — ou à l'initiative des philanthropes : la Société industrielle de Mulhouse lance ainsi le modèle d'une cité pavillonnaire pour ouvriers. Napoléon III n'ira guère au-delà de l'essai d'une « cité Napoléon » à Paris. Ce n'est qu'en 1894 que le ministre Jules Siegfried, à partir d'une expérience municipale havraise, fera voter une loi facilitant la construction d'Habitations à Bon Marché (HBM), aux résultats encore modestes en 1914.

Le modèle bourgeois

Dans une société volontiers qualifiée de « bourgeoise » par référence à son élément dominant, il n'est pas si facile de définir ce qu'est au juste un bourgeois. Assimiler d'emblée la bourgeoisie — ou même seulement la « grande bourgeoisie » — aux milieux d'affaires n'a d'autres justifications que des postulats théoriques privilégiant le seul critère économique. Dans la réalité du XIXe siècle finissant, qu'est-ce que les contemporains pouvaient considérer comme relevant de ce milieu social ? A partir des enquêtes menées dans quelques grandes villes d'alors, notamment Rouen pour les années 1880[1], on peut proposer au moins les critères essentiels qui semblent s'imposer.

Bourgeois d'abord celui qui en a les moyens, condition qui exclut d'emblée les quelque deux tiers de citadins ne laissant à leur mort aucun patrimoine. Le bourgeois est l'homme qui a du bien, qui ne vit pas seulement au jour le jour et qui le plus souvent per-

1. J.-P. Chaline, *Les bourgeois de Rouen*, *op. cit.*

çoit quelque revenu en plus de ceux de son travail. En ces temps de stabilité monétaire où l'épargne est reine, où la rente 3 % sur l'Etat est le placement type du père de famille, la norme est de maintenir ou, mieux, d'accroître sa fortune, l'appauvrissement semblant sanctionner l'imprévoyance ou une vie dissipée. L'avoir suffit-il, cependant ? On constate qu'à revenu égal, un employé de bureau est plus considéré qu'un artisan, tandis qu'un boutiquier même enrichi reste un « fournisseur » toisé avec quelque dédain. Autant dire qu'au critère purement économique doit s'ajouter une attention au comportement social : outre l'argent compte l'usage qu'on en fait. L'avoir est ainsi le moyen de paraître, en permettant un train de vie conforme à celui d'un certain milieu, marqué par certaines dépenses qui « classent ». A ce titre l'on pourra dire que le bourgeois, « c'est celui qui a un piano dans son salon ». Car le piano implique toute une « éducation » reçue de la famille, et le salon tout un « standing » qui n'est pas celui du commun. Tout cela suppose l'aisance, mais l'argent s'estompe derrière son emploi et ces multiples signes, en apparence secondaires, auxquels se reconnaissent les gens d'un même « monde ». On passe là, déjà, au niveau des mentalités, marquées par la conscience de certaines valeurs communes — travail, épargne, sérieux, dignité de vie, foi au progrès, attachement à la fois à l'ordre et à la liberté... — mais en même temps par le sentiment aigu d'une différence avec d'autres couches sociales jugées « inférieures » sinon dangereuses. D'où la réprobation quasiment unanime, justifiant toutes les répressions, face aux troubles de la Commune ou aux attentats anarchistes. D'où plus encore, malgré la prétention à faire partager ses valeurs et à se présenter en modèle, le constant effort de la bourgeoisie pour maintenir les éléments de distinction et rester entre soi, ce dont témoignent tout aussi bien les choix matrimoniaux, la vie de société et jusqu'au désir d'être inhumé ailleurs et autrement que le commun, dans l'ultime vanité d'un monumental tombeau au sein de quelque Père-Lachaise.

Groupe très minoritaire (environ 15 % de la population urbaine, parmi lesquels un dixième peut-être relève pleinement d'une « grande bourgeoisie »), cette couche sociale s'avère en même temps très diverse. Y figure certes en bonne place une bourgeoisie d'entreprise fondée sur le profit. Riche, active, reposant sur une large base boutiquière et s'élevant, avec le grand négoce, l'usine ou la banque, jusqu'aux plus hauts sommets de la fortune et de la notoriété, elle n'est cependant pas seule. A ses côtés s'épanouissent d'autres types de bourgeois, souvent tout aussi riches et considérés : bourgeois de la rente, vivant de revenus fonciers ou boursiers, qui incarnent en plein siècle de l'industrie la permanence d'un idéal d'oisiveté inspiré de modèles aristocratiques ; bourgeois du savoir, aussi, exerçant ces activités intellectuelles, artistiques, juridiques, scientifiques ou encore administratives dont l'importance ne cesse de grandir en cette fin du XIXe siècle. Trois grandes catégories de bourgeois, qu'on ne peut aucunement ramener aux classiques « grande », « moyenne » et « petite » bourgeoisies, mais qui se répartissent au contraire sur toute l'échelle de la fortune et du prestige que cette hiérarchie suggère.

La bourgeoisie inclura donc tout aussi bien des « capitalistes » tels les patrons textiles du Nord Motte ou Prouvost, le célèbre chocolatier Menier, et les grands banquiers Péreire ou Henri Germain (fondateur du Crédit lyonnais), que des hommes comme Jules Ferry ou même Emile Zola.

Parler globalement de « la » Bourgeoisie, c'est oublier de même bien d'autres éléments de diversité : les options politiques, qui répartissent en fait les bourgeois sur tout l'éventail des partis ; les appartenances religieuses qui par exemple distingueront une « HSP » (c'est-à-dire une haute société protestante) ou encore une bourgeoisie israélite, à l'endogamie prononcée. Il faut songer aussi aux spécificités urbaines : chaque ville, en fonction de ses activités dominantes mais également de toute son histoire, imprime sa marque à ses élites. Le contraste est ainsi total entre les bourgeois de Rouen, prudents, terriens, conservateurs à force d'être modérés, et leurs voisins du Havre ouverts sur le grand large, la spéculation et montrant des idées avancées : d'un côté le filateur Pouyer-Quertier, candidat officiel sous l'Empire puis tenant du protectionnisme douanier, de l'autre un Félix Faure dont on sait la carrière éminemment républicaine. Faut-il ajouter enfin que cette bourgeoisie n'est pas non plus une caste immuable ? Examinée sur plusieurs générations, elle révèle, à côté de lignées patriciennes et de « grandes familles » (songeons aux « rois du Creusot » Schneider et aux vraies dynasties des Périer ou des Carnot, qui chacune fourniront un président de la République), un permanent renouvellement par des hommes nouveaux. Y contribuent certains changements politiques, l'arrivée au pouvoir des républicains s'accompagnant d'une relève — voire pour les magistrats d'une épuration — des élites dirigeantes. Certaines innovations économiques aussi, les grands magasins voyant l'étonnante ascension, outre les Boucicaut, des Cognacq-Jay à la « Samaritaine » ou d'un Ruel au « BHV », et l'électricité ou l'automobile assurant la fortune de tel inventeur ou ingénieur. Mais il faut songer également à l' « usure » naturelle des familles de chefs d'entreprise, ce qu'exprime la « loi des trois générations »[1], et enfin aux effets d'une ascension par le mérite et le diplôme.

Ce qui unit cette bourgeoisie par-delà toute sa diversité, c'est, outre des valeurs communes proposées au reste de la société, un certain mode de vie que les simples classes moyennes s'évertueront souvent à imiter. Mieux que les descriptions trop sensibles à l'exceptionnel — de la « fête impériale » au « mangeur du XIXe siècle »... — l'analyse des budgets familiaux, soigneusement tenus à l'époque en milieu bourgeois, éclaire ce quotidien et l'importance qu'on y donne à certains frais de prestige. On admet généralement (c'est ce qu'on appelle la loi de Engel) que plus le revenu augmente, plus la part consacrée à l'alimentation décroît et plus celle des dépenses diverses augmente, les frais de logement et d'habillement restant proportionnellement les mêmes ; chez les ménages bourgeois, ces derniers postes sont jugés assez prioritaires pour justifier éventuellement une grande parcimonie ailleurs. Essentiel est en effet le vêtement qui dans sa dignité très sobre pour les hommes, son luxe plus ostentatoire pour les dames (encore ne faut-il pas généraliser l'apparat des festivités mondaines) reste un facteur d'identification sociale. Tout aussi grand est le souci d'un logement reflétant le rang de ses habitants. Outre la préférence pour certaines rues, certains quartiers, la maison bourgeoise ou, à Paris, l'appartement dans quelque immeuble haussmannien confortable au décor suggérant l'opulence, répondra par son organisation, à un double objectif : préserver l'intimité familiale, à laquelle ce milieu attache une grande importance, et permettre un certain décorum, notamment dans des pièces d'apparat où seront accueillis les visiteurs. Si la salle à manger est aussi d'usage quotidien (on ne saurait manger à la cuisine ni sans certain apprêt que rend plus accessible, pour l'argenterie, l'invention du ruolz exploitée par Christofle), c'est surtout le salon qui remplit cette fonction. Décoré aussi richement que possible (tableaux, tentures, bibelots, sans oublier le symbolique piano), il traduira non seulement le niveau de fortune mais, plus encore, l'intégration à un réseau de

1. Très schématiquement, le père crée l'entreprise, le fils en hérite et la maintient, le petit-fils la laisse dépérir ou la vend.

sociabilité mondaine illustré notamment par l'usage, pour Madame, d'avoir un « jour » de réception.

Le bureau de Monsieur, avec sa bibliothèque bien fournie, exprimera pour sa part un souci culturel croissant. S'il est encore prématuré de voir dans le baccalauréat une sorte de « brevet de bourgeoisie », soulignons ce fait que l'instruction, autant que la fortune, distingue le bourgeois des catégories populaires, avec au moins ce vernis classique et ce peu de latin qu'inculque, au lycée, l'enseignement des « humanités ».

L'évolution de la condition ouvrière

Environ 3 millions d'ouvriers vers 1870, guère plus en 1901, stagnation reflétant les effets de la dépression mais aussi le déclin des industries rurales, enfin quelque 4,7 millions en 1911 : la progression reste modique, très en deçà des grands pays voisins. Des statistiques plus précises, réunies notamment par l'Office du Travail, et des méthodes d'enquêtes améliorées notamment à la suite des travaux de Le Play[1] aident à dépasser certaines visions trop schématiques ou polémiques sur la condition ouvrière. Il paraît incontestable que celle-ci s'est améliorée depuis le temps de Villermé. Mais pas assez sans doute pour ne pas laisser aux intéressés le sentiment d'avoir trop peu bénéficié de la croissance générale. « De la misère à la précarité », résume Yves Lequin, suggérant par là un progrès mais aussi les incertitudes maintenues d'une « existence à cahots » où les aléas de l'embauche et un chômage périodique obligent à vivre au jour le jour, sans les moyens de faire face au risque d'accident ou aux sombres perspectives de la vieillesse.

Le dualisme structurel de l'industrie française, juxtaposant modestes ateliers et grandes usines[2], se reflète à travers les chiffres de 1906 : un tiers des salariés industriels travaillent dans des établissements employant moins de 10 ouvriers, lesquels représentent

1. Frédéric Le Play (1806-1882) est l'initiateur d'une analyse sociologique moderne, présentée en 1855, dans son livre *Les ouvriers européens*. Par ailleurs sa vision sociale développant l'idée des devoirs des élites à l'égard des classes populaires, contrepartie de leur fortune et de leur autorité, contribue au développement, notamment dans le monde industriel, d'un paternalisme mêlant respect des hiérarchies et générosité.

2. On compte ainsi en 1906 4 000 ouvriers dans l'aciérie de Wendel à Jœuf, et 20 000 chez Schneider au Creusot. En 1913, l'usine Renault de Billancourt en aura déjà 3 500.

59 % du total, les usines de plus de 100 ouvriers en formant, elles, 25 %[1]. La moyenne est de 4,3 ouvriers par employeur, ce qui suggère que ces « patrons », au nombre de presque 800 000, sont en majorité de petits artisans guère supérieurs à leurs salariés, toute une transition s'esquissant en fait de l'ouvrier à domicile ou au façonnier jusqu'au producteur indépendant.

En 1911, la population active industrielle se révèle encore massivement liée à un textile qui a pourtant cessé d'être secteur de pointe : 42 % de cette main-d'œuvre y travaille, la métallurgie n'en ayant que 15 %, à peine plus que le bâtiment (14 %), et la mine, malgré le mythe qui commence à s'y attacher, ne dépassant pas 5 %. Important, le travail des femmes dans l'industrie, à peu près stable en pourcentage, passe de 1,5 million d'ouvrières en 1876 à 2 millions en 1906, fortement concentrées là aussi dans le textile. Soit en usine (en 1910 la main-d'œuvre des filatures lilloises est féminine à 45 %), soit à domicile, en particulier dans la confection : en 1904, sur 800 000 ouvriers en chambre, 90 % sont des femmes, payées à la tâche avec souvent toute la rigueur du *sweating system*.

Comme celui de « bourgeois », le terme d' « ouvrier » recouvre à la vérité des éléments divers dont le prolétaire des grandes usines n'est qu'un type parmi d'autres. Si la décadence de l'artisanat rural à domicile rend la classe ouvrière plus citadine, celle-ci continue d'inclure une part importante de « gens de métier » travaillant en particulier dans le bâtiment mais également dans un artisanat très qualifié. Elle s'adjoint enfin dans cette seconde moitié du siècle la main-d'œuvre considérable des chemins de fer ou encore des tramways. Toutes catégories au statut, au niveau salarial variés, même s'ils ont en commun une situation relativement médiocre.

Principal élément de progrès, les salaires se sont sensiblement accrus. En hausse sous le Second Empire, reflet de la prospérité économique, ils résistent au renversement de la conjoncture et, de 1873 à 1900, continuent de croître d'environ un tiers, une augmentation plus rapide accompagnant la reprise des affaires à la Belle Epoque. Salaire minimal sans doute, à rapprocher du coût de la vie pour évaluer la réalité du pouvoir d'achat. Or si les prix alimentaires étaient élevés sous le Second Empire, ils diminuent sensiblement dans les deux décennies qui suivent, faisant paradoxale-

1. Cf. Alain Dewerpe, *Le Monde du travail en France, 1800-1950*, Paris, 1989.

ment de cette période de dépression une période de hausse (d'environ 40 %) du pouvoir d'achat ouvrier. Les années 1900 au contraire voient reparaître un problème de « vie chère » qui a sans doute sa part dans l'agitation sociale d'alors. Mais au total, le progrès est certain. En moyenne l'ouvrier français vit mieux, seule en Europe l'Angleterre verse des salaires supérieurs. L'essentiel de son gain va à la nourriture et à l'habillement ; le logement est très nettement sacrifié, en rapport peut-être avec un mode de vie spécifique donnant le pas à une sociabilité de la rue, du café, aux dépens de la sphère domestique.

Un autre progrès réside dans une législation sociale levant certaines entraves ou améliorant les conditions de travail. Rappelons que la période voit, à vingt ans de distance, se libéraliser les attitudes officielles quant à la grève et au droit syndical. La loi du 19 mai 1874 interdit le travail industriel avant l'âge de 12 ans, prohibant également le travail de nuit jusqu'à 16 ans pour les garçons et 21 ans pour les filles. La loi du 2 novembre 1892 réduit la durée du travail : dix heures par jour jusqu'à 16 ans, et pour les femmes pas plus de onze heures, des décrets de 1893 écartant également femmes et enfants des travaux dangereux ou insalubres. La loi Millerand, en 1900, programme la réduction à dix heures du travail journalier des femmes et des moins de 18 ans, étendant même l'avantage aux hommes travaillant dans les mêmes locaux. Enfin une loi de 1905 abaisse à huit heures la durée du travail dans les mines. De manière générale, le travail masculin, qui avoisinait naguère douze heures, s'abaisse en pratique à dix à la veille de la guerre, les syndicats réclamant désormais une journée de huit heures. Quant au repos hebdomadaire, la loi de 1906 en généralise une pratique déjà très courante.

Parallèlement, mais avec un grand retard sur l'Allemagne, se met en place un système d'assurances ouvrières. La loi du 9 avril 1898 met à la charge du patron les frais encourus par les accidents du travail ainsi qu'une éventuelle pension à la veuve et aux orphelins. Celle du 5 avril 1910 institue enfin un système d'assurance-vieillesse, mal accueilli d'ailleurs par le monde ouvrier qui accepte mal d'avoir à cotiser. L'insatisfaction ouvrière, malgré de très réels progrès en un demi-siècle, tient peut-être en partie au sentiment d'avoir fort peu de chances de sortir de sa condition. Si les ouvriers de l'artisanat peuvent espérer se mettre un jour à leur compte, que peuvent attendre ceux de la mine ou de l'industrie ? Le *turn-over* croissant, la dénonciation des « bagnes » que seraient les grandes usines avec leur discipline et leurs contremaîtres, et naturellement la violence, évoquée plus haut, des conflits sociaux, autant d'indices d'un malaise du monde ouvrier dans cette société de la « Belle Epoque ».

Milieux traditionnels et « couches nouvelles »

Malgré la place majeure qu'ils y tiennent, bourgeois et ouvriers ne résument pas la société urbaine du siècle finissant. D'autres catégories gardent leur importance, d'autres encore voient leur rôle s'accroître.

L'aristocratie, dont l'Assemblée de 1871 a vu le dernier éclat politique, garde une puissance sociale en mainte région. Economiquement affaiblie par la baisse durable des revenus fonciers, elle sait aussi — parfois pour son malheur : songeons au krach de l'Union générale, dont pâtirent maintes fortunes nobiliaires — placer ses fonds en valeurs boursières et ne dédaigne pas de prêter son nom à quelque conseil d'administration. Quelques mariages avec de riches roturières aptes à redorer un blason (un Polignac épouse la fille du spéculateur marseillais Mirès, un autre s'unira à l'héritière Singer...) ne doivent pas faire imaginer une fusion avec la haute bourgeoisie : c'est celle-ci qui se sent honorée d'être admise à telle réception, à tel cercle fermé. Des annuaires comme le « Tout-Paris », le « Bottin mondain », des clubs très « select » comme le « Jockey » pérennisent la distinction. Des salons dont Proust offre un aperçu, des bals, des manifestations hippiques ou sportives (le comte de Dion fonde l'Automobile-Club en 1895), des œuvres de bienfaisance (tel le fameux Bazar de la Charité) donnent le ton à la vie mondaine. Vivant souvent de son revenu, mais occupant encore une place notable dans l'Armée, l'Eglise ou le « Quai », c'est-à-dire la diplomatie, cette aristocratie garde assez de prestige, dans ce pays démocratique, pour susciter mainte usurpation, le nombre des particules affichées dépassant de très loin celui des nobles reconnus. Sans menacer vraiment ni le régime ni la suprématie de la bourgeoisie, elle maintient au-dessus d'elle le souvenir d'une prééminence qui la fascine encore.

A l'autre extrémité de l'échelle sociale, une catégorie qu'on risquerait de négliger, n'y voyant qu'une survivance, alors que ses effectifs ont probablement culminé à l'époque : les domestiques. Ils seraient 1 156 000 en 1881, dont 70 % de femmes. Et si leur part dans la population active commence à décliner (6,5 % sous le Second Empire, 4,5 % en 1911), ils restent singulièrement présents dans une société où la vie bourgeoise — *a fortiori* aristocratique — ne se conçoit pas sans eux. On imagine mal en effet, aujourd'hui, à quel point la mentalité des élites sociales de l'époque exclut tout travail physique ou servile, non seulement dans les tâches ménagères mais jusque dans les soins du corps : se laver, se coiffer, s'habiller... Aussi l'emploi au moins d'une bonne est-il l'indice par excellence d'appartenance à ces milieux, le coût longtemps très limité des gages (en moyenne quelque 500 F par an en province, un peu plus à Paris, ou à la fin du siècle), surtout pour les femmes, n'en faisant d'ailleurs nullement l'apanage des plus fortunés. Ceux-ci se distingueront par le nombre et la spécialisation de leur personnel : valets et femmes de chambres, cuisinière, éventuellement cocher, nurse ou enfin, statut supérieur mais encore semi-ancillaire, gouvernante ou précepteur privé pour les enfants. D'origine surtout rurale, et réussissant souvent, puisque entretenus par leurs employeurs, à se constituer un modeste pécule, les domestiques, traités tantôt chichement et suspicieusement, tantôt plus généreusement tels ces vieux serviteurs dévoués qui semblent « faire partie de la famille », ont une situation ambiguë : à la fois intimement mêlés à la vie de leurs maîtres et ostensiblement cantonnés « à leur place » par une tenue spéciale, le parler à la troisième personne (« Madame est servie »), l'usage des chambres de bonnes au 6e étage de l'immeuble haussmannien et l'escalier de service ; à la fois classés au plus bas de la société vu leur dépendance de tous les instants ou leurs tâches serviles, et plus proches, souvent, que bien des ouvriers d'un monde bourgeois qu'ils ont connu de près et dont ils tirent quelques menus profits.

Evoquons enfin ces catégories sans doute moins caractérisées — en témoignent les incertitudes du vocabulaire : « classes moyennes », « couches intermédiaires », « petite bourgeoisie » ? — mais dont le gonflement numérique et l'affirmation sociale sont un des traits marquants de la fin du siècle. La théorie marxiste annonçait une bipolarisation croissante autour de l'affrontement bourgeois/prolétaires, et c'est une société plus que jamais ternaire que nous découvrons, le secteur tertiaire en rapide croissance multipliant les effectifs de ces milieux-tampon, d'origine largement populaire mais aux aspirations bourgeoises.

Recrutant moins sans doute parmi les travailleurs urbains que dans les campagnes où l'école commence à drainer les éléments aptes aux carrières citadines, et donc liées assez largement à la mobilité géographique, ces catégories trouvent les moyens de leur essor soit dans le monde traditionnel de la boutique, soit dans les emplois offerts en nombre par le grand commerce, ou de plus en plus, par les services publics.

Si l'artisanat tend à reculer, concurrencé par la fabrication industrielle, sauf en des branches restées en marge du renouvellement technologique comme le bâtiment, on assiste à une nette croissance du petit commerce en dépit des grands magasins ou d'entreprises à succursales multiples comme Félix Potin. Il subsiste là une voie d'ascension pour les éléments populaires et l'on ne doit pas sous-estimer la dignité qui s'attache au paiement d'une patente même minime, symbole d'indépendance. D'une certaine manière, on retrouve un peu l'équivalent de la petite propriété paysanne dans la boutique familiale, où chacun travaille dur — on peut parler d'auto-exploitation — mais à son compte. On totalisera en 1910 1 million et demi de patentes, dont près de 500 000 débits de boissons, ces « salons de la démocratie » selon Gambetta qui en a libéralisé l'ouverture. Mais l'épicier de quartier, le boulanger, le coiffeur aussi (47 000 en 1896, 61 000 en 1911) tiennent une place croissante.

L'essor du petit commerce et le triomphe des grands magasins multiplient les emplois, pour une part féminins, de commis, vendeurs, chefs de rayon. A Paris, le Bon Marché emploie quelque 4 500 personnes et le Louvre presque autant. La vie de ces employés est souvent dure, pris entre une autorité hiérarchique exigeante et une clientèle capricieuse, avec des horaires pas toujours définis et des obligations vestimentaires ; mais elle présente aussi des avantages, à un fixe souvent médiocre s'ajoutant des primes ou une « guelte » sur les ventes, sans parler d'une promotion interne et parfois d'avantages sociaux appréciables comme chez la très paternaliste madame Boucicaut. A ce monde de la vente s'ajoutent les innombrables employés aux écritures ou les comptables des grandes entreprises et tout spécialement des banques, avec leurs succursales multipliées.

L'Etat, enfin, double pratiquement l'effectif des services publics entre le Second Empire et la Belle Epoque. Sur quelque 460 000 fonctionnaires civils en 1914, une grande partie relève de l'Instruction publique (150 000, au lieu de 65 000 en 1866) et des Postes (120 000) ; deux carrières, on le notera, ouvertes aux femmes qui représentent déjà un cinquième des petits fonctionnaires. Les traitements sont modiques : un tiers sont inférieurs à 1 000 F par an, la moitié entre 1 000 et 2 000 F. Mais compense cette médiocrité l'attrait d'une carrière sûre, avec avancement (en 1913, un facteur parisien débute à 1 400 F et termine à 2 100 F) et finalement (depuis la loi de 1853) une pension de retraite. Malgré certaines contraintes (l'Etat refuse à ses fonctionnaires le droit syndical, d'où des grèves dures suivies parfois de révocations comme en 1909 pour les postiers), ces professions ont un succès croissant.

Ainsi se gonflent des classes moyennes au revenu, souvent, guère supérieur au salaire ouvrier, mais que leur mode de vie différent et leur volonté d'échapper à un travail manuel rapprochent d'une bourgeoisie qui constitue en fait leur modèle.

III – L'économie, 1851-1914

Entre 1851 et 1914, l'économie française connaît de profondes mutations. Tandis que le poids relatif de l'agriculture ne cesse de décroître, surtout à partir des années 1880, se succèdent deux mouvements d'industrialisation. Amorcée vers 1840, la première industrialisation française s'achève en gros vingt ans plus tard. Quant à la seconde, elle démarre dans les années 1890 pour s'accélérer vers 1905-1906 et s'interrompre avec l'éclatement du premier conflit mondial. Nonobstant la grande dépression des années 1860-1890, la croissance économique est incontestable. Ses conséquences ne le sont pas moins. Elle se traduit par une crise structurelle de l'agriculture ainsi que par une mutation de l'artisanat et du monde ouvrier, assure le triomphe des classes moyennes et favorise l'intégration sociale des ouvriers qualifiés, le niveau de ces travailleurs se rapprochant, en France, de celui de leurs homologues britanniques. Au cours des années 1851 à 1914, une croissance économique modérée, mais contrastée, s'accompagne d'une inflexion progressive du modèle de croissance sous le jeu combiné de l'offre et de la demande.

Une croissance économique modérée, mais contrastée

La croissance économique de la seconde moitié du siècle est à la fois modeste et irrégulière :

Tableau 1. — Taux de croissance annuels moyens du produit intérieur brut (en %)

Période	
Première période :	
1851-1866	+ 2,1
Seconde période :	
1866-1881	+ 1,0
1881-1896	+ 0,5
Troisième période :	
1896-1911	+ 1,3

Source : M. Lévy-Leboyer, F. Bourguignon, *L'économie française au XIXe siècle. Analyse macro-économique*, Paris, Economica, 1985 ; O. Marchand et C. Thélot, *Deux siècles de travail en France*, Paris, INSEE, 1991.

En effet, il n'existe pas une, mais des croissances — démographique, agricole, industrielle, commerciale —, la périodisation apparaît comme très délicate. Si dans le long terme la césure de 1896 apparaît très nette s'agissant du mouvement d'ensemble des prix (baisse avant, hausse après), une analyse fine montre qu'il existe un décalage dans la reprise de la hausse : elle affecte d'abord les matières premières, puis les industries de base, enfin les nouveaux produits industriels.

Trois périodes

Mais l'évolution de la production n'épouse pas celle des prix. Elle s'articule, semble-t-il, en trois périodes. Jusqu'au début, voire au milieu des années 1860, l'essor économique demeure vigoureux. L'agriculture joue encore un rôle moteur. En effet, l'achèvement de la révolution agraire se combine avec une forte hausse du prix du blé entre 1850 et 1855. Sur le plan industriel, les structures se modernisent. L'industrie se mécanise rapidement : en 1860, la France est devenue la première puissance industrielle d'Europe occidentale. Elle participe de plus en plus activement aux échanges internationaux. En revanche, elle n'est pas encore touchée par la révolution technique qui affecte la métallurgie : si elle poursuit son équipement en hauts fourneaux fonctionnant au coke, en la matière son retard est d'environ cinq ans sur la Grande-Bretagne.

A partir des années 1860, l'économie française s'engage dans « la grande dépression », laquelle se poursuit jusque vers 1896, voire 1905-1906, si l'on tient compte des médiocres performances réalisées entre 1893 et 1904. Trois facteurs y contribuent. Le premier, et le plus important, réside dans la crise agricole. Elle résulte de la conjonction de causes conjoncturelles — crise du phylloxéra —, mais aussi structurelles : montée de la concurrence des pays neufs, effondrement des marchés d'exportation, stagnation de la demande nationale, elle-même consécutive à la dénatalité. Le second facteur demeure discuté. L'avènement du libre-échange entraîne une accélération éphémère des échanges. Dans les années 1870, leur expansion laisse place à un ralentissement de plus en plus marqué jusqu'en 1895. Surtout, la position de la France au sein du commerce international se dégrade. Cette dégradation concerne notamment les échanges extérieurs de biens manufacturés. En effet, l'industrie n'assure qu'en partie le relais de l'agriculture. Il est probable que le paiement anticipé de l'indemnité de guerre à l'Allemagne affaiblit les capacités d'épargne nationale. De plus, malgré l'adoption des procédés modernes — Bessemer, Martin, Thomas et Gilchrist —, la sidérurgie française ne retrouve ses niveaux de production du Second Empire qu'au début des années 1880.

Si les années 1896-1905 voient s'amorcer une reprise, celle-ci s'accélère de façon spectaculaire avec le « premier XXᵉ siècle » (1906-1912) qui connaît au contraire une spectaculaire reprise. Elle tient pour l'essentiel à l'accélération de la croissance industrielle. Le retard de la France sur la Grande-Bretagne et l'Allemagne se stabilise, en raison d'un afflux supplémentaire de main-d'œuvre, de l'utilisation de nouvelles sources d'énergie — hydroélectricité notamment —, des gains de productivité réalisés dans certains secteurs — aluminium, automobile —, ainsi que des niveaux élevés de profits alimentant l'autofinancement des entreprises. Moins déterminant parait l'argument selon lequel le protectionnisme aurait favorisé la reprise. S'il permet, notamment à partir du vote du tarif Méline en 1892, un redressement des prix agricoles, il ne relance pas la croissance agricole. Il présente certes des avantages pour la croissance industrielle, mais justement parce qu'il n'est pas un protectionnisme rigoureux : à la veille de la première guerre mondiale, quarante pays environ bénéficient de la clause de la nation la plus favorisée. Il est donc probable que le rétablissement progressif de la croissance des exportations françaises observable au début du XXe siècle découle plus de l'extension de ce type de clause que de l'effet protecteur assuré par les tarifs douaniers de droit commun.

A partir de 1851, le cycle industriel rythme de plus en plus le développement économique. A l'origine des retournements conjoncturels se trouve une raréfaction relative des moyens de paiements, qui entraîne une crise boursière et financière. Néanmoins, elle ne prend d'ampleur que si elle entraîne — ou s'accompagne, selon les auteurs — une crise de surcapacités industrielles : tel est le cas en 1882-1883. En outre, le rôle de l'environnement s'accroît en raison à la fois de l'ampleur des conflits politiques — guerre de 1870, commune — et de l'interdépendance accrue des économies (crise de 1907). L'explication réside pour une très large part dans « la grande dépression », laquelle masque une modification profonde des structures de l'économie. Cette « grande dépression » atteint certes toute l'Europe de l'Ouest, mais frappe surtout la France. Les économistes (Fischer, Clark, Hansen) y voient trois explications majeures : un amenuisement de l'esprit d'entreprise ; une plus grande rigidité des facteurs de production ; l'épuisement de certains d'entre eux. Si la première continue d'alimenter les débats entre historiens, notamment en France et en Grande-Bretagne, l'achèvement de la mise en place des grandes infrastructures de base ne fait aujourd'hui guère de doute, non plus que l'incitation dans des secteurs moteurs comme le textile et la sidérurgie, à conserver des équipements anciens largement amortis, de préférence à des matériels plus récents, mais moins immédiatement rentables. De plus, le ralentissement de la croissance démographique freine la demande de biens de consommation et d'investissements sociaux.

Durant cette « grande dépression », l'agriculture plonge dans un profond marasme. Il y a certes poursuite de l'extension du domaine agricole, intensification de la production et spécialisation régionale, sous l'effet de nouvelles techniques telles que la conservation de la viande (frigorifique). Mais la surproduction entraîne la chute des prix agricoles : non seulement elle révèle de profonds changements dans la consommation alimentaire, mais encore elle montre le caractère trop spécialisé des exportations agricoles, la France étant jusqu'ici le principal fournisseur de blé de l'Europe. La crise agricole a un impact considérable. Les difficultés croissantes des agriculteurs exercent un effet de freinage de la consommation. Le monde rural subit à la fois les effets de la crise classique — mauvaises récoltes — et de la baisse des prix — récoltes trop abondantes. En outre, la dépression prolongée de l'agriculture accroît durablement les fluctuations du cycle. Le détonateur de la grande dépression réside néanmoins dans la crise industrielle, parce que l'industrie pèse désormais plus lourd que l'agriculture et que son poids relatif augmente au sein de la production nationale. En outre, le processus d'industrialisation ne repose plus sur l'existence d'une main-d'œuvre abondante et bon marché, mais sur les gains de productivité obtenus par l'entreprise. En effet, la lenteur relative de l'urbanisation réduit les possibilités de réajustements sectoriels. Il n'y a toutefois pas d'épuisement des réserves de main-d'œuvre : la France dispose de la population active relativement la plus élevée d'Europe et bénéficie d'un apport d'immigrants venus surtout de l'Europe du Sud peu industrialisée. En revanche, dans le long terme, les investissements industriels progressent fortement. Ils ne semblent pas souffrir du désengagement progressif des banques à partir du krach de 1882. Même si elles encouragent les placements des capitaux français à l'étranger, leur politique ne constitue pas un obstacle au renouveau industriel du début du XXe siècle, en raison du rôle essentiel de l'autofinancement.

Une industrialisation imparfaite

L'agriculture française demeure une activité essentielle, même si elle n'est plus le moteur de la croissance. L'utilisation du sol se modifie progressivement. Les landes et pâtis traditionnels reculent devant la mise en culture de terres nouvelles — Landes, puis Sologne —, mais sans bouleversement radical de la répartition des secteurs agricoles. La superficie labourable plafonne, la surface viticole stagne, en dépit de l'oïdium et du phylloxéra et d'une spécialisation géographique accrue, herbages et bois progressent. En revanche, le déclin des céréales secondaires et des vieilles plantes industrielles met en évidence la crise de la polyculture traditionnelle. La propriété reste une préoccupation majeure du monde paysan. Si les petits exploitants prédominent, la moyenne exploitation apparaît comme la principale bénéficiaire des mutations de structures. Persistent de forts contrastes interrégionaux : domination des petites exploitations au sud de la Loire, prépondérance des exploitations moyennes dans l'Ouest et le Massif central, concentration des grandes dans le Bassin parisien. Il existe trois modes d'exploitation bien typés : le faire-valoir direct, largement majoritaire sauf dans le Bassin parisien ; le métayage, en déclin constant ; le fermage qui, lui, connaît un développement à la fois inégal — déclin de 1865 à 1885 — et très localisé géographiquement (Bassin parisien, Ouest et Nord). L'exode rural traduit le surpeuplement relatif des campagnes. Trois situations se présentent : dans les régions surpeuplées d'agriculture traditionnelle, la diminution de la pression démographique facilite l'accès à la propriété ; dans les régions peu peuplées, l'exode rural et la dénatalité freinent la modernisation ; à l'inverse, sur les terres les plus productives, la réduction de la population agricole favorise la diffusion des nouvelles méthodes. L'exode rural exprime aussi dans les années 1850 un mouvement brutal de liquidation de la surcharge démographique, suivi d'un mouvement plus lent de désindustrialisation dès les années 1860. A partir de 1891-1896, cet exode pèse de façon sensible sur la transformation des structures agraires, ses effets n'étant plus compensés par l'accroissement naturel.

L'ouverture du monde rural reste limitée. De puissantes forces d'inertie subsistent. Le problème financier constitue la question essentielle : malgré la création des Caisses régionales de Crédit agricole en mars 1899, la modernisation des exploitations bute sur le manque de capitaux disponibles ; ceux qui le sont s'investissent en priorité dans les grandes entreprises, ce qui aggrave les clivages régionaux. Rare, l'enseignement agricole recule sous le Second Empire, mais s'améliore sensiblement à partir de la création de l'Institut national agronomique, le 9 août 1876. De plus, l'ouverture des marchés met le négociant en position de force par rapport au producteur. A l'inverse, les pratiques associatives se développent. Tandis que se forment des groupes de pression politique (la Société des agriculteurs de France en 1867), la loi Waldeck-Rousseau de 1884 donne une impulsion aux associations (Union centrale des agriculteurs de France en 1885, Union du Sud-Est en 1888). Des coopératives se créent, d'abord dans le Midi viticole, surtout pour le lait et le vin.

Les agriculteurs ont cependant cherché à augmenter les surfaces cultivées et à améliorer la productivité du sol. Sous le Second Empire, les changements s'intensifient : diminution de la jachère, essor de l'assolement triennal, amélioration des sols. Mais le progrès technique consiste plus en une adaptation technique qu'en une modernisation : la faux l'emporte sur la faucille. Il permet un rattrapage progressif, mais partiel, du nord par le sud et entraîne une dépendance plus étroite entre activité salariée et fluctuations des prix. La « grande dépression » interrompt cet essor en réduisant les moyens financiers et en creusant les écarts de productivité en faveur des grandes exploitations du nord de la France.

En effet, la croissance agricole apparaît contrastée. Le Second Empire se caractérise par une ample expansion, notamment pour les céréales, les cultures fourragères, les pommes de terre et la betterave à sucre. La monoculture s'implante dans certaines régions (Languedoc). Les transformations de l'élevage paraissent plus modestes : recul sensible des ovins, avancée des bovins et, plus encore, des porcins et des volailles. Entre 1875 et 1914 en revanche, l'on observe un recul généralisé des productions, puis une reprise modeste, légèrement accélérée durant les dix dernières années, au seul profit de l'élevage. Durant cette période, l'agriculture perd son rôle moteur dans la croissance. En effet, les fluctuations cycliques des prix tendent à s'atténuer, tandis qu'à long terme ceux-ci manifestent une tendance prolongée à la baisse. Quant au produit agricole, il augmente irrégulièrement, en trois phases : expansion de 1850 à 1880, résultant de la concordance de prix élevés et d'une augmentation contenue des quantités produites ; repli marqué — de 15 à 18 % — entre 1880 et 1904, surtout pour le blé et le vin ; reprise de 1904 à 1914, liée au rétablissement des marges d'exploitation.

Les années 1851 à 1914 voient par ailleurs s'accentuer le caractère dualiste des structures industrielles, c'est-à-dire la coexistence d'activités à fort coefficient de main-d'œuvre et d'activités à fort coefficient de capital. Si jusqu'aux années 1860 la croissance résulte pour l'essentiel des progrès des secteurs traditionnels, à partir de celles-ci les différentiels de taux de croissance s'accentuent : progression faible des industries de biens de consommation traditionnelles, moyenne pour les biens intermédiaires et la construction, soutenue pour les biens d'équipement et les nouveaux biens de consommation. La tendance s'accentue à partir de 1896 et surtout de 1906, en raison de taux de profits fréquemment exceptionnels (J. Bouvier), de l'apparition de produits nouveaux et de la mise en application de techniques de rationalisation de la production (M. Lévy-Leboyer) ainsi que de l'expansion des échanges extérieurs (F. Crouzet). Le comportement des entrepreneurs fournit l'une des clefs de l'industrialisation. Leur stratégie est étroitement conditionnée par la contrainte de financement. Il apparaît en effet que le développement des investissements industriels repose sur la pratique de l'autofinancement, c'est-à-dire une rétention visible et invisible des résultats financiers de la firme (réserves, dotations aux provisions et amortissements). Mais le financement externe n'est pas négligeable, malgré une tendance au désengagement industriel des banques après 1870-1875 et surtout la crise du début des années 1980. Il n'existe donc pas sur ce point de spécificité marquée du cas français. S'il n'est plus possible aujourd'hui de soutenir la thèse du sociologue et historien François Simiand, selon laquelle il existerait une corrélation entre les cycles des profits et ceux des prix industriels, une périodicité de ces profits peut néanmoins être esquissée. Sous le Second Empire, la tendance à la hausse, engagée dès la monarchie de Juillet, se poursuit, mais en s'accélérant. En revanche, à partir des années 1870-1880, les résultats des entreprises se dégradent, en raison du fléchissement de la demande globale. La reprise s'effectue tardivement, avec une accélération spectaculaire de la croissance des profits à partir de 1904.

Le monde des entrepreneurs apparaît comme très hétérogène. La structure industrielle française demeure dispersée, caractérisée par la multiplicité des petits ateliers. Sur cette structure, les recensements de 1847, 1851, 1866 et 1872 ne fournissent que des données lacunaires. En revanche, ceux de 1896 et 1906 confirment « le caractère infiniment dispersé de la structure industrielle française » (F. Caron) ainsi que la résistance de l'artisanat et des petites sociétés. Il s'ensuit une opposition majeure entre d'une part les travailleurs à domicile, en recul, mais sauvés par la sous-traitance et le petit moteur électrique, de l'autre l'industrie véritable, présente essentiellement dans le textile, les mines et la métallurgie. Néanmoins, le début du XXe siècle voit un important mouvement de concentration. Il est très inégal selon les branches ou en leur sein et prend fréquemment, dans la chimie ou la sidérurgie, la forme d'une intégration verticale, dont la Compagnie de Saint-Gobain offre un bon exemple. Si l'on observe des cartels — dans la sidérurgie ou l'industrie charbonnière par exemple —, leur existence est souvent éphémère, comme dans le textile. L'industrie française ne participe que rarement aux cartels internationaux, même si elle occupe parfois des positions très fortes, comme au sein de l'Association internationale de l'aluminium ou de la Convention internationale des glaceries.

Faut-il en conclure à un insuffisant dynamisme des entrepreneurs français ? Avant 1960, l'historiographie anglo-saxonne a soutenu l'idée que ces entrepreneurs auraient été hostiles à l'innovation et incapables de surmonter les obstacles institutionnels et sociaux. J. E. Sawyer a ainsi présenté l'entrepreneur français comme d'abord préoccupé de son enrichissement personnel et victime d'une certaine déconsidération de la hiérarchie sociale. D. S. Landes l'a dépeint comme d'abord préoccupé des intérêts de sa famille, fondamentalement conservateur et attaché à son indépendance : l'absence d'esprit d'entreprise des patrons français serait ainsi responsable des médiocres résultats obtenus à l'exportation. Depuis 1960, les perspectives ont changé. Tandis que T. Kemp a réfuté toute influence sensible de l'entrepreneur, étroitement conditionné par son environnement économique et social, Rondo Cameron a insisté sur le rôle déterminant des industriels français en matière d'innovations techniques ainsi que sur l'importance des transferts de technologie accompagnant les exportations de capitaux. Quant à D. S. Landes lui-même, il a reconnu que les progrès de la grande industrie sous le Second Empire et au début du XXe siècle découlaient d'un renouveau de l'esprit d'entreprise : l'entrepreneur a pu tout autant constituer un moteur puissant — Saint-Simoniens — qu'un frein efficace (artisanat) au progrès industriel. Surtout, dans la lignée d'auteurs comme B. Gille, C. Fohlen, J. Bouvier, F. Caron, M. Lévy-Leboyer, l'historiographie française a renouvelé notre connaissance de l'entrepreneur. Grâce aux travaux du dernier d'entre eux, l'origine du patronat de la seconde industrialisation est mieux connue. Il commence à en être de même pour le Second Empire, grâce à l'enquête lancée sur ce groupe social par l'Institut d'Histoire moderne et contemporaine du CNRS. En particulier, l'affirmation du pouvoir des techniciens paraît le trait dominant des années 1880-1914 : sans que soient exclues des réussites individuelles, se met en place une véritable « méritocratie », qui traduit la prépondérance marquée des ingénieurs sur les commerciaux et les administrateurs. Tandis que la recherche du progrès technique engendre un véritable culte du machinisme (Société des ingénieurs civils de France), de nouvelles méthodes de gestion sont introduites en vue de maîtriser les composantes du prix de revient et d'alléger leur fonds de roulement. Si les compagnies jouent en ce domaine un rôle pionnier, les nouvelles conceptions de la gestion (Fayol, Taylor) ne s'imposent que très tardivement.

Le caractère dualiste de la croissance ressort de l'étude des branches. En effet, la contrainte énergétique détermine de plus en plus les localisations industrielles, les établissements se concentrant de plus en plus sur les gisements où les lieux d'importation. Dès la monarchie de Juillet, la France importe massivement du charbon, des matières premières textiles et du minerai de fer. Les besoins en charbon ne cessent de s'accroître, car la croissance de la consommation totale dépasse celle de la production. La « famine de charbon » (F. Crouzet) accélère la recherche de techniques de production économes en énergie (locomotives compound) ainsi que de substituts (hydroélectricité alpine). Les trois premières régions industrielles françaises doivent leur localisation à la disponibilité de l'énergie ou des matières premières industrielles : le Nord - Pas-de-Calais est le premier producteur français de charbon, la Lorraine a le monopole du fer alors que l'axe de la Basse-Loire correspond à la première zone consommatrice d'énergie du pays. Les régions du Sud-Est présentent localement un dynamisme équivalent à celui des régions du Nord : les bassins charbonniers de Saint-Etienne et du Creusot réussissent en partie leur reconversion ; quant à la région grenobloise, elle offre le plus bel exemple d'une croissance industrielle vigoureuse liée à l'énergie. En revanche, un processus de désindustrialisation frappe les régions dépourvues d'énergie, à l'instar des métallurgies traditionnelles du Berry, de Champagne et du Nivernais.

La métallurgie constitue cependant la principale industrie motrice. Sous le Second Empire, la sidérurgie constitue l'un des moteurs privilégiés de la croissance, grâce à des investissements massifs, à un renouveau des techniques et à une redistribution géographique, au détriment des anciennes forges au bois. Tandis que la sidérurgie du Centre, toujours active, s'essouffle, le Nord et la Lorraine poursuivent une expansion continue jusqu'au début des années 1880. Au-delà, les sidérurgistes, à l'exemple de Pont-à-Mousson, s'efforcent de diversifier leur production, en particulier vers les armements, mais d'abord pour le marché intérieur. Surtout, au début du XXe siècle, se développent de nouvelles industries. Le succès de l'énergie électrique favorise le renouveau de firmes anciennes, grâce à leur spécialisation dans les aciers spéciaux (Fives-Lille), ainsi que de nouvelles compagnies productrices d'équipements électromécaniques, à l'instar de la Compagnie française pour l'exploitation des procédés Thomson-Houston — CFTH — et de la Compagnie générale d'électricité — CGE — fondées respectivement en 1893 et 1898. Dans le secteur de l'aluminium, l'industrie française se porte au second rang mondial. Nonobstant la persistance, jusqu'à la guerre, d'un grand nombre d'entreprises artisanales et la création d'un nombre croissant de constructeurs, quelques grandes firmes s'imposent déjà (Renault, Peugeot, Panhard et Levassor). Surtout, l'industrie française s'impose comme le second producteur mondial et le premier exportateur.

Les industries nouvelles ne prennent toutefois que partiellement le relais des industries traditionnelles. Le BTP — bâtiment et travaux publics — conserve un rôle important dans l'activité économique, or sa conjoncture est heurtée. Entre 1851 et 1880, la construction connaît une véritable frénésie. De 1847 à 1867, l'on observe un « transport building cycle » (cycle des transports et de la construction, d'une longueur de 17 à 21 ans en moyenne) dont le point culminant est atteint en 1856-1857. Ensuite de 1862 à 1882, le bâtiment relaie les travaux ferroviaires, en raison notamment des grands chantiers engagés à Paris. A la pression démographique — due notamment à l'afflux de migrants venus du Bassin parisien ou de plus loin — s'ajoute l'ambitieuse politique d'aménagement urbain menée sous l'égide du préfet Haussmann. Parce qu'elle se fait largement au profit des catégories sociales plus favorisées, elle stimule l'expansion de la banlieue, selon un processus que l'on retrouve également à Lyon où à Marseille. De 1893 à 1909, la construction traverse au contraire un marasme prolongé. La surcapacité quantitative de logements s'explique à la fois par le fléchissement démographique et par le ralentissement des migrations. Il est possible que s'y ajoute l'effet de l'insolvabilité chronique d'une partie des familles ouvrières (M. Lescure). En revanche, les années 1909 à 1913 connaissent une relance. Non seulement le dynamisme économique global pousse à la reprise de la construction — notamment sous l'effet de la demande des industries — mais encore se cumulent l'effet des besoins de rénover le parc immobilier existant et l'amorce d'une politique de logement social. Le patronat se montre plus actif en ce domaine, tandis que la loi de 1906 favorise le développement des Habitations à bon marché — HBM.

L'autre poids lourd de l'industrie française, le textile, connaît une croissance peu homogène. Les années 1850 du Second Empire constituent une époque de prospérité. L'industrie textile est alors la première à la fois par le volume d'emploi et par la valeur de la production. Si l'industrie lainière demeure la plus importante, le coton manifeste alors le plus grand dynamisme. Géographiquement s'opère une redistribution. Trois pôles renforcent leur domination : l'ensemble Nord - Pas-de-Calais - Ardennes, l'Alsace-Lorraine et la Normandie. En revanche, les autres centres spécialisés connaissent un déclin : ainsi Tarare, Roanne, Mazamet et Vienne. Mais, à partir de 1860, la croissance de l'industrie textile s'altère progressivement. Y contribuent deux facteurs. Le premier réside dans une succession de crises conjoncturelles : crise de la pébrine, qui affecte la soie ; guerres de sécession et franco-prussienne ; changement de modes, en dépit de l'adaptation réussie de certaines régions productrices (Vosges). Le second facteur tient à l'ampleur de la crise structurelle du dernier quart de siècle : la crise de l'agriculture, l'instauration du protectionnisme, le déclin des exportations, la hausse des prix de revient alors que baissent les prix de vente réduisant à la fois les débouchés et les profits. Ensuite se produit un redressement progressif mais limité, qui domine la période 1901-1913.

La chimie n'est pas de taille à compenser les difficultés du BTP et du textile. Pourtant, dès la monarchie de Juillet, elle constitue un puissant facteur de développement. En effet, à partir de cette époque s'opère une véritable spécialisation régionale mue par des firmes déjà hautement concentrées : la maison Perret-Olivier offre un bon exemple de la rapidité de l'intégration et de la concentration horizontale du secteur jusqu'à la fusion avec Saint-Gobain en 1860. Tout au long de la période 1870-1914, l'industrie chimique se caractérise par un incontestable dynamisme. Solvay, Saint-Gobain, Kuhlmann et Pechiney dominent la chimie de base. L'industrie des textiles artificiels se développe également, à l'instigation notamment de la famille Carnot et du groupe Gillet ; elle donne lieu, en 1911, à une entente monopolistique. Néanmoins, le secteur demeure suffisamment ouvert pour donner lieu à des initiatives réussies : celles de l'entreprise Poulenc ou des frères Lumière, de Michelin ou de Bergougnan. Mais, en 1914, la supériorité de la chimie allemande et suisse demeure écrasante. Tel est le cas dans le domaine des colorants, pour quatre raisons : le coût de la matière première, l'indifférence relative des banques, le décalage entre la capacité d'invention des ingénieurs et les déficiences de la commercialisation, le maintien de liens de subordination de la chimie envers le textile.

L'essor du commerce intérieur reflète quant à lui le dualisme de la croissance. Il y a certes persistance des types de l'artisan-commerçant et du banquier commerçant. Mais en même temps, les structures du grand commerce se transforment sous l'effet du développement des transports intérieurs, des échanges extérieurs et du réseau télégraphique. L'ouverture du marché français aux importations de matières premières aboutit à la recherche par les fabricants d'une simplification des circuits de vente. A l'inverse, la baisse des tarifs de chemin de fer est ressentie comme un facteur de discrimination économique qui pénalise les produits locaux. Par suite, une nouvelle géographie s'ébauche autour de deux axes dominants, ceux de la Basse-Seine et de la liaison du Nord à Paris, ainsi que de quatre centres (Paris, Lille-Roubaix-Tourcoing, Le Havre-Rouen, Lyon). En outre s'opère une division progressive des tâches entre commissionnaire et courtier. Sur ce point, deux thèses s'affrontent : pour les uns, le nombre croissant de commissionnaires et de voyageurs de commerce a permis de développer une activité commerciale en rapport avec les transformations industrielles du pays ; pour d'autres, l'atomisation du tissu commercial constitue l'une des clefs de la pérennité du dualisme industriel. La période voit cependant la percée du grand magasin. Certes ce dernier ne date pas du Second Empire — création des Trois Quartiers en 1829 —, mais l'essor de l'urbanisation et des chemins de fer conduit à généraliser les principes de rotation rapide des stocks et de vente à marge bénéficiaire réduite qui caractérisent ce type de commerce. En revanche, l'essor du commerce de détail ne s'interrompt pas avec la crise des années 1880, car il n'y a pas de recul de la boutique traditionnelle devant les grands magasins, dont le succès ne se dément pas (création de la Samaritaine), ni non plus devant les magasins à succursales multiples, dont les Docks rémois fondés en 1887 constituent l'archétype.

A la recherche des facteurs de la croissance

La relative modestie de la croissance française tient pour une large part à la conjonction de deux facteurs : une expansion lente de la demande ; l'insuffisante flexibilité de l'offre.

Une lente expansion de la demande

Durant les années 1851 à 1914, l'économie française bute sur l'obstacle d'un marché intérieur réduit et peu dynamique. Le ralentissement puis la stagnation démographique en sont la première cause. Dans un premier temps, jusqu'aux années 1860-1870, le développement des transports et la croissance des exportations soutiennent le dynamisme de la demande nationale. S'y ajoutent deux autres facteurs. Tandis que l'essor de la population urbaine et l'accélération de l'exode rural favorisent la construction de chemins de fer et de logements urbains, il y a, de 1840 à 1880, hausse simultanée du revenu paysan et du salaire réel ouvrier. De ce fait, la consommation s'accroît rapidement, quoique inégalement suivant les régions — la France du Sud-Est en retrait — et les catégories sociales. Toutefois, la progression de la demande s'interrompt brutalement en 1882-1883. La crise frappe trois des quatre moteurs de l'expansion : les exportations fléchissent, les revenus agricoles baissent et les investissements de base se contractent, la crise financière de 1882 affectant à la fois l'immobilier et le chemin de fer. En même temps, les comportements de consommation évoluent : « le nivellement des goûts et des besoins » favorise « l'extension de l'article de qualité moyenne », en particulier pour les dépenses d'alimentation et d'habillement. Ainsi s'explique, pour une large part, le passage, à partir de 1890 environ, à une croissance plus capitalistique.

Entre 1851 et 1914, l'Etat accroît son poids économique :

Tableau 2. — Le poids des dépenses de l'Etat de 1850 à 1914 : rapport de ces dépenses au produit physique de l'économie en %

1850-1854	9,8	1890-1894	16,8
1855-1859	9,9	1880-1884	16,5
1860-1864	9,5	1895-1899	17,2
1865-1869	10,3	1900-1904	15,7
1870-1874	18,9	1905-1909	14,0
1875-1879	14,5	1910-1914	16,4
1885-1889	17,1		

Source : L. Fontvieille, *Evolution et croissance de l'administration départementale française, 1815-1974*, Paris, Cahiers de l'ISMEA, série AF, n° 14.

Il pèse d'abord par sa politique économique. Sous le Second Empire, Napoléon III et l'ensemble de la haute administration privilégient les objectifs économiques. Le discours de Bordeaux s'inscrit ainsi dans la continuité du Code de commerce de 1808, car l'Etat pousse à la forme sociétaire et contrôle la mise en place des infrastructures. Politique douanière et politique fiscale cherchent à maintenir un ordre économique et social favorable aux producteurs. L'Empereur fait montre de compétences en la matière : ainsi sa lettre au ministre Fould du 15 janvier 1860, où il affirme que le progrès économique découle de l'augmentation des capitaux productifs dans tous les secteurs de l'économie. Mais la mise en œuvre s'avère très délicate. En effet, les représentants des grands milieux d'affaires (Fould, Morny) soutiennent le primat de l'équilibre budgétaire et la nécessité de moduler le crédit en fonction de l'augmentation de la richesse nationale. Napoléon III hésite donc entre un interventionnisme autoritaire à connotation sociale et l'encouragement aux sociétés concessionnaires. Dans la pratique, l'Etat intervient rarement de manière directe — organisation des deux expositions universelles de 1855 et 1867 —, tente de créer un climat favorable à l'expansion des affaires et, sauf pour les chemins de fer, cherche à éviter la constitution de monopoles et d'ententes. Particulièrement utile est l'œuvre accomplie en matière de droit des sociétés : la loi de 1867 crée la société anonyme telle que, pour l'essentiel, nous la connaissons encore aujourd'hui.

La IIIe République procède à une nouvelle libéralisation de la législation des entreprises : instauration, en 1889, du régime de la liquidation judiciaire ; à partir de 1890, libéralisation progressive du régime des ententes, mais sans qu'il y ait, pour autant, abandon du principe de la concurrence. La grande majorité des hauts fonctionnaires reste en effet persuadée de l'inutilité de l'intervention de l'Etat : tel est le cas de Clément Colson. Cependant, la grande dépression conduit à revenir au protectionnisme et à une emprise accrue de l'Etat. Certains estiment qu'il doit intervenir au nom de l'intérêt général (A. Picard), pour défendre les ouvriers (syndicats) ou les agriculteurs (agrariens). L'intervention vise surtout à préserver la petite entreprise « contre les menaces aussi bien du capitalisme concentré que de l'étatisme mal dirigé » (F. Caron). Si, jusqu'en 1883, les dépenses de l'Etat progressent fortement, elles stagnent de 1884 à 1905, avant de s'accélérer de façon spectaculaire entre 1906 et 1913. Sauf entre 1910 et 1914, l'augmentation des dépenses suit le rythme de la croissance globale : l'on ne peut donc démontrer la justesse de l'analyse marxiste selon laquelle, en période de freinage de la croissance, le poids de la puissance publique s'accroît, tandis que le niveau absolu des dépenses s'élève rapidement.

En revanche, s'agissant de recettes, l'Etat se prive longtemps des moyens d'intervention nécessaires, car l'impôt sur le revenu n'est instauré qu'en 1914 : engagé depuis 1890, le débat sur la fiscalité n'a débouché que tardivement, en dépit des efforts déployés par Joseph Caillaux à partir de 1907 en vue de cette imposition des revenus. L'Etat favorise également la circulation de la monnaie. De 1850 à 1914, la masse monétaire augmente de façon régulière, après la stagnation prolongée de la période 1815-1840. Trois raisons y concourent : l'augmentation brutale de la production d'or et d'argent, ce qui conduit à l'adoption du monométallisme or en 1885 ; l'expansion du billet de banque, laquelle entraîne, à partir de 1880, une dégradation du taux de couverture — c'est-à-dire du rapport entre la masse des billets en circulation et le montant des réserves en métal précieux détenues par la Banque centrale ; la percée de plus en plus nette de la monnaie scripturale entre 1895 et 1914. La croissance des moyens de paiements allège en partie la trésorerie des firmes et stimule la demande de produits fabriqués. Quant au système de l'étalon-or, il favorise, jusqu'en 1914, une quasi-stabilité des prix en permettant le règlement des créances extérieures. Comme la France bénéficie de rentrées d'or en augmentation — le maximum est atteint en 1911-1913 —, le niveau des réserves métalliques détenues par la Banque de France garantit ainsi la poursuite de l'expansion économique.

Jusqu'au début du XXe siècle, le taux de l'escompte demeure le moyen privilégié de défense de l'encaisse métallique et de la monnaie. Le Second Empire en fait l'instrument de sa politique monétaire. En raison de l'étroitesse du marché financier français, la Banque de France ne peut recourir à l'open market — c'est-à-dire à l'émission ou au retrait de monnaie fiduciaire en contrepartie de l'achat ou de la vente de titres de rente publics. Elle ne peut conserver le contrôle du marché monétaire qu'en jouant sur le taux de l'escompte. Or la manipulation fréquente de ce taux devient le moyen de prévenir la « surchauffe » économique et de maintenir l'équilibre sur le marché des changes et sur celui du crédit. La IIIe République abandonne progressivement cette politique du taux de l'escompte. Beaucoup moins influente que son homologue anglaise, la Banque de France demeure très neutre durant la « grande dépression ». Mais la crise boursière de 1907 révèle l'impuissance croissante du Système monétaire international à empêcher les crises. En effet, de 1909 à 1913, la hausse des prix est manifeste — d'où le phénomène de « la vie chère » —, qu'expliquent de façon corrélative l'essor de la monnaie de banque et l'emballement progressif des coûts de production.

L'insuffisant dynamisme de la demande globale traduit pour une part une perte de compétitivité internationale de l'économie française. Celle-ci souffre du retard de l'équipement naval et portuaire. En 1850, la France ne dispose ni de ports, ni de flotte adaptée aux besoins. Le Second Empire tente d'y remédier. Trois ports — Marseille, Le Havre, Saint-Nazaire — sont dotés d'installations modernes (la concession de lignes maritimes favorise la construction navale). En revanche, le dynamisme portuaire résulte surtout de l'activité initiale des industries locales. A partir de 1860 et 1880, la situation se dégrade toutefois régulièrement. Malgré l'aide apportée par l'Etat à la construction navale, la France recule : en effet les subventions profitent longtemps à la marine à voile, tandis que les dépenses d'infrastructures sont disséminées entre un très grand nombre de ports. A l'inverse, Marseille, Le Havre, Rouen et Dunkerque sont victimes d'un handicap croissant par rapport aux grands ports européens. De même, la France apparaît insuffisamment présente sur les marchés internationaux. Y contribuent trois causes fondamentales : le peu d'intérêt des industriels français pour les marchés internationaux (en dépit du succès des « articles de Paris ») ; la cherté quasi générale des produits français à l'exportation ; l'inadaptation relative de la structure financière à l'exportation, ni les banques, ni les pouvoirs publics n'ayant tellement favorisé l'expansion commerciale à l'étranger. Une réaction s'esquisse à la fin de la période, marquée notamment par la création d'un Office national du commerce extérieur.

L'Etat joue, en matière commerciale, un rôle déterminant. Sous le Second Empire, il adopte un libre-échange. La date clef est le traité de commerce franco-britannique du 5 janvier 1860. Il est soutenu par une coalition disparate d'intérêts : saint-simoniens et ultra-libéraux, armateurs, industriels producteurs d'articles de luxe ou importateurs de produits industriels lourds. Marquée par l'abolition des prohibitions, cette politique s'inscrit dans la continuité d'une vigoureuse expansion des échanges extérieurs engagée depuis 1837-1840 dans le cadre d'un protectionnisme rigoureux. Dans un premier temps d'ailleurs, l'économie française tire bénéfice de la libération des échanges, puisqu'elle comble, entre 1860 et 1880, une partie de son retard sur l'Angleterre. Mais à plus long terme, la France perd de sa compétitivité : la pénétration à l'étranger des produits industriels est faible, tandis que les termes de l'échange sont constamment défavorables au pays de 1848 à 1878. Dans ce contexte, s'opère un retour progressif au protectionnisme. Si les controverses entre libre-échangistes et protectionnistes reprennent dès la fin du Second Empire, deux événements contribuent de façon décisive à ce retour du protectionnisme : la guerre franco-prussienne, qui affaiblit la position internationale de la France ; la longue dépression des prix agricoles et industriels du dernier quart du XIXe siècle. La remise en cause du libre-échange s'opère par étapes, au travers d'une série de mesures ponctuelles en 1872, 1873 et 1876. Le tarif de 1881 en particulier reste faiblement protectionniste, parce que l'opinion croit au libre-échange. Le tournant date de 1882, c'est-à-dire du début de la chute des prix et des revenus agricoles. Mais l'événement majeure réside dans le vote, en 1892, du double tarif Méline. L'optique n'est pas celle de la prohibition. Il demeure possible d'accorder à un autre pays le régime de la clause la plus favorisée. De plus, la loi prévoit des tarifs différenciés selon les produits, maintient le système des admissions temporaires et exclut les contingentements. Même s'il se consolide par la suite — loi du canevas —, le protectionnisme français reste limité.

La France se voit par ailleurs progressivement distancée sur le plan commercial (tableau 3), notamment par l'Allemagne et par les Etats-Unis :

Tableau 3 — Evolution de la place de la France dans le commerce mondial (en %)

	1860	*1913*
— des exportations européennes	40	12,6
— des pays industriels	16,5	9,3
— des exportations mondiales	12,8	7,2

Source : F. Caron, *Histoire économique de la France*, Paris, © A. Colin, 1985.

Le phénomène est surtout sensible après 1880, en raison à la fois de la stagnation des exportations et d'une croissance ralentie des importations. Le déclin n'est toutefois que relatif : jusqu'en 1860 environ, la France accroît sa part au sein des échanges internationaux ; entre 1860 et 1900, cette part décroît rapidement ; de 1900 à 1914, elle maintient bien ses positions. Géographiquement, les échanges de la France dénotent une grande stabilité. Les exportations traduisent une prééminence de l'Europe, mais aussi une faible agressivité sur les marchés des pays neufs ; quant aux importations, elles viennent d'Europe pour l'essentiel. Par produits, l'on observe une croissance régulière des échanges de matières premières et de produits agricoles, dont l'irruption devient massive aux importations, jusqu'à l'adoption du protectionnisme. Au sein des exportations, la part des produits manufacturés se réduit, surtout dans le dernier tiers du siècle. En revanche, l'abandon du libre-échange permet de limiter le déficit global du commerce extérieur.

Entre 1851 et 1914, la France s'affirme comme le second exportateur mondial de capitaux : en 1914, selon l'historien britannique Maizels, les grands exportateurs de capitaux étaient les suivants :

Grande-Bretagne	43 % du total des exportations mondiales de capitaux
France	20 %
Allemagne	13 %
Belgique, Pays-Bas, Suisse	12 %
Etats-Unis	7 %
Autres pays	5 %

L'exportation de capitaux revêt deux formes principales : les investissements directs ou industriels, les investissements indirects ou prêts aux états étrangers à l'initiative des banques (avances à court terme constituant la dette flottante, emprunts à long terme, etc.). Si l'estimation en est difficile, il y a cependant accord des historiens sur la périodisation. Se sont succédé deux poussées d'exportation des capitaux : la première sous le Second Empire (1850-1870), durant laquelle dominent les investissements directs ; la seconde au début du XXe siècle (1894-1913), au profit surtout des investissements indirects et orientée pour l'essentiel vers la Russie, l'Europe centrale et méditerranéenne ainsi que l'Amérique du Sud. Ces flux de capitaux sont à l'origine d'une controverse historique. Pour Jean Bouvier, de 1870 à 1895, les capitalistes français auraient placé leurs capitaux à l'extérieur, parce qu'ils y obtenaient des profits supérieurs à ceux que pouvait leur offrir un marché intérieur déprimé. Ce point de vue est contesté par Maurice Lévy-Leboyer : ce dernier a montré que les principales phases d'exportation des capitaux correspondent aux périodes de plus forte croissance économique. Il convient selon lui de réviser l'idée d'une ponction majeure et continue effectuée sur les ressources nationales sans profit pour l'économie. Les crédits extérieurs ont eu un effet positif sur les exportations, tandis que les placements français ne s'effectuaient pas toujours dans des pays sans dynamisme ou mal gérés, comme le montre l'intérêt des milieux d'affaires français pour la Russie de Witte, le grand ministre du tsar. Les banques françaises ont donc adopté une stratégie cohérente d'investissements extérieurs en vue de mobiliser les capitaux disponibles et rechercher le meilleur rendement possible pour leurs placements. De surcroît, elles ont bénéficié d'un afflux massif de capitaux sur le marché parisien, qui attirait les capitaux étrangers en raison de son importance — seconde place financière mondiale — et de sa stabilité.

Une offre insuffisamment flexible

Une seconde explication de la modeste performance d'ensemble de l'économie française réside dans l'insuffisante flexibilité de l'offre. En effet, entre 1851 et 1914, l'économie nationale passe d'une situation d'excédent à une situation de pénurie de main-d'œuvre. Il faut, de plus en plus, faire appel à l'immigration, c'est-à-dire, le plus souvent, des actifs masculins venus de pays à bas salaires : Allemagne d'abord, Belgique, puis Italie. Ils sont, d'une manière générale, employés à des travaux peu qualifiés : manœuvres, terrassiers, dockers, salariés agricoles, travailleurs saisonniers. Cette immigration est indispensable : dès la période 1866-1886, elle représente le tiers de l'accroissement total de la population. Elle suscite cependant l'hostilité permanente d'une partie importante de l'opinion. La croissance de la population active est par suite supérieure à celle de la population totale. De cette augmentation, l'industrialisation porte cependant la responsabilité majeure. De 1846 à 1911, la structure de la population active rurale s'est profondément modifiée en deux phases : déclin absolu de 1851 à 1896, progression du niveau absolu des effectifs, mais déclin relatif entre 1896 et 1911. Il convient cependant de nuancer la liaison urbanisation-industrialisation. Si, de 1851 à 1914, le pourcentage de citadins au sein de la population totale s'accroît rapidement, le mouvement n'est cependant ni régulier, ni constant. Il y a d'ailleurs ralentissement progressif de l'urbanisation après 1886 : alors que le développement des banlieues fournit un intermédiaire aux migrations urbaines, la lenteur des transferts s'explique par la faiblesse de la pression démographique.

Entre 1851 et 1906, l'effort de formation de capital productif se ralentit, notamment au cours du dernier tiers du XIXe siècle et en raison du fléchissement de l'équipement ferroviaire. Sans doute, ce ralentissement a-t-il amplifié les effets de la « grande dépression » : plus que les investissements extérieurs, la rente d'Etat a détourné une partie des capitaux qui auraient pu s'investir dans le secteur industriel. Il ne semble pourtant pas que la ponction ait affecté les investissements des entreprises les plus dynamiques, en raison de l'importance de l'autofinancement. En revanche, la prépondérance écrasante de l'autofinancement rend l'industrie plus sensible aux fluctuations de la conjoncture, en particulier en raison de la petite taille de beaucoup de firmes. Il est vrai que le mouvement du profit connaît une croissance régulière en trois phases : boom sous le Second Empire ; repli de 1875 à 1895, puis stagnation jusqu'en 1904 ; nouveau boom de 1904 à 1913. La répartition de ces profits s'effectue de manière inégale. La part du dividende apparaît très élevée dans les industries lourdes, à vocation motrice (charbon, puis électricité), ainsi que dans les régions dynamiques (Nord - Pas-de-Calais, région lyonnaise). De plus, la montée de la grande société anonyme et le développement corrélatif de l'actionnariat compensent en partie l'attrait de la rente d'Etat et des placements étrangers. Le fonctionnement du système de crédit semble s'améliorer. Si la croissance — par ailleurs modeste, sauf en début et en fin de période — suppose un ajustement progressif des moyens de paiement du volume croissant des échanges, le gonflement de ces moyens de paiement s'effectue pratiquement sans inflation, sans doute parce que la pérennité du système de l'étalon-or facilite le drainage de l'épargne des ménages et des entreprises. Dans l'ensemble, les mouvements de la masse monétaire épousent de façon assez étroite les fluctuations de l'économie. Toutefois, à partir de 1890-1892, les variations de crédits à l'économie anticipent la reprise des affaires. Parce que l'on craignait que l'expansion du crédit ne précipite les phases de surchauffe, il est possible que la politique bancaire ait freiné la croissance économique.

Durant les années 1851 à 1914, le système bancaire adapte progressivement ses structures. La crise et la dépression de 1847-1851 mettent en évidence l'archaïsme de ce système bancaire : rôle prépondérant de la Haute Banque ; cloisonnement du marché tel qu'il interdit le développement de places financières provinciales. Les banquiers en tirent la conviction que le système doit s'adapter aux rythmes de l'activité économique. Cette prise de conscience débouche sur des transformations. Quatre leur apparaissent essentielles : maintenir un rapport minimum entre dettes à long et moyen terme d'une part, capitaux propres de l'autre ; assurer un financement suffisant des investissements ; décloisonner le marché des capitaux ; rétablir un ordre financier véritable autour de la Banque de France. Amorcée sous la IIe République, avec la création infructueuse des comptoirs d'escompte (1848) spécialisés dans le crédit à court terme, la réorganisation bancaire trouve son plein épanouissement sous le Second Empire :

Tableau 4 — Les nouvelles banques

1848	Création des comptoirs d'escompte
1852	Fondation du Crédit foncier et du Crédit mobilier
1859	Fondation du Crédit industriel et commercial
1863	Fondation du Crédit lyonnais
1864	Fondation de la Société générale
1872	Fondation de la Banque de Paris et des Pays-Bas
1874	Fondation de la Banque parisienne
1878	Fondation de la Banque de l'Union générale, en faillite en 1882
1904	Fondation de la Banque de l'Union parisienne

Source : P. Verley, *Nouvelle histoire économique de la France contemporaine*, 2 : *L'industrialisation 1830-1914*, Paris, La Découverte, collection « Repères », 1989.

Les initiatives les plus importantes portent sur le crédit à long terme, avec la fondation dès 1852 de deux banques à vocation spécifique : le Crédit foncier de France — construction, agriculture — et le Crédit mobilier des Frères Pereire — chemin de fer, industries. Ces deux établissements connaissent toutefois des difficultés durant tout le règne de Napoléon III : les plus graves affectent le Crédit mobilier qui fait faillite en 1867. Si leur expérience montre bien les limites des transformations du système bancaire français au milieu du XIXe siècle, le Second Empire met toutefois en place des structures modernes destinées à une exceptionnelle pérennité. Entre 1859 et 1864, il encourage la création de trois banques de dimension nationale, avec le double objectif de répondre sur tout le territoire aux difficultés d'accès au crédit des industriels et des commerçants ainsi que d'élargir la collecte en assurant un nombre croissant de services financiers. Il s'agit du Crédit industriel et commercial — CIC — en 1859, du Crédit lyonnais en 1863 et de la Société générale en 1864. Il s'agit de banques dotées d'un capital relativement modeste en comparaison du montant des dépôts collectés par elles auprès d'un vaste public de petits et moyens épargnants ; elles utilisent leurs ressources, pour l'essentiel, en prêts à court terme. Elles peuvent donc être qualifiées de banques de dépôt, même si elles s'intéressent, activement, jusqu'au début des années 1880, aux affaires industrielles et commerciales ainsi qu'aux prêts à court terme aux gouvernements étrangers (dette flottante). A ces trois établissements, l'on peut ajouter le Comptoir d'escompte de Paris, réorganisé en 1853, après l'échec du système instauré par la IIe République. En 1863 et 1864 se constituent également deux banques spécialisées dans les opérations internationales et le crédit à long terme à l'économie : la Banque impériale ottomane, fondée en 1863 et associant des capitaux français et britanniques ; la Banque des Pays-Bas, formée en 1864.

Ces institutions financières évoluent de manière sensible sous la IIIe République. Si l'appareil bancaire souffre peu de la guerre franco-prussienne, le système bancaire complète et hiérarchise son organisation (Banque de France, grandes banques, banques régionales). Les banques manifestent un dynamisme croissant, que traduit l'augmentation de leurs membres et l'extension en province de leurs agences. Cette démocratisation du crédit accentue fortement le clivage entre banques d'affaires et banques de dépôts :

Tableau 5. — Différences entre banques d'affaires et de dépôts

	Banques d'affaires	*Banques de dépôts*
Définition	Ni succursale, ni agence : — pas de contacts avec la clientèle de masse — reconversion de la Haute Banque	Tout un réseau d'agences
Ressources	1 / Le drainage : une clientèle de riches capitalistes 2 / La structure : — très nette prépondérance des ressources propres — une part cependant de dépôts à moyen et long termes	1 / Le drainage : atteint surtout gros et moyens épargnants (entrée en masse) 2 / La structure : — faiblesse du capital par rapport aux dépôts — dépôts : • surtout à vue : on peut retirer son argent quand on le veut, sans préavis • à terme, mais forte diminution
Emplois	1 / Spécialisation dans le crédit industriel à long terme 2 / Prêts aux gouvernements 3 / Interventions sur le marché financier	Spécialisation dans le crédit à court terme

La crise du début des années 1880 joue dans le même sens : le Crédit lyonnais se désengage des affaires industrielles et manifeste une prudence beaucoup plus grande vis-à-vis des opérations de crédit aux gouvernements étrangers, en évitant au maximum les investissements à long terme. A l'inverse, apparaissent de nouvelles banques d'affaires, de plus en plus spécialisées dans les opérations à long terme et menant une active politique de prises de participations : fusion en 1872 de la Banque des Pays-Bas et de la Banque de Paris (1869), au sein de la Banque de Paris et des Pays-Bas — ou Paribas ; création en 1875 de la Banque d'Indochine, à la fois institut d'émission pour les colonies françaises d'Extrême-Orient et banque d'affaires spécialisée dans les opérations coloniales (négoce, plantations, mines, voies ferrées, emprunts des colonies) ; constitution en 1878 de l'Union générale, banque catholique, qui fait faillite dès 1882 ; fondation en 1904 de la Banque de l'Union parisienne — ou BUP. Les rivalités entre ces banques s'accentuent. Elles concluent entre elles des accords, tandis que se transforme la structure bancaire : de 1882 à 1914, les banques de dépôts progressent au détriment de la Banque de France et des autres établissements bancaires ; entre 1901 et 1904, ce sont les banques moyennes, souvent régionales, et la Caisse des dépôts et consignations, alimentée par les ressources des Caisses d'épargne, dont elle gère les dépôts, qui manifestent le dynamisme le plus grand.

La stratégie des établissements bancaires conditionne dans une large mesure le financement des investissements. Or cette stratégie a évolué. A partir surtout du « krach » de l'Union générale en 1882, les banques font preuve d'une grande prudence. A l'exception de la Société générale, les banques de dépôts sont désormais peu enclines à placer leurs capitaux en actions, ce qui conduit à une spécialisation accrue entre les deux grandes catégories d'établissements. Les banques donnent très tôt la priorité à la sécurité. Elles amorcent leur désengagement industriel dès la fin du Second Empire, suite aux déboires du Crédit mobilier, mais ce désengagement est, jusqu'en 1882, plus subi que voulu. En outre, l'attitude des banques diffère selon la conjoncture, leur taille et leur implantation géographique. En particulier, les banques régionales constituent, à l'exemple de la Société nancéienne de crédit, un puissant stimulant à l'activité industrielle, et concurrencent efficacement, comme la Société marseillaise de crédit, les grandes banques de dépôts. De surcroît, les banques, surtout à partir de 1911, apportent leur concours à l'industrie : elles jouent un rôle constant et déterminant dans le financement des découverts de trésorerie. Le marché financier est cependant loin d'être inactif. Même si le taux d'épargne des Français ne dépasse pas celui de la plupart des grands pays industrialisés de l'époque, les Caisses d'épargne connaissent un succès considérable. Par ailleurs, les stratégies bancaires et les préférences du public évoluent en parallèle, sans qu'il soit possible de savoir quel est l'élément moteur : de 1851 à 1857, le chemin de fer exerce une incontestable hégémonie sur le marché financier ; entre 1857 et 1881, la préférence en matière de placement va aux emprunts d'Etat, du Crédit foncier et des collectivités publiques, destinés surtout à financer une intense activité immobilière ; après 1880, les placements étrangers constituent l'élément dynamique, surtout en 1888-1889, 1902-1905 et 1908-1909 ; enfin, à la veille de la première guerre mondiale, il semble que l'investissement industriel bénéficie d'une faveur croissante.

Les chemins de fer constituent, jusqu'en 1914, l'un des secteurs clefs des investissements :

Tableau 7. — Répartition du trafic en %
(exprimé en t/km)

	Routes	*Batellerie*	*Chemins de fer*
1851	53	36,5	10,5
1869	27,5	19	53,5
1882	18	15	67
1903	13	20,5	66,5

Source : A. Beltran, P. Griset, *La croissance économique de la France, 1815-1914,* © Armand Colin, 1988.

Pourtant, les moyens de transport traditionnels résistent. Jusqu'au milieu du Second Empire, la route et la voie d'eau conservent une prééminence incontestable. Mais ensuite, le trafic routier global régresse, en raison de l'insuffisance des capacités de transport et malgré un volume d'investissements demeuré constant jusqu'à la veille de la première guerre mondiale. Surtout, la voie d'eau a manqué sa révolution. Si la Restauration a entrepris une œuvre de modernisation qu'amplifie ensuite la monarchie de Juillet, la situation se dégrade dès le Second Empire. Elle s'aggrave encore sous la IIIe République, nonobstant le lancement en 1879 du Plan Freycinet. Ce dernier prévoit la mise en place d'un réseau national sur le modèle du réseau ferré, mais il échoue, par suite de la polémique opposant partisans et adversaires des canaux ; elle renaît à nouveau en 1901 à l'occasion de la discussion — autour du programme Baudin — de l'adoption par les pouvoirs publics d'une politique de déflation ainsi que de la montée des oppositions à un interventionnisme croissant de l'Etat.

Les chemins de fer demeurent, après 1851, un moteur essentiel du développement économique. Progrès technique et obsolescence rapide des matériels combinent leurs effets pour assurer un fort volume d'activité. L'innovation ferroviaire relance périodiquement la croissance et permet aux compagnies de surmonter la grave crise des années 1883-1884. Mais, au fur et à mesure de la période, se met en place et se renforce un système de gestion centralisé et autoritaire sous le contrôle étroit de l'Etat. En effet, la crise ferroviaire de 1847-1848 met en évidence l'insuffisante capacité financière des compagnies. Il s'ensuit, sous l'égide de l'Etat, la formation de six grands réseaux : le Nord, l'Est, l'Ouest, le Paris-Lyon-Marseille ou PLM, le Paris-Orléans et le Midi. Elle traduit la recherche, de la part des pouvoirs publics, d'un compromis entre exigences de service public et volonté de développer le réseau grâce à la mobilisation de l'épargne privée. A partir de la crise financière de 1857, l'emprise de l'Etat s'appesantit : en contrepartie de la garantie d'intérêt apporté par lui aux obligations émises par les compagnies, l'Etat leur impose, au travers des conventions de 1858, 1863 et 1884, l'obligation de construire et d'exploiter de nouvelles lignes de moins en moins rentables.

A l'exception de celle du Nord, les compagnies ferroviaires deviennent toutes plus ou moins déficitaires, d'autant que les pouvoirs publics limitent les tarifs. Si cette politique favorise une baisse du coût des transports, et donc leur démocratisation, elle conduit certaines de ces compagnies à l'impasse : celle des Chemins de fer de l'Ouest doit être nationalisée en 1906. De plus, cette démocratisation est aussi le fruit d'une authentique révolution — les compagnies ferroviaires sont les premières à émettre dans le public des actions d'un montant modeste et donc accessibles aux strates moyennes de la société —, ainsi que d'une amélioration indiscutable de la productivité de ces mêmes compagnies. Or celles-ci, comme l'ensemble des entreprises ferroviaires, conditionnent la croissance de l'industrie à la fois par l'ampleur de leurs commandes, le renouvellement régulier de ces commandes et la pression qu'elles exercent sur leurs clients afin qu'ils améliorent leurs produits. Quatre secteurs en profitent surtout : la sidérurgie, la métallurgie de transformation, les industries de la construction (bois, matériaux de construction, BTP), l'industrie électrique. Mais le mouvement s'arrête de 1883 à 1906, avant de reprendre avec vigueur entre 1907 et 1913. Cette impulsion du chemin de fer sur l'économie s'étend à l'ensemble des secteurs : le développement ferroviaire entraîne l'élargissement des marchés, favorise la transformation des structures productives (ententes entre fournisseurs, voire concentration) et pousse à plus de cohérence dans la politique économique des pouvoirs publics.

Le chemin de fer contribue également au progrès des techniques. Au cours de la période, ce dernier bénéficie de conditions favorables. S'il est abusif d'associer crise économique et progrès technique, il est possible d'identifier cinq phases d'accélération du rythme de l'innovation, c'est-à-dire de l'introduction de nouvelles techniques tant dans le système productif (innovation de procédé) que de nouveaux produits sur le marché (innovation de produit) : 1846-1851 et 1860-1862 dans le textile ; 1874-1877 pour la sidérurgie ; 1882-1885 pour la chimie ; 1905-1913 pour l'électricité. La transformation des techniques de production apparaît d'autant plus rapide que les conséquences économiques des découvertes sont importantes. L'exemple du chemin de fer le montre : en devenant plus capitalistique, la croissance suppose l'introduction de techniques plus élaborées permettant d'accroître la productivité du capital. En outre, l'industriel doit faire de plus en plus appel à la technique. Durant la période, le rôle de l'ingénieur se renforce d'autant que l'entrepreneur doit innover pour économiser à la fois l'énergie — du fait de la pénurie de charbon — et la main-d'œuvre dont la France manque, on l'a vu, de plus en plus.

Le progrès technique se manifeste en partie par l'automatisation d'un certain nombre d'opérations industrielles, en particulier dans le textile : adoption du filage mécanique vers 1850, puis des machines à tisser entre 1870 et 1880. C'est pourtant la sidérurgie qui subit l'évolution la plus spectaculaire, avec l'apparition, puis l'adoption de trois nouveaux procédés de fabrication de l'acier : convertisseur Bessemer en 1856, four Martin ou Siemens-Martin en 1864, procédé Gilchrist-Thomas de déphosphoration de la fonte en 1880. Une seconde manifestation du progrès des techniques réside dans les relations réciproques qui s'établissent entre les secteurs industriels les plus dynamiques. Tandis que le chemin de fer favorise la propagation de nouvelles techniques (ponts en fer substitués aux ponts en fonte, électricité pour les besoins de la signalisation), les transformations de l'économie nécessitent le recours à une force motrice croissante. La seconde moitié du XIXe siècle marque ainsi l'apogée de la machine à vapeur — système compound —, mais voit aussi le début de la production de l'électricité et l'essor de l'automobile. En particulier se développent deux techniques nouvelles : le moteur à explosion pour l'automobile et la turbine centrifuge pour l'électricité hydraulique, mise au point par Bergès dès 1860. Dans ce processus d'émergence de nouveaux procédés et de nouveaux produits, les ingénieurs et entrepreneurs français jouent un rôle de premier plan. A partir du Second Empire, voire des années 1840, la France comble son retard technologique sur l'Angleterre, même si ce retard se perpétue longtemps, notamment dans le domaine sidérurgique : le niveau atteint en France en 1870 est celui de l'Angleterre en 1835. Les grandes écoles françaises (Polytechnique et ses écoles d'applications, Mines et Ponts et Chaussées, Centrale, Arts et Métiers) produisent des ingénieurs de valeur et, par leur intermédiaire, diffusent dans la société française un esprit productiviste. Même si la formation professionnelle des ouvriers laisse fortement à désirer, cet esprit productiviste est pour une large part à l'origine des bonnes performances de l'économie française entre 1840 et 1860, puis de 1906-1907 à 1914.

Il existe donc une spécificité de la croissance française durant la seconde moitié du XIXe siècle. Les fluctuations longues de la croissance y apparaissent plus accentuées que dans les autres pays européens. En effet, l'économie française poursuit son développement jusqu'en 1882, malgré la défaite de 1870 et les résultats médiocres de l'agriculture, à partir de 1874 surtout. Mais ensuite le ralentissement est à la fois ample et prolongé, jusqu'en 1906. En dépit, à partir de cette date, d'une reprise vigoureuse, l'économie française ne comble donc qu'une partie de son retard : en 1913, la France ne fournit plus que 6 % de la production industrielle mondiale contre 9 en 1880. Le déclin est largement dû aux difficultés de l'agriculture. Celle-ci n'est plus le principal moteur de la croissance. De surcroît la révolution agraire demeure inachevée, parce que dominent les terres labourables et les pratiques culturales traditionnelles, tandis que le relatif déclassement du paysan et du rentier de la terre accroît l'hostilité de la majorité des paysans à la République, jusqu'à l'adoption des lois Méline. A l'inverse, il est indéniable que l'agriculture présente des signes évidents d'adaptation et de renouvellement : modernisation de l'outillage agricole, amélioration des rendements, essor de certaines productions (quadruplement pour la betterave à sucre entre 1851 et 1913). La relative faiblesse de la croissance française n'incombe donc pas qu'aux difficultés de l'agriculture. Il convient d'évoquer aussi l'étroitesse du marché intérieur français, consécutive à la stagnation démographique et, selon toute vraisemblance, à la persistance de modèles de consommations très orientés vers la demande de produits alimentaires au détriment de celle de produits industriels. Reste à savoir quel fut l'impact réel des investissements réalisés à l'étranger et, corrélativement, de l'action des banques ainsi que celui d'un éventuel déclin de la technologie française au cours du siècle. Sur ce dernier point, il apparaît évident aujourd'hui que ce déclin fut limité et que le début du XXe siècle vit un indéniable renouveau, qu'attestent le nombre de prix Nobel obtenus par des Français ou le rôle prépondérant joué par les ingénieurs nationaux dans la mise au point de l'automobile, de l'avion ou du béton armé. Sur le premier, le débat reste aujourd'hui ouvert : les banques ont certes favorisé l'exportation de capitaux au détriment de l'investissement au sein de l'industrie française, mais il convient de prendre en compte la préférence quasi générale des entreprises en faveur de l'autofinancement — et leur méfiance vis-à-vis du marché financier — ainsi que l'importance des marchés de génie civil, voire industriels, obtenus à partir des années 1902-1905, par la France à l'étranger.

IV – La vie politique sous le Second Empire

Dans la proclamation au peuple qu'il fait afficher à Paris le matin du 2 décembre 1851, Louis-Napoléon affirme qu'il est décidé à remplir la mission qui lui a été confiée par le suffrage universel. Il précise : « Cette mission consiste à fermer l'ère des révolutions en satisfaisant les besoins légitimes du peuple et en le protégeant contre les passions subversives. Elle consiste surtout à créer des institutions qui survivent aux hommes [...]. »[1] Texte intéressant, car destiné à rallier la population parisienne en dépit de la flagrante violation de la Constitution, il correspond probablement à l'une de ses ambitions politiques fondamentales. Comme la plupart de ses prédécesseurs, Louis-Napoléon souhaite, certes, terminer la Révolution et fonder un régime durable. Mais, à la différence de bien des dirigeants conservateurs de ce temps, il a pris conscience de la gravité des conflits sociaux que la révolution industrielle est en passe d'engendrer, et il entend y remédier ; seul moyen, à ses yeux, de stabiliser la vie politique. Sans doute agit-il ainsi par intérêt, dans le but d'éviter la mise en cause du droit de propriété par ceux qui agitent des « passions subversives » ; mais il opte aussi pour cette solution parce que, comme l'écrit Tocqueville, il possède « une sorte d'adoration abstraite pour le peuple », et qu'il désire sincèrement améliorer ses conditions d'existence. Dans le but d'obtenir une assez large adhésion populaire à son entreprise, qui passe naturellement par son maintien au pouvoir en dépit de la Constitu-

1. Cité, notamment, par Louis Girard, *La IIe République*, Paris, Calmann-Lévy, 1968, p. 283.

tion, il adopte donc une tactique assez simple : il se pose en défenseur du peuple (il propose, par exemple, en novembre 1851 le rétablissement du suffrage universel) contre la majorité conservatrice de l'Assemblée. Il espère ainsi isoler la droite conservatrice, mais également attirer le peuple républicain dans le camp bonapartiste.

Pourtant, son plan échoue. Et Napoléon III, dont l'Empire s'écroule en quelques heures le 4 septembre 1870, ne parvient pas à fonder un régime qui lui survive. L'échec de ce plan apparaît dès les premiers jours de décembre 1851. En effet, nous allons le voir, au moment du coup d'Etat la bourgeoisie comprend bien que Louis-Napoléon ne défend pas le même programme qu'elle — en 1852 Guizot écrit de lui : « Il a beau être despote, il n'est pas et ne deviendra pas conservateur. »[1] — et que l'entreprise bonapartiste constitue, pour les classes dirigeantes, une sorte de dépossession du pouvoir (elles peuvent y être associées, mais c'est sous la direction d'un homme qui doit l'origine de sa fortune politique au suffrage populaire, et qui confisque le pouvoir à son profit). De ce fait, elles n'y adhèrent pas véritablement. Quant au peuple, il ne se rallie pas lui non plus au camp bonapartiste ; il sait et les termes mêmes de la proclamation le montrent, qu'il s'agit aussi de le déposséder du pouvoir au profit d'un homme, paternaliste, certes, mais qui s'arroge le droit de déterminer seul quels sont les besoins « légitimes » du peuple (ce qui laisse supposer que le peuple peut se laisser aller à des réclamations « illégitimes »). Or grâce au suffrage universel le peuple a pris conscience de sa capacité à se déterminer lui-même. Les jours qui suivent le 2 décembre sont donc difficiles pour les conjurés. Louis-Napoléon parvient à contrôler la situation seulement parce que l'armée, sensible au souvenir napoléonien, accepte d'obéir au « neveu de l'oncle » ; et qu'il peut l'utiliser pour terroriser la bourgeoisie (lors de la « fusillade des Boulevards »), puis pour la retourner contre le peuple de Paris, qui élève des barricades.

Toutefois, chacun sait (même Louis XVI en 1789 !) qu'un régime appuyé sur la seule force des baïonnettes contre la volonté du peuple n'a guère de chances de se maintenir bien longtemps. Et, paradoxalement, Louis-Napoléon n'est « sauvé », à court terme, que par les soulèvements républicains de certaines régions rurales de province. En effet, l'aspect de « jacquerie » que la pro-

1. Cité par Louis Girard, *Problèmes politiques et constitutionnels du Second Empire,* Paris, CDU, polycopié, 1964, p. 132.

pagande bonapartiste, qui contrôle toute l'information, parvient à leur attribuer, effraie l'ensemble des classes dirigeantes, qui trouvent alors bien utile la protection d'un « homme fort » sachant se faire obéir par l'armée. Tandis que, d'autre part, ces soulèvements demeurent limités à une trop faible portion du territoire pour être en mesure de faire échec au coup d'Etat. Il reste que tout cela en change le sens. D'une entreprise menée au nom du peuple contre les notables qui s'opposent à la satisfaction de ses « besoins légitimes », il devient, au contraire, une entreprise contre le peuple agité de « passions subversives », et menée au nom et avec le soutien de la fraction la plus conservatrice de la société française. Comme de juste, ce retournement pèse sur toute l'histoire du Second Empire.

Il est clair, en effet, qu'en décembre 1851 Louis-Napoléon ne gagne pas des partisans, il obtient un appui conditionnel de « clients », qui lui monnayent (voire lui marchandent) leur soutien : *son* maintien au pouvoir contre l'application de *leur* programme[1]. Il bénéficie, également, de l'appui d'une fraction importante du peuple des campagnes (souvent encore dans la dépendance des autorités sociales traditionnelles), qui s'effraie des atteintes à la propriété que pourrait entraîner la victoire des « démoc-soc », et qui souffre de la persistance des difficultés économiques. Pourtant, dans cette partie de la population française également, le soutien à L.-N. Bonaparte ne procède pas d'une adhésion à l'idéologie bonapartiste, mais d'une gestion raisonnable de ses intérêts ; il est donc lui aussi conjoncturel. Quant au peuple des villes et à la fraction émancipée du peuple des campagnes ils n'ont aucune raison de devenir bonapartistes ; car le coup d'Etat se fait contre eux, et ils éprouvent très vite à quel point la pente autoritaire (bien que paternaliste) du régime est à l'opposé de l'idéologie libérale et républicaine, qui a pour ambition à permettre à chaque homme de se déterminer librement. De plus, ils savent que le coup d'Etat a pour fonction immédiate d'empêcher la libre manifestation des opinions lors des élection de 1852. De fait, Louis-Napoléon ne parvient à se maintenir au pouvoir qu'en arrêtant la vie politique ; mais s'il est possible de l'endormir un moment, plus le temps passe, et plus le réveil risque d'être difficile.

1. On se souvient (cf. p. 323) qu'en 1849 Louis-Napoléon avait refusé ce marché, parce qu'il se croyait en mesure de l'emporter seul ; en décembre 1851, il n'a plus le choix.

Louis-Napoléon en est conscient en décembre 1851. Mais il n'a guère le choix ; car, après avoir constaté l'échec de son pari (tenter de s'appuyer sur le peuple contre les notables), s'il veut éviter le fiasco, il est contraint d'accepter le marché que lui offre la fraction la plus conservatrice de la société. Alors, il engage un nouveau pari. Il sait qu'un régime ne peut pas durer s'il ne possède pas un nombre important de partisans qui adhèrent à l'idéologie qui le fonde, et qui sont prêts à se battre pour elle dans les bons comme dans les mauvais jours. Par la gestion que lui permet son maintien au pouvoir, il va donc tenter de transformer ses clients en partisans. Mais, étant donné les circonstances, ce pari n'a guère de chances de réussir. En effet, les conservateurs, qu'il est obligé de satisfaire au début, n'ont aucune raison de se rallier à une idéologie qui les marginalise. De plus, s'il est sous le contrôle des autorités sociales le peuple des campagnes n'adhère pas au bonapartisme ; et s'il est émancipé, il risque de considérer le « paternalisme » bonapartiste comme anachronique. Quant aux républicains, leur idéologie s'oppose au bonapartisme dont ils sont les victimes directes en décembre 1851 ; et l'alliance de L.-N. Bonaparte avec des hommes qu'ils regardent comme « réactionnaires » ne peut que les rebuter davantage.

De cette situation générale découle l'évolution du Second Empire. Durant les années 1850 Napoléon III n'applique pas son programme, mais celui de la droite conservatrice, ce qui ne lui permet pas de gagner de véritables partisans. Pendant les années 1860 il tente, progressivement, d'appliquer son programme ; mais alors il perd l'appui des conservateurs, sans gagner celui de la gauche (qui n'a pas confiance en lui, notamment en raison de sa politique des années 1850). Il conserve donc des clients, surtout à la campagne, tant qu'il assure la paix (civile et extérieure) et la prospérité ; mais leur appui, conditionnel, ne lui permet pas de fonder un régime durable. Si bien que le Second Empire, novateur sur bien des points, qui sait être un facteur de progrès, notamment dans le domaine économique, dont plusieurs lois (sur l'enseignement, par exemple) annoncent celles de la IIIe République, et dont le règne s'accompagne d'une élévation du niveau de vie, s'effondre le 4 septembre 1870 parce qu'à la suite d'une défaite militaire il ne trouve plus personne pour le défendre. Et la marche vers la République libérale peut reprendre.

La prise du pouvoir par L.-N. Bonaparte

Le coup d'Etat et la résistance républicaine

Quand il se décide à accomplir son coup d'Etat, Louis-Napoléon n'a pas de visée « terroriste ». Il compte plutôt, à l'image de son oncle, « refaire » le 18 Brumaire, qui avait été bien accepté par l'opinion. Il n'ignore pas que la violation de la Constitution à laquelle il se livre avec l'aide de la force armée est dépourvue de la moindre base légale ; mais, élu du suffrage universel, il espère apparaître au peuple comme incarnant la souveraineté nationale contre l'Assemblée, et la prise en compte de la question sociale contre la bourgeoisie. Ce faisant, il oublie que chacun sait qu'on défend rarement le peuple en plaçant la capitale en état de siège et en utilisant la force pour arrêter des députés, la nuit, au mépris de tout droit ; d'autant plus que ceux-ci ont également été élus au suffrage universel, et qu'ils incarnent au moins autant que le Président la souveraineté nationale.

Dans la nuit du 1er au 2 décembre 1851, Louis-Napoléon fait donc occuper l'Assemblée nationale et arrêter arbitrairement 78 personnes : des députés (conservateurs, comme Thiers, et montagnards, comme Nadaud) et des militants républicains, qui pourraient constituer les cadres d'une résistance. Il couvre Paris de troupes : 25 000 hommes « occupent » les rues d'une ville placée en état de siège. Et il fait afficher des proclamations qui annoncent trois décisions illégales et inconstitutionnelles, mais dont il espère qu'elles seront populaires : le rétablissement du suffrage universel, la dissolution de l'Assemblée nationale et la préparation d'une nouvelle constitution, dont il précise les bases fondamentales[1]. Il ajoute que ces décisions devront être ratifiées par plébiscite quelques jours plus tard.

Le 2 au matin la situation ne se présente pas trop mal pour lui, car les ouvriers, qui lisent ces proclamations en se rendant à leur

1. Ces bases, inspirées par la Constitution de l'an VIII, prévoient : un chef de l'Etat « responsable », nommé pour dix ans, des ministres dépendant du seul pouvoir exécutif, un Corps législatif élu au suffrage universel, une seconde assemblée, « pouvoir pondérateur, gardien du pacte fondamental et des libertés publiques », et un Conseil d'Etat « préparant les lois et en soutenant la discussion devant le Corps législatif ».

travail, ne s'insurgent pas ; tandis qu'une bonne partie des députés laisse faire et ne se manifeste plus. Mais on ne note aucun enthousiasme ni dans le peuple, ni dans la bourgeoisie. D'autant plus que près de 220 députés, dont bon nombre de conservateurs libéraux (Tocqueville, O. Barrot, Rémusat, par exemple) qui ne parviennent pas à entrer au Palais-Bourbon, se réunissent dans la mairie la plus proche et prononcent, constitutionnellement, la déchéance du président. Certes, Louis-Napoléon les fait arrêter sans difficulté. Mais ils n'oublieront jamais cet attentat contre la représentation nationale ; leur rupture avec lui, tout comme celle d'une bonne partie des libéraux et des intellectuels, est définitive. Le 3 rien n'est encore joué ; la bourgeoisie montre sa désapprobation, tandis que, dans les quartiers populaires, une partie des députés encore libres (V. Hugo, par exemple) tentent d'organiser la résistance : des barricades se construisent, des affrontements avec les soldats se produisent, et si le nombre des combattants n'est pas considérable (environ 1 500)[1], il est clair que les non-combattants, si importants dans ces circonstances, n'acclament pas le coup d'Etat. La conjonction du peuple et de la bourgeoisie, fatale au régime en 1830 et 1848, risque donc de se produire à nouveau. C'est le 4 que tout se joue, car l'agitation s'amplifie et l'armée a du mal à la contenir. Il ne reste plus à Louis-Napoléon que la force brutale : attaque violente contre les combattants des barricades et terreur contre les non-combattants : c'est la célèbre « fusillade des Boulevards » contre des civils désarmés (et souvent bourgeois) qui fait plusieurs centaines de morts[2], et qui, comme l'écrit M. Agulhon, a « un effet psychologique décisif en révélant la résolution des hommes de l'Elysée d'aller jusqu'au bout de la violence »[3]. Au soir du 4 Paris, terro-

1. Ce chiffre ne doit pas être sous-estimé : en 1830 il n'y a guère plus de 5 000 combattants.

2. Louis Girard la décrit en ces termes : « Un peu avant 2 heures, trente mille soldats sortent dans la ville [...] Tandis que la bataille gronde à l'entrée de la rue Saint-Denis, les boulevards sont couverts de troupes. Aux fenêtres, sur les trottoirs, au coin des rues adjacentes, la foule regarde, souvent hostile, avec des cris *Vive la Constitution, A bas les prétoriens !* Vers 3 h 20, tout d'un coup la troupe commence à tirer sur la foule des trottoirs et sur les fenêtres. Le canon tonne ; des soldats entrent dans les maisons. Le massacre dure un quart d'heure. Des victimes de toutes conditions jonchent le pavé rougi [...] Sans motif ou sur un indice erroné, elle [la troupe] a exécuté sa consigne de terreur » (*La IIe République,* p. 291-292) Dans son ouvrage sur *Napoléon III* (Paris, Fayard, 1986), L. Girard estime que le nombre des morts de cette « fusillade des Boulevards » doit être proche de 380. On dénombre, aussi, plusieurs centaines de blessés.

3. Maurice Agulhon, *1848 ou l'apprentissage...,* p. 173.

risé, ne bouge plus ; mais, à la différence de son oncle, Louis-Napoléon ne l'a emporté qu'en faisant couler le sang. Les Parisiens ne l'oublieront pas.

Pourtant, l'affaire n'est pas terminée ; et, contrairement à l'attente des conjurés, tout ne se joue pas à Paris. Dans les régions qui avaient manifesté leur attachement à la République d'importants soulèvements républicains — immortalisés par Zola dans *La fortune des Rougon* — vont se produire. Ces soulèvements sont légalistes ; ils s'expliquent par la propagation de l'idéologie républicaine jusque dans les petits villages. Louis-Napoléon traite la Constitution comme un chiffon de papier ; mais les militants républicains ont diffusé le texte de la Constitution, et particulièrement ses articles 68 et 110 qui fondent la résistance du peuple[1]. Le Président pensait que ces notions de droit étaient trop abstraites pour un peuple peu instruit, et que celui-ci verrait plutôt avec plaisir le retour du suffrage universel sans trop se préoccuper des moyens ayant permis ce retour. Il se trompe. Bien des hommes du peuple savent que si les riches disposent de leur fortune pour se protéger, le droit est la seule « fortune » des faibles. Ils savent aussi que ceux qui soutiennent la violation de la Constitution, les agents de l'autorité, sont aussi ceux qui depuis des années luttent par « presque » tous les moyens contre les républicains (arrachage des arbres de la liberté, étouffement des journaux, dissolution des conseils municipaux, etc.).

Pourtant, ces soulèvements ne parviennent pas à sauver la République pour trois raisons principales. Tout d'abord ils se produisent avec retard (guère avant le 3 et plutôt le 4 ou le 5 décembre en général) en raison des délais d'acheminement de l'information, et donc après la victoire de la force des armes à Paris, ce qui nuit à leur succès. Ensuite dans les grandes villes, comme Lyon ou Marseille, par exemple, l'armée est puissante, et elle est en mesure de prévenir tout soulèvement ; de ce fait ils se déroulent surtout dans les petites villes et dans les campagnes où le parti républicain possède de bons militants. Mais « l'étage » des grandes villes manque, ce qui facilite la répression. Enfin, ils ne touchent qu'une

1. Art. 68 : « Toute mesure par laquelle le président de la République dissout l'Assemblée nationale, la proroge ou met obstacle à l'exercice de son mandat, est un crime de haute trahison. Par ce seul fait, le président est déchu de ses fonctions ; les citoyens sont tenus de lui refuser obéissance [...]. » Art. 110 : « L'Assemblée nationale confie le dépôt de la présente constitution, et les droits qu'elle consacre, à la garde du patriotisme de tous les Français. »

partie de la France, cette France de gauche qui se dessinait déjà lors des élections de 1849 : la frange Nord du Massif central et le Sud-Est (Hérault, Ardèche, Drôme, Var et Basses-Alpes, particulièrement)[1], avec des combats importants autour de Crest et de Digne (seule préfecture tenue un moment par les républicains soulevés). Toutefois, à partir du 9 et du 10 décembre, les militaires prennent partout le dessus, et des « colonnes mobiles » pourchassent les républicains en fuite, tandis que trente départements demeurent placés en état de siège.

Malgré leur échec ces soulèvement sont très importants. Ils confirment, tout d'abord, la force du courant républicain dans une partie du peuple des campagnes, puisque ces paysans ne se contentent pas de voter pour les candidats républicains, ils risquent leur vie pour défendre la République. Par ailleurs, ils permettent à Louis-Napoléon de sauver sa mise, et sa tête, mais au prix d'un renversement d'alliance. En effet, la presse aux ordres du pouvoir (elle seule peut paraître) fait un tableau mensonger, mais efficace, de ces soulèvements : elle les présente comme une vaste jacquerie, contre l'ordre, la famille, la religion et la propriété, comme une tentative de subversion sociale[2]. Ce qui provoque une « grande peur sociale » dans les rangs des conservateurs, même ceux qui étaient réticents le 2 décembre. Et permet de forger une « légende », visant à légitimer *a posteriori* le coup d'Etat, qui aurait été accompli préventivement dans le but de sauver la société menacée par un vaste complot des « démagogues ».

De ce fait Louis-Napoléon est en mesure de se maintenir au pouvoir. A Paris, où il avait fait un coup d'Etat au nom du suffrage universel et contre la majorité conservatrice de l'Assemblée, il lui avait fallu terroriser les bourgeois « des Boulevards » ; mais il n'avait pas obtenu pour autant l'adhésion du peuple, dont une partie s'était soulevée. Son pouvoir, taché de sang, restait donc fragile. La « grande peur sociale » induite par les soulèvements ruraux vaut au contraire à Louis-Napoléon l'appui massif de la bourgeoi-

1. Consulter à ce sujet les ouvrages, déjà cités, de Philippe Vigier et de Maurice Agulhon.

2. Naturellement, les soulèvements, essentiellement républicains, comportent parfois une certaine coloration sociale. A l'issue d'une étude précise, M. Agulhon conclut : « Oui on s'est battu pour le droit et la Constitution, mais on s'est battu pour eux avec une ardeur redoublée, lorsque l'injustice avait le visage familier d'un hobereau, d'un notaire ou d'un patron détesté, lorsque l'appel abstrait du droit pouvait s'étayer d'une aspiration de justice concrète » (*1848 ou l'apprentissage...*, p. 195).

sie et, en général, de la fraction la plus conservatrice de la société française et celui de la hiérarchie catholique. Mais alors il n'est plus à la tête d'un pouvoir chargé d'appliquer les principes modernisateurs du bonapartisme en s'appuyant sur le suffrage populaire, il devient le chef, presque l'otage, de conservateurs passéistes, puisqu'il ne peut pas se passer d'eux. Or ils ne sont que ses « clients ». Ils « achètent » leur tranquillité contre son maintien à la tête de l'Etat, à condition qu'il applique leur programme conservateur et clérical, voire, pour certains, « réactionnaire ».

L'installation du pouvoir personnel

Elle s'inscrit d'abord dans la répression : plus de 26 000 personnes ayant été arrêtées, Louis-Napoléon, qui veut une « justice » expéditive, crée pour statuer sur leur sort (on n'ose écrire « juger ») des *Commissions mixtes* départementales, qui bafouent les règles élémentaires du droit. Composées de trois hommes, le préfet, un magistrat et le général qui commande les troupes, elles statuent après une instruction sommaire, sans appel et sans entendre de défenseurs. De plus, elles ne tentent pas réellement de faire le procès d'hommes ayant commis des actes précis de rébellion ; elles cherchent à conforter la thèse du pouvoir qui voit dans les soulèvements républicains une tentative de subversion sociale. Utilisant des critères très vagues (« exalté », « dangereux pour la société »), elles condamnent donc aussi des hommes dont le seul tort est d'avoir des idées de gauche. Elles envoient 240 personnes au bagne de Cayenne et en déportent 9 500 en Algérie (dont 2 800 qui y sont internées) ; 1 500 sont expulsées (dont 66 députés). L'ampleur de la répression colore toute cette époque (au moins durant un an) d'une atmosphère générale de terreur. D'autant plus que, comme la presse n'est pas libre, l'opinion ne connaît pas les limites exactes de la répression qui apparaît, de ce fait, sans limite. Louis-Napoléon y gagne, certes, un capital d'autorité auprès des conservateurs. Mais il engrange aussi un capital de haine inextinguible auprès des républicains et de bien des libéraux et d'intellectuels qui regarderont toujours le Second Empire comme un régime né d'un parjure, enraciné dans le sang des bourgeois des Boulevards, et imposé à la France rurale par l'état de siège, les colonnes mobiles et les commissions mixtes !

Ayant assuré ses arrières, Louis-Napoléon est en mesure de procéder au plébiscite annoncé le 2 décembre. Il se déroule les 20 et 21 décembre dans un pays où 32 départements sont en état de siège, où les journaux d'opposition sont interdits et où les adversaires du pouvoir (les plus connus ayant été expulsés) n'ont aucun moyen de faire campagne. On dénombre environ 7,5 millions de oui, 647 000 non et près de 1,7 million d'abstentions[1]. Certes, même si le vote avait été organisé dans des conditions plus régulières, on peut penser qu'à l'image de ce qui s'était passé librement en décembre 1848, Louis-Napoléon l'aurait emporté. Toutefois la persistance d'une opposition est incontestable, ce qui ne laisse pas d'être gênant pour un régime autoritaire.

Par ce plébiscite Louis-Napoléon s'est fait accorder le droit de rester président de la République pendant dix ans, de gouverner seul pendant trois mois par décrets-lois et de rédiger une nouvelle constitution. Celle-ci est promulguée le 14 janvier 1852. Louis-Napoléon, qui se fait désormais appeler « Prince-Président », y marque discrètement, qu'en dépit de son alliance avec la fraction la plus conservatrice du parti de l'ordre, il n'a pas oublié que le bonapartisme est le fils de 1789 : le premier article précise : « La Constitution reconnaît, confirme et garantit les grands principes proclamés en 1789, et qui sont la base du droit public des Français. »[2] Ensuite, certes, la Constitution fait la part belle à l'autorité du chef de l'Etat ; toutefois par cette notation initiale Louis-Napoléon montre qu'il ne sera pas un instrument docile entre les mains des conservateurs, voire des contre-révolutionnaires.

Naturellement, la Constitution maintient le suffrage universel. Mais, ceci mis à part, elle accorde de très grands pouvoirs au « gouvernement de la République française » qui est « confié pour dix ans au prince *Louis Napoléon Bonaparte* » (art. 2). Selon l'article 3, le Président « gouverne au moyen des ministres, du Conseil d'Etat, du Sénat et du Corps législatif ». Ministres et assemblées ne sont donc que ses instruments, même le Corps législatif, pourtant élu au suffrage universel ! Certes, l'article 5 affirme que le Président « est responsable devant le Peuple français, auquel il a toujours le droit de faire appel » ; mais cette « responsabilité », reste bien théo-

1. Notons, cependant, la persistance de l'opposition à Paris où l'on compte 80 000 non pour 132 000 oui et 75 000 abstentions ; moins de la moitié des électeurs parisiens approuvent donc le coup d'Etat.

2. Cité, notamment, par Jacques Godechot, *Les constitutions de la France depuis 1789*, Paris, Garnier-Flammarion, 1970, p. 292.

rique. Elle lui confère surtout le droit d'organiser des plébiscites quand il le désire. D'autant plus que la Constitution lui accorde d'énormes pouvoirs[1] : il a seul l'initiative des lois, et possède même une partie du pouvoir législatif[2]. Il peut dissoudre le Corps législatif, et dispose d'un délai de six mois pour organiser de nouvelles élections. Ministres, sénateurs, députés, fonctionnaires doivent lui prêter un serment de fidélité. Il nomme les membres du *Sénat*, qui est surtout le gardien de la Constitution[3]. Nommés à vie les sénateurs possèdent théoriquement une certaine indépendance. En fait, trop bien choisis et plutôt âgés, ils n'auront guère de rôle.

Le seul contrepoids aux pouvoirs du Président est le *Corps législatif*, dont les membres sont élus pour six ans au suffrage universel uninominal (un député pour 35 000 électeurs). Il est chargé de voter les lois, mais ses pouvoirs sont étroitement limités. Il ne possède pas l'initiative des lois, et ne siège que trois mois par an. S'il veut amender un projet de loi, il doit soumettre ses amendements au Conseil d'Etat, qui peut fort bien les rejeter. Les ministres, sur lesquels il ne possède aucun pouvoir, ne se présentent même pas devant lui, ce sont des conseillers d'Etat qui exposent et défendent les projets de loi. Le *Conseil d'Etat*, dont les membres sont nommés et révoqués par le Président, est chargé, « sous la direction du Président, de rédiger les projets de lois » et de soutenir leur discussion devant les Chambres. Destiné à isoler le pouvoir des députés, il n'y parviendra pas réellement, et ne jouera pas le rôle qu'espérait Louis-Napoléon ; dès 1860 il faudra modifier ces dispositions.

Au total, la Constitution fait du Président un « quasi-monarque » ; la seule limite de ses pouvoirs tient à l'élection des députés. Si les électeurs se laissent dicter leurs choix politiques, il

1. Il commande l'armée, déclare la guerre, « fait les traités de paix, d'alliance et de commerce, nomme à tous les emplois, fait les règlements et décrets nécessaires pour l'exécution des lois » (art. 6) ; la justice se rend en son nom ; les maires sont nommés « par le pouvoir exécutif » et peuvent être pris hors du conseil municipal (art. 57), etc.

2. Art. 4 : « La puissance législative s'exerce collectivement par le président de la République, le Sénat et le Corps législatif. »

3. L'art. 27 le charge d'interpréter la Constitution par « sénatus-consulte » (avis du Sénat) ; mais il faut l'accord du président pour qu'un sénatus-consulte soit promulgué. Par ailleurs : selon l'art. 25 « Aucune loi ne peut être promulguée avant de lui avoir été soumise. » ; art. 26 « Le Sénat s'oppose à la promulgation — 1° Des lois qui seraient contraires à la Constitution, à la religion, à la morale, à la liberté des cultes, à la liberté individuelle, à l'égalité des citoyens devant la loi, à l'inviolabilité de la propriété et au principe de l'inamovibilité de la magistrature ; 2° De celles qui pourraient compromettre la défense du territoire. »

pourra gouverner sans problèmes ; mais s'ils prennent leur indépendance, ce sera plus difficile. Et, d'une certaine façon, l'histoire du Second Empire est l'histoire de l'émancipation progressive du suffrage universel.

L'Empire autoritaire (1852-1859)

La mise en route du régime, et le rétablissement de l'Empire

Le cadre de la vie politique

La Constitution proclamée, le Prince-Président utilise encore ses pouvoirs discrétionnaires pour définir le cadre de la vie politique et établir un véritable « régime de dictature » (R. Rémond[1]). Selon les décrets du 2 février et du 22 mars 1852, les *élections législatives* se déroulent au suffrage universel masculin, et au scrutin d'arrondissement uninominal à deux tours. Surtout le pouvoir organise le système de la « candidature officielle » : un candidat choisi par le gouvernement est déclaré « officiel ». Ses frais de campagne sont payés par le budget de l'Etat, et toute l'administration se met à son service dans le but de le faire triompher. Ce n'est certes pas tout à fait nouveau, mais avant 1848 la préférence du pouvoir était officieuse et, surtout, elle s'exerçait dans le cadre du suffrage censitaire. Officialiser ces pratiques, c'est s'attirer le reproche de se contenter d'un simulacre d'élection. Cela révèle qu'à l'image des conservateurs qui avaient adopté la loi du 31 mai 1850, Louis-Napoléon se méfie du suffrage universel ; plus habile, il rend leur droit de vote aux électeurs, mais il contrôle l'usage qu'ils en font. Par ailleurs il est vrai que, dans certaines régions, la pression de l'administration sur les électeurs a aussi pour but de permettre à ceux-ci d'échapper à la tutelle du clergé et de notables, et que cela correspond à l'un des aspects du bonapartisme.

Le pouvoir bonapartiste s'exerce dans le cadre de la *suspension de la plupart des grandes libertés publiques*. Non seulement il n'y a ni liberté de réunion, ni liberté d'association, mais la réglementation

1. René Rémond, *La vie politique en France,* t. 2, Paris, Colin, 1969, p. 155.

de la presse établie en février 1852 est la plus restrictive de tout le XIXe siècle. Les journaux politiques doivent recevoir une autorisation préalable ; quand ils sont poursuivis, ce sont les tribunaux correctionnels (donc des magistrats professionnels) qui les jugent, et non pas des jurés « populaires ». De plus, ils sont soumis à l'arbitraire, car ils peuvent recevoir un « avertissement » quand un de leurs articles à déplu au ministre ; trois avertissements provoquent la suppression du journal. Ce système entraîne une insécurité permanente et conduit à l'autocensure. En fait, la presse ne dispose d'aucune liberté. De plus on rétablit le « brevet » (autorisation) pour les libraires et la censure pour les théâtres ; quant au colportage, seul moyen d'information pour bien des paysans, il est très étroitement contrôlé[1].

Cet ensemble de mesures révèle la nature du régime. Autoritaire, repoussant le libéralisme et le parlementarisme chers aux orléanistes, il est fondé sur le césarisme plébiscitaire : le peuple inorganisé accorde, par le plébiscite, une sorte de « blanc-seing » au pouvoir pour une longue période. Ce pouvoir veut supprimer les partis, qui à ses yeux divisent (une partie c'est une fraction d'un tout), pour réconcilier les Français en leur offrant de vastes perspectives de progrès dans le domaine économique et social. Il cherche, ainsi, à utiliser à l'intérieur le suffrage universel contre la révolution, tout en rejetant le socialisme et en faisant confiance au libéralisme économique, et au libre-échange. Dans le domaine extérieur, il a également pour but de prévenir la révolution en Europe en soutenant le principe « des nationalités » (droit des peuples à disposer d'eux mêmes) ; politique qui présente aussi l'avantage de porter en germe la destruction des traités de 1815, honnis par bien des Français, et bien des républicains, et qui devrait, de ce fait, être bien accueillie par le peuple.

Il s'agit donc d'un système original qu'on ne peut facilement classer ni à droite, ni à gauche et encore moins au centre ; parce qu'il emprunte des éléments à la droite et à la gauche pour en faire une synthèse originale. Sorte de démocratie autoritaire qui exclut le parlementarisme, il risque d'être trop à gauche (sensible aux revendications populaires) pour la droite, et trop à droite (autoritaire, antiparlementaire) pour la gauche. Il a, de ce fait, du mal à s'implanter durablement. De plus, comme il ne possède pas un nombre

1. Et même la liberté de culte (des protestants) est contestée par moments en quelques endroits durant les années 1850.

important de partisans, il lui faut trouver des exécutants parmi les serviteurs des régimes antérieurs, surtout d'anciens orléanistes qui acceptent en 1852 de le servir parce qu'ils ont peur des « révolutionnaires ». Mais avec le temps leur peur s'estompera et ils reviendront peu à peu à la pente naturelle de leur esprit, le parlementarisme conservateur, et ils contribueront à faire évoluer le régime dans ce sens au cours des années 1860. Mais alors, est-on toujours en régime impérial, et bonapartiste ?

Les élections de 1852 et le rétablissement de l'Empire

Ayant mis au point le cadre réglementaire, le pouvoir prépare les élections législatives. Il révèle, à cette occasion, quelles sont les forces dont il souhaite l'appui. Il multiplie les prévenances en direction de la hiérarchie de l'Eglise catholique qui s'est, il est vrai, révélée particulièrement sensible au danger du « spectre rouge », et dont les membres ne lui ont guère ménagé leur approbation en décembre 1851. Leur soutien est également fort utile au moment des élections. Cette nouvelle union du Trône et de l'Autel se manifeste ainsi par la multiplication des congrégations religieuses féminines, ce qui augmente l'influence de l'Eglise dans l'enseignement public et favorise le développement de l'enseignement privé. On le remarque aussi dans le paysage : durant les années 1850, nombre de nouvelles églises sont édifiées avec l'aide de l'Etat. Notons, cependant, que le gouvernement refuse d'abroger les Articles organiques (ils limitent l'action du clergé sur un certain nombre de points) et de rendre le mariage religieux obligatoire, comme le demandaient certains catholiques : Louis-Napoléon est l'allié des cléricaux, mais il n'est pas l'un des leurs.

Pour les candidats officiels, les directives du ministre de l'Intérieur sont claires, et instructives. Il demande aux préfets de choisir des hommes qui ont fait leur fortune « par le travail, l'industrie ou l'agriculture »[1], plutôt que des hommes politiques. Cette volonté de s'appuyer sur les dirigeants de l'économie correspond à la tendance générale du régime. Cela lui permet de tenter d'éliminer la classe politique précédente (légitimiste, orléaniste ou républicaine) ; de plus ces patrons sont des hommes qui ne le contestent pas sur le plan idéologique, mais ce sont aussi des novateurs dans le

1. Cité, notamment, par Adrien Dansette, *Du 2 décembre au 4 septembre,* Paris, Hachette, 1972, p. 27

domaine économique et social. Or c'est tout particulièrement dans ce domaine que Louis-Napoléon entend imprimer sa marque. Il le montre tout au long de l'année 1852 par une série de décrets destinés à relancer la machine économique en favorisant la construction des chemins de fer ou la constitution de nouvelles banques capables de participer à la rénovation de l'industrie (en septembre 1852, le Crédit mobilier est fondé), ou à la modernisation de l'agriculture (en décembre, le Crédit foncier de France est établi), par exemple.

Si la réussite économique est réelle[1], dans le domaine politique les choses sont moins simples. En effet, les préfets ne parviennent pas à trouver de nombreux candidats officiels répondant aux critères souhaités ; ce qui montre, une fois de plus, que les « vrais bonapartistes » sont peu nombreux en France, et illustre le problème fondamental du régime. De ce fait, la plupart des candidats officiels sont membres du groupe social qui dirige la France depuis 1830 (des propriétaires fonciers, des juristes, d'anciens hauts fonctionnaires et quelques industriels et négociants). Ils font partie des classes dirigeantes traditionnelles qui peuplaient les Assemblées de la monarchie de Juillet, et qui animaient le parti de l'ordre entre 1848 et 1851. Leur acceptation de l'étiquette officielle révèle certes l'appui que presque tous les conservateurs accordent à Louis-Napoléon depuis décembre 1851. Mais, s'ils n'ont aucune volonté d'opposition, ils n'ont pas non plus l'intention de renoncer à leur programme politique. Dès sa constitution le régime n'offre donc pas le visage d'un césarisme plébiscitaire et modernisateur légitimé par l'onction du suffrage universel, mais celui de la fraction la plus conservatrice de l'oligarchie[2].

Dans le climat dictatorial du début de l'année 1852 (l'état de siège n'est pas levé, les journaux sont « aux ordres », on va même jusqu'à censurer les professions de foi des candidats), les élections du 29 février ne sont guère disputées. Sur 261 sièges, seuls 8 ne reviennent pas à des candidats officiels : 3 républicains[3], 3 légitimistes et 2 indépendants. Toutefois, l'opposition n'a pas disparu : les

1. Pour plus de détails sur la politique économique du régime, cf. p. 390-391.

2. Parmi les candidats officiels élus députés en 1852, on estime que un tiers sont bonapartistes (dont environ 40 hommes « nouveaux » tels que le souhaitait le ministre de l'Intérieur et 25 anciens opposants à Louis-Philippe), un tiers sont gouvernementaux (ils appuient le pouvoir sans partager l'idéologie bonapartiste) et un tiers sont des indépendants ralliés au moins pour un temps (légitimistes, orléanistes, conservateurs, etc.)

3. La Constitution prévoit que les députés doivent prêter serment de fidélité au chef de l'Etat ; les trois républicains refusent et ne peuvent siéger.

candidats officiels n'ont obtenu l'appui que de 53 % des inscrits (et de 83 % des votants) ; et les 37 % d'abstentions correspondent souvent au refus d'approuver le nouveau pouvoir[1]. L'opposition est bâillonnée, mais elle n'a pas disparu ; elle constitue encore une menace.

Ayant mis en place les principaux organes du pouvoir au printemps, Louis-Napoléon peut passer à la dernière phase de son programme, le rétablissement de l'Empire. Cela paraît d'ailleurs assez naturel, tant la Constitution que la pratique politique (les décrets-lois, les habitudes qui se prennent) ayant fait de lui un véritable monarque. Il hésite pourtant un moment, car il craint les réactions de l'opinion française et celles de l'Europe. De plus, il y a quelque chose de contradictoire à vouloir fonder un régime à la fois sur l'hérédité et sur le suffrage populaire, même plébiscitaire. Toutefois, au cours un voyage en province où il est bien accueilli, Louis-Napoléon se décide[2]. Et, le 7 novembre, un sénatus-consulte rétablit la dignité impériale : « Louis-Napoléon Bonaparte est empereur des Français sous le nom de Napoléon III. » Il est approuvé par plébiscite les 21 et 22 novembre à une très forte majorité[3], et promulgué le 2 décembre 1852[4].

La vie politique jusqu'en 1859

Le pouvoir sans partage (1853-1857)

En 1853, Napoléon III est âgé de 45 ans. De tempérament secret, et habitué à la conspiration, il entend bien user des pouvoirs qu'il est parvenu à se faire attribuer. Très différent des dirigeants du

1. C'est très net dans certaines villes : 55 % d'abstentions à Marseille, 70 % à Bordeaux, 81 % à Vierzon. Noter que les pourcentages de voix par rapport aux votants (ici et dans le reste de ce chapitre) comportent une petite marge d'incertitude, car le nombre des blancs et nuls n'est pas toujours connu avec précision.

2. Il l'annonce à Bordeaux le 9 octobre dans un discours resté célèbre où, pour apaiser les craintes de milieux d'affaires qui se souviennent des guerres napoléoniennes, il affirme « l'Empire c'est la paix ».

3. Les résultats sont meilleurs qu'en 1851, puisqu'on compte 7,8 millions de oui et seulement 250 000 non (mais environ 2 millions d'abstentions contre 1,7 millions en 1851).

4. Napoléon III parachève l'installation du régime en se mariant en janvier 1853 avec Eugénie de Montijo, ce qui lui permet d'avoir une descendance légitime. Elle lui donnera un fils en 1856.

parti de l'ordre, ou, pour parler comme Thiers, des « hommes considérables qui expriment le parti des honnêtes gens »[1], il possède un programme, souvent mal compris parce qu'il ne le présente pas de façon cohérente et argumentée. Les grands intellectuels qui dirigeaient la France entre 1830 et 1848 masquaient, souvent, la banalité de leur pensée sous une forme brillante ; à l'inverse, comme le remarque Louis Girard, Napoléon III exprime de façon banale des idées originales. A la différence des hommes du parti de l'ordre, il a le sens de l'évolution sociale ; il veut accompagner le mouvement social, en accomplissant la révolution industrielle. Pour prévenir la révolution, certes, mais aussi parce qu'il pense que l'Etat a le devoir de se préoccuper du niveau de vie du plus grand nombre, sans, pour autant, sacrifier les notables. Il n'entend en aucune façon étatiser l'économie, mais il ne s'interdit pas, bien au contraire, des interventions dans ce domaine, ce qui le sépare des simples conservateurs. Il doit sa fortune au suffrage universel, tout en confisquant la liberté à son profit ; à ses yeux, en effet, et cela l'oppose à la plupart des dirigeants du parti de l'ordre, la liberté ne s'exprime pas dans le parlementarisme mais par l'intermédiaire du plébiscite. Il envisage bien de faire, dans un avenir lointain, une plus large part à la liberté, mais il attend pour cela que le régime soit assez affermi ; ce qui le sépare des libéraux.

De plus, durant ces années, il possède de solides appuis conservateurs ; la plupart des légitimistes et des cléricaux le soutiennent, ce qui, joint à l'absence de liberté, donne un aspect réactionnaire à cette période. Il aimerait, certes, se dégager quelque peu de leur emprise et profite parfois d'une occasion pour montrer qu'un Bonaparte est aussi le fils de 1789[2]. Mais les circonstances de sa prise du pouvoir, sa rupture avec les libéraux (comme Thiers) et avec les républicains et la gauche en général lui interdisent d'aller bien loin en ce sens[3]. De

1. Cité par Louis Girard, *Problèmes politiques et constitutionnels du Second Empire, op. cit.*, p. 30. A plusieurs reprises, dans ce chapitre, nous nous inspirons des analyses de cet ouvrage, et, toujours de Louis Girard, des *Questions politiques et constitutionnelles du Second Empire*, Paris, CDU, 1965 ; malheureusement ces deux remarquables cours polycopiés, et non réédités, sont difficiles à consulter.

2. Ainsi, par exemple, en 1855, il fait savoir indirectement qu'il lui arrive de chanter des chansons de Béranger, auteur de textes à la gloire de Napoléon Ier, certes, mais aussi de chansons célébrant 1789, voire anticléricales ; ce qui provoque une polémique entre *Le Siècle* et *L'Univers* à propos de Béranger et de la Révolution. Cette anecdote est aussi significative du peu de liberté laissée au débat politique.

3. Et cela, bien que Napoléon III sache, grâce à sa police, que les journaux anticléricaux ont trois fois plus de lecteurs que les journaux cléricaux. Mais, à l'époque, c'est surtout la bourgeoisie qui lit les journaux.

toute manière sa principale base sociale réside dans le soutien que lui prodigue le peuple des campagnes. En raison, certes, de l'essor économique qui accompagne les premières années du régime. Mais aussi parce que les paysans possèdent encore une conception du pouvoir issue de l'Ancien Régime, ce qui les conduit à obéir aux « ordres » de l'administration et à ceux des autorités sociales et religieuses, en particulier au moment des élections. Mais ce comportement soumis correspond à un suffrage universel dans l'enfance, et non encore conscient de ses droits ; il ne peut durer bien longtemps.

Entre 1853 et 1857 la vie politique est comme arrêtée. Elle est plus rythmée par la vie de cour (la célèbre « fête impériale ») que par les débats parlementaires. Le pouvoir gouverne ; la police espionne les républicains, bien affaiblis il est vrai ; la presse approuve ou se tait ; le corps législatif accepte les lois qu'on lui présente, d'autant plus que, pour le budget, il doit voter les crédits, non pas par sections, mais par ministères, ce qui interdit tout contrôle sérieux. L'essentiel des lois adoptées alors concerne, d'ailleurs, la modernisation de la vie économique[1]. L'initiative principale réside dans la politique étrangère : la guerre de Crimée, qui possède des motifs extérieurs[2], mais qui s'inscrit aussi dans le cadre de l'alliance que Napoléon III a contractée avec les cléricaux ; car en Orient les armées françaises défendent également les intérêts catholiques contre les orthodoxes.

Les élections de 1857

La victoire en Crimée et la tenue d'un Congrès à Paris en 1856, qui fait quelque peu oublier le Congrès de Vienne de 1815, accroissent le prestige du pouvoir. Napoléon III tente alors de profiter des circonstances ; car des élections législatives doivent avoir lieu en 1858. En dépit de la force de l'administration impériale, celles-ci n'en demeurent pas moins délicates. En effet, un échec des candidats officiels aux élections provoquerait non pas un changement de majorité, mais un changement de régime. Jugeant la conjoncture favorable, en avril 1857 Napoléon III dissout le Corps législatif. De nouvelles élections ont lieu les 21 et 22 juin.

La vie politique n'ayant pas encore repris et les opposants n'ayant guère de moyens de se faire entendre, nul ne doute du suc-

1. Sur cette question, cf. p. 390-391 et 398.
2. Cf. p. 535-536.

cès des bonapartistes. Mais le pouvoir souhaite une grande victoire qui manifesterait de la manière la plus claire l'enracinement du régime, et donc de l'idéologie bonapartiste, et l'irrémédiable déclin des « anciens partis ». Pour tenter de l'obtenir on maintient donc tout l'arsenal répressif, et la candidature officielle. A première vue, les résultats sont satisfaisants : l'opposition ne recueille que 665 000 voix (soit 11 % des votants) contre 5,47 millions au pouvoir (89 %) ; mais le nombre des abstentions est élevé 3,4 millions (35,8 %). Si les campagnes restent fidèles à l'Empire, on constate que les candidats bonapartistes ne progressent guère. Et, surtout, malgré cinq ans de « compression » des libertés publiques, d'absence de presse d'opposition, de succès économiques, militaires et diplomatiques, le parti républicain est toujours actif et populaire. Il parvient à présenter une centaine de candidats qui livrent bataille, et là où il n'en présente pas les abstentions sont très nombreuses. Dans les grandes villes, il progresse, tout particulièrement à Paris où il emporte 5 des 10 sièges et, à la suite de décès et de démissions, en 1858 les républicains seront cinq à siéger[1] au Corps législatif, manifestant ainsi la rénovation du parti républicain, plus jeune, plus réaliste et insistant beaucoup plus sur la liberté que sur l'égalité.

Il est clair, aussi, que les autres « anciens partis », orléaniste surtout, mal adaptés au suffrage universel, ne comptent plus guère. Ces élection révèlent donc la fragilité du régime ; sa persistance ne tient qu'au prestige et à la vie de l'Empereur. Et si celui-ci vient à disparaître, tout laisse penser que les républicains l'emporteront. D'autant plus que, en supprimant la liberté Napoléon III leur offre une arme de propagande efficace, tant dans les villes que dans les campagnes. Car, à l'inverse de la revendication d'égalité, la défense de la liberté ne comporte pas de menace pour la propriété, et rebute beaucoup moins les ruraux. Or, si les ruraux se mettent à voter comme les urbains, les jours du régime sont comptés. La conclusion est claire, s'il veut enraciner le régime, Napoléon III doit changer de politique.

1. A Paris Cavaignac, Carnot et Goudechaux sont élus au premier tour ; E. Ollivier et L. Darimon au second. J-L. Hénon est élu à Lyon ; Curé est élu à Bordeaux, mais il se rallie à l'Empire. Cavaignac meurt peu après, Carnot et Goudechaux refusent le serment. Des élections partielles organisées en 1858 permettent l'élection de Jules Favre et Ernest Picard. Les « cinq » du Corps législatif sont donc : L. Darimon, J. Favre, E. Ollivier, E. Picard élus à Paris, et J.-L. Hénon élu à Lyon.

L'attentat d'Orsini et ses conséquences

Le 14 janvier 1858, Napoléon III échappe de très peu à une bombe lancée par un patriote italien, Felice Orsini, qui espérait, grâce à la mort de l'Empereur, provoquer en France une révolution qui s'étendrait ensuite à l'Italie. Le gouvernement commence à réagir par un durcissement : suppression de journaux, constitution d'un conseil privé, qui se transformerait au besoin en conseil de régence, nomination le 7 février du général Espinasse comme ministre « de l'Intérieur et de la Sûreté générale ». Aussitôt ce dernier ordonne aux préfets d'arrêter « les hommes les plus dangereux de votre département », qui se sont rendus suspects par leur attitude politique antérieure[1]. Sur un millier de personnes arrêtées de façon tout à fait arbitraire, plus de 400 sont ensuite déportées en Algérie. Dans le but de légaliser, si l'on peut dire, ces arrestations, le 27 février le gouvernement fait voter la *loi de sûreté générale* qui permet d'arrêter, exiler ou de déporter en Algérie, sans procès, toute personne ayant déjà été condamnée pour délit politique depuis 1848. Elle prévoit aussi des peines d'amende, ou de prison, à l'encontre de ceux qui se seraient concertés en vue d'agir contre le gouvernement. Cette loi, qui méconnaît les bases les plus élémentaires du droit, révèle l'ampleur des craintes du pouvoir, et sa fragilité. Pourtant Napoléon III comprend assez vite qu'il fait fausse route ; dès le mois de mai la loi du 27 février n'est plus utilisée ; en juin le général Espinasse démissionne. Ce qui sonne le glas de « l'Empire autoritaire ».

L'Empire à la recherche de nouveaux appuis (1859-1866)

Durant cette période Napoléon III opère une profonde révision de l'ensemble de sa politique. Il cherche à gagner la sympathie de forces sociales qui le combattaient jusque-là. C'est une entreprise périlleuse ; mais, s'il veut appliquer son programme, les « clients » sur lesquels il s'appuie depuis 1852 sont inadaptés, il lui faut gagner des « partisans ».

1. Il ordonne de choisir ces suspects parmi : les hommes condamnés pour raison politique entre 1848 et 1851, ou frappés par les commissions mixtes en 1852.

La guerre d'Italie

L'Empereur décide donc de changer l'orientation du régime ; or son pouvoir lui paraissant encore trop peu affermi pour qu'il soit en mesure de prendre des initiatives éclatantes dans le domaine intérieur, il opte donc pour la politique extérieure. Et, dans le courant de l'année 1858, il se prépare à participer militairement à l'unification de l'Italie. Après des pourparlers secrets, le 10 décembre 1858 un traité défensif est signé avec le Piémont, ce qui ouvre la voie à une intervention militaire en Italie du Nord.

En application de ce traité, entre mai et juillet 1859 l'armée française participe à la guerre contre l'armée autrichienne (avec surtout les deux victoires de Magenta, le 4 juin, et Solférino, le 24 juin). L'armistice est signé à Villafranca le 11 juillet[1], sans que tous les objectifs aient été atteints (la Vénétie reste sous domination autrichienne) ce qui mécontente les Italiens et montre que Napoléon III est pressé d'en finir ; parce que la Prusse se fait quelque peu menaçante, et parce que l'opinion française n'accepterait pas une guerre longue dans une région où les intérêts vitaux de la France ne semblent pas engagés.

Cette décision de brusquer la fin des opérations militaires révèle que, si la guerre possède bien des motifs extérieurs, elle trouve surtout son origine dans la volonté impériale de tenter de se concilier les « masses » urbaines, qui ont révélé la persistance de leur hostilité en 1857. En défendant par les armes le principe des nationalités, qui fait partie des bases idéologiques du bonapartisme, Napoléon III sait qu'il rejoint les souhaits de bien des républicains, qui n'oublient pas que c'est la Révolution qui a inauguré ce principe. D'autant plus qu'en Italie il lutte contre l'Autriche, puissance conservatrice. Mais il sait aussi que cette politique ne peut que le brouiller avec les cléricaux. En effet, l'unification de l'Italie pose le problème du pouvoir temporel du pape ; car, pour une Italie unifiée, il est bien difficile d'imaginer une autre capitale que Rome, qui est aussi la capitale des Etats pontificaux. Et à cette date les cléricaux, et la plupart des conservateurs français, pensent que le pape ne peut pas être libre et indépendant, et donc remplir sa mission, s'il ne possède pas un Etat dont Rome est la capitale et le symbole. De fait, les bouleversements induits en Italie par la guerre de 1859 se traduisent par la perte de la

1. Sur cette guerre d'Italie, cf. p. 538-541.

plus grande partie de ses Etats par le pape, qui ne conserve plus que Rome et la région environnante (le Latium). Et seule la présence d'une garnison française, depuis 1849, interdit aux patriotes italiens de faire de Rome la capitale du nouveau royaume d'Italie.

Par son initiative italienne Napoléon III tente donc de modifier la base sociale de son régime. Le pari est pourtant difficile à gagner. En effet, les masses urbaines et rurales influencées par l'idéologie républicaine regardent sans doute d'un bon œil l'appui donné aux patriotes italiens ; mais elles se déterminent surtout en fonction de considérations de politique intérieure. A elle seule la politique étrangère a peu de chance de les rallier au régime ; d'autant plus qu'elle n'est même pas poussée à son terme, puisque les Romains se voient interdire le droit de s'unir aux autres Italiens. Par ailleurs, cette politique qui oblige le pape à abandonner la plus grande partie de ses Etats, et qui met en danger la possession de la « Ville éternelle » par le souverain pontife, se heurte à la très vive hostilité des cléricaux. Enfin, et comme à l'accoutumée, les milieux d'affaires sont hostiles à la guerre. On le voit dès l'automne 1858, lorsque les journaux commencent à évoquer l'éventualité d'une intervention française en Italie : la Bourse baisse aussitôt.

Le choix politique de Napoléon III est donc dangereux. D'autant plus qu'il peut amener une réconciliation entre les légitimistes, qui sont aussi des cléricaux, et les orléanistes pour lesquels nombre de chefs d'entreprises ont conservé une profonde sympathie idéologique fondée sur leur commune adhésion au libéralisme. Quant aux cadres du parti républicain, il y a trop de sang, trop de mépris du droit et trop de dictature entre eux et Napoléon III pour qu'ils se rallient sur un simple problème de politique étrangère. L'Empereur le constate rapidement, et il se décide à agir à l'intérieur.

Les premières réformes intérieures

En 1860 et 1861 l'Empereur prend trois mesures importantes dans le domaine de la vie économique et dans celui de la vie politique.

— Le *23 janvier 1860*, il signe un *Traité de commerce* avec la Grande-Bretagne, valable dix ans. Il prévoit des concessions mutuelles : la France supprime les prohibitions et les taxes sur la plupart des matières premières, et elle abaisse les droits sur les produits manufacturés ; la Grande-Bretagne laisse entrer sans taxes un grand nombre de produits finis[1]. Il ne s'agit donc pas d'un véritable libre-échange. Mais il bouleverse les habitudes françaises, fondées depuis de très longues années sur le protectionnisme. Et, surtout, il a été négocié secrètement, sans que le gouvernement consulte et encore moins tienne compte de l'avis des milieux d'affaires, très attachés au protectionnisme. Napoléon III espère par ce moyen contribuer à la modernisation de l'ensemble de l'appareil économique français ; et à la limitation de la hausse des prix. Il s'agit donc d'une mesure typiquement « bonapartiste », ayant aussi pour but de tenter de rallier les « masses » qui devraient constater, dans quelque temps, une réelle amélioration de leur niveau de vie[2].

— Le *24 novembre 1860*, il signe un *décret* qui modifie le fonctionnement du régime[3]. Au début de chaque session parlementaire, et en réponse au discours du trône, les Chambres (Sénat et Corps législatif) pourront discuter les termes d'une *Adresse* destinée à faire connaître à l'Empereur les souhaits des parlementaires. Pour qu'ils puissent adopter une telle adresse *trois ministres sans portefeuille* sont nommés : ils sont chargés d'exposer et de défendre la politique du gouvernement. On le voit, les ministres reviennent devant les Chambres. Ce décret sonne donc la fin de la politique de réaction contre le parlementarisme qui prévaut depuis 1852. Il ne limite certes pas les pouvoirs du chef de l'Etat pas plus qu'il ne prévoit la responsabilité ministérielle. Mais il permet le début d'une renaissance de la vie politique. Par ce biais Napoléon III cherche à obtenir l'appui de l'opinion publique. Or, pour être en mesure de la satisfaire, il lui faut la connaître. Pour y parvenir, il a le choix entre libéraliser le régime de la presse, ou laisser les députés l'exprimer. Il opte pour cette seconde solution, parce qu'elle lui paraît moins dangereuse et plus facile à contrôler. L'Empereur reste donc prudent, mais c'est au prix de l'efficacité ; car cette demi-mesure apparaît trop libérale aux conservateurs, et trop conservatrice aux libéraux ! On le voit dès le début de 1861 lors du débat sur l'Adresse : au Corps législatif 91 députés (donc, bon nombre de candidats officiels) votent contre la politique italienne du pouvoir et, au Sénat, il

1. Cf. p. 393.

2. Napoléon III prend aussi des initiatives dans le domaine de la politique étrangère lointaine : expansion coloniale, guerre du Mexique (1861-1867) ; cf. p. 541 et s.

3. Il inaugure aussi la libéralisation du régime par un décret du 16 août 1859 qui amnistie les condamnés politiques ; seuls quelques irréductibles, comme Victor Hugo, refusent de rentrer.

y a 61 opposants (et 79 favorables). Et Napoléon III comprend qu'il ne peut pas gouverner longtemps s'il a contre lui les conservateurs-cléricaux (et les légitimistes), les milieux d'affaires (et les orléanistes) et les masses urbaines (et les républicains). Il prend donc une troisième initiative, en direction des milieux d'affaires dont l'appui lui est nécessaire s'il veut poursuivre son œuvre de modernisation économique.

— Par le *sénatus-consulte* du *31 décembre 1861*, il accepte une modification de la Constitution. Désormais le pouvoir ne pourra plus faire des dépenses extraordinaires légalisées *a posteriori* et, surtout, lors du vote du budget les crédits seront adoptés par sections, et non par ministère, ce qui permettra un contrôle plus efficace. Pour faire bonne mesure, Napoléon III nomme aussi le banquier Achille Fould ministre des Finances ; or ce dernier passe pour le porte-parole des milieux d'affaires. Au fond, les bonapartistes conservateurs se voient offrir un certain droit de regard sur les finances du régime. Mais ce contrôle ne peut pas aller très loin, car il y a une logique du régime impérial : pour durer, il doit éblouir, et donc dépenser. Et si l'on demande à l'Empereur de régner comme Louis-Philippe, on retire toute utilité à l'Empire !

Napoléon III prend donc une série d'initiatives importantes. Il le fait seul, dans le secret de son cabinet, sans guère s'embarrasser de conseils. Cela correspond, certes, à la nature d'un régime bonapartiste ; mais cela provoque des réactions dans les rangs des conservateurs. Jusqu'alors, ils approuvaient les décisions prises, de ce fait, ils n'incriminaient pas le pouvoir personnel. Désormais les conservateurs-cléricaux rejettent violemment la politique italienne ; certains évêques expriment ainsi de très vives critiques, au même titre que le grand journal clérical *L'Univers*. Peu habitué à un tel traitement, le pouvoir réagit : suppression de *L'Univers*, surveillance politique des évêques, début de politique scolaire plus indépendante. Mais alors le clergé et les cléricaux commencent à retourner vers leur fidélité politique traditionnelle, la monarchie légitime. Ce glissement des conservateurs-cléricaux vers l'opposition est, d'ailleurs, une donnée fondamentale de la vie politique des années 1860. Quant aux milieux d'affaires, qui rejettent la politique étrangère aventureuse (en Italie) et ce qu'ils appellent le « coup d'Etat douanier » (le Traité de commerce), ils commencent à retourner vers leur fidélité orléaniste.

On le voit, la peur des « rouges » estompée les milieux dirigeants de la société française se détachent peu à peu du régime bonapartiste. Ils ne songent pas à le renverser, ils souhaitent le contrôler ; mais un Empereur « tenu en laisse » est-il toujours un Empereur ? Pour tenter de trouver de nouveaux appuis Napoléon III n'aura donc pas d'autre choix que de poursuivre dans la voie des réformes après que les élections législatives lui auront révélé la montée de l'opposition. En fait, durant les années 1860, l'Empereur ne cesse guère de remanier les cadres de la vie politique française, preuve que le régime fonctionne mal et que l'idéologie bonapartiste ne parvient pas à se faire une place dans la société française. D'où les hésitations, demi-mesures, concessions successives qui ne parviennent à contenter ni les opposants républicains et libéraux pour qui elles ne vont jamais assez loin (ils réclament la chute du régime), ni les alliés conservateurs pour qui elles vont toujours trop loin (ils ne veulent ni des aspects modernisateurs du régime, ni du libéralisme politique ou douanier).

Les élections de mai 1863

Organisées après les réformes de 1860 et 1861, qui autorisent un début de renaissance de la vie politique, elles permettent de mesurer leur efficacité. L'opposition, qui commence à se reconstituer, présente plus de 300 candidats (contre une centaine en 1857), ce qui est une preuve de vitalité. Tout l'éventail des adversaires de l'Empire se déploie. Les républicains, souvent plus jeunes[1], insistent bien davantage sur la liberté que sur l'égalité ; leur anticléricalisme s'affirme aussi en raison, notamment, de l'évolution interne de l'Eglise romaine. Ils peuvent donc se révéler localement dangereux, d'autant plus que l'amnistie de 1859 a provoqué le retour de la plupart des proscrits, qui sont autant de cadres locaux. Par ailleurs, leur évolution les rapproche des libéraux. Ceux-ci, orléanistes pour la plupart, changent également ; avec le temps leur fidélité à la famille d'Orléans s'estompe, et le nom que porte le chef de l'Etat (roi ou président de la République) leur importe moins que la garantie d'une vie politique libérale, et parlementaire. Dès 1863 les contours d'une « Union libérale » peuvent donc s'esquisser ; même si le problème du pouvoir temporel du pape (auquel bien des orléanistes restent attachés durant les années 1860) constitue encore un

1. Une loi de 1858, adoptée après l'attentat d'Orsini, prévoit que les candidats (et non plus les seuls élus) doivent prêter serment de fidélité à l'Empereur ; les « vieux » républicains refusent. Mais l'Empire n'en profite pas car ils sont remplacés par des jeunes, mieux adaptés à la vie politique des années 1860.

obstacle. Les légitimistes réapparaissent eux aussi, souvent encouragés par des évêques, qui entendent « défendre le pape » avec plus vigueur que ne le fait l'Empereur.

Les candidats officiels commencent également à évoluer. Une grande partie d'entre eux, qui sont restés aussi conservateurs qu'en 1852, se révèlent hostiles au libéralisme douanier, au libéralisme politique, au principe des nationalités et favorables au pouvoir temporel du pape. En 1863 ils sont un peu anachroniques. Si le pouvoir les présente, c'est qu'il n'en trouve pas d'autres qui accepteraient à la fois l'étiquette « officielle » et les nouveaux choix de l'Empereur ; ce qui est, d'ailleurs, un symptôme inquiétant pour l'avenir du régime. Sur 262 élus « officiels » en 1857, il doit, ainsi, se résigner à retirer leur « label » à 48 d'entre eux, décidément trop hostiles à la politique impériale. Mais le maintien de l'appui de l'administration à nombre de députés qui ne partagent pas les choix fondamentaux du régime (qui ne sont donc pas « bonapartistes ») révèle l'isolement de Napoléon III ; qui ne peut pas se passer des conservateurs, alors que ces derniers commencent à songer à se passer de lui pour mettre en œuvre une politique résolument conservatrice, et cléricale.

La lutte électorale, bien qu'encore feutrée (il n'y a ni réunions publiques, ni presse libre), accuse ces caractères. Dans les campagnes, certes, l'administration continue à dominer les élections, si les autorités sociales et religieuses lui apportent leur concours ; ce qui n'est pas le cas dans toutes les régions cléricales de l'Ouest, par exemple, mais qui reste fréquent. Dans les grandes villes, l'opinion est plus libre. On remarque surtout le cas de Paris : le choix des comités républicains y est particulièrement symbolique. Ils présentent certes les « sortants », élus en 1857 ; mais, comme ils savent que les opposants ne seront pas légion, ils choisissent aussi de grands orateurs capables de compenser leur petit nombre par l'éclat de leur verbe. Ils décident, ainsi, de faire appel au plus grand orateur de l'opposition, Adolphe Thiers. Il n'est, certes, ni révolutionnaire, ni même républicain ; mais ce libéral est un opposant irréductible à l'Empire[1]. Cette candidature de Thiers avec l'appui des républicains est très significative ; elle préfigure l'union libérale qui rendra possible la IIIe République.

1. Les 9 candidats républicains à Paris sont donc les suivants : les 4 sortants (E. Ollivier, E. Picard, L. Darimon et J. Favre), Havin et Géroult, qui dirigent deux journaux d'opposition (*Le Siècle* et *L'Opinion nationale*), E. Pelletan (un « vieux républicain » de 1848) et deux libéraux, Jules Simon et Adolphe Thiers.

Les résultats confirment le redressement de l'opposition. Sur 9,9 millions d'inscrits, on dénombre 2,7 millions d'abstentions ; les candidats bonapartistes (officiels ou non combattus) obtiennent 5,3 millions de voix et les opposants 1,95 million. Par rapport à 1857 l'opposition gagne 1,3 million de voix (soit une progression d'environ 200 % !), surtout par baisse de l'abstention. Et, si les bonapartistes rassemblent 63 % des voix, l'opposition en remporte 37 %. Mais en raison du mode de scrutin on compte 251 députés favorables au gouvernement et 32 opposants (17 républicains ou libéraux et 15 indépendants, libéraux conservateurs ou cléricaux hostiles à l'Empire).

A première vue, ce décompte semble favorable au pouvoir. Mais, alors, on note que, si les campagne restent fidèles à l'Empire, les villes principales basculent dans l'opposition[1]. Et, surtout, à Paris l'opposition est nettement majoritaire (avec 153 000 voix, contre 82 000) ; *tous les élus* y sont des opposants (républicains ou libéraux comme Thiers), et il en est de même à Lyon ou à Marseille. Si le vote des villes préfigure l'avenir, l'Empire est condamné.

Tout repose cependant sur le comportement électoral des ruraux. Les républicains vont donc s'efforcer de transformer leur compréhension de la vie politique, et de les faire passer de l'acceptation d'un pouvoir qui s'impose par la force publique, liée à la pression des « autorités » sociales et religieuses, à la désignation d'un pouvoir représentatif, librement choisi par les citoyens. Pour y parvenir ils comptent surtout sur deux éléments : le développement de l'instruction primaire et l'influence de la petite bourgeoisie rurale (notaires, médecins, vétérinaires, pharmaciens, etc.), qui adhérera à la République si celle-ci est libérale et non pas socialiste. Ils doivent pourtant être attentifs à ne pas perdre les voix des ouvriers des villes, que leur modération sociale pourrait rebuter. Ce qui ouvre un espace de manœuvre à Napoléon III, qui souhaite depuis longtemps satisfaire les « besoins légitimes » du peuple.

L'échec d'un « Empire social »

Les élections de 1863 montrent cependant que les premières initiatives de Napoléon III ne sont pas suffisantes pour assurer la sur-

1. Votent en majorité pour l'opposition : 17 des 22 villes de plus de 40 000 habitants, et 45 des 105 villes de 10 000 à 40 000 habitants.

vie du régime. Elle révèlent aussi que seule une action à long terme peut être efficace, tant pour l'opposition que pour l'Empire. C'est bien en ce sens que Napoléon III prend des initiatives.

Il commence par remanier son gouvernement, dans un sens moins autoritaire. Surtout, il nomme Victor Duruy ministre de l'Instruction publique, avec pour mission de la rénover et de la développer. Et, dans les années suivantes, Duruy accomplit une œuvre importante. Il s'agit là d'une entreprise conforme à la logique du bonapartisme, qui cherche à contribuer à la modernisation du pays ; or tout pays moderne a besoin d'une population instruite. Mais, à l'image des républicains, l'Empereur a compris que cette question possède aussi un enjeu politique. Il tente, donc, par ce biais, de continuer à contrôler les campagnes, si importantes pour le régime ; quant à l'Eglise, elle souhaite conserver sur l'enseignement l'emprise que la loi Falloux lui a donnée, ce qui n'améliore pas les relations entre l'Empereur et les cléricaux. On le voit, le combat pour l'école, si fort dans les années 1880, est déjà commencé dans les années 1860. Mais, alors, le gouvernement et l'Eglise ont trop besoin l'un de l'autre pour que la compétition prenne des proportions trop importantes.

Pour tenter de se concilier la bourgeoisie libérale Napoléon III fait un pas de plus en direction du parlementarisme. En juin 1863 il supprime les ministres sans portefeuille, et il les remplace par un *ministre d'Etat* chargé de défendre l'ensemble de la politique du gouvernement devant le Corps législatif ; il fait donc, un peu, fonction de premier ministre (on l'appellera ensuite « vice-empereur »). Pour concrétiser cette démarche, réformatrice, Napoléon III doit aussi bien choisir la personne. Le 23 juin 1863 il nomme Billault, ce qui est un choix judicieux ; car, ancien orléaniste, il semble décidé a agir fermement en ce sens. Mais Billault meurt en octobre. Et l'Empereur nomme Eugène Rouher (1814-1884) pour le remplacer. Or, aux yeux de l'opinion, ce dernier symbolise l'Empire autoritaire. Ce choix, paradoxal, illustre au fond les hésitations du pouvoir en face d'une libéralisation qu'il sait indispensable, mais dont il redoute aussi les effets. Sans doute Napoléon III veut-il ainsi s'adresser plutôt aux bonapartistes qui le suivent depuis 1852 : en choisissant l'un des leurs pour appliquer une politique différente, il peut espérer les convaincre, puisque Rouher lui-même se laisse convaincre. Mais le succès n'est pas assuré.

Sur le conseil de Morny, l'Empereur va aussi tenter une

manœuvre plus vaste. Celui-ci pense, en effet, qu'il est un peu tôt pour accorder de véritable libertés politiques — établir un *Empire libéral* —, mais qu'on peut tenter d'agir en profondeur en accordant des libertés sociales — une sorte d'*Empire social* (L. Girard) —, qui pourront ensuite conduire la société à accepter librement le régime. C'est-à-dire laisser plus de libertés aux hommes d'affaires, aux collectivités locales, au Parlement, aux ouvriers, surtout en accordant la liberté syndicale ou le droit de grève, par exemple. Le moment semble bien choisi car, à cette époque, on constate une évolution d'une partie de la classe ouvrière, où la pensée de Proudhon commence à pénétrer[1].

Théoricien du socialisme, Pierre Joseph Proudhon (1809-1865) est alors l'homme qui influence le plus les socialistes français. Sa pensée, complexe, antiautoritaire, parfois contradictoire, demeure très sensible au problème de l'autonomie individuelle, qu'il entend bien préserver. Hostile à l'étatisation et au collectivisme, il est plutôt l'apôtre du « mutuellisme », du développement spontané d'associations (sortes de coopératives) fonctionnant sur la base de l'échange mutuel de services et qui, en se fédérant librement, pourraient transformer les conditions générales de la vie économique et sociale. Il est également favorable au développement de syndicats ouvriers, indépendants des partis politiques, car il pense (cf. son livre intitulé *La capacité politique des classes ouvrières*, 1866) que les ouvriers doivent se libérer de la tutelle de la bourgeoisie, fût-elle républicaine, et défendre eux-mêmes leurs intérêts. Mais il ne s'intéresse guère aux libertés proprement politiques et parlementaires, ce qui l'éloigne des républicains. Or il exerce une influence certaine sur les ouvriers français durant ces années 1860 qui marquent le début de la séparation de la gauche politique et de la gauche sociale, si importante pour l'avenir[2], ce qui ouvre un espace pour les initiatives de l'Empereur qui souhaite, on le sait, satisfaire les masses. Pour faire un pas vers cette sorte d'Empire social, Napo-

1. Les progrès de l'idéologie socialiste au sein de la classe ouvrière européenne se marquent aussi, en 1864, par la fondation de la première Internationale ; au sein de cette association la plupart des représentants français sont proudhoniens.

2. On remarque particulièrement cet élément en février 1864, lors d'une élection partielle, où un ouvrier (Tolain) se présente contre un républicain libéral. A cette occasion 60 ouvriers signent un manifeste qui réclame des réformes sociales (droit de grève) et politiques (séparation des Eglises et de l'Etat, et gratuité de l'instruction) ; mais sans s'opposer au régime impérial. Ils refusent donc de subordonner les intérêts de la classe ouvrière à la lutte en faveur du régime républicain.

léon III se laisse convaincre de présenter en février 1864 un projet de loi autorisant les « coalitions » ouvrières, et les grèves pacifiques[1]. En mai 1864 il est voté, sans aucun enthousiasme, par la majorité bonapartiste.

Pourtant, la manœuvre imaginée par Morny échoue : les initiatives sociales du régime ne provoquent guère de ralliements autres qu'individuels[2]. Parce qu'elle ne vient pas de l'Empereur lui-même, et qu'il la laisse faire plus qu'il ne la dirige. Parce que son principal promoteur, Morny, meurt en mars 1865, et qu'il ne peut donc pas la développer. Parce que l'immense majorité des députés bonapartistes élus en 1863 sont de fermes conservateurs, et qu'ils la réprouvent. Et, surtout, parce qu'elle ne porte pas de fruits : les républicains qui ont aussi des idées sociales ne se rallient pas à l'Empire, contre lequel ils portent une condamnation morale irrémédiable (ses origines « impures ») ; même les animateurs de sociétés ouvrières ne sont pas prêts à abandonner leurs convictions républicaines pour rejoindre un Empire qui s'est installé avec l'appui des forces les plus conservatrices de la société française. Il est clair, en effet, que l'indifférence de la pensée de Proudhon à la politique nuit à sa diffusion.

Vers un Empire plus libéral (1866-1870)

Le problème politique de Napoléon III

Le 3 juillet 1866 l'armée prussienne écrase l'armée autrichienne à Sadowa[3]. Cette brillante victoire révèle à l'Europe la puissance militaire de la Prusse. Pour l'Empire, les conséquences sont graves. En effet, si l'unité allemande s'effectue sous la direction de la Prusse, l'armée française se verra menacée par l'armée allemande, et l'Empereur perdra son autonomie en politique étrangère. Or, dans un régime bonapartiste, la politique étrangère, qui n'est pas

1. Emile Ollivier, qui commence son évolution vers un ralliement au régime impérial, accepte d'être le rapporteur de ce projet de loi.

2. Même Emile Ollivier ne peut pas être véritablement classé parmi les ralliés au régime.

3. Sur les raisons de la guerre austro-prussienne, cf. p. 545-546.

séparée de la politique intérieure, est l'un des leviers fondamentaux de l'action politique.

Pour éviter que ce levier ne lui échappe Napoléon III doit renforcer son armée, et donc provoquer une réforme militaire lui permettant de disposer de plus de soldats, qui seront mieux armés. Une telle réforme est difficile à réaliser si l'on ne fait pas, en même temps, des réformes politiques. En effet, une nouvelle organisation militaire risque de mécontenter deux catégories sociales fondamentales pour le régime : les paysans qui n'aiment pas voir leurs enfants partir pour l'armée (l'impôt du sang) ; et la bourgeoisie d'affaires, qui craint une hausse des impôts.

La situation est d'autant plus délicate pour le pouvoir que le second pilier fondamental du régime, la prospérité économique, n'est plus au rendez-vous depuis le début des années 1860[1]. Or depuis 1865 on ne peut plus invoquer la guerre de Sécession aux Etats-Unis pour expliquer les difficultés économiques, qui se traduisent surtout par une crise de l'investissement dans laquelle les incertitudes de la politique étrangère de la France ont leur rôle : les milieux d'affaires craignent que Napoléon III ne jette la France dans une guerre européenne.

Le meilleur remède contre les difficultés réside dans le maintien de la paix. Pour l'assurer une bonne partie de la classe politique (les libéraux comme les bonapartistes) estime que la liberté, et donc le contrôle du Parlement sur le gouvernement, est la meilleure des garanties. On assiste donc à un retournement de situation qui explique bien des choses : en 1851 le parlementarisme et les élections libres apparaissaient comme une menace pour la paix et la prospérité ; en 1866 de plus en plus de gens les regardent comme la meilleure solution.

Napoléon III n'a guère d'autre choix. S'il cherche à se passer de la bourgeoisie, qui réclame les libertés parlementaires, il lui faut d'autres appuis. Mais rechercher celui du peuple des campagnes imposerait de renoncer à la loi militaire ; quant au peuple des villes, les réformes de 1864 n'ont pas permis de l'amadouer. L'Empereur doit donc libéraliser son régime et tenter de diviser la bourgeoisie. Abandonnant les républicains et les libéraux irréductibles, qui réclament la *liberté sans l'Empire*, il va se tourner vers ceux qu'on commence à appeler le « Tiers parti », ce groupe

1. Cf. p. 379 et 387-388.

de bonapartistes, constitué à partir de 1864 au sein du Corps législatif, et qui réclame la *liberté avec l'Empire* ; ce qui rejette dans une semi-opposition les bonapartistes autoritaires (qu'on appelle souvent les « mamelouks ») qui réclament, quant à eux, *l'Empire sans la liberté*[1]. Il est clair, en effet, que Napoléon III a besoin de l'appui d'une fraction au moins de la bourgeoisie, parce qu'il ne se sent pas assez fort pour affronter seul les révolutionnaires, politiques et sociaux, qui recommencent à se manifester au milieu des années 1860.

Les réformes de 1867-1868

Le 19 janvier 1867 une lettre de l'Empereur à Rouher, ministre d'Etat, paraît au *Moniteur*. Elle annonce une série de réformes libérales : droit d'interpellation pour les députés et les sénateurs (à la place de la simple Adresse) ; libéralisation de la presse ; plus grande liberté de réunion. Or l'année 1867 se passe sans que la plupart de ces intentions impériales, qui ne sont pourtant que des demi-mesures (le parlementarisme n'est pas prévu, par exemple), se concrétisent par le vote de lois. Certes, le droit d'interpellation est rapidement appliqué. Mais la portée de cette réforme est aussitôt amoindrie par le sénatus-consulte du 14 mars 1867 qui accorde au Sénat un veto suspensif d'un an sur toute loi votée par le Corps législatif, ce qui limite les pouvoirs des députés. Or les sénateurs sont nommés par l'Empereur.

Ce retard s'explique surtout par les hésitations de Napoléon III, dont la santé se détériore, et qui s'interroge lui-même sur l'ampleur de la libéralisation qu'il convient d'accorder[2]. D'autant plus qu'anticipant sur le vote de la loi annoncée, dans le cours de l'année 1867 la presse politique, longtemps contrainte, connaît une véritable renaissance. Et le pouvoir découvre l'ampleur d'une opposition irréductible qui s'enhardit de plus en plus à réclamer la chute d'un régime qu'elle tient pour illégitime depuis 1851. Tandis

1. Pour plus de détails sur ces catégories politiques, consulter Louis Girard, *Questions...*

2. Il hésite aussi à se passer de Rouher, qui le sert fidèlement depuis le début des années 1850, et à faire appel à E. Ollivier, qui réclame une libéralisation plus vaste. Il sait pourtant qu'un changement de politique est d'autant plus remarqué qu'il s'accompagne d'un changement des hommes chargés de le mettre en œuvre ; et son indécision quant au choix des hommes est le signe de son indécision politique.

que les péripéties de la question romaine s'ajoutent aux incertitudes, et irritent les cléricaux[1]. Au fond, ce retard révèle que le régime fonctionne mal parce qu'il est difficile de mélanger deux pouvoirs d'essence différente, le gouvernement personnel et le parlementarisme.

En 1868 plusieurs réformes importantes sont pourtant adoptées :

— En janvier 1868 la *loi militaire* (dite loi Niel) est votée. Elle prévoit une nette augmentation du nombre des soldats. Pourtant, faute de crédits suffisants, elle ne sera pas correctement appliquée et elle se révélera inefficace. De toute façon, seul un véritable service militaire obligatoire aurait pu donner une supériorité à l'armée française. Mais le régime n'était pas assez populaire pour en obtenir l'adoption.

— En mai 1868 la *loi sur la presse* est promulguée. Son adoption est précédée de débats difficiles au Corps législatif, nombre de députés « officiels » y étant très hostiles, et Rouher, qui la réprouve lui aussi, songe même un moment à démissionner ; il doit engager toute son autorité pour que la majorité accepte de la voter. Elle supprime l'autorisation préalable et le système des avertissements. Mais les délits de presse restent soumis aux tribunaux correctionnels, qui peuvent suspendre (voire supprimer) les journaux et condamner les journalistes à la prison. Quant à la liste des délits possibles, elle reste longue.

— En juin 1868 la *loi sur les réunions* est elle aussi promulguée. Elle supprime l'autorisation préalable si les sujets abordés ne sont ni politiques, ni religieux (une déclaration suffit)[2] ; quant aux réunions politiques, elles ne sont autorisées qu'en période électorale.

Ces deux dernières lois ne sont donc encore que des demi-mesures. De ce fait, elles ne permettent guère à Napoléon III de rallier des opposants, d'autant plus que les députés « officiels » ne masquent pas leur hostilité foncière à ces lois, qu'ils votent par dis-

1. En septembre 1864 la France s'était engagée à évacuer Rome (dans un délai de deux ans) parce que le gouvernement italien s'était engagé à interdire toute agression contre les Etats du pape. Mais en 1867 les volontaires italiens, dirigés par Garibaldi, tentent de s'emparer de Rome, sans que le gouvernement italien ne réagisse. Napoléon III décide donc d'envoyer à nouveau des troupes françaises à Rome, au grand scandale des libéraux français (et des Italiens !).

2. Toutefois, l'autorité peut interdire les réunions jugées contraires à « la sécurité publique », ce qui est un motif bien vague.

cipline, tout en les réprouvant. En revanche, elles rendent possibles des attaques beaucoup plus vives de la part des adversaires du régime, on s'en aperçoit en 1869[1].

Les élections de mai 1869

La campagne électorale de 1869, la première qu'ait connue le régime, se déroule dans un climat social et politique assez tendu. Au point de vue social, on note un certain regain d'agitation et de grèves, en 1868 et 1869, parfois épaulées par les sections de l'Internationale qui ne comptent, certes, qu'un nombre limité de militants, mais qui effraient les conservateurs[2]. Tandis que les blanquistes, actifs depuis la monarchie de Juillet[3], continuent à préparer un coup de force ce que, pourtant, leur petit nombre ne leur permet guère de réaliser. D'autant plus que la pensée de Blanqui, issue partiellement du jacobinisme et du babouvisme, s'enferme dans une contradiction : il croit qu'il est facile de s'emparer de l'Etat (grâce l'action hardie d'un petit groupe), mais que par ailleurs cela suffit pour transformer aisément la société parce que la puissance de l'Etat est considérable (mais si l'Etat est fort, il n'est pas facile à un petit groupe de s'en emparer !). Toutefois, l'influence de Blanqui dépasse le cercle étroit de ses disciples, en raison de son insistance sur la politique (à la différence de Proudhon) et de sa très vive hostilité au régime impérial.

Dans le domaine politique, on remarque donc une réelle tension. La loi sur la presse de 1868 permet en effet la renaissance

1. Napoléon III fait adopter un certain nombre d'autres réformes qui vont dans le sens de l'Empire « social » esquissé en 1864, comme une loi d'aide au développement des coopératives (1867) ; une loi autorisant les réunions syndicales occasionnelles (1868) ; et surtout plusieurs lois et décrets à propos de l'instruction primaire et secondaire. Mais V. Duruy se heurte à l'hostilité de l'Eglise catholique que Napoléon III ne veut pas affronter réellement, ainsi qu'à celle des cadres bonapartistes conservateurs. De ce fait, ses lois ont moins de portée qu'il ne l'espérait : pour l'enseignement primaire il n'obtient ainsi ni la gratuité ni l'obligation, par exemple (la loi de 1867 se contentant de faciliter l'extension de la gratuité), et ses tentatives de développement de l'enseignement secondaire des jeunes filles sont si violemment dénoncées par l'Eglise catholique qu'elles n'aboutissent qu'à des résultats très minces.

2. Plusieurs lois sont votées pour tenter de s'opposer à son activité (en juin 1868, particulièrement). On estime, en général, qu'au printemps 1870 elle rassemble en France au maximum quelques dizaines de milliers de membres, ou sympathisants (dont 1 250 cotisants à Paris).

3. Auguste Blanqui (1805-1881) compte à Paris environ 1 millier de partisans (dont une centaine posséderaient un fusil).

d'une presse d'opposition (en un an 140 journaux et périodiques nouveaux sont créés), souvent extrêmement hostiles à l'Empire, comme *La Lanterne*, *Le Réveil*, *Le Rappel* ou *La Marseillaise*, tandis que, dans l'autre camp, *L'Univers* peut paraître à nouveau. Quant aux réunions, elle sont libres si elles ne traitent ni de politiques ni de religion ; mais il est souvent difficile de déterminer à partir de quel moment une réunion qui évoque des questions sociales « dérape » vers la politique. Si bien que de nombreuses réunions se tiennent, et qu'elles remportent un grand succès. Ce climat général rappelle la IIe République et les clubs de 1848. Cela montre que les Français commencent à refermer la parenthèse de l'Empire. On le voit, les élections de 1869 ne provoquent pas la fin de l'Empire autoritaire ; c'est parce que le système issu du coup d'Etat de 1851 est épuisé que le pouvoir est contraint de l'abandonner.

La préparation des élections le montre. Le pouvoir ne rejette pas le principe de la candidature officielle ; mais comme un certain nombre de candidats conservateurs pensent qu'ils seront mieux accueillis s'ils n'ont pas cette « étiquette », il ne présente des candidats officiels que dans une partie des circonscriptions ; ailleurs il se contente « d'agréer » des candidats. Il révèle donc un gouvernement hésitant, peu assuré de son avenir. A l'inverse l'opposition s'affermit ; les républicains les plus hostiles, qu'on appelle souvent les « radicaux », comme Gambetta par exemple, mènent ainsi une très vigoureuse campagne en faveur de réformes politiques très vastes (mais peu de réformes sociales). Le « parti républicain » apparaît donc comme déterminé, fort, organisé et, à Paris, quasi révolutionnaire (les réunions y sont agités, ce sont parfois presque des scènes d'émeute), ce qui ne laisse pas d'inquiéter certains républicains modérés.

Les résultats des élections, qui amplifient les tendances remarquées en 1863, révèlent l'inefficacité des efforts de Napoléon III pour gagner des partisans à l'idéologie bonapartiste. Les candidats du gouvernement obtiennent 4,44 millions de voix et les opposants 3,35 millions ; la différence ne dépasse guère 1 million (contre 3,35 millions en 1863). Dans la capitale et dans les grandes villes les opposants remportent à nouveau de grands succès (à Paris l'opposition compte 234 000 voix et le gouvernement 77 000). Pourtant, il ne faut pas se leurrer : le pouvoir maintient ses positions à la campagne. Sur 292 élus on dénombre 217 partisans de l'Empire (118 officiels et 99 gouvernementaux) et 75 opposants (25 républicains et 50 opposants libéraux). D'autre part, la campagne électorale révèle des lézardes au sein de l'édifice des républicains. Ceux-ci sont pratiquement divisés en trois groupes : les modérés, prêts à faire des concessions pour augmenter peu à peu le nombre de leurs partisans, parce qu'ils savent que la majorité des provinciaux, surtout à la campagne, ne sont pas encore gagnés à l'idéologie républicaine, loin de là ; les « radicaux » qui entendent réclamer, et obtenir, de profondes réformes politiques mais aussi des réformes « de société »[1] ; et les révolutionnaires qui souhaitent de grands changements politiques et sociaux, dont certains sont socialistes, avec toutes les ambiguïtés que ce terme possède alors. Par ailleurs, au second tour, assez souvent en province, on remarque que là où ils sont majoritaires les républicains modérés l'emportent sur les radicaux qui se sont présentés contre eux. En dépit de l'atmosphère « révolutionnaire » de Paris, notée par tous les commentateurs, il est donc clair que Paris n'est pas la France, et que s'il y a bien des campagnes républicaines elles sont plutôt modérées, et que l'Empire possède encore des positions solides. D'ailleurs, en 1869, l'ensemble de l'opposition ne totalise que 43 % des voix.

Nuançons, pourtant : si l'Empire conserve également une très forte majorité à la Chambre, la plupart de députés qui le soutiennent ne sont pas, au sens propre, « bonapartistes » ; ce sont plutôt des conservateurs, protectionnistes et cléricaux. Au fond ils ont reconstitué un « parti de l'ordre », qui se sent désormais assez fort pour se défendre seul. Ils ne conservent Napoléon III que parce qu'ils ne savent pas comment s'en passer sans prendre trop de risque ; mais ils entendent bien contrôler ses initiatives intempestives, c'est-à-dire conformes à l'idéologie bonapartiste.

La libéralisation de l'Empire et le gouvernement d'E. Ollivier

Napoléon III n'a donc plus guère le choix ; il lui faut libéraliser le régime, comme le réclament ses partisans et ses adversaires. Il ne

1. Un bon exemple de leurs aspirations peut être trouvé dans le programme de Gambetta, qui se présente à Paris dans le quartier de Belleville (il est connu sous le nom de « programme de Belleville ») : il réclame la complète liberté de presse et de réunion, la séparation des Eglises et de l'Etat, le développement de l'instruction gratuite, laïque et obligatoire et la suppression des armées permanentes ; dans le domaine social, il reste vague, parlant de « l'abolition des privilèges et monopoles que nous définissons par les mots : prime à l'oisiveté ».

faut pas se tromper sur le sens de cet *Empire libéral.* Certes à sa tête E. Ollivier, ancien républicain rallié à l'Empire, est un vrai libéral, aux idées larges et souvent novatrices. Mais il ne correspond pas réellement à la majorité issue des élections, qui est bien plus conservatrice que lui ; et le système qui s'installe, et qui rappelle par certains traits la monarchie de Juillet, est avant tout un *Empire conservateur*, qui élimine les idées originales de l'Empereur. En effet, on peut classer les députés en trois catégories : 25 républicains irréconciliables ; 80 bonapartistes autoritaires (les « mamelouks ») et 187 centristes (dont une fraction forme le Tiers parti) prêts à appuyer le gouvernement si l'Empire devient parlementaire. Mais il est clair que la majorité du Corps législatif est hostile à l'Empire tel qu'il fonctionne[1].

Dès le 12 juillet 1869, Napoléon III qui veut inaugurer une nouvelle phase avec des hommes nouveaux demande la démission de tous ses ministres (et donc celle de Rouher, le « vice-Empereur ») et annonce une série de réformes libérales : élection du bureau du Corps législatif, possibilité pour les députés de devenir ministres et ratification de traités de commerce par le Corps législatif, ce qui est une concession aux libéraux conservateurs. Un sénatus-consulte devant les entériner, un ministère de transition est constitué peu après. On le voit, l'Empereur accepte sa mise en tutelle partielle par les classes dirigeantes. Pour toutes les raisons que nous venons de rappeler ; mais aussi parce qu'on note une véritable agitation révolutionnaire à Paris et que, s'il refusait ces concessions politiques à la bourgeoisie, il devrait affronter seul des révolutionnaires politiques, mais aussi sociaux. Dans ce contexte, la libéralisation politique lui semble un moindre mal.

Le sénatus-consulte du 8 septembre 1869 met tout cela en forme : l'initiative des lois est partagée entre le Corps législatif et l'Empereur, et les ministres sont dits « responsables »[2]. La question de savoir si l'Empereur peut conserver des ministres qui n'ont pas la confiance de la Chambre n'est pas tranchée explicitement ; mais

1. Dès le 6 juillet 116 députés modérés avaient signé un manifeste (dit « Interpellation des 116 ») réclamant un « ministère responsable devant l'Empereur et la Chambre », illustration de la théorie de la double confiance chère aux orléanistes.

2. L'article 2 du sénatus-consulte précise : « Les ministres ne dépendant que de l'empereur. Ils délibèrent en Conseil sous sa présidence. Ils sont responsables. Ils ne peuvent être mis en accusation que par le Sénat. »

le dispositif semble assez voisin de la « double confiance » de la monarchie de Juillet.

Puis, après bien des tractations, le 27 décembre 1869 Napoléon III, respectant les formes parlementaires, demande à E. Ollivier de constituer un gouvernement « représentant fidèlement la majorité du Corps législatif ». Il est formé le 2 janvier 1870. Pourtant, la situation ne se clarifie pas ; car si E. Ollivier bénéficie bien de la confiance de la bourgeoisie libérale, l'agitation populaire urbaine ne cesse pas. Et si le gouvernement travaille et propose d'assez vastes réformes, il est clair que le peuple ne l'appuie pas, en partie parce que les réformes successives n'ont pas totalement libéralisé le régime ; et bien des gens craignent que Napoléon III, qui a conservé de grands pouvoirs, ne reprenne un jour les concessions qu'il se voit maintenant contraint d'accepter. L'Empereur se décide alors à utiliser l'arme qui lui avait été si utile en 1848, 1851 et 1852 : en appeler au peuple. Et donc faire procéder à une réforme de la Constitution, puis à un plébiscite. Le sénatus-consulte du 20 avril 1870 précise les choses : le Sénat perd son pouvoir constituant, et puisqu'il « discute et vote les projets de lois » il devient semblable à la Chambre des Pairs de la monarchie de Juillet ; quant aux ministres, ils sont à nouveau déclarés « responsables »[1]. Puisque l'Empereur conserve le droit de faire appel au peuple, le nouveau système, encore quelque peu hybride, mêle monarchie parlementaire et gouvernement plébiscitaire. Il reste qu'il est beaucoup plus libéral qu'en 1852. Et que cette libéralisation est approuvée par le peuple lors du plébiscite du 8 mai 1870 (7,35 millions de oui, 1,57 million de non et 1,9 million d'abstentions). Puisque l'essentiel des campagnes lui restent fidèles[2], l'Empire semble consolidé.

1. Le nouvel article 20 de la Constitution modifiée précise : « L'empereur nomme et révoque les ministres. Les ministres délibèrent en Conseil sous la présidence de l'empereur. Ils sont responsables. » La formulation, encore un peu ambiguë, ne précise pas explicitement la double confiance, qui reste implicite, et donc contestable ; comme si Napoléon III ne pouvait pas se décider à sauter le pas, et à admettre un véritable régime parlementaire.

2. On dénombre donc 82 % de votants ; parmi ceux-ci 82 % votent oui. Ce résultat est important ; il reste que l'opposition est majoritaire dans la Seine, les Bouches-du-Rhône, les grandes villes, le Midi provençal (plus de 45 % de non dans huit départements du Sud-Est). Il est vrai cependant que, comme l'écrit René Rémond : « Le non ne retrouve même pas la moitié des voix qui s'étaient portées onze mois plus tôt sur les candidats de l'opposition, alors que le total des votants a augmenté d'un million en chiffres ronds » (*La vie politique...*, t. II, p. 200).

La chute de l'Empire

La défaite militaire est la cause immédiate de l'écroulement du régime impérial. Et la guerre franco-prussienne possède des caractères qui lui sont propres ; d'ailleurs, on peut penser qu'en tout état de cause Bismarck souhaite un affrontement armé avec la France[1]. Il reste que la déclaration de guerre par la France possède des raisons intérieures, qui tiennent aux difficultés de la situation politique.

Le succès du plébiscite du 8 mai 1870 trouve son origine principale dans le maintien de la fidélité de la plus grande partie des campagnes, qui révèlent à cette occasion leur hostilité aux villes qui semblent réclamer une révolution politique et sociale ; et dans l'ambiguïté de la question posée, une partie de l'opposition orléaniste et libérale se refusant à condamner des réformes libérales. Mais il est loin de résoudre tous les problèmes ; car les bonapartistes autoritaires, qui sont demeurés influents à la Chambre comme à la cour, en profitent pour tenter d'interrompre l'évolution vers un véritable régime parlementaire, qu'ils réprouvent. Si bien que E. Ollivier, qui demeure en fonction, s'en trouve affaibli, d'autant plus qu'à la Chambre il ne dispose que d'environ 130 voix sûres. Pour se maintenir il lui faut donc des alliés, et il ne peut les trouver qu'à droite, car la gauche républicaine n'a pas de mots assez durs pour celui qu'elle regarde comme un « traître ». Mais la droite ne le soutient que sur ordre de l'Empereur. Curieux gouvernement parlementaire qui n'a pas de majorité et dont la survie dépend de la seule volonté impériale.

La droite souhaite donc parachever sa victoire lors du plébiscite en renversant le gouvernement Ollivier. La tension avec la Prusse en juin lui en offre l'occasion ; d'autant plus qu'une grande victoire militaire rendrait son prestige au régime et, du moins l'espère-t-elle, permettrait de reprendre l'essentiel des concessions faites depuis Sadowa. Au début de la crise, Napoléon III et Ollivier sont en faveur de la paix. Mais Ollivier se laisse glisser vers la déclaration de guerre en raison des intrigues de la droite, parce qu'il n'ose pas affronter l'opposition et qu'il préfère la guerre à la chute de son gouvernement par perte de prestige. Quant à l'Empereur, qui partage cette analyse, il croit aussi pouvoir renforcer son régime par

1. Cf. p. 545 et s.

une victoire. Et en dépit d'un remarquable discours de Thiers le 15 juillet devant le Corps législatif, où il réclame le maintien de la paix et où, lucide, il lance à Ollivier « je suis certain qu'il y a des journées où vous regretterez votre précipitation »[1], le 19 juillet la France déclare la guerre à la Prusse.

Dès l'annonce des premières défaites, E. Ollivier est renversé (le 9 août). La droite a donc réalisé son programme. Mais c'est au prix de la survie du régime ; car, le 4 septembre, quand Paris apprend la capitulation de l'armée à Sedan et la captivité de l'Empereur, une manifestation s'organise. Le Corps législatif est envahi, la République est proclamée (à l'Hôtel de Ville, comme le veut la tradition), un gouvernement provisoire se forme, tandis que l'impératrice, abandonnée de tous, s'enfuit des Tuileries par une porte dérobée et, conduite à Deauville par son dentiste américain, traverse la Manche sur le yacht d'un Anglais. Peut-on imaginer meilleur symbole de l'isolement de la dernière dynastie ayant tenté de régner sur la France ?

Ainsi s'écroule, sans gloire, en quelques heures, un régime qui n'avait jamais eu assez de partisans pour être en mesure de s'enraciner, Napoléon III ayant confondu une situation exceptionnelle (la conjoncture spécifique de 1851-1852) avec une tendance profonde de la société française. Se retrouvent alors face à face les deux systèmes dont les Français se réclament depuis la Révolution, et qui ont l'un et l'autre des partisans convaincus prêts à se battre pour les faire triompher : la Monarchie et la République.

1. Cité par Adrien Dansette, *Du 2 décembre...*, p. 391.

V – La vie politique sous la IIIe République

En dépit des circonstances difficiles qui entourent sa naissance, et de l'élection en février 1871 d'une Assemblée nationale à majorité monarchiste, c'est une République durable qui s'installe en France. C'est même, à ce jour, le plus durable des régimes que la France ait connu depuis 1789.

Ce résultat, conforté par la victoire des républicains lors de toutes les élections législatives entre 1876 et 1914, n'est un paradoxe qu'en apparence. En effet, si l'on additionne les voix des légitimistes et celles des orléanistes, l'Assemblée nationale élue en février 1871 possède bien une majorité monarchiste. Mais ces deux familles politiques sont trop différentes pour être en mesure de s'unir. Les orléanistes qui acceptent les Lumières et l'héritage de 1789 sont, au fond, beaucoup plus proches des républicains modérés que des légitimistes qui les refusent. Pour que les orléanistes s'allient aux républicains, il est simplement nécessaire que ces derniers rejettent l'héritage de la Terreur et la mise en cause de la propriété — 1793 et le socialisme, en somme. Entre 1871 et 1875 Gambetta en est le meilleur propagandiste politique ; mais le terrain a été préparé sous le Second Empire par des hommes comme Jules Ferry. Sur un plan théorique ils montrent dans plusieurs écrits que, pour enraciner la République, ses partisans doivent achever la Révolution, qui, tout en fondant une nouvelle *société*, s'était révélée incapable d'établir un *gouvernement* stable. Ils s'assignent donc pour but d'imaginer un *gouvernement républicain* respectant le droit et la propriété, et réalisant, enfin, la synthèse de 1789 et du libéralisme, de la démocratie et de la liberté.

Par ailleurs, les républicains n'auraient probablement pas réussi à obtenir aussi durablement l'appui de bien des notables s'ils n'étaient pas parvenus à trouver de nouvelles bases au concept même de République, qui permettront de présenter la « foi républicaine » comme une sorte de religion de substitution. En 1848, ses partisans, insistant sur la notion de fraternité, affirmaient que la République était d'abord fondée sur des impératifs moraux. Déçue par les résultats obtenus entre 1848 et 1851, la nouvelle génération républicaine des années 1860, influencée par le scientisme (et notamment la pensée d'Auguste Comte), soutient que la République est le régime de l'avenir parce qu'elle seule est en mesure de s'accorder avec les progrès des connaissances scientifiques. En effet, pense-t-elle, la science a démontré (avec Darwin, par exemple) que la vie est fondée sur l'évolution et sur le progrès. Or, affirment ses partisans, seul le système républicain est en mesure de supporter l'évolution nécessaire à toute vie. Cette analyse, qui interprète l'évolution sociale comme une suite de progrès successifs, évacue donc la notion de révolution (le « grand soir » ne s'intègre pas dans une évolution) au profit d'une amélioration progressive, par l'éducation et la liberté. A l'heure où, dans *Le Capital*, K. Marx cherche à poser les bases d'un socialisme scientifique, Ferry et ses amis cherchent pour leur part à établir un républicanisme scientifique, ou, tout au moins, fondé en raison, et modéré dans son action (la révolution ne fait plus partie de son univers mental). Ce qui convient à la petite et moyenne bourgeoisie de province — caricaturée par Flaubert dans *Madame Bovary* sous les traits de Monsieur Homais — qui formera une bonne partie des cadres du régime.

Toutefois l'expérience du suffrage universel sous le Second Empire montre aux républicains que leur victoire dépend surtout du vote du plus grand nombre, c'est-à-dire de l'acceptation de la République par les paysans. Pour parvenir à les convaincre les républicains comptent sur le développement de l'instruction primaire, qui apprendra aux jeunes Français à raisonner, et donc à reconnaître la validité scientifique du régime républicain. Mais, en ce domaine, ils se heurtent à l'Eglise catholique, qui contrôle l'enseignement depuis la loi Falloux (1850). D'où le conflit entre républicains et cléricaux, d'autant plus qu'à la suite de son évolution interne — le triomphe en son sein de l'ultramontanisme, symbolisé par l'encyclique *Quanta cura* et le *Syllabus* en 1864 — l'Eglise romaine apparaît souvent comme hostile au monde moderne, et donc à la démocratie, quand ce n'est pas à la science elle-même. De plus, au début des années 1870 la hiérarchie de l'Eglise catholique va nettement prendre parti pour la monarchie contre la République. En l'absence d'une aristocratie forte et organisée, c'est en effet l'Eglise qui reprend le flambeau de l'Ancien Régime, symbolisé par son combat en faveur du pouvoir temporel du pape. Sa constitution interne et la proclamation du dogme de l'infaillibilité pontificale en 1870 en font donc, aux yeux des républicains, une sorte de monarchie absolue des Temps modernes. Comme les progrès du scientisme ont radicalisé la coupure entre le monde républicain et la pensée catholique, le conflit entre ces deux groupes va animer une bonne partie de la vie politique française entre 1870 et 1914.

Les incertitudes initiales (1870-1871)

L'installation du nouveau gouvernement républicain

La nouvelle de la capitulation d'une armée française à Sedan (le 2 septembre) et de la captivité de l'Empereur est donc connue à Paris le 3 septembre. Aussitôt, et malgré la Constitution, le pouvoir passe à la seule institution possédant encore une certaine légitimité, parce qu'il procède du suffrage universel, le Corps législatif, qui entre en conflit avec le gouvernement, fidèle à l'impératrice. Tandis que les révolutionnaires parisiens commencent à s'organiser.

La captivité de l'Empereur exige, en effet, des décisions immédiates. Trois éventualités sont envisageables : la nomination d'un conseil de régence (ou de Défense) impliquant le maintien au pouvoir des hommes en place ; le transfert du pouvoir à la majorité du Corps législatif qui élirait un conseil de gouvernement et de défense nationale, ce qui permettrait aux bonapartistes de conserver une partie du pouvoir ; le renversement de l'Empire et, comme en 1848, la nomination d'un gouvernement provisoire républicain chargé d'organiser des élections. Le Corps législatif en discute le 3 septembre (Jules Favre propose une motion, signée par 27 députés, et prévoyant la déchéance de l'Empire), sans procéder à un vote. Le 4, ignorant les préférences du gouvernement, le Corps législatif délibère sur une motion proposée par Thiers et qui constitue une tentative de révolution légale et d'instauration d'une République modérée, avec à sa tête l'homme qui exprime le mieux les aspirations de la majorité des Français, Adolphe Thiers : « Vu la vacance du trône, la Chambre nomme une commission de gouvernement et de défense nationale. Une constituante sera convoquée dès que les circonstances le permettront. »

Sans doute la majorité allait-elle voter cette proposition (sous la forme atténuée de « vu les circonstances... »), ce qui révèle le peu de racines du régime bonapartiste, même parmi les députés. Mais, au début de l'après-midi, le Palais-Bourbon est envahi par la foule parisienne, acquise à la cause de la République, et le maintien des hommes en place se révèle impossible. Si bien que, suivis par la foule, les députés républicains s'en vont, selon la tradition, proclamer la République à l'Hôtel de Ville et constituer un gouvernement provisoire[1]. Cela permet aussi aux républicains modérés de prendre de vitesse les dirigeants de l'extrême gauche parisienne.

A la suite de diverses tractations le gouvernement provisoire se met en place. Il est appelé *gouvernement de la Défense nationale* en raison de l'invasion prussienne, constitué pour l'essentiel des députés élus à Paris en 1869 (Thiers refusant cependant d'y participer) et placé sous la présidence, nominale, du général Trochu. Ministre de l'Intérieur, et républicain ardent quoique socialement modéré, Gambetta y joue les premiers rôle. Notons, aussi, la présence de Jules Favre aux Affaires étrangères, de Crémieux à la Justice et d'E. Picard aux Finances. Il ne compte aucun révolutionnaire, ce qui révèle, dès l'origine, cette fracture entre l'extrême gauche parisienne et les républicains modérés, parisiens et provinciaux, qui ne cessera de s'élargir jusqu'à leur rupture en mars 1871 au moment de la Commune.

Le gouvernement de la Défense nationale (septembre 1870 - février 1871)

Dès les premiers jours ce gouvernement provisoire se trouve confronté à un double problème : établir son autorité alors qu'il n'est que provisoire et qu'aucune institution légitime n'existe ; et organiser la lutte contre l'armée prussienne.

1. Notons que la République est proclamée à Lyon et à Marseille avant de l'être à Paris ; ce qui montre bien la force du courant républicain dans les grandes villes du Sud-Est.

Il sait que seule l'onction du suffrage universel est en mesure de lui conférer une légitimité, et donc une autorité. De ce fait, dès le 8 septembre il décide l'élection d'une Assemblée constituante le 16 octobre 1870. Et, pour que les autorités locales soient elles aussi en possession d'une légitimité née d'élections libres, on décide peu après de procéder à de nouvelles élections municipales (Paris obtenant les mêmes droits que les autres villes). Puis, devant les difficultés de l'heure, on prévoit d'avancer les élections législatives au 2 octobre.

Mais, par suite de l'aggravation de la situation militaire, ces diverses élections doivent être ajournées. Les négociations avec Bismarck ayant échoué, en raison des exigences de ce dernier, l'armée prussienne termine l'encerclement de Paris le 19 septembre. En dépit d'un siège prévisible, le gouvernement décide très tôt (le 9 septembre) de se maintenir à Paris ; mais aussi d'envoyer certains de ses membres, une « Délégation », en province. Crémieux s'installe à Tours dès le 12 septembre ; il est rejoint par deux autres ministres le 17 ; puis par Gambetta, qui quitte Paris en ballon le 7 octobre. Désormais, la vie politique, étroitement mêlée aux opérations militaires, se déroule en deux endroits et selon deux modalités très différentes dans Paris assiégé et en province, partiellement envahie.

Paris connaît une expérience politique très originale, du fait de son isolement. D'autant plus que, en réaction contre l'Empire, la liberté de presse et de réunion y est totale, et qu'on retrouve alors l'atmosphère de 1848. Dès le 4 septembre, mécontents d'avoir été écartés du pouvoir, les groupes révolutionnaires — surtout des blanquistes, des internationaux et des socialistes divers — s'agitent autour de deux idées : la revendication d'élections municipales, rendant à Paris sa liberté[1] et la préoccupation de la défense nationale que, suivant la tradition de 1793, ils envisagent par la « levée en masse » sous l'autorité de la Commune de Paris. Du 5 au 10 septembre, s'organisent, d'ailleurs, des comités de vigilance, qui veulent défendre Paris et la République, et qui se fédèrent le 11 dans un « Comité central républicain de défense nationale des 20 arrondissements de Paris » ; aux côtés des révolutionnaires il rassemble aussi quelques radicaux et constitue une sorte d'autorité

1. On sait que depuis le Moyen Age (sauf sous la Révolution) Paris, dont le pouvoir se méfie, possède un statut particulier, qui lui interdit, par exemple, au XIXe siècle d'avoir un maire.

concurrente. Or la situation est d'autant plus difficile que, dans le but de renforcer la défense de la capitale, le 6 septembre, Gambetta a pris la décision d'augmenter les effectifs de la Garde nationale, et donc d'armer les citoyens (fin septembre on compte plus de 300 000 gardes nationaux, à qui l'on a distribué 280 000 fusils).

Dès lors, à Paris la vie politique se tend. L'ajournement des élections municipales provoque des manifestations le 8 octobre, puis une tentative d'insurrection le 31. Finalement, pour asseoir son autorité, le gouvernement se décide à organiser le 2 novembre un référendum (« La population de Paris maintient-elle, oui ou non, les pouvoirs du gouvernement de la Défense nationale ? »), qu'il remporte largement (321 000 oui pour 53 500 non), ce qui atteste que, même dans Paris assiégé, les révolutionnaires sont très nettement minoritaires. Et les élections municipales, organisées à Paris seulement, du 5 au 8 novembre confirment ce résultat (elles sont plutôt remportées par les radicaux). Paris est donc le théâtre d'une lutte entre républicains et révolutionnaires, que le suffrage universel arbitre en faveur des républicains ; élément important, auquel les révolutionnaires ne prêtent pas assez d'attention.

En province la situation est très différente. Dans une atmosphère qui rappelle l'an II, Gambetta effectue une œuvre très importante. Certes les armées qu'il organise, et improvise, se révèlent incapables de vaincre l'ennemi. Mais, par son activité patriotique débordante, il parvient à maintenir l'union entre les républicains et l'extrême gauche et évite au reste de la France les dissensions parisiennes, même dans les grandes villes ; élément qui se révélera capital au moment de la Commune. D'autant plus qu'il lutte aussi avec détermination contre les adversaires de la République. Cependant, son style de gouvernement, autoritaire, choque bien des modérés[1], et engendre une profonde méfiance chez nombre de ses collègues, et de ses amis politiques, particulièrement à la fin du mois de janvier quand, devant l'impossibilité de rompre l'encerclement militaire de la capitale, le gouvernement se résigne, le 28 janvier 1871, à signer avec les Prussiens une convention d'armistice. Tandis que Gambetta, qui entend au contraire continuer la lutte, semble un moment sur le point de rompre la solidarité ministérielle. Le gouvernement décide alors

1. Fin décembre 1870, par exemple, il exclut de l'ordre judiciaire les magistrats « complices du crime du 2 décembre » ; ce qui met en question le principe de l'inamovibilité des magistrats.

de lui retirer son ministère, que Jules Simon doit pratiquement lui « arracher » avec l'aide de trois autres ministres le 6 février, à l'issue d'une crise dramatique de plusieurs jours. Au-delà des questions de personnes deux conceptions de la vie politique s'opposent alors. Car Gambetta ne voulait pas seulement poursuivre la guerre, il entendait aussi, par un décret du 31 janvier, frapper d'inéligibilité les complices du régime impérial, dans le but de faciliter l'élection d'une assemblée à majorité républicaine. Tandis que ses collègues modérés et libéraux se refusent à intervenir dans le libre jeu du suffrage universel, cela dût-il permettre le triomphe d'une majorité conservatrice. Ce clivage entre républicains modérés et radicaux se révélera durable ; et les choix faits alors par Gambetta pèseront sur sa carrière future.

Les élections de février 1871

Bismarck entendant traiter avec un gouvernement légitime, la convention d'armistice prévoit la désignation d'une Assemblée nationale. Les élections, annoncées le 29 janvier, se déroulent le 8 février dans une atmosphère dramatique (40 départements occupés, plus de 400 000 prisonniers), en l'absence d'une véritable campagne électorale. Fidèle à la tradition républicaine de 1849 le gouvernement reprend le scrutin de liste départemental. Or les conservateurs, favorables à la signature de la paix avec la Prusse et hostiles à la « dictature » de Gambetta, réussissent le plus souvent à constituer des listes de large union (légitimistes, orléanistes, bourgeois libéraux et modérés), fort discrètes sur la question du régime à instaurer. Tandis que les républicains, unis sur la question du régime, ne parviennent pas à éviter leur division sur le problème immédiat. Une partie, avec Gambetta et les radicaux, est favorable à la poursuite de la guerre jusqu'à la victoire ; et une autre partie, les modérés, est résignée à la signature de la paix.

Dans ces conditions, la victoire de la droite conservatrice n'est pas surprenante ; elle l'emporte partout sauf dans les grandes villes, les vieilles terres de gauche (région parisienne, Sud-Est et Midi) et dans l'Est, en raison de la menace prussienne. Symboliquement Thiers, qui s'était opposé à la guerre, est élu dans 26 départements tandis que Gambetta, qui veut continuer la lutte, l'emporte « seulement » dans 9 départements. Au total sur

675 élus[1] on compte environ 400 monarchistes (220 orléanistes et 180 légitimistes, divisés en extrémistes, dits « Chevau-Légers », et légitimistes plus modérés) et 250 républicains divisés entre radicaux et modérés mais avec de nombreuses nuances intermédiaires. Les bonapartistes ne sont qu'une poignée ; un tiers des députés sont des aristocrates. Au fond cette assemblée, très conservatrice, révèle qu'en ce temps de crise nationale la majorité des électeurs se sont tournés vers les autorités sociales traditionnelles (l'assemblée compte de nombreux propriétaires fonciers). Mais, il faut y insister, la majorité monarchiste va, d'une certaine façon, commettre la même erreur que Louis-Napoléon en 1851, c'est-à-dire confondre une circonstance exceptionnelle (ici l'invasion) avec une tendance profonde de l'opinion publique. Ces députés ont été élus parce qu'ils proposaient de signer la paix ; mais leur option majoritaire pour la monarchie n'est pas à l'unisson des préférences de la majorité des Français.

L'Assemblée se réunit à Bordeaux le 12 février 1871. Le 17, à la presque unanimité, elle élit Thiers — ses multiples élections attestent sa popularité et sa longue expérience rassure, au même titre que sa lucidité en juillet 1870 — « chef du pouvoir exécutif de la République française » ; certes l'Assemblée précise que cela ne préjuge pas des institutions qui seront ensuite adoptées. La désignation de Thiers demeure donc ambiguë, à l'image de l'homme lui-même, qui ne choisit pas publiquement entre la monarchie et la République (c'est ce qu'on appelle le « Pacte de Bordeaux »). Il reste que, dès l'origine, le mot République apparaît officiellement ; il sera difficile de le faire disparaître.

Le 19 février, Thiers forme son gouvernement avec surtout des républicains modérés, et des orléanistes (ainsi qu'un légitimiste libéral). Le 1er mars, en dépit de l'éloquente protestation des députés de l'Est, l'Assemblée ratifie les préliminaires de paix par 546 voix contre 107 : cession à l'Allemagne de l'Alsace (sauf Belfort et sa région) et d'une partie de la Lorraine, et paiement d'une indemnité de guerre de 5 milliards de francs. Traité désastreux, porté naturellement au débit de l'Empire ; pourtant, il ne faut

1. Il y a 768 sièges, dont 15 pour les représentants des colonies ; sur les 753 sièges métropolitains 675 sont pourvus parce qu'il y a 78 élections multiples ; par ailleurs, après la signature de la paix les députés des départements cédés à l'Allemagne cesseront de siéger ; l'assemblée comptera donc 645 députés jusqu'aux élections complémentaires de juillet 1871.

jamais oublier que cette question de l'Alsace-Lorraine ne cessera de peser sur la vie politique, expliquant bien des attitudes, jusqu'au retour des provinces perdues, en 1918.

Le 10 mars, l'Assemblée, qui songe désormais à la restauration monarchique et qui se méfie de Paris, de ses révolutionnaires, mais aussi de ses simples républicains, décide de fixer le siège du gouvernement à Versailles. Ce qui apparaît à bien des Parisiens comme une provocation.

La Commune et ses conséquences

Bref, cet épisode n'en est pas moins fort important. Par l'acharnement des combats, l'ampleur des destructions et des incendies, la férocité de la répression, le nombre des victimes (de 10 000 à 20 000)[1], il demeure l'un des plus grands drames civils de notre histoire. Il a, d'ailleurs, donné lieu à d'assez nombreuses interprétations[2]. Surtout depuis que K. Marx, d'abord hostile à toute idée de soulèvement des ouvriers parisiens, lui a accordé une valeur toute particulière dans l'*Adresse* qu'il a fait adopter le 30 mai 1871 par le Conseil général de l'Internationale, et qu'il a fait publier sous le titre *La guerre civile en France.* Il y présente la Commune comme « la forme politique enfin trouvée qui permettait l'émancipation économique du travail ». La Commune est-elle novatrice, annonce-t-elle les révolutions du XXe siècle, et, en particulier, la révolution bolchevique de 1917 ? Aujourd'hui, avec quelques nuances, la plupart des historiens acceptent l'opinion formulée par J. Rougerie en 1964 : « La Commune n'est que la dernière révolution du XIXe siècle, point ultime et final de la geste révolutionnaire française du XIXe siècle. Crépuscule, et non pas aurore. »[3] Il est clair, en effet, que les communards sont avant tout

1. La plupart des auteurs estiment que le nombre des victimes se situe aux environs de 20 000 ; toutefois, dans un livre récent, et après une enquête très minutieuse, Robert Tombs, professeur à l'Université de Cambridge, écrit : « [...] il me semble que nous pouvons estimer à 10 000 environ le nombre des victimes de la Semaine sanglante. Ce chiffre, nettement inférieur à ceux retenus habituellement, ne représente pas moins [...] une boucherie sans équivalent dans l'Europe du XIXe siècle » (Robert Tombs, *La Guerre contre Paris 1871,* traduction française, Paris, Aubier, 1997, p. 332).

2. Pour plus de détails consulter, surtout, Jacques Rougerie, *Procès des communards,* Paris, Julliard, 1964 (coll. « Archives ») ; Id., *Paris libre 1871,* Paris, Seuil, 1971 (coll. « Politique ») ; William Serman, *La Commune de Paris,* Paris, Fayard, 1986.

3. *Procès des communards,* p. 241. Dans *Paris libre 1871,* Rougerie nuance en écrivant : « La Commune de 1871 était une insurrection sociale (quoique pas seulement cela) du XIXe siècle. [...] Crépuscule surtout ! Aurore, peut-être ! » (p. 6).

animés par les souvenirs des sans-culottes et des soldats de l'an II, mêlés à ceux de 1848 qui incluent l'espoir de l'avènement d'une République démocratique *et sociale.* Comme l'écrit W. Serman :

> L'acteur principal est le petit peuple de Paris, poussé à l'insurrection par la misère et par les souffrances du siège, par l'ardeur d'un patriotisme déçu et par la vigueur de traditions révolutionnaires presque séculaires, par la politique intransigeante d'une Assemblée réactionnaire [...] que demandaient-ils au fond ? La République et la victoire sur l'envahisseur, du pain et un toit pour tous, la justice et la solidarité sociales, la reconnaissance de leurs droits et de leur dignité, et, couronnant le tout, la liberté[1].

Pour comprendre le mouvement, il faut se souvenir, en effet, que dans la France du XIXe siècle, Paris est un corps politique à part, plus à gauche et plus précocement républicain que le reste de la France, qui possède une tradition révolutionnaire et des groupes organisés, blanquistes, internationaux, proudhoniens et socialistes divers. D'autre part, le siège vient de lui faire vivre une expérience exceptionnelle, particulièrement dure pour le peuple (classe intermédiaire entre l'artisanat d'Ancien Régime et le prolétariat industriel, mais plutôt tourné vers l'artisanat), qui a souffert du froid, de la faim, des privations. De plus, les nécessités de la lutte contre l'ennemi ont conduit au recrutement de 266 bataillons de la Garde nationale, soit environ 500 000 hommes, en armes (avec même des canons !). Or, début février, nombre de Parisiens ont le sentiment d'avoir été doublement trahis par le reste de la France, en raison de la capitulation militaire et de l'élection d'une Assemblée à majorité monarchiste. Si bien que, spontanément, les bataillons de la Garde nationale décident de se fédérer dans un mouvement mi-politique, mi-militaire, qui se dote le 10 mars d'un *Comité central de la Garde nationale.* Et le 18 mars, quand le gouvernement tente de prendre le contrôle des canons de la butte Montmartre, qui avaient été payés par souscription, une émeute éclate, et deux généraux sont tués. Le gouvernement, qui voit la situation lui échapper, se décide à abandonner la ville aux « révolutionnaires » et à se réfugier à Versailles.

Devant le vide politique soudain, le Comité central de la Garde nationale s'installe à l'Hôtel de Ville et, dans le but de se donner une légitimité, annonce pour le 26 mars des élections au conseil municipal de Paris, la « Commune ». Mais, tandis qu'échouent les tentatives de médiation entre Versailles et Paris, l'entrée en lice du Comité

1. *La Commune de Paris,* p. 571.

central des vingt arrondissements, constitué en septembre 1870, et composé pour l'essentiel de révolutionnaires, conduit à une certaine radicalisation du mouvement. Bien que son programme, rédigé par le proudhonien Pierre Denis, soit peu socialiste, et rappelle plutôt les idées des « démoc-soc » de 1848. Les élections, où plus de la moitié des inscrits s'abstiennent, permettent à nouveau de constater le non-extrémisme de la majorité des Parisiens[1] : plus de la moitié des 85 élus figurent sur des listes hostiles aux « révolutionnaires » du Comité des vingt arrondissements (d'ailleurs, 15 élus modérés refusent de siéger). Bien des élus sont, aussi, difficiles à classer ; ils réclament surtout l'autonomie de la municipalité parisienne et la décentralisation, par réaction contre la centralisation impériale. Quant aux révolutionnaires, ils se divisent en 9 blanquistes, 17 internationaux (dont quelques marxistes), 11 socialistes et 4 jacobins.

Cette Assemblée communale, cette « Commune », qui siège cinquante-quatre jours, et qui se préoccupe de lutter contre les « Versaillais », adopte quelques mesures de circonstance (moratoire des échéances des petits commerçants, réquisition de logements vacants, etc.). Mais elle prend aussi des décisions de principe qui indiquent ses tendances profondes : anticléricalisme, abolition des armées permanentes, réforme de l'enseignement (gratuit, laïc et obligatoire avec un développement de l'instruction des filles et des écoles professionnelles), petites réformes sociales (abolition du travail de nuit des ouvriers boulangers, suppression des retenues sur salaire, aide aux coopératives, etc.), réquisition, avec indemnité, des ateliers que leurs patrons ont abandonnés (on connaît un cas de réquisition effective). L'ensemble rappelle un peu les expériences d'organisation du travail tentées en 1848. Quant à ses objectifs généraux, ils sont exposés dans la *Déclaration au peuple français*, rédigée pour l'essentiel par P. Denis (proudhonien), Ch. Delescluze (jacobin) et J. Vallès (inclassable) et adoptée le 19 avril. Elle revendique avant tout la République, la décentralisation et la responsabilité directe des élus (révocables en permanence) ; son modèle principal est bien la Révolution française.

En face de cette insurrection de la capitale il ne faut pas imaginer

1. Il y a 485 000 inscrits et seulement 229 000 votants ; certes, à la suite du siège, un assez grand nombre de Parisiens sont alors absents, mais, lors des élections législatives du 8 février, on compte environ 300 000 votants. Un nombre important d'opposants refusent donc délibérément de participer à ces élections illégales. De plus, les révolutionnaires ne remportent pas les élections du 26 mars.

qu'une vague de peur sociale déferle sur *la province* française. On note, ainsi, plusieurs tentatives de conciliation. Et si le gouvernement de Thiers ainsi que les monarchistes sont décidés à la lutte armée, bien des républicains, modérés et radicaux, Gambetta par exemple, sont plutôt attentistes, tout en préférant un compromis, s'il est possible. Naturellement ils ne sauraient soutenir l'insurrection parisienne, qui se dresse contre le suffrage universel, pas plus que les quelques « Communes » provinciales, petites émeutes facilement réprimées. Mais Paris reste isolé, parce que Thiers, habile, sait promettre (officieusement) aux dirigeants républicains, et aux grandes villes républicaines, qu'il fera tout pour favoriser l'avènement de la République (modérée). Il n'y a donc pas, au sens propre d'opposition entre Paris et *la province* ; mais opposition entre Paris et les campagne conservatrices ; les grandes villes républicaines et les campagnes déjà gagnée à la République restant neutres[1]. Ce qui permet, il est vrai, aux Versaillais de préparer la lutte, puis de l'engager.

Avec l'entrée de l'armée « versaillaise » dans Paris le 21 mai commence une lutte inexpiable d'une semaine (la Semaine sanglante), avec, du côté de la Commune, des exécutions d'otages (l'archevêque de Paris, notamment), des incendies de bâtiments publics et une résistance acharnée des quartiers populaires et, du côté de Versailles, une impitoyable répression ponctuée de massacres (des milliers d'exécutions sommaires !), d'arrestations (45 000) et de condamnations (13 500). Pour plus de dix ans le mouvement socialiste est décapité. Et, dans les peurs de la bourgeoisie, le socialisme va désormais remplacer le spectre de la Terreur. A gauche, cependant, la Commune accentue le fossé entre les ouvriers et les républicains bourgeois, que seul Jaurès sera en mesure de tenter de combler au début du XXe siècle. Mais, durant des décennies, un homme de gauche aura du mal à se présenter comme réformiste sans se faire accuser de complicité avec les « Versaillais ».

Toutefois, puisque qu'une grande partie des républicains n'ont pas pris parti entre la Commune et Versailles, l'idée républicaine sort renforcée de l'épreuve : elle n'est pas compromise par les excès des uns et des autres. Assimilable ni à la réaction ni à la révolution, elle est en mesure de rassembler la majorité des Français. Et, désormais, la majorité monarchiste de l'Assemblée — souvent animée

1. Les élections municipales des 30 avril et 7 mai 1871, qui sont un succès pour les républicains, montrent bien que la Commune ne provoque pas la « conversion » de *la province* au conservatisme.

d'une sorte de dévotion mystique envers la personne du roi et celle du pape[1] — se trouve en porte à faux. Organisées en raison de élections multiples du 8 février 1871, les élections complémentaires du 2 juillet, qui portent sur 113 sièges à pourvoir dans 47 départements (plus de la moitié des électeurs sont donc appelés aux urnes), en apportent la preuve. Les républicains, qui parviennent à s'unir, et qui se présentent comme des modérés, ennemis des excès des deux bords, défenseurs de la liberté (contre l'Empire) et de la propriété (contre la Commune), remportent un succès éclatant : 99 républicains sont élus, contre 12 monarchistes et 3 bonapartistes[2]. Sourd à cet avertissement, le 5 juillet, le comte de Chambord, le prétendant au trône, publie un manifeste qui rappelle sa fidélité au drapeau blanc, et donc à une société issue de l'Ancien Régime ; ce qui ne fait qu'accroître les divisions des monarchistes. La restauration s'annonce difficile.

La naissance de la République (1871-1879)

Le gouvernement de Monsieur Thiers (1871 - 24 mai 1873)

La paix signée et la Commune écrasée, l'Assemblée peut s'atteler à son œuvre principale, la mise sur pied d'un nouveau régime. Sa majorité entend bien procéder à une restauration monarchique. Pourtant, le manifeste du comte de Chambord du 5 juillet 1871 montre à tous qu'elle ne sera pas aisée à mettre en œuvre. La majorité décide donc de se donner le temps de la réflexion, et de la conciliation.

De ce fait Thiers, ancien orléaniste, fort conservateur au point de vue social, peut se révéler utile, en dépit de ses penchants pour la République. On s'accorde donc pour prolonger le provisoire : le *31 août 1871* est votée la *loi Rivet* (du nom de son promoteur) qui donne certes à Thiers le titre de « président de la République », mais qui affirme aussi le droit de l'Assemblée à « user du pouvoir constituant ». D'ailleurs Thiers cumule les fonctions de président de la République et celles de président du Conseil, puisqu'il est respon-

1. En 1870 les troupes françaises évacuent la ville de Rome ; ce qui permet aux patriotes italiens de s'en emparer, tandis que le pape se considère « prisonnier » au Vatican.

2. Ce qui fait un total de 114, car, dans la Manche, une élection complémentaire a lieu le 9 juillet.

Les groupes parlementaires à l'Assemblée nationale, 1871-1875
(d'après R. Hudemann)

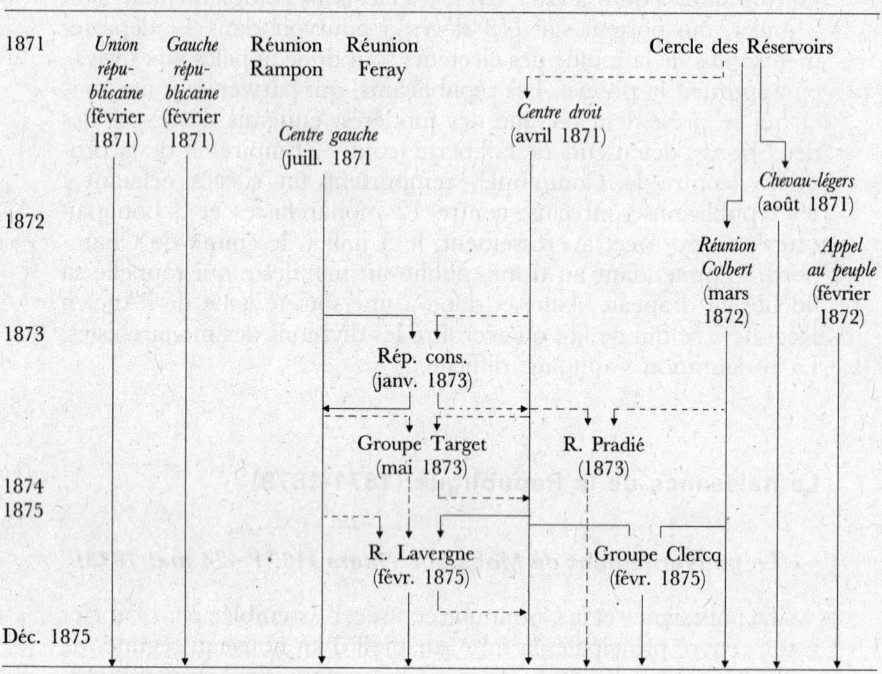

——— Union officielle ou fusion.
- - - - - - Changement de groupe de plusieurs députés sans décision officielle.
Les sept principaux groupes qui existent jusqu'à la fin de la législature sont en italiques.

Source : Jean-Marie Mayeur, *La vie politique sous la Troisième République, 1870-1940*, Paris, © Seuil, 1984.

sable devant l'Assemblée et qu'il agit sous son autorité. En prolongeant le provisoire, l'adoption de cette loi Rivet donne l'occasion au pays de manifester ses sentiments profonds (de janvier 1872 à mai 1873, lors des élections législatives partielles, les républicains remportent 31 sièges sur 41), et renforce les chances de la République. Mais cette loi trouve son origine dans le rapport des forces à l'Assemblée et, surtout, dans la diversité de la famille monarchiste.

Même les légitimistes ne sont pas d'accord entre eux. Les partisans du comte de Chambord sont divisés entre *extrémistes* (dits *« Chevau-Légers »*, du nom de la rue où se trouve leur salle de réunion) et modérés. Les Chevau-Légers (environ 80 députés), qui constituent la droite de l'Assemblée, entendent restaurer la dynastie des Bourbons, mais aussi permettre le retour d'une société issue de l'Ancien Régime, hiérarchisée, refusant le libéralisme sous toutes ses formes, et surtout appuyée sur l'Eglise catholique, qui aurait droit de regard sur la vie politique, sociale et personnelle de tous les Français (même les non-catholiques). Cette restauration, en France, ils ne la séparent pas de la restauration, à Rome, du pouvoir temporel du pape. Ils expriment leur « foi » politique (c'est le mot) dans un style religieux, voire providentialiste, proche de celui qu'utilisent alors la plupart des membres de la hiérarchie catholique, qui développent une spiritualité s'adressant au cœur plus qu'à la raison, faite de piété mariale, de culte du Sacré-Cœur et de dévotions collectives se déployant sur la place publique (grands pèlerinages à Lourdes, La Salette, ou Paray-le-Monial par exemple)[1]. Cette « piété foraine » (René Rémond), qui unit souvent politique et religion, provoque, naturellement, les sarcasmes des anticléricaux, et de bien des libéraux. Mais si ces légitimistes constituent au moins autant un parti « catholique » qu'un parti « monarchiste », c'est qu'ils ont bien compris que, en dehors de certaines régions (Bretagne ou Vendée, par exemple), l'opinion monarchiste est résiduelle. Sur le seul terrain du politique, les forces risquent de leur manquer. Or l'Eglise catholique est loin d'être résiduelle ; en devenant aussi un parti clérical les monarchistes retrouvent donc une chance de faire basculer l'opinion. Mais, pour l'Eglise, c'est un jeu dangereux, qui peut accroître l'anticléricalisme des républicains.

Les *légitimistes modérés* (qui formeront l'essentiel du groupe du centre droit) sont bien différents. Ils espèrent, certes, le retour d'un Bourbon sur le trône de France ; mais ils acceptent en général le régime parlementaire et l'essentiel du libéralisme politique et économique. La plupart sont des catholiques convaincus et ils souhaitent que l'Eglise romaine soit respectée, honorée et influente ; sans cependant partager l'étroit mélange du politique et du religieux des Chevau-Légers. Nuancés, raisonnables, ils ne sont guère proches du peuple, dont ils ne sentent pas les réactions. Ce qui constitue un handicap sérieux en face du suffrage universel.

Les *orléanistes* (le centre gauche) sont eux aussi attachés au libé-

1. C'est dans ce contexte qu'est prise la décision d'ériger à Paris, au sommet de la butte Montmartre, une basilique vouée au Sacré-Cœur.

ralisme politique et économique et au parlementarisme ; mais ils souhaitent pour roi un descendant de Louis-Philippe. Leurs préférences politiques représentent plus un état d'esprit qu'une série de points précis. En un certain sens ils ne sont donc pas très éloignés des légitimiste modérés du centre droit. Pourtant, ils ne parviennent pas à restaurer la monarchie en unissant le centre droit et le centre gauche. En raison d'une opposition fondamentale : si bien des orléanistes sont catholiques, ils ne sont pas cléricaux, ils ne souhaitent pas que l'Eglise catholique soit l'Eglise officielle, qu'elle imprime sa marque en permanence, qu'elle influence tous les aspects de la vie publique. Et c'est d'abord sur cette question « religieuse », ou, tout au moins, « ecclésiastique » que se fait la rupture. Qui conduit, quelques années plus tard, au ralliement de bien des orléanistes à la cause de la république (modérée).

Quant aux républicains (la gauche), ils sont divisés en deux groupes, la *gauche républicaine*, avec Jules Ferry, Jules Grévy et leurs amis, et l'*union républicaine*, qui rassemble les proches de Gambetta. Au début, ils sont assez différents, puisque Gambetta est en février l'homme de la poursuite de guerre, féru de méthodes de gouvernement quelque peu autoritaires, tandis que Ferry et ses amis (J. Grévy, J. Simon, J. Favre, notamment) sont en faveur de la paix et d'un gouvernement respectant scrupuleusement le libéralisme politique. Mais les nécessités de l'heure (la lutte contre les monarchistes) ne permettent pas aux divisions de s'exprimer. Dès l'été 1871, ces deux groupes se rapprochent peu à peu, Gambetta ne prônant, d'ailleurs, plus qu'une politique « radicale », certes, mais « modérée ». De là l'importance de son rôle durant ces années décisives (1871-1875) : « commis voyageur de la république », il jouit d'une grande popularité, attestée par le succès des innombrables réunions publiques qu'il préside d'un bout à l'autre de la France. Chef du radicalisme, patriote ombrageux, il séduit aussi bien les auditoires des quartiers populaires des grandes villes que ceux des chefs-lieux de cantons ruraux, car il est aussi très respectueux de l'ordre social, et de la propriété, même s'il souhaite qu'une « couche sociale nouvelle »[1], la moyenne bourgeoisie, parti-

1. Il déclare exactement à Grenoble le 26 septembre 1872 : « Oui ! je pressens, je sens, j'annonce la venue et la présence, dans la politique, d'une couche sociale nouvelle, qui est aux affaires depuis tantôt dix-huit mois, et qui est loin, à coup sûr, d'être inférieure à ses devancières » (cité, notamment, par R. Rémond, *La vie politique en France*, t. II, p. 309).

cipe à la direction du pays. D'autre part, les républicains sont unis dans l'anticléricalisme ; déjà très claire sous l'Empire (en raison, notamment, de l'appui apporté par l'Eglise au coup d'Etat et à l'Empire autoritaire), cette option est accrue par le choix monarchiste de la hiérarchie de l'Eglise romaine en 1871. La conjonction des républicains et des orléanistes s'explique donc facilement ; mais il lui faut quelques années pour se concrétiser, le temps que le centre droit et le centre gauche prennent la mesure du caractère irréductible de leurs oppositions.

Cette conjoncture générale, encore floue en 1871, ouvre un assez large espace de manœuvre à Thiers. Il commence par se préoccuper de l'évacuation du territoire par les troupes prussiennes, liée au paiement de l'indemnité de guerre. Sa politique, rassurante pour les porteurs de capitaux, lui permet de réussir les emprunts indispensables[1] ; si bien que le dernier soldat prussien quitte la France dès juillet 1873. Puis il entreprend la réorganisation du pays, rendue indispensable par la défaite. Pourtant, il est clair que Thiers se révèle en cette matière très conservateur, parfois plus que l'Assemblée, et que ses options ne seront guère durables.

La réforme de l'armée est, naturellement, prioritaire ; d'autant plus que la Prusse reste menaçante. Pourtant la *loi militaire*, adoptée en juillet 1872 (la Garde nationale étant supprimée depuis août 1871), ne provoque pas de changements décisifs. Le principe du service militaire obligatoire est proclamé, mais (après tirage au sort) une partie du contingent fait cinq ans de service et l'autre six mois. De plus, d'assez nombreuses dispenses sont accordées, tandis que les enfants de la bourgeoisie qui paient une somme de 1 500 F ne font qu'un an. Ce qui apparaît choquant à bien des républicains.

La *loi municipale* d'avril 1871 est elle aussi conservatrice : les maires des chefs-lieux d'arrondissements et de départements et ceux des villes de plus de 20 000 habitants sont nommés par le pouvoir. De même, Thiers repousse toute véritable *réforme financière* ; il rejette toute idée d'impôt sur le revenu et il procède à un relèvement du tarif douanier, ce qui semble bien, il est vrai, correspondre aux souhaits de la France rurale.

Dans le domaine strictement politique, Thiers évolue peu à peu vers la république. Il est sensible au résultat des élections partielles,

1. Notons aussi que le taux d'intérêts élevé offert aux souscripteurs contribue au succès des emprunts.

tout comme à celui des élections aux conseils généraux (octobre 1871) et aux adresses en faveur de la république que ceux-ci sont nombreux à adopter en avril 1872. Si bien que, le 13 novembre 1872, à l'ouverture de la session parlementaire, dans un message à l'Assemblée Thiers prend très clairement parti en faveur d'une République conservatrice. A cette date les monarchistes ne sont pas prêts à le renverser, d'autant plus que le territoire n'est pas encore libéré. Mais, le 15 mars 1873, la convention d'évacuation est signée ; Thiers n'est donc plus indispensable. Peu après il apparaît même comme dangereux à la majorité : en effet, le 27 avril 1873 le radical Barodet est élu député à Paris. Thiers se révélant incapable de faire triompher son candidat (l'orléaniste Ch. de Rémusat), il leur semble désormais inapte à lutter efficacement contre la gauche. Dès lors son sort est scellé par l'union des droites derrière Albert de Broglie, orléaniste conservateur, soucieux avant tout de garantir la prééminence des classes dirigeantes et celle du clergé catholique. Le 24 mai, Thiers est renversé par 360 voix contre 344. Le jour même le maréchal Mac-Mahon est élu président de la République.

L'ordre moral, l'échec de la restauration et le vote des lois constitutionnelles (1873-1875)

Mac-Mahon est plutôt légitimiste, mais ce n'est pas véritablement un homme politique. D'ailleurs, il nomme Albert de Broglie vice-président du Conseil des ministres ; et c'est ce dernier qui dirige effectivement le ministère. Dès le 25 mai, Mac-Mahon définit la politique que le gouvernement entend suivre : « Avec l'aide de Dieu [...] nous continuerons l'œuvre de la libération du territoire et du rétablissement de l'ordre moral dans notre pays. » *Ordre moral*, la formule est restée, et elle définit assez bien le projet conservateur d'A. de Broglie. Il s'agit, pour lui et ses amis, de défendre l'*ordre* : pas seulement la propriété (Thiers sait le faire) mais aussi la prééminence, politique et sociale, des classes dirigeantes traditionnelles (aristocratie et grande bourgeoisie, surtout). Cet ordre doit être *moral*, c'est-à-dire fondé sur une vision de la société donnant à la hiérarchie de l'Eglise catholique une place centrale dans la vie de la nation ; un ordre *clérical*, en somme, comme le montreront plusieurs mesures symboliques (interdiction à Lyon des enterrements civils après 7 heures du matin, par exemple), et qui rappelle l'Ancien Régime. Implicitement, en effet, cet ordre moral inclut la restauration monarchique, le retour du roi sur le trône constituant en quelque sorte la clé de voûte du système.

Pourtant Broglie et ses amis ne parviennent ni à restaurer le roi, ni à asseoir durablement cet ordre moral, gage du maintien au pouvoir des autorités sociales et religieuses. Alors que l'opinion, qui ne réagit guère lors du renvoi de Thiers, semble lasse des bouleversements, et prête à accepter une solution qui permettrait de sortir, enfin, du provisoire, du moment que le libéralisme ne serait pas mis en question. Certes le comte de Chambord se montre intransigeant, et peu habile, ce qui contribue à expliquer l'échec. Mais la raison de fond est différente : les hommes qui ont renversé Thiers forment une coalition trop disparate, puisqu'elle inclut des bonapartistes et des orléanistes, qui n'ont cessé de se combattre sous l'Empire, ainsi que des légitimistes qui ne partagent pas les options fondamentales des orléanistes, et qui sont eux-mêmes divisés. Ces hommes peuvent agir ensemble contre la gauche sociale (ou radicale), comme le 24 mai lorsqu'ils chassent Thiers ; mais ils n'ont aucun projet politique en commun. Comment pourraient-ils fonder un régime ? De plus, leurs tendances autoritaires vont leur aliéner bien des Français ; comme le montrent, par exemple, en janvier 1874 les réactions de l'opinion lors du vote de la loi qui accorde au chef de l'Etat et aux préfets le droit de nommer les maires de toutes les communes ; ce qui indispose particulièrement les électeurs ruraux, alors majoritaires.

Le gouvernement tente pourtant de mettre en œuvre la restauration. Tout l'été 1873 se passe en tractations. Le problème de la « réconciliation » réglée (le prétendant orléaniste finit par accepter de s'effacer devant le comte de Chambord, dont il deviendra l'héritier, puisque Chambord n'a pas d'enfants), les monarchistes essaient d'arracher des concessions au prétendant, qui montrerait ainsi qu'il n'est pas le champion de la contre-révolution. Mais, le 27 octobre, dans une lettre publiée par le quotidien royaliste *L'Union*, le comte de Chambord fait savoir qu'il conserve comme idéal la monarchie chrétienne, et qu'il ne consentira jamais à « devenir le Roi légitime de la Révolution ». Dès lors, la restauration devient inenvisageable. D'ailleurs, même si Chambord avait été plus accommodant, on peut douter que la majorité de la Chambre aurait accepté de voter la restauration. Pour ce faire l'appui du centre gauche était indispensable ; or il était loin d'être acquis, pas plus, d'ailleurs, que celui des bonapartistes. Il aurait fallu, de plus, l'imposer aux grandes villes et aux campagnes républicaines ; vaste programme...

L'intransigeance de Chambord évite de poser la question ; si bien que Broglie, habile, fait adopter une solution permettant de sortir du provisoire sans supprimer tout espoir de restauration : en novembre 1873, les pouvoirs de Mac-Mahon sont prolongés pour sept ans (ce qui laisse le temps à la famille monarchiste de tenter de trouver une solution), tandis qu'une commission de 30 membres est nommée pour étudier les nouvelles institutions qu'il convient d'adopter. Mais cet ajournement jette le trouble chez les monarchistes, qui se divisent désormais en deux camps aux rancunes inexpiables. Pour les légitimistes extrémistes, en effet, Broglie, qu'ils regardent comme un traître, est devenu l'adversaire à abattre : le 16 mai 1874, ils mêlent leurs voix à celles des républicains (et des bonapartistes) pour renverser le gouvernement Broglie. Mac-Mahon effectue, certes, un replâtrage en constituant un gouvernement chargé de mener la même politique d'ordre moral, sous la direction du général de Cissey. Mais cet échec de Broglie est lourd de menaces pour les espoirs de restauration ; pour la réaliser, en effet, les monarchistes ont un impérieux besoin de coaliser toutes leurs forces.

La discorde dans les rangs des royalistes est donc publique. Or les élections partielles, qui continuent à être favorables aux républicains, montrent aussi une nette remontée des bonapartistes (les républicains remportent 16 élections législatives partielles entre octobre 1873 et février 1875, les bonapartistes 6 et les monarchistes une seule). Devant le péril, les souvenirs de l'Empire autoritaire et le spectre des 7 millions de voix bonapartistes de mai 1870 poussent orléanistes et républicains à s'unir pour adopter des institutions républicaines. D'autant plus que les élections cantonales d'octobre 1874 (pour la moitié des conseils généraux) voient le succès des républicains, au même titre que les élections municipales du 29 novembre 1874. La constance du choix majoritaire des électeurs en faveur de la république ne peut qu'achever de convaincre bien des orléanistes de se rapprocher des républicains modérés pour fonder un régime libéral et parlementaire, en accord avec leurs convictions fondamentales, du moment que le respect de la propriété est assuré, et que le spectre de la Terreur a disparu. Et Gambetta, leur stratège en ces heures décisives, sait convaincre ses amis républicains de faire les concessions nécessaires (accepter la création d'un Sénat aux côtés de la Chambre des députés, par exemple) pour que le compromis se réalise, et que la République s'installe : le 30 janvier 1875, sur proposition du député modéré Henri Wallon un amendement précisant que « le président de la République est élu à la majorité des suffrages par le Sénat et la Chambre » est voté par 353 voix contre 352.

Dès lors l'adoption des lois constitutionnelles peut se réaliser : le 24 février sur le Sénat (435 voix contre 234), le 25 février sur l'organisation des pouvoirs publics (425 voix contre 254)[1] et le 16 juillet sur les rapports entre les pouvoirs publics (par 520 voix sur 604). Fruit d'un compromis, et susceptibles de recevoir plusieurs lectures, ces lois constitutionnelles établissent un régime parlementaire, qui convient aux orléanistes, et auquel la plupart des républicains se rallient. Le *président de la République* est élu pour sept ans « par le Sénat et par la Chambre des députés réunis en Assemblée nationale ». Il bénéficie des pouvoirs étendus : il partage l'initiatives des lois avec les membres des deux Chambres, possède le droit de grâce (qui est droit régalien), « dispose de la force armée », nomme « à tous les emplois civils et militaires » (il nomme donc les ministres) et peut dissoudre la Chambre des députés avec l'accord du Sénat. Ses prérogatives sont proches de celles d'un roi constitutionnel, ce qui satisfait les orléanistes (certains songent encore à une restauration, par le biais d'une légère modification de la constitution). Toutefois son mode d'élection par les parlementaires le place, en fait, sous leur dépendance, et réduit son autorité. D'autant plus que, puisqu'il n'est pas responsable devant les Chambres, chacun de ses actes doit être contresigné par un ministre. Dans l'esprit de bien des constituants, le *Sénat* est la pièce maîtresse du dispositif : en contrebalançant l'autorité de la Chambre, il doit interdire toute dérive hors du libéralisme. Il est composé de 300 membres (âgés d'au moins 40 ans) : 225 sont élus pour neuf ans (et renouvelables par tiers tous les trois ans) « par les départements » au suffrage universel indirect selon un système qui avantage considérablement la France rurale[2]. Les 75 autres sénateurs, nommés à vie, sont élus,

1. L'adoption de cette loi constitutionnelle entraîne la démission de Cissey ; le 10 mars, Buffet (orléaniste) constitue un nouveau gouvernement qui inclut des hommes du centre gauche, et correspond au nouveau rapport des forces. Pour plus de détail sur ces questions, consulter Jean-Marie Mayeur, *La vie politique sous la Troisième république, 1870-1940,* Paris, Seuil, 1984 (coll. « Points »).

2. Les collèges électoraux départementaux sont composés des députés, conseillers généraux, conseillers d'arrondissements et « des délégués élus, un par chaque conseil municipal parmi les électeurs de la commune ».

tout d'abord par l'Assemblée nationale, puis, au fur et à mesure des vacances, par le Sénat lui-même. Ce mode de désignation, complexe, devrait lui assurer une majorité conservatrice. Or ses pouvoirs sont importants, en effet, « le Sénat a, concurremment avec la Chambre des députés, l'initiative et la confection des lois ». Quant à la *Chambre des députés*, ses membres sont, naturellement, élus au suffrage universel pour un mandat de quatre ans. Par ailleurs, le parlementarisme est clairement énoncé : « Les ministres sont solidairement responsables devant les Chambres [et donc devant les sénateurs aussi bien que devant les députés] de la politique générale du gouvernement. »

Ensemble complexe d'inspiration orléaniste, adopté en raison de la conjonction des centres et de l'acceptation des républicains, cette constitution ne recevra son interprétation parlementaire définitive qu'après plusieurs années d'incertitudes et une crise en 1877. En effet, cette conjonction des centres correspond à un rapport de force à l'intérieur de l'Assemblée élue en 1871 ; mais elle ne correspond plus à l'état de l'opinion publique après 1875. Par ailleurs, la fracture irréductible que nous signalions plus haut entre centre droit et centre gauche sur la place à accorder à l'Eglise catholique dans la vie politique et sociale — et donc l'opposition entre cléricaux et anticléricaux — ne peut manquer de réapparaître dès lors qu'il s'agit de passer à l'action.

L'installation du régime et la victoire des républicains anticléricaux (1875-1879)

Les institutions adoptées, il faut prendre toute une série de décisions importantes, qui engagent l'avenir. Or, désormais, l'affrontement entre la gauche et la droite va prendre le pas sur les jeux d'alliance complexes de la période 1871-1875 ; car la préparation des élections législatives, déterminantes pour l'avenir, domine l'horizon politique.

En novembre 1875, contre la gauche, qui préfère le scrutin de liste, comme sous la IIe République, le scrutin d'arrondissement est adopté pour l'élection des députés. Puis on passe à l'élection des 75 sénateurs inamovibles. La droite espérait à ce sujet une nette victoire, ce qui lui aurait permis de « verrouiller » le Sénat, et donc d'imposer son interprétation de la constitution. Mais c'était compter sans ses propres divisions et ses rancunes. Or comme le

16 mai 1874, lors de la chute de Broglie, l'extrême droite légitimiste et les bonapartistes n'hésitent pas à mêler leurs voix à celles des républicains ; si bien qu'environ 60 républicains et 10 légitimistes sont élus. Pour Broglie et ses amis, l'échec est grave. Il modifie les données du jeu politique. En ne permettant pas à la droite de contrôler le Sénat durant les premières années de la mise en application de la constitution, fort importantes puisqu'il s'agit alors de fonder une tradition, il ouvre la voie à l'interprétation des républicains.

Les élections sénatoriales et législatives de 1876 se révèlent donc décisives. Si le corps électoral confirme la tendance observée lors des élections partielles, la victoire des républicains est assurée. En dépit du système électoral, qui l'avantage, la droite ne réussit pas à redresser la situation au Sénat. Lors des élections du 30 janvier 1876 elle ne parvient à faire élire que 119 sénateurs « sûrs » (dont 40 bonapartistes) contre 92 pour les républicains ; compte tenu des inamovibles, les conservateurs ne possèdent donc qu'une très courte majorité au Sénat. Quant aux élections législatives des 20 février et 5 mars, elles sont nettement remportées par les républicains, qui occupent 360 sièges contre 150 pour les conservateurs (dont 75 bonapartistes)[1].

Dans ces conditions, le maintien de Mac-Mahon à l'Elysée est problématique. Sans se renier il ne peut pas demander à Gambetta (qui fait figure de vainqueur) de former le gouvernement. Mais il ne peut guère non plus appeler un royaliste conservateur, comme Broglie, au lendemain d'élections gagnées par les républicains, alors que la constitution affirme, de la manière la plus claire, la responsabilité ministérielle. Les conservateurs, qui le conseillent, choisissent donc de temporiser : nommer un homme assez modéré pour n'indisposer personne, et attendre que les républicains fassent des erreurs qui, en mécontentant l'opinion, permettront de dissoudre la Chambre, et de faire procéder à de nouvelles élections dans de bonnes conditions. Il s'agit pourtant d'un pari hasardeux. Parce que la droite peut elle aussi faire des erreurs (les cléricaux, qui réclament avec force des mesures en faveur du pouvoir temporel du pape, provoquent l'indignation d'une partie de l'opinion). De plus, pour ne mécontenter ni la droite ni la gauche, un tel gouvernement est contraint à l'inaction ; qui risque, aussi, d'indisposer députés, et

1. D'une façon générale, pour les résultats électoraux de la période 1876-1914 nous citons les chiffres retenus par J.-M. Mayeur dans *La vie politique... (op. cit.)*.

électeurs. Enfin, ce pari repose sur un postulat, le conservatisme de la majorité des électeurs, qui, dans ce schéma, entendrait défendre le cléricalisme et les classes dirigeantes traditionnelles. Or celui-ci est démenti par les élections depuis juillet 1871. Il est vrai qu'en dehors d'un véritable coup d'Etat, les conservateurs n'ont guère le choix.

Mac-Mahon opte donc pour cette solution. Le 9 mars, Dufaure, orléaniste rallié à la république et libéral, constitue un gouvernement plutôt orienté au centre gauche, qui n'agit guère, ce qui provoque la défiance des républicains, et entraîne sa démission. Il est remplacé le 13 décembre 1876 par Jules Simon, républicain modéré, mais conciliant. Chacun sent bien, cependant, que le compromis ne peut pas s'éterniser. Habilement, Gambetta choisit de faire porter le conflit sur la question du cléricalisme : en bon connaisseur de la société française, il sait, en effet, que si le débat entre la droite et la gauche porte sur ce thème, les républicains ont toutes les chances de l'emporter. Le 4 mai, il prononce un grand discours à la Chambre, où il lance son apostrophe restée fameuse : « Le cléricalisme ? Voilà l'ennemi. » Mac-Mahon et ses conseillers acceptent le combat sur ce thème. Moins par tactique, probablement, ils savent que les chances de succès sont faibles, que par convictions cléricales, et conservatrices. Le *16 mai 1877* il provoque la démission de J. Simon ; le 17, Broglie forme un ministère, qui n'a pas la confiance de la Chambre ; mais Mac-Mahon l'ajourne pour un mois. On semble revenu quatre ans en arrière, après la chute de Thiers.

Pourtant, la situation est bien différente. Car les conservateurs commettent l'erreur de placer au centre du débat politique les deux éléments les plus aptes à provoquer l'union des gauches : le cléricalisme et le problème des pouvoirs du chef de l'Etat. En effet, dans le message qu'il adresse aux Chambres, le 18 mai, Mac-Mahon invoque son « droit constitutionnel » de choisir « des conseillers qui pensent comme moi ». Ce qui sonne aux oreilles des républicains comme un refus du parlementarisme, une volonté de retour au pouvoir personnel, presque un coup d'Etat. Le 20 mai, 363 députés républicains signent un manifeste qui dénonce une « politique de réaction et d'aventures ». La Chambre ayant renversé le gouvernement Broglie le 16 juin, Mac-Mahon la dissout, avec l'accord du Sénat. De nouvelles élections auront lieu en octobre. Tout l'été le gouvernement tente de faire pression sur le corps électoral (révocations de préfets, de maires, suspensions de conseils municipaux, poursuites contre les journaux, etc.). Tandis que Gambetta — il lance à Mac-Mahon le 15 août : « Quand la France aura fait entendre sa voix souveraine [...] il faudra se soumettre ou se démettre » — organise la campagne des républicains, parvenant, surtout, à maintenir l'unité de candidature (les 363 ne se voient opposer aucun adversaire républicain). Aux élections d'octobre 1877 les républicains perdent des sièges, mais ils conservent une nette majorité de 323 voix contre 208 (dont près de la moitié de bonapartistes). Après avoir un moment songé à résister (et tenté de constituer un gouvernement minoritaire, avec lequel la Chambre refuse d'entrer en relation) Mac-Mahon finit par « se soumettre », et accepter l'interprétation parlementaire de la constitution. D'ailleurs, les conditions dans lesquelles il a procédé à la dissolution en 1877 font tomber cette pratique en désuétude ; désormais, et jusqu'en 1940, c'est la Chambre qui devient le véritable centre de la vie politique, le Sénat jouant plutôt un rôle modérateur, en empêchant le gouvernement de s'aventurer trop à gauche, ou trop à droite.

Les républicains, qui ne sont pas maîtres de tous les organes du pouvoir, acceptent encore une sorte de compromis : Dufaure forme un gouvernement de centre gauche le 13 décembre. Mais ils entreprennent la consolidation méthodique de leur pouvoir[1]. En janvier 1878, ils remportent les élections municipales ; ce qui leur permet, le 5 janvier 1879, lors du renouvellement du premier tiers du Sénat, de faire élire 66 sénateurs (sur 82), leur assure une nette majorité à la Chambre haute (179 contre 121), et retire à Mac-Mahon sa dernière carte. Il démissionne le 30 janvier 1879. Il est aussitôt remplacé par le républicain Jules Grévy, qui, le 4 février, appelle Waddington à constituer le premier gouvernement républicain en situation d'agir en conformité avec ses principes. La république est installée.

Pourquoi, en fin de compte, les républicains l'ont-ils emporté[2] ? Le refus d'un retour à la monarchie des légitimistes extrémistes s'explique facilement : depuis 1789 les Français ont montré trop d'attachement à l'égalité civile et aux innovations fondamentales

1. La Chambre décide aussi d'invalider l'élection de 70 députés en raison des pressions qui s'étaient exercées ; comme la plupart des invalidés ne sont pas réélus, finalement les républicains sont près de 400 à la Chambre.

2. On suit, ici, la remarquable analyse de Jean-Marie Mayeur, *Les débuts de la Troisième République, 1871-1898*, Paris, Seuil (coll. « Points »), 1973, p. 48-54.

de la Révolution (au libéralisme, donc) pour que le comte de Chambord ait de véritables chances d'accéder au trône. Mais il faut comprendre les raisons de l'échec d'une République (ou d'une monarchie orléaniste) modérée, conservatrice et libérale, fondée sur la conjonction des centres (centre droit et centre gauche) que, pourtant, l'adoption des lois constitutionnelles en 1875 semblait inaugurer. Or, dès 1876, l'impossibilité de la mise en œuvre d'une politique centriste est évidente et l'on passe à l'affrontement entre conservateurs et républicains. Mais la défaite des conservateurs à l'issue de la crise du 16 mai 1877 ne traduit pas la victoire de la petite bourgeoisie sur la grande (on remarque la présence d'assez nombreux membres de la grande bourgeoisie dans les rangs des républicains). Le conflit est idéologique, et il transcendance l'appartenance de classe, parce qu'il oppose le groupe conservateur, attaché à la vision hiérarchique d'une société immobile sacralisée par l'Eglise, au groupe républicain appuyé sur la vision évolutive d'une société laïcisée, fondée sur la philosophie des Lumières. Comme en 1789, c'est la victoire d'une sorte de nouveau « tiers état » qui va de la grande bourgeoisie aux paysans, et au sein duquel les ouvriers ne forment qu'une force d'appoint. C'est « dans cette alliance entre une fraction de la grande bourgeoisie, les "couches nouvelles" et le peuple des villes et des campagnes que réside le secret de la victoire républicaine » (J.-M. Mayeur). La force de Gambetta, et des autres républicains comme J. Ferry, par exemple, vient de ce qu'ils ont compris que, pour enraciner la victoire des idéaux de 1789, il fallait refuser de penser l'action politique en termes d'affrontement de classes. L'échec, sanglant, de la Commune étant là pour montrer qu'une version socialiste de la lutte politique avait alors bien peu de chance de conduire au succès. Et si Gambetta et ses amis l'emportent, en s'appuyant sur une « République des paysans », comme disait J. Ferry, c'est qu'ils sont en mesure de proposer une « République fidèle à la Révolution, et capable pourtant d'en offrir une image qui en exorcise enfin le fantôme de la guerre civile » (F. Furet). Il est clair, en effet, que le 16 mai donne le premier exemple français d'une victoire sur les aristocrates, qui ait été acquise sans révolution. En ce sens on peut dire que ces années 1876-1879, qui mettent un terme au cycle inauguré en 1789, constituent une étape fondamentale de l'histoire de France.

L'enracinement de la république (1879-1898)

Le temps des grandes réformes républicaines (1879-1885)

Le régime

A partir du début de l'année 1879 les républicains disposent des moyens d'agir. Ils se lancent donc dans une série de réformes, dont le but principal est l'établissement et l'enracinement d'un régime permettant le libre exercice des droits de l'homme. Dans leur esprit, ces mesures doivent donner au pays son régime définitif.

Dans le domaine institutionnel les républicains ne provoquent aucun bouleversement. Réclamée par certains, une vaste révision de la constitution aurait pu permettre de « reprendre » une partie au moins des concessions acceptées en 1875 dans le but d'obtenir l'accord du centre gauche. En fait, la révision adoptée en 1884 reste mineure. Elle supprime les sièges de sénateurs inamovibles, et modifie légèrement, dans un sens un tout petit peu moins favorable aux petites communes, le mode de désignation des électeurs sénatoriaux. Mais, au grand scandale des radicaux, les républicains « de gouvernement » (on les appelle souvent « opportunistes », parce qu'ils veulent ne décider que les réformes qu'ils jugent opportunes) refusent de supprimer le Sénat.

De ce fait, ils doivent ajuster les rapports entre les trois pouvoirs qu'ils ont laissé subsister : présidence de la République, Sénat et Chambre des députés. Cette période « d'apprentissage » est d'autant plus importante qu'alors dans le monde le régime républicain est bien rare, et que les lois constitutionnelles de 1875 peuvent être interprétées de plusieurs manières. Le débat se focalise d'abord sur la présidence de la République, qui a été conçue à l'origine « comme un moyen terme entre la présidence américaine, élue, mais affranchie du contrôle du Congrès, et la Monarchie britannique, héréditaire mais soumise à la tutelle du Parlement » (Odile Rudelle). En fait, le président français est à la fois élu au suffrage universel indirect — comme aux Etats-Unis — et contrôlé — comme en Grande-Bretagne. Il lui est donc difficile de trouver sa place, d'autant plus que l'expérience du Second Empire a appris aux républicains à se méfier d'un chef de l'Etat aux pouvoirs étendus. En fin de compte, sans rester inerte, J. Grévy crée une tradition en limitant les ambitions du président. Renonçant à user de son droit de dissoudre la Chambre, il achève de donner à celle-ci la prépondérance ; il est vrai qu'elle seule est élue au suffrage universel direct. L'influence du président se marque donc surtout dans le choix des hommes qu'il appelle à la présidence du Conseil[1]. La faible organisation des partis et le peu de discipline de vote à la Chambre lui permettent, en effet, d'écarter tel ou tel (ainsi, Grévy met-il fort longtemps à appeler Gambetta, dont il se méfie). Parce qu'il incarne la continuité de l'Etat, il exerce aussi une influence non négligeable sur la politique étrangère.

Les ministres sont nommés par le président de la République ; en fait, ce dernier se contente en général de choisir le président du conseil, qui compose lui-même le ministère. La plupart des ministres sont des parlementaires. A la différence de la Grande-Bretagne, et en raison de la faiblesse des partis, et des groupes parlementaires, la France connaît une réelle instabilité ministérielle. Mais elle est quelque peu compensée par la stabilité des ministres ; il n'est pas rare que le même homme occupe le même fauteuil dans plusieurs ministères successifs : Jules Ferry est ainsi ministre de l'Instruction publique pendant cinq ans entre février 1879 et mars 1885. Il reste que « la prépondérance des Chambres est la pierre angulaire du système politique de la IIIe République » (J.-M. Mayeur). Et c'est bien cette caractéristique qui donne sa tonalité principale à la vie politique de ce temps. Le Sénat et la Chambre ont les mêmes pouvoirs en ce qui concerne l'adoption des lois : elles doivent être votées dans les mêmes termes par les deux assemblées[2]. Le Sénat peut renverser le ministère, au même titre que la Chambre ; mais cette pratique ne s'acclimate guère avant les années 1890. Au fond, hantés par les souvenirs de l'Empire, les républicains ont à cœur de bâtir un régime assurant la prépondérance du pouvoir législatif, et de la Chambre élue au suffrage universel direct.

Dans un tel système, il n'y a pas véritablement de place pour la popularité d'un homme. De fait, les principaux dirigeants républicains sont peu nombreux. En 1879, *Léon Gambetta* (1838-1882) a déjà joué un rôle capital. Stratège des républicains pendant la période 1871-1877, il a eu l'intelligence de comprendre que la

1. Le terme est mal choisi, puisque c'est le président de la République qui préside le Conseil des ministres ; il est cependant utilisé à partir de 1876.

2. Toutefois : « Les lois de finances doivent être, en premier lieu, présentées à la Chambre des députés et votées par elles. »

république ne pourrait s'installer durablement qu'avec l'appui des paysans, et que la question du cléricalisme permettrait de réaliser l'union des républicains, sans pour autant leur aliéner les classes rurales (sauf en certaines régions). Mais, à l'heure de la victoire, l'essentiel de son rôle est déjà accompli. En effet, nombre de ses amis se méfient de lui, en raison de son attitude au temps du gouvernement de la défense nationale, de sa forte personnalité et de ses idées en politique étrangère. De plus sa mort, brutale, le 31 décembre 1882 ne lui laisse pas le temps de donner sa mesure dans l'exercice du pouvoir. L'homme qui domine la période est *Jules Ferry* (1832-1893). Lorrain froid, et méticuleux, il ne parvient jamais à obtenir la popularité du méridional expansif qu'est Gambetta. Il fait, lui aussi, ses premières armes sous l'Empire. Délégué du gouvernement à la mairie de Paris au moment du siège, en 1870-1871, il y récolte une certaine hostilité au sein des classes populaires de la capitale. Adversaire déterminé de la Commune, il soutient la politique de fermeté de Thiers, ce qui lui vaut de solides inimitiés à l'extrême gauche. Ses évidentes qualités d'homme d'Etat s'expriment entre 1879 et 1885. Durant ces six années, il est deux fois président du conseil (en tout trois ans, deux mois et vingt-cinq jours), et ministre de l'Instruction publique dans cinq ministères sur huit. On le voit, Jules Ferry est véritablement l'homme qui préside à la mise en œuvre des grandes réformes républicaines. Le troisième dirigeant important, qui fait alors figure de chef des radicaux, est *Georges Clemenceau* (1841-1929). Médecin vendéen, issu d'une vieille famille républicaine et anticléricale (comme Ferry), il est nommé maire du XVIIIe arrondissement de Paris (Montmartre) au début du mois de septembre 1870. Elu député de Paris en février 1871, il est de ceux qui tentent de faire prévaloir la conciliation entre la Commune et l'Assemblée versaillaise. Ne parvenant pas à se faire entendre — pas plus à Versailles qu'à Paris —, il démissionne de son mandat de député le 27 mars 1871. S'il ne soutient évidemment pas la Commune, il reste cependant toute sa vie un adversaire farouche de J. Ferry, qui avait approuvé la politique de Thiers. A ses yeux Ferry est, au moins partiellement, responsable du sang versé. Il le regarde aussi comme un politicien sans scrupule, qui gouverne s'emparant de la popularité des autres (celle de Gambetta, notamment), pour mener une politique conservatrice, qui ne tient pas compte des véritables souhaits du peuple, et qui, de ce fait, nuit à l'enracinement de la République. Réélu député en 1876, il s'impose désormais comme un redoutable orateur parlementaire, qui tente de faire prévaloir les solutions radicales, celles que les républicains réclamaient en 1869, contre les solutions « opportunistes », qu'il regarde comme autant de renoncements.

Les forces politiques

Il importe, tout d'abord, de bien comprendre qu'il n'existe pas de partis politiques organisés. La législation en est, d'ailleurs, en partie responsable : par peur de la puissance des congrégations religieuses catholiques, les républicains refusent de reconnaître la liberté d'association avant le début du XXe siècle. De ce fait, la vie politique française offre tout un dégradé de nuances, passant insensiblement de la droite à la gauche. Par ailleurs, un peu à l'image de l'écorce terrestre, qui se renouvelle en permanence par surgissement le long des dorsales océaniques et par disparition d'une masse équivalente dans les zones de subduction, le paysage politique se renouvelle par disparition de certains groupes, à droite le plus souvent, et par apparition d'autres groupes, à l'extrême gauche, en général (radicaux, puis socialistes, etc.), ce qui provoque peu à peu un reclassement. Ainsi les républicains de gouvernement, à gauche en 1877, se retrouvent-ils nettement plus au centre dans les années 1890.

Entre 1879 et 1885 la droite monarchiste ne parvient pas à surmonter ses échecs. Elle est, naturellement, très affaiblie par les victoires électorales des républicains en 1877 et en 1881 (démoralisée, elle renonce alors à présenter un candidat dans 252 des 541 circonscriptions). Elle est aussi atteinte dans ses prétendants : les bonapartistes se divisent après la mort du prince impérial en 1879 ; quant aux légitimistes, la mort du comte de Chambord en 1883 les laisse désorientés, une partie refusant de se rallier au comte de Paris (prétendant orléaniste). La force de la droite réside surtout dans son influence sociale, et son implantation au sein des grands corps de l'Etat, ce qui conduira les républicains à procéder à une épuration. En fait, ce n'est qu'après 1885 que la droite parviendra à commencer à se réorganiser.

Alors l'Eglise catholique est regardée comme une puissance sociale favorable à la droite. D'autant plus que sa hiérarchie a pris parti pour la monarchie au début des années 1870. Or, elle est implantée dans presque toutes les communes (on dénombre environ 55 000 prêtres séculiers). Toutefois, le Concordat donne au gouvernement les moyens de surveiller le clergé séculier. Les républicains craignent plutôt les 30 000 religieux et 128 000 religieuses, surtout les enseignants. Ignorés par le Concordat, ces réguliers sont plus difficiles à contrôler. De plus, la loi Falloux a permis à l'Eglise d'exercer une très grande influence sur l'enseignement[1]. Et les républicains, qui accusent l'Eglise de l'utiliser pour lutter contre eux, sont bien décidés à relever ce défi. Il est vrai qu'une partie des congrégations, qui n'ont pas reçu l'autorisation officielle de se constituer, sont simplement tolérées. Ce qui ouvre aux républicains une possibilité d'action, qu'ils ne tarderont pas à saisir.

Le centre gauche, si influent entre 1871 et 1875, perd désormais une bonne partie de son importance. Affaibli à la Chambre, surtout après les élections de 1881, il conserve une place plus grande au Sénat, dont le mode d'élection indirect convient mieux à cette famille politique. Il s'agit, toutefois, d'une tendance résiduelle, que l'évolution des républicains opportunistes vers une plus grande modération va peu à peu marginaliser, et qui disparaîtra après 1885.

La grande force politique du moment, ce sont les républicains. Ils ont au moins trois caractéristiques communes : volonté de défendre la forme républicaine du gouvernement, qui renvoie à un attachement très fort au grands idéaux de la Révolution française, haine du pouvoir personnel, désir de laïciser la société. Mais ils sont divisés. Alors, les *socialistes* ne comptent guère, d'autant plus que la répression de la Commune a dispersé les hommes, et les groupes. Des Congrès ouvriers se tiennent, cependant, à partir de 1876. On remarque, aussi, l'introduction progressive des idées marxistes en France. Celle-ci est cependant assez lente : il est vrai que Marx combine des éléments de philosophie allemande, d'économie anglaise et d'explication historique française ; synthèse qui lui permet de gagner des adeptes dans plusieurs pays. En France l'implantation se fait surtout par l'intermédiaire de Jules Guesde et de son journal *L'Egalité*. Mais cela n'élimine nullement les autres familles idéologiques socialistes. Finalement, en 1879, se crée le parti intitulé *Fédération du parti des travailleurs socialistes*, qui défend des thèses

1. L'Eglise catholique contrôle les écoles primaires (même les écoles publiques) ; la moitié des filles étudient dans des écoles primaires tenues par des religieuses. Dans l'enseignement secondaire la moitié des élèves sont inscrits dans des établissements religieux. Une loi de 1875 vient aussi de permettre la création d'universités catholiques (voir Françoise Mayeur, *Histoire générale de l'enseignement et de l'éducation en France*, vol. 3 : *De la Révolution à l'école républicaine*, Paris, Nouvelle Librairie de France, 1981).

collectivistes. Mais son échec aux élections de 1881 provoque une nouvelle division. En 1882, J. Guesde fonde le *Parti ouvrier français* (marxiste) ; tandis qu'en 1883 Paul Brousse et les « possibilistes », qui entendent ne réclamer que les réformes « possibles », mettent sur pied la *Fédération des travailleurs socialistes*, assez proche des radicaux. De leur côté les blanquistes établissent en 1881 le *Comité révolutionnaire central*, où Edouard Vaillant joue un rôle important. Notons, enfin, la présence de groupes anarchistes, peu organisés comme il se doit.

Les *radicaux* constituent l'extrême gauche parlementaire. On en dénombre une centaine environ parmi les députés (dont une vingtaine d'intransigeants, comme Clemenceau). Certains soutiennent Gambetta, mais tous sont hostiles à J. Ferry. Au point de vue idéologique, ils insistent, certes sur la laïcité, mais ils rappellent aussi les « démoc-soc » de 1848, car ils ne séparent pas les réformes politiques de certaines réformes sociales, particulièrement l'impôt sur le revenu. Ils souhaitent aussi une réelle intervention de l'Etat, qui conduirait à la réduction de la durée légale du travail, la fondation de caisses de retraites et la reconnaissance du syndicalisme. Ils demandent donc que la république ne se désintéresse pas du sort des ouvriers.

Quant aux républicains de gouvernement, ils sont divisés en deux groupes, la *Gauche républicaine* de Grévy et Ferry et l'*Union républicaine* de Gambetta. Ils se différencient par leur origine sociale (les amis de Gambetta sont souvent moins aisés, moins installés dans la vie que ceux de Ferry) et, surtout, par le rôle qu'ils assignent à l'Etat. Gambetta souhaite que l'Etat ne soit pas trop modeste, et qu'il agisse aussi dans le domaine économique et social (ce qui le rapproche des radicaux modérés) ; car il pense, un peu dans la ligne de son action en 1870, que même dans une démocratie une part d'autorité est indispensable. Ce qui déplaît à la gauche républicaine (Grévy, particulièrement) plus sensible aux dangers que l'autoritarisme peut faire courir. Dans le domaine de la politique extérieure aussi Gambetta est resté l'homme de la « Défense nationale ». Il ne pense certes pas encore à une guerre de revanche, mais il veut que la France retrouve une place dans le concert des puissances ; ce qui le conduit à préconiser la participation à l'expansion coloniale. Cela le rapproche de Ferry, tandis que Grévy est plutôt favorable à une politique dite de « recueillement », au même titre que les radicaux, hostiles à la colonisation. On le voit, le camp républicain est complexe, et traversé de clivages qui ne coïncident pas toujours. Il est vrai, cependant, qu'après la mort de Gambetta Ferry parvient, en 1883, à regrouper la plupart des « opportunistes » dans une majorité stable ; mais cette stabilité ne se révèle pas durable.

Les principales réformes

Elles sont adoptées malgré une instabilité parlementaire initiale. En février 1879, Waddington forme un gouvernement encore assez modéré (gauche républicaine, dont J. Ferry, et centre gauche). Il est remplacé par un gouvernement Freycinet (décembre 1879), plus à gauche, qui mène une politique nettement anticléricale, puis par un gouvernement Ferry (septembre 1880), qui commence la rénovation de l'enseignement, la démocratisation de la vie politique et amorce l'expansion coloniale. Les élections législatives d'août-septembre 1881 sont un grand succès pour les républicains de gouvernement : 204 sièges pour l'Union républicaine et 168 pour la gauche républicaine ; le centre gauche en compte 39 et l'extrême gauche une cinquantaine. Les conservateurs, qui ont obtenu moins de 1,8 million de voix (contre 5,1 aux républicains !), ne rassemblent plus que 90 députés (dont 45 bonapartistes). Cette victoire républicaine sonne comme un succès de la stratégie de Gambetta ; et Grévy, qui était parvenu à l'éviter depuis 1879, est pratiquement contraint de le nommer président du Conseil en novembre 1881. Mais la plupart des dirigeants républicains, qui se méfient de lui, refusent leur concours ; et son « grand ministère » est renversé dès le 26 janvier 1882 (après seulement soixante-sept jours). Bien qu'il ait exploré des voies novatrices, il n'a guère eu le temps d'agir. Il est remplacé par deux ministères en 1882 (Freycinet, puis Duclerc), ce qui montre que l'assemblé élue en 1881 cherche sa majorité. Finalement, Ferry la rassemble en février 1883. Grâce à l'appui des gambettistes de l'Union républicaine, son ministère, qui dure jusqu'au 30 mars 1885, est en mesure d'accomplir une œuvre très importante.

Les républicains commencent par voter des réformes symboliques : retour des Chambres à Paris à l'automne 1879 ; choix de *La Marseillaise* comme hymne national ; adoption (en juillet 1880) du 14 juillet comme fête nationale, précédée de l'amnistie des condamnés de la Commune.

Afin d'être en mesure de faire mettre en œuvre leurs décisions, les républicains procèdent aussi à une épuration de la haute fonction publique, du corps préfectoral et de la magistrature (une loi du 30 août 1883 suspend pour trois mois l'inamovibilité des magistrats du siège, ce qui, compte tenu des nombreuses démissions entre 1880 et 1883, permet de renouveler près du tiers de ces magistrats « inamovibles »). Pour les échelons inférieurs de la fonction publique, en revanche, le renouvellement ne se fait que de manière progressive.

L'élément principal du programme des républicain reste, cependant l'adoption de réformes permettant, à leurs yeux, le libre exercice des droits de l'homme. Et l'anticléricalisme est l'un des principaux éléments de la synthèse républicaine. Il n'est donc pas surprenant qu'il soit mis en œuvre rapidement. On se souvient que les républicains sont hostiles aux congrégations religieuses, qu'ils regardent comme leurs adversaires politiques, mais aussi comme diffusant une idéologie rétrograde. Le 29 mars 1880, un décret du gouvernement Freycinet exige que les congrégations non autorisées présentent une demande d'autorisation. En même temps il expulse les jésuites (non autorisés, et qui jouent un grand rôle dans l'enseignement) ; mais il a l'intention de négocier les autorisations. Gambetta et ses amis exigeant d'autres expulsions, il démissionne et Ferry, qui le remplace, fait disperser les congrégations masculines non autorisées (sauf les trappistes et les chartreux), prélude à une laïcisation plus affirmée.

Auparavant, toutefois, les républicains se préoccupent de mettre en application leur programme concernant les *grandes libertés publiques*. Liberté d'ouverture des débits de boisson (qui servent souvent de lieu de réunion politique) ; liberté du colportage ; liberté de réunions publiques (loi du 30 juin 1881) ; liberté de la presse (loi du 29 juillet 1881) ; droit pour tous les conseils municipaux (sauf à Paris) d'élire leurs maires (4 mars 1882), et publicité des séance des conseils municipaux (5 avril 1884) ; reconnaissance de la liberté syndicale (21 mars 1884, dite « loi Waldeck-Rousseau ») ; petite révision constitutionnelle (14 août 1884)[1].

Surtout, les républicains, Ferry tout spécialement, vont s'attacher à réaliser une *œuvre scolaire*, permettant à la fois une « séparation de l'Eglise et de l'école » (Pierre Chevallier) et un développement de l'instruction. La *laïcisation de l'enseignement public* est, en

1. Outre les dispositions précisées plus haut (p. 473) elle édicte surtout la suppression des prières publiques au début des sessions parlementaires, et l'interdiction de soumettre à la révision constitutionnelle la forme républicaine du gouvernement.

effet, un article fondamental du programme des républicains. Ils entendent, tout d'abord, retirer au clergé qu'ils jugent passéiste, voire obscurantiste, l'influence sociale, fondement de son autorité politique, que lui confère le contrôle de l'enseignement (privé et public) accordé par la loi Falloux. Or en ce domaine ils ont l'appui de nombre de « catholiques selon le suffrage universel » (Littré), qui souhaitent une école émancipée de la tutelle des ecclésiastiques. De plus, bien des républicains modérés voient dans le développement de l'instruction une très importante réforme sociale : en permettant aux individus de développer librement leurs facultés elle les aidera à s'élever dans la société. C'est aussi, à leurs yeux, une réforme politique capitale : en favorisant le progrès des « lumières » dans l'esprit des enfants, et donc en libérant les consciences, elle rendra possible l'enracinement de la République, qui marque le triomphe de la raison sur la tradition. Enfin, la nouvelle législation scolaire possède un côté patriotique : l'école laïque, qui est l'école de tous les Français, renforcera la cohésion nationale, puisque l'ensemble des enfants recevra la même éducation (dont le culte de la patrie n'est pas absent). Pour Ferry, et ses proches collaborateurs, la laïcité est une simple neutralité devant les croyances religieuses particulières ; elle est tolérante et ouverte. Il l'écrit, d'ailleurs, dans une lettre qu'il adresse aux instituteurs le 17 novembre 1883. On y lit notamment :

> Au moment de proposer aux élèves un précepte, une maxime quelconque, demandez-vous s'il se trouve à votre connaissance un seul honnête homme qui puisse être froissé de ce que vous allez dire. Demandez-vous si un père de famille, je dis un seul, présent à votre classe et vous écoutant, pourrait de bonne foi refuser son assentiment à ce qu'il vous entendrait dire. Si oui, abstenez-vous de le dire ; sinon, parlez hardiment [...][1].

Mais il est clair que l'Eglise catholique ne peut pas ne pas voir dans cette législation une dépossession, qui pourrait être le prélude à une tentative de déchristianisation. D'ailleurs, une partie des républicains pense que l'Eglise catholique, voire la religion elle-même, est une survivance du passé qui disparaîtra dans l'avenir. D'où l'âpreté des controverses à l'occasion du vote des lois scolaires, qui visent à réorganiser tous les degrés de l'enseignement. Pourtant, les lois sont adoptées avec de larges majorités, et leur application n'est pas trop difficile. C'est que « la croyance dans les bienfaits de

1. Cité, notamment car c'est un texte célèbre, par Olivier Wieviorka et Christophe Prochasson, *La France du XXe siècle, documents d'histoire,* Paris, Seuil, 1994, p. 61.

l'école n'est plus seulement le fait d'un groupe de pédagogues et de publicistes, elle a pénétré profondément ces couches sociales nouvelles qui ont fait la République. C'est bien un idéal populaire qui s'inscrit dans la loi » (Françoise Mayeur).

Ferry commence (février 1880) par réformer le Conseil supérieur de l'instruction publique ; les ecclésiastiques en sont exclus et ses membres sont désormais tous des enseignants, nommés ou élus par leur collègues. Cette reconnaissance de l'autonomie de la collectivité enseignante est importante ; de plus ce Conseil joue un rôle non négligeable dans la préparation des textes officiels qui vont remodeler le visage de l'enseignement français. L'enseignement primaire est, naturellement, celui qui intéresse le plus les républicains. Dès 1879, une loi oblige les départements qui n'en ont pas encore à créer une école normale d'instituteurs. Puis la loi du 16 juin 1881 établit la gratuité de l'enseignement primaire ; quant à l'obligation, qui entraîne la laïcité, elle est votée le 28 mars 1882. La laïcisation, progressive, du personnel enseignant n'est cependant adoptée qu'en 1886. Pour l'enseignement secondaire, on réforme les programmes en 1880 et, surtout, on décide la création d'un enseignement secondaire pour les jeunes filles (loi du 21 décembre 1880), ce qui déplaît fort à l'Eglise catholique, qui dominait jusqu'alors cet aspect de l'enseignement. Pour l'enseignement supérieur, enfin, on réserve aux facultés d'Etat la collation des grades ; et on s'efforce (surtout après 1885) d'augmenter les crédits, ce qui permet de créer de nouvelles chaires et de construire de nouveaux bâtiments.

Enfin, la laïcisation de la société est complétée par plusieurs lois : suppression du caractère confessionnel des cimetières (1881), laïcisation des hôpitaux, rétablissement du divorce (1884), etc. Mais les républicains de gouvernement n'entendent pas remettre en cause le Concordat, et donc le financement public des cultes reconnus. Outre que la prudence invite à ne pas brûler les étapes, il est clair que le Concordat offre aussi des moyens de pression sur les ecclésiastiques auxquels ils entendent ne pas renoncer.

Dans le domaine *économique* comme en ce qui concerne la *politique extérieure et coloniale* les républicains ont aussi une action importante, évoquée dans le chapitre VI. Notons simplement ici que la politique coloniale provoque de très vifs débats au sein du camp républicain. Elle oppose d'un côté Ferry, qui obtient à ce propos le soutien de Gambetta, à Clemenceau, porte-parole des radicaux. Pour Ferry, la politique de colonisation, qu'il justifiera ensuite par des considérations économiques — « la politique coloniale est fille de la politique industrielle », écrit-il en 1890 —, est d'essence patriotique. Elle permet à la France de tenir son « rang » dans le concert des puissances, en dépit de sa défaite en 1871. A long terme elle autorise à envisager la préparation de la revanche sur l'Allemagne, même si celle-ci est repoussée dans un futur indéfini. Pourtant, dans ces années 1880, la colonisation recueille fort peu d'approbation, tant dans le monde politique que dans l'opinion. Clemenceau, très hostile, répond à Ferry : « Mon patriotisme est en France » (discours du 31 juillet 1885). Il pense que Ferry commet une sorte de trahison ; car, pour être en mesure de mener une politique coloniale, qui ne peut que l'opposer à la Grande-Bretagne, il est contraint d'entretenir de bonnes relations avec l'Allemagne ; ce qui est impardonnable. Si bien que, le 30 mars 1885, et en dépit de l'ampleur de son œuvre intérieure, Ferry, devenu très impopulaire (on le traitera de « prussien »), est abandonné par sa majorité à propos de l'expédition au Tonkin, et que son gouvernement est renversé par 306 voix contre 149 seulement. Plus jamais il ne reviendra aux affaires. Mais on doit surtout noter que le renversement de Ferry n'est possible que par suite d'une conjonction des extrêmes (gauche et droite) appuyés par une fraction du centre (une bonne partie des ruraux et des milieux d'affaires réprouvant les expéditions coloniales) ; somme d'oppositions qui ne constitue pas une majorité de gouvernement.

Le renouvellement du débat politique et la crise boulangiste (1885-1889)

La situation politique en 1885

Durant les années 1879-1885 les républicains modérés ont accompli des réformes importantes, dont la plupart étaient l'objet d'un large consensus à l'intérieur du camp républicain. Il leur faut donc aborder une nouvelle phase de leur action, plus difficile parce que désormais ils risquent de se diviser. D'autant plus qu'ils n'ont guère réalisé de réformes sociales, ce qui déçoit une bonne partie du peuple des villes (à Paris, notamment), souvent influencé par les radicaux, qui, dans la ligne des « démoc-soc » de 1848-1851, ne séparent pas les réformes politiques démocratiques des réformes sociales. Or ces années sont marquées par les conséquences de la crise économique de 1882, qui alourdit le climat social, et nuit à la popularité des républicains.

La politique extérieure constitue aussi une pomme de discorde, une partie de l'opinion républicaine reprochant à Ferry et ses amis de mener une action qui les conduit à être trop conciliants avec l'Allemagne. Or, se souvenant des grandes heures de la Révolution et, surtout, de la perte de l'Alsace-Lorraine, le peuple des villes est souvent patriote, mais son patriotisme est beaucoup plus « continental » que colonial. Dans ces deux domaines les républicains modérés déçoivent donc une partie non négligeable de leurs partisans. Au fond, la chute du gouvernement Ferry le 30 mars 1885 marque l'apparition d'une *opposition républicaine*, qui peut se conjuguer avec l'*opposition conservatrice* et mettre le régime en difficulté, comme la crise boulangiste va le montrer.

En effet, bien qu'ils aient des objectifs opposés, radicaux et conservateurs peuvent se rejoindre pour faire obstacle à deux éléments importants de la politique républicaine modérée, qui leur déplaisent : une certaine « entente » tacite avec l'Allemagne et un certain apaisement avec l'Eglise catholique, puisque, l'école publique une fois laïcisée, Ferry n'entend pas séparer les Eglises de l'Etat. Ces deux points seraient de nature à permettre l'émergence d'une république modérée, voire conservatrice, appuyée sur de larges secteurs de l'opinion rurale. Mais radicaux et conservateurs entendent s'y opposer de toute leur force. Les radicaux parce qu'ils souhaitent une république beaucoup plus orientée à gauche, ne laissant pas les socialistes se poser en seuls défenseurs des ouvriers. Les conservateurs, parce qu'ils demeurent monarchistes et cléricaux, et qu'ils comptent sur le peuple des campagnes pour détruire la république laïque. Certains songent donc à la conjonction des extrêmes, dans le but de s'opposer à la conjonction des centres qui s'esquisse en filigrane dans la politique de Ferry.

Tout cela conduit à une situation politique nouvelle, car « pour la première fois depuis 1875 le régime politique et le régime de l'Eglise catholique n'étaient plus au cœur des débats » (O. Rudelle). Par ailleurs, le mode de scrutin utilisé en octobre 1885 — original et unique dans l'histoire de France — n'est pas indifférent. En mars 1885, en effet, le gouvernement a fait adopter le scrutin de liste à deux tours. Il espère qu'il permettra de rajeunir le personnel politique républicain, et qu'il renforcera chez les élus le sens de la discipline, ceux-ci étant plus dépendants de leur parti. Mais il a oublié que le scrutin de liste peut défavoriser les tendances politiques qui ne savent pas s'unir.

Les élections de 1885

Elles se font, en partie, pour ou contre la ligne politique incarnée par Jules Ferry, « l'antiferrysme » étant souvent assimilé à la préparation d'une guerre de revanche contre l'Allemagne. A l'instar de ce qui se passa en février 1871, les républicains sont donc divisés à propos de la politique étrangère et de la politique sociale. De ce fait, sans avoir des conséquences aussi importantes qu'alors, le scrutin de liste a un effet dommageable sur le score électoral des républicains. En effet, dans 34 départements ils présentent deux listes, une modérée et une radicale qui inclut parfois des socialistes (comme à Paris, sur la liste de Clemenceau) ; alors que les droites parviennent à s'unir.

Les résultats du premier tour illustrent la permanence des grandes options politiques (masquées un moment en 1881 par le découragement de bien des conservateurs) ; car les droites retrouvent approximativement leur chiffre de 1877 : environ 3,5 millions de voix contre 4,1 millions aux républicains. Et, surtout, du fait de leurs divisions les républicains ne parviennent à faire élire au premier tour que 127 députés contre 176 à la droite. Devant le péril, les républicains s'unissent au deuxième tour au nom de la « discipline républicaine » ; mais, comme dans bien des cas, la liste radicale avait obtenu plus de voix que la liste républicaine modérée, le principe du désistement en faveur de la liste arrivée en tête favorise les radicaux, qui, de ce fait, obtiennent un succès en sièges sans rapport avec la progression de leurs voix au premier tour[1]. Au total, après le second tour la Chambre compte 383 républicains et 201 conservateurs (dont 65 bonapartistes). Mais on remarque aussi, au sein des républicains, environ 100 députés d'extrême gauche et une quarantaine de radicaux proches de l'extrême gauche. De ce fait, pour la première fois depuis 1876, à eux seuls les républicains modérés (ils sont un peu plus de 200) n'ont pas la majorité absolue ; fait d'autant plus important qu'en dépit de leurs différences les conservateurs savent s'unir en un seul groupe parlementaire, appelé « Union des droites ».

La Chambre, divisée en trois tronçons (droite, gauche modérée, extrême gauche) d'importance voisine, a du mal à trouver sa majorité. En effet, les coalitions ne peuvent être qu'instables ; car pour gouverner les républicains modérés ont besoin de l'appui de la

1. Consulter, à ce sujet, Odile Rudelle, *La république absolue*, p. 116-157.

gauche radicale et de la tolérance de l'extrême gauche. Mais, comme les modérés ne veulent pas envisager un véritable changement de politique sociale, cette tolérance ne peut gère être durable. On pourrait, certes, songer à une conjonction des centres, fondée sur une politique socialement conservatrice ; mais elle est difficile à mettre en œuvre en raison du problème religieux. Ce qui renvoie à la division fondamentale de la classe dirigeante française au sujet de la place à accorder à l'Eglise catholique dans la vie publique, signalée plus haut (p. 471-472), qui explique, pour une large part, les grandes lignes de la vie politique française jusqu'en 1914, parce qu'elle interdit pratiquement la mise en application d'une politique conservatrice. En effet, les républicains modérés ne peuvent pas promettre un abandon de la politique laïque, mais seulement de menus aménagements, très insuffisants pour la droite, qui demeure cléricale.

Des ententes éphémères peuvent donc se nouer autour de problèmes spécifiques ; mais cela induit une instabilité ministérielle, qui génère un antiparlementarisme dans une partie de l'opinion (le peuple des villes, mais aussi une fraction de la classe moyenne). D'autant plus que la « cascade » de gouvernements, qui ne durent que quelques mois, ne semble pas de nature à autoriser la préparation d'une revanche contre l'Allemagne, que seul un gouvernement fort paraît, à plus d'un Français, en mesure de mener à bien. Les conditions d'une crise politique sont donc réunies.

La crise boulangiste

En janvier 1886, Grévy (réélu président de la République en décembre 1885), décidé à tenir compte de l'accroissement du nombre des députés radicaux et d'extrême gauche, demande à Freycinet de former un nouveau gouvernement. Utilisant la peur provoquée par les résultats du premier tour, ce dernier parvient à constituer un ministère appuyé sur l'ensemble du « parti » républicain ; il compte des ministres radicaux — à titre individuel, certes, mais leur présence indique que les radicaux commencent à s'intégrer à l'ensemble du « parti républicain » — ainsi que le général Boulanger, peu connu de l'opinion et qui a été recommandé par Clemenceau (Ferry dénoncera Clemenceau comme le « premier ministre occulte »). Freycinet est, ainsi, en mesure de faire adopter des décisions symboliques (exil des prétendants monarchiques en juin, laïcisation du personnel des écoles publiques en octobre, par exemple). Mais il ne peut pas satisfaire durablement à la fois les radicaux et les républicains modérés, qui ont des ambitions divergeantes. Il tombe donc en décembre 1886 sur une question mineure. Il est remplacé par un ministère dirigé par Goblet (proche des radicaux), de composition assez voisine, et qui conserve le général Boulanger. Apprécié par les radicaux, ce dernier a gagné une réelle popularité personnelle par une série de mesures habiles : il a fait peindre en tricolore les guérites des soldats, rétabli la revue militaire du 14 Juillet, déclaré bien haut, à l'occasion de la grève des mineurs de Decazeville, que l'armée n'était pas au service de la bourgeoisie, etc. Cette popularité est servie et développée par la presse, l'image, la chanson. Elle prend peu à peu des proportions considérables, ce qui est avant tout le signe de la déception populaire devant la politique intérieure et extérieure menée par les républicains modérés.

Une tension franco-allemande va servir de détonateur à la crise. Précédée par une crispation des autorités du Reich en Alsace, une affaire éclate en avril 1887. Le commissaire de police de Pagny-sur-Moselle, nommé Schnaebelé, est arrêté sur la frontière par des policiers allemands sous l'accusation d'espionnage. En fait, il a été convoqué par son collègue allemand et attiré dans un piège. Et l'opinion française, hypersensible en ce domaine, a vite fait de s'émouvoir. Or Boulanger, qui n'hésite pas à « jouer avec des allumettes » pour soigner sa popularité, propose l'envoi d'un ultimatum à l'Allemagne. Le gouvernement refuse et l'affaire se traite, sans vraies difficultés, par la négociation. Mais elle laisse des traces ; car elle conforte dans leur opinion ceux qui pensent qu'une république parlementaire est incapable de préparer une « revanche » sur l'Allemagne. Ils vont donc placer leurs espoirs dans une révision de la constitution qui permettrait la mise en place d'un régime plus « fort », et dans la promotion du « général revanche » (Boulanger), qui a, de plus, donné des gages à l'extrême gauche en 1886. D'autre part, les républicains modérés sont désormais résolus à se débarrasser de cet encombrant « boutefeu », décidément incontrôlable. En mai 1887, ils s'allient donc à la droite pour faire tomber le gouvernement Goblet. Ce qui permet de constituer un nouveau ministère dirigé par Rouvier (gambettiste, proche des milieux d'affaires). Composé de républicains modérés, il n'inclut pas Boulanger, et selon la règle de bascule qu'impose la composition de la Chambre, il ne peut gouverner que grâce à la tolérance de la droite. Une conjonction des centres pour la défense sociale, l'apaisement religieux et le maintien de la paix extérieure semble donc s'esquisser. D'où la coalition des extrêmes, bien décidés à s'y opposer.

Dès la chute du gouvernement Goblet l'extrême gauche boulangiste, où les blanquistes ont leur place, tout comme les nationalistes de la *Ligue des patriotes* (cf. *infra*), entreprennent en effet de provoquer des manifestations populaires en faveur du « général revanche ». Notamment le 8 juillet à Paris quand une foule considérable tente de l'empêcher de prendre le train pour Clermont-Ferrand, où il a été nommé à la suite de son départ du ministère. Elle invite aussi les électeurs à voter pour lui lors d'une élection partielle, alors que, comme tout militaire, il est inéligible. Certes, dès cet été 1887 une partie des radicaux (Clemenceau, par exemple) et des socialistes abandonnent Boulanger. Parce qu'ils ont mesuré les risques intérieurs de sa popularité, la tentation du césarisme plébiscitaire ; au même titre que ses dangers extérieurs, les hommes d'Etat responsables n'ignorant pas qu'à cette date la France, isolée, n'est pas en mesure de gagner une guerre contre l'Allemagne. Il reste que, jusqu'à la fin de la crise, Boulanger, qui rassemble peu à peu un « parti national », est entouré d'hommes venus de l'extrême gauche (Rochefort, Naquet, Laisant, par exemple), qui réclament, certes, une révision de la constitution[1] — selon le slogan « Dissolution, Constituante, Révision » —, mais aussi une politique sociale. L'ensemble étant entouré d'une fièvre nationaliste, qui semble, un moment, sur le point de submerger le régime. En fait, il s'agit d'une sorte d'illusion d'optique ; car la popularité de Boulanger est surtout effective dans les couches populaires des grandes villes et dans certaines régions rurales spécifiques. Pourtant, la fin de l'année 1887 et l'année 1888 sont difficiles pour les républicains.

En décembre 1887, Grévy est contraint à la démission à la suite du « scandale des décorations » (son gendre, Daniel Wilson, est compromis dans une affaire de trafic d'influence). Naturellement, nombre de républicains modérés songent alors à Jules Ferry, le plus représentatif d'entre eux. Mais sa candidature se heurte à une coalition des extrêmes ; extrême gauche qui n'a pas oublié le rôle de Ferry en 1871 et extrême droite nationaliste et cléricale qui ne veut

1. Notons, aussi, que depuis longtemps les radicaux réclament une révision des lois constitutionnelles de 1875, qu'ils trouvent d'essence monarchique ; il est vrai que la révision demandée par les boulangistes n'est pas identique, mais le thème de la révision est familier aux radicaux et à l'extrême gauche.

pas d'une république modérément laïque (elle lui retirerait une partie de ses arguments en faveur de la monarchie). Si bien que Clemenceau, toujours hostile à Ferry, favorise l'élection de Sadi Carnot, à la personnalité assez effacée. Or cette coalition antiferryste se retrouve durant l'année 1888 quand les amis de Boulanger, qui veulent ainsi faire pression sur les républicains, le poussent à se présenter à des élections partielles successives (mis à la retraite en mars 1888, il est désormais éligible) ; ce qu'il fait à plusieurs reprises (en février, en avril, en août), organisant de coûteuses campagnes électorales « à l'américaine », grâce à l'appui financier occulte que lui accordent des monarchistes depuis le printemps 1888 (ils espèrent l'utiliser comme une sorte de bélier qui renverserait la république à leur profit)[1], et obtenant de nombreux succès. Tandis que les républicains se divisent à la Chambre en usant les deux types de majorités possibles (avec la tolérance de la droite, puis avec la tolérance de la gauche) ; ce qui accroît l'impression d'instabilité. Cette véritable « campagne » électorale culmine en janvier 1889 quand Boulanger, candidat à Paris, obtient un triomphe lors de l'élection partielle du 27, particulièrement dans les quartiers populaires. Ce qui montre que, dans certains cas, « les masses populaires peuvent aisément soutenir un mouvement qui emprunte à la gauche ses valeurs sociales et à la droite ses valeurs politiques » (Zeev Sternhell)[2].

Décevant certains de ses partisans, Boulanger se refuse pourtant à envisager un coup d'Etat. Il pense que son « parti national » remportera facilement les élections législatives prévues à l'automne 1889. Or les plus perspicaces des observateurs politiques ont bien compris que ce résultat était loin d'être acquis, l'essentiel de la

1. Sur les liens entre Boulanger et les monarchistes, consulter surtout Philippe Levillain, *Boulanger fossoyeur de la monarchie,* Paris, Flammarion, 1982 ; ainsi que sa contribution au tome 1 de l'*Histoire des droites en France* (sous la direction de Jean-François Sirinelli, Paris, Gallimard, 1992), p. 147-212. Ph. Levillain explique en ces termes le calcul des monarchistes : « L'opiniâtreté des conspirateurs [monarchistes, qui appuient Boulanger] tint beaucoup à cette idée selon laquelle l'exil des prétendants [voté en 1886] était voulu par une République aux abois que Boulanger ne pouvait pas dominer n'étant ni bonapartiste, ni orléaniste, ni légitimiste, ni Mac-Mahon. Il avait trop de popularité pour s'habiller des lois de 1875 et pas assez de légitimité historique pour fonder une dynastie » (*Histoire des droites,* p. 191-192). Les tractations entre Boulanger et des dirigeants monarchistes ont commencé à la fin de l'année 1887.

2. *La droite révolutionnaire 1885-1914,* Paris, Le Seuil, 1978, p. 76. Notons que le sous-titre de ce livre est *Les origines françaises du fascisme* ; cette interprétation sera discutée plus bas (cf. p. 498, note 1).

province, qu'elle soit républicaine ou conservatrice, étant peu atteinte par le « phénomène » boulangiste. Mais, devant le danger révélé par l'élection parisienne, les républicains (modérés et radicaux antiboulangistes) décident de s'organiser. Dès février 1889, ils votent le rétablissement du scrutin d'arrondissement, plus apte à canaliser les mouvements d'opinion. Puis, après la chute du gouvernement Floquet[1], jugé trop peu énergique, ils investissent le 22 février un gouvernement Tirard, dont le ministre de l'Intérieur, Constans, est bien décidé à en finir avec l'agitation boulangiste.

Boulanger tente alors de forcer le destin. Mais il poursuit une chimère : rallier les voix des catholiques en conservant ses appuis d'extrême gauche. Le 17 mars, dans un discours prononcé à Tours, il révèle ses appuis conservateurs (soigneusement dissimulés jusqu'alors), mais aussi les limites de son engagement à leurs côtés ; il s'affirme donc républicain, mais favorable à une république accueillante aux catholiques. Ce qui le fait perdre sur les deux tableaux : les monarchistes ne pouvant plus espérer se servir de lui pour détruire la république à leur profit, tandis que les radicaux antiboulangistes ont désormais la possibilité, aux côtés des républicains modérés, de dénoncer, efficacement, sa duplicité. Constans est donc en mesure de passer à l'action sans trop craindre les réactions populaires : menacé de passer en Haute Cour devant le Sénat, pour atteinte à la sûreté de l'Etat, Boulanger s'enfuit en Belgique, tandis que la Ligue des patriotes est interdite. Rapidement sa popularité s'effondre (quand il est condamné par la Haute Cour le 14 août, le verdict provoque peu de réactions).

Les républicains, qui ont également fait voter une loi interdisant les candidatures multiples et imposant la déclaration officielle de candidature, peuvent alors affronter sereinement les élections. D'autant plus que le « parti national » est loin de posséder une organisation électorale efficace sur l'ensemble du territoire, ce qui l'empêche de présenter des candidats partout, et restreint *a priori* son audience, puisque le scrutin d'arrondissement est à nouveau en vigueur. Tandis qu'on en revient dans bien des circonscriptions à

1. Le « scandale Wilson » provoque la chute du gouvernement Rouvier (la droite modérée l'abandonne, sous la pression de la droite autoritaire, dans le but d'obtenir la démission de Grévy). Rouvier est alors remplacé par son ami Tirard (décembre 1887) qui met au point un gouvernement conservant la même orientation centriste, qui est renversé dès mars 1888. Le climat politique conduit à en revenir à la formule de « concentration » de tous les républicains (et donc avec les radicaux) décidés à lutter contre le boulangisme, avec un gouvernement Floquet (alors président de la Chambre).

l'affrontement classique entre monarchistes cléricaux appuyés par le clergé contre républicains anticléricaux. Ceux-ci ayant eu l'habileté de faire voter en juillet 1889 une loi militaire, qui, établissant un véritable service militaire de trois ans, impose aussi un service d'un an aux étudiants (ce qui est égalitaire) et aux séminaristes (ce qui satisfait les anticléricaux et rejette le clergé dans le camp des ennemis de la république). Et les républicains l'emportent par 4,35 millions de voix contre 2,9 millions à la droite et 0,7 million aux boulangistes. Favorisés par le scrutin d'arrondissement les républicains obtiennent 366 sièges, la droite 168 et les boulangistes 42.

Au fond, les résultats globaux sont peu différents de ceux de 1885. Pourtant, la crise boulangiste n'est pas négligeable. Une analyse précise des votes montre un double mouvement contradictoire : les républicains perdent des voix dans les grandes villes, où une partie au moins de l'extrême gauche vote boulangiste ; mais, parallèlement, les républicains gagnent les voix dans les campagnes, où la « conquête républicaine » se poursuit. Il est clair, cependant, que l'équipée du « général revanche » conduit à un reclassement des forces politiques. L'extrême gauche qui rejette les solutions des républicains modérés, et des radicaux antiboulangistes, va bientôt se tourner vers les socialistes. Tandis que les patriotes vont peu à peu se transformer en nationalistes antiparlementaires. Et que les radicaux, qui ne peuvent plus guère mettre en avant les idées de révision constitutionnelle, vont investir les campagnes, tout en se modérant. Les monarchistes sont, quant à eux, victimes de leurs illusions ; d'autant plus que la crise boulangiste induit un certain vide idéologique à droite, ce qui réactive l'idée de conjonction des centres pour la défense sociale, rendue d'autant plus envisageable que le socialisme fait des progrès.

Vers une République plus orientée au centre (1889-1898) ?

Le problème politique au début des années 1890

En 1889, les républicains triomphent donc assez facilement de leurs adversaires. Adossés à leurs « forteresses » provinciales et rurales ils ont mis au point un système efficace fondé sur la défense des acquis du régime républicain. Et, en dépit parfois de leurs intentions, les dissidents et protestataires de diverses origines sont conduits à s'en exclure. La république étant devenue synonyme de république parlementaire, « qui en refuse la défense est exclu du camp républicain, exclu de la gauche, condamné à se fondre dans l'extrême droite » (Michel Winock).

Pourtant, les problème révélés par la crise boulangiste demeurent : déception devant le peu de réformes sociales accomplies ; déception devant la non-préparation rapide d'une guerre de revanche ; déception devant le fonctionnement du régime parlementaire : l'instabilité ministérielle révélant une république sans majorité stable, mais aussi (à la différence de ce qui se passe alors en Grande-Bretagne) sans alternance de deux partis — ce qu'Odile Rudelle appelle une « République absolue » — parce que les adversaires des républicains ne veulent pas seulement changer le gouvernement, ils veulent abattre le régime. D'où une certaine forme de blocage, qui nourrit des bouffées d'antiparlementarisme.

Malgré sa solidité, le régime repose pourtant sur une base électorale assez étroite. Lors des élections disputées, les républicains n'ont guère plus de 600 000 voix d'avance (sur environ 10,5 millions d'inscrits). Ils peuvent souhaiter élargir la base du régime, et donc envisager de faire des concessions à leurs adversaires non irréductibles, en adoptant des réformes sociales et en modérant l'application des lois laïques. Les radicaux sont les plus proches des républicains modérés. Ils ne contestent plus guère (après 1889) la Constitution et, surtout, ils se meuvent dans les mêmes cadres conceptuels. Partisans du libéralisme, politique et économique, ils sont les héritiers des Lumières et de 1789. Dans le sillage de la Révolution, qui est leur principale référence, ils pensent plus à l'union du peuple et des classes moyennes contre la « réaction » qu'à la lutte des classes. Menacés sur leur gauche par les socialistes, qui raisonnent dans un autre cadre, ils vont peu à peu se muer en « radicaux de gouvernement » à la faveur du renouvellement du personnel dirigeant induit par les péripéties politiques. D'autant plus que, comme leur place est prise en ville par les socialistes, il leur faut s'implanter à la campagne. N'ayant jamais songé à mettre en cause la propriété, à l'instar de leurs électeurs ruraux, ils vont donc modérer leurs revendications sociales, sans atténuer leur anticléricalisme, qui est, il est vrai, un héritage révolutionnaire.

Pour les monarchistes, le rapprochement avec les républicains modérés est plus problématique. En théorie ils rejettent les cadres conceptuels du libéralisme, les Lumières et la République, ce qui exclut toute conciliation. Mais, au fond, avant d'être monarchistes nombre d'entre eux sont des conservateurs sociaux et religieux. La révélation de la solidité du régime républicain, évidente depuis 1889, peut conduire une partie d'entre eux à souhaiter faire passer la défense sociale et religieuse avant leurs préférences théoriques pour la monarchie ; surtout si les autorités ecclésiastiques le leur demandent.

Il est clair, pourtant, que ces évolutions ne donnent pas satisfaction au problème de la « revanche », mis en lumière par la crise boulangiste. De ce fait, bien des patriotes vont peu à peu se muer en nationalistes, qui, contestant le régime parlementaire tel qu'il fonctionne, vont se trouver rejetés vers l'extrême droite et, par contrecoup, limiter l'espace disponible pour les monarchistes. On le voit, les mutations sont nombreuses durant ces années 1890.

Les forces politiques

Les années 1890, au climat social parfois tendu (la « fusillade de Fourmies », le 1er mai 1891, qui fait 9 morts et une centaine de blessés lors d'une manifestation en faveur de la journée de huit heures, en est un exemple), voient donc le développement du *socialisme*, auquel se rallient des radicaux, comme Millerand, ou même de simples républicains, comme Jean Jaurès. Mais, s'ils commencent à remporter des succès électoraux, les socialistes français sont encore incapables de s'unir. Le *Parti ouvrier français* de Jules Guesde est le plus nombreux (2 000 adhérents en 1889, 16 000 en 1898). Marxiste, et donc collectiviste, il est organisé sur le modèle de la social-démocratie allemande (conquête du pouvoir par les élections). Insistant sur la lutte des classes, il cherche à diriger la Fédération des syndicats. C'est d'abord un parti d'ouvriers d'industrie (60 % de ses membres), avec aussi des paysans (7 %), qui est bien implanté dans le Nord et dans le Midi « rouge ». Guesde aimerait rassembler l'ensemble des socialistes, mais il se heurte à des réticences, personnelles et idéologiques.

Les *blanquistes* du Comité révolutionnaire central supportent mal la crise boulangiste. Certains, fidèles à l'antiparlementarisme de Blanqui, sont, en effet, d'ardents partisans du « général revanche ». Mais tous ne sont pas de cet avis. La personnalité principale, Edouard Vaillant, qui connaît le marxisme sans en être un disciple étroit, cristallise une évolution vers un socialisme plus construit que celui de Blanqui, qui cherche à concilier le marxisme et la tradition révolutionnaire française. Achevant cette mutation, en 1898 le CRC se transforme en *Parti socialiste révolutionnaire.*

Les « possibilistes » de Paul Brousse, regroupés dans la *Fédération des travailleurs socialistes*, n'ont plus le vent en poupe. Le nombre de leurs adhérents diminue. En octobre 1890, Jean Allemane, exclu de la FTS, fonde le *Parti ouvrier socialiste révolutionnaire.* Antimilitaristes, antiparlementaires, antireligieux, proche de l'anarchisme, ses membres pensent que la véritable lutte se place non pas au niveau électoral, mais sur le terrain économique. D'où leur aspect ouvriériste, et leur insistance sur le syndicalisme, et sur la théorie de la grève générale révolutionnaire.

Ces distinctions entre groupes ne doivent pourtant pas faire illusion. Il y a aussi d'assez nombreux *socialistes indépendants* — comme Jules Vallès (fondateur du *Cri du peuple*), Lissagaray (fondateur de *La Bataille*) ou Benoît Malon (fondateur de *La Revue socialiste*) —, qui refusent de s'affilier à une « secte » comme on dit alors, tout en se réclamant du socialisme par souci de justice, sans lui donner un contenu très précis. Léon Blum, qui devient socialiste au cours des années 1890, l'a exprimé en ces termes :

> Le socialisme est né de la conscience de l'égalité humaine, alors que la société où nous vivons est tout entière fondée sur le privilège. Il est né de la compassion et de la colère que suscitent en tout cœur honnête ces spectacles intolérables : la misère, le chômage, le froid, la faim, alors que la terre, comme l'a dit un poète, produit assez de pain pour nourrir tous les enfants des hommes [...][1].

D'ailleurs, les principaux socialistes élus à la chambre sont souvent des « indépendants », comme Jaurès par exemple. Il faut bien comprendre, en effet, que, à la différence de ce qui se passe souvent à l'étranger, en Allemagne notamment, en France il y a une tradition révolutionnaire totalement indépendante du marxisme, et même du socialisme. Ce ne sont pas les socialistes, mais des « républicains bourgeois » qui ont réclamé, puis mis en œuvre les grandes libertés publiques, après avoir longtemps défendu les « petits » contre les « gros ». De plus, pour y parvenir ils ont dû triompher d'adversaires implacables, les monarchistes. Pour cette raison, il n'est guère possible d'opposer le drapeau rouge et le drapeau tricolore : ils apparaissent à nombre de socialistes non pas comme concurrents, mais comme complémentaires. Et les socialistes peu-

1. Léon Blum, *Pour être socialiste* (1919), cité par Georges Lefranc, *Le mouvement socialiste sous la Troisième République*, Paris, Payot, 1977, t. 1, p. 14.

vent fort bien quitter le terrain de la lutte des classes si la république (assimilée au régime parlementaire) leur semble en péril.

Ajoutons, pour compléter ce tableau, que ces années sont aussi celles du développement du syndicalisme, rendu possible par le vote de la loi de 1884. En 1895, on compte environ 450 000 syndiqués en France. On remarque, certes, des syndicats influencés par les guesdistes. Mais c'est plutôt la tendance favorable à l'indépendance des syndicats vis-à-vis des partis politiques qui domine. Tel est le cas en 1892 avec la constitution de la Fédération des Bourses du travail, où Fernand Pelloutier, secrétaire de 1895 à 1901, joue un rôle fort important en y défendant l'autonomie de l'action syndicale et le thème de la grève générale, seule capable de provoquer l'émancipation des travailleurs. Ce qui lui permet de faire accueillir dans les syndicats des militants anarchistes, qui, après une vague d'attentats dans les années 1892-1894, vont se transformer en syndicalistes révolutionnaires, refusant à la fois le collectivisme et le réformisme ; et, comme ils se défient de la lutte politique, ils mettent tous leurs espoirs dans la lutte proprement économique. Leur influence sur le mouvement syndical sera durable. On la remarque en particulier en 1895 lorsque les majoritaires non guesdistes de la Fédération des syndicats fondent la *Confédération générale du travail*, qui adopte le principe de l'indépendance syndicale[1] et compte sur la grève générale pour accomplir la révolution.

Le développement du socialisme induit, nous le savons, une évolution des *radicaux*. Après l'effacement de Clemenceau, à la suite du scandale de Panama (cf. *infra*), leur principal leader est Léon Bourgeois, ministre dès 1890, et président du Conseil en 1895-1896. Il entend toujours lutter contre la « réaction », et rechercher la justice, en provoquant des réformes sociales, tout en refusant le collectivisme. Comme il l'écrit lui-même : « Le Parti radical [...] c'est la démocratie française tendant à s'organiser dans la liberté et dans la paix [... il] attend de l'évolution morale et intellectuelle de chacun des individus l'amélioration progressive de la Société. »[2] Bourgeois esquisse aussi une politique fondée sur ce qu'il appelle la « solidarité » articulée autour de l'impôt progressif sur le revenu et de lois améliorant la condition des ouvriers sans mettre en cause la pro-

1. L'article 2 des statuts précise : « La Confédération générale du travail a exclusivement pour objet d'unir, sur le terrain économique et dans des liens d'étroite solidarité, les travailleurs en lutte pour leur émancipation intégrale. »

2. Cité par Albet Milhaud, *Histoire du radicalisme,* Paris, SEFI, 1951, p. 101.

priété (assurances sociales, protection ouvrière, arbitrage obligatoire, etc.).

Le même type d'évolution se remarque chez les *républicains de gouvernement*, qui connaissent eux aussi un renouvellement des générations. Jules Méline les représente assez bien. Il souhaite que la République ne soit plus jamais mise en question ; et, pour parvenir à ce résultat, il veut une France unie, adossée sur une agriculture prospère (il est plusieurs fois ministre de l'Agriculture et, aussi, l'un des principaux artisans du renforcement du protectionnisme en 1892) et sur un apaisement de la question religieuse.

Ce renouvellement du paysage rend possible une évolution des catholiques. Le développement du monde industriel provoque tout d'abord l'apparition d'un premier catholicisme social autour de la personnalité d'Albert de Mun et des cercles catholiques d'ouvriers, qui contestent le capitalisme. Contre-révolutionnaire, antilibéral, corporatif et proche du légitimisme, il n'obtient cependant qu'une audience limitée. Mais on note aussi l'émergence d'un courant de démocratie chrétienne (avec, notamment, l'abbé Lemire, élu député en 1893), qui reste encore imprégné de traditionalisme et de nostalgie d'une société corporative, mais qui cherche également une troisième voie entre le libéralisme et le socialisme en défendant la coopération, la participation aux bénéfices et la solidarité. Ils est, d'ailleurs, conforté dans cette quête par l'encyclique *Rerum novarum* du 15 mai 1891.

L'ensemble de l'évolution du paysage politique français conduit le pape Léon XIII à demander aux catholiques d'accepter les institutions républicaines, dans le but d'obtenir une modification de la législation, ce qui permettrait d'envisager la constitution d'une majorité stable fondée sur la défense de l'ordre social contre le socialisme et même le radicalisme. En novembre 1890, Léon XIII obtient que l'archevêque d'Alger, le cardinal Lavigerie, prenne publiquement position en faveur du *ralliement* des catholiques à la forme républicaine du gouvernement. Cette initiative, mal préparée, est mal accueillie ; les radicaux n'y voient qu'une ruse de l'Eglise et les royalistes protestent. Pour bien se faire entendre, en février 1892, Léon XIII publie donc l'encyclique *Au milieu des sollicitudes*, qui expose la position pontificale. Une fraction des royalistes refuse pourtant d'abandonner ses anciennes fidélités. La plupart n'osent pas s'opposer au pape, mais certains se retirent alors de la politique. Au fond, il y a peu d'adhésions sans réticences ni arrière-pensées. D'autant plus que bien des catholiques se demandent si le pape les engage à accepter seulement une république devenue chrétienne, ou s'il leur propose de se rallier à la république laïque de Jules Ferry. Finalement, le ralliement ne parvient pas à s'imposer, comme le montre le résultat des élections de 1893, où nombre de catholiques s'abstiennent. Comme l'écrit Ph. Levillain :

> Il existait [...] alors en France une noblesse moyenne, au village, dévouée, charitable, qu'ignorait l'aristocratie, ferment conservateur lié avec le curé et le fermier ou le métayer, patriote au nom de l'honneur de l'épée avec laquelle ses ancêtres labouraient, pieuse, et pour qui le Ralliement constituait une énigme[1].

Enfin, durant ces années, le *patriotisme*, plutôt à gauche depuis Gambetta et le gouvernement de la défense nationale, se transforme en *nationalisme* antiparlementaire et autoritaire, orienté à l'extrême droite. A ce propos, l'évolution de la Ligue des patriotes — « premier parti de masse structuré en France autour d'une idéologie nationaliste et autoritaire à la fois militariste, populiste et antimarxiste » (Z. Sternhell) — est significative. Fondée en 1882 par de « bons républicains », elle a pour but d'éduquer la jeunesse et de développer le sens de l'unité nationale. Le poète Paul Déroulède, sa figure de proue, compte alors davantage sur l'instituteur que sur l'adjudant pour refaire la France. Même s'il est clair que dans ses *Chants du soldat* (distribués aux enfants des écoles par Jules Ferry en 1882), il insiste plus sur la « patrie » que sur la « république ». Peu à peu, cependant, le parlementarisme, assimilé aux bavardages inutiles, le détache de l'opportunisme, et il développe un « mixte idéologique, qui combine la démocratie et l'autorité, les droits de l'homme et la nation, l'appel à la justice et la pratique de la violence [...] sans faire le départ entre la raison et la passion » (Christophe Prochasson). Le boulangisme, auquel Déroulède adhère ardemment, transforme la Ligue en organisation de combat. Et c'est par elle que la violence physique fait son entrée dans le débat politique, et que se noue le lien avec l'antisémitisme. S'interrogeant sur l'essence de la nation, les nationalistes vont en chercher les contours dans un passé mythifié. De ce fait, en dépit de leur faible nombre (environ 80 000, soit 0,2 %), les juifs vont être dénoncés dans de très nombreux pamphlets (*La France juive*, d'E. Drumont, brûlot paru en 1886, n'en est que le plus connu)

1. *Histoire des droites*, p. 201.

comme des étrangers dont la présence risque de « dissoudre » l'unité nationale, indispensable à la revanche. La lutte contre cet étranger imaginaire ayant aussi pour fonction de renforcer l'unité nationale en effaçant les différences sociales[1]. Tout cela est très net chez Maurice Barrès, fermement antisémite, élu député boulangiste en 1889, animateur du journal *La Cocarde* en 1894-1895, et qui sert de trait d'union entre le boulangisme et le nationalisme. On le retrouve aussi dans une partie de la presse catholique, où l'antisémitisme est à fondement religieux, et notamment à *La Croix*, qui se proclame en 1890 « le journal le plus antijuif de France, celui qui porte le Christ, signe d'horreur aux Juifs ». Ce qui permet de comprendre qu'après l'échec du ralliement, et l'affaire Dreyfus, une partie du monde catholique se soit reconnu dans l'Action française, antisémite, autoritaire et nationaliste.

La vie politique

Les élections de 1889 donnent donc la majorité aux républicains modérés alliés aux radicaux, qui, assagis par l'épreuve boulangiste, ne réclament plus ni la révision de la constitution, ni la mise en application immédiate de la séparation des Eglises et de l'Etat. Ce qui assure une réelle stabilisation de la vie politique, tant que cette « concentration républicaine » se maintient. Durant ces années 1890 les républicains auront, d'ailleurs, l'habileté de faire voter des réformes (des « lois sociales » imitées de l'Angleterre ou

1. Toute cette mouvance extrémiste, étudiée par Zeev Sternhell dans son livre sur *La droite révolutionnaire* et dont la Ligue des patriotes n'est qu'un des aspects, fournit-elle le socle idéologique sur lequel le fascisme se construira après 1918 ? Sternhell le pense ; mais la plupart des historiens estiment plutôt, avec René Rémond (voir *Les droites en France*, Paris, Aubier, 1982), que « n'est pas révolutionnaire qui se proclame tel » et qu'il s'agit d'une droite plus « contestataire » que « révolutionnaire » ; « elle est bien en révolte contre l'ordre existant ; en révolte également contre les appareils de la droite classique dont la pusillanimité l'exaspère. La conjonction qu'elle opère du sentiment national, poussé à son paroxysme, et de la sympathie pour le syndicalisme révolutionnaire [...] est assurément une forme proche et qu'on peut tenir pour annonciatrice du fascisme [...] Et pourtant plusieurs traits concourent à relativiser la portée de cette reconnaissance, qui spécifie suffisamment les expériences françaises pour leur conférer une originalité irréductible aux expériences des autres pays. Le mélange de contestation et de conservation ne se fait pas à parts égales ; la formule serait plutôt : beaucoup de conservation pour un peu de contestation. Il ne s'est jamais écoulé un long délai avant que la conservation ne confisque et n'occulte la contestation » (p. 205). Voir aussi, dans le même sens, Pierre Milza, *Les fascismes*, Paris, Imp. Nationale, 1985 (coll. « Notre Siècle »), p. 40-54.

de l'Allemagne : sur le travail des femmes, les accidents du travail, l'arbitrage dans les conflits du travail, l'enseignement professionnel) qui conforteront l'alliance entre républicains et radicaux. Certes, en mars 1890 Tirard démissionne sur une question mineure. Mais il est remplacé par un gouvernement Freycinet, fondé sur les mêmes bases : il annonce dans sa déclaration d'investiture qu'il fera « un appel également cordial à toutes les fractions du parti républicain », et qu'il travaillera à une « amélioration progressive du sort des travailleurs ». Il va durer près de deux ans. Cette stabilisation permet à la fois de faire baisser la tension politique, puisque la crise boulangiste était née, en partie, de l'instabilité parlementaire, et de mener une politique économique fondée sur le renforcement du protectionnisme, déjà commencé en 1881 et 1885. C'est aussi une façon de satisfaire les souhaits des électeurs ruraux (or les députés élus en 1889 au scrutin d'arrondissement y sont particulièrement sensibles). La loi du 11 janvier 1892, adoptée, comme le dit Méline, pour assurer « la défense du travail national », soumet donc les produits étrangers à un tarif très élevé.

En février 1892, cependant, les radicaux abandonnent Freycinet à qui ils reprochent de ne pas faire assez de réformes sociales et, surtout, d'être trop conciliant avec les catholiques. Il est remplacé par un ministère Loubet, qui promet de mieux répondre aux souhaits de radicaux. Mais la vie politique connaît une nouvel accès de fièvre avec le *scandale de Panama*, à l'occasion duquel les adversaires de la république parlementaire — anciens boulangistes, antisémites, nationalistes — tentent à nouveau de se débarrasser du régime. A l'origine, l'affaire est assez simple : en 1888, la Compagnie du canal de Panama, qui rencontre de grosses difficultés financières, achète l'appui de quelques députés (à l'aide de chèques, ce qui est imprudent) pour être autorisée à émettre des obligations « à lots » ; ce qui n'empêche pas sa faillite en 1889. Mais, en novembre 1892, l'un des principaux ténors de l'antisémitisme, E. Drumont, et le journal boulangiste *La Cocarde* se lancent dans une violente campagne contre les parlementaires « chéquards », et contre le régime lui-même, sur fond d'antisémitisme virulent. Ce qui provoque une petite crise politique ponctuée de commissions d'enquête, de démissions du gouvernement, de révélations intéressées et de poursuites contre cinq députés, dont Rouvier (un seul, Baïhaut, est condamné). La victime la plus notable étant G. Clemenceau, qui avait eu l'imprudence d'accepter pour son journal, *La Justice*, l'appui financier d'un aventurier Cornelius Herz, réfugié en Angleterre au début de l'affaire.

En fait, ce scandale n'ébranle nullement le régime. Mais il révèle au public des « collusions entre le mondes des affaires, la presse et le personnel politique » (J.-M. Mayeur). Ce qui provoque une assez profonde mutation de personnel politique républicain (un nouveau venu, Charles Dupuy, devient président du Conseil en avril 1893) ainsi qu'une évolution du paysage politique. Comme le régime n'est plus menacé, la « concentration républicaine », dont la raison d'être est la défense de la république, n'est plus nécessaire. Selon leur tactique habituelle les républicains modérés, qui ont pris acte des initiatives pontificales en faveur du *ralliement* — début 1893 le député catholique Jacques Piou décide de changer le nom du groupe parlementaire de la Droite *constitutionnelle*, qui devient la Droite *républicaine*, ce qui est significatif[1] —, et qui sont inquiets devant les nouvelles ardeurs des socialistes et des syndicalistes, commencent à songer à quitter les radicaux pour pratiquer la « conjonction des centres », dans le but de mener une politique de défense sociale.

Puisque, comme en 1881, les droites sont découragées par la solidité du régime, et aussi parce que bien des catholiques perplexes devant les directives pontificales se réfugient dans l'abstention, les élections législatives d'août-septembre 1893 se font sur la question sociale. La droite, qui n'ose plus se déclarer monarchiste, subit une lourde défaite (1,6 million de voix contre 3 millions en 1889) parce que nombre d'électeurs préoccupés de conservation sociale optent pour les républicains modérés. Elle ne peut donc pas compter sur plus de 56 sièges et va désormais insister beaucoup plus sur la question religieuse que sur celle du régime. Toutes tendances confon-

1. En dehors des difficultés signalées plus haut, le ralliement des catholiques se heurte à un autre problème, bien mis en valeur par J.-M Mayeur : J. Piou « invite "tous ceux qui entendent tenir tête aux apôtres du néo-radicalisme socialiste et aux sectaires de la franc-maçonnerie" à se réunir pour une République ouverte, tolérante, honnête. Sans conteste, Léon XIII désirait la création d'un grand parti conservateur, regroupant les catholiques et les "honnêtes gens", mais il souhaitait que ce parti fût ouvert aux préoccupations sociales. Or les hommes politiques qui suivent Piou, souvent liés au monde des intérêts [...] sont avant tout soucieux de la défense de l'ordre social. On touche là aux difficultés majeures du ralliement : ceux mêmes qui acceptent d'entrer dans la République ne le font pas pour les mêmes raisons. Les uns veulent sauver la société, les autres aller au peuple, les uns veulent mettre fin à la législation impie, les autres sont prêts à accepter celle-ci provisoirement. Les uns rêvent du Centre allemand [...] les autres du Parti conservateur anglais. Les ambiguïtés du ralliement rendent compte de la méfiance du personnel républicain. Celui-ci craint aussi bien le "socialisme chrétien" que le cléricalisme et, à ses yeux, les interventions romaines sont suspectes » (*La vie politique...*, p. 152-153).

dues les républicains (modérés, radicaux et radicaux-socialistes) obtiennent 4,8 millions de voix, soit 0,5 million de plus qu'en 1889. Les socialistes effectuent une percée en recueillant 0,6 million de voix et une cinquantaine de sièges ; parmi eux on remarque surtout Jaurès, Millerand et Viviani. Les radicaux sont environ 120, auxquels ont doit ajouter une cinquantaine de républicains qui leur sont proches, mais ils ont perdu Clemenceau, qui n'a pas été réélu. A eux seuls les républicains de gouvernement possèdent la majorité (ils sont plus de 300), ce qui serait un gage de stabilité s'ils étaient unis ; mais certains sont favorables à la concentration républicaine et d'autres à la conjonction des centres. D'une façon générale c'est bien la relève des générations qui est le trait le plus caractéristique de ces élections.

Leur résultat permet toutefois de penser à la mise en application d'une politique *républicaine* fondée sur un « esprit nouveau », comme le dit alors Eugène Spuller, et donc *socialement très modérée et pratiquant l'apaisement religieux*, que l'on appelle souvent « progressiste ». Toutefois, comme à l'issue des élections de 1881, la Chambre a du mal à trouver sa majorité : on compte 4 gouvernements entre novembre 1893 et avril 1896 ; puis le gouvernement Méline bat le record de longévité (avril 1896 à juin 1898). La législature commence par un gouvernement orienté au centre (celui de Casimir-Perier), qui prend des mesures contre les anarchistes (la France connaît alors une vague d'attentats anarchistes) et annonce une politique d'apaisement religieux, dans le but de réunir les conservateurs sociaux qui craignent le péril socialiste révélé par les élections. Mais une telle mutation dans les habitudes républicaines ne peut s'imposer facilement et le gouvernement est renversé en mai 1894. Il est remplacé par un gouvernement Dupuy (où s'affirme un nouveau personnel : Poincaré, Leygues, Delcassé, Barthou) conservant la même ligne « centriste », qui tente, sans grand succès, de se concilier les radicaux, et qui est renversé dès janvier 1895. Il a cependant eu le temps de faire voter un texte contre la propagande anarchiste (le 24 juin, le président de la République, S. Carnot, avait été assassiné par un anarchiste) stigmatisé par les radicaux, les socialistes et l'extrême droite — à leurs yeux elle entraîne des mesures « scélérates », le nom est resté[1] — parce

1. La loi punit de deux ans de prison la propagande anarchiste préconisant des attentats contre les personnes ou les propriétés et autorise les tribunaux à interdire aux journaux de publier le compte rendu du procès, ce qui est contraire au droit commun.

qu'il réprime la simple diffusion de théories anarchistes, tout en transférant aux tribunaux correctionnels les délits de presse consistant en provocations à des actes de violence ou en apologie de ces actes (27 juillet 1894).

Il faut encore user deux gouvernements pour que la conjonction des centres se réalise. Celui de Léon Bourgeois, qui dure de novembre 1895 à février 1896, est l'occasion d'un conflit entre la Chambre et le Sénat. Composé uniquement de radicaux, ce qui doit être noté, il dépose un projet de réforme fiscale comportant un impôt sur le revenu. La Chambre se contente d'en voter le principe, mais le Sénat s'y oppose. Bourgeois, renversé par le Sénat, hésite à démissionner parce que la Chambre lui conserve son appui ; mais il s'y résigne après trois mois de conflit. Finalement, en avril 1896, Méline constitue un gouvernement, qui dure vingt-six mois parce que les républicains modérés acceptent de rompre avec la gauche, et qu'ils n'ont pas d'objection à bénéficier de l'abstention de la droite, même celle qui n'a pas explicitement annoncé son ralliement à la République. Comme de juste Méline donne des gages à l'Eglise : il ne met certes pas en question les lois laïques, mais il ne se hâte pas de terminer la laïcisation du personnel des écoles publiques. Et il laisse rentrer en France une partie des congréganistes qui avaient été expulsés au début des années 1880. Ce qui provoque d'assez vives attaques de la part des radicaux, d'autant plus que les loges maçonniques (le plus souvent anticléricales), « très puissantes dans les rangs opportunistes au début de la Troisième République, agissaient désormais en symbiose avec les radicaux » (Michel Winock). Surtout depuis que ces derniers, chassés des grandes villes par les socialistes, s'implantent largement à la campagne, et voient donc leur influence grandir au Sénat. De plus, les appuis conservateurs du gouvernement lui interdisent de présenter un nouveau projet d'impôt sur le revenu, pour remplacer celui que L. Bourgeois avait proposé, et que le Sénat avait repoussé. Il est juste en mesure de faire voter en 1898 une loi sur les responsabilités en cas d'accident du travail, ce qui est bien dans la ligne des « réformes progressistes ». Dès lors, on peut se demander si, après avoir fait la paix avec l'Eglise, la France ne va pas s'orienter durablement vers une politique républicaine et conservatrice. Mais l'affaire Dreyfus en décide autrement.

L'achèvement de la laïcisation et le nouvel horizon politique (1898-1914)

L'affaire Dreyfus et la « Défense républicaine » (1898-1902)

Les conditions politiques générales à la fin des années 1890

Importante, cette « Affaire » l'est à plus d'un titre. Elle divise, en effet, les Français sur des questions graves, qui touchent non seulement aux notions de vérité, de justice, de patrie, d'honneur, mais aussi au problème de l'identité nationale. Poursuivant dans la ligne de 1789, lorsque les révolutionnaires français avaient eu l'audace de rédiger non pas une déclaration des droits des habitants de l'hexagone, mais un texte de portée universelle, la Déclaration des droits de l'Homme, la France va-t-elle continuer à brandir à la face du monde son exception culturelle : une définition de l'identité fondée sur l'universalisme, « s'ouvrant ainsi sans discrimination à tous, pour peu qu'ils respectent ses lois et agissent en citoyens loyaux, ou cherche-t-elle à revenir au pacte originel, au sacre de Reims, à son fondement catholique, quitte à exclure tous ses autres fils ? » (Pierre Birnbaum)[1].

A l'origine, le problème est assez simple, mais il est embrouillé par le climat patriotique général (en raison de la question d'Alsace-Lorraine), qui induit un très grand respect pour l'armée et ses chefs, et par le violent courant antisémite qui se développe depuis quelques années. Le 15 octobre 1894, un officier juif d'origine alsacienne, Alfred Dreyfus, est arrêté sous l'accusation de trahison. En effet, à la fin du mois de septembre, le contre-espionnage français a obtenu la preuve — grâce à une femme de ménage française de l'ambassade d'Allemagne, agent des services français, qui a trouvé dans une corbeille à papier un texte manuscrit, un « bordereau », annonçant l'envoi de documents secrets — qu'un officier français trahissait sa patrie. Rapidement, et probablement en raison du climat général d'antisémitisme, les soupçons se sont portés sur Dreyfus. Bien que celui-ci, fortuné, menant un vie ordinaire (n'ayant donc aucun souci d'argent de nature à motiver l' « achat » de sa

1. Affaire Dreyfus, culture catholique et antisémitisme, dans *Histoire de l'extrême droite en France,* sous la direction de Michel Winock, Paris, Seuil, 1994, p. 83.

conscience) et qui a donné maintes preuves de son patriotisme, nie farouchement toute implication, il est rapidement inculpé. Puis condamné par un conseil de guerre, le 22 décembre 1894, à la déportation à vie, sous les clameurs d'une presse antisémite déchaînée, où s'illustre notamment la plume de Maurice Barrès. Or, non seulement aucune preuve n'a été réunie contre lui, mais encore (on ne l'apprendra que bien plus tard) le ministre de la Guerre, le général Mercier, a transmis aux juges — sans que la défense en soit avertie et qu'elle soit en mesure de le discuter, ce qui constitue une très grave illégalité — un « dossier secret » qui contient des faux, forgés par le contre-espionnage français, ce qui constitue une forfaiture. Sur le moment, toutefois, la famille de Dreyfus mise à part, personne ne semble douter que justice ait été rendue. Et personne n'imagine que cette Affaire provoquera un vaste débat d'opinion, suivi d'un reclassement des forces politiques françaises, et d'un renforcement du courant laïque, conduisant au vote de la loi de séparation des Eglises et de l'Etat.

Puisque cette Affaire a d'importantes répercussions politiques, il convient tout d'abord de faire le point à ce propos. *A gauche* le mouvement socialiste se renforce régulièrement. A l'occasion des élections municipales de 1896 il s'implante dans d'assez nombreuses villes et, en dépit de l'idéologie révolutionnaire de certains de ses adeptes, il y pratique un réformisme efficace (développement des services publics, réforme de la fiscalité locale) qui lui gagne des sympathies. Dans ce contexte, bien des socialistes modérés pensent qu'une unification du mouvement serait utile. Le 30 mai 1896, Millerand en dessine les contours dans une allocution prononcée lors d'un banquet républicain (on l'appelle le « Discours de Saint-Mandé »), où il explique que « n'est pas socialiste [...] quiconque n'accepte pas la substitution nécessaire et progressive de la propriété sociale à la propriété capitaliste ». Pour sa mise en application, cependant, il exclut les moyens révolutionnaires et compte sur le suffrage universel. Il refuse, aussi, d'opposer internationalisme et patriotisme. La plupart des socialistes (sauf les allemanistes du POSR) donnant leur accord à ce programme, l'unification des socialistes et leur intégration dans la république semblent en bonne voie.

Les radicaux et radicaux-socialistes poursuivent leur évolution : bien implantés à la campagne et dans les villes moyennes, ils vont peu à peu incarner « la » République, refusant de transiger sur la laïcité et donc de faire des concessions à la droite et aux ralliés (comme le réclament des républicains modérés). Leur anticléricalisme va bien au-delà d'une simple stratégie politique : il fonde véritablement leur action dans la cité. Ils entendent, en effet, être les agents de l'émancipation du peuple. Ils ne peuvent donc pas composer avec la tutelle de l'Eglise catholique, mère, à leurs yeux, de tous les despotismes. En cette fin des années 1890, ils s'efforcent aussi de rassembler les comités radicaux implantés dans tout le pays, et de coordonner leur action avec celle de la presse de provinciale « amie » et celle des loges maçonniques. En 1901, ils seront en mesure de constituer un parti.

Les *républicains modérés* (les « progressistes ») sont moins à l'aise, malgré leur majorité à la Chambre. Ils ne possèdent pratiquement pas d'organisation dans le pays, en dehors de quelques groupes de pression. Or les péripéties du boulangisme ont montré que l'ère des petits comités dictant leur loi était révolue, et que les « masses » avaient aussi leur mot à dire. On note bien, en 1898, la fondation du Grand Cercle républicain, qui veut défendre les valeurs de la république modérée contre le socialisme et contre tous les adversaires de la liberté. Mais, en dépit des efforts de Waldeck-Rousseau, il ne parvient pas à servir de base à la formation d'un parti modéré. Il est vrai que les conditions générales de la vie politique depuis 1871 (l'existence d'une droite qui conteste le régime lui-même) interdisent au parti républicain de se diviser — leurs électeurs ne l'accepteraient pas —, et donc aux républicains modérés de se couper organiquement des radicaux.

La *droite* évolue elle aussi. Comme les républicains modérés, qu'une partie de ses membres soutient à la Chambre, elle se heurte à un problème de fond. Bien des catholiques militants considèrent, en effet, le ralliement comme un miroir aux alouettes, d'autant plus que les lois laïques n'ont pas été modifiées et que la constitution d'une République chrétienne ne semble pas à l'ordre du jour. Au fond, les catholiques sont désormais divisés. Certes les fidélités proprement monarchistes se sont estompées ; mais la « défense de l'Eglise » (traduite en refus des lois scolaires et militaires des républicains) se trouve en première ligne, ce qui ne peut guère favoriser le ralliement, voire le simple rapprochement avec les républicains modérés. D'autant plus que ces années 1890 voient la fondation de toute une série de ligues, qui mêlent antisémitisme et défense de l'Eglise catholique.

Elles apparaissent pour la plupart entre la fin du boulangisme et les débuts de l'affaire Dreyfus. Ainsi en 1893 l'*Union nationale*, dirigée par l'abbé Garnier. Républicaine, acceptant donc le ralliement, elle fait montre d'un antisémitisme virulent et agit en liaison avec certains groupes catholiques, et avec les autres organismes antisémites[1]. Selon la police elle compte 12 500 membres actifs à la fin des années 1890, et possède des comités locaux dans 35 départements. Citons aussi la *Ligue antisémitique française* de Jules Guérin, fondée en février 1897 (prenant la suite de la Ligue antisémitique de France, établie par Drumont en 1889). La plus disciplinée de toutes les ligues, célèbre pour son goût de la violence, elle recherche systématiquement le désordre, à l'occasion des manifestations, ainsi que l'affrontement avec la police, tout en attaquant physiquement les juifs chaque fois qu'elle en a la possibilité. On trouve bien quelques blanquistes et quelques socialistes dans ses rangs, mais elle agit en fait de concert avec l'Union nationale de l'abbé Garnier, et elle s'appuie souvent sur des organisations catholiques. En 1898, elle a des sections dans 55 départements, et possède, selon la police, 11 000 militants actifs. Signalons, aussi, la *Jeunesse antisémitique et nationaliste*, fondée en 1894 sous le patronage de Drumont et du marquis de Morès « royaliste et populiste dont la vie est tout entière vouée à l'action antisémite » (P. Birnbaum), proche, elle aussi, de certains milieux catholiques (à Caen le fondateur du groupe est le directeur de *La Croix du Calvados*) ; ou le *Comité national antijuif*, fondé en 1901 par Drumont. Il y a, également, un grand nombre de groupes locaux, plus ou moins rivaux, qui ont sans doute un nombre limité de militants, mais ceux-ci sont violents, et très actifs. En janvier et février 1898, on remarquera des désordres, ou des violences, antisémites dans 55 villes de la France métropolitaine ; il y aura aussi de véritables émeutes antisémites (avec mort d'homme) en Algérie. Cette tonalité antisémite est renforcée par les prises de position des journaux de l'important groupe de presse animé par les Pères de l'Assomption, dont les fleurons sont *Le Pèlerin* et *La Croix* (qui se démultiplie en un grand nombre d'éditions départementales). On y trouve une « polémique antilaïque véhémente » et une « démagogie sociale anticapitaliste, marquée d'un

1. Pierre Birnbaum écrit à son sujet : « Dès 1893, l'abbé Garnier se déclare ouvertement en complet accord avec Edouard Drumont, l'Union nationale faisant preuve d'emblée d'un antisémitisme systématique, condamnant la race juive au nom de considérations biologiques fondées sur le sang et souhaitant, du même coup, exclure les Juifs d'un espace public considéré comme devant être strictement chrétien. En 1896 l'abbé Garnier définit explicitement son organisation comme une "ligue antijuive" » (*op. cit.*, p. 89).

antisémitisme aux fondements économiques et religieux » (J.-M. Mayeur), qui scandalise les républicains. Certes, il importe de bien noter qu'une bonne partie du monde catholique refuse de suivre une telle ligne, qui donne pourtant son ambiance particulière à l'époque, et qui va trouver à s'employer à l'occasion des péripéties de l'affaire Dreyfus.

L'Affaire

Nous avons laissé Dreyfus s'embarquant pour le bagne au début de l'année 1895. Sa famille, convaincue de son innocence, et tout particulièrement son frère, Mathieu, est décidée à tout faire pour obtenir sa réhabilitation. Mais elle est bien seule. Plusieurs événements vont pourtant permettre à la vérité de cheminer. Sans entrer dans les détails[1], notons que, en mars 1896, le commandant Picquart, qui dirige désormais le service du contre-espionnage, apprend, toujours par l'intermédiaire de la femme de ménage de l'Ambassade, qu'un officier français nommé Esterhazy trahit son pays au profit de l'Allemagne. Il entame une enquête personnelle, découvre le « dossier secret » et acquiert la certitude que le « bordereau » sur la foi duquel Dreyfus a été condamné est de la main d'Esterhazy. Picquart décide alors de faire part de ses découvertes à ses supérieurs (au général de Boisdeffre et au général Gonse), pensant obtenir facilement la réparation de l'évidente erreur judiciaire. Il n'entre dans sa démarche aucune motivation d'ordre politique ou idéologique (il semble partager les préjugés antisémites de bien des Français de ce temps). Or il se heurte à l'opposition du haut commandement, qui entend défendre l'autorité de la chose jugée. Aujourd'hui encore les raisons de l'attitude de ces officiers, qui décident de *tout* faire pour que la forfaiture judiciaire ne soit pas découverte, et pour que l'innocence de Dreyfus ne soit pas reconnue, ne sont pas parfaitement éclaircies. Mis à part les acteurs directs de la forfaiture (Mercier, en particulier), qui risquent de se retrouver au bagne si leur crime est découvert et dont les motivations sont évidentes, ces officiers ont sans doute pensé qu'il leur fallait défendre l'*honneur de l'armée* et que, si l'opinion apprenait qu'un tribunal *militaire* avait pu se livrer à de telles iniquités, elle pourrait en venir à douter de l'armée, et de ses chefs, ce qui risquerait de

1. Naturellement, nous ne citons ici que les principaux éléments nécessaires à la compréhension des conséquences politiques de l'Affaire.

mettre en péril la Défense nationale. Toujours est-il que Picquart est sommé de se taire, puis « exilé » en Tunisie en octobre 1896. Tandis que le lieutenant-colonel Henry communique en novembre 1896 au général Gonse un document accablant pour Dreyfus, qu'il présente comme provenant de l'ambassade d'Allemagne. En réalité il s'agit d'un faux (le fameux « faux Henry ») qu'il a confectionné pour tenter de dresser un contre-feu, puisque Picquart a démontré la fragilité du « dossier secret ».

En juin 1897, Picquart, de passage à Paris, confie à son ami, Alsacien comme lui, l'avocat Leblois qu'il est en mesure d'apporter la preuve que Dreyfus est innocent et que le coupable se nomme Esterhazy. En juillet, Leblois avertit le vice-président du Sénat, l'Alsacien Scheurer-Kestner, qui doutait déjà de la culpabilité de Dreyfus. Ce dernier réfléchit tout l'été, puis, fin octobre, la presse commence à laisser entendre que de hauts personnages de l'Etat doutent de la culpabilité de Dreyfus. Dès lors l'affaire est lancée et les deux camps se constituent. Les « dreyfusards », qui cherchent à défendre la vérité et la justice et qui font passer le redressement d'une erreur judiciaire avant toute autre considération. Ils ont, de plus, la conviction de travailler ainsi au renforcement de la cohésion nationale, et donc de la Défense nationale, les citoyens ne pouvant qu'être renforcés dans leur attachement à leur mère patrie, qui n'admet pas que l'un de ses fils, quel qu'il soit, puisse être victime de la raison d'Etat. Ils pensent aussi travailler à la défense de la France, qui proclame ainsi à la face du monde qu'elle reste fidèle à sa vocation universaliste en fondant le lien social sur la défense de valeurs éthiques universelles. Et, à l'opposé, les « antidreyfusards », le plus souvent (mais pas toujours) antisémites, qui font valoir que leur conception de l'intérêt national (la défense de l'armée et de ses chefs, assimilée à la défense de la patrie) prime sur l'intérêt particulier d'un individu, fût-il innocent. Ils refusent les notions éthiques universelles, et regardent les juifs et les intellectuels dreyfusards, comme des agents de la décomposition sociale qui, en s'en prenant à l'armée, mettent la France en péril. Deux ans durant, la polémique fait rage dans la presse et dans l'opinion.

Pour nous en tenir aux épisodes clés, signalons que, le 15 novembre 1897, Mathieu Dreyfus, le frère du condamné, annonce publiquement qu'il se fait fort de prouver la culpabilité d'Esterhazy. Les chefs militaires, contraints de mener une enquête, puis d'organiser un procès devant un conseil de guerre, s'arrangent pour obtenir l'acquittement d'Esterhazy, le 11 janvier 1898. Les antidreyfusards triomphent. C'est alors que Zola publie le 13 janvier dans le journal de Clemenceau *L'Aurore*, son célèbre « J'accuse ».

Outre sa série de mises en cause nominales :

> « J'accuse le lieutenant-colonel du Paty de Clam [...] J'accuse le général Mercier [...] J'accuse le général Billot [...] J'accuse le général de Boisdeffre et le général Gonse [...] J'accuse le général de Pellieux et le commandant Ravary [...] J'accuse les trois experts en écriture [...] J'accuse enfin le premier conseil de guerre d'avoir violé le droit en condamnant un accusé sur une pièce restée secrète, et j'accuse le second conseil de guerre d'avoir couvert cette illégalité par ordre, en commettant à son tour le crime juridique d'acquitter sciemment un coupable » — Zola y explicite bien les motivations des dreyfusards : « Mon devoir est de parler, je ne veux pas être complice. Mes nuits seraient hantées par le spectre de l'innocent qui expie là-bas, dans la plus affreuse des tortures, un crime qu'il n'a pas commis[1] ».

Ce qui relance l'affaire, car le haut commandement est obligé de poursuivre Zola (qui est condamné et contraint à l'exil). Dès lors le climat politique se tend et l'on en vient aux manifestations de rues tandis que la presse se fait de plus en plus vive. Clemenceau lançant de quotidiens appels à la justice dans *L'Aurore*, bientôt rejoint par Jaurès, qui fait de même dans *La Petite République* (particulièrement durant l'été 1898), tandis que Rochefort se déchaîne contre Dreyfus, et contre les juifs, dans *L'Intransigeant*, et que *La Croix*, dirigée par le P. Bailly, colporte le « mythe d'un complot juif acharné à perdre la chrétienté et à miner la France par tous les moyens, y compris législatifs » (M. Winock). Les élections de mai 1898 ne se font pas sur l'affaire Dreyfus. Elles ont pourtant une conséquence importante en provoquant la démission du gouvernement Méline et la constitution du gouvernement Brisson, avec G. Cavaignac comme ministre de la Guerre. Républicain insoupçonnable, et sincèrement convaincu de la culpabilité de Dreyfus, il fait l'erreur, le 7 juillet 1898, de citer à la tribune de la Chambre des pièces qu'il croit accablantes pour Dreyfus. Dès le lendemain, Picquart s'affirme prêt à prouver que l'une d'elles est un faux. Cavaignac riposte en faisant arrêter Picquart pour divulgation de secret militaire. Mais, le 13 août, un membre du cabinet de Cavaignac découvre que cette pièce (la seule qui cite nommément Drey-

1. Ce texte, très connu, est cité notamment par Olivier Wieviorka et Christophe Prochasson, *La France du XXe siècle...*, p. 128-132.

fus) est un faux (c'est le « faux Henry »). Interrogé Henry avoue son crime le 30 août ; arrêté, il se suicide le 31 et, le 3 septembre, Cavaignac démissionne. La révision du procès semble inévitable.

Elle va pourtant se faire attendre encore un an, le haut commandement faisant tout ce qui est en son pouvoir pour tenter de s'y opposer. D'où l'ardeur des polémiques, et la constitution de nouvelles ligues. Dès février 1898 un sénateur dreyfusard, Ludovic Trarieux, avait fondé la *Ligue des droits de l'homme et du citoyen* à laquelle avaient adhéré de nombreux universitaires. En réponse, à l'automne 1898, des intellectuels et écrivains antidreyfusards fondent la *Ligue de la patrie française*, placée sous la direction de Jules Lemaître, qui reste républicaine et légaliste (elle attire 150 000 à 200 000 adhérents), tandis que Déroulède réactive sa vieille *Ligue des patriotes* et que les ligues citées plus haut s'agitent violemment dans la rue. En fait, si les dreyfusards ont tant de mal à se faire entendre des pouvoirs publics, c'est qu'ils se heurtent à une double opposition. Celle des républicains modérés (bien des ministres, par exemple), tout d'abord, que n'agite nulle passion antisémite ou cléricale, mais qui entendent défendre l'armée au nom de l'amour de la patrie et du devoir sacré de la préparation de la Revanche. Il serait, en effet, tout à fait faux de croire que la gauche dans son ensemble a été dreyfusarde ; d'ailleurs, quelques hommes mis à part (Millerand puis, après réflexion, Jaurès), les socialistes restent longtemps hésitants. Cet antidreyfusisme républicain, et modéré, est difficile à combattre pour les dreyfusards, également républicains et libéraux. La second visage de l'antidreyfusisme est constitué par les groupes nationalistes, qui cherchent à renverser (au besoin par la violence) l'Etat libéral et parlementaire, et à le remplacer par un Etat fort, appuyé sur l'Eglise catholique et fondé sur le primat de la collectivité nationale (dont les juifs, voire les protestants, seraient exclus). C'est, d'ailleurs, l'affaire Dreyfus qui permet aux différentes composantes de la nébuleuse nationaliste de se réunir en utilisant l'antisémitisme comme ciment ; ce qui achève de faire passer à droite les valeurs du nationalisme. Et, s'il est clair qu'il y a d'assez nombreux catholiques dreyfusards, et que l'épiscopat se montre très prudent, la grande presse catholique et bien des militants des organisations catholiques se trouvent à la pointe du combat antidreyfusard. C'est seulement lorsque cette seconde forme de l'antidreyfusisme semble sur le point de submerger les institutions républicaines que les dreyfusards peuvent avoir gain de cause.

L'Affaire traînant en longueur, le climat s'envenime. Durant l'automne et l'hiver 1898-1899 l'agitation de rue est quotidienne à Paris et dans certaines grandes villes, les bandes de Guérin et des autres ligues, provoquant d'incessantes réunions houleuses et des manifestations où les provocations se font de plus en plus agressives. L'agitation culminant lorsque, le 23 février 1899, à l'occasion des obsèques du président de la République, Félix Faure, décédé brutalement, Déroulède tente, avec l'aide des ligueurs parisiens, d'entraîner le général Roget à faire un coup d'Etat pour instaurer un régime fort. Mal préparé ce « coup » échoue piteusement. Mais les républicains, qui ont senti passer le vent du boulet, décident de réagir. Le 22 juin, la formation d'un gouvernement de « défense républicaine » sous la direction de Waldeck-Rousseau permet de régler le problème. Le premier procès de Dreyfus ayant été cassé le 12 juillet, un second se prépare tandis que le gouvernement assure l'ordre dans la rue en mettant au pas les ligues. Certes, le second procès de Dreyfus, qui se tient à Rennes en août-septembre 1899 se conclut par sa condamnation, absurde, *avec circonstances atténuantes,* à dix ans de prison (verdict dicté par la volonté d'apaiser le haut commandement) ; mais Dreyfus est aussitôt (19 septembre) gracié par le président de la République. Il attendra jusqu'en 1906 sa réhabilitation et la légion d'honneur, tandis que Picquart, qui avait tant fait pour la manifestation de la vérité, sera alors nommé ministre de la Guerre dans un gouvernement Clemenceau, dreyfusard de la première heure.

Les conséquences politiques de l'Affaire

Les élections législatives de mai 1898 arrivent trop tôt pour se jouer sur la révision du procès de Dreyfus. Ce sont donc les problèmes classiques qui se posent : la question religieuse, et la poursuite de l'expérience Méline, vivement contestée, d'ailleurs, par les radicaux pendant la campagne électorale. Au total les républicains sortent renforcés des élections, puisque les monarchistes reculent. Les radicaux et radicaux-socialistes, qui gagnent 0,5 million de voix, comptent environ 170 élus ; les socialistes, qui rassemblent de 0,2 million de voix de plus qu'en 1892, en ont une cinquantaine. Ces deux groupes ne progressent donc guère en sièges. Et les républicains de gouvernement restent stables (environ 3,2 millions de voix). Mais les amis de Méline, qui ne sont que 250, n'ont pas la majorité. Deux coalitions sont donc possibles : concentration républicaine (avec les radicaux) ou conjonction des centres (avec des ralliés, voire des conservateurs). Or durant la campagne nombre de républicains ont eu à subir de très vives attaques de la part de catholiques militants, particulièrement des comités « Justice-Egalité » constitués autour de *La Croix*, violemment hostiles à la politique laïque. Ils décident de mettre fin à l'expérience Méline, qui démissionne le 15 juin 1898.

Lui succède un gouvernement Brisson, qui illustre le retour à la concentration républicaine. Composé de radicaux et de quelques républicains modérés il est trop à gauche pour la majorité. D'ailleurs, nous l'avons vu, il est rapidement condamné par les péripéties de l'affaire Dreyfus et par les maladresses de Cavaignac. Il est remplacé le 1er novembre par un gouvernement Dupuy, qui conserve la même ligne, tout en étant plus modéré. C'est lui qui doit faire face à la montée de l'agitation fomentée par les ligues nationalistes. La tentative de coup d'Etat du 23 février inquiète beaucoup les républicains, d'autant plus que Déroulède, traduit en cour d'assises, est acquitté le 31 mai, ce qui provoque un regain d'agitation. Dupuy, qui ne semble pas à la hauteur de la tâche, est renversé le 12 juin.

Les républicains sont décidés à sauver les institutions, à mener, comme on dit alors, une politique de *Défense républicaine.* Pour y parvenir il leur faut rassembler toutes leurs forces, et nommer des hommes énergiques. Ils font alors appel à Waldeck-Rousseau, sénateur de la Loire-Inférieure, républicain modéré, très fermement décidé à lutter contre les nationalistes. Pour assurer ses arrières il offre un portefeuille au général de Gallifet, républicain incontestable qui saura ramener les militaires sur le chemin de l'obéissance, mais qui est honni par une partie de la gauche en raison de son rôle dans la répression de la Commune en 1871 (accueilli à la Chambre aux cris de « assassin ! assassin ! », il aurait répondu « assassin ? présent ! »). Au nom de la défense de la République, Waldeck-Rousseau offre aussi un portefeuille au socialiste Millerand, dreyfusard notoire ; ce dernier accepte, en dépit de la présence de Gallifet, ce qui provoque une petite crise dans les rangs socialistes, malgré le soutien que Jaurès apporte à Millerand, et illustre l'intégration progressive de l'extrême gauche à la république laïque, et le refus de la majorité des socialistes français de fonder leur action sur la seule lutte des classes. Cette présence des socialistes au cœur même du dispositif républicain est unique en Europe ; elle s'explique par l'importance, unique elle aussi, de la Révolution de 1789 dans la mémoire collective des Français.

Le ministère Waldeck-Rousseau, habilement composé (il

compte des républicains de gauche qui en constituent l'ossature, trois radicaux-socialistes et un socialiste), va battre le record de durée, presque trois ans. Lors de sa présentation à la Chambre il ne rassemble pourtant qu'une faible majorité de 262 voix contre 237 (et 62 abstentions), qui s'accroîtra pourtant au fil du temps. Il ne faut certes pas faire de Waldeck-Rousseau un homme de gauche et l'axe de son gouvernement n'est pas constitué par les radicaux, souvent réticents à l'origine (une trentaine de radicaux proches des nationalistes votent contre son investiture, et 13 s'abstiennent). Hostile au socialisme, il représente bien ces républicains modérés qui font passer la défense de la république parlementaire avant toute autre considération, même la peur du collectivisme. Son gouvernement illustre donc l'une des conséquences principales de l'affaire Dreyfus : l'élaboration d'une nouvelle majorité républicaine, qui, démontrant l'échec de Méline et du ralliement, va des socialistes à une partie des républicains modérés (quittant Méline, ceux-ci fonderont peu après l'Alliance démocratique). Ce qui provoque, d'ailleurs, la rupture du groupe des républicains modérés, et la constitution progressive d'un centre droit authentiquement républicain, ce qui est une innovation.

Waldeck-Rousseau, qui exerce une véritable autorité personnelle, et ses ministres (ainsi que Lépine, préfet de police de Paris) agissent rapidement. Ils procèdent à une série de mutations de hauts magistrats et de généraux, font comprendre aux officiers (par une circulaire de Gallifet, qui contient la célèbre formule « silence dans les rangs ») qu'ils ne toléreront aucun manquement à l'obéissance, et engagent activement la lutte contre les ligues factieuses, ponctuée d'arrestations (celle de Guérin, notamment) et de procès en Haute Cour. Et peu à peu le calme revient.

La seconde conséquence est, naturellement, le retour de la politique laïque. Certes, il faut y insister à nouveau, tous les catholiques sont très loin d'avoir approuvé les outrances de *La Croix*, de Guérin ou de Déroulède et, comme l'a bien montré J.-M. Mayeur, il y eut des catholiques dreyfusards[1], notamment le juriste Paul Viollet, fondateur du *Comité catholique pour la défense du droit.* Mais la plupart des journaux et des organismes affirmant eux-mêmes s'exprimer au nom du catholicisme sont non seulement antidreyfusards, mais encore ils s'affichent comme violemment hostiles à la république

1. Consulter son article Les catholiques dreyfusards, *Revue historique*, avril-juin 1979, p. 337-361.

laïque. Dès lors, le nouvel adversaire nationaliste révélé par la crise dreyfusarde, pèse moins aux yeux des républicains que le vieil adversaire clérical. Pour eux, le danger le plus immédiat est représenté par les congrégations religieuses, qui ont encore un très grand rôle dans l'enseignement et dont on pense que la richesse est la base de l'influence. Pour y parer Waldeck-Rousseau fait voter la loi du 1er juillet 1901 sur les associations. Elle prévoit que la plupart des associations peuvent se former librement ; cependant, les associations religieuses doivent être autorisées par une loi, et les membres des congrégations non autorisées n'ont pas le droit d'enseigner. Tout dépend, cependant, de la façon dont la loi sera appliquée ; et Waldeck-Rousseau, modéré, entend ne pas aller plus loin et parvenir à une sorte de « concordat » pour les congrégations. Les élections de 1902 en décideront autrement. Notons, aussi, que la présence de Millerand dans le gouvernement est l'occasion de la mise en œuvre d'une politique sociale. Millerand, appuyé en cela par Jaurès, tente de régulariser les relations industrielles en développant les pouvoirs d'arbitrage de l'Etat, ce qui devrait conduire à un « aménagement quotidien de la paix sociale » (Madeleine Rebérioux). Toutefois le bilan législatif du ministère Waldeck-Rousseau est assez mince en ce qui concerne la législation sociale elle-même. Un décret d'août 1899 règle les conditions du travail pour les travaux faits au compte de l'Etat ; on réorganise le Conseil supérieur du travail pour y faire entrer des représentants des syndicats ; on établit des conseils du travail paritaires et on facilite l'action des inspecteurs du travail ; enfin la loi du 30 mars 1900 fixe une journée du travail uniforme pour tout le monde (maximum de onze heures, devant être abaissé à dix heures dans les quatre ans).

A droite, enfin, l'affaire Dreyfus provoque une redistribution des cartes au sein de la nébuleuse nationaliste, avec l'apparition de l'Action française. En avril 1898, Maurice Pujo et Henri Vaugeois fondent un Comité d'Action française, qui publie à partir de juillet 1899 un *Bulletin*, devenu peu après *Revue de l'Action française*. Ils regroupent des nationalistes épris d'ordre, hostiles à la démocratie parlementaire et antisémites. Républicains ils sont peu après rejoints par Charles Maurras, agnostique mais défenseur de l'Eglise catholique qu'il regarde comme un pilier de la civilisation française et monarchiste. Il va s'imposer comme le théoricien de ce mouvement, qui deviendra la principale expression du courant monarchiste. Hostile à la Révolution de 1789, et à ces corollaires que sont à ses yeux le parlementarisme et l'individualisme, il est également antiprotestant, car il voit dans la Réforme une menace permanente pour la société, parce qu'elle recommande le libre examen et prône le rapport direct entre Dieu et les hommes, causes de libéralisme et d'anarchie. Il est aussi très vivement antisémite, car « l'esprit protestant, à l'origine de l'individualisme mortifère procède lui-même de l'esprit juif » (M. Winock). Enthousiasmé par Drumont et antidreyfusard, Maurras sera l'un des principaux propagateurs de l'antisémitisme. Particulièrement xénophobe, Maurras est aussi un monarchiste autoritaire, rêvant du retour d'une aristocratie héréditaire qui encadrerait le peuple ; cette monarchie restaurerait la famille ainsi que les libertés locales et provinciales : « Additionnez à l'institution héréditaire de la *famille* le statut permanent de la *commune* et de la *province*, l'institution *professionnelle* [les corporations] et le principe de l'*autorité* politique : vous avez la formule de la Monarchie », écrit-il[1]. Pour parvenir à ses fins il compte sur un coup de force qui instaurerait une « dictature royaliste » provisoire, transition vers un « régime royal », compris comme un « régime d'ordre ». Certes, en 1901, l'Action française n'est encore qu'un petit mouvement, qui ne se transforme en ligue qu'en 1905. Mais elle va peu à peu monopoliser la cause royaliste, en grande partie grâce à l'appui des milieux catholiques, plusieurs évêques ne lui ménageant pas leur sympathie, et *La Croix* son ferme soutien. A la veille de 1914, elle est devenue une force politique, avec depuis 1908 un quotidien, *L'Action française*, et des équipes de vendeurs, appelés camelots du roi, chargés aussi des interventions violentes, notamment contre les juifs. Ce retour de l'union du monarchisme et du cléricalisme ne peut qu'engager les républicains à poursuivre dans la voie de l'anticléricalisme.

Le « Bloc des gauches » et la séparation des Eglises et de l'Etat (1902-1906)

Les élections de 1902

Le tableau des forces politiques qui s'affrontent au printemps de l'année 1902 présente quelques retouches par rapport à 1898, avec, en particulier, la constitution de partis politiques. A gauche les *radi-*

1. Cité par Michel Winock, L'Action française, dans *Histoire de l'extrême droite (op. cit.)*, p. 134.

caux parviennent à s'unir. Au début de l'année 1901, des groupes radicaux lancent un appel à l'unification de la famille radicale. Et, en juin 1901, des représentants de 476 comités radicaux, de 215 journaux et de 155 loges maçonniques se retrouvent pour fonder le *Parti républicain radical et radical-socialiste*, nom complexe qui indique bien à la fois la diversité, mais aussi l'union autour de la Philosophie des Lumières et des Principes de 1789 (ce qui inclut le respect du droit de propriété, regardé comme le rempart de la liberté). La force du radicalisme de ce temps venant surtout de ses multiples implantations locales et régionales, à l'écoute de la France provinciale et républicaine, qui entend bien faire disparaître toute trace d'Ancien Régime et, en particulier, toute trace d'union du Trône et de l'Autel.

Les *socialistes* poursuivent le processus d'unification inauguré en 1896. Affirmant l'unité de la classe ouvrière, ils sont logiquement conduits à tenter d'unifier le parti qui représente cette classe. La prise de conscience du danger nationaliste et clérical, bien ressenti à la base, pousse elle aussi à l'unification. Pourtant, les obstacles sont nombreux : diversité des organisations (au moins cinq grandes « familles »), diversité des références idéologiques, diversité des analyses en face de la participation de socialistes à des gouvernements « bourgeois » en cas de danger ou pour obtenir l'adoption d'une réforme importante (soutenue par Jaurès et critiquée par Guesde), etc. Un premier congrès, tenu à Paris en décembre 1899, ne parvient pas à fusionner les cinq organisations et les négociations ultérieures ne conduisent pas à un accord général. Finalement en 1902 le POF (de Guesde) et le PSR (de Vaillant)[1] s'unifient pour former le *Parti socialiste de France*, qui se présente comme collectiviste, révolutionnaire et hostile à toute collaboration de classe (notamment toute participation à un gouvernement bourgeois). Tandis qu'en 1902 Jaurès parvient à fonder le *Parti socialiste français* (en réunissant des socialistes indépendants, la FTS et une bonne partie du POSR). Moins dogmatique que Guesde, et grand orateur, Jaurès — il fait peu à peu figure de leader du mouvement socialiste — veut réaliser une synthèse du jacobinisme issu de la Révolution française, du socialisme français (dit souvent « utopique ») et du collectivisme issu du socialisme germanique. Il écrira en 1904 : « J'ai toujours été un républicain et un socialiste » ; pour lui les

1. On note aussi la présence de l'Alliance communiste, issue d'une scission du POSR en 1896.

deux termes ne sont pas antinomiques, mais au contraire complémentaires. Rejetant toute idée de coup de force, il veut entreprendre l'éducation du peuple. Son rôle au sein de « Bloc de gauches » après 1902 est donc tout à fait logique. Mais cette intégration du socialisme au sein de la famille républicaine ne se fait pas sans réticences (les deux partis socialistes ne réunissent pas tous les socialistes, et le POSR se maintient, tout en étant affaibli).

Le *centre* connaît lui aussi une évolution. Autour de Jacques Piou les catholiques ralliés à la république fondent en 1901 le groupe parlementaire de l'Action libérale, qui donnera naissance à un parti, après les élections de 1902, *Alliance libérale populaire*. Inscrit dans la lignée du catholicisme social, il se veut aussi le défenseur de la liberté religieuse contre la politique anticléricale du « Bloc ». Après un succès initial, il ne parvient pas à s'imposer réellement. Les *partis politiques modérés* se modifient également[1]. Les parlementaires modérés qui soutiennent Waldeck-Rousseau (Barthou, Poincaré, Rouvier, par exemple) décident de se regrouper. Ils constituent en octobre 1901 l'*Alliance républicaine démocratique*, dont le premier président est Adolphe Carnot, frère le l'ancien président de la République, et dont les membres sont souvent liés aux milieux d'affaires. Leur programme est, au fond, assez proche de celui des opportunistes au début des années 1880. Hostiles aux collectivistes comme aux nationalistes, ils sont soucieux de l'unité de « parti » républicain au sens large du terme. Très fermes sur l'anticléricalisme, ils sont parfois assez proches des radicaux modérés. C'est bien la « question religieuse » qui les sépare de l'autre famille modérée, la *Fédération républicaine* constituée à la fin de l'année 1903 (et encore assez peu organisée à cette date), qui se situe, quant à elle, au centre droit parce qu'elle est prête à des concessions en matière de laïcité. A trente ans de distance on retrouve la facture idéologique au sein de la bourgeoisie français sur la place à accor-

1. L'histoire de la mouvance « modérée » a été renouvelée récemment par les travaux de Gilles Le Béguec (voir, surtout, ses deux contributions à l'*Histoire des droites en France* (t. 1, p. 213-289, en collaboration avec J. Prévotat ; et t. 2, p. 13-59). Il n'est pas possible de les résumer dans le cadre de cet ouvrage, car les partis qui apparaissent au début du XXe siècle ont une « préhistoire » complexe (les diverses organisations ne recouvrent pas réellement les fractures idéologiques) que l'on peut faire remontrer aux années 1880. Il convient cependant de bien noter que cette tendance modérée (droite qui accepte la République) est présente sur l'échiquier politique français dès les années 1880, et que certains de ses militants travaillent à l'organiser dès 1885 à l'aide, en particulier, de groupements professionnels.

der à l'Eglise catholique dans la vie publique, si importante pour la compréhension de la vie politique française entre 1871 et 1914. Quant aux nationalistes, très divisés, ils ne parviennent pas véritablement à s'adapter au jeu parlementaire, qu'ils récusent d'ailleurs.

Naturellement, les élections législatives d'avril-mai 1902 se font sur la question religieuse. Grâce à la discipline républicaine, la gauche laïque — le *Bloc des gauches* comme on dit alors — remporte les élections avec environ 350 sièges, contre 250 à ses adversaires. Au sein de la gauche les socialistes (une cinquantaine) conservent leurs positions[1], mais les radicaux (plus de 200), sont les vrais vainqueurs du scrutin ; tandis que les républicains modérés, proches de Waldeck-Rousseau, sont moins d'une centaine. Une telle composition de la Chambre[2] ouvre la voie à une politique radicale visant à l'achèvement de la laïcisation du pays par le moyen de la séparation des Eglises et de l'Etat. Après la démission de Waldeck-Rousseau le 4 juin, Emile Combes, médecin agnostique, ancien séminariste, franc-maçon, devenu l'incarnation de l'anticléricalisme radical, et provincial, forme un gouvernement, qui bénéficie d'une réelle stabilité, puisqu'il ne démissionne que le 18 janvier 1905.

Décidé à agir dans le domaine religieux Combes ne veut pas d'ennuis avec le centre gauche ; il choisit donc des ministres assez conservateurs dans le domaine social (Rouvier, aux Finances, par exemple), et il n'insiste pas sur l'impôt sur le revenu, qui était pourtant l'une des plus vieilles revendications radicales. Dans le même esprit, Combes ne demande pas la participation de ministres socialistes ; ceux-ci, d'ailleurs, ne la souhaitent pas (le danger nationaliste est écarté). Mais les socialistes font partie de la majorité gouvernementale, même les guesdistes et les vaillantistes, qui, à l'instar naturellement des amis de Jaurès, n'hésitent pas à voter pour le gouvernement lors des scrutins importants. Il reste que les républicains de gouvernement sont en minorité et, symboliquement, les radicaux contrôlent le ministère de l'Intérieur *et des cultes* (avec Combes lui-même) et celui de l'Agriculture, signe de leur implan-

1. Le Parti socialiste français (de Jaurès) obtient 37 élus et plus de 0,5 million de voix contre seulement 12 élus au Parti socialiste de France (de Guesde et Vaillant), avec 0,3 million de voix.

2. Dans l'opposition on compte environ : 130 républicains « progressistes » hostiles au « Bloc », 35 catholiques ralliés (au sein de l'Action libérale), une quarantaine de nationalistes et une quarantaine de conservateurs monarchistes.

tation provinciale et rurale, et de leur volonté d'agir sur le corps social par l'intermédiaire de l'administration.

Pour assurer la stabilité, et permettre une bonne préparation des réformes, Combes innove en établissant une « Délégation des gauches », qui rassemble des représentants des groupes parlementaires soutenant le gouvernement[1]. Cette organisation de la majorité est complétée par une utilisation partisane de l'administration (déjà assez ancienne cette pratique est développée par Combes), et par un appel fréquent aux comités radicaux (et groupements amis, comme les sociétés de libre pensée, ou les loges maçonniques) disséminés dans toute la France, qui servent d'utiles relais à l'action gouvernementale.

L'œuvre du Bloc des gauches

Le ministère Combes doit, tout d'abord, mettre en application les articles de la loi sur les associations qui concernent les congrégations religieuses. Or les députés de gauche, très souvent combattus avec une grande vigueur par le clergé lors de la campagne électorale, sont décidés à lutter contre elles. Ils rejoignent là l'anticléricalisme populaire des régions républicaines. Combes commence (décret du 27 juin 1902) par fermer 125 écoles religieuses ouvertes depuis le vote de la loi du 1er juillet 1901 (il s'agit donc d'établissements non autorisés de congrégations autorisées). Puis le gouvernement ferme par décret les écoles ouvertes sans autorisation avant 1901, en dépit des protestations du nonce apostolique, et de l'épiscopat. Les congrégations non autorisées présentent alors des demandes d'autorisation ; mais, de mars à juillet 1903, le Parlement rejette les demandes, tant pour les congrégations masculines que pour les congrégations féminines, qui sont dispersées, malgré des résistances locales. Restent cependant les congrégations autorisées antérieurement ; une loi de juillet 1904 interdit alors (dans un délai de dix ans) l'enseignement aux congréganistes ; toutefois les *anciens* congréganistes (qui quittent, donc, leur habit) conservent le droit d'enseigner, comme tous les citoyens.

La lutte à propos des congrégations et l'ensemble de la politique religieuse entraînent des difficultés avec le pape et conduisent Combes à rompre les relations diplomatiques avec le Vatican le

1. Il s'agit de l'Union démocratique (républicains modérés), des radicaux, des radicaux-socialistes et des socialistes du PSF (de Jaurès).

30 juillet 1904. Et à envisager la séparation des Eglises et de l'Etat, vieille revendication républicaine, il est vrai, puisqu'elle figure dans le programme de Belleville, de Gambetta, en 1869. Bien des responsables politiques sont cependant réticents ; car le Concordat donne au gouvernement des moyens d'action sur l'Eglise. Mais les militants radicaux et socialistes, voire de simples républicains, font pression sur les députés, et le gouvernement s'y rallie en septembre 1904. Le vote de la loi de séparation est cependant retardé par un débat de fond sur son sens profond (doit-elle être un instrument de lutte contre la papauté ou, interprétation qui prévaudra, la simple conclusion de l'entreprise de laïcisation de la société entamée en 1789) et par la démission de Combes, le 18 janvier 1905, à la suite de « l'affaire des fiches »[1]. Il est remplacé par un ministère Rouvier, plus orienté au centre (la plupart des socialistes votent contre son investiture, une partie des radicaux (43) font de même ou s'abstiennent [64]), qui sait tenir compte des revendications des Eglises, et faire voter une loi de séparation libérale. Elle est adoptée à la Chambre le 3 juillet 1905 par 341 voix contre 232 (et le 9 décembre par le Sénat), ce qui montre bien que de nombreux républicains modérés sont d'accord avec la politique de sécularisation de l'Etat. La loi précise que : « La République assure la liberté de conscience. Elle garantit le libre exercice des cultes [...] La République ne reconnaît, ne salarie ni ne subventionne aucun culte [...]. » Elle prévoit que les associations cultuelles qui seront formées pour gérer les biens ecclésiastiques devront se conformer « aux règles d'organisation générale du culte dont elles se proposent d'assurer l'exercice » (ce qui y garantit la primauté de l'autorité ecclésiastique, fondamentale dans le catholicisme). Pourtant l'hostilité de Rome et des catholiques intransigeants est catégorique ; elle porte moins sur les modalités de la loi que sur son principe, la laïcité de l'Etat. La mise en application de la loi risque d'être difficile.

Le Bloc *des gauches* ne limite pas son action à la question religieuse ; d'autant plus que les socialistes font partie de sa majorité. Mais les milieux d'affaires (dont certains soutiennent le « Bloc ») ne souhaitent pas une forte intervention de l'Etat dans les relations

1. Le 28 octobre 1904, un député nationaliste révèle que le ministre de la Guerre, le général André, demande l'avis du Grand Orient (principale obédience maçonnique) quand il doit procéder à des nominations d'officiers (des fiches sont donc conservées dans ce but au siège du Grand Orient).

du travail. De ce fait, la politique suivie est peu innovatrice. Après de longues discussions au sujet des retraites ouvrières, le projet de loi, combattu par le patronat et par bien des syndicalistes, pour des raisons opposées, n'est pas adopté. Et l'on se contente, en juillet 1905, de rendre l'assistance obligatoire pour les vieillards de plus de 70 ans. Le projet de loi instaurant l'impôt sur le revenu échoue lui aussi fin 1904. Conscient des attentes de l'opinion, Combes annonce certes en janvier 1905 son intention d'aboutir sur ces deux points, mais il tombe avant d'y être parvenu[1].

En effet, la chute de Combes en janvier 1905 officialise la fissuration du Bloc des gauches, prévisible depuis plusieurs mois, en raison de la double série de critiques à laquelle il se heurte (Combes est trop conservateur pour les socialistes, et trop à gauche pour les modérés). Le gouvernement Rouvier, nous l'avons vu, achève l'œuvre de laïcisation, mais il n'agit guère dans le domaine social, ce qui est logique puisqu'il constitue une nouvelle tentative (limitée : il ne compte pas de ministres progressistes) d'ouverture vers le centre droit.

La nouvelle victoire radicale et le ministère Clemenceau (1906-1909)

Au début de l'année 1906 le gouvernement Rouvier se trouve aux prises avec une crise provoquée par l'application de la loi de séparation. En effet, celle-ci prévoit que les biens ecclésiastiques seront dévolus à des associations cultuelles, et que, pour ce faire, on devra procéder à leur inventaire. Or le Vatican condamne formellement le principe de l'Etat laïque, et la loi de séparation, dans une encyclique au ton véhément *(Vehementer nos)* datée du 11 février 1906 ; ce qui conduit le clergé catholique français à refuser de concourir à son application (de leur côté, les protestants et les israélites acceptent la loi). De ce fait, l'opposition à la République laïque va se cristalliser sur les inventaires des biens ecclésiastiques. Dès avant même la publication de l'encyclique, des résistances s'organisent localement, souvent sous la direction de laïcs (à Paris, le 2 février, par exemple), et, naturellement, la prise de position du pape renforce le mouvement : des églises sont barricadées,

1. Dans un autre domaine, notons que le gouvernement fait voter en 1905 une loi militaire qui ramène le service à deux ans, et supprime les dispenses encore accordées à de nombreux étudiants par la loi de 1889.

et l'administration est contrainte d'user de la force. Il ne faut certes pas généraliser, dans de nombreuses régions, même dans des zones d'influence traditionnelles de l'Eglise catholique, les inventaires se déroulent facilement[1]. Il est clair, aussi, que les groupes royalistes, l'Action française en particulier, saisissent l'occasion pour en découdre avec la République, d'autant plus que les élections législatives approchent. D'ailleurs, les incidents graves sont rares, « protestation platonique, résistance passive, brèves bagarres tout au plus, sont les cas les plus fréquents » (J.-M. Mayeur). Il y a cependant un mort début mars en Flandre, ce qui provoque la démission du gouvernement Rouvier.

Et, tout compte fait, cette crise des inventaires renforce plutôt le camp républicain en provoquant un sursaut dans ses rangs. D'autant plus que nombre de catholiques ne partagent pas les choix des extrémistes. Comme l'écrit Jean-Marie Mayeur :

> [...] les discordances entre la carte de la « France chrétienne » et la carte des inventaires sont justiciables d'explications qui, au-delà de l'intervention personnelle d'un évêque conciliant ou d'un préfet plus habile, révèlent l'attitude profonde des populations [...] attachées au sentiment religieux, elles ne croient pas que la politique républicaine met la foi en péril, elles ne se croient pas tenues d'adhérer parce que catholiques aux partis conservateurs. Dans ce contraste entre la pratique religieuse et la pratique électorale réside — faut-il y insister ? — l'une des clefs de la force du régime républicain depuis 1877[2].

Logiquement, c'est un radical (modéré), Sarrien, qui succède à Rouvier. Il fait entrer dans son gouvernement des radicaux, des membres du Bloc qui avaient été hostiles à Combes (Poincaré, Barthou, par exemple) ainsi que deux hommes dont c'est la première participation ministérielle : Clemenceau (à l'Intérieur) et le socialiste indépendant Aristide Briand à l'Instruction publique et aux cultes. L'un et l'autre vont agir habilement pour apaiser la crise des inventaires, en les différant là où il y a des difficultés, et en appliquant la loi de séparation de façon libérale. Et peu à peu l'agitation cesse.

Pour le paysage politique général on remarque surtout l'unifi-

1. Consulter, à ce sujet, l'article de J.-M. Mayeur, Géographie de la résistance aux inventaires, *Annales ESC,* novembre-décembre 1966 ; ainsi que son livre, *La séparation des Eglises et de l'Etat,* Paris, Les Editions ouvrières, 1991 ; se reporter, aussi, à l'étude très précise de Jean Quellien, Un révélateur des mentalités : les inventaires de 1906 en Basse-Normandie, *Etudes normandes,* 1981, p. 19-40.
2. *La séparation...,* p. 118.

cation des socialistes. Fortement encouragés par l'Internationale les partis socialistes français (PSF, PSDF, POSR et les groupes restés autonomes) décident, en avril 1905, de fusionner pour former la *Section française de l'internationale ouvrière* (dite SFIO). Théoriquement l'unification se fait autour des thèses défendues par Guesde (refus de participation à un gouvernement bourgeois, refus d'alliances structurelles stables, comme la Délégation des gauches, par exemple). En fait, pourtant, dans les années suivantes la prépondérance de Jaurès et de sa conception synthétique du socialisme français se révélera de façon incontestable.

Les élections de 1906 se déroulent sans difficultés. Comme c'est le cas depuis 1877 la crise qui les a précédées conduit les électeurs à accorder une large majorité aux républicains anticléricaux. En effet, la gauche gagne 0,3 million de voix et une soixantaine de sièges par rapport à 1902, et l'opposition ne rassemble que 43,1 % des suffrages. A la Chambre, la gauche occupe plus de 400 sièges (74 socialistes [54 unifiés et 20 indépendants], 90 républicains de gauche, 115 radicaux, 132 radicaux-socialistes), contre seulement 180 à l'opposition. Les radicaux sont donc les maîtres du jeu, car l'appoint des socialistes n'est plus indispensable. A l'automne Sarrien démissionne, et l'homme fort du moment, Clemenceau, forme le gouvernement (le 25 octobre), avec 7 radicaux sur 12 ministres (et deux socialistes indépendants, dont Viviani, au ministère du Travail que Clemenceau tient, symboliquement, à créer). Picquart, nous le savons, y est ministre de la Guerre. Le gouvernement va, lui aussi, bénéficier de la stabilité, presque trois ans (il démissionne le 20 juillet 1909), bien que nombre de radicaux n'apprécient guère le style autoritaire de Clemenceau.

Avec ce ministère Clemenceau, on sent bien que la France aborde une nouvelle phase de son histoire politique. Depuis 1877, en effet, les républicains avaient entrepris la laïcisation de la société, ce qui représentait pour eux l'achèvement de l'œuvre de la Révolution française ; en séparant les Eglises de l'Etat, ils ont détruit le dernier vestige important de l'Ancien Régime. De plus, avec l'établissement d'un enseignement laïque ils pensent avoir mis en route un processus qui, en arrachant les citoyens aux chaînes de l'ignorance et de la soumission, rendra impossible tout retour en arrière. Ils peuvent donc appliquer libéralement la loi de séparation (on laisse aux catholiques la jouissance des églises, bien qu'ils aient refusé de constituer les associations cultuelles prévues par la loi), et passer à autre chose.

La déclaration ministérielle de Clemenceau en est un exemple : il énumère 17 projets de réformes, dont 3 à propos de l'armée, 5 sur les conditions du travail (retraites ouvrières, journée de huit heures, contrat de travail, statut des fonctionnaires, etc.) et 4 sur les finances (impôt sur le revenu « et au besoin sur le capital », réforme des impôts locaux, notamment). En fait, Clemenceau ne peut pas agir comme il le souhaitait. Il doit faire face à une vague d'agitation sociale. Dès 1904, les grèves se multiplient, et elles sont nombreuses jusqu'en 1908. L'agitation est particulièrement forte au printemps 1906 et le 1er mai, quand la CGT entend y réclamer avec vigueur la journée de huit heures. En 1906, on atteint d'ailleurs un record inégalé jusqu'à la guerre (440 000 grévistes). Ces grèves sont spectaculaires, et le gouvernement réagit souvent contre elles de façon brutale, n'hésitant pas à envoyer l'armée contre les grévistes ; en plusieurs occasions il y a des morts chez les ouvriers, 2 à Draveil en juin 1908, 4 à Villeneuve-Saint-Georges en juillet, ainsi que de nombreux blessés (ce qui vaut à Clemenceau de très solides inimitiés). En 1907, Clemenceau doit aussi affronter une vive agitation dans le Midi viticole, frappé par la mévente ; il y fait face « avec ce mélange de brutalité et de rouerie qui caractérise au pouvoir son style répressif » (Mad. Rebérioux). Tandis que les fonctionnaires (nettement plus nombreux qu'autrefois) revendiquent eux aussi pour obtenir le droit de grève, ou tout au moins le droit syndical.

Clemenceau, qui est décidé à assurer l'ordre, est donc obligé de louvoyer entre des majorités différentes selon les problèmes, tandis que l'hostilité de bien des radicaux (il n'est pas membre du parti radical) se renforce peu à peu, tout comme celle, prévisible, des socialistes. Son œuvre n'est pourtant pas négligeable : contre la droite en décembre 1906 il fait voter le rachat du réseau des chemins de fer de l'Ouest par l'Etat. Une loi de juillet 1906 rend le repos hebdomadaire obligatoire. Il laisse les fonctionnaires se syndiquer, sans publier de texte à leur sujet car les projets de statut des fonctionnaires ne sont pas adoptés. Et il fait voter l'impôt sur le revenu par la Chambre ; mais ce projet se heurte à l'opposition du Sénat. Et il ne développe guère la législation sociale. Il tombe en juillet 1909, usé par près de trois ans de pouvoir dans des conditions difficiles ; car il a dû assumer le passage d'une politique achevant de clore les problèmes du XIXe siècle, tout en faisant face à ceux du XXe.

A. Briand et les nouveaux horizons politiques (1909-1914)

A. Briand forme donc le nouveau gouvernement, le 24 juillet 1909, en conservant la plupart des ministres de Clemenceau. Il présente un programme placé délibérément sous le signe de la continuité : impôt sur le revenu, retraites ouvrières, statut des fonctionnaires et réforme électorale autour de la représentation proportionnelle, que demandent les socialistes (cela leur permettrait de se dégager des alliances locales avec les radicaux), mais que récusent bien des radicaux (elle leur semble dangereuse pour l'unité du « parti » républicain) et qu'acceptent modérés et conservateurs (ils pensent être ainsi mieux représentés à la Chambre). Pourtant, en dépit de cette orientation générale, le régime ne retrouve pas sa stabilité : durant les cinq années qui suivent, onze ministères se succèdent et Briand en préside quatre.

L'instabilité ministérielle s'explique, certes, par le passage des socialistes à l'opposition déclarée. Mais aussi, et surtout, par le manque de repères des formations politiques qui, habituées à raisonner en termes d'affrontement entre cléricaux et anticléricaux, ou entre royalistes et républicains, sur fond d'accord assez général sur la politique étrangère, éprouvent quelque difficulté pour se situer en face des problèmes qui apparaissent désormais. Force montante, le socialisme n'est pas moins divisé entre membres de la SFIO (fort loin d'être unanimes) et « indépendants » comme Briand, Viviani ou Zévaès, qui conservent la confiance de leurs électeurs, bien que certains doutent de leur socialisme, mal défini il est vrai.

Difficultés aussi dans le camp radical, car, comme l'écrivit Alain, « les radicaux se trouvèrent fort dépourvus quand la séparation fut venue ». Déjà perceptibles sous le ministère Clemenceau, les divisions des radicaux interdisent, en effet, la constitution de gouvernements stables. Une partie des radicaux, habitués depuis les années 1870 à se situer à la gauche de l'échiquier politique, et qui ont besoin des voix socialistes au second tour pour se faire élire, ont tendance à chercher à faire cause commune, sur certains points, avec les socialistes. D'autant plus que le socialisme jauressien, héritier, comme la pensée radicale, de la Révolution française, n'est pas pour les effrayer ; or il paraît peu à peu l'emporter sur le marxisme de Guesde au sein de la SFIO. A l'opposé une autre partie des radicaux, plus centriste, est choquée par l'agitation sociale, qui semble de nature à mettre en cause la propriété, et par le programme socialiste, surtout son pacifisme qui paraît en mesure de faire courir des risques à la patrie ; ils sont donc tentés par les alliances de centre. Au fond, bon nombre de radicaux sont devenus des notables — ils constituent, selon Ferdinand Buisson, « une classe de propriétaires qui travaillent et de travailleurs qui possèdent » —, qui ressentent au fond d'eux-mêmes une sorte de double appartenance : à la gauche dans le domaine de la politique intérieure (défense de la république parlementaire, défense de l'école laïque, etc.), mais plus au centre, voire à droite, en ce qui concerne la politique sociale, tout en se gardant d'oublier leurs racines patriotiques de 1870, ou de 1792, placées quant à elles au-dessus des contingences de droite et de gauche. La présence de Joseph Caillaux, membre de la bourgeoisie parisienne et inspecteur des Finances, parmi les leaders du parti radical de ces années d'avant-guerre est d'ailleurs une illustration du nouveau visage que prend peu à peu le radicalisme.

Manœuvrier habile, Briand parvient à jouer de cette conjoncture, tout en tentant de promouvoir des réformes[1]. Grand orateur parlementaire il est surtout un homme de compromis. Membre de tous les gouvernements entre juillet 1909 et mars 1913 (sauf un court moment en 1911) il joue alors un rôle central, avec pour objectif de « supprimer les affrontements idéologiques et les affrontements de classes » (Mad. Rebérioux). Les innombrables et infructueux débats autour de la question de la représentation proportionnelle entre 1910 et 1914, qui provoquent des regroupements hétéroclites, sont d'ailleurs un bon exemple de la vie politique de ce temps. Mais c'est au prix de la stabilité ministérielle, car dans ces conditions il y a autant de majorités que de problèmes. D'autant plus que la tension internationale se fait de plus en plus pressante.

Les élections d'avril-mai 1910, qui n'opposent plus une coalition à une autre, illustrent bien ce sentiment de déclin des idéologies. Les déplacements de voix ne sont pas très importants par rapport à 1906. Les socialistes gagnent une vingtaine de sièges (mais parfois avec l'aide des voix de la droite qui font payer aux radicaux les lois laïques), les radicaux en perdent une quinzaine, tandis qu'on remarque surtout un renouvellement des générations (avec

1. Il fait ainsi adopter par le Sénat une loi (votée en 1907 par la Chambre) sur les retraites ouvrières et paysannes le 5 avril 1910 (contre la CGT, qui la trouve dérisoire, et qui se méfie de l'Etat).

l'élection de 235 nouveaux députés). Les radicaux qui ont légèrement accru le nombre de leurs voix (tout en perdant des sièges) constituent à nouveau l'ossature de la Chambre, mais ils sont très divisés, indécis même sur bien des points ; car un certain nombre de députés radicaux, d'origine bourgeoise progressiste, ont accepté l'étiquette radicale pour entrer plus facilement dans la vie parlementaire, sans trop s'intéresser au programme radical, et ils sont indifférents à la défense de l'enseignement laïque et aux revendications ouvrières. Les incertitudes idéologiques, que l'on retrouve dans la plupart des partis, expliquent l'émiettement des députés au sein de 9 groupes parlementaires différents.

Briand reste au pouvoir après les élections. Il n'hésite pas, en octobre 1910, à briser une grève dans les chemins de fer en faisant appel à l'armée, ce qui consomme la rupture entre radicaux et socialistes et met fin aux longs ministères que la France connaissait depuis 1899. Ensuite, en effet, l'instabilité s'installe. Les débats traditionnels se poursuivent : en juin 1914, le Sénat finit par accepter l'impôt sur le revenu, moins par goût de la justice sociale que pour résoudre les difficultés financières induites par l'allongement du service militaire à trois ans. En effet, peu à peu, le paysage politique est envahi par la montée des périls extérieurs, qui provoquent naturellement de nouveaux débats.

Il serait faux d'imaginer qu'ils opposent une droite nationaliste et belliciste à une gauche antimilitariste et pacifiste. Il y a, certes, une frange d'extrême gauche antimilitariste. Influente à la CGT en 1906, elle perd de son audience dans le monde syndical à partir de 1911. A la SFIO Jaurès et ses amis sont certes d'esprit pacifique ; mais ils n'en sont pas moins patriotes. Ils souhaitent le maintien de l'entente internationale, grâce notamment au rôle des organisations ouvrières. Et si certains songent à la grève générale révolutionnaire contre la guerre, celle-ci, précisent-ils, doit avoir lieu conjointement dans tous les pays en guerre (de façon à l'empêcher) et il ne saurait être question pour eux de livrer la France à l'envahisseur, germanique et militariste de surcroît. On note par ailleurs un regain du nationalisme d'extrême droite, en particulier dans le monde étudiant, autour de l'Action française. Le fait massif reste, cependant, ce patriotisme foncier de l'immense majorité de l'opinion, qui refuse autant l'aventure que l'abandon, et sans lequel l'Union sacrée de 1914 serait incompréhensible. Il s'exprime en de nombreuses occasions, notamment lors de la difficile ratification par les Chambres de la convention franco-allemande de novembre 1911, destinée à mettre fin à la crise d'Agadir[1], et qui provoque une crise ministérielle. Cet état d'esprit explique aussi que, pour la première fois depuis 1879, en janvier 1913 ce n'est pas le candidat présenté par les gauches qui est élu président de la République (le radical Pams), mais au contraire l'énergique Lorrain Raymond Poincaré, républicain incontestable (spécialement en ce qui concerne la laïcité), mais également patriote sourcilleux et qui bénéficie de ce fait de voix venues de la droite.

C'est encore la politique étrangère qui alimente des derniers grands débats. En effet, Briand, revenu au pouvoir après l'élection de Poincaré, dépose en mars 1913, avec l'accord du président de la République, un projet de loi allongeant le service militaire à trois ans conforme aux souhaits de l'état-major. Les discussions sont passionnées et les radicaux se divisent ; Briand, renversé par le Sénat sur un autre problème, est remplacé par Barthou, qui fait entrer des ministres centre droit (pour la première fois depuis 1899). Et la conjonction des centres se réalise sur la loi des trois ans, votée le 7 juillet 1913 à la Chambre par 339 voix contre 223.

La perspective des élections législatives de 1914, et donc celle des désistements au second tour (puisque la représentation proportionnelle n'a pas été votée), ramène cependant le balancier vers la gauche, avec un gouvernement Doumergue, investi en décembre 1913. Fait significatif, les élections se font en partie sur le problème de la loi des trois ans, avec la constitution, au centre de l'échiquier politique de la « Fédération des gauches », qui réunit les partisans de la poursuite de la politique laïque, et du maintien de la loi des trois ans. Ceux-ci se révèlent, d'ailleurs, majoritaires, en dépit d'une progression de l'électorat de gauche (socialiste surtout). A la Chambre on compte 104 socialistes (et 24 républicains-socialistes) pour 172 radicaux, 180 radicaux modérés et centristes, et 120 députés de droite. On dénombre par ailleurs 11 groupes parlementaires !

Pour tenir compte de l'orientation à gauche de la nouvelle majorité, après un échec de Ribot, Poincaré fait appel au républicain-socialiste Viviani, qui, en dépit de l'opposition des socialistes SFIO à la loi des trois ans, annonce son maintien, tout en insistant pour que l'impôt sur le revenu soit enfin adopté, et obtient le 16 juin 1914 une large majorité (362 voix contre 139), car ce pro-

1. Cf. p. 564.

gramme correspond au sentiment du pays. Ayant pris conscience des dangers extérieurs, les Français entendent bien ne pas recommencer les erreurs des années 1868-1870 (non-application de la loi Niel et sous-estimation du danger allemand).

En cet été 1914, on peut donc dire que les républicains et les radicaux ont réussi le pari qu'il avaient engagé quarante-cinq ans plus tôt. Si le régime est encore contesté par certains, il est clair qu'il s'est enraciné et qu'il est de plus en plus solide. « Si vous avez résolu d'être patriote, vous serez obligatoirement royaliste », disait Maurras avant 1914. En gagnant un guerre d'une ampleur inégalée la république laïque allait démontrer le contraire.

VI – La France dans le monde : affrontement avec l'Allemagne et expansion coloniale

Entre 1848 et 1914, les relations internationales se modifient en profondeur, du fait en particulier du déclin démographique de la France. De leur côté, les progrès de l'industrie et des techniques transforment les méthodes diplomatiques. Les chemins de fer, la navigation à vapeur permettent la multiplication des rencontres directes entre hommes d'Etat. Le télégraphe puis le téléphone autorisent un considérable gain de rapidité. Leur emploi a des conséquences considérables : transmise par télégraphe, la « Dépêche d'Ems » est ainsi à l'origine (immédiate) de la guerre de 1870. Les nouvelles inventions en matière d'armements rendent les guerres plus meurtrières et renforcent l'importance de l'industrie. Sur terre l'évolution est rapide. Des explosifs plus puissants sont introduits (dynamite, mélinite). Les fusils gagnent en précision et en rapidité : Chassepot (1866), Gras (1874), Lebel (1886) à répétition. Essayée dès 1870 par l'armée française, la mitrailleuse est produite en masse à partir du début du XXe siècle par la manufacture de Saint-Etienne et par Hotchkiss. L'artillerie surtout accomplit de spectaculaires gains d'efficacité : surclassée en 1870 par le canon Krupp à chargement par la culasse, l'artillerie française prend l'avantage, à partir de 1897, grâce à l'adoption du canon de 75. Cet avantage se limite aux armes légères car, pour l'artillerie lourde, l'armée allemande conserve son avance en 1914.

Mobilisation et concentration des troupes bénéficient des chemins de fer : leur emploi explique en partie la victoire allemande de 1870. Conscients que toute nouvelle guerre serait terriblement meurtrière, hommes politiques et militaires en arrivent, entre 1871 et 1914, à la conception d'une guerre brève. Dans cette perspective l'essentiel est de disposer immédiatement d'une forte armée active, d'avoir des réserves entraînées mobilisables en moins d'un mois, d'écraser rapidement l'adversaire grâce à des plans stratégiques efficaces, d'accumuler d'énormes stocks d'armes et de munitions permettant de l'emporter en quelques mois. Un pays faiblement industrialisé, comme la Russie, peut, semble-t-il alors, soutenir la comparaison s'il achète à l'étranger les armements destinés à compléter ses stocks. Sur mer cependant, l'impératif de l'industrialisation apparaît plus tôt en raison du développement du blindage, de la puissance croissante de l'artillerie et de l'invention du sous-marin. Les conséquences diplomatiques des conceptions militaires sont considérables : un affaiblissement militaire ou financier peut contraindre un pays à des reculs diplomatiques, à l'exemple de la Russie en 1905 ; de même, la nécessité d'être prêt pousse à la course aux armements.

Les hommes d'Etat continuent de se référer à des principes communément admis qui limitent le jeu des volontés de puissance. Le premier de ces principes est celui de légitimité. Il consiste à affirmer que chaque Etat appartient à son souverain, héritier d'une dynastie. Tout changement de dynastie et *a fortiori* l'instauration d'une République constituent une usurpation. Toute conquête opérée par les armes est illégitime, sauf si le possesseur légitime concède à un autre souverain un territoire par un traité en bonne et due forme. Une guerre se termine obligatoirement par un armistice, qui suspend les opérations militaires, par des préliminaires de paix, qui jettent les bases d'une nouvelle répartition territoriale, puis un traité de paix définitif. Mais le principe de légitimité ne cesse de perdre de son importance au profit de l'idée de solidarité nationale, tandis que s'affaiblit l'idée d'une solidarité monarchique, symbolisée par les mariages entre membres des familles régnantes.

Second principe : celui de l'équilibre européen. Il suppose qu'aucune des grandes puissances européennes ne doit acquérir l'hégémonie en Europe. En ce cas en effet, une coalition des autres puissances se formerait contre lui : ainsi s'explique la prudence de Bismarck au lendemain de la victoire sur la France. En cas d'extension du territoire d'une grande puissance, les autres ont droit à des compensations (« défense du statu quo »). L'ensemble des grandes puissances a la responsabilité de maintenir un ordre satisfaisant en Europe, grâce au « Concert européen », sorte de directoire des grandes puissances imposant sa volonté aux petites et se traduisant par des réunions des ministres des Affaires étrangères (Paris, 1856), des premiers ministres (Berlin, 1878) ou le plus souvent d'ambassadeurs. Les petites puissances ne survivent que grâce aux rivalités des grandes, souvent sous la forme d'« Etats tampons ». Bien respecté tout au long du XIXe siècle, le principe de l'équilibre européen subit deux transformations d'importance : à partir de 1873, Bismarck inaugure un réseau d'alliances permanentes ; le système des compensations devenant de plus en plus difficile à appliquer à cause du développement du nationalisme, les puissances en transfèrent la pratique hors d'Europe.

En contradiction avec le principe de légitimité, fondé sur la prise de conscience de la solidarité entre les membres de la nation, le principe des nationalités se substitue progressivement au premier en Europe. Deux doctrines s'opposent à ce propos : la doctrine française, ou doctrine classique, fait de la nation un phénomène conscient et volontaire qui justifie le droit des peuples à disposer d'eux-mêmes (Renan, Fustel de Coulanges) ; la doctrine allemande, ou doctrine romantique, prétend que la nationalité est inconsciente et involontaire, affirmant que sont membres d'une nation, qu'ils le veuillent ou non, tous ceux qui ont pour langue maternelle la langue commune et les mêmes traditions populaires (Fichte, Mommsen). Le nationalisme ne cesse de se développer en Europe : initialement fort dans les vieux Etats déjà constitués (France, Grande-Bretagne, Russie), il apparaît aussi dans des aires géographiques composées d'Etats dispersés, mais parlant la même langue, suscitant des processus d'unification (Allemagne, Italie) avant d'ébranler les bases de vieux Etats historiques multi-ethniques (Empire ottoman, Empire austro-hongrois). Le sentiment national constitue l'une des principales forces politiques de la période 1851 à 1914. Dans chaque pays, des associations poursuivent des objectifs nationaux à connotations belliqueuses, à l'exemple de la Ligue des patriotes en France. Mais ce nationalisme rencontre deux types de résistance : celle des traditionalistes et celle des mouvements « internationalistes » qui veulent, à l'instar des Première et Seconde Internationales ouvrières, substituer la « solidarité de classe » des prolétaires de tous les pays à la solidarité géographique des citoyens d'une même patrie.

Il existe en effet, entre 1848 et 1914, des aspirations à l'organisation internationale. Si « l'internationalisation de la vie économique était alors à peu près complète » (Keynes), la liberté commerciale de passage est désormais mieux assurée dans les détroits turcs et danois ainsi que dans les canaux de Suez et de Panama.

Des commissions internationales font respecter la libre navigation sur le Rhin (depuis 1815) et le Danube (1856). Une coopération internationale régulière, impliquant l'existence d'administrations permanentes, favorise les communications internationales, comme dans le cas de l'Union télégraphique internationale (1865) et de l'Union postale universelle (1878). Des associations internationales de caractère privé se développent également, dont la Croix-Rouge internationale, fondée en 1864 par le Suisse Henri Dunant, fournit un bon exemple. Mais la coopération technique ne s'accompagne pas d'une coopération politique. L'idée d'une Fédération européenne (Proudhon, Bastiat, Michel Chevalier), pas plus que celle des « Etats-Unis d'Europe » (Victor Hugo en 1849), ne dépasse le stade du rêve de grands esprits. La seule amorce d'organisation internationale réside dans la création, en 1899, par le Congrès de La Haye, d'une cour permanente d'arbitrage, soutenue par la Grande-Bretagne, la France, les Etats-Unis et même la Russie, mais dont la compétence n'est pas obligatoire en cas de conflit. En 1914, il n'existe donc aucune organisation politique internationale. C'est dans ce contexte que s'inscrit la double ambition française : celle d'assurer sa prépondérance en Europe continentale, avec Napoléon III, puis, pour compenser un face-à-face prolongé avec l'Allemagne, celle de l'affirmation de la puissance coloniale et impérialiste.

La politique extérieure de Napoléon III

En 1850, nonobstant les révolutions de 1848, le statu quo a été maintenu depuis 1815. Au contraire, de 1850 à 1870, l'action personnelle de Napoléon III rejoint l'affirmation des nationalismes pour favoriser un changement fondamental de la carte de l'Europe vers la prépondérance continentale.

Les buts de Napoléon III

Même s'il est difficile de connaître les vues de l'Empereur sur la politique extérieure, il est certain qu'il a hérité, par sa mère, d'un sens certain de la grandeur de la France et d'une haine des traités de 1815. Il se veut l'héritier de Napoléon Ier, mais il s'en fait une idée toute personnelle. De tempérament généreux et mystique, d'esprit cosmopolite, il se dit le « premier des Européens » (Ch.-H. Pouthas). Il croit que la mission de la France consiste en « une régénération de l'Europe par les nationalités ». Pacifique (« l'Empire, c'est la paix »), il ne veut cependant pas que cette paix soit acquise au prix de concessions. Tenant du principe des nationalités, il aidera de manière inlassable à la formation des nations en Europe, contre toutes les oppositions — celle des catholiques à propos de l'Italie. Il n'en percevra les dangers qu'à la fin de son règne. En revanche, il est difficile de savoir s'il a vraiment voulu donner à la France des « frontières naturelles », même s'il annexe la Savoie et Nice et s'il revendique en 1866 une partie de la Rhénanie et de la Belgique. Surtout, à la différence de son oncle, il recherche en priorité l' « Entente cordiale » avec l'Angleterre. Sa politique est très personnelle et ses ministres ne sont que des exécutants. Ferme dans la décision, il est indolent dans l'action, ce qui explique son échec face à Bismarck. Il tient peu compte de l'opinion, par ailleurs divisée : aux saint-simoniens pacifistes et libre-échangistes (les frères Pereire, M. Chevalier) s'oppose le groupe des impérialistes belliqueux (Persigny, chefs militaires), les catholiques constituant une troisième tendance défavorable à l'unité italienne, mais partisane d'une politique active au Mexique et en Cochinchine. Attaché aux congrès entre grandes puissances, il ne peut en organiser qu'un seul, celui de Paris en 1856.

Affirmation face à la puissance russe : la guerre de Crimée

Ce dernier met un terme à la guerre de Crimée. Elle est provoquée par le réveil de la question d'Orient, qui découle des ambitions des puissances européennes en Méditerranée orientale : pour la Russie, protectrice des chrétiens orthodoxes des Balkans, le contrôle des détroits turcs (Bosphore et Dardanelles) ; pour la Grande-Bretagne, assurer la sécurité de la route des Indes, et donc l'intégrité de l'Empire ottoman et la fermeture des détroits ; pour la France, protéger les catholiques de l'Empire ottoman et renforcer son influence économique et culturelle en Egypte ; pour l'Autriche, s'opposer à une hégémonie russe sur les Balkans. Or, le tsar Nicolas Ier supporte mal l'application de la Convention des Détroits de 1841 qui a réalisé les objectifs britanniques, d'autant que les populations chrétiennes se révoltent périodiquement contre le sultan de Constantinople et sont durement réprimées. De plus les relations franco-russes se dégradent, les orthodoxes soutenus par la Russie et les catholiques appuyés par la France de Napoléon III se disputant âprement la possession d'une douzaine de sanctuaires à Bethléem, Jérusalem et Nazareth. En dépit du compromis du début de 1853, l'affaire rebondit. En avril-mai 1853, le prince Menchikov, ministre russe de la Marine, se rend à Constantinople et y revendique la reconnaissance d'un véritable protectorat de la Russie sur les orthodoxes de l'Empire ottoman. Devant le refus du sultan, soutenu par l'Angleterre et par la France, Nicolas Ier fait envahir les principautés roumaines appartenant à l'Empire. Le 4 octobre 1853, le sultan déclare la guerre à la Russie. Mettant à profit les hésitations de la Grande-Bretagne et de la France à intervenir, le 30 novembre, les Russes détruisent entièrement la flotte turque à Sinope. La France et la Grande-Bretagne décident alors d'envoyer leurs escadres à Constantinople pour protéger la ville, ce qui conduit la Russie à rompre ses liens diplomatiques avec les deux puissances occidentales. En mars 1854, la France et l'Angleterre signent un traité d'alliance avec la Turquie et, le 27, n'ayant pas eu de réponse russe à leur ultimatum, déclarent la guerre à la Russie.

Les corps expéditionnaires français et britannique, respectivement commandés par le maréchal de Saint-Arnaud et par Lord Raglan, interviennent en Dobroudja, mais échouent. Si les Russes évacuent finalement les principautés roumaines, ils ne s'exécutent que devant la menace d'une intervention autrichienne, tandis qu'une épidémie de choléra frappe les troupes franco-anglaises. Les deux gouvernements alliés croient possible de détruire rapidement la puissance navale russe en mer Noire. Leurs troupes débarquent en Crimée le 14 septembre 1854, et, avec l'appoint d'un corps expéditionnaire turc, font le siège de la seule grande base navale russe de mer Noire, Sébastopol. Mais le siège s'enlise, du fait entre autres de la supériorité de l'artillerie russe et de l'accumulation des souffrances pour les troupes assiégeantes : froid, choléra, dysenterie, scorbut, typhus. En dépit de victoires remportées sur les renforts russes à Balaklava (25 octobre, grâce à la charge de la « brigade légère ») et à Inkerman (5 novembre), la situation empire, suscitant une crise ministérielle en Grande-Bretagne, où le libéral Palmerston devient premier ministre en février 1855. Cette date voit cependant un retournement majeur : l'arrivée de renforts et l'accession du général Pélissier à la tête du corps expéditionnaire français. Disposant désormais de la supériorité numérique, les alliés engagent une dure guerre de tranchées, marquée par la prise des forts du Mamelon Vert (6-7 juin) et de Malakoff (8 septembre) et débouchant le 10 septembre sur la prise de la ville.

La médiation autrichienne de décembre 1855, à laquelle se joint le roi de Prusse, amène le nouveau tsar Alexandre II à céder, d'autant que le 26 décembre 1855 le Piémont s'est joint à l'expédition de Crimée. Le Congrès de Paris réunit tous les belligérants, y compris le Piémont, l'Autriche et la Prusse. Présidé par le ministre français des Affaires étrangères Walewski, le Congrès constitue pour Napoléon III une revanche du Congrès de Vienne. Le traité, signé le 30 mars 1856, prévoit la neutralisation de la mer Noire, assure l'intégralité territoriale de l'Empire ottoman, l'autonomie des principautés de Moldavie et de Valachie, ainsi que l'internationalisation du Danube, garantie par la constitution d'une Commission européenne. En revanche, Napoléon III échoue dans son rêve de révision des traités de 1815 et de reconstitution de la Pologne. S'ouvre alors une phase de rapprochement avec la Russie, marquée par l'envoi de Morny comme ambassadeur à Saint-Pétersbourg, où il travaille à développer les investissements de capitaux français fournis par le Crédit mobilier des frères Pereire en vue de la construction de chemins de fer et d'industries. Il échoue cependant dans sa volonté d'une alliance politique franco-russe : la crise économique de 1857 oblige Napoléon III à s'assurer l'appui du banquier James de Rothschild, rival des Pereire, et l'Empereur ne veut pas d'une alliance avec la Russie sans l'Angleterre. En 1857 encore, le roi Guillaume de Wurtemberg ménage une entrevue entre Napoléon III et Alexandre II à Stuttgart, le 25 septembre, mais le traité de neutralité alors envisagé n'est pas signé. Manifeste lors de la guerre franco-autrichienne de 1859, l'amitié franco-russe est remise en cause en 1863, lorsque éclate la révolte polonaise, dont Napoléon III soutient les revendications nationales. Dans les Balkans, l'Empereur soutient la politique des nationalités. En Moldavie-Valachie, il favorise, contre la Turquie, l'Autriche et l'Angleterre, l'accession au pouvoir, en 1859, d'Alexandre Couza comme gouverneur des deux principautés. Il l'appuie encore lorsqu'en 1864 Couza fait un coup d'Etat, unifie les deux principautés, sécularise les couvents et émancipe les paysans. Mais Couza est renversé en 1866. Pour aider le pays à trouver une solution à la crise qui le secoue, Napoléon III favorise la candidature au titre de prince de Roumanie du prince Charles de Hohenzollern (branche catholique de la famille royale prussienne). L'Empereur soutient aussi le Monténégro, dont le prince Danilo se rend indépendant en 1858. Il fait reconnaître cette indépendance par une conférence européenne en novembre et sauve, en 1862, le prince Nicolas, successeur de Danilo, d'une expédition victorieuse des Turcs. Napoléon III protège enfin les Serbes, qui appellent des instructeurs français pour organiser leur armée.

Réalités et limites de l'appui à l'Italie

Premier ministre du royaume de Piémont depuis 1852, Cavour pensait que le Piémont devait trouver un allié. Il porte très tôt son choix vers Napoléon III, avec l'appui de qui il compte éliminer les Autrichiens de la péninsule et étendre l'influence piémontaise à toute l'Italie du Nord. Parlant mieux le français que l'italien, Cavour cultive les sentiments italophiles de Napoléon III et lui démontre que le Piémont est un Etat ordonné et sûr. Dès janvier 1855, il adhère à l'alliance franco-britannique contre la Russie et parvient à participer au Congrès de Paris, où il négocie en secret avec l'Empereur et dénonce la présence autrichienne en Italie. Cet appui français à la cause italienne paraît compromis lorsque, le 14 janvier 1858, le comte Felice Orsini, l'un des fondateurs de la République romaine en 1849, essaie de tuer Napoléon III. Mais la situation se retourne quand Orsini, au moment d'être exécuté, adresse à l'Empereur une lettre où il déclare : « Délivrez l'Italie et les bénédictions de 25 millions d'Italiens vous accompagneront. » Cette lettre est, contre toute attente, publiée dans *Le Moniteur*.

Par l'entremise entre autres d'un Piémontais naturalisé et ami de l'Empereur, Bixio, et à la demande du prince Jérôme, Napoléon III invite Cavour à Plombières (Vosges), où il prenait les eaux. Secrète, la rencontre n'est connue que par le récit de Cavour. L'Empereur lui aurait promis d'attaquer l'Autriche au moment opportun, en comptant sur l'appui russe et sur la neutralité anglaise et prussienne. L'Autriche chassée d'Italie, celle-ci serait divisée en quatre Etats : un royaume de Haute-Italie (Piémont plus Lombardie-Vénétie plus duchés de Parme et de Modène plus Romagne pontificale) ; un royaume d'Italie centrale (Toscane plus Marches et Ombrie pontificales) ; un Etat pontifical réduit ; le royaume de Naples, où les Bourbons pourraient être remplacés par un Murat. Les quatre Etats constitueraient une Confédération italienne, sous la présidence du pape. En échange, la France recevrait la Savoie et Nice. De plus le prince Jérôme épouserait Clotilde, fille de Victor-Emmanuel II. En dépit de difficultés nombreuses, un traité est finalement signé le 23 janvier 1859, qui prévoit une alliance défensive et offensive. En cas d'agression autrichienne, la France viendrait au secours du Piémont. Contre l'attribution à la France de la Savoie et de Nice, un royaume de Haute-Italie serait constitué, qui supporterait les frais de la guerre, tandis que le pouvoir temporel du pape serait maintenu. Si, du côté italien, l'on se prépare activement à la guerre, Napoléon III, lui, tergiverse, tandis que l'Angleterre et les Etats allemands prêchent la prudence. Le 18 mars 1859, Napoléon III propose de réunir un Congrès international pour régler le conflit austro-piémontais. Cavour ne peut fléchir l'Empereur. Mais l'Autriche qui, à l'instar du Piémont, a mobilisé ses troupes et se trouve dans une position financière difficile, ne peut supporter longtemps les frais d'entretien d'une armée sur pied de guerre. Le 20 avril, elle lance un ultimatum au Piémont, qu'elle somme de désarmer. Le Piémont l'ayant rejeté, l'Autriche lui déclare la guerre, provoquant l'intervention de la France au côté du royaume piémontais.

La guerre est courte. Les troupes autrichiennes perdent du temps, ce qui permet aux Français d'arriver par mer (Gênes), par la côte et par le Mont-Cenis. Les Français battent les Autrichiens à Magenta le 4 juin, puis les troupes franco-italiennes entrent à Milan le 7. Tandis que Garibaldi guerroie dans les Alpes, des mouvements révolutionnaires éclatent dans les petits duchés et en Romagne évacuée par les Autrichiens. Les troupes franco-piémontaises rencontrent ces derniers à Solférino, le 24 juin : les Autrichiens sont vaincus mais non détruits et battent en retraite. Renonçant à engager la bataille décisive, Napoléon III signe le 8 juillet un armistice avec l'empereur d'Autriche, François-Joseph. Les deux empereurs se rencontrent à Villafranca et le 12 des préliminaires de paix sont signés : l'Autriche remet à la France la Lombardie annexée au Piémont, mais non la Vénétie. Les duchés de l'Italie centrale seraient restaurés ainsi que les Etats pontificaux. Une Confédération serait créée englobant les sept Etats italiens. Ce revirement de Napoléon III s'explique par plusieurs facteurs : les horreurs auxquelles avait donné lieu la bataille de Solférino, son hostilité aux révolutions populaires, le développement en Allemagne d'un mouvement patriotique, antifrançais et pro-autrichien. Il entraîne la démission de Cavour.

Cependant, à la nouvelle de Magenta, les duchés de Parme et de Modène, le grand-duché de Toscane et la Romagne (nord des Etats pontificaux) se soulèvent et chassent leurs souverains et le cardinal légat, rendant impossible l'application du traité de Zurich (10 novembre 1858), issu de Villafranca. Partout se créent des gouvernements provisoires de caractère dictatorial, unis entre eux par une ligue militaire, et des assemblées constituantes qui proclament leur volonté d'être annexées au Piémont. Les positions de Napoléon III évoluent, d'autant que l'Autriche est trop affaiblie pour intervenir. Il négocie avec Cavour son retour au pouvoir le 23 décembre contre l'annexion au Piémont de l'Emilie (Parme, Modène, Romagne) et de la Toscane, suite à un plébiscite. En mars 1860, l'Empereur obtient par le traité du 2 mars l'union de la Savoie et de Nice à la France. Cette annexion est ratifiée à une forte majorité par le Parlement italien. Les nouvelles d'Italie centrale encouragent l'agitation nationale dans les Etats pontificaux et le royaume de Naples. Avec l'accord tacite de Cavour, qu'il déteste, Garibaldi conquiert la Sicile de mai à juillet 1860, puis Naples le 6 septembre. Cavour convainc Napoléon III du danger que Garibaldi fait peser sur les Etats pontificaux. Fort de l'aval de l'Empereur, Cavour ordonne aux troupes piémontaises d'envahir les Marches et l'Ombrie, le 11 septembre. Victorieux des troupes pontificales du général français Lamoricière le 18 septembre à Castelfidardo, les Piémontais marchent à Naples, où Garibaldi se rallie à Victor-Emmanuel II. Ces annexions sont ratifiées peu de temps après par plébiscites.

Cavour comprend cependant que Napoléon III ne permettra pas l'annexion de Rome, à cause des pressions des catholiques français. Il organise, en janvier 1861, des élections générales en Italie et, le 23 mars, obtient des Chambres que Victor-Emmanuel II soit proclamé roi d'Italie. Napoléon III cherche cependant une solution à la question romaine. La Convention du 15 septembre 1864 prévoit que les troupes françaises évacueront Rome dans un délai de deux ans. A l'inverse, le gouvernement italien s'engage à respecter le territoire pontifical et adopte Florence comme capitale. Mais la Convention irrite le pape et mécontente les démocrates italiens (Mazzini), tandis que la population de Turin s'agite, obligeant à une répression sanglante. En décembre 1866, il n'y a cependant plus de troupes françaises à Rome. A cette date, l'Italie vient d'annexer la Vénétie. Le 20 juin, elle a déclaré la guerre à l'Autriche, cinq jours après son alliée, la Prusse. Battue sur terre (Custozza) et sur mer (Lissa), l'Italie reçoit cependant la Vénétie, que l'Autriche a cédée à la France, pour prix de sa neutralité, par traité du 3 octobre. L'annexion de la Vénétie accroît les ambitions italiennes sur Rome. Garibaldi y ayant suscité une insurrection les 22 et 23 octobre, le gouvernement français débarque des troupes à Civitavecchia. Elles battent celles de Garibaldi à Mentana (4 novembre 1867), suscitant une grande indignation en Italie. Mais, lorsque s'engage la guerre de 1870, dès août, le corps expéditionnaire français est rappelé. Les troupes italiennes envahissent les Etats pontificaux dont l'annexion est massivement plébiscitée à l'automne.

L'expansion outre-mer

Ni la Restauration, ni la monarchie de Juillet, ni la IIe République n'ont eu de politique coloniale très active. En 1848, du Premier Empire français, il ne subsiste, en Amérique, que la Martinique, la Guadeloupe, Saint-Pierre-et-Miquelon et quelques postes sur la côte de Guyane ; dans l'océan Indien, ne restent que l'île de la Réunion et cinq établissements non fortifiés sur la côte de l'Inde. En Afrique, la France possède quelques établissements côtiers dont un seul, Saint-Louis du Sénégal, est d'importance significative. Des négociants de Marseille et Bordeaux sont en particulier installés sur les côtes de Guinée et du Gabon. En outre, le gouvernement de Louis-Philippe a, pour des raisons stratégiques, pris possession des Comores au nord de Madagascar, de Tahiti et des îles Marquises dans le Pacifique. Le seul territoire susceptible d'un peuplement européen est l'Algérie, dont la conquête vient de s'achever en 1847 par la reddition d'Abd el-Kader. Mais les régions montagneuses du nord, Petite et Grande Kabylie, les oasis du Sud ne seront pacifiées qu'entre 1850 et 1872. En 1848, les colonies demeurent avant tout une affaire commerciale. Elles ont pour but d'enrichir la métropole, ce qui implique la pratique de l'esclavage, entretenue par la traite des Noirs, et le système du pacte colonial ou de l'exclusif : les colonies ne peuvent acheter qu'à la métropole les biens qui leur sont nécessaires, ne peuvent vendre leurs produits qu'à elle, le transport ne pouvant se faire que grâce aux bateaux de la métropole. Le 27 avril 1848, un décret du gouvernement provisoire supprime l'esclavage dans les colonies françaises, à l'initiative de philanthropes comme Alexis de Tocqueville et Victor Schoelcher. En revanche, il faut attendre le traité Cobden-Chevalier du 23 janvier 1860 pour que soit aboli l'exclusif colonial : une loi de juillet 1861 y met officiellement fin.

Renforcement de l'implantation du Sénégal et en Algérie

Napoléon III se lance, surtout à partir de 1858, dans une politique d'expansion et d'intervention outre-mer. Il le fait à la fois par souci de prestige et par besoin de se concilier les catholiques en protégeant les missionnaires. Sa politique demeure désordonnée, malgré les efforts de Chasseloup-Laubat, ministre de la Marine de 1860 à 1867. Au Sénégal, le colonel Faidherbe arrive comme gouverneur en 1854. Ancien polytechnicien, mais mal noté pour ses convictions républicaines et anti-esclavagistes, il reste en poste jusqu'en 1861, puis à nouveau, de 1863 à 1865. Au nord du Sénégal, il lutte l'hiver contre les Maures et réussit à assurer la sécurité du commerce traditionnel de la gomme. L'été, il profite des hautes eaux du fleuve Sénégal pour combattre le chef des Toucouleurs, le marabout El Hadj Omar. La construction du poste de Médine, en 1865, lui assure le contrôle de toute la vallée du fleuve. Il organise aussi l'administration du pays conquis, développe le port de Dakar, ouvre de nombreuses écoles, mais maintient prudemment les chefs traditionnels. Il développe la culture de l'arachide, faisant du Sénégal une colonie de production fort prospère.

Napoléon III s'intéresse initialement peu à l'Algérie. Mais la pacification se poursuit. Nommé gouverneur général le 11 décembre 1851, le général Randon s'empare au sud des oasis du Mzab, de Touggourt et du Souf, puis conquiert la Kabylie en capturant en 1857 la prophétesse Fatma, héroïne de la résistance, et en édifiant le poste de Fort-Napoléon (puis Fort-National). Par ailleurs, la colonisation se renforce. Dès le 23 septembre 1848, l'Assemblée constituante vote un crédit de 50 millions de francs pour le transfert de citoyens indigents devant recevoir de 2 à 10 ha par famille : il en vient 21 000, dont la moitié s'installent définitivement. Un nouvel afflux se produit avec la déportation en Algérie des milliers de républicains victimes du coup d'Etat de 1851. Randon offre des terres aux colons par le système du « cantonnement », qui consiste à prélever des terres sur les domaines des tribus tout en leur accordant la propriété définitive du reste. A partir de 1858, Napoléon III se préoccupe beaucoup plus de l'Algérie. Un décret du 24 juin crée un ministère de l'Algérie et des Colonies confié au prince Jérôme. Ce dernier veut remplacer le régime militaire par un régime civil et assimiler les musulmans. Mais, par suite de sa démission, le régime militaire, avec un gouverneur général, est rétabli le 10 décembre. Ismaël Urbain, saint-simonien devenu musulman, pousse Napoléon III à opter pour la politique du royaume arabe, soutenue par les militaires. La colonisation est freinée et un sénatus-consulte de 1865 déclare que l'Algérie est « à la fois un royaume arabe, une colonie européenne et un camp français ». La nouvelle politique demeure incertaine : l'Empereur hésite entre une politique de développement de la colonisation européenne et une politique favorable aux Arabes, à qui il est offert en 1865 de devenir citoyens français en conservant leur statut musulman (seul un très petit nombre usent de ce droit).

Pénétration au Levant et en Extrême-Orient

Sous l'Empire, l'influence française se développe au Levant, grâce entre autres au percement du canal de Suez (1859-1869), réalisé malgré les résistances britanniques. Mais la France se veut aussi la protectrice des catholiques dans l'Empire ottoman. Si l'article 9 du traité de Paris du 30 mars 1856 confie cette protection au sultan, le pouvoir de ce dernier ne suffit pas à maintenir l'ordre. En 1860, des Maronites (catholiques de rite oriental) se soulèvent en vue de créer un Etat démocratique autonome. Avec la complicité du Pacha de Beyrouth, les Druses (musulmans) réagissent avec brutalité. Devant le massacre des Maronites, Napoléon III propose une expédition, dont les Britanniques obtiennent qu'elle soit limitée à six mois. Mais l'Empereur envoie 6 000 hommes et obtient du sultan la nomination d'un gouverneur chrétien.

L'intervention française en Extrême-Orient ressort également de motifs religieux : il s'agit de protéger les missionnaires français en proie, depuis 1833, à la persécution. A l'issue d'une expédition franco-anglaise en Chine (1857-1858), Napoléon III demande à l'amiral Rigault de Genouilly, commandant de l'escadre française, d'intervenir en Indochine contre l'empereur d'Annam Tu Duc, très hostile aux chrétiens. L'amiral décide de s'installer en Cochinchine, qui fournit l'Annam en riz. En février 1859, la citadelle de Saigon est occupée. Par suite de la reprise du conflit avec la Chine, la garnison française de Saigon doit faire face à un long siège. Le traité de Pékin d'octobre 1860 met fin aux hostilités et Saigon est délivrée en février 1861. Successeur de Rigault, l'amiral Charner procède à l'occupation des trois provinces de l'est de la Cochinchine jusqu'à Mytho et Biên-Hoa. En dépit des hésitations gouvernementales, Chasseloup-Laubat et l'amiral de La Grandière, nommé gouverneur de Cochinchine, font décider le maintien de la présence française. De 1863 à 1870, La Grandière établit le protectorat français sur le Cambodge, menacé par ses voisins, le Siam, à l'ouest, l'Annam, à l'est. Doudart de Lagrée, représentant français, obtient du roi Norodom un traité le protégeant contre le Siam, le 11 août 1863, puis amène, en 1867, le Siam à renoncer à tout droit sur le Cambodge hormis les provinces du Mékong, notamment celle d'Angkor. Par ailleurs, La Grandière conquiert en 1866-1867 les trois provinces occidentales, siège de la résistance annamite contre la France : Tu Duc les ayant cédées, la France occupe désormais toute la Cochinchine. Enfin, Chasseloup confie à Doudart de Lagrée une mission d'exploration le long du Mékong en vue d'une pénétration en Chine du Sud. Si la mission déçoit sur ce point, Doudart de Lagrée établit cependant l'influence française sur les petits royaumes du Laos. Après son décès, son adjoint Francis Garnier ramène l'expédition par la Chine (Yang-Tsê Kiang, Changhai) établissant que la voie de pénétration recherchée est la Sông-Kôi ou fleuve Rouge qui aboutit au Tonkin.

L'échec mexicain

L'expédition du Mexique s'apparente à celles de Syrie et d'Annam. Elle n'a certes pas pour but l'installation d'une colonie française, mais elle ressort de la volonté de l'Empereur de protéger les catholiques mexicains, alors en guerre civile contre les libéraux anticléricaux dirigés par Juarez. D'autres facteurs jouent également. Napoléon III, pendant sa captivité au fort de Ham, a beaucoup étudié l'Amérique centrale. Il en conclut qu'en installant au Mexique un régime stable, monarchique, sous influence française, il serait possible d'y créer une zone privilégiée pour le commerce français. Or, les étrangers établis au Mexique, Anglais, Français, Espagnols, souffrent de la guerre civile et réclament des dédommagements. Les créanciers européens veulent obtenir le remboursement de leurs mises de fonds. Le Suisse Jecker est l'un d'eux. Au prix d'une commission de 30 %, il obtient l'appui de Morny. Enfin, les Etats-Unis, parce que plongés dans la guerre de Sécession, se trouvent dans l'impossibilité de faire respecter la « doctrine de Monroe », qui interdit aux Européens d'intervenir en Amérique.

Napoléon III s'associe à l'Angleterre et à l'Espagne. Par convention du 31 octobre 1861, les trois Etats décident une expédition commune pour obliger les Mexicains à s'acquitter de leurs dettes. Ils débarquent des troupes, mais rapidement Britanniques et Espagnols se retirent, les premiers, parce que peu favorables à l'établissement d'une monarchie, les seconds, parce qu'ils la veulent avec un prince espagnol. L'Empereur décide d'agir seul. Ses troupes conquièrent Puebla (17 mai 1863), puis Mexico (7 juin 1863). Une assemblée de notables propose la couronne à Maximilien de Habsbourg, frère cadet de François-Joseph d'Autriche et époux de Charlotte de Saxe-Cobourg, fille de Léopold Ier, roi des Belges. En avril 1864, Maximilien accepte et renonce à ses droits sur le trône d'Autriche. Le 12 juin, il entre solennellement à Mexico. Mal soutenu par le clergé et défendu par le seul corps expéditionnaire français (30 000 hommes commandés par Bazaine), Maximilien se heurte à la résistance acharnée des partisans de Juarez, qui tient le nord et le sud du pays. Avec la fin de la guerre de Sécession, les Etats-Unis exigent le retrait des troupes françaises. Le 15 janvier 1866, Napoléon III annonce un désengagement progressif. En dépit de la venue à Paris de l'impératrice Charlotte qui sombre peu après dans la folie, la décision n'est pas rapportée. Resté seul, Maximilien est fait prisonnier par Juarez et fusillé à Queretaro le 19 juin 1867. Les difficultés franco-prussiennes en Europe n'avaient pas été pour rien dans son abandon par Napoléon III.

La fin de la prépondérance française

C'est en effet l'affrontement franco-prussien de 1870-1871 qui ruine la prépondérance continentale de la France.

Les origines du conflit

La rivalité austro-prussienne au sujet de l'Allemagne s'est achevée au profit de la Prusse, grâce à l'action d'Otto von Bismarck (1815-1898), devenu chancelier en 1862 après une brillante carrière de diplomate, au cours de laquelle il a rencontré Napoléon III (à l'Exposition universelle de Paris en 1855) et a été ambassadeur en France, de mai à septembre 1862. Une fois au pouvoir, il se concilie l'amitié russe en soutenant le tsar durant la révolte polonaise de janvier 1863. Il neutralise les grandes puissances à l'occasion de la guerre des duchés : ainsi la France où l'Empereur propose en vain qu'un plébiscite soit organisé dans ces duchés. Décidé à engager le conflit avec l'Autriche, Bismarck cherche à gagner l'appui de Napoléon III. Il le rencontre plusieurs fois à Biarritz début octobre 1865 et en revient convaincu que la France le laissera agir, contre l'appui fourni à l'Italie pour l'annexion de la Vénétie. Il peut ainsi vaincre l'Autriche (victoire de Sadowa le 3 juillet 1866). A la demande de l'Autriche, la France offre sa médiation : elle est diplomatique et non armée, comme le propose Drouyn de Lhuys, ministre des Affaires étrangères. Elle aboutit au traité de Prague, qui exclut l'Autriche de l'Allemagne et lui enlève le duché de Holstein. Si quatre Etats de l'Allemagne du Sud, les royaumes de Bavière et de Wurtemberg ainsi que les grands-duchés de Bade et de Hesse-Darmstadt restent indépendants, ils ne constituent pas, comme l'aurait souhaité Napoléon III, une confédération d'Allemagne du Sud, car, entre le 13 et le 28 août 1866, ils signent avec la Prusse des traités d'alliance offensive et défensive.

La création, autour de la Prusse, d'une puissante Confédération d'Allemagne du Nord révèle à l'Empereur les dangers de la politique des nationalités. Le conflit est en germe entre la France et la Confédération. La première source en est la politique des compensations demandées par la France face à l'agrandissement de la Prusse. La diplomatie française accumule les maladresses : revendications par Drouyn de Lhuys du retour à la frontière de 1814 et du Luxembourg dès le 23 juillet 1866, réitéré le 29 juillet avec en plus le Palatinat bavarois. Bismarck refuse à chaque fois et Napoléon III doit désavouer son ministre des Affaires étrangères, qui démissionne. En revanche, la France s'aliène la sympathie des Etats d'Allemagne du Sud. En août, le gouvernement français demande la Belgique. Bismarck feint d'être d'accord : en réalité, il détient une arme efficace, dont il se sert en 1870 pour écarter la Belgique et l'Angleterre de la France. Cette dernière connaît un nouvel échec au début de 1867 lorsqu'elle exige le Luxembourg : sous la pression d'une opinion publique savamment alertée, Bismarck met fin presque aussitôt à la négociation. Devant le danger, Napoléon III entreprend de renforcer l'armée française, mais la réforme militaire est sabotée par le Corps législatif qui ne veut pas heurter une opinion hostile. L'Empereur cherche des alliés. Il sait ne pas pouvoir compter sur la Russie et tente, sans succès, de constituer une Triple-Alliance Autriche-France-Italie. Elle échoue sur la question romaine. Par ailleurs, en dépit de discussions approfondies avec l'Autriche, aucun traité n'est signé.

La dégradation des relations avec la Confédération de l'Allemagne du Nord se trouve précipitée par la candidature d'un Hohenzollern au trône d'Espagne. En septembre 1868, les Espagnols ont chassé leur reine Isabelle, dont ils jugeaient la conduite scandaleuse. Ils cherchent un roi. Sans doute payé par Bismarck, un député espagnol propose la candidature du prince Léopold de Hohenzollern-Sigmaringen, frère de Charles de Roumanie, idée acceptée le 17 février 1870 par le général Prim, chef du gouvernement espagnol. La réaction française est vive : devant celle-ci, soutenue par les autres grandes puissances, l'Espagne renonce à son projet et le roi de Prusse obtient, le 11 juillet 1870, le retrait de la candidature de son cousin. Mais le ministre des Affaires étrangères exige une renonciation par le gouvernement prussien et non par la famille de Hohenzollern. Benedetti, ambassadeur français à Berlin, rencontre Guillaume Ier à Ems, où ce dernier prenait les eaux, le 13 juillet au matin. Le roi de Prusse refuse de s'engager. L'après-midi, un aide de camp vient trouver Benedetti, qui sollicitait une nouvelle audience pour lui dire que le roi ne peut le recevoir, mais qu'il approuve sans réserve le désistement. Bismarck décide de tirer parti de ces démarches. Il prépare, à l'intention de la presse, un texte provocateur, la Dépêche d'Ems : « Le roi a refusé de voir l'ambassadeur et lui a fait dire par l'aide de camp de service qu'il n'avait plus rien à lui communiquer. » La réaction française est très violente. Le 14 juillet, le Conseil des ministres discute de la convocation des réserves et Napoléon III se rallie, sous la pression de l'impératrice, à une politique de force. Le 15 juillet, le Corps législatif vote les crédits nécessaires à la mobilisation. Une offre de médiation anglo-russe est rejetée et, le 19 juillet, la France déclare la guerre à la Prusse, aussitôt rejointe par les quatre Etats du Sud.

La France n'est pas prête militairement. A l'inverse, le commandement prussien dispose d'atouts remarquables : emploi méthodique du télégraphe et du chemin de fer, officiers et généraux excellents. Côté français, la mobilisation s'opère dans le désordre et l'armée manque de chefs à la hauteur. Si le fusil français Chassepot l'emporte sur le fusil prussien Dreyse, les canons Krupp, en acier et à chargement par la culasse, surclassent totalement ceux, en bronze, des Français. Au début du mois d'août, ceux-ci ne peuvent guère aligner que 265 000 hommes contre plus de 500 000 pour leurs adversaires. La France est enfin isolée diplomatiquement par suite de la neutralité austro-hongroise, liée à la menace russe d'intervention aux côtés de la Prusse. En outre, sous la pression de Gramont, de l'impératrice et des catholiques, Napoléon III renonce à l'idée d'évacuer Rome, qui aurait sans doute permis une médiation armée austro-italienne. A l'annonce des premières défaites, le 6 août, le gouvernement d'Emile Ollivier prend des mesures énergiques (état de siège, appel à tous les hommes mobilisables). Le 9 août, le Corps législatif renverse le ministère et l'impératrice charge le général Cousin-Montauban de constituer un nouveau ministère pour maintenir l'ordre, trouver des ressources financières (cours forcé, emprunt de 1 milliard), former de nouvelles divisions, fortifier et approvisionner le camp retranché de Paris. Les députés sont associés à l'action gouvernementale au sein d'un comité de défense présidé par le général Trochu et ne créent pas de difficultés au ministère par crainte de la Révolution.

La chute de l'Empire

La guerre voit d'emblée une succession de défaites françaises. En Alsace, la IIIe armée allemande bat, le 6 août, celle de MacMahon à Froeschwiller. Il se replie sur Nancy et Châlons-sur-Marne. Résistent seulement Strasbourg (jusqu'au 28 septembre) et Belfort, pendant toute la guerre, sous la direction de Denfert-Rochereau. En Lorraine, la Ire armée allemande bat le 6 août les avant-gardes françaises à Forbach. Bien qu'il dispose d'un net avantage numérique, Bazaine temporise. Au lieu d'en profiter, il se laisse, le 17 août, enfermer dans Metz, par suite de la jonction des Ire et IIe armées allemandes. Reste l'armée d'Alsace renforcée de réserves fraîches. Plutôt que d'utiliser ces troupes pour protéger Paris, Napoléon III se laisse convaincre par l'impératrice de délivrer Bazaine. Afin de ne pas découvrir Paris, il allonge sa route vers les Ardennes. Informés par des indiscrétions de la presse française, les Allemands concentrent leurs IIIe et IVe armées aux environs de la Meuse. Le 1er septembre, à Sedan, l'armée française est encerclée. Au terme d'une journée de combats, elle doit se rendre. Moltke exige la capitulation sans conditions. L'Empereur est fait prisonnier avec 100 000 hommes. Il n'existe plus d'autre armée française organisée que celle de Bazaine, enfermé dans Metz.

Le désastre de Sedan entraîne l'effondrement du régime impérial. Napoléon III se refuse à traiter directement avec Bismarck pour conserver sa couronne : il ne veut pas que sa capture personnelle entraîne la capitulation de la France. Toutes les responsabilités incombent donc à l'impératrice régente et au gouvernement, mais le régime impérial est déjà moralement condamné. Le 3 septembre, les républicains demandent la déchéance de l'Empire, ce que refuse la majorité du Corps législatif, partisane d'un Empire totalement parlementaire. Mais le 4, la foule, apprenant les nouvelles de Sedan, envahit le Palais-Bourbon. Gambetta y annonce la déchéance de l'Empire, puis, à l'Hôtel de Ville, avec Jules Favre et Jules Ferry, proclame la République. Un gouvernement provisoire s'y forme sous la direction du général Trochu et de J. Favre. Pendant ce temps, l'impératrice quitte les Tuileries et gagne Deauville, d'où elle s'embarque pour l'Angleterre, sans abdiquer, afin de préserver les chances de son fils de régner un jour.

Une guerre patriotique

Formé des principaux leaders républicains (Gambetta, J. Favre, Jules Simon), le nouveau gouvernement ordonne la résistance à outrance. Cependant les armées allemandes investissent Paris le 19 septembre. Le gouvernement tient à y rester, mais envoie, par ballon, trois de ses membres, dont Gambetta, en province : c'est la « Délégation de Tours » (début octobre). Le siège de Paris commence. Le général Trochu dispose de 14 000 marins, 50 000 soldats auxquels s'ajoutent 115 000 « gardes mobiles », venus de province, et 340 000 « gardes nationaux » de Paris, mal armés et entraînés. En dépit de stocks de nourriture importants, l'instauration tardive du rationnement mène à la misère (on se met à manger jusqu'aux rats, qui valent deux francs pièce). Les troupes de Paris tentent deux sorties : la première, du 30 novembre au 2 décembre, permet une éphémère conquête de Champigny ; la seconde, le 19 janvier 1871, échoue devant Buzenval. Il s'ensuit une violente agitation d'extrême gauche : les « journées » révolutionnaires des 31 octobre 1870 et 22 janvier 1871 sont réprimées par la force.

En province, la délégation de Tours constitue à la hâte des armées. En quelques mois, elle lève plus de 600 000 hommes et rassemble 1 400 canons. Des corps francs français et étrangers (Garibaldi) s'y adjoignent. Si le mouvement patriotique est considérable, il y a, dans les campagnes surtout, beaucoup de partisans de l'armistice. De plus, Bazaine refuse de rallier le gouvernement de la Défense nationale et négocie avec Bismarck et l'impératrice en vue d'être nommé lieutenant général de l'Empire. Eugénie refuse, parce que cela suppose l'acceptation de la défaite et des conditions prussiennes. Le 27 octobre, sans raison militaire valable, il capitule avec une armée intacte : 173 000 hommes et 1 570 canons. En libérant la IIe armée allemande, il provoque ainsi l'échec du plan stratégique du gouvernement, qui veut envoyer les nouvelles armées délivrer Paris. La Ire armée de la Loire (d'Aurelles de Paladines) bat les Allemands à Coulmiers (9 novembre), rentre dans Orléans, mais est vaincue le 8 décembre par la IIe armée allemande. La IIe armée de la Loire (Chanzy) combat à Beaugency, se replie derrière le Loir, puis la Sarthe, est vaincue au Mans (10-11 janvier), puis se replie vers la Mayenne. L'armée du Nord (Faidherbe) est victorieuse à Bapaume le 3 janvier, mais est vaincue à Saint-Quentin, le 19, et rejetée sur Cambrai. L'armée de l'Est (Bourbaki) se dirige d'abord vers Belfort, bat les Allemands le 9 janvier à Villersexel, mais, arrêtée le 17 à Héricourt, elle doit se réfugier en Suisse (1er février), où elle est désarmée.

Le traité de Francfort

Les premières défaites ôtent à la France toute possibilité d'alliance. Après Sedan, le nouveau gouvernement espère en une médiation active de certaines puissances. Thiers, adversaire de l'entrée en guerre, effectue une mission en Europe pour le compte du nouveau ministre des Affaires étrangères, Jules Favre. Il échoue successivement auprès de Gladstone, à Londres, le 12 septembre ; du chancelier Beust, à Vienne, le 24 ; du tsar et de son chancelier Gortchakoff, à Saint-Pétersbourg, le 26 ; du roi d'Italie, à Florence. L'impossibilité d'une médiation oblige à négocier directement avec les Allemands. De Tours, Thiers se rend à Versailles le 30 octobre pour rencontrer Bismarck, obtient de franchir les lignes entre Versailles et Paris pour s'entretenir avec J. Favre. C'est un échec. Thiers rompt la négociation le 6 novembre. Après l'échec de Buzenval et la journée révolutionnaire du 22 janvier, le gouvernement provisoire demande l'armistice. Le 28, la capitulation de Paris est signée par J. Favre, qui prévoit : désarmement de l'enceinte et occupation de tous les forts par les troupes allemandes, réduction à 12 000 hommes de la garnison de Paris, plus la Garde nationale. Bismarck ne voulant négocier qu'avec un gouvernement issu d'une assemblée élue, le 8 février, des élections générales donnent naissance à une Assemblée nationale, qui se réunit à Bordeaux et nomme Thiers président du gouvernement.

Muni des pleins pouvoirs, Thiers arrive à Versailles le 21 février. Il proteste contre une exigence nouvelle de Bismarck : l'annexion d'une partie de la Lorraine, dont Metz. Mais il doit s'incliner. La France doit céder toute l'Alsace (sauf Belfort) et une partie de la Lorraine, celle renfermant tous les gisements de fer exploitables à l'époque. La France doit payer une indemnité de 5 milliards de francs-or. Le 1er mars 1871, l'Assemblée de Bordeaux ratifie ces préliminaires par 546 voix contre 106, malgré la protestation solennelle des députés alsaciens et lorrains, puis vote la déchéance de Napoléon III et de sa dynastie. Commence alors, à Bruxelles, la négociation des détails du traité définitif. Dès le 18 mars, la Commune de Paris affaiblit encore la position française. Bismarck accepte de libérer des prisonniers français afin que Thiers puisse reconstituer une armée. Les négociations traînant à Bruxelles, Bismarck accepte de recevoir à Francfort, le 4 mai, Jules Favre, ministre des Affaires étrangères, et Augustin Pouyer-Quertier, ministre des Finances, plus habile que le précédent. Le 10 mai, le traité est signé à Francfort. Reprenant les clauses des préliminaires, il fixe les modalités de l'occupation partielle des territoires français, celle du paiement par tranches des 5 milliards (versés en or, en marks ou en devises étrangères) et réserve aux Alsaciens et aux Lorrains le droit de choisir la nationalité française, mais à condition de quitter le pays. Bismarck a donc atteint son but — l'unité allemande autour de la Prusse —, mais il a aussi jeté les bases d'un conflit durable.

La France face à l'Allemagne

En Europe, la victoire allemande sur la France assure la prépondérance de la diplomatie bismarckienne, laquelle vise avant tout à isoler la France. L'arrivée au pouvoir de Guillaume II, en 1890, et la volonté de ce dernier de mener une politique mondiale (ou *Weltpolitik*) aboutissent à la réalisation d'une Triple-Entente entre la France, la Grande-Bretagne et la Russie. A partir de 1907, se trouvent donc en présence deux blocs dont l'antagonisme conduit en fin de compte à la guerre.

L'isolement (1871-1890)

En 1871, l'Allemagne exerce la prépondérance en Europe continentale. Les facteurs de cette prépondérance sont principalement au nombre de quatre : l'Allemagne est l'Etat le plus peuplé d'Europe avec la Russie ; l'expansion de la grande industrie y bénéficie de facteurs favorables (disponibilités en main-d'œuvre et en charbon, investissement de capitaux français) ; le pays dispose de la meilleure armée du monde, dirigée par l'état-major le plus inventif ; une volonté de puissance clairement formulée par le chancelier Bismarck. Ce dernier, qui a la confiance absolue de l'empereur Guillaume Ier, est un diplomate hors pair, capable d'initiatives audacieuses contre ses adversaires, mais prudent dans la victoire. Face à l'Allemagne, la France est affaiblie : la guerre franco-prussienne lui a coûté la prépondérance continentale. Toutefois, la reprise économique s'amorce dès 1875, ce qui évite que l'écart ne se creuse trop par rapport à l'industrie allemande. Militairement parlant, la France parvient à conserver sous les drapeaux des effectifs équivalents à ceux de l'Allemagne en temps de paix. Enfin, l'on observe un renouveau du sentiment national dans toutes les couches de la population et toutes les familles idéologiques.

C'est dans ce contexte que s'inscrit la mise en place du « premier système bismarckien ». Deux considérations le motivent : la volonté de Bismarck de maintenir, après la guerre de 1870-1871, un statu quo favorable à l'Allemagne ; celle du chancelier d'isoler la France afin qu'elle ne puisse prendre sa revanche. Il veut obtenir la stricte application du traité de Francfort. Ce dernier impose aux Français 5 milliards de francs-or d'indemnité et, en l'attente du règlement, le maintien des troupes allemandes dans les régions envahies. L'état-major impérial ne considère pas ce règlement comme urgent, car il y voit l'intérêt de préserver des garanties stratégiques. Bismarck ne partage pas ce point de vue. Le paiement intégral constitue pour lui le moyen de freiner le relèvement économique français. Il accepte les propositions de Thiers d'un paiement anticipé en échange d'un départ accéléré des forces d'occupation. La tension demeure. Bismarck ne croit pas que la France paiera et la menace d'une guerre préventive, sans avoir l'intention d'y recourir. Surtout, la présence de troupes allemandes en France constitue une source de conflits potentiels, comme le montrent des incidents survenus en juin et décembre 1871. Thiers cherche à hâter l'évacuation. Il engage des négociations avec le comte d'Arnim, ambassadeur à Paris. D'abord hostile, l'Empereur s'incline, car Bismarck menace de démissionner. La convention du 29 juin 1872 admet le principe du paiement anticipé et autorise l'évacuation graduelle des territoires occupés. L'emprunt lancé en France par Thiers connaît un succès inespéré : deux tranches successives donnent plus de 48 milliards de francs et l'Etat en refuse 40. Le gouvernement se trouve en mesure d'accélérer le versement. Une seconde convention de mars 1873 fixe les dernières échéances et l'évacuation définitive des départements occupés à l'automne 1873, avec six mois d'avance sur les dispositions du traité de Francfort. Il s'ensuit une détente dans les relations franco-allemandes. Bismarck souhaite le maintien de Thiers au pouvoir. Il pense qu'une France républicaine demeurera isolée et redoute le retour d'un pouvoir fort et « revanchard ». La chute de Thiers et la constitution, le 24 mai 1873, d'un gouvernement monarchiste dirigé par Mac-Mahon mécontentent Bismarck.

Ce dernier a cependant mis en place, contre la France, un efficace réseau d'alliances : l' « Entente des Trois Empereurs ». Elle consiste en un rapprochement visant au statu quo en Europe entre l'Allemagne, l'Autriche-Hongrie et la Russie. Elle réalise l'isolement diplomatique de la France. La rencontre des trois empereurs, en septembre 1872, donne naissance à une série de conventions : accords « défensif » germano-russe et « de consultation » austro-russe du 6 juin 1873 ; association de l'Allemagne à ce dernier accord le 22 octobre suivant ; adhésion de l'Italie en 1874. Mais cette alliance demeure fragile, comme le montre la révolte des populations chrétiennes des Balkans en août 1875. Cette même année voit une première crise dans les relations franco-allemandes. Bismarck s'inquiète des tendances « revanchardes » des monarchistes ainsi que de la politique cléricale de l'Ordre moral. Surtout, il est mécontent de la reconstitution de l'armée française : une loi de 1872 instaure un service militaire obligatoire de cinq ans, sauf exemptions ; celle de mars 1873 porte de trois à quatre le nombre de bataillons par régiment, ce qui induit non pas une augmentation des effectifs de l'armée en temps de paix, mais celle du nombre des officiers et sous-officiers.

Bismarck y voit un indice de la préparation de la guerre par le gouvernement français. Par l'entremise d'une campagne de presse, il exploite les réactions de l'opinion allemande. Le 21 avril 1875, au cours d'une conversation entre l'ambassadeur français Gontaut-Biron et Radowitz, confident de Bismarck, ce dernier évoque la possibilité d'une guerre préventive. Gontaut-Biron prévient aussitôt Decazes, ministre des Affaires étrangères, qui décide de porter le problème sur le plan international, notamment auprès de la Grande-Bretagne et de la Russie. La solution est efficace. Disraeli, premier ministre britannique, assure la France de son appui diplomatique et invite Berlin à « calmer les inquiétudes de l'Europe ». Quant au tsar, il intervient en personne, par crainte d'une prépondérance trop forte de l'Allemagne en Europe. Le 10 mai 1875, il rencontre Bismarck à Berlin. Au terme de l'entretien, le gouvernement français reçoit de la Russie l'assurance que l'Allemagne n'interviendra pas contre la France. Si l'alerte est passée, la crise constitue un échec pour la politique d'intimidation de Bismarck, car elle montre que la France n'est qu'imparfaitement isolée.

La crise balkanique de 1875-1878, en opposant Russes et Austro-Hongrois, conduit à la suite du Congrès de Berlin (juin-juillet 1878) à une détente dans les relations franco-allemandes. En revanche, la Russie en conçoit un ressentiment contre l'Autriche-Hongrie, la Grande-Bretagne et l'Allemagne. Le « second système bismarckien » y trouve son origine. Afin d'isoler à nouveau la France, Bismarck opte pour une alliance avec l'Autriche-Hongrie, avec la signature du traité du 7 octobre 1879, tourné contre la Russie. Afin d'inquiéter cette dernière, Bismarck engage des négociations avec le Royaume-Uni. La Russie, par crainte de se trouver isolée, accepte de signer un nouveau traité des Trois Empereurs. Bismarck complète son dispositif antifrançais par la Triple-Alliance entre l'Allemagne, l'Autriche-Hongrie et l'Italie. Le traité du 20 mai 1882 présente de multiples avantages pour cette dernière : fin de son isolement diplomatique ; à terme, affranchissement progressif de la domination financière de la France et renforcement de sa complémentarité économique avec l'Allemagne ; reconnaissance en tant que grande puissance. C'est dans ce contexte que se manifestent de nouvelles tensions internationales : dans les Balkans, l'Autriche-Hongrie renforce son influence au détriment de la Russie, qui, en 1887, refuse de renouveler le traité des Trois Empereurs.

A cette époque, les relations franco-allemandes traversent une nouvelle crise. Bismarck avait espéré, en favorisant les entreprises coloniales de la France, détourner celle-ci de l'Alsace-Lorraine et établir avec la République des relations pacifiques. L'arrivée au pouvoir de Jules Ferry suscite chez le chancelier des espoirs tels qu'il envisage même une alliance avec la France. En janvier 1885, il propose à Jules Ferry de le rencontrer en pays neutre. Jules Ferry se dit prêt à discuter avec le Reich des questions coloniales, mais refuse l'idée d'un accord global, qui impliquerait l'abandon implicite des provinces perdues en 1871. Il reste méfiant à l'égard de Bismarck, dont le véritable objectif est de brouiller Français et Anglais (note du 2 août 1884). En mars 1885, la chute du gouvernement Ferry marque la fin de la détente franco-allemande. L'arrivée du général Boulanger au ministère de la Guerre et l'activité déployée par la Ligue des patriotes de Paul Déroulède traduisent un réveil du nationalisme français. En outre, l'imprudence de milieux proches de l'état-major a pour effet d'inquiéter Bismarck... Sans succès. En janvier 1887, le chancelier dissout le Reichstag qui a refusé d'augmenter les effectifs militaires, obtient de la nouvelle chambre le vote d'une loi militaire et le rappel d'une partie des réservistes, décide des mesures de rigueur contre les Alsaciens-Lorrains jugés rebelles à la germanisation et déclare que, si Boulanger prend le pouvoir en France, « ce sera la guerre ».

Or, en avril 1887, éclate l' « affaire Schnaebelé ». Schnaebelé, commissaire de police à Pagny-sur-Moselle et agent des services français de renseignements, est attiré dans un guet-apens et arrêté sur la frontière franco-allemande par des policiers allemands. Le gouvernement français proteste et réclame la mise en liberté de Schnaebelé. L'opinion nationaliste s'émeut. Le général Boulanger voudrait une mobilisation partielle aux frontières, mais le président de la République, Jules Grévy, et le ministre des Affaires étrangères, Flourens, font repousser cette mesure au Conseil des ministres le 23 avril 1887. Le 25, l'ambassadeur de France à Berlin obtient de Bismarck la libération du commissaire français : l'affaire est dès lors close. Mais une agitation nationaliste persiste : Boulanger apparaît comme un nouveau Bonaparte aux yeux des républicains, qu'il inquiète. Dès mai suivant, Rouvier le fait assigner en commandement militaire à Clermont-Ferrand, ce qui réduit le danger qu'il représente. Toutefois, il apparaît probable que Bismarck n'a jamais eu l'intention de mener contre la France une guerre préventive.

Mais la crise pousse à un élargissement du système bismarckien, qui atteint alors son apogée : Triple-Alliance et traité des Trois Empereurs sont renouvelés en 1887, dans un contexte modifié. Tandis que se développe la rivalité austro-russe, il est patent que la France ne souhaite pas améliorer ses relations avec l'Allemagne. Pour celle-ci, la situation semble dangereuse, du fait d'un risque de rapprochement entre la France et la Russie. La Triplice est renouvelée en mai 1887, grâce à deux conventions : la première, entre l'Italie et l'Autriche-Hongrie, prévoit le statu quo dans les Balkans ; la seconde, entre l'Italie et l'Allemagne, assure l'appui de la seconde à la première contre la France. Les signatures sont échangées avec trois mois d'avance par rapport à l'échéance, avec un caractère offensif contre la France. Pour Bismarck, l'Italie doit chercher à s'entendre avec la Grande-Bretagne sur les questions méditerranéennes. Le moment paraît favorable en raison de l'antagonisme franco-britannique en Egypte. De fait, l'accord de février 1887 entre la Grande-Bretagne et l'Italie prône, contre la France, le statu quo en Méditerranée. En outre, l'Autriche-Hongrie et l'Espagne y adhèrent respectivement en mars et mai de la même année.

Bismarck engage pareillement une action rapide en vue d'éviter une alliance franco-russe. En juin 1887, l'entente des Trois Empereurs apparaît menacée, par suite du différent austro-russe. La perspective d'un rapprochement franco-russe se précise. Les avances françaises se multiplient et, pour la première fois, trouvent bon accueil en Russie. Le journaliste Katkov, chef du mouvement panslaviste, y est favorable. Néanmoins, il se heurte à Giers, ministre des Affaires étrangères et germanophile. Surtout le tsar Alexandre III, s'il juge peu utile l'alliance allemande, se méfie de la République française. Bientôt, la disgrâce de Katkov laisse les mains libres à Giers, qui engage des pourparlers avec l'Allemagne. Dès le mois suivant, un traité secret est conclu entre la Russie et l'Allemagne. Ce « traité de réassurance » aboutit de fait à une situation de neutralité de la Russie à l'égard de la France. Le nouveau système bismarckien demeure faible : s'il a permis un rapprochement entre l'Allemagne d'une part, la Russie et la Grande-Bretagne de l'autre, il se fonde sur le caractère sacré du « traité de réassurance ». Surtout, il dépend étroitement de l'action personnelle du chancelier. Or celui-ci démissionne en mars 1890.

Vers la « Triple-Entente » (1890-1907)

Vers 1890, les conditions changent. Sur le plan économique, l'expansion revient en Europe ; la croissance démographique s'y accélère, tandis que le sentiment national s'exacerbe tant dans les Etats de peuplement homogène que dans les grands Etats multinationaux. En Allemagne même, le nouvel empereur Guillaume II inaugure sa *Weltpolitik* (politique mondiale). Les désaccords sont nombreux entre le chancelier et Guillaume II. Outre une évidente opposition de caractères, joue l'échec de Bismarck dans sa lutte contre les socialistes. L'opposition paraît plus forte encore en matière de politique extérieure : Bismarck est un grand propriétaire terrien (un *junker*) attaché à la solidarité des couronnes contre la France ; Guillaume II veut en revanche tenir compte des profondes modifications de structures qu'a connues l'Allemagne entre 1871 et 1890. La crise survient à propos du traité de réassurance que Guillaume II cherche à remettre en cause. Le 15 mars 1890, l'Empereur met en demeure Bismarck de se soumettre. Ce dernier préfère démissionner le 18. Pour la France, s'ouvre un contexte diplomatique nouveau.

L'alliance franco-russe

La conséquence immédiate de la chute de Bismarck est le non-renouvellement du traité de contre-assurance : convaincu par le baron von Holstein, conseiller référendaire du ministère des Affaires étrangères, Guillaume II ne croit pas à une alliance entre la Russie et la Grande-Bretagne, en raison de leur conflit en Asie centrale, ni entre la Russie et la France, cette dernière ne pouvant aider la Russie à régler à son profit la question des détroits. En réalité, pour la Russie, l'alliance française présente bien des avantages. La Russie sait qu'elle ne pourra rien dans les Balkans sans alliés en Europe ; elle commence à regarder vers l'Extrême-Orient et a donc besoin d'une protection contre l'Allemagne et l'Autriche-Hongrie. Or le terrain a déjà été préparé sur le plan économique. Lors de l'élection de Ferdinand de Saxe-Cobourg comme roi de Bulgarie, la Russie a réagi en faisant pression sur le sultan. Bismarck soutient l'Autriche-Hongrie et fait interdire à la Reichsbank de pratiquer des avances sur valeurs russes. La France profite des difficultés financières de la Russie : en novembre 1888, celle-ci émet en France un premier grand emprunt, couvert par les groupes financiers français. D'autres suivent, mais le tsar demeure fidèle aux garanties, même limitées, du traité de contre-assurance. En revanche, l'abandon de ce dernier par l'Allemagne conduit le gouvernement russe à répondre aux avances françaises. En mai 1890, des anarchistes russes sont arrêtés en France. En août, le général de Boisdeffre, sous-chef d'état-major français, assiste aux grandes manœuvres de l'armée russe et s'entretient avec les généraux russes d'une possible convention militaire. Au début de 1891, la Russie commande des armements en France et, quelques semaines plus tard, le tsar remet l'ordre de Saint-André au président Sadi Carnot. En mars, le tsar semblant encore indécis, le gouvernement français intervient auprès de la banque Rothschild pour bloquer le placement d'un emprunt russe tant qu'un accord politique n'est pas signé.

Le renouvellement anticipé de la Triple-Alliance en mai 1891 décide le tsar à sauter ce pas, par crainte de l'adhésion de la Grande-Bretagne à cette alliance. En juillet, la flotte française est reçue de façon enthousiaste à Cronstadt : le tsar y écoute la Marseillaise ! Dès le 27 août est conclu le premier accord politique : il s'agit d'un simple accord de principe, car la Russie refuse tout encouragement aux idées de revanche de la France en Alsace-Lorraine. Secret, cet accord ne donne pas à la France l'assurance formelle d'un appui, mais met fin à son isolement. Survenue peu après, l'entrevue de Kiel entre Guillaume II et Alexandre III démontre au second qu'un rapprochement germano-russe est impossible. Le 18 août 1892, une convention militaire est signée entre la Russie et la France. Elle prévoit que, si la France est attaquée par l'Allemagne ou l'Italie soutenue par l'Allemagne, la Russie lui assurera une aide de 800 000 hommes contre l'Allemagne ; en revanche, si la Russie est attaquée par l'Allemagne ou par l'Autriche-Hongrie soutenue par l'Allemagne, la France lui apportera, de façon automatique, une aide de 1,3 million d'hommes. La mobilisation, même partielle, d'une force de la Triplice, entraînera la mobilisation générale en France et en Russie. Excluant l'idée d'une paix séparée, l'alliance durera aussi longtemps que la Triplice et la convention demeurera secrète. Il faudra dix-huit mois pour que soit ratifié l'accord politique. A Paris, le gouvernement s'inquiète du caractère secret, donc « anticonstitutionnel » de cet accord, ainsi que de la clause imposant la mobilisation générale en cas de mobilisation partielle de l'Autriche-Hongrie. En Russie, le scandale de Panama mécontente le tsar. Il se rapproche de l'Allemagne, mais les maladresses de la diplomatie germanique et les besoins d'argent de son gouvernement emportent sa décision. Après l'envoi en novembre 1893 d'une escadre russe à Toulon, triomphalement accueillie, l'accord est ratifié par la Russie le 27 décembre. La ratification française suit presque aussitôt : le 4 janvier. Obtenant son premier grand succès diplomatique depuis 1871, la France vient de rompre son isolement.

Le rapprochement franco-italien

A cette époque, les relations franco-italiennes sont au plus bas. A Rome, Crispi, un ancien garibaldien, est au pouvoir depuis 1887. Il profite à fond des avantages que lui procure la Triplice pour développer une grande politique coloniale. Celle-ci met l'Italie en rivalité avec la France. Si la question romaine n'est plus d'actualité, elle favorise la mobilisation psychologique contre la France, peu d'Italiens connaissant les intentions de la République française. Surtout, il existe une compétition méditerranéenne et africaine entre les deux pays. La Triplice est d'ailleurs née de l'humiliation italienne en Tunisie. Il s'ensuit quinze ans de brouille et d'incompréhension mutuelle, que traduit la guerre douanière déclenchée en 1887 par l'Italie contre la France. Tout change en mars 1896 lorsque le désastre d'Adoua en Ethiopie — défaite contre les troupes du négus Ménélik — oblige Crispi à quitter le pouvoir. L'Italie renonce aux entreprises coloniales. D'autres facteurs jouent dans le sens d'un rapprochement avec la France : les milieux d'affaires de la péninsule y sont favorables, tandis que le gouvernement italien a besoin d'emprunter sur le marché financier parisien pour assainir les finances de l'Etat. Enfin, le rôle des hommes est essentiel : côté italien, le marquis Visconti-Venosta, nouveau ministre des Affaires étrangères, le comte Tornielli, ambassadeur à Paris, Luzatti, ministre des Finances, et, après 1902, le nouveau roi Victor-Emmanuel III, ainsi que le président du Conseil Ranardelli ; côté français, les deux ministres des Affaires étrangères, Gabriel Hanotaux puis Théophile Delcassé ainsi que Camille Barrère, ambassadeur à Rome à partir de 1898.

Le rapprochement s'opère par étapes. Dès septembre 1896, l'Italie reconnaît le protectorat français sur la Régence de Tunis, mais y obtient en échange des avantages économiques et un statut spécial pour ses nationaux, en particulier le droit de conserver leurs écoles élémentaires. Un accord commercial de novembre 1898 liquide le contentieux commercial. L'arrivée de Barrère à Rome et de Delcassé aux Affaires étrangères permet, en décembre 1900, la signature d'un accord secret sur le partage des zones d'influence en Méditerranée : la France ne s'opposera pas à l'intervention italienne en Tripolitaine ; en contrepartie, l'Italie donne carte blanche à la France au Maroc. Ce rapprochement inquiète Berlin et Vienne — d'autant qu'il y a un réveil de l'agitation nationaliste dans les terres irrédentes

(Trentin, Istrie, voire Dalmatie). L'accord secret franco-italien du 30 juin 1902 prend donc la forme simple d'échange de lettres entre ministres des Affaires étrangères. Il prévoit la stricte neutralité de l'Italie en cas de conflit entre la France et l'Allemagne, même si la première attaque la seconde, « après provocation indirecte ». Si l'accord demeure secret, le rapprochement franco-italien ne fait guère de doute après la visite du roi d'Italie en France en octobre 1893 et du président Loubet en Italie en avril 1904. Si l'Italie ne rompt pas avec la Triplice, renouvelée le 28 juin 1903, celle-ci paraît déjà condamnée à terme dans les faits.

L'Entente cordiale

En revanche, se met en place, par étapes, une Triple-Alliance. En effet, la Grande-Bretagne abandonne sa position d'isolement pour se rapprocher de la France, puis de la Russie. Après Fachoda (cf. *infra*), la Grande-Bretagne a tenté de se rapprocher de l'Allemagne, mais les négociations n'aboutissent pas. La concurrence économique et navale des deux nations entretient outre-Manche un fort sentiment anti-allemand. En Angleterre, se développe un courant favorable à la réconciliation franco-britannique : significative est l'évolution de Joseph Chamberlain ; de plus, le roi, et, à partir de 1901, le nouveau premier ministre Balfour, sont favorables à cette option. Nonobstant une opinion encore très largement anglophobe, Delcassé engage des négociations avec le cabinet britannique en vue du règlement du contentieux colonial. Elles s'avèrent difficiles. Ce n'est que le 8 mai 1903 que Lansdowne, secrétaire d'Etat au Foreign Office, fait connaître son accord de principe sur la proposition française : reconnaissance des droits de la France au Maroc contre abandon de tous les siens en Egypte, l'Espagne étant associée à l'accord. Surtout, début mai, le roi Edouard VII effectue une visite à Paris qui retourne l'opinion française ; peu de temps après, le président Loubet se rend à son tour à Londres, où il suscite un succès enthousiaste. Le résultat en est l'accord du 8 avril 1904, scellant l' « Entente cordiale » (Emile Etienne) entre les deux nations. Signé par Lansdowne et Paul Cambon, ambassadeur, cet accord liquide effectivement le contentieux colonial franco-britannique.

Il prévoit la renonciation par la France aux droits de pêche exclusifs possédés à l'ouest de Terre-Neuve en échange des îles de Los face à Conakry, d'une rectification de frontière dans la zone

Tchad-Niger et d'une indemnité. Il s'accompagne d'un arrangement sur le Siam, partagé en trois zones d'influences, et sur les Nouvelles-Hébrides, où sont établies les modalités d'une administration conjointe. Enfin, l'accord inclut un échange de déclarations : la France aura les mains libres au Maroc et la Grande-Bretagne, en Egypte ; si la France établit un protectorat sur le Maroc, la Grande-Bretagne fera de même en Egypte. L'accord ne prévoit pas d'alliance comme entre la Russie et la France. En revanche, il introduit un changement important dans la diplomatie en Europe. L'alliance franco-russe s'est resserrée après Fachoda. En août 1899, les accords Delcassé-Mouraviev prévoient leur application non plus en vue du seul « maintien de la paix », mais de celui de l' « équilibre européen ». En 1900, un protocole d'état-major prévoit même explicitement le cas de guerre avec la Grande-Bretagne. La Russie est donc très étonnée de la « subite anglophilie » de la France après la visite d'Edouard VII à Paris. Il s'ensuit un léger froid dont Guillaume II veut profiter pour briser l'alliance franco-russe. Le 23 janvier 1905, Nicolas II rencontre Guillaume II à Bjorkö. Les deux souverains signent un traité russo-allemand d'alliance défensive. Ce traité est cependant rapidement abandonné, à l'instigation du comte Lamsdorff, ministre russe des Affaires étrangères, qui convainc le tsar que la Russie ne peut à la fois entrer dans l'alliance avec l'Allemagne et conserver l'amitié française. L'ajournement du traité par Nicolas II constitue une défaite significative pour la diplomatie allemande.

La crise marocaine de 1906 précipite la formation de la Triple-Entente. Par suite de l'effacement de la puissance russe consécutif à la défaite contre le Japon, la France se trouve pratiquement seule face à l'Allemagne. Bénéficiant de l'hégémonie continentale, celle-ci constitue également une menace pour la suprématie navale britannique. La Grande-Bretagne en vient à envisager son intervention dans une guerre sur le continent. Jusqu'à la fin de 1905, le pouvoir appartient aux conservateurs, qui engagent des négociations avec le gouvernement français. Cette politique est maintenue par les libéraux, pourtant adeptes du « splendide isolement » : même s'il n'y a pas de transformation des accords en alliance formelle, l'Entente cordiale se trouve renforcée. En outre, la Grande-Bretagne est informée des manœuvres allemandes tendant à l'isoler. Son intérêt rejoint celui de la France. Celle-ci souhaite un rapprochement russo-britannique, tout comme la Grande-Bretagne. Le gouvernement russe en accepte l'idée, car le pays est trop affaibli par la guerre contre le Japon et la révolution de 1905 pour continuer son expansion en Asie centrale et en Extrême-Orient. Des pourparlers s'engagent à Saint-Pétersbourg. Ils butent longtemps sur trois problèmes : la Perse, l'Afghanistan et le Tibet. La médiation de la France permet cependant la signature de la convention anglo-russe du 31 août 1907 : la Grande-Bretagne renonce au Tibet et la Russie, à l'Afghanistan ; la Perse est divisée en trois zones (russe au Nord, neutre, anglaise au Sud). Cette convention donne naissance à la Triple-Entente : même si elle ne revêt pas le caractère d'une véritable alliance, elle représente une menace réelle d'encerclement pour l'Allemagne.

La logique des blocs (1907-1914)

Entre 1907 et 1914, deux blocs — Triple-Alliance, Triple-Entente — se font désormais front. Leur affrontement apparaît bien durant la crise bosniaque. Profitant de l'affaiblissement russe, en octobre 1908, l'Autriche-Hongrie annexe la Bosnie-Herzégovine. Profondément humiliée, la Russie cherche, en 1909, à renforcer son alliance avec la France et se rapproche de l'Italie. Deux ans plus tard éclate la seconde crise marocaine, qui révèle la vigueur de la rivalité franco-allemande à propos du royaume chérifien.

L'affrontement franco-allemand : l'enjeu marocain

Devant le rapprochement franco-britannique, l'Allemagne cherche une occasion favorable pour séparer la France de ses alliés. L'occasion se présente en 1905. Le Maroc est alors un Etat indépendant — et non vassal de l'Empire ottoman comme la Tunisie —, où la souveraineté appartient à un sultan, chef religieux et politique. Son autorité est incertaine, car subsistent dans le pays une structure féodale et de très nombreuses tribus indépendantes (arabes ou berbères). Le Maroc se trouvait plongé dans un état d'anarchie que le grand sultan Moulay Hassan (1873-1894) a réussi à faire reculer. Son successeur Moulay Abd-el-Aziz est un jeune homme fantasque et inconstant. Il en résulte une chute de l'autorité du souverain et des troubles, en particulier à la frontière avec l'Algérie, ce qui suscite l'intervention de la France. Jusqu'en 1900, celle-ci exerce un droit de suite à l'occasion d'opérations de police sur la frontière et jette les bases de son influence économique ; toutefois, en vertu de la Conférence de Madrid de 1880, tous les pays intéressés ont les mêmes avantages. Après 1900, la situation se modifie. Depuis 1878, la France a entrepris la conquête du Sahara : elle souhaite en particulier occuper la ligne d'oasis du Touat, dont la souveraineté appartient au Maroc. Sous la pression du parti colonial d'Eugène Etienne et conformément au point de vue de Delcassé, le gouvernement français cherche à avoir l'aval des puissances méditerranéennes. Elle l'obtient de l'Italie, par les accords précités de décembre 1900 et juillet 1902 — le Maroc contre la Tripolitaine —, puis de la Grande-Bretagne, en 1904, dans le cadre de l' « Entente cordiale ». Quant à l'Espagne, elle donne son adhésion le 6 octobre 1904 contre la promesse secrète de cessions territoriales au nord et à l'extrême-sud.

En juin 1904, la France accorde un emprunt de 62,5 millions de francs-or au gouvernement marocain, mais garanti par le produit des douanes, sur lesquelles s'exerce un contrôle français. En novembre, une ambassade dirigée par Saint-René Taillandier propose au sultan des réformes financières et militaires, c'est-à-dire un régime de protectorat de fait. Or, la France n'a pas demandé son avis à l'Allemagne, qui veut protéger ses intérêts commerciaux, affirmer son prestige et provoquer un rapprochement Allemagne-France-Russie pour isoler la Grande-Bretagne : il faut donc provoquer un affrontement entre Anglais et Français. Au cours d'une escale à Tanger, lors d'une croisière en Méditerranée, Guillaume II fait, le 31 mars 1905, un discours tourné contre la France. Dès le lendemain, le sultan demande la réunion d'une conférence internationale, solution à laquelle l'Allemagne adhère avec enthousiasme. Delcassé, par trois fois, tente alors de négocier avec l'Allemagne qui refuse. Delcassé est partisan de résister et veut obtenir du sultan l'application du programme de réformes demandées. Persuadé que l'Allemagne bluffe, il compte sur le soutien de Londres. En revanche, Rouvier, président du Conseil, craint une défection britannique. La diplomatie allemande exploite ces divergences. Le 30 mai, les Allemands demandent le renvoi de Delcassé, obtenu le 6 juin. Rouvier prend l'intérim des Affaires étrangères et accepte la réunion de la conférence internationale. Elle a lieu en janvier 1906, à Algésiras, près de Gibraltar, et réunit tous les signataires de l'accord de Madrid : les principaux pays européens, le Maroc et les Etats-Unis. L'Allemagne se trouve isolée : elle n'obtient l'appui que de l'Autriche-Hongrie. A l'inverse, la France est appuyée par la Russie, l'Espagne, la Grande-Bretagne et l'Italie. En outre, le président américain, Théodore Roosevelt, intervient en sa faveur. L'acte d'Algésiras reconnaît la prépondérance de la France au Maroc, en particulier sa position privilégiée dans la Banque d'Etat du Maroc, créée par la conférence ; elle assure, conjointement avec l'Espagne, le contrôle des ports marocains, contre l'avis allemand d'une internationalisation. Enfin, elle voit son influence reconnue sur la zone des confins de l'Est.

La crise d'Agadir

Mais l'acte d'Algésiras de 1906 n'a pas réglé la question du Maroc où la France ne dispose pas de la liberté d'action. Même si elle n'a pu obtenir la reconnaissance de son protectorat sur le Maroc, ses ambitions demeurent inchangées. Le colonel Lyautey pénètre en profondeur dans la vallée de la Moulouya. A l'ouest, à la suite de troubles, les troupes françaises s'emparent en 1908 de la plaine de Chaouïa, autour de Casablanca. La même année, le sultan Abd-el-Aziz, accusé d'être de mèche avec la France, est renversé par Moulay Hafid. Ce dernier doit pratiquer une politique identique, car la France consent au Maroc de nouveaux prêts. Les progrès de l'influence française inquiètent l'Allemagne. La situation s'aggrave brusquement en 1911. Par manque d'argent et d'autorité, Moulay Hafid ne peut empêcher une révolte des tribus voisines de Fès. Assiégé dans la ville, il fait appel le 27 avril aux troupes françaises. Le gouvernement français, voulant de surcroît protéger la vie des Européens isolés à Fès, envoie le général Moinier occuper Fès, le 21 mai, et Meknès, le 8 juin. Ce faisant, la France outrepasse les droits que lui a conférés l'acte d'Algésiras. Or, depuis celui-ci, l'Allemagne s'est rendu compte qu'elle ne peut empêcher l'implantation française dans le royaume chérifien. Elle veut donc utiliser ses « droits » dans le pays comme monnaie d'échange : en février 1909, un accord franco-allemand reconnaît la prépondérance française, sous réserve d'un partage des avantages économiques. Une coopération économique s'engage entre les deux Etats, mais ses résultats s'avèrent vite décevants : ainsi dans les domaines minier et ferroviaire. En mai 1911, l'Allemagne saute donc sur l'occasion que lui fournit l'occupation de Fès pour rouvrir la question marocaine, bien qu'un certain nombre de Français soient favorables aux compensations demandées par l'Allemagne (Joseph Caillaux, ministre des Finances ; Jules Cambon, ambassadeur à Berlin).

Le 1er juillet 1911, le *Panther,* petit navire de guerre allemand, intervient dans le port d'Agadir, où il débarque un contingent symbolique. Il s'agit officiellement d'assurer la protection des colons allemands, en fait, de prendre des gages, dans la perspective d'une négociation, en vue d'obliger Paris à une offre importante. Le gouvernement français est divisé. Certains veulent répliquer par la force (état-major, de Selves, ministre des Affaires étrangères), mais d'autres souhaitent poursuivre la négociation, à l'instar de Joseph Caillaux, devenu président du Conseil le 1er juillet 1911. Les Allemands exigent tout le Congo pour laisser les mains libres à la France au Maroc, avec l'espoir de constituer un vaste empire en Afrique centrale, car ils souhaitent profiter d'une éventuelle liquidation du Congo belge. Mais les Français ne peuvent souscrire aux exigences allemandes. Dès le 17 juillet, la France prévient l'Allemagne qu'elle se refuse à céder tout le territoire de sa colonie. En outre, la Grande-Bretagne se déclare prête à fournir, si nécessaire, un appui armé à la France. Les Allemands modèrent leurs exigences, mais tentent de profiter du conflit Caillaux-Selves. La France envisage la guerre, mais consciente de son infériorité militaire (artillerie lourde), elle consent à des concessions supplémentaires. Telle est l'origine de l'accord du 4 novembre 1911. Il prévoit que l'Allemagne n'entravera pas l'action de la France au Maroc et acceptera son protectorat sur ce pays. En contrepartie, l'Allemagne reçoit une part importante du Congo français entre Cameroun et Congo belge, avec accès sur l'Atlantique, le Congo et l'Oubangui. Elle cède à la France un petit territoire, dit le « bec de canard », au sud du lac Tchad. En cas de vente du Congo belge, la France ne pourra faire jouer son droit de préemption, reconnu par la Conférence de Berlin de 1884, qu'après consultation de l'Allemagne.

Resserrement des alliances

La crise d'Agadir a des conséquences importantes. Dès le 30 mars 1912, la France signe avec Moulay Hafid un traité établissant son protectorat sur le Maroc sauf dans le Rif, zone d'influence espagnole. Les dispositions en sont les mêmes que pour le protectorat tunisien. La souveraineté du sultan se trouve maintenue, mais un Commissaire résident général contresigne et promulgue les dahirs (ordonnances) du sultan, dirige l'administration et joue le rôle de ministre des Affaires étrangères. Le premier est le général Lyautey. Il peine à juguler la révolte des soldats marocains et de nombreuses tribus. Moulay Hafid doit abdiquer en faveur de son frère Moulay Youssef. Les troupes françaises s'emparent progressivement des villes. Lyautey pratique en effet la politique de pénétration pacifique qu'il a expérimentée à Madagascar, puis dans la zone des confins. En 1914, il dispose de 80 000 hommes de troupes, mais la pacification du Maroc est loin d'être achevée. Mais les conséquences d'Agadir ne se limitent pas au Maroc. En effet, son dénouement a mécontenté les milieux nationalistes français (Poincaré) et allemands. En même temps, Agadir resserre les liens au sein de la Triple-Entente. Si la brutalité des méthodes diplomatiques allemandes provoque l'isolement plus grand du Reich, la crise a renforcé l'entente cordiale : la Grande-Bretagne, en particulier, accélère son programme de réarmement naval.

Les guerres balkaniques vont dans le même sens : elles se traduisent par un affaiblissement des puissances centrales. Avec l'accord de la France, l'Italie s'empare de la Tripolitaine, tandis que l'Autriche-Hongrie doit lâcher la Bulgarie en lutte contre la Serbie, la Grèce, la Roumanie et la Turquie. L'on s'habitue peu à peu à l'idée d'une guerre inévitable. Les rivalités internationales sont plus sensibles sur le plan politique que sur le plan économique, mais c'est au niveau des Balkans que la tension est la plus forte : s'agissant des colonies, la France et la Grande-Bretagne sont, en 1914, d'accord pour élargir la part de l'Allemagne ; quant à l'Alsace-Lorraine, elle est devenue un point moins chaud, car, si la germanisation a échoué, s'y développe un fort mouvement autonomiste. Les alliances se resserrent. Du côté de la Triple-Entente, les conversations militaires se multiplient entre la France et la Russie ; il en est de même entre la France et la Grande-Bretagne. En face, du côté de la Triplice, l'Allemagne décide d'apporter un soutien inconditionnel à l'Autriche-Hongrie ; en revanche, l'Italie est un allié douteux, bien que la Triplice ait été renouvelée en décembre 1912. La course aux armements s'accélère. En juillet 1913, von Moltke fait voter une nouvelle loi militaire, qui permettra à l'Allemagne de soutenir une guerre sur deux fronts tout en faisant porter prioritairement son effort contre la France (en vertu du plan Schlieffen de 1905). Du côté de l'Entente, la France vote la loi des trois ans, en août 1913, tandis que la Russie adopte un plan de réorganisation militaire sur quatre ans. En dépit de ces mesures, seule l'Allemagne est vraiment prête... la France, elle, ne l'est pas.

L'impérialisme français

En 1871, le choc de la défaite, le traumatisme de la Commune ont ouvert, pour la France, une période peu favorable à l'expansion coloniale. Jusqu'en 1879, les forces politiques sont presque entièrement absorbées par les problèmes du régime et de l'évolution du territoire national. L'Empire ne fait pas partie des préoccupations principales des hommes politiques et de l'opinion. Mais cette attitude générale n'exclut pas certains débats et certaines réflexions qui révèlent l'actualité de la question coloniale. L'avenir de l'Algérie est au cœur de l'un de ces débats. Si, en France, le soulèvement de la Commune d'Alger, l'insurrection kabyle et sa répression ainsi que l'avenir des populations musulmanes d'Algérie n'éveillent que peu d'intérêt de l'opinion, en revanche se forge durant la période le mythe républicain d'une Algérie française, partie intégrante de la France métropolitaine, avec ses trois départements : le général Chanzy, gouverneur général de 1873 à 1879, en est un chaud défenseur.

Un second grand débat oppose partisans et adversaires de la colonisation. La parution, en 1874, du livre de l'économiste Paul Leroy-Beaulieu, *De la colonisation chez les peuples modernes,* constitue un apport essentiel à cette discussion. Pour lui, la colonisation est profitable pour tout le monde dans la mesure où elle permet et favorise l' « émigration des personnes », l' « émigration des capitaux » et l' « exportation des marchandises ». Enfin, la colonisation forme la base de la grandeur d'un peuple et de sa future suprématie : implicitement, Leroy-Beaulieu pose le postulat de la supériorité de la civilisation européenne occidentale, fondée sur la raison, la science et la technique. Il rejoint ainsi certains arguments avancés par Jules Duval dans son livre *Les colonies et la politique coloniale de la France* (1864) ou par Ernest Renan dans *La réforme intellectuelle et morale* (1871). Les thèses de Leroy-Beaulieu sont adoptées par les dirigeants opportunistes, Léon Gambetta et Jules Ferry. Par la suite, un véritable « parti colonial » se crée sous la direction d'Eugène Etienne, député d'Oran, ami de Gambetta, deux fois sous-secrétaire d'Etat aux Colonies. Par ailleurs, chez Gabriel Hanotaux, homme politique et historien, se réunissent des chefs militaires favorables à l'expansion (Mangin, Marchand).

Mais les résistances à ce courant procolonial sont très fortes. La plupart des économistes — comme Molinari — condamnent le colonialisme. Leurs arguments sont toujours les mêmes : les colonies coûtent cher et rapportent peu ; elle n'ouvrent que des débouchés insignifiants ; le gaspillage financier qu'elles entraînent empêche ou freine tout progrès économique et social ; elles provoquent une réduction des investissements en métropole où les besoins sont énormes. Rares sont les anticolonialistes qui, à l'instar de Clemenceau et d'une partie des radicaux, mettent en avant les intérêts et la dignité des indigènes. Les nationalistes, comme Paul Déroulède, y dénoncent un affaiblissement politique : la colonisation n'est qu'un exutoire qui détourne de l'essentiel, c'est-à-dire de la reconquête de l'Alsace et de la Lorraine. Quant aux socialistes, surtout à partir de 1890, ils sont nettement hostiles au mouvement colonial : ils dénoncent des opérations financières louches, l'exploitation des peuples dominés et la montée du militarisme. En revanche, l'opinion publique ne s'intéresse guère à la colonisation. Dans ce contexte, cependant, la période 1871-1879 « a non seulement... conservé le legs colonial du Second Empire, mais déjà préparé, dans nombre de régions... les conditions d'une future extension » (Jacques Thobie).

Renaissance des ambitions françaises

A partir de 1879, la France s'engage dans un mouvement d'expansion coloniale sans précédent. Si la poussée démographique n'est pas, comme pour la Grande-Bretagne, un facteur explicatif, les préoccupations économiques jouent un rôle déterminant. La recherche de matières premières est sans doute l'argument le moins décisif, même s'il est intervenu très explicitement dans la décision prise par la France d'occuper le Tonkin. La question des débouchés paraît plus importante, dans le contexte de la grande dépression de l'économie mondiale, entre 1873 et 1896. Les possibilités d'expansion financière interviennent aussi de façon décisive : la tendance générale à la baisse des taux d'intérêt en Europe. Les capitalistes français cherchent donc à exporter leurs capitaux en direction des pays neufs, non encore équipés, et où les taux d'intérêt sont plus élevés, même si les risques sont plus grands. Mais le nationalisme constitue également un ressort puissant de l'expansion coloniale. Celle-ci permet à la France de donner libre cours à sa volonté de puissance : Jules Ferry en joue, qui flatte les tendances chauvines de l'opinion nationale. Les préoccupations stratégiques ne sont pas absentes, mais moins essentielles qu'en Grande-Bretagne : il s'agit d'assurer la sécurité des communications par une chaîne de points solides d'appuis navals, servant au contrôle des grandes routes ainsi que de base de ravitaillement et d'action pour la flotte de guerre.

Protectorat français sur la Tunisie

La première grande intervention de la France concerne la Tunisie. En 1879, la Tunisie reste en principe sous la souveraineté du gouvernement ottoman, mais, en réalité, le gouverneur (bey) a acquis une indépendance presque totale. Bey de 1859 à 1882, Mohammed Saddok tente de moderniser son pays (promulgation d'une constitution en 1861), mais il multiplie les emprunts auprès des puissances européennes. En 1869, ne pouvant plus les rembourser, il doit accepter la création d'une Commission internationale de la dette. Depuis son installation en Algérie, la France surveille étroitement le régime du bey, car elle vise à la prépondérance sur le Maghreb. Elle se heurte à l'active rivalité de la Grande-Bretagne et de l'Italie qui, également, ont obtenu des concessions de travaux publics au profit de grandes sociétés de leur pays. L'Italie semble disposer des meilleurs atouts : outre d'importants intérêts économiques (juifs livournais), elle s'appuie sur 10 000 colons établis dans la Régence et groupés autour de leurs écoles. La France ne compte que 1 000 ressortissants en Tunisie, mais appartenant aux milieux économiques et plus influents que les Italiens.

L'intervention française s'explique par quatre facteurs principaux :

— la montée en puissance de l'influence italienne : en 1881, une compagnie transalpine se fait attribuer, contre la Compagnie française des chemins de fer de Bône-Guelma, la concession de la ligne Tunis-La Goulette, ce qui provoque le mécontentement des milieux d'affaires français ;

— la position de Bismarck qui, en janvier 1879, encourage la France à s'intéresser à la Tunisie ;

— l'attitude de la Grande-Bretagne : après son installation à Chypre et l'achat d'une partie des actions du canal de Suez, elle souhaite offrir à la France une compensation ;

— l'arrivée des républicains au pouvoir en France. Jules Ferry devient président du Conseil en septembre 1880 et le reste jusqu'en novembre 1881. Il est sensible au désir des Français d'Algérie d'en finir avec des raids de pillage lancés depuis la frontière tunisienne par des tribus incontrôlées.

Prenant prétexte de l'incursion de pillards kroumirs tunisiens en Algérie (5 soldats français tués), le gouvernement obtient de l'Assemblée, le 7 avril 1881, les crédits nécessaires à l'envoi d'un corps expéditionnaire. Loin de se contenter d'une simple action de police le long de la frontière comme le croyaient les parlementaires, le gouvernement va plus loin. Toujours en avril 1881, il masse 30 000 soldats français le long de la frontière et en débarque 8 000 autres à Bizerte. Le 12 mai, le bey reconnaît, par le traité du Bardo, le protectorat de la France : sa souveraineté reste théoriquement maintenue, mais un résident général français exerce la direction des Affaires intérieures et extérieures. Seule l'Italie proteste avec véhémence : l'intervention française précipite son entrée dans la Triple-Alliance.

Rivalité franco-anglaise en Egypte

En Egypte, il existe une rivalité entre la France et l'Angleterre. Depuis le percement de l'isthme en 1869, le canal de Suez est devenu la clef de la route des Indes : 80 % de son trafic est assuré par des navires britanniques. Or le canal a été creusé par des Français dont l'influence est forte en Egypte depuis Bonaparte. En 1864, le khédive (vice-roi) a entrepris une politique de modernisation de son pays, mais ce dernier est pauvre et dépourvu d'un système fiscal efficace. Le khédive s'endette envers la France, puis la Grande-Bretagne. En 1875, il ne peut plus payer les intérêts de la dette et met en vente ses 177 000 actions personnelles de la Compagnie du Canal avec l'aide du banquier français Dervieu et de la Société générale, mais la Grande-Bretagne s'oppose fermement à un rachat par la France, qui lui assurerait un monopole. Le duc Decazes cède et laisse Disraeli, premier ministre britannique, racheter les actions en octobre 1875 : la Grande-Bretagne obtient, au sein de la Compagnie, des droits équivalents à ceux de la France et le tiers du conseil d'administration est désormais composé d'Anglais. Mais l'état des finances égyptiennes demeure préoccupant. En avril 1876, la France et la Grande-Bretagne créent une Caisse de la dette publique, puis, en septembre, deux contrôleurs généraux (un Anglais et un Français) chargés de la surveillance des dépenses. Le régime du condominium vient de se mettre en place.

Au début de 1879, le khédive Ismaïl tente de s'affranchir de la tutelle franco-britannique : il renvoie son ministère. Mais, devant la pression de la France et de l'Angleterre, il doit se retirer au profit de son fils Tewfik. Un mouvement de protestation nationale naît, en particulier dans les milieux militaires. Il s'incarne en la personne du colonel Arabi Pacha. Ce dernier réclame le remplacement du gouvernement imposé par la France et l'Angleterre et composé en partie d'étrangers par un gouvernement national ainsi que la suppression de la tutelle financière franco-britannique. Il provoque des désordres dans tout le pays, notamment à Alexandrie, où, en juillet 1882, une émeute fait plus de 60 morts parmi les chrétiens. La France et l'Angleterre envisagent une action commune, mais la chute du gouvernement Freycinet, le 29 juillet, empêche toute participation française. La Grande-Bretagne intervient seule. Elle envoie une armée qui bat Arabi Pacha, le 13 septembre, à Tell el-Kébir. Elle le fait prisonnier, écrase le Parti national, dissout l'armée égyptienne, et occupe tout le pays. Surtout, elle met fin au condominium et au contrôle bilatéral sur les finances de l'Egypte, donne une constitution au pays, occupe la zone du canal et son représentant, Lord Cromer, exerce la totalité du pouvoir de 1883 à 1907. En France, les réactions sont faibles : l'opinion publique reste indifférente et les milieux d'affaires y voient un avantage pour la préservation de leurs intérêts. Seuls les parlementaires multiplient les protestations. En janvier 1883, la France demande à la Grande-Bretagne qu'elle fixe un terme à son occupation, mais le gouvernement manque des moyens de pression, hormis l'arme financière. Mais Bismarck en tire profit, car, pour quinze ans, l'affaire égyptienne entretient un contentieux diplomatique entre la France et la Grande-Bretagne.

Le partage de l'Afrique équatoriale

A partir de 1880, les rivalités s'accentuent en Afrique. Elles sont particulièrement vives dans le bassin du Congo où s'exerce l'action personnelle de Léopold II, roi des Belges. Ce dernier a chargé le journaliste et explorateur américain Stanley de reconnaître la région pour le compte de l'« Association internationale africaine » — AIA —, dont il est le président fondateur. Entre 1879 et 1882, Stanley parcourt tout le bassin du fleuve et prend possession du pays. Or, depuis 1875, Pierre Savorgnan de Brazza, officier de marine d'origine italienne, explore également l'Afrique équatoriale. En 1875-1876, il reconnaît l'Ogooué (Gabon) et établit de bonnes relations avec les indigènes. Au début de 1880, avec une petite expédition, il pénètre dans le bassin du Congo. Le roi local, Makoko, accepte le protectorat français. Ce royaume se trouve sur les deux rives du Stanley Pool, lieu où s'élargit le fleuve. Stanley y parvient le 27 juillet 1881 et y rencontre une petite garnison française (quatre hommes) qui refuse d'évacuer son poste. Brazza retourne en 1883-1884 établir plus solidement l'influence française entre Ogooué et Congo : il y jette les bases d'une nouvelle colonie.

A la même époque, le Portugal, appuyé par la Grande-Bretagne, revendique toute la côte du Cabinda à l'Angola : un traité anglo-portugais de février 1884 assure à la Grande-Bretagne un contrôle indirect sur l'embouchure du Congo. Ce traité suscite une vive opposition de la France, de l'AIA ainsi que de Bismarck. Ce dernier cherche en effet à se rapprocher de la France, en vue d'obtenir des avantages en Afrique. Jules Ferry est aussi partisan d'une entente partielle avec l'Allemagne sur les questions coloniales. Il répond favorablement au Chancelier, à condition que celui-ci entraîne la Grande-Bretagne dans la négociation. Tenue sous l'égide de Bismarck, la Conférence de Berlin se réunit de novembre 1884 à février 1885. Elle prévoit que, pour annexer des territoires d'Afrique centrale, une occupation effective sera nécessaire et qu'il faudra la notifier aux autres puissances. Elle reconnaît la liberté commerciale sur tout le bassin du Congo ainsi que l'existence de l'Etat indépendant du Congo, dont la souveraineté est assumée à titre personnel par Léopold II, sans allégeance directe au royaume de Belgique. Cet Etat n'aura qu'une existence éphémère : en 1890, Léopold II le lègue à l'Etat belge. Quant aux territoires français, ils seront regroupés, en 1910, sous le nom d'Afrique équatoriale française — AEF.

Antagonisme franco-britannique en Indochine

Vers 1880, la péninsule indochinoise comprend trois zones colonisées (Basse-Birmanie, Cochinchine et Cambodge pour la France) ainsi que trois royaumes indépendants : la Haute-Birmanie, le Siam et l'empire d'Annam, dont dépend le Tonkin. Une première tentative d'annexion de ce dernier a été tentée en 1873 : Francis Garnier a pris Hanoi et y a été tué. Peu favorable aux conquêtes, le gouvernement Mac-Mahon signe en 1874 le traité de Saigon, qui entraîne l'évacuation de Tonkin. Mais Jules Ferry, président du Conseil depuis 1882, reprend l'idée de la conquête de l'Annam et du Tonkin. Les chambres de commerce françaises poussent le gouvernement à assurer une voie commerciale en direction de la Chine du Sud. De plus, des irréguliers venus de Chine, les Pavillons noirs, ont envahi le Tonkin. L'empereur d'Annam, vassal de la Chine, hésite entre l'appel aux Français et l'appel aux Chinois pour les chasser du pays. En 1882, le commandant Rivière est tué lors d'un combat contre les Pavillons noirs qu'il devait repousser. Ferry envoie sur place un corps expéditionnaire qui bombarde Hué et conquiert le Tonkin (décembre 1883, juin 1884). Deux traités sont signés : celui de Hué (1884) avec l'Annam, qui place ce pays sous protectorat français ; celui de Tien-Tsin, par lequel la Chine abandonne sa suzeraineté sur l'Annam.

Le gouvernement chinois de l'impératrice Tseu-Hi ne reconnaît pas le traité. A Bac-Lé au Tonkin, le 23 juin 1884, les Français se heurtent à l'armée chinoise. Après ultimatum à la Chine, la France entre en guerre. Bien que gênées par le refus des Anglais de mettre leurs stations charbonnières à la disposition des navires français, les troupes françaises débarquent à Formose, tandis que l'amiral Courbet coule la flotte chinoise devant Fou Tchéou. La France exige l'application du traité de Tien-Tsin et une indemnité de guerre. Tandis que des négociations s'engagent, les troupes françaises connaissent un échec, le 29 mars 1885. Le haut-commissaire français au Tonkin envoie à Paris un télégramme alarmiste. Ferry est interpellé dès le lendemain à la Chambre. Clemenceau et Albert de Mun emportent la décision des députés : battu par 306 voix contre 149, Ferry doit démissionner. Cependant, le même jour, les troupes chinoises sont battues. Dès le lendemain, la Chine accepte les conditions françaises. Le second traité de Tien-Tsin (4 avril 1885) confirme la renonciation de la Chine à l'Annam. Dans les années suivantes, la France pénètre au Laos, grâce à Auguste Pavie. En 1891-1893, naît la Confédération indochinoise composée d'une colonie (Cochinchine) et de quatre protectorats (Tonkin, Annam, Cambodge, Laos).

Les Anglais ont répliqué à l'invention française au Tonkin par la conquête de la Haute-Birmanie, dont le roi Thiba, en 1885-1886, était soutenu par les Français. Le Siam, seul, reste indépendant. Afin de le forcer à reconnaître l'occupation du Laos, les canonnières françaises font une démonstration navale devant Bangkok, capitale du Siam. Un blocus est organisé le long des côtes. L'Angleterre, qui fait 90 % du commerce du royaume, redoute l'annexion. Elle menace d'intervenir. Mais la fièvre retombe : le 31 juillet, le Siam reconnaît l'annexion du Laos et le blocus est levé.

Le 25 janvier 1896, la France et l'Angleterre signent un traité définissant la frontière entre l'Indochine française et la Birmanie. Il prévoit la reconnaissance de l'indépendance du Siam, lequel rétrocède au Cambodge plusieurs provinces, dont celle d'Angkor. A la solution du partage a donc été préférée celle de l'Etat-tampon.

Montée en puissance

Extension de l'Empire français

En Afrique occidentale, la pénétration européenne est surtout le fait de l'Angleterre et de la France, secondairement de l'Allemagne et de l'Espagne. A la différence des Britanniques et des Allemands, les Français assurent leur pénétration de manière directe, sous l'autorité de l'Etat, grâce à l'action des militaires. La conquête française résulte d'une action continue, qui permet à la France de constituer un vaste territoire encerclant les colonies espagnoles, britanniques et allemandes. En revanche, la vaste région des Bouches du Niger, la plus riche d'Afrique occidentale, est conservée par les Britanniques. A partir de la colonie du Sénégal, le projet de Faidherbe, consistant à relier le Sénégal au Niger par une ligne de postes fortifiés, est réalisé de 1880 à 1883 par le colonel Borgnis-Debordes. L'avance française se heurte alors à deux « empires », qui se fournissaient en armes britanniques : au nord-est, celui d'Ahmadou, le fils d'El-Hadj-Omar (l'adversaire de Faidherbe) ; au sud-est, celui de Samory. Tous les ans, pendant la saison sèche, des expéditions ont lieu (en particulier sous la direction de Gallieni). Si Ahmadou est vaincu en 1890-1891, Samory résiste jusqu'en 1898 : fait prisonnier, il meurt en exil, à Libreville, en 1900. La vallée du Niger moyen est progressivement occupée : Tombouctou est conquise en 1893. Tandis que le capitaine Binger atteint Grand-Bassam, le commandant Monteil arrive au lac Tchad. A partir du « pays des rivières du Sud » — devenu ensuite Guinée française —, s'opère une pénétration pacifique : les montagnes du Fouta-Djalon sont atteintes en 1896. En 1883, la France prend possession des 600 km de côtes de la Côte-d'Ivoire : ensuite, débute une difficile pénétration à travers les forêts. En revanche, l'implantation française rencontre plus de difficultés au Dahomey. Si les frontières ont été délimitées en 1885 avec le Togo allemand et en 1889 avec la Nigeria britannique, le roi Glé-Glé et son fils Behanzin (1892-

1894), dont les troupes d'élite sont constituées de femmes, opposent une résistance acharnée. Puis s'engage entre les officiers français, britanniques et allemands une véritable course en direction de la boucle du Niger, que les Français atteignent les premiers. En 1895 enfin, l'ensemble des territoires compris entre le Sénégal, le Tchad et le golfe de Guinée est regroupé sous le nom d'Afrique occidentale française — AOF. Dans cette zone, les Anglais ont quant à eux réalisé deux conquêtes importantes : celles de la Gold Coast (« Côte-de-l'Or ») et de la Nigeria. Deux accords règlent les rapports avec la France. Le premier, en date du 5 août 1898, reconnaît à l'Angleterre, contre le droit pour la France de s'installer à Madagascar, toute la basse vallée du Niger, au sud d'une ligne allant de Say sur le Niger à Barroua sur le lac Tchad. La France obtient en outre la liberté de navigation sur le bas Niger et le droit d'y établir deux entrepôts. Le second accord (14 juin 1898) fixe la frontière entre la Côte-de-l'Or et les territoires français. La Grande-Bretagne s'assure ainsi les territoires les plus riches et les plus peuplés, ne laissant au « Coq gaulois » que des « terres légères où il pourra gratter ses ergots » (Salisbury).

La France s'intéresse aussi à Madagascar. Le motif est d'abord stratégique : posséder une base sur la route d'Indochine après Djibouti. Dès 1868, la France avait reconnu la reine des Hovas (population des plateaux originaire des îles du Sud-Est asiatique) comme reine de Madagascar. En 1883-1884, sous la pression de divers intérêts économiques et des missionnaires catholiques — inquiets de l'activité des missionnaires protestants anglais —, Jules Ferry envoie une expédition qui occupe Tamatave, Majunga et Diégo-Suarez. Mais l'engagement militaire au Tonkin rend difficile une autre opération de conquête. En 1885, un traité reconnaît un vague protectorat sur le royaume de la reine Ranavalo III. Il fait l'objet d'interprétations différentes par chacune des deux parties. La France veut aller plus loin : elle obtient d'abord, le 5 août 1890, l'accord de la Grande-Bretagne, contre l'abandon des droits français sur l'île de Zanzibar et sur le bas Niger, puis l'acceptation allemande. De son côté, le gouvernement hova renforce son armée et adopte une attitude nettement antifrançaise. En 1894, le résident français Le Myre de Villiers exige l'arrêt des préparatifs militaires. Le 27 octobre, les Hovas déclarent la guerre sainte contre la France. Le 23 novembre, Hanotaux envoie un corps expéditionnaire de 15 000 hommes, commandé par le général Duchesne.

Ce dernier débarque sur la côte du Nord-Ouest, marche dans

des conditions difficiles (climat, absence de routes) vers Tananarive, qu'il occupe, après un court combat, le 30 septembre 1895. La France établit aussitôt un protectorat. Mais, à la suite d'une insurrection soutenue en sous-main par le gouvernement hova, le 6 août 1896, le protectorat est aboli et l'annexion décrétée. Le général Gallieni, qui vient de pacifier le Tonkin, pacifie Madagascar. Sévère envers les Hovas, il fait fusiller le ministre de l'Intérieur et exiler la reine en France. Mais il agit en douceur avec la population : il avance selon la méthode de la « tache d'huile », construit peu à peu blockhaus et postes et multiplie les contacts avec les indigènes. Il est aidé dans le sud du pays par le colonel Lyautey. Gallieni reste gouverneur général de Madagascar jusqu'en 1905. Il supprime l'esclavage et s'applique à franciser la grande île. Il cherche à concilier défense des intérêts économiques de la France et progrès social de la population.

Au nord de l'Afrique, la France pénètre aussi au Sahara. En 1880, elle envoie une mission dirigée par Flatters reconnaître le massif du Hoggar, habité par les Touaregs. Mais ces années 1880 voient se développer dans toute la zone du désert une forte agitation islamique. Des confréries musulmanes prêchent la venue de nouveaux prophètes ou « Mahdi », qui organisent la résistance contre les Européens. Tandis que la tribu des Oulad Sidi Cheikh se révolte dans le Sud algérien, Flatters et ses compagnons sont massacrés dans le Hoggar, le 18 février 1881. Les accords avec l'Angleterre laissent cependant les mains libres à la France au Sahara. A partir des oasis du Sud algérien et tunisien (Mzab), de petites expéditions s'emparent du Touat, longue ligne d'oasis nord-ouest - sud-est, du Tidikelt, de Gourara, y construisant des fortins *(bordjs)*. En 1889, le géologue Flamand, chargé d'explorer le Tidikelt, se heurte aux Marocains qu'il repousse. La France possède ainsi tout le nord-ouest du désert. La marche — à pied — de la mission Foureau-Lamy achève la conquête. Ils partent de Biskra en Algérie en septembre 1898 avec 310 hommes, traversent le Sahara par Ouargla Temassinin et l'Aïr. Le 2 novembre 1899, ils atteignent Zinder. En février 1900, ils rencontrent la mission Joalland-Meynier, partie d'Afrique occidentale, puis, en avril, la mission Gentil, venue d'Afrique équatoriale. Les trois principales zones de colonisation française se trouvent ainsi réunies en un espace continu. Les troupes des trois missions attaquent ensuite un souverain indigène, le marchand d'esclaves Rabah, à Koussouri, le 22 avril 1900 : Rabah est tué, mais aussi Lamy. Mais le Sahara se trouve désormais sous contrôle français. Toutefois, le Hoggar n'est occupé qu'en 1902. Afin de consolider ce contrôle, Laperrine, commandant supérieur des oasis à partir de 1901, organise en 1902 les compagnies de méharistes, où les soldats — les Chaamba, d'origine indigène — possèdent leurs propres chameaux et sont ainsi capables de traverser le Sahara en trois semaines. Ils luttent contre les pillards nomades, protègent les sédentaires des oasis, tandis que les officiers français s'efforcent de combattre l'esclavage.

La rivalité franco-britannique en Afrique

Les différends entre la France et la Grande-Bretagne se concentrent en Afrique. A propos de Madagascar, la question trouve, on l'a vu, une solution rapide. Il n'en va pas de même dans la vallée du Nil. En France, l'on se souvient du rachat des actions du khédive et de la mainmise anglaise sur l'Egypte. La diplomatie française pratique la politique dite des « coups d'épingle » : c'est ainsi que naît la question du Soudan. En 1895, la Grande-Bretagne s'y intéresse beaucoup. Différentes raisons l'y poussent : le fait que le Soudan commande les eaux du Nil et permette de tenir l'Egypte à sa merci ; la possibilité d'y faire passer le chemin de fer du Cap au Caire que veut construire le grand homme d'affaires britannique Cecil Rhodes ; à partir de 1881, la révolte du Mahdi Mohammed Ahmed contre les Anglo-Egyptiens, principale manifestation de la résistance des confréries musulmanes du désert à la pénétration occidentale. Ayant vaincu et massacré les troupes égyptiennes du colonel anglais William Hicks en novembre 1883, le Mahdi s'empare de Khartoum, capitale du Soudan, en janvier 1885. Dès lors, la Grande-Bretagne prépare activement la reconquête en faisant reconnaître ses droits sur la région par l'Italie, puis l'Allemagne (janvier 1890) et l'Etat indépendant du Congo (mai 1894).

Mais la France s'y oppose, car elle veut relier Dakar à Djibouti. En novembre 1894, Delcassé, ministre des Colonies, envisage l'envoi d'une expédition française en direction du haut Nil afin d'obtenir une modification du statut de l'Egypte. Elle n'a pas lieu, mais l'émotion a été vive à Londres. Or, en mars 1896, à l'annonce de la défaite des troupes italiennes à Adoua, le gouvernement anglais décide d'en finir avec la sécession mahdiste, dirigée par le général Abd Allah, sucesseur du Mahdi. Le général Kitchener reçoit l'ordre de remonter la vallée du Nil avec une importante armée et une trentaine de canonnières. Il écrase les mahdistes à Omdourman près de Khartoum, puis remonte le Nil. Le 25 septembre, il rencontre à Fachoda une poignée de tirailleurs sénégalais commandés par le capitaine Marchand. En effet, le ministre des Affaires étrangères français Hanotaux a décidé d'employer la manière forte pour obliger la Grande-Bretagne à réviser sa politique égyptienne. Dès juillet 1896, une petite expédition, commandée par Marchand, part du Gabon, avec pour mission de s'installer sur le Nil. Elle atteint Fachoda en juillet 1898. Marchand y construit un fortin et établit le protectorat nominal de la France sur la région. Au nom du khédive d'Egypte, Kitchener exige l'évacuation du pays, mais Marchand refuse, au motif qu'il n'a pas d'ordres de son gouvernement. Le différend relève désormais des chancelleries. A Paris, Delcassé vient de remplacer Hanotaux. Il songe d'abord à résister, mais, à Londres, la presse et l'opinion publique poussent Salisbury à l'intransigeance : fin octobre 1898, la guerre paraît inévitable. Le gouvernement britannique ordonne des démonstrations navales devant Bizerte et Brest, mais Salisbury hésite à réclamer l'évacuation immédiate de Fachoda. Au retour du capitaine Baratier, membre de la mission Marchand, Delcassé le reçoit et fait accepter par le conseil des ministres le rappel de Marchand. Si la France a reculé devant la Grande-Bretagne et s'il en résulte en France un ressentiment contre les Anglais, le pire a été évité. En mars 1899, une convention délimite les zones franco-britanniques entre Congo et Nil : la France abandonne ses prétentions sur le bassin du Nil et la région du Bahr el-Ghazal et ne conserve que les régions situées au nord et à l'est du lac Tchad. L'humiliation est profonde pour la France qui, par ailleurs, se trouve isolée : l'alliance russe s'avère inutile, alors que la Grande-Bretagne se rapproche de l'Allemagne, à qui elle propose son alliance, par deux fois, en 1898 et 1901. Puis, on le sait, à partir de 1904, France et Grande-Bretagne amorcent un rapprochement spectaculaire, qui dissipe les rancœurs nées de la crise de Fachoda.

L'Empire français en 1914

Un mode d'organisation spécifique

A la veille de la première guerre mondiale, l'Empire colonial français se trouve divisé en colonies et protectorats. L'ensemble des colonies, qui dépendait auparavant du ministère de la Marine, est rattaché à partir de 1894 à une nouvelle administration, celle du ministère des Colonies. Du ministère des Colonies dépendent les gouverneurs généraux d'Indochine (1887), d'AOF (1895), de Madagascar (1897) et d'AEF (1910). Ces vastes ensembles administratifs sont divisés en sous-ensembles dirigés par des gouverneurs. L'Indochine apparaît le plus complexe, puisqu'il est constitué d'une colonie (Cochinchine), de deux protectorats conservant leurs souverains (Cambodge et Annam), d'un protectorat dirigé par un résident supérieur (Tonkin) ainsi que d'un protectorat en administration directe (Laos). Les petites colonies sont mieux assimilées à la métropole. Elles possèdent des assemblées élues, habituellement appelées conseils généraux et disposant de pouvoirs étendus pour le vote du budget (Antilles, Réunion, Guyane, cinq villes — ou comptoirs — de l'Inde, Nouvelle-Calédonie, de même que Cochinchine et Sénégal, qui ont un statut particulier au sein des gouvernements généraux d'Indochine et d'AOF). Un nombre relativement restreint de communes ont été créées sur le modèle des communes métropolitaines. La Martinique, la Guadeloupe, la Réunion et les villes de l'Inde élisent des députés et des sénateurs au Parlement métropolitain ; la Guyane, le Sénégal et la Cochinchine, seulement des députés. Le plus souvent, seuls les citoyens français d'origine européenne élisent ces représentants.

L'Algérie constitue un cas à part. Elle dépend du ministère des Colonies depuis les décrets signés par Crémieux, membre de la Délégation de Tours (24 octobre 1870). Elle est divisée en trois départements dépendant d'un gouverneur général ainsi qu'en territoires militaires au sud (Sahara). Crémieux a aussi décidé que tous les Israélites deviendraient citoyens français. La mesure a contribué au déclenchement de la grande insurrection de Kabylie, réprimée seulement en janvier 1872. Il y a donc assimilation partielle. Administrativement, l'Algérie est rattachée à la métropole. L'assimilation s'étend aux colons français et aux israélites, mais les musulmans en sont pratiquement exclus. Cette politique d'assimilation est de plus en plus critiquée. Dans un rapport au Sénat de 1893, Jules Ferry propose la voie de l'autonomie. Telle est l'opinion de Jules Cambon, gouverneur général à partir de 1891, et de ses successeurs, en particulier Célestin Jonnart. A partir de 1891, le gouvernement et le Parlement se rallient à cette solution. L'autonomie se traduit par un accroissement des pouvoirs du gouverneur aux dépens du ministère des Colonies, en raison de la création d'un Conseil supérieur de 60 membres (dont 7 indigènes) assistant le gouverneur ainsi que des délégations financières, élues au suffrage restreint et comprenant 69 membres dont 21 indigènes, et des conseils généraux, où les musulmans comptent le quart des sièges.

A la différence des colonies, les protectorats maintiennent le principe de la souveraineté indigène. Ce système évite celui de l'administration directe, fort lourd, et notamment de l'administration militaire. Le résident général français contrôle le gouvernement et dirige les affaires étrangères. Les protectorats dépendent en principe du ministère des Affaires étrangères, non pas de celui des Colonies, principe adopté pour la Tunisie et le Maroc. Mais ce système du protectorat n'est pas vraiment appliqué. Tandis que l'administration directe étend son emprise, les pouvoirs conservés aux indigènes appartiennent en fait à des féodalités traditionnelles, seuls interlocuteurs pour les administrateurs français. En Indochine, l'application du système du protectorat se fait de manière contrastée. Y agissent des gouverneurs ou des fonctionnaires de valeur : Paul Bert, professeur de physiologie et ancien ministre de Gambetta ; Auguste Pavie, qui redécouvre Angkor et gagne le Laos au protectorat français ; Lanessan, successeur de Paul Bert, professeur de sciences et favorable à une politique d'association avec les mandarins ; le colonel Gallieni, qui s'efforce de pacifier le Tonkin et d'en adapter l'organisation aux besoins réels des populations. A l'inverse, Paul Doumer, gouverneur de 1897 à 1902, applique la manière forte et étend le système de l'administration directe.

Une mise en valeur faible et inégale

L'Empire français fait par ailleurs illusion par son étendue, car son importance économique est relativement faible. Il est relativement pauvre en hommes : 48 millions d'habitants, dont 17 pour la seule Indochine. Il manque de voies de communication : 12 000 km pour 11 millions de kilomètres carrés. Les capitaux investis y sont plutôt modestes : selon l'historien américain H. Feis, sur 45 milliards de placements extérieurs effectués par la France, seulement 8,8 % ont été placés dans l'Empire. La mise en valeur n'en est donc qu'à ses débuts. Quelques cultures nouvelles ont été introduites en Afrique du Nord (vin d'Algérie), en AOF (arachides du Sénégal, cacao de Côte-d'Ivoire, bananes de Guinée) et en Indochine (les premières tonnes de caoutchouc sont exportées en 1914). Enfin la pauvreté de la France en minerais la conduit à s'intéresser de façon plus spéciale aux ressources minières. Révélatrice est l'attitude des banques. Au début du XXe siècle, le Crédit lyonnais ne détient que des titres d'emprunts des gouvernements généraux des colonies et quelques titres industriels (chemins de fer, tramways, Compagnie orientale de colonisation).

Certains historiens ont, à l'instar de Jacques Marseille, réévalué l'importance de l'Empire colonial pour les entreprises françaises. En premier lieu, la conquête n'a pas coûté très cher. J. Marseille l'estime à près de 1 milliard de francs, soit le cinquième des dépenses ordinaires de l'Etat pour la seule année 1913 ou encore « trois années de subvention aux compagnies privées de chemins de fer (...) ». De plus, selon Henri Brunschwig, de 1882 à 1913, la part du commerce français avec les colonies passe de 4,7 % à 9,3 pour les importations et de 6,7 à 10,9 pour les exportations. Toujours selon J. Marseille, les capitaux placés dans les colonies (en comptant ceux venant des sociétés non cotées en Bourse) s'élèvent, en 1914, à 6,5 milliards de francs. Les colonies françaises n'auraient donc pas été aussi négligées qu'on le dit généralement. Elles permettent même des placements fructueux : en 1914, les dividendes versés par les sociétés intéressées à l'Empire représentent en moyenne 30 % du nominal des actions ; celles de la Société française des distilleries de l'Indochine se négociaient 1 345 F en 1913 pour un prix d'achat de 500 F en 1901. Cependant, il paraît en définitive peu probable que les motivations économiques aient constitué le principal déterminant de la colonisation.

La mise en valeur de l'Empire apparaît en outre inégale selon les régions :

Tableau 1. — Capitaux français engagés dans l'Empire colonial en 1914 (en %)

		Répartition		
	En % du total	*Fonds publics*	*Fonds privés*	*Total*
Maghreb	61,5	67,6	32,4	100
Indochine	16,2	64,8	35,2	100
Afrique noire	17,5	70,9	29,1	100
Autres colonies	4,8	55,4	44,6	100

Source : A. Beltran, P. Griset, *La croissance économique de la France, op. cit.*

Tel est le cas pour les territoires lointains et dispersés de la France du Pacifique et de l'Atlantique Nord. Si la Nouvelle-Calédonie commence à faire l'objet d'une active exploitation minière (création de la Société Le Nickel à Paris, en mai 1881, à l'initiative des Rothschild), il n'en va pas de même du récent condominium (1906) des Nouvelles-Hébrides ou de la Polynésie française, dont le capital industriel et commercial français se trouve complètement absent. Aux Antilles françaises, l'exploitation de la canne à sucre demeure l'activité essentielle, mais la baisse des cours mondiaux du sucre et une succession de crises de surproduction entraînent un fort mouvement de concentration foncière, plus marqué en Guadeloupe, où, en 1914, les sociétés métropolitaines contrôlent les trois cinquièmes de la production de l'île, qu'à la Martinique. La Guyane, voire Saint-Pierre-et-Miquelon, pèse d'un moindre poids pour l'économie française : en 1904, à la suite de « la guerre du homard », la France doit par exemple renoncer à ses droits sur Terre-Neuve, ce qui affaiblit la position des pêcheurs nationaux.

Cette inégalité se retrouve dans l'océan Indien. Sur la côte française des Somalis, Djibouti, fondée en 1887, devient peu à peu une ville et un port, dont l'importance tient à deux atouts : une escale importante sur la voie Europe - Extrême-Orient, au débouché de la mer Rouge, l'exutoire naturel du haut pays éthiopien ; mais la crise de Fachoda compromet le projet d'une liaison Djibouti-Nil. En revanche, l'accord anglo-franco-italien de 1906 autorise la France à relier par chemin de fer l'Ethiopie à la mer Rouge. Une ligne est effectivement construite, de 1908 à 1917, par la Société du chemin de fer de Djibouti à Addis-Abeba. Tandis que la Réunion souffre à la fois de la dépression du prix du sucre et, par suite, de l'ouverture du canal de Suez, dans son rôle d'escale, Madagascar devient un marché protégé pour les produits français (45 % de taxes *ad valorem* sur les tissus étrangers, 85 % du mouvement commercial sous pavillon français). Estimant que les colonies sont « faites pour les colons français », Gallieni distribue de grandes quantités de terres à de petits colons, le plus souvent réunionnais, et surtout à de très grandes compagnies (350 000 ha à Delhorbe par exemple), mais, faute de capitaux, de nombreuses concessions sont résiliées. Les infrastructures font cruellement défaut, en dépit d'un début d'aménagement des ports (ainsi Diégo-Suarez) : commencé en 1901, le chemin de fer Tananarive-Tamatave n'est achevé qu'en 1913.

En Indochine, le proconsulat de Paul Doumer (1897-1902) marque un tournant. Il organise les services généraux de la Fédération, crée un budget général alimenté par les impôts indirects perçus dans les six territoires, tandis que les impôts directs restent à disposition des budgets locaux. La fiscalité indirecte est la plus lourde. Ses revenus viennent essentiellement des douanes et des trois régies sur le sel (1897), l'opium (1899) et le riz (1902). Ils permettent à l'Indochine, dès 1898, de cesser de coûter au budget français et d'émettre avec succès des emprunts en métropole. Ces moyens financiers autorisent de grands travaux d'équipement, dont le chemin de fer du Yunnan, à partir du Tonkin : il est financé par voie d'emprunts garantis par le budget de la colonie et placés en France par un consortium regroupant toutes les grandes banques françaises emmenées par la Banque d'Indochine. En 1914, le bilan des investissements français en Indochine est loin d'être négligeable, avec 16 % environ des capitaux immobilisés dans l'Empire. En dehors des ports et des chemins de fer — le Transindochinois n'est pas achevé —, les investissements concernent nombre de sociétés privées (Charbonnages du Tonkin, Société française de distillerie). Principal client, après l'Algérie, de l'industrie cotonnière métropolitaine, l'Indochine n'exporte guère que des produits primaires. Son économie est dominée par la puissante Banque d'Indochine, détentrice du privilège d'émission des billets, précocement implantée dans d'autres régions asiatiques (Chine, Inde) et océaniennes. Elle assure à ses actionnaires des dividendes brillants (44 % du capital versé en 1914).

En Afrique noire, la mise en valeur se cantonne au système de l'économie de traite. Le principe est le suivant : les maisons de commerce de traite échangent des marchandises de médiocre qualité, évaluées au plus haut prix, contre des produits africains très sous-estimés, si possible sur la base du troc. Sur cette base commune, deux systèmes d'exploitation se mettent en place : en AOF, le système fonctionne selon le principe de la liberté du commerce et de l'industrie, alors que l'AEF vit sous le régime des sociétés concessionnaires. Mais, en AOF, l'âpre compétition que se livrent les sociétés de commerce favorise un processus de concentration, au profit de quelques grandes sociétés. Au Sénégal et au Soudan, ce sont surtout des maisons bordelaises, à l'exemple de la société Maurel et Prom. Dans le reste de l'AOF, les plus puissantes sont la Société commerciale de l'Ouest africain — SCOA —, fondée en 1907, et surtout la Compagnie française d'Afrique occidentale — CFAO —, constituée dès 1887, à l'initiative de la Société marseillaise de crédit et de Périclès Zarifi, richissime financier grec établi à Marseille. Elles tirent avantage, tout comme la Banque de l'Afrique occidentale, à la fois banque d'affaires et institut d'émission pour l'AOF, de la prospérité indéniable que connaît la fédération entre 1896 et 1914. En AEF, le système fonctionne beaucoup moins bien : faute d'exploitation rationnelle des ressources, le système des compagnies concessionnaires conduit à la dégradation et à la disparition des hommes ainsi qu'à l'épuisement des ressources naturelles. Par ailleurs, en Afrique noire, l'investissement industriel demeure des plus modestes, nonobstant la construction de voies ferrées financées au moyen d'avances de l'Etat et d'emprunts garantis sur les ressources propres de la colonie : ainsi le Dakar - Saint-Louis ou le Thiès-Kayes-Niger.

L'effort d'investissement est nettement plus substantiel en Afrique du Nord. En Tunisie, il demeure toutefois limité. L'investissement public l'emporte largement, qui profite pour plus des deux tiers aux communications : la Compagnie des chemins de fer de Bône à Guelma (ou Bône-Guelma) met en place un réseau de près de 1 500 km, dont l'exploitation s'avère fort rentable. En dépit de la modestie des investissements privés, l'activité se développe autour de l'exploitation des richesses minières (phosphates, fer, salines) et des services publics (port de Bizerte, tramways de Tunis), favorisant l'intégration économique du pays au marché mondial. L'Angleterre et l'Italie ayant renoncé, dès 1896-1897, en faveur de la France à la clause de la nation la plus favorisée, le commerce franco-tunisien connaît, à la veille du premier conflit mondial, une vigoureuse expansion (+ 115 % de 1908 à 1913). Mais, pour l'économie française, la Tunisie est loin de peser autant que l'Algérie.

A elle seule, l'Algérie attire environ la moitié des capitaux français investis dans l'Empire et assure à peu près 50 % du commerce de la France avec ses colonies. Chasse gardée pour les capitaux français — 11 % seulement des sommes investies sont d'origine étrangère —, elle a bénéficié depuis 1830 d'environ 2,5 milliards de francs d'investissement, dont 25 % d'origine privée. Un bon tiers de ces investissements privés sont destinés à la banque. Si la Banque d'Algérie (1851) y joue le rôle d'institut d'émission et apporte son aide à l'agriculture coloniale, elle se cantonne aux seules opérations de banque. A l'inverse, la Compagnie algérienne (1877) prête aux agriculteurs et aux colons, mais exploite aussi de vastes domaines. Elle connaît un développement spectaculaire, s'implantant de même en Tunisie, puis au Maroc. Il en va de même pour le Crédit foncier et agricole d'Algérie, devenu en 1907 le Crédit foncier d'Algérie et de Tunisie — CFAT. Il joue un rôle déterminant dans le développement du vignoble algérien, accorde des prêts aux sociétés minières, puis prend des participations dans des entreprises algériennes, avant de s'intéresser à la Tunisie et au Maroc, où il finance de grands travaux. Quant au Crédit algérien (1881), il participe activement à l'émission de nombreux emprunts de colonies ou de compagnies ferroviaires et portuaires. De leur côté, les grandes banques métropolitaines ouvrent des succursales dans le pays : ainsi le Crédit lyonnais, la Société générale et la Société marseillaise de crédit.

Ces banques ne participent qu'assez peu à la mise en valeur industrielle. Les banques cherchent avant tout à tirer bénéfice du placement des emprunts émis par les compagnies ferroviaires, par ailleurs devenues, à partir de 1886, un débouché de premier ordre pour les constructeurs français de locomotives, que des droits de douane élevés protègent de la concurrence internationale (T. Hara). La seule exception, d'importance il est vrai, réside dans la constitution par la Société de construction des Batignolles, avec l'aide de la Banque de Paris et des Pays-Bas et du Comptoir d'escompte de Paris, du Bône-Guelma, aux résultats financiers remarquables. L'extraction minière concerne pour l'essentiel le minerai de fer, les phosphates et quelques non-ferreux (zinc et plomb). Liée notamment à Châtillon-Commentry et à la banque Mirabaud, la Société de Mokta el-Hadid fournit à elle seule plus du tiers de la production de fer, le reste étant fourni par des entreprises de moindre importance. Néanmoins, la découverte de l'important gisement de l'Ouenza suscite, en 1914, la création de la Société des mines de l'Ouenza, à laquelle participent, entre autres, Schneider, Fourchambault-Commentry, la banque Périer et le CFAT. Au total, en dépit de l'importance de ses échanges avec la France (63 % des exportations coloniales de la France lui sont destinées, tandis qu'elle fournit 46 % des importations coloniales de la métropole), l'Algérie semble moins pénétrée par les formes modernes du capitalisme que la Tunisie ou, plus encore, le Maroc.

Ce dernier est en effet l'enjeu d'une âpre compétition entre les groupes français, notamment Schneider et Paribas, qui se disputent l'avantage de prêter au sultan. Dès 1902, Schneider se dote d'une filiale chérifienne, la Compagnie marocaine. En association avec la Banque de l'Union parisienne et l'entreprise de travaux publics Hersent Frères, elle s'intéresse avec succès à la construction des chemins de fer stratégiques ainsi qu'à l'équipement des ports (Casablanca, Fedhala, Safi). Initialement soutenue par Delcassé, la maison du Creusot doit s'effacer au profit de la Banque de Paris et des

Pays-Bas, comme leader du consortium des banques chargé de placer en France les titres des emprunts émis par le gouvernement marocain. Puis Paribas renforce son implantation au travers de la Compagnie du Maroc, principale concurrente de la Compagnie marocaine et qui s'intéresse aussi à la mise en place des infrastructures : elle s'associe ainsi à quelques-unes des plus grandes entreprises françaises de travaux publics — Fougerolle Frères, Grands Travaux de Marseille, Société Générale d'Entreprises — pour construire les ports de Kenitra et Rabat-Salé. A la veille du premier conflit mondial, le Maroc conquiert donc une place à part au sein de l'Empire, par l'intérêt qu'il suscite chez les grands groupes industriels et bancaires.

VII – La vie scientifique et culturelle, 1851-1914

En France, de 1851 à 1914, la vie scientifique et culturelle paraît particulièrement active. Trois tendances majeures dominent l'évolution de la période : les progrès de la connaissance scientifique ; le profond renouvellement des conceptions esthétiques ; l'ampleur des transformations culturelles.

Progrès de la connaissance scientifique

Entre 1851 et 1914, les connaissances scientifiques effectuent de spectaculaires progrès. La science française a certes perdu son avance au cours du siècle, mais elle connaît un incontestable et brillant renouveau au début du XXe siècle. L'un des champs où l'avancée des sciences apparaît le plus évident est le domaine sanitaire, au point que l'on a pu y parler de « révolution ». En outre, la période voit la reconnaissance des sciences de l'homme, sur lesquelles s'exerce l'influence, considérable, du positivisme.

De la reconnaissance du savant au renouveau de la science française

Entre 1851 et 1914, les conditions sont favorables au progrès de la science. A l'époque, la croyance en la science est générale, au détriment de l'esprit religieux et du romantisme : Ernest Renan reflète bien cet état d'esprit (*L'avenir de la science,* 1848). La science dispose désormais de méthodes efficaces : ainsi la méthode expérimentale (Claude Bernard, *Introduction à l'étude de la médecine expérimentale,* 1865). Ses moyens d'action s'accroissent (laboratoires, enseignement supérieur), tandis que la connaissance scientifique se spécialise, même s'il demeure des savants capables d'embrasser plusieurs champs de la recherche, à l'instar de Marcellin Berthelot (1827-1907). Il s'ensuit un essor des coopérations nationale et internationale. Les sciences exactes sont les premières à bénéficier de ce renouveau de la connaissance scientifique. Les mathématiques connaissent d'importantes avancées. Elles deviennent de plus en plus spéculatives (Cournot, *Théorie des nombres et des fonctions*). Un homme cependant domine l'ensemble de la discipline : Henri Poincaré (1854-1912), qui développe entre autres les applications des mathématiques à la mécanique, à l'astronomie et à la physique.

Ce sont toutefois la physique et la chimie qui progressent le plus rapidement, contribuant par là au renouvellement des autres sciences. Jusqu'en 1880, ces progrès résultent pour l'essentiel de l'exploitation des résultats acquis avant 1850. Le premier de ces résultats concerne le fait que la lumière soit un phénomène vibratoire : la théorie formulée par Fresnel est confirmée par Fizeau et Foucault. Entre 1849 et 1854, ces derniers mesurent la vitesse de la lumière dans l'air et dans l'eau et ouvrent ainsi de nouvelles voies pour l'optique et l'astronomie. Second résultat : le principe de la conservation de l'énergie, déjà pressenti par Hippolyte Carnot, débouche sur la mise au point de la thermodynamique, mise au point à laquelle contribue Regnault. Elle permet la découverte, par Cailletet, de la technique de la liquéfaction des gaz, et, par suite, de la technique du froid industriel. Troisième résultat : l'électromagnétisme, découvert par Ampère et Faraday, est perfectionné par Fizeau et Foucault. Il conduit à d'importantes applications pratiques : la dynamo, le télégraphe et le téléphone.

A partir de 1880, les principales découvertes portent sur la structure de la matière. Tandis que l'analyse spectrale, découverte par les Allemands Kirchhoff et Bunsen et utilisée par l'astronomie, permet d'envisager la formation de l'univers à partir d'une origine commune, la théorie électromagnétique de la lumière, avancée par Faraday et Maxwell, est confirmée par Hertz en 1889 : comme la lumière, les oscillations électriques se propagent dans l'espace par ondes. Il est possible d'en tirer des applications destinées à un bel avenir : le téléphone et la télégraphie sans fil, domaine exploré conjointement par le Russe Popov, l'Italien Marconi et le Français Edouard Branly. Les recherches du Néerlandais Lorenz montrent encore que l'électricité trouve son origine dans le flux des atomes : ses théories sont confirmées par Francis Perrin et l'Anglais Thomson. La radioactivité est démontrée, chez certains corps, par Becquerel dès 1896. Un peu plus tard, en 1900, Pierre et Marie Curie isolent le radium. Ces progrès de la physique profitent à la chimie. Outre sa participation à la genèse de la chimie organique, Marcellin Berthelot crée la thermochimie, alors même qu'apparaissent la chimie physique et la mécanique physique. Les progrès de la chimie et de la physique pénètrent la biologie et la médecine. Les initiateurs en sont Claude Bernard (1813-1878), qui introduit la méthode expérimentale, et Louis Pasteur (1822-1895), lequel explique la fermentation, condamne la génération spontanée, prouve le rôle des microbes, découvre la pasteurisation et le vaccin contre le charbon et la rage (1885). Leur œuvre est poursuivie notamment par le Dr Roux, qui met au point le vaccin antidiphtérique. Ces découvertes favorisent les progrès de la médecine, mais aussi de la chirurgie (antisepsie, asepsie, anesthésie).

Dès le Second Empire, l'affirmation de la place du savant dans la société apparaît évidente. Certes, durant la période, le monde scientifique français est soumis à un contrôle centralisé et autoritaire. Grand maître de l'Université de 1852 à 1856, Henri Fortoul (1811-1856) introduit des réformes visant à prendre en main l'institution. Il supprime l'agrégation de philosophie et institue dans les lycées la « bifurcation », c'est-à-dire le choix entre une filière scientifique et une filière classique. Il surveille étroitement les cours de physiologie et d'anthropologie de la Faculté de médecine, parce que porteurs d'une idéologie matérialiste. En revanche, son œuvre a des effets positifs sur les sciences exactes : la bifurcation permet aux élèves de se spécialiser plus tôt (sa suppression par Victor Duruy aura un effet inverse). Il favorise le renforcement, au sein de l'Université, de spécialités telles que l'histoire naturelle, l'astronomie et la physique expérimentale. Honorés par le régime, quelques grands savants s'y rallient sans hésitation : Urbain Le Verrier, découvreur de Neptune en 1846, nommé en 1853 à la tête de l'observatoire de Paris pour succéder à Arago ; le chimiste Jean-Baptiste Dumas (1880-1884), dont l'œuvre scientifique, considérable, est presque totalement achevée ; le zoologiste Henri Milne-Edwards (1800-1885). Tous sont accusés d'enfermer la jeune science sous une chape de plomb. Ce qui est vrai pour Le Verrier ne l'est guère pour J.-B. Dumas, qui, certes hostile à la théorie atomique qu'il avait contribué à faire naître, soutient Pasteur.

Un type nouveau de savant s'affirme, tourné vers l'expérimentation, ouvert sur les applications pratiques, sur les auteurs étrangers, plus soucieux de recherche que d'enseignement ou visant à faire de celui-ci une véritable formation à la recherche. Ces savants d'un nouveau type sont Henri Sainte-Claire-Deville (1818-1881), Henri-Victor Regnault (1810-1878) ou Louis Pasteur (1822-1895). Nommé maître de conférences à l'Ecole normale supérieure en 1851, Sainte-Claire-Deville y aménage aussitôt un laboratoire moderne et bien équipé. Il y met au point une méthode de fabrication de l'aluminium, utilisée, à partir de 1855, par la Société Morin de Nanterre, qui exploite un procédé dérivé de cette méthode. En 1859, cette société cède ses brevets à la Compagnie des produits chimiques d'Alais et Camargue, dirigée par le centralien Henri Merle. L'aluminium est alors un produit coûteux utilisé surtout dans les étoffes de luxe et de passementerie. En 1858, Sainte-Claire-Deville succède à Dumas à la Faculté des sciences de Paris et entre à l'Académie. Durant les années 1860, il fait des recherches sur les hydrocarbures et construit même une locomotive à essence au camp de Châlons.

H.-V. Regnault est, depuis 1840, professeur de physique à l'Ecole polytechnique. Il mène, pendant les années 1850 et grâce à une subvention du ministère des Ponts et Chaussées, une recherche appliquée sur les relations entre la température de la vapeur d'eau et les forces élastiques de celle-ci, afin d'améliorer le fonctionnement des machines à vapeur, en utilisant une méthode fondée sur l'expérimentation. Il dirige un temps le laboratoire de la Compagnie du gaz de Paris, préoccupée d'améliorer la qualité du gaz livré aux clients et de trouver des applications à l'usage des goudrons. Il ouvre la voie aux travaux postérieurs sur la liquéfaction des gaz : ceux de Louis Cailletet (1832-1913), puis de Georges Claude. Quant à Pasteur, il joue un rôle fondamental. Professeur à l'Université de Lille, de 1854 à 1857, il oriente son enseignement universitaire vers la recherche, s'intéressant en particulier et en relation avec l'industrie locale aux questions de fermentation. Il poursuit ses travaux dans les années 1860, en se livrant à des expériences sur le cas de la bière. Il s'attaque à la même époque au problème de la maladie du ver à soie, à la demande du sénateur J.-B. Dumas. S'il rencontre alors des difficultés théoriques et expérimentales considérables, ses recherches lui fournissent de nombreux arguments dans le cadre de la polémique l'opposant à Félix Pouchet à propos de la génération spontanée. Mais Pasteur est aussi le rénovateur des études scientifiques à l'Ecole normale : alors que, de 1840 à 1856, 11 normaliens scientifiques sur 46 font carrière dans la recherche, de 1857 à 1867, il y en a 26 sur 36.

La liaison entre théorie et expérience ne s'opère pas uniquement dans le milieu universitaire. Ainsi en matière d'électricité : tandis que les fabricants de produits galvanoplastiques comme Christofle et les compagnies ferroviaires se préoccupent d'améliorer les appareillages qu'elles utilisent, la communauté scientifique cherche de nouvelles méthodes expérimentales. Entre utilisateurs, savants et fabricants de matériel s'établissent des relations qui donnent naissance à un authentique milieu d'électriciens, à la fois techniciens et savants. Trois noms en émergent. Ancien ingénieur chargé des essais chimiques à la Compagnie du chemin de fer de l'Est, Georges Leclanché (1839-1882) trouve la formule de la pile en 1864. Fils d'un industriel horloger, Louis-François Bréguet (1804-1883) s'affirme comme le principal constructeur d'appareils scientifiques et télégraphiques de l'époque. Enfin, le Belge Zénobe Gramme (1826-1901), inventeur en 1869 de la dynamo, appartient à la catégorie des techniciens d'entretien : très lié aux milieux techniques et scientifiques de l'époque, il n'a rien d'un autodidacte ou d'un « bricoleur ». Conscient de l'importance de sa découverte, il écrit, dès 1869, « le principe de ces machines peut être appliqué à faire des moteurs électriques. »

A cette époque toutefois, la suprématie scientifique du début du XIXe siècle est bien oubliée, même si le statut du savant a évolué. En effet, les réformes impériales — celles du Premier Empire — ont eu des effets stérilisants à long terme, parce qu'elles avaient imposé aux études scientifiques le modèle des humanités, privilégiant la formation d'enseignants aux dépens de la formation des chercheurs, et donnant un caractère rhétorique à la science française, de plus en plus marqué après la Restauration (Robert Fox). Différentes raisons y ont contribué : insuffisance des moyens matériels, dispersion des efforts, insuffisante compétition dans les universités. Les activités de fonctionnaire et de gestionnaire, plus rémunératrices et plus prestigieuses ont détourné les meilleurs élèves vers la fonction publique. Polytechnique a cessé d'être une pépinière de savants pour en devenir une d'hommes d'affaires ; *a contrario*, le centre de la formation des savants s'est déplacé vers l'Ecole normale supérieure. L'organisation universitaire elle-même n'est pas favorable au déploiement de la recherche scientifique sur des bases aussi larges que celles données en Allemagne. Le manque de moyen a cependant constitué la cause première du déclin scientifique français. Au XIXe siècle, il existe un grand nombre de laboratoires dépendant des grandes écoles, des chaires des professeurs d'université, d'entreprises, comme celui de la Compagnie du gaz de Paris (laboratoire de Regnault à Aubervilliers), ou des municipalités (laboratoire municipal d'électricité des Halles centrales). « Les Français ont dispersé leurs efforts dans une myriade de petits labos souvent inefficaces » (Robert Gilpin), jouant beaucoup plus un rôle d'essai ou d'enseignement que de véritable recherche.

S'il semble bien que la science française ait connu un essoufflement dans le dernier tiers du XIXe, au début du XXe siècle, son renouveau paraît évident, notamment dans le domaine des mathématiques et de la physique. Parallèlement à un réel effort d'adaptation aux besoins de l'industrie, la recherche fondamentale française aboutit à de remarquables résultats. La France, notamment dans la chimie, s'est laissée distancer, en raison des résistances opposées à la théorie atomiste. Mais, dans les années 1890, apparaît une nouvelle génération de physiciens qui jettent les bases de la science du XXe siècle. Polytechnicien et ingénieur des Mines, Henri Poincaré (1854-1912) est nommé en 1881 à la Faculté de Paris. Mathématicien le plus doué de son époque, il contribue directement au renouvellement de la physique et de la mécanique. Continuateur de Maxwell, il publie en 1899 une synthèse des travaux du grand physicien britannique : *La théorie de Maxwell et les oscillations hertziennes.* Il remet en cause les principes de la mécanique classique, ouvrant la voie à une révision d'ensemble, notamment dans *La science de l'hypothèse* (1906). Il jouit d'un prestige immense auprès des jeunes physiciens de son temps, du fait notamment de sa capacité à formuler avec la plus grande clarté les phénomènes de la science de son temps.

Dès les années 1890, les voies nouvelles qu'il a ouvertes sont exploitées par quelques jeunes universitaires. Jean Perrin (1870-1982), normalien et agrégé, publie en 1895, *Rayons cathodiques et rayons Roentgen,* où il s'interroge sur les expériences de Hertz, qui remontent à 1888. Il y formule l'hypothèse que le rayonnement cathodique s'explique par des particules atomiques chargées d'électricité. En 1901, dans *Les principes,* il fournit une analyse des problèmes de la conservation de l'énergie, que Paul Langevin (1872-1946) utilisera plus tard pour établir les lois générales de la mécanique. Pierre Curie (1859-1906) découvre dès 1880 la piézo-électricité. En 1895, il soutient sa thèse et épouse Marie Sklodowska (1867-1934). En 1899, ils découvrent le radium et ses propriétés radioactives : Pierre Curie obtient le prix Nobel en 1904. Ces travaux doivent être mis en relation avec ceux d'Henri Becquerel (1852-1908), ancien élève de l'Ecole des Ponts et Chaussées et pionnier de l'étude de la radioactivité. Un an après la découverte des rayons X par Roentgen, il publie, en 1896, *Découverte des radiations invisibles émises par l'uranium et des phénomènes produits par ces radiations.* Dès le début du siècle, sont bien identifiés les deux cheminements complémentaires de la physique moderne : réflexion mathématique et expérimentation des phénomènes.

Une révolution sanitaire

Jusqu'au début des années 1890, la mortalité demeure très élevée. Mais les tenants de l'hygiénisme, parmi lesquels de nombreux médecins, combattent sans répit l'insalubrité et les multiples pratiques anti-hygiéniques. Dès 1848, ont été créés les comités d'hygiène publique. L'hygiénisme inspire pour une large part la politique de rénovation urbaine du Second Empire. Depuis 1876, ont lieu tous les ans les congrès internationaux d'hygiène. De plus, en 1877, est fondée la Société française d'hygiène, qui publie la *Revue d'hygiène sanitaire.* Au terme du processus se trouve la loi du 15 février 1902 sur la protection de la santé publique. Elle crée un système de protection contre les maladies contagieuses : désinfection obligatoire pour certaines affections ; mesures sanitaires concernant les individus (vaccinations), les immeubles et les agglomérations (systèmes d'assainissement). Il s'agit là du résultat d'une évolution de la pensée scientifique, mais aussi et surtout des pratiques médicales et édilitaires.

Le pasteurisme en constitue un élément essentiel. Pasteur résume ainsi son cheminement : « De 1847 à 1857, je me suis occupé de cristallographie, de 1857 à 1877, mes études ont porté sur les fermentations et les ferments, depuis 1877 enfin, je poursuis des recherches sur les maladies contagieuses. » Ce cheminement obéit à une logique de l'inversion : du lien entre le moût et la levure, il passe peu à peu à la liaison entre le microbe (mot créé en 1877) et la maladie. Si l'importance de l'apport théorique de Pasteur a pu être contestée, il n'en va pas de même pour son activité expérimentale, son agilité polémique et sa capacité à résoudre des problèmes concrets. Il le montre à l'occasion des controverses sur la génération spontanée (1857-1865, puis 1871-1876), de ses travaux sur la fermentation du vinaigre, puis de la bière, de ses recherches sur les maladies du ver à soie entre 1865 et 1870, enfin de son entrée dans le domaine médical, avec ses expériences sur les maladies du charbon, qui l'oppose victorieusement à Paul Bert, du choléra et de la rage. En fait, dès les années 1860, un grand nombre de médecins ont pris conscience des implications des découvertes pastoriennes en matière de pratique chirurgicale et de prévention des maladies infectieuses. Dès 1874, Just Lucas-Championnière introduit la stérilisation, qu'il a vu pratiquer par le chirurgien écossais Lister. Au cours des années 1880, la généralisation de son usage réduit des deux tiers les risques opératoires et entraîne une chute spectaculaire des fièvres puerpérales.

Dans les années 1890, les médecins déclarent la guerre aux microbes. Tel est le cas à propos des biberons à tube. Dès les années 1860, le Dr Roussel (1816-1903) dénonce la pratique des mises en nourrice. En 1874, il fait voter une loi sur la protection de la petite enfance établissant un contrôle médical. Son efficacité reste limitée, car la nocivité de la mise en nourrice est liée autant à l'allaitement artificiel (biberon à tube) qu'à la négligence ou la mauvaise santé de beaucoup de nourrices. Le biberon à tube est, de manière progressive, remplacé par le biberon stérilisé et par la tétine, par l'entremise de services de consultations de nourrissons et de conseils aux mères. En dépit de l'intervention de nombre d'œuvres charitables, les médecins sont les principaux agents du progrès, nonobstant la conversion difficile de beaucoup d'entre eux. La principale victoire de Pasteur réside dans la différenciation qu'il opère en 1877-1879 entre le germe de la maladie charbonneuse et de la septicémie dans le sang des animaux morts de celle-ci et, plus encore, dans la mise en évidence du microbe de la rage et d'un sérum capable d'en arrêter la progression (1885). C'est la naissance de la sérothérapie active. L'année suivante, grâce à une souscription nationale, naît l'Institut Pasteur. Associant étroitement recherche, production et soin l'Institut obtient rapidement des résultats : en 1894, le Dr Roux met au point le sérum antidiphtérique. Dons et souscriptions abondent, qui permettent l'acquisition d'un domaine à Garches et la construction de l'hôpital Pasteur.

L'œuvre de Pasteur fait l'objet d'une contestation durable. Elle s'est construite hors du milieu médical et *Le concours médical*, revue corporative, n'admet totalement les thèses pasteuriennes qu'à partir de 1895. Pasteur s'est aliéné les positivistes depuis qu'il a critiqué leurs thèses dans son discours de réception à l'Académie en 1882. Surtout d'autres voies s'ouvrent au progrès médical. Face à la tuberculose, la seule solution réside dans la prévention. Durant les années 1880, une élite de médecins en prend conscience : ainsi le Dr Armaingaud, de Bordeaux, créateur en 1887 d'un préventorium à Arcachon et fondateur en 1892 de la ligue préventive contre la tuberculose. A Paris, la lutte contre le fléau revêt une double dimension : action éducative et amélioration des conditions de logement. Dès 1893, est établi un état des immeubles ; en 1905, la préfecture de la Seine met en place une commission de la tuberculose présidée par le Dr Roux. Différente du pastorisme, l'action des ligues antituberculeuses ne le contredit pas.

La poursuite des travaux d'assainissement urbain tient cependant plus aux ingénieurs qu'aux partisans du pastorisme. Ce sont les ingénieurs qui, à Paris, imposent la solution du tout à l'égout pour résoudre le problème des vidanges. En août 1880, des odeurs insupportables envahissent la ville. Une commission de savants rejette l'idée de construire de nouveaux égouts au motif de leur insalubrité : même Pasteur est hostile au tout à l'égout. Selon ces savants, les maladies sont transmises par les égouts, en vertu de la thèse selon laquelle les miasmes se transmettent plus par l'air que par l'eau. Mais leur position s'affaiblit dans les années 1880. Dans les congrès internationaux d'hygiène, ils sont bientôt les seuls à défendre cette position. En 1882, une nouvelle commission, dominée par les ingénieurs, tranche en faveur du tout à l'égout. Mais il n'est rendu obligatoire qu'en 1894, après un âpre débat : si ses adversaires invoquent le pasteurisme, le Dr Adrien Proust (1834-1903), principale figure de l'hygiénisme, prend parti en sa faveur. La médecine préventive ou curative s'est alors pleinement imposée comme l'atteste le recul du culte des saints guérisseurs après 1885 : l'hôpital a cessé d'être un mouroir.

Reconnaissance des sciences de l'homme et influence considérable du positivisme

Les sciences de l'homme sont définitivement reconnues. La réflexion sur le temps valorise l'histoire. La conception dynamique de l'histoire l'emporte de plus en plus, sous la forme de la dialectique (Hegel, Marx), mais aussi de l'évolutionnisme matérialiste. Inauguré par Darwin, il conduit à la négation de la finalité, du transcendant et à la réduction de la morale à l'appropriation du milieu. Le naturalisme d'Henry Spencer séduit la France (Littré, Taine, Renan). Face à lui s'affirme cependant un évolutionnisme spiritualiste, dont Henri Bergson (1859-1941) constitue le meilleur représentant : pour lui, l'histoire est le fruit d'une « évolution créatrice. Une science historique s'affirme. L'histoire traditionnelle à la fois politique et moraliste décline, bien que représentée par Thiers, Guizot, Augustin Thierry, Jules Michelet et Hippolyte Taine (1828-1893). Fondée sur la recension et la critique des sources, cette science historique prend naissance en Allemagne, où se forment notamment Camille Jullian (1859-1933) et Gabriel Monod (1844-1912). L'école française apparaît d'ailleurs particulièrement brillante : en font partie Fustel de Coulanges (1830-1889), Albert Sorel, Ernest Lavisse, Albert Rambaud, Elie Halévy, Gustave Glotz. Cette évolution de l'histoire débouche sur « l'histoire synthétique », bien représentée par Henri Berr.

L'expansion européenne renouvelle la géographie. L'opinion se passionne pour les terres nouvelles, ce que traduit le succès incroyable des récits d'aventure : tel est le cas de Jules Verne (1828-1905), avec son ouvrage *Le tour du monde en quatre-vingt jours*. Le goût des voyages se développe. Les familles aisées envoient leurs enfants se former par des périples à l'étranger. La géographie en est complètement transformée. De descriptive, elle devient explicative, cherchant à décrire et à expliquer les paysages actuels. La géographie physique, créée, en France, par des hommes tels qu'Emmanuel de Margerie, Albert de Lapparent et Emmanuel de Martonne, explique et classe les formes. Quant à la géographie humaine, dont Paul Vidal de La Blache (*Tableau géographique de la France,* 1909) est le meilleur représentant, elle étudie les rapports de l'homme et de la nature.

Le positivisme est désormais l'idéologie dominante. Pour Auguste Comte (1758-1857), son fondateur, la connaissance scientifique constitue la seule méthode pour acquérir des connaissances. Il s'ensuit que toute métaphysique est impossible : seules comptent l'expérience et la réflexion sur l'expérience. Comte fait de nombreux disciples : outre Henry Spencer, Emile Littré (1801-1881), auteur du *Dictionnaire de la langue française,* le critique Hippolyte Taine, l'essayiste Ernest Renan (1823-1892) ou les savants Claude Bernard et Marcellin Berthelot. La sociologie se crée largement dans le sillage du positivisme. Préparée par l'œuvre de Comte, qui affirme l'existence de lois sociales, celle d'Emile Durkheim (1858-1917) est fondamentale pour la discipline : recherchant les lois qui relient entre eux les phénomènes sociaux, il montre que la morale n'est plus que la science des mœurs. L'influence d'Auguste Comte, mort en 1857, est considérable dans le domaine de la pensée de son temps. L'histoire positiviste s'élabore avec Fustel de Coulanges et sa *Cité antique* (1864) pour s'imposer en 1876 avec la fondation, par Gabriel Monod, de la *Revue historique.* Littré l'introduit dans le domaine philologique et fait du culte de Comte un instrument de lutte politique au service de la cause républicaine. Le positivisme inspire aussi la nouvelle Société d'anthropologie de Paris. Il en va de même pour la critique littéraire avec Taine et Charles-Augustin Sainte-Beuve (1809-1865) : pour eux, l'œuvre n'est que le produit d'une personnalité, d'un milieu ou d'une époque.

La littérature subit à son tour l'influence du positivisme. Les romanciers Jules Husson dit Champfleury (1821-1889) et Edmond Duranty (1833-1880) proposent un idéal naturaliste, fondé sur la description sans passion de la société. Les frères Jules (1830-1870) et Edmond Goncourt (1822-1896) ouvrent la voie à Zola : leurs romans, publiés dans les années 1860, consistent en études de cas pathologiques, mais dont l'itinéraire tragique est replacé dans l'univers contemporain, qui leur donne, dans une perspective déterministe, leur signification véritable. Gustave Flaubert (1821-1880) se singularise cependant. Niant la possibilité d'écrire un roman réaliste, il a su, grâce à son style longuement travaillé, donner à la médiocrité, à la bêtise, à l'immobilité, une dimension épique : ainsi dans le cas de *Madame Bovary* (1856) ou du Frédéric Moreau de *L'éducation sentimentale* (1869). Il devient un auteur de référence pour la génération de la fin du XIXe siècle. A l'inverse, l'emprise du scientisme provoque une réaction grandissante à partir de 1890. En fait, cette résistance ne s'est jamais éteinte. Il existe un idéalisme kantien officiel. De plus, à la fin du siècle des écrivains de première importance contestent le positivisme. Bergson rejette l'illusion de l'intelligence à saisir la totalité du réel, mais affirme que l'intuition peut saisir la réalité profonde. De son côté, M. Blondel inaugure, avec son livre *L'action* un courant plaçant l'action avant la discussion. Ce courant antipositiviste est aussi représenté par Georges Sorel ou par Charles Péguy et *Les Cahiers de la quinzaine.*

Renouvellement profond des conceptions esthétiques

La période 1851-1914 est également marquée par un profond renouvellement des conceptions esthétiques. L'agonie du romantisme s'accompagne d'une libération culturelle. Celle-ci se traduit par l'émergence de nouvelles esthétique, puis, au début du XXe siècle, par une véritable explosion artistique.

Agonie du romantisme

L'agonie du romantisme est corrélative de la poussée du positivisme. En littérature, la grande génération des poètes s'achève : tandis que Lamartine abandonne le lyrisme, Musset puis Vigny disparaissent respectivement en 1857 et 1863. Victor Hugo seul survit. En exil, il écrit des œuvres d'importance : *Les châtiments* en 1855, puis *La légende des siècles* en 1859. A son retour, il fait figure de véritable héros national et le reste jusqu'à sa mort en 1885. En peinture, le chef de file des romantiques est Eugène Delacroix (1798-1863). Il en exploite les thèmes habituels — exotisme islamique et espagnol, grandes compositions historiques et épiques —, mais il surclasse ses contemporains : Deveria, Meissonnier, Delaroche, Descamps. Par la vigueur de son art, il opère une synthèse originale, qui assimile l'héritage classique, tout en exprimant pleinement les préoccupations romantiques. Il associe un sens de la perfection, issu d'un long travail, et la recherche des effets de couleur très savants en divisant les tons : par là, il anticipe l'impressionnisme. Quant à Chassériau (1819-1856), il tente de concilier Ingres et Delacroix. Face au romantisme, une réaction s'affirme. En premier lieu, l'art se met au service de l'Etat. Le conformisme officiel se traduit par l'importance des salons traditionalistes et de l'influence de l'Institut. Cette évolution est particulièrement nette pour l'architecture, qui donne naissance à des édifices lourds et sans caractères : ainsi à Paris, l'Opéra, l'église Saint-Augustin, le Sacré-Cœur ou le Trocadéro. Un autre type de réaction réside dans la recherche de l'art pour l'art. Ingres (1780-1867) représente le mieux cette tradition picturale.

Le Second Empire a connu une véritable révolution picturale. Même si Delacroix ne meurt qu'en 1863 et Ingres en 1867, le débat romantisme-classicisme apparaît de plus en plus anachronique. La diversité des œuvres présentées dans les salons de l'époque dénote un renouvellement profond. La peinture moderne ne s'affirme pas seulement contre la société du Second Empire : elle la traduit et la sublime. L'artiste est un personnage considéré et intégré à l'ordre social. Tous les deux ans jusqu'en 1863, tous les ans au-delà, l'Etat organise la grande fête de l'art, au début du printemps : le Salon. En 1861, la section de peinture compte 3 146 numéros contre 1 208 en 1853. Si l'on tombe à 1915 en 1863, en 1870 sont exposés 2 991 numéros. Au début de l'Empire, le jury d'admission compte 50 % de membres élus par les précédents exposants et 50 % de membres désignés par l'administration ; 75 % d'élus en 1866 et 100 % en 1870. Néanmoins la sévérité et les erreurs du jury entraînent des protestations. L'empereur accepte donc l'ouverture, en 1863, d'un salon des refusés, qui expose 604 peintures, dont *Le déjeuner sur l'herbe* de Manet et une œuvre de Pissaro. Mais l'expérience n'est pas renouvelée. Une pétition de 1867, signée notamment par Manet, Monet et Renoir, demeure sans effet. Les artistes se voient offrir désormais d'autres possibilités de vendre leurs tableaux : non seulement des expositions se tiennent en province, mais le rôle des marchands de tableaux se renforce, surtout pour les ventes à l'étranger. Ouverte en 1839, la Galerie Durand-Ruel atteint son apogée dans les années 1860. Il existe même des marchands spécialisés, comme Gombart, dans la clientèle étrangère. Le marché public de l'art prospère, soutenu par les commandes des églises, de l'Etat et des collectivités locales.

Il n'y a pas à l'époque, de « cohérence stylistique claire » (Geneviève Lacambre). Les peintres se veulent à la fois héritiers et « indépendants ». Pour la plupart d'entre eux, ils recherchent la « modernité ». Si le « grand art » conserve la prééminence, il amorce une évolution vers de nouveaux thèmes et de nouvelles formes. La peinture d'histoire avec Ernest Meissonnier (1815-1891) s'oriente vers une plus grande exactitude du détail au détriment de l'exaltation de l'événement représenté. Meissonnier illustre la campagne d'Italie qu'il suit dans le sillage des armées. Il atteint l'apogée de sa gloire sous la IIIe République, après s'être intéressé à la guerre de 1870. Manet participe à cette peinture historique : dans son exécution de Maximilien, il transforme l'empereur en martyr, en rejoignant par bien des points les procédés inaugurés par Goya. A cette approche cruellement descriptive s'oppose celle d'un groupe de jeunes peintres traitant les sujets historiques dans une perspective préidéaliste, voire symboliste : Paul Chevanard, qui exécute en 1848 la décoration du Panthéon de Paris ; Puvis de Chavannes (1824-1898), qui, dans les années 1860, s'impose à Amiens et Marseille, comme le continuateur de la grande tradition d'Ingres ; Hippolyte Flandrin (1809-1864), auteur à Saint-Germain-des-Prés de Paris, à la même époque, d'une fresque inspirée de modèles italiens mais traitée en un style très personnel.

La grande nouveauté réside dans l'intérêt porté à la vie de l'époque, pour lui conférer une dimension héroïque ou l'analyser et l'interpréter, Gustave Courbet (1819-1877) est le plus représentatif de ce courant. Il porte en lui toutes les tendances de son temps. C'est un héritier qui a « voulu simplement puiser dans l'entière connaissance de la tradition le sentiment raisonné et indépendant de ma propre individualité ». Profondément attaché à son indépendance, il ne reconnaît comme maître que lui-même : il refuse d'ailleurs la légion d'honneur que lui propose Emile Ollivier. C'est enfin un passionné de vérité, soucieux de comprendre les autres dans leur diversité sociale autant qu'individuelle. Il s'intéresse notamment à la sensualité au quotidien, ouvrant la voie à Monet et Cézanne. Il s'impose encore comme l'un des plus grands paysagistes de son temps. La peinture de paysages est alors en pleine évolution : tandis que l'école de Barbizon maintient sa tradition (mort de Théodore Rousseau en 1867), Corot (1785-1875) réinterprète le classicisme.

Surtout les futurs peintres impressionnistes débutent : Camille Pissarro (1830-1903) expose 11 œuvres au Salon avant 1870. Bien que s'inspirant de Corot, il fait preuve d'emblée d'une évidente originalité, au même titre que Claude Monet (1840-1926). Mais le plus novateur est sans doute Edouard Manet : son art, pleinement précisé, interprète en termes modernes de grands sujets : ainsi dans *Le concert aux Tuileries* (1862) ou l'année suivante, *Le déjeuner sur l'herbe* et *L'Olympia*. La peinture académique se renouvelle aussi en profondeur. Alexandre Cabanel (1823-1883) connaît un exceptionnel succès : en 1863 il entre à l'Institut. William Bouguereau (1825-1905) n'y entrera qu'en 1876, mais en France, il a déjà acquis une réputation certaine, dans les sujets mythologiques et historiques. Une facture parfaite, fruit d'un patient labeur, se met au service d'une peinture didactique exprimant des idéaux élevés et les vertus héritées de l'Antiquité classique.

La musique connaît un succès certain en France. Le Second

Empire voit l'apogée des ensembles de chorales : en 1867, il existe 3 243 sociétés chorales, dont 144 dans le département du Nord et 120 dans celui de la Seine. Chez les bourgeois, la possession d'un piano est considérée comme normale et la connaissance de cet instrument fait obligatoirement partie de l'éducation des jeunes filles. Les réunions mondaines et familiales s'accompagnent de romances et mélodies. A part Hector Berlioz, mort en 1869, les musiciens à succès sont des spécialistes de l'opéra et de l'opérette. Berlioz domine longtemps de manière écrasante la musique française. Créateur de l'orchestration moderne, il produit peu, mais d'incontestables chefs-d'œuvres : des opéras *(Benvenuto Cellini, La damnation de Faust, Les Troyens), La symphonie fantastique* et le *Requiem.* En dehors de lui, les musiciens français s'illustrent dans l'opéra : Charles Gounod (1818-1893), rendu célèbre par son *Faust,* Eugène Massenet (1842-1912), qui compose entre autres *Werther, Manon* et *Hérodiade,* ainsi que Georges Bizet (1833-1921), de loin le plus doué et créateur de *Carmen.* Enfin la grande tradition néo-classique reste assurée par Camille Saint-Saëns (1836-1921).

Meyerbeer (1791-1864) est plébiscité par le public : *Robert le Diable,* créé en 1831, est joué 750 fois jusqu'en 1893, et *Le prophète,* créé en 1849, 530 fois jusqu'en 1900. Si Wagner échoue en France — *Le Tannhauser,* créé à l'Opéra de Paris en 1861, n'est joué que 3 fois —, Verdi y connaît la réussite (*Le Trouvère,* créé en 1857, est représenté 220 fois jusqu'en 1875), de même que Gounod, dont le *Faust,* créé au théâtre lyrique en 1859, est donné à l'Opéra en 1869. Meyerbeer triomphe aussi à l'Opéra-Comique en 1859 avec *Le pardon de Ploermel.* Néanmoins, le plus grand succès y est celui de *Mignon* d'Ambroise Thomas : 1 000 représentations de 1866 à 1900. Tandis que le Théâtre italien connaît un déclin sensible dans les années 1860, Jacques Offenbach (1819-1880) triomphe aux Bouffes parisiens, créés en 1855 : ses principaux succès sont *Orphée aux enfers* (1858), *La Belle Hélène* (1864) et *La grande duchesse de Gerolstein* (1867), dont l'antimilitarisme bon enfant s'offre au public au moment même des discussions sur la loi Niel. Très proche du théâtre de boulevard, l'œuvre d'Offenbach combine rythme, virtuosité vocale et satire impertinente. Au même moment, le café-concert connaît un grand succès : aux Ambassadeurs, à l'Alcazar, s'ajoutent l'Eldorado (1858), le Bataclan (1865) et les Folies-Bergères (1869).

Encore timide, le renouveau de la musique française emprunte d'autres voies que l'opéra. La musique sacrée donne l'occasion de nombreuses créations originales et son dynamisme rejoint celui de l'architecture religieuse. L'un des centres de cette rénovation est l'école de Niedermeyer (1802-1861), fondée en 1853 : dite Ecole de musique classique, elle forme des maîtres de chapelle, des choristes et des compositeurs. César Franck compose sa messe à trois voix en 1860 et met en chantier *Les béatitudes* en 1869. Gabriel Fauré (1845-1924) et Henri Duparc (1848-1933) sont encore très jeunes à la fin de l'Empire, mais ils ont déjà jeté les bases d'un nouvel art mélodique : *La chanson triste* date de 1868. En revanche, malgré Massenet et Saint-Saëns, le renouveau symphonique n'est pas encore vraiment amorcé.

Emergence de nouvelles esthétiques

La seconde moitié du XIXe siècle voit l'émergence de nouvelles esthétiques, comme l'impressionnisme. Ce dernier marque une rupture (« Venez voir des œuvres sincères », dit Manet). Il consiste dans une quête du sensible, née pour une large part au contact des estampes japonaises. Il cherche à vider la peinture de tout contenu intellectuel. L'approche des impressionnistes recommande au peintre de regarder la nature d'un œil naïf et de la reproduire en ne suivant que sa propre sensibilité. Le peintre veut rendre l'impression du moment, par une technique propre : les impressionnistes s'abandonnent complètement à la sensation visuelle. Ils ne cherchent pas à reconstruire des formes, mais seulement à noter des taches de couleur. Cette démarche n'est pas entièrement originale, puisqu'elle a été préparée par Delacroix, les Vénitiens et les Flamands.

L'impressionnisme est l'œuvre de grands peintres. Edouard Manet (1832-1883), un grand bourgeois cultivé, manie, on l'a vu, avec discernement fraîcheur visuelle, technique impressionniste de Monet et reconstruction individuelle des formes. Plus proche de Manet que de Monet, Auguste Renoir (1841-1919), peintre de la femme, exalte le corps féminin, exprimant un amour sensuel et païen de la vie. Véritable chef de l'école, Claude Monet (1840-1926) met au point les techniques, à l'occasion notamment de ses *Nymphéas* ou de ses représentations de la *Cathédrale de Rouen*. Mais il est sans doute supérieur dans des œuvres comme *Les régates d'Argenteuil* ou dans ses paysages. Il convient de citer encore

Berthe Morizot, Sisley et Pissarro, ces deux derniers remarquables paysagistes. L'impressionnisme fait souche à l'étranger notamment en Allemagne (Max Liebermann) et aux Etats-Unis (Whistler). Il se poursuit aussi dans le temps, grâce à des paysagistes, comme Maurice Utrillo (1883-1955) et au pointillisme de Paul Signac (1863-1935) et Georges Seurat (1859-1891), qui met sa technique au service d'une composition géométrique rigoureuse.

L'impressionnisme est cependant contesté, car on lui reproche de sacrifier la structure aux jeux de lumière. De grands artistes se tiennent à l'écart du mouvement. André Degas (1834-1917) est un humaniste classique. D'abord tenté par l'académisme, il subit l'influence des impressionnistes — se retrouve chez lui leur observation de la nature et la clarté des couleurs —, mais il demeure profondément original par son souci du dessin, de la ligne et du mouvement *(Les danseuses)* afin d'atteindre l'idée *(L'absinthe)*. Vincent Van Gogh (1853-1890) paraît plus inclassable encore. Hollandais d'origine, formé au contact de Hals et Millet, il est influencé par les impressionnistes. Leur peinture par touches et couleurs claires l'amène à son écriture personnelle, faite de virgules et de traits brisés. Fou de soleil et de couleurs, il souligne les contours des formes. Paul Gauguin (1843-1903) est initié par Pissarro. D'abord influencé par les impressionnistes, il les renie ensuite. Selon lui, la qualité d'un peintre réside dans sa sincérité, ce qui justifie sa recherche de l'exotisme. Il ne recherche ni les perspectives, ni les variations de lumière, mais stylise objets et personnages à grands plats de couleurs violentes. Quant à Paul Cézanne (1839-1906), il concilie le souci impressionniste de la lumière et la solidité de la construction. Le choix des couleurs lui permet de restituer la structure de l'objet et d'affirmer les volumes et les plans.

Face à l'impressionnisme, s'affirme une autre école : le symbolisme. Le mouvement naît de la littérature. La recherche des « correspondances » entre le réel sensible et la réalité profonde, cachée, qu'il masque et révèle, ouvre de nouvelles voies avec Gérard de Nerval (1808-1855) et Charles Baudelaire (1821-1867). Dans ses *Fleurs du mal*, de forme rigoureusement parnassienne, ce dernier exprime des sensations rares, recherche l'évocation musicale des harmonies : parfums, sons et couleurs se répondent. Dans le prolongement de son œuvre, l'école symboliste recherche l'irréel, en s'affranchissant des règles de la prosodie classique. Elle est représentée, entre autres, par quelques très grands poètes. Tandis que Paul Verlaine (1844-1896) « veut la musique avant toute chose », Arthur Rimbaud (1854-1881) recherche plutôt la hardiesse des images. De son côté, Stéphane Mallarmé (1842-1898) écrit des poèmes incantatoires, souvent obscurs, pour initiés, unissant poésie et mystique. Quant à Paul Claudel (1868-1955), il est l'auteur de drames mystiques, où il exprime sa foi chrétienne retrouvée. Ce symbolisme littéraire se prolonge d'ailleurs dans toute l'Europe, avec des auteurs comme le poète Emile Verhaeren ou le dramaturge Maurice Maeterlinck en Belgique, Stefan George en Allemagne, Reiner Maria Rilke en Autriche.

En peinture, la génération symboliste est dominée par Puvis de Chavannes (1824-1898) et Gustave Moreau (1826-1898). Influencé par le grand style décoratif d'Ingres et de David, le premier peint de grandes allégories dans un style dépouillé et sévère : les fresques de la Sorbonne et du Panthéon ne sont pas sans grandeur, mais apparaissent conventionnelles. G. Moreau est proche des préraphaélites, comme l'Anglais Edouard Burne-Jones (1833-1898). Influencés par Ruskin, ils veulent retrouver le contact avec les masses qu'avaient eu les peintres primitifs avant que le culte raphaélite du savoir-faire ne vide la peinture de son message sacré. Mais leurs œuvres débouchent sur un esthétisme de salon, froid et alambiqué. En fait, le véritable renouvellement vient des « Nabis ». En arabe, ce terme désigne les prophètes, les illuminés. Ces « Nabis » forment un groupe de peintres qui entendent retrouver dans leur art la voie d'une certaine spiritualité. Le mouvement débute en 1888, quand Paul Sérusier (1865-1927) reçoit l'enseignement de Gauguin. Auteur de paysages schématiques traités en à-plats de couleurs, Sérusier influence ses camarades de l'Académie Julian.

Parmi les membres du groupe nabi, l'on compte des peintres tels que Maurice Denis (1870-1943). Cet artiste sensible, voué au symbolisme, puis à un renouveau de l'art religieux, se caractérise par sa manière classique évoquant les fresques de Pompéi : il décore entre autres le Théâtre des Champs-Elysées. Edouard Vuillard (1868-1940) s'affirme comme un maître de l'intelligentsia parisienne et rend l'atmosphère intime de la société qui l'entoure un peu à la manière de Marcel Proust en littérature et de Gabriel Fauré en musique. Pierre Bonnard (1867-1957) offre l'exemple d'une édifiante simplicité. Il démontre une originalité considérable, malgré une technique impressionniste. Parmi ces peintres nabis, il convient de noter Ranson, Ibels et surtout Félix Valloton, auteur de nus incisifs, de paysages acides, de portraits cruellement mornes, de femmes au bain, tout en utilisant une technique impressionniste. L'on retrouve cette même approche dans les romans de F. Valloton, puis dans sa contribution à la *Revue blanche* des frères Natanson. Dans cette lignée, il convient de citer le sculpteur Maillol.

La sculpture est en effet l'un des domaines qui se renouvelle le plus. Au milieu du XIXe siècle, domine Jean-Baptiste Carpeaux (1827-1875) : il montre une sensibilité frémissante, sait exprimer au mieux la grâce et la perfection des groupes. Il dépasse Jules Dalou (1832-1902), auteur du *Triomphe de la République,* Frédéric-Auguste Bartholdi (1834-1904), qui édifie, avec l'aide des Etablissements Eiffel, la statue de *La Liberté éclairant le monde* à New York, Antoine-Louis Barye (1796-1865), remarquable auteur animalier, tous sculpteurs beaucoup plus classiques. Puis le relais est pris par trois grands créateurs. *Primus inter pares,* Auguste Rodin (1840-1917) s'impose par l'ampleur de son génie. Proche, dans sa démarche, des impressionnistes, il vise à exprimer « la vérité intense d'un spectacle naturel quelconque, beau ou laid ». Il utilise, dans ce but des procédés d'une grande variété : son modelé est tantôt plein de délicatesse *(Le baiser),* tantôt brutalement déformé pour exprimer la violence des sentiments ou le pathétique *(Les bourgeois de Calais).* Antoine Bourdelle (1861-1922) prolonge Rodin, avec une puissance quasi architecturale, en particulier dans ses sculptures de la façade du Théâtre des Champs-Elysées. Aristide Maillol (1861-1944) retrouve la plastique grecque, en particulier dans ses nus qui se trouvent actuellement exposés dans les jardins du Louvre.

Le renouveau esthétique touche aussi la littérature : nombre d'écrivains s'interrogent sur le sens à donner à la vie. La poésie obéit encore aux règles du Parnasse, qui se prolonge dans les *Trophées* d'Hérédia (1893) : l'idéal du mouvement réside dans une poésie impersonnelle, érudite, fondée sur les connaissances archéologiques et scientifiques et fondamentalement attachée à la recherche de la beauté plastique. Mais une nouvelle génération de poètes secoue le carcan : déjà le Baudelaire des *Correspondances* s'attache à une poésie rompant avec le déroulement du temps pour retrouver les « symboles » qui peuplent la nature. Les symbolistes vont plus loin encore. La voie leur est frayée par Verlaine (*Poèmes saturniens,* 1866 ; *Fêtes galantes,* 1869 ; *Romances sans paroles,* 1874) et Rimbaud (*Le bateau ivre,* 1871 ; *Une saison en enfer,* 1873). Surtout, Mallarmé s'impose comme le chef d'un mouvement qui attire à lui de nombreux jeunes poètes, dont Paul Claudel (1868-1955) et Paul Valéry (1871-1945).

Au tournant du XXe siècle, le combat contre « les intellectuels de la Sorbonne » est conduit par Charles Péguy (1873-1914), qui crée les *Cahiers de la quinzaine* : son mysticisme poétique, religieux, nationaliste, qui n'est pas contradictoire avec un socialisme « péguyste », atteste le mieux du revirement d'une génération que la science ne satisfait plus. Le théâtre se ressent de ces tensions. Tandis qu'Emile Augier (1820-1889) et Alexandre Dumas fils (1824-1895) traitent dans leurs « pièces à thèse » des problèmes moraux ou sociaux (divorce, émancipation de la femme), le naturalisme pénètre à son tour avec Henri Becque (1837-1899), auteur, en 1882, de la pièce *Les corbeaux*. En 1887, Antoine fonde le « Théâtre libre », où il joue les pièces de jeunes auteurs présentant la vie de tous les jours comme François de Curel (1854-1928) ou Georges Courteline (1858-1929). La légèreté de la comédie de mœurs persiste dans les pièces de Robert de Flers (1872-1927) et Armand de Caillavet (1869-1915) et se teinte parfois de romantisme persistant, grâce à Edmond Rostand (1868-1918), auteur de *Cyrano de Bergerac* (1897), puis de *L'Aiglon* (1900).

C'est cependant le roman qui donne lieu aux transformations les plus profondes. Flaubert inspire l'école naturaliste, dont Emile Zola (1840-1902) est le maître. Les 20 volumes des *Rougon-Macquart* constituent « l'histoire naturelle et sociale d'une famille sous le Second Empire ». Zola applique les méthodes d'analyse scientifique vulgarisées par Taine aux éléments apparemment dissemblables d'une famille, unis entre eux par les lois de l'hérédité. En même temps, en écrivain engagé, il peint une fresque dramatique de la société impériale. Guy de Maupassant (1850-1893) participe en 1880 à la publication des *Soirées de Médan,* ensemble de six nouvelles écrites par des auteurs différents, dont Zola, et offrant une sorte de manifeste du naturalisme. Même Alphonse Daudet (1840-1897) participe parfois à ce goût général pour l'étude de mœurs (*Sapho,* 1884). La réaction contre le naturalisme s'amorce en 1887, à la suite de la publication de *La terre* de Zola. Dans le manifeste des Cinq, d'anciens disciples du grand romancier (J. H. Rosny, L. Descaves, P. Margueritte, P. Bonnetain, G. Guiches) reprochent à sa nouvelle œuvre son caractère morbide ainsi que son manque de noblesse et d'idéal.

L'on revient à l'analyse psychologique avec Paul Bourget (1852-1935), défenseur de la société et de la morale traditionnelles ou Anatole France (1844-1924), épicurien raffiné à l'écriture parfaite *(L'histoire contemporaine),* puis à la nostalgie romantique avec Pierre Loti (1850-1923), auteur de *Pêcheurs d'Islande,* en 1886, à l'individualisme intellectuel de Maurice Barrès dans *Le culte du moi* (1889-1891), à l'apologie de la morale traditionnelle avec Henri Bordeaux (1870-1963), qui écrit *La peur de vivre,* en 1902. Plus nette est l'évolution de Joris-Karl Huysmans (1848-1907), qui quitte le naturalisme en 1884 *(A rebours)* et, après de multiples crises de conscience, aboutit au catholicisme en 1892 (*En route,* 1895). Le comte Auguste de Villiers de L'Isle-Adam (1838-1889) et Léon Bloy (1846-1917), auteur de *La femme pauvre,* en 1897, suivent la même voie. Ils rejoignent Péguy et Psichari dans la quête d'un idéal mystique aboutissant à la foi religieuse la plus intense. En littérature, l'influence majeure est cependant celle de Barrès (1862-1923), l'auteur du « moi national ».

L'explosion artistique du début du XXe siècle

Au début du XXe siècle, se produit une véritable explosion artistique. Elle répond à une double préoccupation : vis-à-vis du monde extérieur, l'analyser, le comprendre en passant de la sensation immédiate à la perception consciente ; vis-à-vis de soi-même, aller de la perception à l'expression. De la première tendance, découle l'art-couleur, celui des « Fauves ». Ces derniers sont un groupe d'artistes, qui, en 1905, acceptent le qualificatif de « Fauves ». Ils ont en commun quatre caractéristiques : pour eux, la technique est au service de l'instinct ; la couleur prime : il faut peindre les paysages du Nord avec les couleurs du Sud ; ils expriment un accord intime avec le monde extérieur. Elèves de l'atelier de Charles Moreau, ils se disent héritiers spirituels de Gauguin et de Van Gogh. L'un émerge du groupe : Henri Matisse (1869-1954). Il est à la fois peintre, graveur et sculpteur. Lui-même l'explique (« ce que je poursuis avant tout, c'est l'expression »). Son but profond, c'est, comme il le dit lui-même, « la création dans la liberté ». Dans sa lignée, s'affirment des peintres réalistes. Albert Marquet (1875-1947), né à Bordeaux, montre un goût certain pour les paysages portuaires ; son réalisme simpliste s'accompagne d'un sens certain de la couleur et d'un goût marqué pour les sujets en vastes à-plats. Le Flamand Maurice Vlaminck (1876-1958) est à la fois peintre, écrivain, violoniste et coureur cycliste professionnel. Il fait montre d'un fort tempérament, qui, à travers peinture et littérature, exprime son univers orageux, triste, profondément dramatique. André Derain (1880-1954) réalise une synthèse originale du fauvisme, du cubisme et du classicisme. De sa recherche de la sobriété et de la mesure sont sortis des œuvres revêtant parfois une authentique dimension religieuse. Son contemporain, Raoul Dufy (1877-1953), d'abord « Fauve », s'oriente ensuite vers une carrière personnelle, s'appuyant sur une technique, qui, une fois définie, demeurera immuable ; néanmoins, à travers un art du plaisir, il fait montre d'une lucidité parfois féroce. Appartiennent encore à ce même courant « Fauve », les peintres Otton Friesz (1879-1949), Henri Manguin (1874-1949), Charles Camoin (1879-1965) et Kees Van Dongen (1877-1968).

Mais Paris voit aussi une véritable révolution musicale. Y contribue d'abord le grand musicien russe Igor Stravinsky (1882-1973). Elève de Rimsky-Korsakov, il collabore étroitement avec Diaghilev et ses ballets russes. Pour eux, il réalise plusieurs œuvres de la première importance : *L'oiseau de feu, Petrouchka* et, surtout, en 1913, *Le sacre du printemps,* qui introduit une révolution rythmique et provoque un immense scandale à Paris. Mais la nouvelle école française aussi apporte une contribution déterminante aux conceptions musicales. En effet, elle réagit contre les excès symphoniques des romantiques en retrouvant le sens de la mesure et de la clarté, mais elle œuvre plus encore à une libération harmonique. Gabriel Fauré (1845-1924) se révèle un remarquable mélodiste, auteur de compositions remarquablement équilibrées : son *Requiem,* ses œuvres pour piano, ses cycles de mélodies sur des poèmes de Beaudelaire ou de Verlaine. Eric Satie (1866-1925) est une personnalité bien différente. Musicien plein d'humour, il est l'ami des artistes d'avant-garde (Picasso, Diaghilev, Cocteau). Il exerce ainsi une influence considérable par la simplicité de sa composition et la nouveauté de son inspiration. Il est, entre autres, l'auteur des *Gymnopédies,* des *Morceaux en forme de poire* et de *La belle excentrique.* Le plus important de tous demeure cependant Claude Debussy (1862-1918). Il bouleverse les lois de l'harmonie, ignore les conventions formelles et crée une nouvelle technique pianistique. Ses œuvres principales sont un opéra, *Pelléas et Mélisande,* sur un livret de Mæterlinck, des pièces de musique symphonique — *La mer, Prélude à l'après-midi d'un faune* — et des œuvres pour piano *(Images).* Enfin, au tout début du XXe siècle s'impose Maurice Ravel (1875-1937), auteur d'une œuvre peu abondante, mais justement célèbre. Sa production, majoritairement hors de notre période, ne compte que des chefs-d'œuvre : musiques pour ballet (*Daphnis et Chloé,* en association avec Diaghilev), musique instrumentale *(Le boléro, La valse, la rhapsodie espagnole, Pavane pour une infante défunte,* les deux concertos pour piano), musique pour piano *(Ma mère l'Oye, Valses nobles et sentimentales).*

Le cinéma constitue l'une des grandes innovations de la période. Sa naissance résulte d'une série continue de découvertes : première photographie (Nicéphore Niepce, 1816) ; première photographie en couleur (Charles Cros et Louis Ducos du Hauron, 1869) ; mise au point du chronophotographe (Marey, 1882) ; cinématographe des frères Lumière (1895) ; premier film de Meliès (1897). Ce succès du cinéma est largement lié à l'invention de la pellicule par Edison. Il s'agit d'un cinéma muet, qui doit beaucoup à l'action des frères Louis (1864-1948) et Auguste (1862-1954) Lumière. Ils filment « la sortie des usines », « le déjeuner de bébé », « l'arroseur arrosé » et « l'arrivée du train ». De 1895 à 1897, ils s'intéressent aux actualités, au montage des films, aux trucages, aux travellings, et produisent même un premier véritable film : *La passion du Christ.* De technique, le cinéma devient un art, sous l'impulsion d'abord de Georges Meliès (1861-1938). Ce dernier crée un premier studio à Montreuil en 1897. Devenu spécialiste du truquage, il ne fait cependant que transporter le théâtre à l'écran (pantomime). En revanche il crée l'actualité reconstituée *(Affaire Dreyfus)* et réussit surtout dans la féerie *(Le voyage de la Terre à la Lune).*

Charles Pathé tire parti du phonographe et rend mobile la caméra. Il met en scène des séquences dramatiques ou réalistes (*Une histoire d'un crime,* en 1901). A l'inverse de Meliès, dont les affaires vont toujours mal, il crée un véritable trust. A partir de 1907, il met en place des circuits de distribution et location de films, s'assure le monopole du répertoire, fabrique ses propres appareils et brise le monopole des pellicules Kodak. Il ajoute des sentiments aux sujets érotiques et crée des cinéromans. Il trouve un rival en la personne de Gaumont. En effet, en 1907-1908, éclate aux Etats-Unis une grave crise du cinéma, marquée par un désaccord entre les firmes et avec George Eastman, l'inventeur du film photographique. Gaumont fonde la Société de production du film d'art, qui demande des scénarios aux plus grands écrivains de l'époque — Anatole France, Edmond Rostand — et engage des acteurs de la Comédie-Française. C'est le début du règne des vedettes, que symbolise le succès de *L'assassinat du duc de Guise,* produit par... Pathé. Entre 1909 et 1914, les films deviennent plus longs, grâce notamment à l'amélioration des techniques de projection. Pathé tourne de longs métrages, qu'il tire de la Bible ou de la littérature (*L'assommoir,* 1912 ; *Les misérables,* 1913) et qu'il présente souvent sous forme de feuilletons. Si Gaumont choisit de produire des films esthétiques, il lance aussi une grande série — *La vie telle qu'elle est* — et s'intéresse plus spécialement aux comédies de mœurs. Enfin, en 1911, Feuillade commence la série de ses *Fantômas.*

Si le rythme sonore et visuel constitue l'une des grandes interrogations des artistes de l'époque, il sont aussi préoccupés d'analyser les structures. Cette préoccupation contribue tout autant que l'apparition de nouveaux matériaux au renouveau architectural. Vers 1900, apparaît le Modern style. Tout en courbes molles — l'on parle à l'époque du style « nouille » —, il s'étend du métal aux façades de pierre et même à l'ameublement, mais renouvelle l'art de l'affiche (le Tchèque Mucha et, dans une moindre mesure, Toulouse-Lautrec). A l'inverse, l'emploi de l'acier ou du ciment armé autorise un art architectural nouveau, débarrassé de toute ornementation superflue et restituant toute la tension que subissent les matériaux (viaduc du Viaur, pont d'Amélie-les-Bains). Le béton armé permet la construction de bâtiments publics d'un style résolument moderne (Théâtre des Champs-Elysées des frères Perret). Si c'est probablement en Russie que les débats architecturaux vont le plus loin, l'éclatement de la contrainte spatiale est au cœur des recherches des peintres cubistes, actifs à Paris.

Le mouvement cubiste prend forme en 1907. Il résulte de trois influences : celle de Cézanne, mort en 1906, pour l'organisation des formes ; celle du fauvisme, pour la liberté des couleurs ; « l'art nègre » — c'est-à-dire l'art des peuples colonisés d'Afrique noire —, pour le primitivisme. Les cubistes ont en commun un certain nombre de traits : le souci de construire une image du monde, après la désintégration des éléments constitutifs de la réalité ; le primat de l'intellect sur le sensible ; l'utilisation de formes géométriques simples permettant de rendre des thèmes de prédilection — paysages rocheux, natures mortes, portraits. En effet, pour eux, le sujet n'a d'importance que pour les ressources qu'il offre à l'analyse. Les cubistes forment une école de peinture. Elle a deux fondateurs : Pablo Picasso (1881-1974) et Georges Braque (1882-1963). Le premier est espagnol. De son origine, il garde une sorte de fureur de peindre et une soif d'absolu. Vers 1900, influencé par Toulouse-Lautrec, il s'engage dans sa « période bleue », puis s'ouvre la « période rose » *(Les saltimbanques),* qui lui vaut ses premiers succès parisiens. En 1907, il fonde le cubisme, marqué par la présentation au public des *Demoiselles d'Avignon.* Son amitié avec Braque l'oriente alors vers le « cubisme-nègre ». En 1909, il se tourne vers le cubisme analytique, avant de s'éloigner du mouvement : entre 1912 et 1914, s'ouvre la période antique ou romaine, que traduisent ses peintures de grandes femmes au bord de la mer, de facture classique. Se manifeste déjà, chez Picasso, sa recherche continuelle de formes nouvelles. Voila qui le différencie de Braque, demeuré le chef de file du cubisme et son principal théoricien. Son principal apport réside dans la technique des collages, devenus le moyen de réaliser un univers poétique. En outre, à travers des peintures d'oiseaux stylisés à l'extrême, il recherche de façon constante la mesure et l'équilibre.

Autour des deux hommes, se constitue un groupe cubiste, formé de fortes personnalités, dont beaucoup ne font alors qu'entamer leur carrière. Léopold Survage (1879-1968), russe d'origine, se caractérise par son sens du mouvement et du décor, ce qui l'amène à s'intéresser aux grands espaces. Albert Gleizes (1881-1953) s'affirme surtout comme le théoricien du cubisme analytique. L'on retrouve ce trait chez André Lhote (1885-1962), qui associe à une tendance doctrinaire une sensibilité toute méridionale. D'origine polonaise, Louis Marcoussis (1881-1941) accepte la discipline cubiste, mais affirme son originalité grâce à sa capacité à trouver un rythme pictural. Roger de La Fresnaye (1885-1963) demeure le peintre cubiste le plus soucieux de retrouver un classicisme moderne. Très coloriste, il a aussi le goût de l'équilibre, de la rigueur et de la grandeur, ce qui le conduit à une simplification extrême des paysages et des personnages. Frère aîné de Raymond Duchamp-Villon et de Marcel Duchamp, il s'avère un cubiste parfait par son goût de l'ordre et de la construction géométrique ; il laisse une œuvre puissante de couleur et de poésie. Compagnon de Picasso vers 1910, Juan Gris (1887-1927) est probablement celui qui, avec Braque, pousse le plus loin les possibilités du cubisme, grâce à une œuvre d'une grande puissance et d'une esthétique achevée *(Nature morte au violon, Paysage à Céret).*

Le cubisme renouvelle aussi la sculpture. En ce domaine, il introduit une révolution plastique en libérant les formes. Elle n'est cependant qu'à peine amorcée en 1914. Julio Gonzalez (1876-1942), un catalan, est ainsi l'un des premiers à utiliser le fer pour laisser s'exprimer son imagination poétique dans un jeu de masques, où l'humour n'est pas absent. Raymond Duchamp-Villon

(1876-1918) livre des œuvres d'une puissante dynamique. Henry Laurens (1885-1954) s'affirme comme le plus cubiste des sculpteurs, car il retrouve dans ses œuvres la masse monumentale des grands classiques. Influencé par Modigliani, le Roumain Constantin Brancusi (1876-1957) produit une sculpture dépouillée et simplificatrice des formes, qui est la plus abstraite de son temps. D'origine russe, Jacques Lipchitz (1891-1973) participe à la sculpture cubiste française, où il introduit une fantaisie et un humour qui font de ses personnages « totems » des créatures poétiques. Russe également, Ossip Zadkine se caractérise par son œuvre pleine de poésie et d'émotion rendant compte des malheurs du monde.

Les artistes ne se préoccupent pas que d'analyser et de comprendre le monde qui les entourent, ils cherchent aussi à exprimer leur moi intérieur. Cette recherche de « l'art-moi » est au cœur de l'œuvre de deux grands écrivains. Guillaume Apollinaire (en réalité Guillaume de Kostrowitsky, 1880-1918) : dans la lignée de Villon, Verlaine et Rimbaud, il fait montre d'une grande fantaisie, au travers d'œuvres majeures *(Alcools, Caligrammes, Le flâneur des deux rives, Le poète assassiné)*. De son côté, Marcel Proust (1871-1922) est l'auteur d'un véritable cycle de romans, *A la recherche du temps perdu*. Il y décrit ses réactions à la société mondaine, en cherchant à peindre ce que l'œil ordinaire ne regarde pas. Cette quête du moi caractérise aussi l'Ecole de Paris, autour de Montmartre et de Montparnasse. Elle ne présente aucune unité de style, puisque tous les mouvements y sont représentés (cubisme, fauvisme, expressionnisme) ainsi des isolés comme Amadeo Modigliani (1884-1920) et Chaïm Soutine (1884-1943). Italien, entré dans légende des peintres maudits de Montparnasse, le premier laisse une œuvre d'une admirable pureté, où il exprime un style personnel, caractérisé par la simplification des formes et le sens de la ligne courbe, rappelant la grâce des icônes byzantines. Lithuanien, ami de Modigliani, le second est la victime d'un destin tragique, qui trouve sa résolution dans l'alcoolisme : son œuvre traduit, dans un style expressionniste jusqu'à la violence, une sorte de « tremblement de terre mental ».

L'artiste se sert de plus en plus de son œuvre comme d'un média dont il cherche à exploiter la force d'impact. Cette dimension apparaît fortement présente dans l'expressionnisme. Centré sur l'Europe du Nord, ce mouvement cherche à réhabiliter le sujet, notamment face aux impressionnistes, mais aussi à traduire la réalité sociale dans ce qu'elle a de plus tragique. Les initiateurs en sont deux peintres belges, James Ensor et Constantin Permeke, un Norvégien, Edward Munch, et un Français, Georges Rouault. Ensor (1860-1949) retrouve tout le génie de la Flandre qu'il exprime au travers d'une poésie d'inspiration populaire, mais étrange, comme le montre l'intérêt qu'il porte aux masques. Permeke (1886-1952) pratique un art massif, taciturne et magnifique, autour de la Flandre et des Flamands. Munch (1863-1944) participe à plusieurs mouvements picturaux, notamment à Paris ; précurseur de l'expressionnisme par sa vision dramatique du monde, il est au point de départ du mouvement, tant est fort l'impact de la présentation de ses œuvres à Berlin en 1892. L'expressionnisme s'affirme dès lors surtout en Allemagne. Mais en France, sans participer à aucun mouvement, Rouault (1871-1958) adopte une démarche similaire à celle des expressionnistes allemands ou belges. Elève de Gustave Moreau, ce « peintre chrétien » élabore, en solitaire et dans les plus grandes difficultés matérielles, une œuvre pleine d'humanité.

La même priorité au sujet se retrouve en littérature. En effet, le spiritualisme inspire, en France, Paul Claudel : poète et dramaturge, il en impose par la vigueur de son style à la fois simple et dense, souvent organisé en versets rythmés et rimés, selon une inspiration biblique. Il multiplie les chefs-d'œuvres : *La ville, L'otage, Cinq grandes odes.* Il constitue aussi, par une noble inspiration, l'archétype du poète chrétien : ainsi dans *Le partage de Midi* (1906), *L'annonce faite à Marie* (1912), et dans *Le soulier de satin.* Charles Péguy (1871-1914) écrit pour sa part une œuvre courte, mais considérable par sa richesse et porteuse de toute la tradition française médiévale et populaire. Il se caractérise par une prose rythmée et souvent assonancée, que l'on retrouve dans *Eve* ou dans *Le mystère de la charité de Jeanne d'Arc.* Une autre voie s'ouvre pour les écrivains français : celle de l'unanimisme. Il caractérise Jules Romains (1885-1972), auteur du *Docteur Knock* et du roman cyclique *Les hommes de bonne volonté.* C'est aussi l'optique du groupe de l'abbaye, constitué d'un petit nombre de jeunes écrivains (Ch. Vildrac, Georges Duhamel, A. Gleizes, etc.), qui, en 1906, tentent de créer, dans une vieille propriété de Créteil, une moderne Thélème. D'autres prônent « l'internationalisme de l'intelligence », à l'instar de Romain Rolland (1866-1944), notamment dans *Jean-Christophe.* D'autres, enfin, comme André Gide (1869-1951), estiment que « toute volupté est bonne et a besoin d'être goûtée » *(Les nourritures terrestres)*. Quant à Alain Fournier (1886-1914), il traduit dans *Le grand Meaulnes* (1913) toute l'impuissance de la vie à effacer chez l'adulte le souvenir du paradis à demi estompé de l'adolescence.

Une ample transformation culturelle

De profondes réformes du système éducatif

Le premier effort de modernisation est incontestablement l'œuvre de Victor Duruy. Comme le dit Françoise Mayeur, l'histoire de l'enseignement ne peut se ramener à la simple opposition entre « droite » cléricale et obscurantiste d'une part, « gauche » progressiste et laïque de l'autre. La loi Falloux (1850), si elle opposa les uns aux autres, « s'insère dans la succession des grandes lois scolaires du siècle qui ont abouti à Jules Ferry » (F. Mayeur). Il en va de même pour l'œuvre de Victor Duruy (1811-1894), ministre de l'Instruction publique de 1863 à 1869. Normalien et historien de l'Empire romain, il est inspecteur général de l'Enseignement secondaire et professeur à l'Ecole polytechnique lorsque l'Empereur fait appel à lui pour l'aider à rédiger son *Histoire de Jules César.* V. Duruy parvient à convaincre Napoléon III que l'Empire se doit de réaliser des réformes importantes en matière d'enseignement, dans la mesure où il est un régime à base démocratique. De fait, dans le discours du Trône de 1865, Napoléon III déclare que « dans un pays de suffrage universel, tout citoyen doit savoir lire et écrire ».

Duruy traite les problèmes en technicien. Il s'appuie sur le corps des instituteurs, qu'il flatte ostensiblement. Son projet consiste à développer un enseignement à la fois universel et concret, attaché aux valeurs nationales et locales, orienté vers l'acquisition de connaissances utiles à la fois au citoyen et à la vie professionnelle. Il veut un enseignement obligatoire et gratuit, dont le principe a déjà été posé par les lois Guizot et Falloux, mais dont la réalisation a été différée. Duruy se heurte à une forte opposition tant de la part des ministres que du Conseil d'Etat. Seul le soutien actif de Rouher et de l'Empereur permet de faire passer la loi du 10 avril 1867, qui marque un tournant déterminant. La loi offre des moyens de financement nouveaux pour les municipalités désirant instaurer la gratuité. Elle revalorise la condition des instituteurs et des institutrices. Elle prévoit au moins une école de filles dans les communes de 500 habitants et plus et impose des obligations précises pour l'organisation des écoles de hameau. Duruy encourage l'essor d'un enseignement primaire féminin échappant au contrôle des congrégations.

Cette volonté d'adapter le système d'enseignement aux réalités sociales se retrouve dans sa politique vis-à-vis du secondaire. Il est en effet le précurseur de la loi Camille Sée de 1880 instaurant un enseignement secondaire féminin. Dans une circulaire aux recteurs du 30 octobre 1867, il demande la création, à l'initiative locale et grâce à la contribution des parents, de cours secondaires destinés aux jeunes filles, prenant la forme d'institutions d'externat, peu contraignantes et très différentes des futurs lycées de jeunes filles. Ces cours Duruy n'obtiennent qu'un succès médiocre ; ils ne concernent que 2 000 jeunes filles au total. Mais ils provoquent une réaction violente des catholiques, notamment de Mgr Dupanloup. En effet, le ministre ne cache pas ses intentions : soustraire les jeunes filles à l'influence du clergé, alors que les catholiques, même libéraux, considèrent qu'il s'agit d'un domaine réservé nécessaire à la reconquête des âmes. Dans l'enseignement secondaire masculin, Duruy supprime la « bifurcation ». Estimant qu'il s'agit là d'une erreur, il crée, en 1865, un enseignement secondaire spécial, à mi-chemin entre l'enseignement secondaire traditionnel et l'enseignement professionnel. Avec la suppression du latin, cet enseignement spécial annonce la section moderne de l'enseignement secondaire. Il s'agit, selon Duruy, de « jeter un pont sur l'abîme qui sépare 44 000 élèves de 5 millions d'enfants ». C'est un succès de l' « esprit de modernité », prôné par l'Empereur et dont le but est d'adapter la société française à l'évolution démocratique.

Cette adaptation est reprise à plus grande échelle par la IIIe République, qui réalise une œuvre scolaire de premier ordre. Au gouvernement pendant vingt ans, de 1879 à 1899, les Républicains modérés consolident le régime grâce à une importante œuvre législative, dont l'un des aspects essentiels réside dans la réforme scolaire, notamment voulue avec énergie et passion par Jules Ferry. Elle répond à un certain nombre de principes. Depuis le Second Empire, les républicains sont anticléricaux ; les uns positivistes, matérialistes ou athées par conviction philosophique ; les autres parce qu'ils estiment que l'Eglise, liée aux régimes déchus, exerce une influence dangereuse pour le nouveau régime. Ils s'inquiètent du grand nombre des congrégations, multipliées sous l'Empire grâce à la tolérance du gouvernement bien qu'elles n'aient jamais bénéficié d'aucune autorisation légale. Grâce à la loi Falloux de 1850, qui pose le principe de la liberté d'enseignement, les congrégations enseignantes ont accru le nombre de leurs établissements. Les jésuites, que l'on redoute le plus, éduquent une notable partie de la jeunesse aristocratique et bourgeoise. Même dans l'enseignement public, les professeurs prêtres et congréganistes sont nombreux, en particulier les Frères des écoles chrétiennes dans les écoles primaires. Afin de former une jeunesse attachée aux institutions, il paraît nécessaire aux républicains de promouvoir un enseignement laïque. En outre, croyant en la valeur émancipatrice de l'instruction, ils veulent mettre en place une instruction « nationale », ouverte à tous et qui formerait des citoyens et des patriotes. Hostilité à l'influence politique de l'Eglise et développement de l'enseignement, tels sont les principes qui ont inspiré Jules Ferry et ses collaborateurs, notamment le directeur de l'enseignement primaire Ferdinand Buisson.

Les premières mesures visent à réduire l'influence de l'Eglise. Au Conseil supérieur de l'Instruction publique, les représentants des confessions religieuses sont éliminés au profit de membres de l'Université. La collation des grades universitaires est réservée exclusivement aux Facultés d'Etat (1880). L'exercice de l'enseignement est interdit aux membres des congrégations non autorisées ; cette mesure soulève une grande émotion et déclenche des débats passionnés, notamment au Sénat. Le gouvernement décrète la dissolution de la Compagnie de Jésus en France et procède à l'expulsion des religieux de leurs locaux. Enfin, le personnel ecclésiastique des établissements publics est progressivement remplacé par des laïques. D'autres mesures sont prises en faveur de l'enseignement d'Etat. L'enseignement secondaire public des jeunes filles, fondé par Victor Duruy sous le Second Empire, est réorganisé sur la proposition du député Camille Sée. Les nouveaux lycées de jeunes filles ont, selon lui, l'ambition de « fournir des compagnes républicaines aux hommes républicains ». Surtout, l'enseignement primaire est décrété gratuit (1881), laïque et obligatoire (1882). La loi prescrit que les instituteurs donneront à leurs élèves un enseignement civique et moral, mais que l'instruction religieuse ne peut être dispensée qu'en dehors de l'école ; la liberté du jeudi est prévue à cet effet. Un très important effort est accompli pour doter le système d'enseignement de locaux et de maîtres, grâce à un ambitieux programme de constructions scolaires et au développement des écoles normales où se forment les futurs instituteurs. Les résultats atteints sont loin d'être négligeables. En 1893, il existe 68 000 écoles primaires publiques — dont 3 900 tenues par des congréganistes — et 15 000 écoles primaires privées, le plus souvent religieuses. L'école d'Etat l'emporte largement et la conquête des campagnes par la République se trouve consolidée. Mais, dans l'enseignement secondaire, les établissements religieux groupent 52 000 élèves contre 84 000 dans les lycées et collèges.

La République opportuniste promeut également un profond renouveau de l'enseignement supérieur. L'alliance du nationalisme et du positivisme inspire aux élites une confiance en l'avenir de la science française que l'on retrouve tant chez Jules Ferry que chez Louis Pasteur. C'est l'une des raisons essentielles de la réforme de l'enseignement engagée par Ferry. Bien connue en ce qui concerne le primaire et le secondaire, la réforme concerne aussi le supérieur. Le projet positiviste de réforme sociale repose sur la conviction qu'il est possible d'agir sur la société à partir de données rationnelles et positives. Les universitaires deviennent dès lors « les grands prêtres de la société positiviste » (F. Caron). Non seulement ils communiquent la vérité scientifique au travers de leur enseignement mais encore, par leurs recherches, ils contribuent à libérer l'homme des contraintes matérielles. Fondateurs véritables de l'unité nationale, ils apprennent aux élites « à tout subordonner aux idées de sciences et de patrie » *(id.)*. Louis Liard (1846-1917) est le promoteur de la réforme. Nommé directeur de l'enseignement supérieur en 1884, il s'appuie sur un groupe d'universitaires réformateurs, parmi lesquels Louis Pasteur, Ernest Lavisse, Paul Bert et Marcellin Berthelot. S'ils ne peuvent empêcher totalement l'enseignement supérieur de se replier sur lui-même, ils cherchent toutefois à lui permettre de répondre à de nouveaux besoins.

La personnalité civile est accordée aux facultés, afin qu'elles puissent trouver d'autres sources de financement que les budgets publics. En 1893, est créé dans chaque académie un « corps de facultés » doté de la personnalité civile et d'un budget. Trois ans plus tard, ces corps de faculté deviennent des « universités » bénéficiant d'une autonomie scientifique complète. Elles parviennent ainsi à trouver leur voie propre : elles développent un enseignement orienté vers la science pure, mais aussi comblent en partie les carences de l'enseignement des grandes écoles dans le domaine de la science appliquée. L'orientation vers la science pure s'inscrit dans le programme de l'action de Pasteur lorsqu'il était directeur de l'Ecole normale supérieure. Elle repose sur le développement de l'assistanat, qui permet à de jeunes universitaires de s'engager précocement dans la voie d'une carrière à dominante recherche. Toutefois, l'effet de la réforme se trouve limité par l'emprise excessive du positivisme ainsi que par le poids du mandarinat parisien. Par ailleurs, à partir des années 1880, se créent des instituts universitaires, en 1910, l'on en comptait 25, notamment à Nancy, Grenoble, Toulouse, Besançon. Ces instituts jouent un rôle essentiel dans le renouveau industriel des années 1900.

Ces réformes se traduisent par d'importants progrès de l'alphabétisation. Celles-ci constituent une condition indispensable à la diffusion de nouvelles méthodes. Or, l'une des principales missions de l'Etat est d'assurer le développement de l'instruction : les dépenses pour l'Instruction publique passent de 1,2 % du budget vers 1840 à 6 % en 1913, le bond en avant correspondant aux lois Ferry, puisque cette part s'élève de 2,3 % en 1882 à 3,5 en 1883. Il se produit une évolution sensible. En 1827, les trois cinquièmes des conscrits sont illettrés et encore 51 % en 1836. Claude Fohlen a montré qu'il existait une relation évidente entre le niveau d'instruction et la présence d'un savoir-faire artisanal : le département français le plus instruit n'est-il pas le Jura ? Enserrée dans un triangle Mézières - Meaux - Genève, la France instruite est celle des régions industrielles ou en voie de l'être. A partir de 1830, l'instruction populaire se développe de manière foudroyante : en 1886, 90 % des conscrits au moins savaient lire. Même si l'industrialisation brutale, sous sa forme manufacturière, a pu déterminer, comme dans le département du Nord entre 1846-1850 et 1856-1860, un palier dans la croissance de l'instruction, il semble que le rattrapage du nord par le sud doive être mis en rapport avec l'évolution de la pratique religieuse. Les lois scolaires de la IIIe République permettent de ramener le niveau d'analphabétisme à 4 % en 1911, de répandre des connaissances pratiques et des valeurs susceptibles de favoriser la naissance d'un désir d'ascension sociale. Mais la scolarisation secondaire demeure très faible : en 1898, elle ne concerne que 2,9 % des enfants de 10 à 19 ans et 3,3 % des garçons. En outre, si les milieux professionnels jugent excellent l'enseignement primaire, le secondaire est vivement critiqué en raison de son orientation trop classique.

Malgré les carences de l'enseignement professionnel, un flux important d'innovations

Les carences de l'enseignement professionnel paraissent en effet évidentes. Il est organisé pour fournir aux entrepreneurs des spécialistes. Comme il n'y a pas de discontinuité entre la technologie de l'époque moderne et celle de l'époque industrielle, l'on comprend dès lors l'importance cruciale de la question de l'enseignement professionnel, d'autant qu'à partir de 1840 se manifeste une authentique crise de l'apprentissage. Elle atteint son apogée au cours des années 1860. La rapidité de la croissance et la mobilité de la main-d'œuvre dans les vieux métiers, là où le savoir-faire ouvrier constitue la base même de la profession, rendent la formation de jeunes de plus en plus difficile, voire impossible. Dès les années 1860, apparaît la revendication de la création d'écoles d'apprentissages, notamment à l'instigation d'Octave Gréard. Bien des vieux métiers voient leur utilité disparaître, suscitant le besoin d'une formation ouvrière d'un autre type. Extrêmement révélatrice est l'enquête gouvernementale de 1863. Tandis que Frédéric Le Play continue de prôner une formation fermée sur l'atelier, Ernest Gouin, fondateur de l'usine des Batignolles en 1846, demande un enseignement professionnel qui permette à l'ouvrier supérieur et au contremaître de s'adapter à l'évolution des procédés de fabrication, grâce à la connaissance des principes de fonctionnement des nouveaux outillages.

Des initiatives sont prises très tôt pour faire face à ce besoin de main-d'œuvre qualifiée. Un grand nombre de patrons créent des centres de formation près de leurs usines, à l'instar de Schneider du Creusot. D'autres initiatives viennent des municipalités : à partir de 1870, se multiplient les écoles municipales (Ecole Diderot à Paris). Mais l'enseignement primaire supérieur n'engendre que très difficilement les écoles nationales professionnelles et les écoles pratiques supérieures à formation professionnelle : leur création attend les années 1882-1886. Elles prennent la dénomination d'Ecoles pratiques de commerce et d'industrie en 1892. De plus, jusqu'en 1890, l'opposition s'accentue longtemps entre enseignements général et pratique ; ensuite, elle se réduit. Il en est de même entre l'enseignement pratique destiné à sauvegarder les vieux métiers et celui destiné à former les techniciens qualifiés de la nouvelle industrie, malgré les efforts indéniables de l'Ecole Diderot. Trop peu d'ouvriers français ont reçu une formation technique qualifiée et trop peu de patrons les rémunèrent en fonction de cette formation : en 1913, sur 916 000 jeunes entrant directement dans les métiers industriels et commerciaux, 23 000 seulement ont suivi une formation professionnelle. A la veille de la première guerre mondiale, le système d'éducation français paraît largement inadapté à l'évolution technique tant pour la formation d'ouvriers qualifiés que celle de techniciens.

Le système éducatif français est, semble-t-il, mieux adapté aux besoins de la formation des cadres. Les écoles des arts et métiers constituent à ce point de vue une belle réussite. Evoquant les élèves sortis de celles d'Aix-en-Provence, Angers et Châlons-sur-Marne, Ernest Gouin les qualifie de « bons contremaîtres » et « bons dessinateurs ». De fait, un grand nombre d'anciens élèves se hissent très haut dans la hiérarchie professionnelle. Les premières de ces écoles ont été créées en vue de « former les sous-officiers de l'armée industrielle » (duc de La Rochefoucauld-Liancourt en 1780), respectivement en 1780 (Aix, fermée ensuite puis réouverte en 1843), 1806 (Châlons-sur-Marne) et 1811 (Angers). Alors que l'obligation de l'apprentissage est supprimée en 1865, les écoles fournissent à l'industrie beaucoup de ses chefs et de ses ingénieurs. Elles recrutent directement leurs élèves dans les écoles primaires professionnelles. Leur succès aboutit d'ailleurs, tardivement, à l'ouverture de trois nouvelles écoles : à Lille, en 1900, à Cluny, en 1901, et à Paris, en 1912.

Il existe une réelle « dichotomie » (Terry Shinn) entre elles et l'Ecole polytechnique, leur « savoir empirique » s'opposant au « savoir déductif, abstrait et abstrus » de l' « X » (T. Shinn). De 1830 à 1880, il n'y a pas de changement du type d'enseignement donné à Polytechnique. Ce dernier favorise la compilation d'un savoir scientifique encyclopédique et d'une orientation épistémologique purement déductive. « Aucune place n'était laissée à la spontanéité de pensée ou à la recherche d'approches nouvelles des problèmes » (T. Shinn). Il s'ensuit un affaiblissement du rôle joué par cet établissement dans la recherche scientifique en France. En revanche, de 1880 à 1914, un nombre grandissant de polytechniciens abandonnent assez rapidement l'armée ou le service civil. Le résultat en est un poids croissant de cette école dans le recrutement des cadres dirigeants de l'industrie française avant la première guerre mondiale. De plus, les réformes introduites au cours du XIXe siècle n'ont qu'un impact limité, parce qu'elles ne conduisent pas « à un approfondissement et à une diversification suffisante des connaissances enseignées » (T. Shinn).

Face à l'Ecole polytechnique, se développent deux systèmes de formation de cadres. Dès les années 1830, une nouvelle formation s'offre aux futurs ingénieurs. En 1829, naît l'Ecole centrale des arts et manufactures, issue de l'initiative de trois hommes : un chimiste, Dumas, un mathématicien, Olivier, et un homme d'affaires, Lavallée. Demeurée privée jusqu'en 1856, elle joue un rôle décisif, parce qu'elle diffuse un état d'esprit innovateur. De son côté, la Société des ingénieurs civils (1848), où les centraliens jouissent d'une influence très forte, se fixe pour but de promouvoir l'innovation, au travers de son bulletin et de ses réunions. Elle exprime « l'adhésion du groupe à une philosophie sociale procédant à la fois du positivisme comtiste et de l'élitisme saint-simonien » (T. Shinn). Néanmoins, l'Ecole centrale ne semble pas avoir su diversifier sa formation pour répondre à l'apparition de nouveaux secteurs de l'industrie : ainsi sa quasi-absence dans le domaine de l'emploi du béton armé.

Dans les années 1880, les responsables prennent conscience des insuffisances du système de recherche et d'enseignement. Leurs initiatives se développent sous la pression des industriels et des milieux intellectuels (Ernest Lavisse, Berthelot et surtout Louis Liard, directeur de l'Enseignement supérieur, on l'a dit, de 1879 à 1884 et de 1894 à 1902). L'on accroît le nombre des postes dans les 15 universités scientifiques, ce qui rend possible la diversification des enseignements et donc l'adaptation aux besoins de la recherche et de l'industrie. Entre 1897 et 1909, les Universités de Lille, Lyon, Nancy, Toulouse et Grenoble introduisent des cours donnant lieu à délivrance de diplômes d'ingénieur de physique, de chimie et de mécanique. Des initiatives inspirées par les industriels eux-mêmes aboutissent également à la création d'écoles d'ingénieurs spécialisés : tel est le cas, en 1883, de l'Ecole de physique et de chimie industrielle de Paris, où enseigne Pierre Curie, puis, en 1893, de Supélec. A la différence de Polytechnique, ces écoles et ces instituts universitaires adoptent des méthodes d'enseignement réellement ouvertes sur l'innovation et la recherche — en moyenne un tiers de la journée en laboratoire. De fait, l'industrialisation intensive de la France dans les années 1906 à 1930, puis 1950 à 1970 n'aurait pas été concevable sans ces innovations pédagogiques, auxquelles il conviendrait d'ajouter, à partir de 1880, la prolifération des écoles de commerce, dont HEC fournit le prototype et qui s'appliquent à fournir un enseignement purement « pragmatique ».

La découverte scientifique ou technique reste considérée comme une affaire purement individuelle. Il existe des maîtres et des disciples, mais pas de véritable travail d'équipe, parce que l'organisation universitaire française est centralisée et atomisée à la fois : chaque chaire jouit d'une pleine indépendance, tandis que les organismes de recherche défendent jalousement l'originalité de leurs méthodes et de leurs procédés. Le schéma individualiste domine tout autant le monde des techniciens et des inventeurs que celui des savants. Le mythe de l'artisan-inventeur de génie a subsisté tout au long du XIXe siècle (ainsi chez Le Play) : la France dispose en effet d'une réserve de main-d'œuvre ainsi que d'un très important capital de savoir-faire industriel. L'on ne peut que souligner l'importance, dans certains domaines de l'invention, des prix de l'Académie et de la Société d'encouragement pour l'industrie nationale. L'on comprend mieux aussi la nécessité d'une législation sur les brevets protégeant efficacement l'inventeur individuel (loi du 5 juillet 1844, qui fonde notre droit en la matière). Cette vision individualiste de l'invention découle de l'organisation de la production. En France domine un système de production, qui, fondé sur le petit atelier et l'entreprise moyenne, correspond à un type de fabrication de qualité répondant aux besoins d'une riche clientèle. « La structure particulière de son système productif oriente la France vers la mise au point de nouveaux produits (cinéma, automobile) plutôt que vers l'amélioration des procédés de fabrication » (F. Caron). A l'inverse de l'Allemagne, l'innovation de produits l'emporte nettement, en France, sur l'innovation de procédés.

Les inventeurs français apportent une contribution notable au progrès des sciences et des techniques. C'est particulièrement net durant la grande dépression des années 1860-1890. La mise au point des solutions techniques nouvelles est, à partir des années 1880, le fait d'ingénieurs-entrepreneurs associant formation scientifique et expérience pratique. Loin de n'être que des « bricoleurs », ils sont à l'origine de deux types d'innovations : de procédés, agissant sur le système productif ; de produits, transformant les modes de vie. Ces ingénieurs-entrepreneurs sont nombreux dans les travaux publics, comme l'attestent les réussites d'Hildevert Hersent (1827-1903), dans le domaine du génie portuaire, et de Gustave Eiffel (1832-1923), dans celui des constructions métalliques : sa Tour, inaugurée en 1889, lui vaut l'hostilité de la presque totalité des artistes parisiens (Bloy, Coppée, Huysmans, Verlaine, etc.). Mais l'architecture est profondément renouvelée par l'irruption du béton armé, sous l'impulsion d'entrepreneurs comme François Hennebique (1842-1921) et Edmond Coignet (1861-1915), ainsi que d'architectes, comme les frères Auguste (1874-1954) et Gustave (1876-1952) Perret : ces derniers édifient entre autres, en 1911, le Théâtre des Champs-Elysées.

Une nouvelle sidérurgie s'élabore, fondée sur les alliages, à destination notamment des usines d'armement. Elle débouche sur une véritable science des métaux à l'instigation en particulier de la SA de Commentry-Fourchambault (acier au nickel, 1887) et du Creusot, où travaille Floris Osmond (1849-1912). En même temps, de nouveaux moyens de locomotion se substituent au cheval. Dès les années 1860, la bicyclette devient un bien de consommation, mais réservé à une clientèle riche et sportive (Véloce Club, 1869). Tout change dans les années 1880 avec l'invention de la pédale et l'emploi des tubes. La fabrication atteint, dès la fin de la décennie, une échelle industrielle avec la manufacture d'armes de Saint-Etienne (1887), Peugeot (1888), Clément (1890). Durant les années 1890, les frères André et Edouard Michelin mettent au point le pneumatique qu'ils ne cessent par la suite de perfectionner. La réussite est évidente. Il en va de même dans l'automobile ou pour le cinéma ; à l'inverse, l'échec est patent en ce qui concerne le téléphone, lui aussi élément fondamental des nouveaux modes de vie.

Changement des modes de vie

Profond est le changement des modes de vie, que symbolise l'apparition de nouveaux loisirs et l'accentuation de la tendance à une uniformisation culturelle. Les échanges entre les individus se développent, comme le montre le nombre des lettres expédiées par tête (44 en 1913 contre 10 en 1872) ainsi que des cartes postales et imprimés (8,4 en 1872, mais 57 en 1913). L'essor du téléphone reste limité, mais s'accélère : 70 000 abonnés en 1900, 323 000 en 1913. La France est très en retard sur les autres pays industriels, en raison du coût de l'abonnement et de l'insuffisance des cabines publiques. Le voyage se banalise, sous l'effet de la politique tarifaire des compagnies : en 1913, le nombre de voyageurs transportés atteint 530 millions contre 110 en 1872. Le voyage facilite le loisir, accessible à une frange de plus en plus large des classes moyennes. Le Touring Club de France voit le jour en 1890. Le nombre de villes d'eau s'élève à 183 en 1900 contre 125 en 1850 : Vichy décuple sa clientèle, Aix-les-Bains la sextuple, tandis que La Bourboule connaît une multiplication par 400. Les bains de mer attirent un nombre croissant d'estivants : ainsi en Normandie, Dieppe, Trouville et Deauville.

Le sport commence à être pratiqué. Jusqu'aux années 1880, il se limite aux courses de chevaux, au canotage, à la pêche, au tir à l'arc, à la gymnastique et à l'escrime. A partir de cette période, des activités nouvelles apparaissent. En 1882, est fondé le Racing Club du Bois de Boulogne, suivi de peu par le Stade français de Saint-Cloud. En 1890, voit le jour une Fédération nationale des sociétés sportives. Dès cette époque, quatre activités connaissent le succès : le football, le tennis, le cyclisme et l'alpinisme. Si les combats de coq et la colombophilie demeurent localement les loisirs les plus populaires, le cyclisme connaît un grand succès, grâce à des courses comme Paris-Roubaix et Paris-Brest-Paris ainsi qu'à des journaux comme *Le Vélo*. Il existe même une idéologie du sport, profondément patriotique (gymnastique) et hygiéniste, le sport constituant un moyen privilégié de lutte contre la tuberculose et l'alcoolisme. Ces préoccupations se retrouvent à la fois chez Pierre de Coubertin (1863-1937), restaurateur des Jeux olympiques et tenant d'une conception élitiste du sport, ainsi que chez le journaliste Henri Desgranges (1865-1940), fondateur du Tour de France en 1903 et partisan d'une conception populaire de l'activité sportive.

Après 1870, la tendance à la substitution d'une nouvelle culture populaire uniformisée aux dépens des cultures régionales et locales se poursuit. Pourtant, l'Empire a beaucoup fait pour préserver les cultures traditionnelles. En 1852, le ministre Fortoul lance une enquête nationale afin de recueillir chansons et poèmes populaires des diverses provinces : elle s'achève en 1876. Après 1870, un certain nombre d'autres tentatives vont dans le même sens : enquête de Julien Tiersot en Savoie et en Dauphiné, utilisant le phonographe, présentée lors de l'Exposition universelle de 1900 ; *Histoire de l'imagerie populaire* de Champfleury (1869) ; *Revue des traditions populaires* de Paul Sébillot (1886), puis Ier Congrès international des traditions populaires (1889) ; recherches de Van Gennep, publiées notamment en 1910 dans la *Revue de l'histoire des religions*. Mais, aux yeux des responsables politiques, le folklore est avant tout l'expression des divisions de la communauté nationale. Les mouvements régionalistes sont marqués « à droite », à l'instar du mouvement félibrige de Frédéric Mistral (1830-1914), qu'il anime depuis 1859 et dont le but est de sauver la langue provençale. Plus tardive, l'Union régionaliste bretonne naît en 1898 : idéalisant le passé celtique, elle veut sauver la langue bretonne menacée par l'école laïque. Le régionalisme apparaît largement antirépublicain : ayant débuté au mouvement félibrige, Charles Maurras (1868-1952) propose en 1900 un programme très décentralisateur de restauration monarchique.

En effet, par suite de l'urbanisation, de l'industrialisation et de la déchristianisation, les cultures populaires traditionnelles perdent de leur force face à une culture uniformisée, reposant pour une large part sur les valeurs laïques et républicaines. L'affaiblissement des anciennes sociabilités est en partie compensé par l'essor des cabarets, d'où se répandent les idées républicaines, voire socialistes, mais aussi d'une vie associative fondée sur le sport et la musique : développement des sociétés de tir ou de gymnastique ; poussée de l'orphéonisme à la fin du siècle (plus de 300 000 adhérents en 1900). De même que le cyclisme, l'orphéon joue un rôle national, avec ses journaux, ses fédérations, ses concours. Le mouvement, qui a pu parfois servir la propagande de la République, commence à décliner après 1900 : appauvrissement musical, accentuation des clivages entre orphéons, laïques et cléricaux, syndicaux et patronaux. En matière d'encadrement des masses par les associations, les socialistes sont particulièrement efficaces, comme dans le Pas-de-Calais.

Une authentique culture populaire se dégage de la littérature et de la grande presse. Ses valeurs reflètent les idéaux politiques des classes dirigeantes. A Belleville, le théâtre est à la fois patriotique, républicain, moralisateur et populiste. De même qu'à Paris, les opérettes et vaudevilles y ont le plus de succès. S'agissant du roman populaire, l'inspiration scientifique et technique paraît essentielle : elle inspire Jules Verne (1820-1905), dont le succès ne se dément pas depuis les années 1860, Albert Robida, véritable créateur de la science-fiction, et même Emile Zola, dont l'un des derniers romans, *Le travail*, décrit une société où l'effort physique aurait été supprimé par l'usage de l'électricité.

La grande presse — symbolisée par le journal à un sou — atteint des tirages de plus en plus élevés : les quatre titres principaux *(Le Petit Journal, Le Petit Parisien, Le Matin* et *Le Journal)* font au total 4,5 millions en 1913 contre 2,3 en 1900. Leur contenu évolue : le feuilleton perd de son importance et cesse de se renouveler, même si le « roman à l'eau de rose » conserve ses lecteurs ; à l'inverse, le journalisme populaire connaît de plus en plus de succès, qui parvient à créer l'événement (incendie de l'Opéra-Comique en 1887, assassinat du directeur du *Figaro* par Mme Caillaux, épouse de l'homme politique, en juillet 1914). Le cinéma participe de plus en plus d'une authentique culture populaire. En dépit de ses échecs financiers, Meliès tourne des films jusqu'à la guerre. Mais le cinéma ne devient un phénomène de masse qu'après 1907 : films religieux, films d'art et actualités cinématographiques. En fin de compte, l'école primaire demeure l'élément constitutif primordial et unificateur de la culture populaire : elle enracine la République dans la masse et diffuse une conception du monde fondée sur la croyance dans le progrès indéfini de l'humanité et dans le rôle de la France, porteuse des valeurs suprêmes de cette humanité depuis la « grande révolution », qui a mis fin à l' « obscurantisme religieux ».

Entre 1851 et 1914, dans le domaine de la vie culturelle et scientifique, la France connaît de profondes transformations. A la veille de la première guerre mondiale, la vie artistique apparaît particulièrement brillante, notamment à Paris. La capitale française attire les peintres du monde entier, est animée par une brillante vie musicale et permet de nombreux échanges entre écrivains et poètes de toutes obédiences. En Europe, seul Berlin et sans doute Vienne peuvent sur ce point rivaliser avec elle. De plus, cette vigueur de l'activité culturelle bénéficie à une frange croissante de la population, grâce à la fois aux réformes scolaires et à l'apparition de nouveaux médias (la grande presse et, tardivement, le cinéma). Il subsiste cependant deux cultures, bourgeoise et populaire, qu'entretient notamment la faiblesse du taux de scolarisation secondaire. Cette dernière constatation ne laisse pas d'inquiéter, au regard de ce qui se passe en Allemagne. Sans doute y a-t-il là l'une des causes essentielles de l'avance prise par ce pays dans le domaine scientifique. Au cours du siècle, ni la science, ni la technologie française n'ont cependant perdu pied. De 1901 à 1913, la France obtient ainsi plusieurs prix Nobel, faisant assez bonne figure face à l'Allemagne : deux prix Nobel de physique et trois de chimie contre respectivement quatre et six à l'Allemagne. En physique, les prix furent attribués, en 1902, à Becquerel et Pierre Curie, puis, en 1908, à Lippman. En chimie, ils revinrent à Moissan (1906), Marie Curie (1911), puis Grignard et Sabatier (1912). Mais il subsiste une supériorité incontestable des Allemands dans la chimie et l'électricité industrielle ainsi que des Américains dans ce même domaine et dans la machine-outil. Surtout la France éprouve de grandes difficultés à rester à la première place dans des technologies nées chez elle : photographie, cinéma ou automobile. Vers 1914, la société et l'économie française se trouvent face à un grand défi : celui de la modernisation nécessaire. Elle paraît certes en partie engagée dans un contexte favorable : celui d'un immense bouillonnement intellectuel, que traduisent à la fois la vitalité de la création artistique, le renouveau évident de la recherche scientifique et l'inventivité remarquable des ingénieurs.

Conclusion

Sur le plan démographique, l'histoire de la France au XIXe siècle apparaît comme celle d'un long déclin, que mesure la part de la population française dans l'ensemble européen : entre 1815 et 1914, elle passe de 16,5 % à 10 % environ. Il ne s'est cependant pas produit de manière continue, mais s'est amplifié au cours du siècle. Deux cassures, en particulier, se sont produites au cours de la période 1815-1914 : la crise des années 1846-1847, dont les séquelles se prolongent jusqu'en 1851, et « la grande dépression des années 1880-1890 ». Sans qu'il faille établir de corrélation trop étroite entre les grands accidents de l'économie et les comportements démographiques — qui ressortent pour une très large part des attitudes individuelles face à la vie et la mort —, il convient cependant d'observer que, par deux fois, s'accentuent les tendances de fond de l'évolution de la population. Tandis que la natalité et la fécondité des couples ne cessent de diminuer au cours du siècle, la mortalité — notamment infantile — résiste à la baisse. Il en résulte un accroissement naturel de plus en plus faible : à la veille de la première guerre mondiale, l'on observe même quelques années déficitaires. Dès lors, la croissance de la population n'est plus assurée que par l'immigration. Par son importance, celle-ci fait de la France le seul grand pays européen d'immigration.

Une autre conséquence de la faible croissance démographique de la population réside dans le vieillissement de cette dernière. La conséquence n'en est pas totalement négative car la France est, au XIXe siècle, l'un des pays où la part de la population en âge de travailler par rapport à la population totale est la plus élevée.

En 1914, sur ce point, elle est, face à l'Allemagne, en position relativement avantageuse. En outre, ce vieillissement autorise une croissance sensiblement plus rapide de la population active que de la population totale : entre 1815 et 1914, le taux d'activité de la population s'élève, ce qui favorise entre autres la vive reprise de la croissance du début du XXe siècle. En revanche, la structure de cette population active se transforme moins que dans la plupart des grands pays industriels : la part des secteurs primaire et tertiaire demeure relativement plus forte en France qu'en Grande-Bretagne ou en Allemagne. L'urbanisation française s'effectue également à un rythme sensiblement plus lent que dans ces deux pays : l'exode rural ne concerne pas les petits exploitants agricoles mais leurs enfants, quand ils ne peuvent hériter de la terre, les salariés agricoles ou les artisans ruraux.

Au XIXe siècle, la performance de l'économie française paraît globalement modeste. Elle est inférieure à celle des Etats-Unis, de l'Allemagne ou de la Grande-Bretagne, même si, entre 1840 et 1860, puis de 1906 à 1914, elle rattrape cette dernière. La performance française est également moins bonne que celle des petits pays voisins — Belgique, Suisse —, voire que celle de la Russie après 1860. Jusqu'en 1914, la France conserve à bien des égards les caractéristiques d'une économie intermédiaire, mi-industrialisée, mi-agricole, au sein de laquelle l'industrie pèse d'un poids modeste : en 1913 la France ne produit qu'environ 6 % de la production industrielle mondiale contre 36 % aux Etats-Unis, 15 % à l'Allemagne, 14 % à la Grande-Bretagne et 6 % à la Russie. Les structures industrielles y demeurent très dispersées, et sauf exception, il n'y existe pas ces entreprises géantes qui caractérisent les industries allemandes et américaines. La France présente de sérieuses faiblesses dans quelques-unes des branches clef de l'industrialisation. Handicapée par le prix de revient élevé de son charbon, elle n'a pu développer une sidérurgie capable de lutter contre la concurrence anglaise, allemande ou américaine. Elle a de même pris du retard dans le domaine de l'électrification, notamment en raison de l'insuffisant développement de la traction électrique et de la demande des ménages. Affaiblie par la perte de l'Alsace, son industrie textile est largement surclassée par celle du Royaume-Uni. L'écart avec la Grande-Bretagne est encore plus grand en matière de constructions navales. La chimie allemande écrase à ce point celle de la France que celle-ci dépend de sa voisine d'outre-Rhin pour l'essentiel de sa production de colorants — et accessoirement d'explosifs. Ajoutons que l'agriculture française, en dépit de sa puissance apparente, demeure faiblement productive, protégée qu'elle est par des tarifs douaniers discriminatoires.

Mais l'économie française dispose également d'atouts. Même si l'Allemagne domine en matière de recherche scientifique, la France reste excellemment placée en ce domaine : au nombre de prix Nobel, elle se classe sitôt après sa concurrente germanique, grâce à des personnalités telles que Pierre et Marie Curie, Becquerel ou Henri Poincaré. Surtout, elle bénéficie de l'excellence de ses écoles d'ingénieurs : Polytechnique et ses écoles d'application, Centrale, Arts et métiers, etc., dont les anciens élèves couvrent l'Europe et la Russie de chemins de fer. Elle est à l'origine de nombre d'innovations techniques : elle met au point de nouveaux procédés — procédé Leblanc de fabrication de la soude, procédé Martin de fabrication de l'acier —, lance de nouveaux produits — l'automobile, puis l'avion — et de nouveaux matériaux — aluminium, béton armé... Un autre atout majeur de l'économie française réside dans sa puissance financière : par l'importance des capitaux qu'elle place dans le monde, elle s'affirme, dès les années 1860, comme le second exportateur mondial. Le franc est l'une des monnaies les plus fortes du monde : il arrive même à la Banque de France de voler au secours de la Banque d'Angleterre pour lui permettre de jouer son rôle de régulateur mondial. Le système bancaire français est, après celui de l'Angleterre, le plus puissant du monde : le Crédit lyonnais fait figure de premier établissement européen par le montant de ses dépôts. Enfin, à la veille du premier conflit mondial, la France connaît une croissance de son produit national au moins égale à celle de l'Allemagne et supérieure à celle du Royaume-Uni. Même si le commerce extérieur français est structurellement déficitaire, ce déficit est plus que largement couvert par l'excédent des échanges de services. L'on comprend dès lors quel sera l'effet désastreux de la première guerre mondiale.

A l'extérieur, la France conserve, en 1914, le statut de grande puissance. Ce statut, elle l'a reconquis par deux fois au cours du siècle : après 1815, jusqu'à parvenir à une sorte de leadership européen sous le Second Empire ; après 1871, grâce à une alliance de revers avec la Russie, puis une réconciliation spectaculaire avec la Grande-Bretagne, renversant ainsi sa position diplomatique par rapport à l'Allemagne. La puissance financière française contribue largement à ces deux retours sur l'avant-scène diplomatique : comment aurait-elle pu rétablir aussi vite sa position internationale après la guerre franco-prussienne sans le succès de l'emprunt Thiers de libération du territoire ? Mais elle tire aussi sa puissance de la possession du second empire colonial du monde. Ouverte par la conquête de l'Algérie, l'expansion coloniale française se poursuit activement sous le Second Empire et la IIIe République. Il est certes loin, par sa population et ses ressources, d'atteindre à l'importance de l'Empire britannique, mais il contribue à renforcer le poids diplomatique de la France, par ailleurs très présente, par ses capitaux et sa technique, dans les pays d'Europe centrale et méditerranéenne, ceux d'Amérique latine ainsi que dans les Empires russe, ottoman et même chinois. A la veille de la première guerre mondiale, en dépit d'un déclin démographique évident, la France demeure donc une puissance économique et diplomatique de premier plan. Ici encore, le conflit aura des conséquences catastrophiques.

Dans le domaine politique, depuis un siècle la France a connu bien des bouleversements. On remarque, ainsi, que le souverain « légitime », en droit dynastique tout au moins, environné d'un décor d'Ancien Régime où l'Eglise catholique tient une place centrale, et d'institutions ne laissant qu'une portion congrue aux idéaux des Lumières, a été remplacé par le président d'une république laïque, qui a séparé les Eglises de l'Etat, dans le but de rendre impossible tout retour à une société établie sur des principes contraires à ceux qui fondent la Déclaration des droits de l'homme de 1789, et donc aux Lumières. Que le suffrage censitaire, alors étroitement limité à environ 110 000 personnes, a été éliminé au profit du suffrage universel ; ce qui correspond, approximativement, à une multiplication par 100 du nombre des électeurs. Ou que le roi revenu « dans les fourgons de l'étranger », appuyé par plus de 1 million de soldats ennemis, a été évincé au profit d'un président, choisi en l'absence de toute pression extérieure. Il est vrai que les changements politiques profonds, dont nous ne citons ici que quelques exemples, n'ont pas été acquis facilement : depuis 1814 il n'a pas fallu moins de 6 constitutions différentes, ponctuées d'affrontements sanglants (songeons aux 10 000 à 20 000 morts de la Commune, notamment), accompagnées d'une nouvelle invasion étrangère (en 1870-1871) et d'une amputation du territoire national, pour parvenir à une stabilisation.

Parmi les grands pays européens la France fait ainsi figure d'exception. De 1815 à 1914, ni la Grande-Bretagne, ni la Prusse (puis l'Empire allemand), ni l'Autriche, ni la Russie n'ont connu de tels changements de régime. En outre, à la veille de la première guerre mondiale tous ces pays sont des monarchies et l'Eglise à laquelle leur souverain appartient y est pour le moins « établie » (elle dispose donc, au minimum, d'une certaine primauté d'honneur). Au contraire, depuis le 4 septembre 1870 la France est une République ; et elle ne cherche même pas à faire oublier cette « exception révolutionnaire » en pratiquant une politique sagement conservatrice, appuyée sur l'Eglise catholique et sur les élites traditionnelles, du rang ou de la fortune. Démocratique, fondée sur une sorte de nouveau tiers état, où les couches nouvelles chères à Gambetta tiennent une place fondamentale, la République française opte pour une laïcité radicale, de l'école, mais aussi de l'Etat. Au-delà des péripéties politiques, et des mauvais souvenirs de l'Empire autoritaire, qui expliquent tel ou tel aspect de la législation, la laïcité telle qu'elle se pratique alors en France exprime au fond une grande confiance dans la solidité, du régime républicain, enracinée probablement dans l'ancienneté des audaces de la Révolution de 1789, qui avait elle aussi fini par séparer les Eglises de l'Etat. En effet, il faut être assuré de la supériorité intrinsèque de la forme républicaine de l'Etat sur tout autre régime pour entreprendre de se passer délibérément de l'appui de toute forme d'Eglise, voire de religion ; c'est-à-dire de toute aide d'ordre transcendantal, pour garantir l'autorité de l'Etat et maintenir la paix civile. Ce pari fait sur la raison éclairée par l'instruction devenue obligatoire, sur l'aptitude de chaque citoyen, quelle que soit sa situation sociale, à se déterminer librement et raisonnablement est bien l'une des caractéristiques de la vie politique française de ce temps.

Dans le domaine institutionnel, en dehors des traits généraux classiques d'un système républicain, avec président de la République, président du Conseil et deux chambres législatives, le trait le plus remarquable du système français est bien la quasi-toute-puissance du pouvoir législatif. En effet, à la différence notamment de la Constitution de la IVe République, dont le préambule « réaffirme solennellement les droits et libertés de l'homme et du citoyen consacrés par la Déclaration des droits de 1789 », les lois constitutionnelles de 1875 en vigueur en 1914 ne comportent aucun texte de portée générale, qui pourrait être invoqué contre une loi votée par les deux chambres. A l'inverse de la Constitution américaine ou de la Constitution française de 1958, par exemple, aucun organisme n'est chargé de contrôler la constitutionnalité des lois. Comme l'écrit François Furet, les lois de 1875 « organisent encore la République dans une tradition fidèle à la Révolution française, Constituante et Convention ensemble : prépondérance de la loi sur les droits, et remise aux législateurs de la volonté de la nation »[1].

En ce qui concerne les forces politiques, enfin, il est clair que les républicains ont gagné le pari qu'ils avaient engagé en 1871 : convaincre la très grande majorité des électeurs de la supériorité du régime républicain sur le régime monarchique. Non seulement les républicains ont remporté toutes les élections législatives depuis 1876, mais encore le nombre des électeurs monarchistes n'a cessé de se réduire. Certes, depuis le début du XXe siècle l'Action française permet à l'idée monarchique de retrouver une certaine audience ; mais celle-ci ne se traduit guère en termes électoraux. Il semble bien, même, que le choix monarchique de Maurras contribue à réduire l'audience de son mouvement. A la veille de la guerre le trait dominant est, en réalité, la prédominance du radicalisme : les radicaux contrôlent l'Etat, souvent par l'intermédiaire du ministère de l'Intérieur, et celui de l'Agriculture, fondamental dans un pays où plus de la moitié de la population vit encore à la campagne ; mais aussi par leur rôle dans les mairies, dans les conseils généraux et dans la fonction publique, où ils ont placé nombre de leurs militants et de leurs obligés. De là certains traits particuliers à la vie politique française, qui, par exemple, met au premier plan les débats sur les principes, mais s'intéresse moins à leur application. Il en est ainsi des affrontements autour de l'héritage de la Révolution française. Non pas tant au sujet de la République ou de la monarchie : en 1914 la question est tranchée, il n'y aura pas de restauration. Mais au sujet de l'acceptation, ou du refus de l'esprit de 1789, qui sépare la droite de la gauche. Alors, un homme de gauche se reconnaît à ce qu'il accepte l'héritage révolutionnaire ; c'est-à-dire qu'il soutient que la souveraineté vient du peuple, qu'il existe une égalité métaphysique entre les hommes qui possèdent tous la même dignité, et qu'ils sont tous appelés à se diriger eux-mêmes. Alors qu'un homme de droite estime que la fortune ou la naissance — et, mieux encore, l'association des deux — confèrent *a priori* des titres à la direction des sociétés humaines. Comme l'écrit Alain dans ses *Eléments d'une doctrine radicale,* parus en 1925 : « Il n'est pas d'exemple d'un salon où l'on accepte tout simplement la souveraineté populaire. » En général, d'ailleurs, ce

1. François Furet, *La Révolution,* t. 2, p. 466.

choix implique aussi de reconnaître à l'Eglise catholique un certain rôle dans la Cité des hommes, et pas seulement dans la Cité de Dieu.

D'où cet aspect particulier de la vie politique française. Le but visé par les républicains, et donc les radicaux, est d'abord l'affranchissement de l'individu, intellectuellement par le laïcisme, politiquement par la résistance à ce qu'ils regardent comme autoritaire, voire tyrannique, comme le gouvernement par les autorités sociales, appuyées par l'Eglise catholique. De ce fait, le résultat économique et social du gouvernement n'est pas la principale préoccupation des républicains, qui — anciens opposants à l'Empire, dont l'un des buts était certes l'amélioration du niveau de vie des masses, mais au mépris des principes démocratiques — ne mesurent pas la réussite d'un régime à l'aune des bienfaits matériels qu'il est en mesure d'apporter ; car tel n'est pas son véritable but. Même si, naturellement, les républicains souhaitent aussi une amélioration du niveau de vie des citoyens. Mais, à la différence de ce qui se passe souvent dans les pays anglo-saxons, que nous taxons volontiers de « pragmatisme », l'évolution historique française fait que la vie politique ne tourne pas autour de ces questions. Cette originalité française, et cette passion du politique, André Siegfried, fils de l'un des fondateurs de la République qui fut longtemps maire du Havre, la connaît bien ; il la caractérise en ces termes :

> [...] méconnaîtrons-nous la grandeur de ce sentiment, littéralement révolutionnaire, de la dignité de la personne humaine, ferment dont la puissance explosive est bien loin d'être épuisée et pour lequel les timorés de tous pays ont bien raison de juger la France dangereuse ? Cette doctrine selon laquelle chaque individu possède le droit imprescriptible de penser librement, de juger, de se conduire par soi-même souverainement, c'est la plus difficile à faire accepter aux hommes [...] Notre modeste militant de village, il combat sur le front de l'humanisme[1] !

Dans le bilan qu'on peut dresser au terme du siècle étudié, la société française ne présente sans doute pas ces traits saillants qui caractérisent la vie politique, les transformations de l'économie ou tels renouvellements de la vie culturelle à la Belle Epoque. Fruit d'une évolution lente, ce qui n'est pas le moindre paradoxe en un pays marqué par l'héritage révolutionnaire, elle a pour l'essentiel échappé à ces mutations brutales qu'ont connues l'Angleterre puis l'Allemagne et dont les prodromes ont suffi à ébranler l'empire des

1. André Siegfried, *Tableau des partis en France,* Paris, 1930, p. 70-71.

tsars. Par là se manifeste une spécificité sociale française qu'on peut interpréter comme un élément de retard et donc d'affaiblissement par rapport aux autres puissances mais qui, par l'équilibre profond qu'elle traduit, pourra constituer aussi une force, face à l'épreuve décisive de la Grande Guerre.

Ainsi d'une population restée très fortement terrienne pour un grand pays développé. A la veille de 1914, quelque 55 % des Français sont encore des ruraux, et deux actifs sur cinq travaillent dans l'agriculture, trait qui pourrait faire penser à tels pays du Sud ou de l'Est européen aux structures demeurées plus ou moins archaïques s'il ne s'agissait pas, ici, d'une paysannerie largement composée de propriétaires : exemple assez exceptionnel d'une démocratie paysanne, fondement d'une République qui a su s'y enraciner, force d'un pays qui trouvera dans cette masse rurale accrochée à sa terre et prête à la défendre jusqu'au bout de quoi résister opiniâtrement à l'ennemi. Faut-il en effet rappeler que ce surcroît de paysans, versé alors essentiellement dans l'infanterie, c'est en majorité, avec les jeunes diplômés qui les encadraient, ce que la France laissera de morts dans les tranchées ?

Au village comme ailleurs, cette société française s'avère en même temps profondément marquée par les aspirations égalitaires issues de la Révolution. La noblesse, tout en conservant fortune et prestige, n'y tient plus qu'un rôle mineur à la différence des autres Etats d'Europe, faute du soutien d'une monarchie, d'une cour ou de privilèges de fonctions. Mais la puissance du capital, bien que fortement dénoncée, semble également moins grande qu'en des pays voisins très fortement industrialisés, la petite entreprise, comme la petite propriété, gardant ici une place considérable à côté de la grande et, plus encore, constituant pour beaucoup une sorte d'idéal. Hostilité fréquente aux « gros », défense et illustration des « petits », tel est l'esprit d'une France « radicale » où, bien plus qu'une aspiration à un vrai socialisme (nombre de salariés n'ont en fait d'autre souhait que de s'établir un jour à leur compte), s'exprime le rêve républicain — mais ne rejoint-il pas ici certaines visions conservatrices ? — d'une société à la française : refus de cette évolution lue en termes de catastrophe (« exode » rural, « casernes » industrielles, villes « tentaculaires »...) qu'incarnent à l'étranger la cité manchestérienne ou les géantes usines de la Ruhr, avec leur paupérisme et leur ciel obscurci de fumées ; maintien d'une France plus humaine et plus démocratique, au tissu social fait principalement de petits producteurs indépendants, où la seule grande cité est une « ville lumière » offrant au monde la qualité de son artisanat et les créations de l'esprit.

Faut-il voir dans cette crainte de l'aventure urbaine et industrielle le repli frileux d'un pays malthusien ? Encore que la France n'ignore nullement la modernité parfois la plus audacieuse et que l'enfant unique n'y soit aucunement la règle dans toutes ses provinces ni tous ses milieux sociaux, c'est à coup sûr une des plus nettes spécificités que sa croissante dénatalité. Le résultat en est sans équivoque : alors qu'elle venait juste après la Russie, en 1815, pour le chiffre de population, la France n'est plus qu'au 5e rang européen en 1914. Même si, à cette date, les grands pays voisins voient à leur tour les naissances fléchir, il y a là un grave handicap. Sans même parler des éventuels effets de ce malthusianisme sur les mentalités ou sur le marché intérieur, ses conséquences s'avèrent très lourdes sur le plan militaire, obligeant le pays à un effort exceptionnel de mobilisation concrétisé par la loi de trois ans.

Image contrastée que celle de la « Belle Epoque » : en fin de compte, une France heureuse ? Une société, malgré vœux et principes, toujours très inégalitaire, avec ceux qui déjà paradent dans leur automobile et ceux qui, peinant dans leur champ, les regardent passer ; avec, dans la même ville, l'hôtel particulier, le salon proustien et, un peu plus loin, le « garni » et l' « assommoir »... Une société, pourtant, qui par-delà ses injustices et ses affrontements jouit — elle le comprendra plus tard — des bienfaits d'une longue paix, d'une relative stabilité des revenus et, en bien des domaines, de réels progrès, dans une France, au fond, rassurante, plus consensuelle qu'elle ne se l'imagine, et que symbolise, mieux sans doute que l'emblématique Tour Eiffel, le clocher du village ou l'atmosphère paisible de la petite ville. Celle, par exemple, qu'un rescapé de la Grande Guerre comme l'écrivain Maurice Genevoix, au vu de ce qui allait suivre, s'attachera éperdument à fixer sous les traits du modeste bourg de Châteauneuf-sur-Loire, comme l'image même d'un bonheur perdu.

Bibliographie

OUVRAGES GÉNÉRAUX

Agulhon M., *1848 ou l'apprentissage de la République (1848-1852)*, Paris, Seuil, 1973 (coll. « Nouvelle Histoire de la France contemporaine », t. 8) (nouvelle éd,. 2002).

Agulhon M., *La République de Jules Ferry à François Mitterrand*, Paris, Hachette, 1990 (rééd. 2 vol., coll. « Pluriel », 1992).

Caron F., *La France des patriotes (1851-1918)*, Paris, Fayard, 1985 (coll. « Histoire de France », vol. 5).

Caron J.-C., *La France de 1815 à 1848*, Paris, Colin, 1993 (coll. « Cursus »).

Chaline J.-P., *La Restauration*, Paris, PUF, 1998 (coll. « Que sais-je ? »).

Demier F., *La France au XIXe siècle*, Paris, Seuil, 2000.

Duroselle J.-B., *La France de la « Belle Epoque »*, 2e éd., Paris, Presses de la FNSP, 1992.

Encrevé A., *Le Second Empire*, Paris, PUF, 2004 (coll. « Que sais-je ? »).

Furet F., *La Révolution (1770-1880)*, Paris, Hachette, 1988 (rééd. 2 vol., coll. « Pluriel »).

Garrigues J. et Lacombrade Ph., *La France au XIXe siècle, 1814-1914*, Paris, Colin, 2001 (coll. « Campus »).

Garrigues J., *La France de 1848 à 1870*, Paris, Colin, 1995 (coll. « Cursus »).

Grondeux J., *La France entre en République 1870-1893*, Paris, Le Livre de poche, 2000 (coll. « La France contemporaine »).

Jardin A. et Tudesq A.-J., *La France des notables (1815-1848)*, Paris, Seuil, 1973 (coll. « Nouvelle Histoire de la France contemporaine », t. 6 et 7).

Lavisse E. (sous la dir. de), *Histoire de la France contemporaine de la Révolution jusqu'à la paix de 1919*, Paris, Hachette, 1921 ; t. 4 à 8 rédigés par S. Charléty et Ch. Seignobos [en dépit de leur ancienneté ces volumes sont encore très utiles].

Leduc J., *L'enracinement de la République (1879-1918)*, Paris, Hachette, 1991 (coll. « Histoire de la France contemporaine »).

Lejeune D., *La France de la Belle Epoque (1896-1914)*, 4e éd., Paris, Colin, 2000 (coll. « Cursus »).

Lejeune D., *La France des débuts de la Troisième République (1875-1896)*, Paris, Colin, 1994, coll. « Cursus »).

Leymarie M., *De la Belle Epoque à la Grande Guerre, 1893-1918. Le triomphe de la République*, Paris, Le Livre de poche, 1999 (coll. « La France contemporaine »).

Mayeur J.-M., *Les débuts de la Troisième République (1871-1898)*, Paris, Seuil, 1973 (coll. « Nouvelle Histoire de la France contemporaine », t. 10).

Mollier J.-Y. et George J., *La plus longue des Républiques*, Paris, Fayard, 1994.

Nora P. (sous la dir. de), *Les lieux de mémoire,* Paris, Gallimard, t. 1 : *La République,* 1982, t. 2 : *La nation,* 1984-1986, t. 3 : *Les France,* 1992 (rééd. coll. « Quarto », 1997).
Plessis A., *De la fête impériale au mur des fédérés (1852-1871),* Paris, Seuil, nouvelle éd., 1979 (coll. « Nouvelle Histoire de la France contemporaine », t. 9).
Rebérioux M., *La République radicale ? (1898-1914),* Paris, Seuil, 1975 (coll. « Nouvelle Histoire de la France contemporaine », t. 11).
Tulard J., *Les Révolutions (1789-1851),* Paris, Fayard, 1985 (coll. « Histoire de France », vol. 4).
Yon J.-C., *Le Second Empire, politique, société, culture,* Paris, Colin, 2004 (coll. « U »).

HISTOIRE POLITIQUE

Vie politique

Anceau E., *Comprendre le Second Empire,* Paris, Saint-Sulpice Ed. 1999.
Anceau E., *Dictionnaire des députés du Second Empire,* Rennes, Presses Universitaires de Rennes, 1999.
Anceau E., *Les députés du Second Empire. Prosopographie d'une élite au XIXe siècle,* Paris, Champion, 2000.
Azéma J.-P. et Winock M., *Naissance et mort. La Troisième République,* Paris, Calmann-Lévy, 1970 (rééd. : *La Troisième République*, Paris, Hachette, 1978, coll. « Pluriel »).
Becker J.-J., Audouin-Rouzeau S., *La France : la Nation et la guerre, 1850-1920,* Paris, SEDES, 1996.
Bertier de Sauvigny G. de, *La Restauration*, nouvelle éd., Paris, Flammarion, 1990.
Cabanel P., *Le Dieu de la République. Aux sources protestantes de la laïcité (1860-1900),* Rennes, Presses Universitaires de Rennes, 2003.
Chevallier J.-J., *Histoire des institutions et des régimes politiques de la France de 1789 à nos jours,* Paris, Dalloz, 6e éd., 1981.
Dansette A., *Du 2 décembre au 4 septembre*, Paris, Hachette, 1972.
Dansette A., *Louis-Napoléon à la conquête du pouvoir*, Paris, Hachette, 1961.
El Gammal J., *Histoire politique de la France de 1814 à 1870,* Paris, Nathan, 1999 (coll. « Fac »).
Garrigues J., *La République des hommes d'affaires,* Paris, Aubier, 1997 (coll. « Histoires »).
Girard L., *Naissance et mort, La Seconde République*, Paris, Calmann-Lévy, 1968.
Girard L., *Problèmes politiques et constitutionnels du Second Empire,* Paris, CDU (cours polycopié), 1964.
Girard L., *Questions politiques et constitutionnelles du Second Empire,* Paris, CDU (cours polycopié), 1965.
Goguel F., *La politique des partis sous la Troisième République*, Paris, Seuil, 3e éd., 1958.
Huard R., *Le suffrage universel en France (1848-1946),* Paris, Aubier, 1991.
Lagoueyete P., *La vie politique en France au XIXe siècle,* Paris-Gap, Ophrys, 1989.
Lalouette J., *La répartition des Églises et de l'État. Genèse et développement d'une idée, 1789-1905,* Paris, Seuil, 2005.
Lévêque P., *Histoire des forces politiques en France,* vol. 1 : *1789-1880,* vol. 2 : *1880-1940,* Paris, Colin, 1992-1994.

Mayeur J.-M., Chaline J.-P., Corbin A. (dir.), *Les parlementaires de la Troisième République,* Actes du colloque, Paris, Publications de la Sorbonne, 2003.
Mayeur J.-M., *La séparation des Eglises et de l'Etat,* Paris, Les Editions Ouvrières, 1991 (nouvelle éd. 2005).
Mayeur J.-M., *La vie politique sous la Troisième République,* Paris, Seuil, 1984.
Rémond R., *La vie politique en France,* 2 vol., Paris, Colin, 1965-1969 (coll. « U »).
Rosanvallon P., *Le sacre du citoyen. Histoire du suffrage universel,* Paris, Gallimard, 1990.
Rosanvallon P., *La monarchie impossible : les chartes de 1814 et de 1830,* Paris, Fayard, 1994 (coll. « Les Constitutions françaises »).
Rudelle O., *La République absolue. Aux origines de l'instabilité constitutionnelle de la France républicaine (1870-1889),* Paris, Publications de la Sorbonne, 1982.
Vigier Ph., *La Monarchie de Juillet,* Paris, PUF, 1982 (coll. « Que sais-je ? »).
Vigier Ph., *La Seconde République,* Paris, PUF, 1988 (coll. « Que sais-je ? »).
Waresquiel E. de, Yvert B., *Histoire de la Restauration 1814-1830. Naissance de la France moderne,* Paris, Perrin, 1996.
Zeldin Th., *Histoire des passions françaises,* 5 vol., trad. franc., Paris, Seuil, 1979.
Zeldin Th., *The Political System of Napoléon III,* Londres, Mac Millan, 1958.

Idéologies politiques

Agulhon M., *Marianne au pouvoir : l'imagerie et la symbolique républicaine de 1880 à 1914,* Paris, Flammarion, 1989.
Agulhon M., *Marianne au combat : l'imagerie et la symbolique républicaine de 1789 à 1880,* Paris, Flammarion, 1979.
Ardaillou P., *Les républicains du Havre au XIXe siècle (1815-1889),* Publication des Universités de Rouen et du Havre, 1999.
Arnaud P. (dir.), *Les athlètes de la République. Gymnastique, sport et idéologie républicaine, 1870-1914,* Paris, L'Harmattan, 1998.
Baal G., *Histoire du radicalisme,* Paris, La Découverte, 1994.
Bagge D., *Les idées politiques sous la Restauration,* Paris, PUF, 1952.
Barral P., *Les fondateurs de la Troisième République,* Paris, Colin, 1968.
Becker J.-J. et Candar G. (dir.), *Histoire des gauches en France,* vol. 1 : *L'héritage du XIXe siècle,* Paris, La Découverte, 2004.
Berstein S., *Histoire du parti radical,* 2 vol., Paris, Presses de la FNSP, 1980-1982.
Berstein S. et Winock M. (dir.), *L'invention de la démocratie, 1789-1914,* Paris, Seuil, 2003 (coll. « Histoire de la France politique »).
Birnbaum P., *« La France aux Français ». Histoire des haines nationales,* Paris, Seuil, 1993.
Bluche F., *Le bonapartisme,* Paris, PUF, 1980 (coll. « Que sais-je ? »).
Braud Ph. et Burdeau F., *Histoire des idées politiques depuis la Révolution,* Paris, Domat, 1983.
Broglie G. de, *L'orléanisme, la ressource libérale de la France,* Paris, 1981.
Charle Ch., Lalouette J., Pigenet M., Sohn A.-M. (sous la dir.), *La France démocratique,* Paris, Publications de la Sorbonne, 1998.
Chebel d'Applolonia A., *L'extrême droite en France de Maurras à Le Pen,* Bruxelles, Complexe, 1988.
Darriulat Ph., *Les patriotes, la gauche républicaine et la nation, 1830-1870,* Paris, Seuil, 2001 (coll. « L'Univers historique »).
Desanti D., *Les socialistes de l'utopie,* Paris, Payot, 1970.
François Guizot et la culture politique de son temps (textes rassemblés par Marina Valensise), Paris, Gallimard-Seuil, 1991.

Girard L., *Les libéraux français, 1814-1875*, Paris, Aubier, 1985.
Girardet R., *L'idée coloniale en France,* Paris, La Table ronde, 1972.
Girardet R., *Le nationalisme français, 1871-1914*, Paris, Colin, 1966 ; rééd., Seuil, 1983.
Grondeux J., *Histoire des idées politiques en France au* XIX*e siècle,* Paris, La Découverte, 1998 (coll. « Repères »).
Huard R., *Naissance du parti politique en France,* Paris, Presses de Sciences Po, 1996.
Jardin A., *Histoire du libéralisme politique*, Paris, Hachette, 1985.
Kayser J., *Les grandes batailles du radicalisme*, Paris, Rivière, 1961.
Lefranc G., *Le mouvement socialiste sous la Troisième République*, nouv. éd., 2 vol., Paris, Payot, 1977.
Ménager B., *Les Napoléon du peuple*, Paris, Aubier, 1988.
Nicolet Cl., *L'idée républicaine en France. Essai d'histoire critique*, Paris, Gallimard, 1982 (rééd. 1995).
Ory P., *Nouvelle histoire des idées politiques*, Paris, Hachette, 1987.
Rémond R., *L'anticléricalisme en France*, rééd., Bruxelles, Complexe, 1985.
Rémond R., *Les droites en France*, nouv. éd., Paris, Aubier, 1998.
Rials S., *Le légitimisme*, Paris, PUF, 1983 (coll. « Que sais-je ? »).
Rials S., *Révolution et contre-révolution au* XIX*e siècle,* Paris, DUC Albatros, 1987.
Robert H., *L'orléanisme*, Paris, PUF, 1992 (coll. « Que sais-je ? »).
Rosanvallon P., *Le moment Guizot*, Paris, Gallimard, 1985.
Rothney J., *Bonapartism after Sedan*, New York, Cornell University Press, 1969.
Rudelle O. et Berstein S., *Le modèle républicain,* Paris, PUF, 1992.
Sanson R., *L'Alliance républicaine démocratique. Une formation du centre,* Rennes, Presses Universitaires de Rennes, 2003.
Sirinelli J.-F. (sous la dir. de), *Histoire des droites en France*, 3 vol., Paris, Gallimard, 1992.
Sternhell Z., *La Droite révolutionnaire. Les origines françaises du fascisme, 1885-1914,* Paris, Seuil, 1978.
Sternhell Z., *Ni droite ni gauche. L'idéologie fasciste en France,* Paris, Seuil, 1983 (rééd., Complexe, coll. « Historiques », 1987).
Weber E., *L'action française,* Paris, Stock, 1962 (rééd., coll. « Pluriel », 1985).
Weill G., *Histoire du parti républicain en France de 1814 à 1870,* rééd., Paris-Genève, Slatkine, 1980.
Willard Cl., *Le mouvement socialiste en France, 1893-1905, Les guesdistes*, Paris, Ed. Sociales, 1965.
Winock M., *Edouard Drumont et compagnie. Antisémitisme et fascisme en France*, Paris, Seuil, 1982.
Winock M., *La fièvre hexagonale,* Paris, Calmann-Lévy, 1986 (rééd. Seuil, 1987, coll. « Points »).
Winock M. (sous la dir. de), *Histoire de l'extrême droite en France*, Paris, Seuil, 1993.
Winock M. (sous la dir. de), *Nationalisme, antisémitisme et fascisme en France,* Paris, Seuil, 1990.

Parmi les principaux épisodes de la vie politique

- ***1830***

Bertier de Sauvigny G. de, *La Révolution de 1830 en France,* Paris, Colin, 1970.
Corbin A. et Mayeur J.-M. (dir.), *La Barricade,* Paris, Publications de la Sorbonne, 1997.
Etudes sur les mouvements nationaux et libéraux de 1830, Paris, Société d'Histoire moderne, 1932.

Girard L., *Etudes comparées des mouvements révolutionnaires en France de 1830, 1848 et 1870*, Paris, CDU (cours polycopié), 1960.
Pinkey D., *La Révolution de 1830 en France*, Paris, PUF, 1988.

• *1848*

Agulhon M., *Les Quarante-huitards*, Paris, Gallimard-Julliard, 1975 (coll. « Archives »), rééd. « Folio-Histoire », 1992.
Duveau G., *1848*, Paris, Gallimard, 1965 (coll. « Idées »).
Actes du Congrès du centenaire de la Révolution de 1848, Paris, PUF, 1948.
Guillemin H., *La première résurrection de la République*, Paris, Gallimard, 1967 (coll. « Les Trente Journées »).
Les Révolutions de 1848, l'Europe des images (catalogue de l'exposition), Paris, Assemblée nationale, 1998.
Schmidt Ch., *Des ateliers nationaux aux barricades de Juin*, Paris, PUF, 1948 (« Coll. du centenaire »).
Vigier Ph., *1848, les Français et la République*, Paris, Hachette, rééd. 1998 (coll. « La vie quotidienne »).

• *1870*

Audoin-Rouzeau S., *1870, la France dans la guerre*, Paris, Colin, 1989.
Baumont M., *L'échiquier de Metz*, Paris, Hachette, 1971.
Chanal M., *La guerre de 1870*, Paris, Bordas, 1972.
Guérin A., *La folle guerre de 1870*, Paris, Hachette, 1970.
Levillain Ph. et Riemenschneider R., *La guerre de 1870-1871 et ses conséquences*, Bonn, Bouvier, 1990.
Roth F., *La guerre de 1870*, Paris, Fayard, 1990.

• *La Commune*

Azéma J.-P. et Winock M., *Les Communards*, Paris, Seuil, 1964.
Rougerie J., *La Commune, 1871*, Paris, PUF, 1988 (coll. « Que sais-je ? »).
Rougerie J., *Paris libre, 1871*, Paris, Seuil, 1971.
Rougerie J., *Procès des communards*, Paris, Julliard, 1964 (coll. « Archives »).
Serman W., *La Commune de Paris*, Paris, Fayard, 1986.
Tombs R., *La guerre contre Paris, 1871*, trad. franç., Paris, Aubier, 1997.

• *La crise boulangiste*

Dansette A., *Le boulangisme*, Paris, Fayard, 1946.
Garrigues J., *Le général Boulanger*, Paris, Orban, 1991.
Garrigues J., *Le boulangisme*, Paris, PUF, 1992 (coll. « Que sais-je ? »).
Levillain Ph., *Boulanger fossoyeur de la monarchie*, Paris, Flammarion, 1982.
Néré J., *Le boulangisme et la presse*, Paris, Colin, 1964 (coll. « Kiosque »).

• *L'Affaire Dreyfus*

Birnbaum P. (sous la dir. de), *La France de l'Affaire Dreyfus*, Paris, Gallimard, 1994.
Bredin J.-D., *L'Affaire*, Paris, Julliard, 1983 (nouv. éd., Fayard-Julliard, 1993).
Cahm E., *L'Affaire Dreyfus*, Paris, Le Livre de poche, 1994 (coll. « Références »).
Drouin M. (sous la dir. de), *L'Affaire Dreyfus de A à Z. Histoire et dictionnaire*, Paris, Flammarion, 1994.
Miquel P., *L'Affaire Dreyfus*, Paris, PUF, 8e éd., 1992 (coll. « Que sais-je ? »).
Thomas M., *L'Affaire sans Dreyfus*, Paris, Fayard, 1961.

Parmi les nombreuses biographies

Antonetti G., *Louis-Philippe,* Paris, Fayard, 1994.
Broglie G. de, *Guizot,* Paris, Perrin, 1990.
Broglie G. de, *Mac Mahon,* Paris, Perrin, 2000.
Bury J. P. T., *Gambetta,* Londres, Longman, 2 vol., 1973 et 1982.
Chastenet J., *Gambetta,* Paris, Fayard, 1968.
Duroselle J.-B., *Clemenceau,* Paris, Fayard, 1989.
Fabre R., *Francis de Pressensé et la défense des droits de l'Homme,* Rennes, Presses Universitaires de Rennes, 2004.
Gaillard J.-M., *Jules Ferry,* Paris, Fayard, 1989.
George Sand, une nature d'artiste, Exposition du bicentenaire, Paris Musées, 2004.
Girard L., *Napoléon III,* Paris, Fayard, 1986 (rééd., coll. « Pluriel », 1994).
Goldberg H., *Jean Jaurès,* trad. franç., Paris, Fayard, 1970.
Guiral P., *Adolphe Thiers,* Paris, Fayard, 1986.
Harismendy P., *Sadi Carnot,* Paris, Perrin, 1995.
La Cotardière (de) Ph. et Fuentes P., *Camille Flammarion,* Paris, Flammarion, 1994.
Le Nabour E., *Charles X le dernier roi,* Paris, J.-C. Lattès, 1980.
Lever E., *Louis XVIII,* Paris, Fayard, 1988.
Milza P., *Napoléon III,* Paris, Perrin, 2004.
Quinn S., *Marie Curie,* Paris, O. Jacob, 1996.
Rioux J.-P., *Jean Jaurès,* Paris, Perrin, 2005.
Schmidt N., *Victor Schoelcher,* Paris, Fayard, 1994.
Sorlin P., *Waldeck-Rousseau,* Paris, Colin, 1966.

VIE RELIGIEUSE

Baubérot J., *Le retour des huguenots,* Paris et Genève, Le Cerf / Labor et Fides, 1985.
Benbussa E., *Histoire des juifs en France,* Paris, Seuil, 1997.
Birnbaum P., *Les fous de la République, Histoire politique des Juifs d'Etat de Gambetta à Vichy,* Paris, Fayard, 1992.
Blumenkrantz B. (sous la dir. de), *Histoire des Juifs en France,* Toulouse, Privat, 1972.
Boudon J.-O., *L'épiscopat français à l'époque concordataire, 1802-1905,* Paris, Cerf, 1996.
Boudon J.-O., *Paris, capitale religieuse sous le Second Empire,* Paris, Le Cerf, 2001 (coll. « Histoire religieuse de la France »).
Boutry Ph., *Prêtres et paroisses au pays du curé d'Ars,* Paris, Le Cerf, 1986.
Cabanel P., *Les protestants et la République,* Bruxelles, Complexe, 2000 (coll. « Les Dieux dans la Cité »).
Chaline N.-J., *Des catholiques normands sous la Troisième République,* Roanne - Le Coteau, Horvath, 1985.
Chaline N.-J. (sous la dir. de), *Ces églises du* XIX*e siècle,* Amiens, Encrage, 1993.
Cholvy G., *Etre chrétien en France au* XIX*e siècle, 1790-1914,* Paris, Seuil, 1997.
Cholvy G., *La religion en France de la fin du* XVIII*e siècle à nos jours,* Paris, Hachette, 1991 (coll. « Carré histoire »).
Cholvy G. et Hilaire Y.-M., *Histoire religieuse de la France contemporaine,* 3 vol., Toulouse, Privat, 1985-1988 ; nouvelle édition remaniée (pour la période 1800-1914), sous le titre *Histoire religieuse de la France,* 3 vol., Toulouse, Privat, 2000.
Delpal B., *Entre paroisse et commune, les catholiques de la Drôme au milieu du* XIX*e siècle,* Valence, Editions Peuple libre, 1989.

La dévotion mariale de l'an mil à nos jours, études réunies par B. Béthouart et A. Lottin, Valenciennes, Artois Presses Université, 2005.

Duroselle J.-B., *Les débuts du catholicisme social en France (1822-1870)*, Paris, PUF, 1951.

Encrevé A., *Les protestants en France de 1800 à nos jours*, Paris, Stock, 1985.

Encrevé A., *Protestants français au milieu du XIXe siècle : les réformés de 1848 à 1870*, Genève, Labor et Fides, 1986.

Encrevé A., *L'expérience et la foi. Pensée et vie religieuse des huguenots au XIXe siècle*, Genève, Labor et Fides, 2001.

Gadille J., *La pensée et l'action politiques des évêques français, 1870-1883*, Paris, Hachette, 1967.

Graetz M., *Les Juifs en France au XIXe siècle*, Paris, Seuil, 1989.

Grondeux J., *La religion des intellectuels français au XIXe siècle. Essai sur les origines de la modernité religieuse*, Toulouse, Privat, 2002.

Gugelot F., *La conversion des intellectuels au catholicisme en France, 1885-1935*, Paris, CNRS Editions, 1998.

Histoire des protestants en France [chapitres rédigés par J. Baubérot, A. Encrevé, D. Robert et B. Vogler], Toulouse, Privat, 1977 ; nouv. éd., 2001.

Hilaire Y.-M., *Une chrétienté au XIXe siècle ? La vie religieuse des populations du diocèse d'Arras, 1840-1914*, 2 vol., Lille, PUL, 1977.

Lagrée M., *Mentalités, religion et histoire en Haute-Bretagne au XIXe siècle, le diocèse de Rennes, 1815-1848*, Paris, Klincksieck, 1978 ; *Religion et cultures en Bretagne, 1850-1950*, Paris, Fayard, 1992.

Lalouette J., *La libre-pensée en France 1848-1940*, Paris, Albin Michel, 1997.

Langlois Cl., *Le catholicisme au féminin. Les congrégations françaises à supérieure générale au XIXe siècle*, Paris, Le Cerf, 1984.

Launay M., *Le Bon Prêtre. Le clergé rural au XIXe siècle*, Paris, Aubier, 1986.

Le Goff J. et Rémond R. (sous la dir. de), *Histoire de la France religieuse*, vol. 3, Paris, Seuil, 1991 ; nouv. éd., 2001 (coll. « Points »).

Lebrun F. (sous la dir. de), *Histoire des catholiques en France*, Toulouse, Privat, rééd., Paris, Le Livre de poche, 1984 (coll. « Pluriel »).

Léonard E.-G., *Le protestant français*, Paris, PUF, 2e éd., 1955.

Lienhard M., *Foi et vie des protestants d'Alsace*, Strasbourg et Colmar, Oberlin et Mars et Mercure, 1981.

Marcard F., *Religion et société en France aux XIXe et XXe siècles*, Paris, Colin, 1998 (coll. « Prépas-Histoire »).

Mayeur J.-M., *Catholicisme social et démocratie chrétienne*, Paris, Le Cerf, 1986.

Mayeur J.-M., *Un prêtre démocrate, l'abbé Lemire (1853-1928)*, Tournai, Casterman, 1968.

Mension-Rigau E., *Le donjon et le clocher. Nobles et curés de campagne de 1850 à nos jours*, Paris, Perrin, 2003.

Mours S. et Robert D., *Le protestantisme en France du XVIIIe siècle à nos jours*, Paris, Librairie protestante, 1972.

Robert D., *Les Eglises réformées en France, 1800-1830*, Paris, PUF, 1961.

Pierrard P., *Juifs et catholiques français, d'Edouard Drumont à Jacob Kaylan*, Paris, Le Cerf, nouvelle éd., 1997.

Savart Cl., *Les catholiques en France au XIXe siècle. Le témoignage du livre religieux*, Paris, Beauchesne, 1985.

Strohl H., *Le protestantisme en Alsace*, Strasbourg, Oberlin, 1950.

Tranvouez Y., *Catholiques d'abord : approches du mouvement catholique en France (XIXe-XXe siècles)*, Paris, Les Editions Ouvrières, 1988.
Vogler B., *Histoire des chrétiens d'Alsace...*, Paris, Desclée, 1994.

HISTOIRE SOCIALE

Etudes générales

Ariès Ph. et Duby G. (sous la dir. de), *Histoire de la vie privée*, vol. 4, Paris, Seuil, 1984.
Bardet J.-P., Dupâquier J. (sous la dir. de), *Histoire de la population de l'Europe. II. La Révolution démographique, 1750-1914*, Paris, Fayard, 1998 (voir en particulier p. 287-325).
Charle Ch., *Histoire sociale de la France au XIXe siècle*, Paris, Seuil, 1991.
Corbin A., *Archaïsme et modernité en Limousin au XIXe siècle (1845-1880)*, 2 vol., Paris, Rivière, 1975.
Corbin A., *Le miasme et la jonquille*, Paris, Aubier, 1982 ; rééd., Flammarion, 1986.
Corbin A., *Le village des cannibales*, Paris, Aubier, 1990 ; rééd., Flammarion, 1995.
Crubellier M., *L'enfance et la jeunesse dans la société française (1800-1950)*, Paris, Colin, 1979 (coll. « U »).
Daumard A. (sous la dir. de), *Les fortunes françaises au XIXe siècle*, Paris - La Haye, Mouton, 1973.
Daviet J.-P., *La société industrielle en France, 1814-1914*, Paris, Seuil, 1997.
Dewerpe A., *Le monde du travail en France (1800-1950)*, Paris, Colin, 1989 (coll. « Cursus »).
Dupâquier J. (sous la dir. de), *Histoire de la population française*, vol. 3 : *1798-1914*, Paris, PUF, 1988.
Dupâquier J. et Kessler D., *La société française au XIXe siècle*, Paris, Fayard, 1992.
Fridenson P. (sous la dir. de), *Industrialisation et sociétés*, Paris, Les Editions de l'Atelier, 1997.
Furet F. et Ozouf J., *Lire et écrire. L'alphabétisation des Français de Calvin à Jules Ferry*, 2 vol., Paris, Les Editions de Minuit, 1977.
Guillaume P., *Initiation à l'histoire sociale contemporaine*, Paris, 1992.
Guillaume P. (sous la dir. de), *La professionnalisation des classes moyennes*, Talence, Ed. de la Maison des Sciences de l'Homme d'Aquitaine, 1996.
Haupt G., *Histoire sociale de la France depuis 1789*, Paris, Ed. de la MSH, 1993.
Lequin Y. (sous la dir. de), *Histoire des Français*, 3 vol., Paris, Colin, 1983-1984.
Sorlin P., *La société française*, vol. 1 : *1840-1914*, Paris, Arthaud, 1969.

Société rurale

Agulhon M., *La république au village, les populations du Var de la Révolution à la Seconde République*, Paris, Plon, 1970, nouv. éd., Paris, Seuil, 1979.
Barral P., *Les Agrariens français de Méline à Pisani*, Paris, Colin, 1968.
Corbin A., *Le monde retrouvé de L. F. Pinagot*, Paris, Flammarion, 1998.
Delsalle P., *La brouette et la navette. Tisserands, paysans et fabricants dans la région de Roubaix-Tourcoing, 1800-1848*, Dunkerque, Ed. des Beffrois, 1985.
Duby G. et Wallon A. (sous la dir. de), *Histoire de la France rurale*, vol. 3, Paris, Seuil, 1976.
Gavignaud G., *Les campagnes en France au XIXe siècle*, Gap-Paris, Ophrys, 1990.

Guillaumin E., *Vie d'un simple* (1904), nouv. éd., Paris, Le Livre de poche, 1972.
Halévy D., *Visites aux paysans du centre* (1934), nouv. éd., Paris, Le Livre de poche, 1978.
Lachiver M., *Vin, vignes et vignerons, histoire du vignoble français*, Paris, Fayard, 1988.
Moulin A., *Les paysans dans la société française, de la Révolution à nos jours*, Paris, Seuil, 1988 (coll. « Points »).
Weber E., *La fin des terroirs*, Paris, Fayard, 1983.

Société urbaine

Agulhon M., *Une ville ouvrière au temps du socialisme utopique : Toulon de 1800 à 1852*, Paris - La Haye, Mouton, 1970.
Bergeron L., *Les capitalistes en France (1780-1914)*, Paris, Gallimard-Julliard, 1978 (coll. « Archives »).
Bourillon F., *Les villes en France au XIXe siècle*, Paris, Ophrys, 1992.
Brelot C. I. (sous la dir. de), *Noblesse et villes (1780-1950)*, Tours, Presses de l'Université de Tours, 1995.
Brunet J.-P., *Saint-Denis la ville rouge*, Paris, Hachette, 1980.
Chaline J.-P., *Les bourgeois de Rouen : une élite urbaine au XIXe siècle*, Paris, Presses de la FNSP, 1982.
Chassagne S., *Le coton et ses patrons en France, 1750-1840*, Paris, EHESS, 1986.
Chevalier L., *Classes laborieuses et classes dangereuses à Paris dans la première moitié du XIXe siècle*, Paris, Plon, 1958, nouv. éd., Le Livre de poche, 1982.
Daumard A., *Les bourgeois de Paris au XIXe siècle*, Paris, Flammarion, 1970.
Daumard A., *Les bourgeois et la bourgeoisie en France*, Paris, Aubier, 1987.
Duby G. (sous la dir. de), *Histoire de la France urbaine*, vol. 4, Paris, Seuil, 1983.
Faure A. (sous la dir. de), *Les premiers banlieusards : aux origines des banlieues de Paris, 1860-1940*, Paris, Créaphis, 1991.
Jacquemet G., *Belleville au XIXe siècle, du faubourg à la ville*, Paris, EHESS, 1984.
Lalouette J. (dir.), *Femmes dans la cité*, Paris, Créaphis, 1997.
Laroulandie F., *Les ouvriers de Paris au XIXe siècle*, Paris, Ed. Christian, 1997.
Le Play F., *Les ouvriers européens*, 6 vol., Paris, Mame, 1877-1879.
Lequin Y., *Les ouvriers de la région lyonnaise (1848-1914)*, 2 vol., Lyon, Presses Universitaires de Lyon, 1977.
Merriman J., *Limoges, la ville rouge. Portrait d'une ville révolutionnaire*, trad. franç., Paris, Belin, 1990.
Miller M. B., *Le Bon Marché*, Paris, Belin, 1987.
Murard L., Zylberman P., *L'hygiène dans la République*, Paris, Fayard, 1996.
Nadaud M., *Mémoires de Léonard, ancien garçon maçon*, nouv. éd., Paris, Hachette, 1976.
Noiriel G., *Les ouvriers dans la société française XIXe-XXe siècles*, Paris, Seuil, 1986 (coll. « Points »).
Perdiguier A., *Mémoires d'un compagnon*, nouv. éd., Paris, Maspero, 1982.
Perrot M., *Jeunesse de la grève*, Paris, Seuil, 1984.
Pinol J.-L., *Le monde des villes au XIXe siècle*, Paris, Hachette, 1991.
Smith B., *Les bourgeoises du Nord*, trad. franç., Paris, Perrin, 1989.
Villermé L.-R., *Tableau de l'état physique et moral des ouvriers employés dans les manufactures de coton, de laine et de soie*, Paris, 1840, nouv. éd. par J.-P. Chaline et F. Demier, Paris, EDI, 1990.
Willard C. (sous la dir. de), *La France ouvrière*, Paris, Ed. Sociales, 1993, t. 1 : *Des origines à 1920*.

Enseignement

Albertini P., *L'école en France XIXe-XXe siècle, de la maternelle à l'université*, Paris, Hachette, 1998.

Caron J.-C., *Génération romantique, 1814-1851, les étudiants de Paris et le Quartier latin*, Paris, Colin, 1991.

Chaline J.-P. (dir.), *Lycées et lycéens normands*, Rouen, Société de l'histoire de Normandie, 2003.

Chanet J.-F., *L'École républicaine et les petites patries*, Paris, Autin, 1996.

Gerbod P., *La condition universitaire en France au XIXe siècle*, Paris, PUF, 1965.

Girault J., *Instituteurs, professeurs. Une culture syndicale dans la société française, XVIIIe-XXe siècles*, Paris, Belin, 1997.

Grew R. et Harrigan P., *L'école primaire en France au XIXe siècle*, trad. franç., Paris, EHESS, 2002.

Luc J.-N., *L'invention du jeune enfant au XIXe siècle, de la salle d'asile à l'école maternelle*, Paris, Belin, 1997.

Luc J.-N. et Barbé A., *Des normaliens, histoire de l'Ecole normale supérieure de Saint-Cloud*, Paris, Presses de la FNSP, 1981.

Mayeur F., *Histoire générale de l'enseignement et de l'éducation en France*, vol. 3 : *De la Révolution à l'école républicaine*, Paris, Nouvelle Librairie de France, 1981.

Mayeur F., *L'enseignement secondaire des jeunes filles sous la Troisième République*, Paris, Presses de la FNSP, 1977.

Ozouf J., *Nous les maîtres d'école : autobiographie d'instituteurs de la Belle Epoque*, Paris, Gallimard-Julliard, 1967 (coll. « Archives »).

Prost A., *L'enseignement en France de 1800 à 1967*, Paris, Colin, 1968 (coll. « U »).

Elites et notables

Angleraud B. et Pellissier C., *Les dynasties lyonnaises*, Paris, Perrin, 2003.

Belhoste B. *et al.*, *La France des X, deux siècles d'histoire*, Paris, 1995.

Brelot Cl.-I., *La noblesse réinventée. Nobles de Franche-Comté de 1814 à 1870*, Besançon, Annales littéraires de l'Université de Besançon, 1992.

Charle Ch., *Les élites de la République (1880-1900)*, Paris, Fayard, 1987.

Charle Ch., *Les hauts fonctionnaires en France au XIXe siècle*, Paris, Gallimard-Julliard, 1980 (coll. « Archives »).

Chaussinand-Nogaret G., *Une histoire des élites (1700-1848)*, Paris - La Haye, Mouton, 1975.

Daumas J.-C., *L'amour du drap, Blin et Blin, 1827-1975. Histoire d'une entreprise familiale*, Besançon, Presses universitaires franc-comtoises, 1999.

Fumaroli M., de Broglie G., Chaline J.-P. (dir.), *Elites et sociabilité en France*, Paris, Perrin, 2003.

Girard L., Prost A. et Gossez R., *Les conseillers généraux en 1870*, Paris, PUF, 1967.

Higgs D., *Nobles, titrés, aristocrates en France après la Révolution, 1800-1870*, Paris, Liana Levi, 1990.

Martin-Fugier A., *La vie élégante ou la formation du Tout-Paris, 1815-1848*, Paris, Fayard, 1990.

Ory P. et Sirinelli J.-F., *Les intellectuels en France de l'affaire Dreyfus à nos jours*, Paris, Colin, 1986.

Petiteau N., *Elites et mobilités : la noblesse d'Empire au XIXe siècle (1808-1914)*, Paris, La Boutique de l'histoire, 1997.

Serman W., *Les officiers français dans la nation (1848-1914)*, Paris, Aubier, 1980.
Tudesq A.-J., *Les grands notables en France (1840-1849), étude historique d'une psychologie sociale*, 2 vol., Paris, PUF, 1964.

Etudes particulières

Agulhon M., *Le cercle dans la France bourgeoise, 1815-1848. Etude d'ue mutation de sociabilité*, Paris, Colin, 1979.
Aron J.-P. (sous la dir. de), *Misérable et glorieuse, la femme au XIXe siècle*, Paris, Fayard, 1980.
Aron J.-P., Dumont P. et Le Roy Ladurie E., *Anthropologie du conscrit français*, Paris - La Haye, Mouton, 1972.
Bourdelais P., *Les épidémies terrassées*, Paris, Ed. de La Martinière, 2003.
Bourdelais P. et Raulot J.-Y., *Une peur bleue. Histoire du choléra en France au XIXe siècle*, Paris, Payot, 1987.
Corbin A., *Les filles de noce. Misère sexuelle et prostitution aux XIXe et XXe siècles*, Paris, Aubier, 1978 (nouv. éd., Flammarion, coll. « Champs », 1982).
Corbin A. et Vigarello G. (dir.), *Histoire du corps*, vol. 2 : *De la Révolution à la Grande Guerre*, Paris, Seuil, 2005.
Cristen-Lécuyer C., *Histoire sociale et culturelle des Caisses d'épargne*, Paris, Economica, 2004.
Delattre S., *Les douze heures noires, la nuit à Paris au XIXe siècle*, Paris, Albin Michel, 2001.
Demartini A.-E., *L'affaire Lacenaire*, Paris, Aubier, 2001.
Duby G. et Perrot M. (sous la dir. de), *Histoire des femmes*, Paris, Plon, 1991.
Girault J. (sous la dir. de), *Ouvriers en banlieue XIXe-XXe siècles*, Paris, Ed. de l'Atelier, 1998.
Guillaume P., *Le rôle social du médecin depuis deux siècles (1800-1945)*, Paris, Association pour l'étude de l'histoire de la Sécurité sociale, 1996.
Guiral P. et Thuillier G., *La vie quotidienne des domestiques en France au XIXe siècle*, Paris, Hachette, 1978.
Léonard J., *La France médicale au XIXe siècle*, Paris, Gallimard-Julliard, 1979 (coll. « Archives »).
Luc J. N. (dir.), *Gendarmerie. Etat et société au XIXe siècle*, Paris, Publications de la Sorbonne, 2002.
Martin-Fugier A., *La place des bonnes : la domesticité féminine à Paris en 1900*, Paris, Grasset, 1979.
Petit J.-G., *Des peines obscures, histoire de la prison au XIXe siècle*, Paris, Fayard, 1989.
Thuillier G., *La vie quotidienne dans les ministères*, Paris, Hachette.

CULTURE

Albert J. *et al.*, *Histoire générale de la presse française*, t. 2 et 3, Paris, PUF, 1972.
Baecque (de) A. et Mélonio F., *Histoire culturelle de la France*, t. 3 : *Lumières et liberté*, Paris, Seuil, 1998.
Bermond D., *Gustave Eiffel*, Paris, Perrin, 2002.
Blunen M. et G., *Journal de l'impressionnisme*, Genève, Skira, 1970.
Chaline J.-P., *Sociabilité et érudition. Les sociétés savantes au XIXe siècle*, Paris, CTHS, 2e éd., 1999.
Charle Ch., *Naissance des intellectuels (1880-1900)*, Paris, Ed. de Minuit, 1990.

Charle Ch., *La République des universitaires*, Paris, Seuil, 1994.
Charle Ch., *Le siècle de la presse (1830-1939)*, Paris, Seuil, 2004.
Compagnon A., *La République des Lettres de Flaubert à Proust*, Paris, 1983.
Corbin A., *Le temps, le désir et l'horreur*, Paris, Aubier, 1990.
Corbin A., *Le territoire du vide*, Paris, Aubier, 1988 ; rééd., Flammarion, 1990.
Crubelier M., *Histoire culturelle de la France*, Paris, Colin, 1974.
Dufourcq N., *La musique française*, Paris, Larousse, 1949.
Foucart B., *Courbet*, Paris, PUF, 1982.
Gerbod P., *Les enseignants et la politique*, Paris, PUF, 1976.
Guillet F., *Naissance de la Normandie. Génie et épanouissement d'une image régionale en France, 1750-1850*, Caen, 2001.
Halévy D., *Péguy*, Paris, Grasset, 1979.
Hommage à Claude Monet, Catalogue de l'exposition, Paris, Musées nationaux, 1980.
Impressionnisme : les origines, 1859-1869, Catalogue d'exposition, Paris, Musées nationaux, 1994.
L'impressionnisme et le paysage français, Catalogue d'exposition, Paris, Musées nationaux, 1985.
L'art en France sous le Second Empire, Catalogue de l'exposition, Paris, Musées nationaux, 1979.
Le Douanier Rousseau, Catalogue de l'exposition, Paris, Musées nationaux, 1984.
Le Bris M., *Journal du romantisme*, Genève, Skira, 1981.
Lejeune D., *Les sociétés de géographie en France et l'expansion coloniale au XIXe siècle*, Paris, 1993.
Lemoine B., *Gustave Eiffel*, Paris, Hazan, 1984.
Lemoine S. (sous la dir. de), *De Puvis de Chavannes à Matisse et Picasso. Vers l'art moderne*, Paris, Flammarion, 2002.
Leroy G. *et al.*, *Les écrivains et l'affaire Dreyfus*, Paris, PUF, 1983.
Loyer F., *Le siècle de l'industrie*, Paris, Skira, 1983.
Milner M. et Pichois Cl., *Romantisme*, t. 1 et 2, Paris, Arthaud, 1979.
Palmer M. B., *Des petits journaux aux grandes agences*, Paris, Aubier, 1983.
Péguy Ch., *La République, notre royaume de France*, textes politiques choisis par D. Mayer, Paris, Gallimard, 1945.
Pissarro, Catalogue de l'exposition, Paris, Musées nationaux, 1981.
Pistone D., *La musique en France de la Révolution à 1900*, Paris, Champion, 1979.
Renoir, Catalogue de l'exposition, Paris, Musées nationaux, 1985.
Rewald J., *Histoire de l'impressionnisme*, Paris, Le Livre de poche, 1965.
Rheims M., *La sculpture au XIXe siècle*, Paris, 1972.
Rioux J.-P. et Sirinelli J.-F., *Histoire culturelle de la France*, t. 4 : *Le temps des masses*, Paris, Seuil, 1998.
Van Tieghem Ph., *Le romantisme français*, Paris, PUF, 1992 (coll. « Que sais-je ? »).

HISTOIRE ÉCONOMIQUE

Ouvrages généraux

Asselain J.-C., *Histoire économique de la France du XVIIIe siècle à nos jours*, 1 : *De l'Ancien Régime à la Première Guerre mondiale*, Paris, Seuil, 1984, coll. « Points ».
Barjot D., *L'économie française au XIXe siècle*, Paris, Nathan, 1995.
Barjot D. (sous la dir. de), *Industrialisation et sociétés en Europe occidentale, du début des années 1880 à la fin des années 1960*, Paris, CNED-SEDES, 1997, 2e édition.

Barjot D., « L'histoire des entreprises aujourd'hui », *IIES*, n° 4, 2001, 173 p.

Barjot D. (sous la dir. de), « Où va l'histoire économique aujourd'hui », *Historiens et géographes*, n° 378, mai 2002, p. 113-249.

Barjot D., Bussière E. (sous la dir. de), « Industrialisation et sociétés en Europe occidentale (1880-1970) : nouveaux aperçus », *Histoire, économie et société*, n° 1, 1998.

Barjot D., Faron O. (sous la dir. de), *Migrations, cycle de vie familial et marché du travail*, Paris, Cahiers des Annales de démographie historique, 2000.

Barjot D., Merger M. (sous la dir. de), *Les entreprises et leurs réseaux : hommes, capitaux, techniques et pouvoirs, XIX*e*-XX*e *siècles. Mélanges en l'honneur de François Caron*, Paris, Presses de l'Université de Paris-Sorbonne, 1998.

Beltran A., *Un siècle d'histoire industrielle de la France (1880-1979)*, Paris, SEDES, 1997.

Beltran A., Griset P., *La croissance économique de la France, 1815-1914*, Paris, Colin, 1988.

Bouvier J., *Initiation au vocabulaire et aux mécanismes économiques contemporains, XIX*e*-XX*e *siècles*, Paris, SEDES, 1990.

Braudel F., Labrousse E., *Histoire économique et sociale de la France*, t. 3 : *L'avènement de l'ère industrielle : 1789 - années 1880*, 2 vol., Paris, PUF, 1976 ; *Histoire économique et sociale de la France*, t. 4 : *L'ère industrielle et la société d'aujourd'hui : années 1880 - 1914*, vol. 1, Paris, PUF, 1979.

Broder A., *L'économie française au XIX*e *siècle*, Paris et Gap, Ophrys, 1993.

Bussière E., Griset P., Bouneau C., Williot J.-P., *Industrialisation et sociétés en Europe occidentale (1880-1970)*, Paris, A. Colin, 1998.

Caron F., *Histoire économique de la France (XIX*e*-XX*e *siècles)*, Paris, Colin, 1995 (coll. « U »).

Caron F., *Les deux révolutions industrielles du XX*e *siècles*, Paris, Albin Michel, 1997.

Crouzet F., *De la supériorité de l'Angleterre sur la France. L'économique et l'imaginaire (XVIII*e*-XX*e *siècle)*, Paris, Perrin, 1985.

Crouzet F., *Histoire de l'économie européenne, 1000-2000*, Paris, Albin Michel, 2000.

Daviet J.-P., *Nouvelle histoire économique de la France contemporaine*, 1 : *L'économie pré-industrielle, 1830-1914*, Paris, La Découverte, 1993.

Diatkine D., Gayman J.-M., *Histoire des faits économiques*, Paris, Nathan, t. 1 : *Croissances et crises en France de 1840 à 1890*, 1994 ; t. 2 : *Croissances et crises en France, de 1895 à 1974*, 1995 (coll. « Circa »).

Ferrière Le Vayer M., Barrière J.-P. *et al.*, *Industrialisation et sociétés en Europe occidentale (1880-1970)*, Paris, Ellipses, 1998.

Gaillard J.-M., Lespagnol A., *Les mutations économiques et sociales du XIX*e *siècle, 1780-1880*, Paris, Nathan, 1984 (coll. « Nathan-Université »).

Le Van - Lemesle L., *Industrialisation et sociétés (1880-1970). La France*, Paris, Ellipses, 1998.

Lévy-Leboyer M., Bourguignon F., *L'économie française au XIX*e *siècle. Analyse macro-économique*, Paris, Economica, 1985.

Lévy-Leboyer M., Casanova J.-C. (sous la dir. de), *Entre l'Etat et le marché. L'économie française, des années 1880 à nos jours*, Paris, Gallimard, 1991.

Saly P., Margairaz M., Pigenet M., Robert J.-L., *Industrialisation et sociétés. Europe occidentale (1880-1970)*, Paris, Atlande, 1998.

Verley P., *Nouvelle histoire économique de la France contemporaine*, 2 : *L'industrialisation, 1830-1914*, Paris, La Découverte, 1989.

Verley P., *L'Echelle du monde. Essai sur l'industrialisation de l'Occident*, Paris, Gallimard, 1997.

La croissance et ses déterminants

Armengaud A., *La population en France au XIXe siècle,* PUF, 1965 (coll. « Que sais-je ? »).

Beltran A., Griset P., *Histoire des techniques aux XIXe-XXe siècles,* Colin, 1990 (coll. « Cursus »).

Bideau A., Perrenoud A., Lynch K. A., Brunet G., *Les systèmes démographiques du passé,* Lyon, PPSH, 1996.

Bourdelais P., *L'âge de la vieillesse,* Paris, Ed. Odile Jacob, 1993.

Breton Y., Broder A., Luftalla M. (sous la dir. de), *La longue stagnation en France : l'autre grande dépression 1873-1897,* Paris, Economica, 1997.

Caron F., *Le résistible déclin des sociétés industrielles,* Paris, Librairie académique Perrin, 1985.

Caron F. (sous la dir. de), Le changement technique contemporain. Approches historiques, *Histoire, Economie, Sociétés,* n° 1, 1er trimestre 1983 ; L'innovation et l'histoire, *Histoire, Economie, Sociétés,* n° 2, 2e trimestre 1987.

Fine A., Sangoï J.-C., *La population française au XIXe siècle,* PUF, 1994 (coll. « Que sais-je ? »).

Flamant M., Singer-Kerel J., *Crises et récessions économiques,* Paris, PUF, 1974 (coll. « Que sais-je ? »).

Gille B. (sous la dir. de), *Histoire des techniques,* Paris, Gallimard, « La Pléiade », 1978.

Lequin Y. (sous la dir. de), *La mosaïque France. Histoire des étrangers et de l'immigration en France,* Paris, Larousse, 1988.

Marchand O., Thelot C., *Deux siècles de travail en France,* Paris, Etudes, INSEE, 1991.

Marchand O., Thélot C., *Le travail en France, 1800-2000,* Paris, Nathan, 1997.

Rosental P.-A., *Les sentiers invisibles. Espace, familles et migrations dans la France du XIXe siècle,* Paris, Editions de l'EHESS, 1999.

Schweitzer S., *Les femmes ont toujours travaillé. Une histoire de leurs métiers, XIXe et XXe siècles,* Paris, Odile Jacob, 2002.

Toutain J.-C., « Le Produit intérieur brut de la France, 1789-1990 », *Economie et société,* n° 11, 1997, p. 5-136.

Les agents institutionnels

André C., Delorme R., *L'Etat et l'économie. Un essai d'explication de l'évolution des dépenses publiques en France, 1870-1980,* Paris, Seuil, 1983.

Barbier F., *Le patronat du Nord sous le Second Empire : une approche prosopographique,* Genève, Droz, 1989.

Barjot D. (sous la dir. de), *International Cartels Revisited, 1880-1980. Vues nouvelles sur les cartels internationaux,* Caen, Editions du Lys, 1994.

Bergeron L., *Les Rothschild et les autres. La gloire des banquiers,* Paris, Perrin, 1991.

Bergeron L., *Les capitalistes en France (1780-1914),* Paris, Julliard, 1978.

Bouvier J., *Un siècle de banque française. Les contraintes de l'Etat et les incertitudes des marchés,* Paris, Hachette, 1973.

Bouvier J., Furet F., Gillet M., *Le mouvement du profit en France au XIXe siècle,* Paris - La Haye, Mouton, 1975.

Bussière E., *1872-1892, Paribas, l'Europe et le monde,* Bruxelles, Fonds Mercator, 1992.

Caron F. (sous la dir. de), *Entreprises et entrepreneurs*, Paris, Presses de la Sorbonne (Paris IV), 1983.

Chassagne S., *La naissance de l'industrie cotonnière en France (1760-1840). Trois générations d'entrepreneurs*, Paris, EHESS, 1986.

Ferrière Le Vayer M. de, *Christofle, deux siècles d'aventure industrielle*, Paris, Le Monde Ed., 1995.

Fridenson P., *Histoire des usines Renault*, 1 : *Naissance de la grande entreprise (1898-1939)*, Paris, Seuil, 1972.

Les patrons du Second Empire, Paris - Le Mans, Ed. Picard, Ed. Cénomane ; Barjot D. (sous la dir. de), 1 : *Normandie-Maine-Anjou*, 1991 ; Jobert P. (sous la dir. de), 2 : *Bourgogne*, 1991 ; Mayaud J.-C., 3 : *Franche-Comté*, 1991 ; Stoskopf N., 4 : *L'Alsace*, 1994 ; Bonin H., 5 : *Gironde*, 2000 ; Caty N., Echinard P., Richard E., 6 : *Marseille*, 2000.

Gille B., *La banque et le crédit en France de 1815 à 1848*, Paris, PUF, 1959 ; *La banque en France au XIXe siècle : recherches historiques*, Paris, PUF, 1959.

Gueslin A., *L'Etat, l'économie et la société française, XIXe-XXe siècles*, Paris, Hachette, 1992.

Lanthier P., Watelet C. H. J. (sous la dir. de), *L'entreprise privée en période de crise économique. Tactiques et stratégies*, Montréal, Legas, 1997.

Lévy-Leboyer M. (sous la dir. de), « Le patronat de la seconde industrialisation », *Cahier du mouvement social*, n° 4, Paris, Les Editions Ouvrières, 1979 ; Dynasties patronales françaises, *Le Mouvement social*, n° 132, juillet-septembre 1985.

Marnot B., *Les ingénieurs au Parlement sous la IIIe République*, Paris, CNRS Editions, 2000.

Plessis A., *Histoires de la Banque de France*, Paris, Albin Michel, 1998.

Rosanvallon P., *L'Etat en France de 1789 à nos jours*, Paris, Seuil, 1990.

Terrier D., *Les deux âges de la proto-industrie. Les tisserands du Cambrésis et du Saint-Quentinois, 1730-1880*, Paris, Ed. de l'EHESS, 1995.

Verley P., *Entreprises et entrepreneurs du XVIIe siècle au début du XXe siècle*, Paris, Hachette, 1994.

Les grands secteurs d'activité

Agulhon M., Désert G., Specklin R., *Histoire de la France rurale*, t. 3 : *Apogée et crise de la civilisation paysanne de 1789 à 1914*, Paris, Seuil, 1977.

Barjot D., *L'énergie*, Paris, PENS, coll. « L'Annuaire statistique de l'économie française, XIXe-XXe siècles », 1991 ; *Travaux publics de France. Un siècle d'entrepreneurs et d'entreprises*, Paris, Presses de l'Ecole des Ponts et Chaussées, 1993.

Barjot D. (sous la dir. de), Entrepreneurs et entreprises de BTP, *Histoire, Economie et Sociétés*, n° 3, 1995.

Barjot D., Chadeau E., Merger M., Ramunni G. (éd.), L'industrialisation, *Histoire, Economie et Sociétés*, n° 3, 3e trimestre 1989.

Bergeron L., *L'industrialisation de la France au XIXe siècle*, Hatier, 1979 (coll. « Profil dossier »).

Bergeron L. (sous la dir. de), *La révolution des aiguilles. Habiller les Français et les Américains, XIXe-XXe siècles*, Paris, Ed. de l'EHESS, 1996.

Bergeron L., Bourdelais P. (sous la dir. de), *La France n'est-elle pas douée pour l'industrie ?*, Paris, Belin, 1998.

Bonin H., *L'argent en France depuis 1880, banquiers, financiers, épargnants*, Paris, Masson, 1989.

Caron F., *Histoire des chemins de fer en France,* 2 vol., Paris, Fayard, 1997.
Caron F., Cardot F. (sous la dir. de), *Histoire de l'électricité en France,* t. 1 : *1881-1918*, Paris, Fayard, 1991.
Daumas J.-C., *Les territoires de la laine. Histoire de l'industrie lainière en France au XIXe siècle,* Lille, Presses Universitaires du Septentrion, 2004.
Gavignaud G., *Les campagnes en France au XIXe siècle,* Paris, Ophrys, 1990.
Gavignaud-Fontaine G., *La Révolution rurale dans la France contemporaine. XVIIIe-XIXe siècles,* Paris, L'Harmattan, 1995.
Leboutte R., *Vie et mort des bassins industriels en Europe. 1750-2000,* Paris, L'Harmattan, 1997.
Lemoine B., *L'architecture du fer. France : XIXe siècle,* Seyssel, Champ Vallon, 1986.
Lescure M., *Histoire d'une filière : immobilier et bâtiment en France (1820-1980),* Hatier, 1983 (coll. « Profil dossier »).
Lévy-Leboyer M. (sous la dir. de), *Histoire de la France industrielle,* Paris, Larousse, 1996.
Merger M. (sous la dir. de), Les transports, *Histoire, économie et société — Histoire, Economie, Sociétés,* n° 1, 1er trimestre 1990 ; Les transports terrestres en Europe continentale (XIXe-XXe siècles), *Histoire, économie et société — Histoire, Economie, Sociétés,* n° 1, 1er trimestre 1992.
Merger M., Carreras A., Giuntini A. (sous la dir. de), *Les réseaux transnationaux XIXe-XXe siècles : quels enjeux ?,* Nantes, Ouest-Editions, 1995.
Petré-Grenouilleau O., *Les négoces maritimes français XVIIe-XXe siècles,* Paris, Belin, 1997.
Postel-Vinay G., *La terre et l'argent. L'agriculture et le crédit en France du XVIIIe au début du XXe siècle,* Paris, Albin Michel, 1998.
Raveux O., *Marseille, ville des métaux et de la vapeur au XIXe siècle,* Paris, CNRS Editions, 1998.
Williot J.-P., *Naissance d'un service public : le gaz à Paris,* Paris, Editions Rive droite, 1999.
Woronoff D., *Histoire de l'industrie du XVIe siècle à nos jours,* Paris, Seuil, 1994.
Woronoff D., *François de Wendel,* Presses de Sciences Po, 2001.

RELATIONS INTERNATIONALES, COLONISATION

Relations économiques internationales

• *Ouvrages généraux*

Bairoch P., *Mythes et paradoxes de l'histoire économique,* Paris, La Découverte, 1994.
Bairoch P., *Commerce extérieur et développement économique de l'Europe au XIXe siècle,* Paris - La Haye, Mouton, 1976.
Garrier G. (sous la dir. de), *La domination du capitalisme, 1840-1914,* in P. Léon, *Histoire économique et sociale du monde,* Paris, Colin, t. 4, 1978.
Girault R. (dir.), Les impérialismes, *Relations internationales,* n° 6, été 1976.
Landes D. S., *L'Europe technicienne. Révolution technique en Europe occidentale de 1750 à nos jours,* Paris, Gallimard, 1975.
Maddison A., *L'économie mondiale, 1820-1992, analyse et statistique,* Paris, OCDE, 1996.
Marseille J. (sous la dir. de), *L'industrialisation de l'Europe occidentale (1880-1970),* Paris, ADHE, 1998.
Paillard Y. G., *Expansion occidentale et dépendance mondiale,* Paris, Colin, 1994 (coll. « U »).

Piettre A., *Monnaie et économie internationale du* XIX*e* *siècle à nos jours*, Paris, 1967.
Poidevin R., *Finances et relations internationales, 1887-1914*, Paris, Colin, 1970.
Reinhard M., Armengaud A., Dupâquier J., *Histoire générale de la population mondiale*, Paris, Montchrestien, 1968.
Sédillot R., *Le franc : histoire d'une monnaie, des origines à nos jours*, Paris - La Haye, Mouton, 1953.

• *La France dans le monde*

Bouvier J., Girault R., *L'impérialisme français d'avant 1914*, Paris - La Haye, Mouton, 1986.
Cameron R., *La France et le développement économique de l'Europe (1814-1914)*, Paris, Seuil, 1971.
Landes D. S., *Banquiers et Pachas. Finance internationale et impérialisme économique en Egypte*, Paris, A. Michel, 1993.
Lévy-Leboyer M. (sous la dir. de), *La position internationale de la France. Aspects économiques et financiers (*XIX*e-*XX*e siècles)*, Paris, EHESS, 1977.
Thobie J., *La France impériale*, Paris, Mégrelis, 1982.

Relations diplomatiques

Corvisier A. (sous la dir. de), *Histoire militaire de la France*, t. 2 et 3, Paris, PUF, 1992-1993.
Droz J., *Les causes de la première guerre mondiale. Essai d'historiographie*, Paris, Seuil, 1973.
Droz J., *Histoire diplomatique de 1648 à 1919*, Paris, Dalloz, 1972.
Duroselle J.-B., *L'Europe de 1815 à nos jours : vie politique et relations internationales*, Paris, PUF, 1967 (coll. « Nouvelle Clio »).
Duroselle J.-B., *Tout Empire périra. Vision théorique des relations internationales*, Paris, Publications de la Sorbonne, 1981.
Girault R., *Diplomatie européenne et impérialismes, 1871-1914*, Paris, Masson, 1983.
Guillen P., *L'expansion 1881-1898*, Paris, Imprimerie nationale, 1984 (coll. « Politique étrangère de la France »).
Milza P., *Les relations internationales de 1871 à 1914*, Paris, Colin, 1990 (coll. « Cursus »).
Monnet S., *La politique extérieure de la Fance depuis 1870*, Paris, Colin, 2000 (coll. « U »).
Pellistrandi B., *Les relations internationales de 1800 à 1871*, Paris, Colin, 2000 (coll. « Cursus »).
Poidevin R., Bariéty J., *Les relations franco-allemandes, 1815-1975*, Paris, Colin, 1977.
Renouvin P., Duroselle J.-B., *Introduction à l'histoire des relations internationales*, Paris, Colin, 1965.
Renouvin P., *Histoire des relations internationales*, Paris, PUF, t. V : *Le* XIX*e siècle de 1815 à 1871*, 1955 ; t. VI : *Le* XIX*e siècle. De 1871 à 1914*, 1955.
Tacel M., *Le monde et la France au* XX*e siècle*, Paris, Masson, 1989.

Histoire coloniale

Ageron C. R., *Histoire de l'Algérie contemporaine*, Paris, PUF, 1979, 2 vol.
Bouche D., *Histoire de la colonisation française*, t. 2 : *Flux et reflux, 1815-1962*, Paris, Fayard, 1991.

Brocheux P., Hémery D., *Indochine. La colonisation ambiguë, 1858-1954*, Paris, La Découverte, 1994.

Brunschwig H., *Mythes et réalités de l'impérialisme colonial français*, Paris, Colin, 1960.

Coquery-Vidrovitch C., Moniot H., *L'Afrique noire de 1800 à nos jours*, Paris, PUF (coll. « Nouvelle Clio »), 1984.

Ganiage J., *L'expansion coloniale de la France sous la IIIe République*, Paris, 1968.

Marseille J., *Empire colonial et capitalisme français, histoire d'un divorce*, Paris, Albin Michel, 1984 (rééd., Seuil, coll. « Points »).

Martin J., *L'Empire renaissant, 1789-1871. L'aventure coloniale de la France*, Paris, Denoël, 1987.

Meyer J., Terrade J., Rey-Goldzeiguer A., Thobie J., *Histoire de la France coloniale*, 1 : *De 1600 à 1914*, Paris, Colin, 1991.

Miège (J.-L.), *Expansion européenne et décolonisation de 1870 à nos jours : vie politique et relations internationales*, Paris, PUF, 1970 (coll. « Nouvelle Clio »).

Chronologie

1814-1914

ANNÉES	FAITS POLITIQUES	FAITS RELIGIEUX ET CULTURELS	FAITS SCIENTIFIQUES ET TECHNIQUES	FAITS ÉCONOMIQUES ET SOCIAUX	ÉVÉNEMENTS INTERNATIONAUX
1814	31 mars : entrée des troupes alliées dans Paris 6 avril : adoption de la constitution sénatoriale 12 avril : entrée du comte d'Artois à Paris 2 mai : proclamation de Saint-Ouen par Louis XVIII 3 mai : entrée du roi à Paris 4 juin : promulgation de la Charte constitutionnelle	Pie VII rétablit l'ordre des Jésuites Ingres, *La Grande Odalisque* Benjamin Constant, *De l'esprit de conquête*	Utilisation de la presse mécanique en imprimerie		30 mai : premier traité de Paris
1815	1er mars : Napoléon débarque au golfe Juan 20 mars : Napoléon aux Tuileries 22 avril : promulgation de l'Acte additionnel aux constitutions de l'Empire 22 juin : seconde abdication de l'empereur 8 juillet : entrée de Louis XVIII à Paris été 1815 : Terreur blanche 14-22 août : élections. La « Chambre introuvable » 24 septembre : ministère Richelieu		Gay-Lussac isole le cyanogène	Emprunt extraordinaire de 100 millions sur les riches	9 juin : acte final du Congrès de Vienne 18 juin : Waterloo 20 novembre : second traité de Paris. Renouvellement de l'alliance de Chaumont
1816	5 septembre : dissolution de la « Chambre introuvable » 25 septembre et 4 octobre : élections législatives favorables aux constitutionnels	Benjamin Constant, *Adolphe*	Niepce : première photo sur papier	Disette frumentaire	

	7 décembre : exécution du maréchal Ney				
1817	5 février : promulgation de la loi électorale, dite « loi Lainé » 20 septembre : élections législatives	Lamennais, *Essai sur l'indifférence en matière de religion*	Premier éclairage au gaz à Paris Création de l'Institut cartographique national	Crise frumentaire Troubles agraires en Brie et Champagne	
1818	10 mars : loi Gouvion-Saint-Cyr sur le recrutement de l'armée 20 et 26 octobre : élections législatives		Travaux de Bichat sur l'histologie	B. Delessert et La Rochefoucauld-Liancourt fondent la Caisse d'épargne	9 octobre : au Congrès d'Aix-la-Chapelle, accord sur le retrait des troupes étrangères et la liquidation de l'indemnité de guerre 30 novembre : libération du territoire
1819	mai-juin : lois sur la presse, dites « lois de Serre » septembre : victoire de la gauche aux élections législatives 20 novembre : ministère Decazes	Géricault, *Le Radeau de la Méduse*	Laennec invente le stéthoscope	Echelle mobile pour l'importation des grains Premières compagnies d'assurance vie Saint-Simon, *L'Organisateur*	
1820	13 février : assassinat du duc de Berry 30 mars : lois sur la presse 12 juin : loi électorale, dite « du double vote » 4 et 13 novembre : élections législatives	Lamartine, *Méditations poétiques*	Pelletier et Caventou découvrent la quinine	Fourier, *Le Nouveau Monde industriel*	
1821	15 décembre : ministère Villèle	Ordonnance sur l'enseignement secondaire entamant le privilège de l'Université. Création de l'Ecole des chartes	Fresnel, premières mesures de longueurs d'ondes Fondation de la Société de géographie	Saint-Simon, *Le Système industriel*	janvier-février : Congrès de Laybach
1822	18 et 25 mars : lois sur la presse 21 septembre : exécution des quatre sergents de La Rochelle	Victor Hugo, *Odes et ballades* Champollion déchiffre les hiéroglyphes	Fresnel, *Théorie ondulatoire de la lumière et de la double réfraction*	Mines de bauxite aux Baux-de-Provence	8 décembre : Chateaubriand au ministère des Affaires étrangères

ANNÉES	FAITS POLITIQUES	FAITS RELIGIEUX ET CULTURELS	FAITS SCIENTIFIQUES ET TECHNIQUES	FAITS ÉCONOMIQUES ET SOCIAUX	ÉVÉNEMENTS INTERNATIONAUX
1823	24 décembre : dissolution de la Chambre		Becquerel, travaux sur la thermoélectrique		7 avril : les troupes franchissent la Bidassoa 28 septembre : prise du fort du Trocadéro
1824	26 février - 6 mars : renouvellement de la Chambre : la Chambre « retrouvée » 16 septembre : mort de Louis XVIII	Delacroix, *Les Massacres de Scio* Michelet, *Histoire de la Révolution française*	Marc Seguin, pont suspendu de Tournon Sadi Carnot, *Réflexion sur la force motrice du feu*	Saint-Simon, *Le Catéchisme des industriels*	Chateaubriand quitte le ministère des Affaires étrangères
1825	27 avril : loi sur l'indemnisation des émigrés 29 mai : sacre de Charles X	20 avril : loi sur le sacrilège		Loi sur la conversion facultative des rentes Début d'une récession économique	
1826		Alfred de Vigny, *Poèmes antiques et modernes*	Voyages de Dumont d'Urville	7 avril : rejet de la loi « sur le droit d'aînesse » Création de la Compagnie des omnibus et messageries générales de France	
1827	29 avril : dissolution de la garde nationale parisienne 17 et 24 novembre : élections législatives	Alfred de Vigny, *Cinq-Mars* Ingres, *L'Apothéose d'Homère*	Seguin, la chaudière tubulaire Fourneyron, la turbine hydraulique Ampère, *Théorie mathématique des phénomènes électrodynamiques*	21 mai : Code forestier Fondation de l'Ecole d'agriculture de Grignon Fondation des Editions Hachette	20 octobre : bataille de Navarin
1828	5 janvier : ministère Martignac 18 juin : loi sur la presse	juin : exclusion de l'enseignement des membres des congrégations non autorisées		Fondation de l'Ecole centrale de Paris Chemin de fer Saint-Etienne-Andrézieux J.-B. Say, *Cours d'économie politique*	septembre : expédition française en Morée

1829	8 août : ministère Polignac	Fondation de la *Revue des Deux-Mondes* V. Hugo, *Les Orientales*		Création de l'Ecole nationale des eaux et forêts Ouverture des magasins des Trois Quartiers à Paris Fourier, *Le Nouveau Monde industriel*	14 septembre : traité d'Andrinople
1830	18 mars : adresse des 221 16 mai : dissolution de la Chambre des députés 23 juin, 3, 13 et 19 juillet : élections législatives 25 juillet : signature des quatre ordonnances par Charles X 27-28-29 juillet : les « Trois Glorieuses » 31 juillet : le duc d'Orléans accepte d'être nommé lieutenant général du royaume 2 août : abdication de Charles X 9 août : le duc d'Orléans devient « roi des Français » 2 novembre : ministère Laffitte	1830-1840 : Auguste Comte, *Cours de philosophie positive* Bataille d'*Hernani* Stendhal, *Le Rouge et le Noir* Berlioz, *La Symphonie fantastique*		Création de l'Ecole des arts et métiers de Châlons-sur-Marne	5 juillet : prise d'Alger 25 août : insurrection belge
1831	13 mars : ministère Casimir Périer 21 mars : loi municipale 22 mars : loi sur la garde nationale 19 avril : loi électorale 5 juillet : élections législatives 20-22 novembre : révolte des canuts à Lyon 29 décembre : abolition de l'hérédité de la pairie	Victor Hugo, *Notre-Dame de Paris* Delacroix, *La Liberté guidant le peuple*		Premier train à vapeur, de Lyon à Saint-Etienne	20 janvier : protocole de Londres : neutralité de la Belgique 2 février : élection du duc de Nemours comme roi des Belges ; son refus août : intervention des Français en Belgique envahie par l'armée du roi des Pays-Bas

ANNÉES	FAITS POLITIQUES	FAITS RELIGIEUX ET CULTURELS	FAITS SCIENTIFIQUES ET TECHNIQUES	FAITS ÉCONOMIQUES ET SOCIAUX	ÉVÉNEMENTS INTERNATIONAUX
1832	5-6 juin : émeutes républicaines à Paris été : tentative légitimiste en faveur de la duchesse de Berry (arrêtée en novembre) 12 octobre : ministère Soult	15 août : publication de l'encyclique *Mirari vos*, qui condamne les doctrines politiques de *L'Avenir*	Sauvage invente l'hélice	Grande épidémie de choléra Canal du Rhône-au-Rhin	23 février : occupation d'Ancône par les Français 23 décembre : prise d'Anvers par les Français
1833	22 juin : loi sur l'élection des conseils généraux et des conseils d'arrondissement	28 juin : loi sur l'instruction publique dite « loi Guizot », imposant la création dune école de garçons dans chaque communes Balzac, *Eugénie Grandet* Michelet, début de l'*Histoire de France*	Kuhlmann, l'acide sulfurique Raspail, la chimie organique	9 juillet : loi sur l'expropriation pour cause d'utilité publique Mouvement des tailleurs de pierre parisiens Manifestation contre les machines à vapeur aux mines d'Anzin	mars : ocupation d'Oran et de Mostaganem
1834	9-12 avril : insurrection républicaine à Lyon 13 avril : émeute républicaine à Paris 21 juin : élections législatives	Lamennais, *Paroles d'un croyant* Balzac, *Le père Goriot* 25 juin : publication de l'encyclique *Singulari vos*, qui condamne les *Paroles d'un croyant* de Lamennais Création par Guizot du premier Comité des travaux historiques		Canal de Bourgogne	22 avril : quadruple alliance : Angleterre, Espagne, France, Portugal
1835	28 juillet : attentat de Fieschi septembre : lois facilitant la répression des délits politiques	Musset, *Lorenzaccio* Vigny, *Chatterton* Rude, bas-relief dit « La Marseillaise » 1835-1840 : Tocqueville, *La Démocratie en Amérique*	Travaux de Chasles en géométrie Dutrochet découvre l'utilité de la chlorophylle	Fondation de l'agence Havas	
1836	22 février : ministère Thiers 6 septembre : ministère Molé 30 octobre : tentative de Louis-Napoléon Bonaparte à Strasbourg	Musset, *Confession d'un enfant du siècle*		Loi sur l'aménagement des chemins vicinaux Les Schneider reprennent les forges du Creusot Considérant, *Description du phalanstère et*	

	6 novembre : mort de Charles X			*l'architecture*	
1837	4 novembre : élections législatives	Balzac, *Illusions perdues* Création de la Commission des monuments historiques		Monopole d'Etat sur le télégraphe Chemin de fer Paris-Versailles (frères Pereire)	30 mai : traité de La Tafna avec Abd el-Kader 13 octobre : prise de Constantine
1838		V. Hugo, *Ruy Blas*		Réforme du Code de commerce *Principes mathématiques de la théorie des richesses* de Cournot	novembre : envoi d'une escadre française au Mexique et prise de Saint-Jean d'Ulloa
1839	2 mars : élections législatives 12 mai : insurrection de la Société des saisons ; ministère Soult	Stendhal, *La Chartreuse de Parme*	Le Français Bourdon invente le marteau-pilon en même temps que l'Anglais Nasmyth Première locomotive française Daguerre invente le daguerréotype	Louis Blanc, *De l'organisation du travail*	
1840	1er mars : ministère Thiers 6 août : tentative de Louis-Napoléon à Boulogne 29 octobre : ministère Soult-Guizot 15 décembre : cérémonie du transfert des cendres de Napoléon aux Invalides	Musset, *Les Nuits* Augustin Thierry, *Récits des temps mérovingiens* V. Hugo, *Les Rayons et les Ombres*		Villermé, *Tableau de l'état physique et moral des ouvriers* Proudhon, *Qu'est-ce que la propriété ?* Louis-Napoléon Bonaparte, *De l'extinction du paupérisme*	15 juillet : traité de Londres (sans la France) sur la question d'Egypte
1841			Marteau-pilon du Creusot	21 mars : loi interdisant le travail des enfants de moins de 8 ans 3 mai : loi sur l'expropriation publique	15 juillet : Convention des détroits et règlement de la question d'Egypte
1842	9 juillet : élections législatives 13 juillet : mort accidentelle du duc d'Orléans	Eugène Sue, *Les Mystères de Paris*		11 juin : loi sur les chemins de fer	septembre : protectorat sur le royaume de Tahiti

ANNÉES	FAITS POLITIQUES	FAITS RELIGIEUX ET CULTURELS	FAITS SCIENTIFIQUES ET TECHNIQUES	FAITS ÉCONOMIQUES ET SOCIAUX	ÉVÉNEMENTS INTERNATIONAUX
1843		Echec des *Burgraves* de V. Hugo		Achèvement des chemins de fer Paris-Rouen et Paris-Orléans Début de la construction du PLM Marx à Paris	16 mai : prise de la Smala d'Abd el-Kader 2 septembre : visite de la reine Victoria en France
1844		Alexandre Dumas, *Les Trois Mousquetaires*	Télégraphe Paris-Rouen Loi sur la propriété industrielle et les brevets	Grèves violentes aux houillères de la Loire	1er août : bombardement de Tanger par l'escadre du prince de Joinville 14 août : victoire de l'Isly de Bugeaud sur les Marocains
1845		Mérimée, *Carmen* Thiers, *Histoire du Consulat et de l'Empire*	Presses rotatives à grand débit	Fondation de la Compagnie des Chemins de Fer du Nord	27 janvier : la Chambre vote l'indemnité Pritchard
1846	1er août : élections législatives	Berlioz, *La Damnation de Faust* Michelet, *Le Peuple* G. Sand, *La Mare au diable* Création de l'Ecole d'Athènes Apparition de la Vierge à La Salette	Le Verrier découvre Neptune	28 janvier : loi favorisant l'importation de grains ; émeute agraire du Buzançais Jacqueries et pillages dans l'Ouest et le Midi Agitation ouvrière Proudhon, *Philosophie de la misère*	août-octobre : affaire des mariages espagnols
1847	avril-mai : affaire Teste-Cubières 9 juillet : premier banquet réformiste à Paris 28 décembre : discours du Trône n'annonçant aucune concession	Lamartine, *Histoire des Girondins*	Premières opérations sous anesthésie		23 octobre : reddition d'Abd el-Kader
1848	14 janvier : interdiction du banquet réformiste prévu à Paris dans le XIIe arrondissement 22 février : manifestation à Paris	Mort de Chateaubriand 1848-1850 : publication des *Mémoires d'outre-tombe*	Claude Bernard, découverte de la fonction glycogénique du foie	Grave crise économique ; la convertibilité du billet est suspendue. Affecte chemins de fer, marché financier, marché de [illegible]	

	23 février : démission de Guizot et fusillade du boulevard des Capucines 24 février : abdication de Louis-Philippe et formation du gouvernement provisoire, qui se déclare favorable à la République 25 février : Lamartine maintient le drapeau tricolore contre le drapeau rouge 2 mars : adoption du principe du suffrage universel 17 mars : manifestation réclamant le report des élections à l'Assemblée constituante 23-24 avril : élections à l'Assemblée constituante 27-28 avril : barricades à Rouen 4 mai : proclamation officielle de la République 15 mai : manifestation populaire à Paris 23-25 juin : « journées de juin » à Paris 25 juin : mort de Mgr Affre 28 juin : ministère Cavaignac 28 juillet : décrets sur les clubs 9-11 août : décrets sur la presse 4 novembre : vote de la Constitution (promulgation le 21) 10 décembre : élection du président de la République			chômage Bonne récolte, mais dépression des prix agricoles Manifestations paysannes contre les impôts 25 février : proclamation du droit au travail 29 février : création de la Commission du Luxembourg 2 mars : limitation de la journée de travail à 10 heures (Paris) et 11 heures (province) 4 mars : principe de l'abolition de l'esclavage 6 mars : organisation des ateliers nationaux de la Seine 16 mars : décret créant l'impôt des 45 centimes 27 avril : décret abolissant l'esclavage 21 juin : décret sur les ateliers nationaux 9 septembre : journée de travail ramenée à 12 heures 27 juillet : loi sur la presse 3 octobre : enseignement agricole (loi Tourret)	

ANNÉES	FAITS POLITIQUES	FAITS RELIGIEUX ET CULTURELS	FAITS SCIENTIFIQUES ET TECHNIQUES	FAITS ÉCONOMIQUES ET SOCIAUX	ÉVÉNEMENTS INTERNATIONAUX
1849	13 mai : élections législatives 13 juin : manifestation à Paris 19 juin : loi sur les clubs 27 juillet : loi sur la presse	G. Sand, *La Petite Fadette*	Premier timbre français	Stagnation industrielle et commerciale Récession dans les travaux publics et le chemin de fer	avril : expédition de Rome
1850	31 mai : vote de la loi électorale restreignant le droit de vote	15 mars : vote de la loi sur l'enseignement dite « loi Falloux » Mort de Balzac	Monnier met au point la première application industrielle du ciment armé Invention du marteau-piqueur Câble télégraphique Paris-Douvres	Bastiat, *Harmonies économiques*	
1851	3 janvier : destitution de Changarnier 19 juillet : refus de la révision constitutionnelle par l'Assemblée 17 novembre : refus de la proposition des questeurs par l'Assemblée 2 décembre : coup d'Etat de Louis-Napoléon Bonaparte 4 décembre : « fusillade des boulevards » à Paris 4-10 décembre : soulèvements républicains en province et leur répression 20-21 décembre : plébiscite	Nerval, *Voyage en Orient* 11 décembre : exil de V. Hugo		20 mars 1851 : Chambres consultatives d'agriculture Fondation des messageries maritimes Début de la construction des Halles centrales de Paris	
1852	14 janvier : promulgation de la Constitution 2 février : décret organique sur les élections 3 février : décret instituant les commissions mixtes	Dumas fils : *La Dame aux camélias*		Discours de Bordeaux Fondation du Crédit mobilier des frères Péreire et du Crédit foncier Création du Bon Marché	

	17 février : décret sur la presse 29 février : élections législatives 7 novembre : sénatus-consulte proposant le rétablissement de l'Empire 21-22 novembre : second plébiscite 2 décembre : proclamation du Second Empire			parisiens raccordés à des égouts	
1853	29 janvier : mariage de Napoléon III 1er juillet : Haussmann devient préfet de la Seine	Victor Hugo écrit *Les Châtiments*		1er juin : loi sur les prud'hommes 9 juin : loi instituant une caisse de retraite pour les fonctionnaires Fondation du Comptoir national d'escompte Haussmann préfet de la Seine, et début des grands travaux d'Haussmann à Paris Création de la Compagnie générale des eaux Loi sur les pensions, assurant une retraite aux 250 000 fonctionnaires	mars : affaires des lieux saints juin : flotte française aux Dardanelles
1854		22 juin : loi renouvelant pour les ouvriers l'obligation du port du livret	Berthelot énonce les principes de la thermo-chimie Sainte-Claire Deville, fabrication de l'aluminium par électrolyse	Dernière grande épidémie de choléra en France Début de l'assainissement des Landes et de la Sologne Création de la Compagnie générale maritime	27 mars : déclaration de guerre à la Russie 20 septembre bataille de l'Alma
1855		Courbet, *L'Atelier du peintre* Gounod, *Ave Maria*	Nadar, premières photos aériennes	2 mai : lois sur les travaux de Paris et la propriété industrielle mai-novembre : deuxième Exposition universelle de Paris Création des Magasins du Louvre à Paris	26 janvier : alliance franco-anglo-sarde

ANNÉES	FAITS POLITIQUES	FAITS RELIGIEUX ET CULTURELS	FAITS SCIENTIFIQUES ET TECHNIQUES	FAITS ÉCONOMIQUES ET SOCIAUX	ÉVÉNEMENTS INTERNATIONAUX
1855				Fondation de la Compagnie des produits chimiques d'Alais et Camargue (plus tard Pechiney) F. Le Play publie *Les Ouvriers européens*	
1856	16 mars : naissance du prince impérial	octobre : Flaubert publie *Madame Bovary* Tocqueville, *L'Ancien Régime et la Révolution*	Début du chauffage au gaz Berthelot réalise la synthèse de l'alcool	26 juillet : réforme de la législation sur les sociétés commerciales Début des travaux du tunnel du Mont-Cenis Le Bazar de l'Hôtel de Ville ouvre ses portes	26 février - 30 mars : Congrès de Paris
1857	21-22 juin : élections législatives	avril : parution des *Fleurs du mal* de Baudelaire	Loi sur la propriété industrielle et les marques de fabriques		décembre : début de l'intervention franco-anglaise en Chine
1858	14 janvier : attentat d'Orsini 27 février : loi de sûreté générale 13 mars : exécution d'Orsini	Apparitions de Lourdes		Loi sur les défrichements Constitution de la Compagnie du canal de Suez	24 juin : création d'un ministère de l'Algérie 21 juillet : entrevue de Plombières entre Napoléon III et Cavour été : Conférence de Paris sur les principautés roumaines
1859	15 : août : amnistie politique	*Mireille*, de Mistral *Le Bain turc* d'Ingres V. Hugo, *La Légende des siècles*		25 avril : début des travaux du canal de Suez 11 juin : loi établissant une collaboration entre les compagnies de chemin de fer et l'Etat, qui garantit l'intérêt des obligations à émettre Fondation du Crédit industriel et commercial	23 janvier : alliance franco-sarde 18 février : occupation de Saïgon par les Français 3 mai : déclaration de guerre à l'Autriche 4 juin : bataille de Magenta 24 juin : bataille de Solférino 10 novembre : traité de Zurich

1860	24 novembre : décret accordant le droit d'adresse aux Chambres	30 janvier : suppression de *L'Univers* de Veuillot	Premier câble sous-marin Calais-Douvres Généralisation des bateaux à hélices Eiffel, pont de Bordeaux Premier essai du convertisseur Bessemer en France	1er janvier : extension des limites de Paris 23 janvier : traité de commerce avec l'Angleterre 28 juillet : restauration des terrains en montagne	10 février : rétablissement du gouvernement général de l'Algérie 24 mars : traité cédant Nice et la Savoie à la France juillet : expédition française en Syrie
1861	25 avril : fondation du journal *Le Temps* 31 décembre : sénatus-consulte sur les finances publiques	Début de la construction de l'Opéra de Paris sous la direction de Charles Garnier	Pasteur réfute le concept de « génération spontanée »	15 juin : suppression de l'échelle mobile sur les blés Fondation de la Compagnie générale transatlantique Morny lance Deauville	21 juillet : accord franco-espagnol sur les dettes mexicaines
1862		V. Hugo, *Les Misérables* Flaubert, *Salammbô*	Berthelot, synthèse de l'acétylène Foucault mesure la vitesse de la lumière	29 mars : traité de commerce franco-prussien juillet-octobre : délégation ouvrière à l'Exposition de Londres	5 mai : échec de Puebla (Mexique) 5 juin : l'Annam cède la Cochinchine à la France
1863	30-31 mai : élections législatives 23 juin : nomination de Billault comme ministre d'Etat 18 octobre : nomination de Rouher comme ministre d'Etat	Création du « salon des refusés ». Manet, *Le Déjeuner sur l'herbe* Renan, *La Vie de Jésus*		Début du phylloxéra dans le Midi Fondation du Crédit lyonnais Achèvement des Halles centrales Prouhon, *Du principe fédératif*	11 avril : la France impose son protectorat sur le Cambodge
1864	11 janvier : discours de Thiers au corps législatif (sur les « libertés nécessaires ») 17 février : manifeste des soixante	8 décembre : publication de l'encyclique *Quanta cura* et du *Syllabus* Fustel de Coulanges, *La Cité antique*	Invention du procédé Martin (sidérurgie)	25 mai : loi accordant le droit de grève 8 juin : regazonnement des montagnes 28 septembre : fondation de l'Association internationale des travailleurs Fondation de la Société générale	

ANNÉES	FAITS POLITIQUES	FAITS RELIGIEUX ET CULTURELS	FAITS SCIENTIFIQUES ET TECHNIQUES	FAITS ÉCONOMIQUES ET SOCIAUX	ÉVÉNEMENTS INTERNATIONAUX
1865	10 mars : mort de Morny	Manet, *Olympia*	Claude Bernard, *Introduction à la médecine expérimentale* Berthelot, le calorimètre	26 janvier : mort de Proudhon 21 juin 1865 : syndicats de communes pour l'amélioration agricole Jaluzot fonde les grands magasins du Printemps	octobre : les Etats-Unis demandent le rappel des troupes françaises du Mexique octobre : entrevue de Napoléon III et de Bismarck à Biarritz
1866	18 juillet : sénatus-consulte sur le droit d'amendement	Offenbach, *La Vie parisienne* Jean Macé crée la Ligue française de l'enseignement		Faillite du Crédit mobilier Grève des mineurs d'Anzin	12 juin : convention franco-autrichienne sur la Vénétie 3 juillet : Sadowa 5 août : Napoléon III demande la rive gauche du Rhin comme compensation (politique des « pourboires ») 20 août : Napoléon III demande le Luxembourg et la Belgique comme compensation
1867	19 janvier : lettre de Napoléon III à Rouher annonçant des réformes libérales	avril-novembre : Exposition universelle de Paris 10 août : loi sur l'instruction primaire octobre : création d'un enseignement secondaire pour jeunes filles	Charles Tellier invente le frigorifique Etudes de Pasteur sur la fermentation du vin	Exposition universelle de Paris Loi sur les sociétés anonymes (SA)	février : les troupes françaises quittent le Mexique 19 juin : exécution de Maximilien, empereur du Mexique 3 novembre : les Français dispersent les Garibaldiens à Mentana Conférence internationale sur les monnaies à Paris.
1868	14 janvier : vote de la loi militaire, dite « loi Niel » 11 mai : promulgation de la loi sur la presse 6 juin : promulgation de la loi sur les réunions		Pile Leclanché	Grèves de mineurs à Saint-Etienne et du bâtiment à Paris	

1869	23-24 mai : élections législatives 12 juillet : annonce officielle de réformes par Napoléon III 8 septembre : sénatus-consulte sur les réformes libérales	Mort de Lamartine Flaubert, *L'Education sentimentale* 8 décembre : ouverture du concile du Vatican	Bergès, première turbine hydraulique à Lancey Charles Cros, photographie en couleur	16 novembre : inauguration du canal de Suez Fondation de la Bourse du Travail à Paris La troupe tire à la Ricamarie (14 morts)	
1870	2 janvier : ministère Emile Ollivier 10 janvier : assassinat de Victor Noir 20 avril : sénatus-consulte sur les pouvoirs de l'Empereur 8 mai : plébiscite 21 mai : sénatus-consulte instituant l'Empire libéral 19 juillet : déclaration de guerre à la Prusse 9 août : chute du ministère Emile Ollivier 4 septembre : manifestation à Paris, chute de l'Empire, proclamation de la République, constitution du gouvernement provisoire (dit « de la défense nationale ») 19 septembre : début du siège de Paris 7 octobre : Gambetta quitte Paris en ballon			Fondation de la Samaritaine Grève du Creusot	13 juillet : dépêche d'Ems 19 juillet : déclaration de la guerre à la Prusse 4 août : bataille de Wissembourg 6 août : batailles de Frœschwiller et Forbach 30 août - 2 septembre : bataille de Sedan 19 septembre : début du siège de Paris 27 octobre : capitulation de Metz
1871	28 janvier : armistice signé avec les Prussiens 8 février : élections à l'Assemblée nationale	23 décembre : naissance de l'œuvre des cercles catholiques d'ouvriers E. Renan, *La Réforme intellectuelle et morale* Rimbaud, *Le Bateau ivre*	Gramme présente à l'Académie des Sciences la première dynamo	Succès de l'emprunt Thiers pour la libération du territoire Inauguration du tunnel du Mont-Cenis	15 janvier : fondation de l'Empire allemand à Versailles 28 janvier : capitulation de Paris

ANNÉES	FAITS POLITIQUES	FAITS RELIGIEUX ET CULTURELS	FAITS SCIENTIFIQUES ET TECHNIQUES	FAITS ÉCONOMIQUES ET SOCIAUX	ÉVÉNEMENTS INTERNATIONAUX
1871	17 février : Thiers est nommé « chef du pouvoir exécutif de la République française » 10 mars : « Pacte de Bordeaux » 18 mars : début de la Commune de Paris 16 avril : loi municipale 15 avril - 11 juillet : lois sur la presse 21-28 mai : « semaine sanglante » 2 juillet : élections partielles à l'Assemblée nationale 6 juillet : manifeste du comte de Chambord 29 août : loi sur les conseils généraux 31 août : Thiers « président de la République » (loi Rivet)	Zola, *La Curée*		Cercles ouvriers d'A. de Mun et de La Tour-du-Pin	26 février : préliminaires de paix à Versailles 10 mai : traité de Francfort consacrant la perte de l'Alsace et d'une partie de la Lorraine
1872	27 juillet : vote de la loi militaire (service de cinq ans) 13 novembre : message de Thiers à l'Assemblée, prenant parti pour la République	6 octobre : pèlerinage national à Lourdes		14 mars : loi contre l'Internationale juillet : tarifs protecteurs Fondation de la Banque de Paris et des Pays-Bas	29 juin : convention fixant l'évacuation des départements occupés
1873	7 janvier : mort de Napoléon III 15 mars : signature des conventions d'évacuation par les troupes allemandes 24 mai : démission de Thiers ; élection de Mac-	24 juillet : loi déclarant d'utilité publique l'érection d'un sanctuaire à Montmartre Rimbaud, *Une saison en enfer* Jules Verne, *Le Tour du monde en 80 jours*		Début de la dépression agricole	15 mars : convention d'évacuation du territoire 16 septembre : libération du territoire F. Garnier s'empare de Hanoï

	de la République ; A. de Broglie est nommé vice-président du Conseil octobre : échec de la Restauration 19 novembre : prolongation pour sept ans des pouvoirs de Mac-Mahon				
1874	16 mai : démission d'A. de Broglie 22 mai : le général de Cissey est nommé vice-président du Conseil	Monet, *Impression, soleil levant* César Franck, *Rédemption* Mort de Michelet		Inspection du Travail Loi sur le travail des enfants (pas avant douze ans, pas plus de douze heures avant seize ans)	15 mars : protectorat sur le Tonkin
1875	30 janvier : vote de l'amendement Wallon 24 février : vote de la loi constitutionnelle sur le Sénat 25 février : vote de la loi constitutionnelle sur l'organisation des pouvoirs publics 10 mars : Buffet est nommé vice-président du Conseil 16 juillet : vote de la loi constitutionnelle sur les rapports entre les pouvoirs publics	12 juillet : loi relative à la liberté de l'enseignement supérieur Bizet, *Carmen*	Premier transport de force par l'électricité Bollée : première automobile à vapeur Berthelot, la synthèse chimique E. Reclus, *Géographie française*	14 décembre : privilège des bouilleurs de cru La crise du phylloxéra devient nationale Fondation de la Banque de l'Indochine	La Grande-Bretagne achète au khédive d'Egypte ses actions du canal : elle en devient propriétaire avec la France
1876	30 janvier : élections sénatoriales 20 février - 5 mars : élections législatives 9 mars : gouvernement Dufaure 13 décembre : gouvernement Jules Simon	Mallarmé, *L'Après-midi d'un faune*	Fondation de l'Institut national agronomique		Dissolution officielle de la Première Internationale Condominium franco-britannique en Egypte

ANNÉES	FAITS POLITIQUES	FAITS RELIGIEUX ET CULTURELS	FAITS SCIENTIFIQUES ET TECHNIQUES	FAITS ÉCONOMIQUES ET SOCIAUX	ÉVÉNEMENTS INTERNATIONAUX
1877	4 mai : discours de Gambetta contre le cléricalisme 16 mai : démission de Jules Simon 17 mai : gouvernement de Broglie 20 mai : manifeste des 363 25 juin : dissolution de la Chambre 14-28 octobre : élections législatives 13 décembre : second gouvernement Dufaure	Zola, *L'Assommoir*	Edison et Charles Cros perfectionnent le téléphone		
1878		mai : ouverture de l'Exposition universelle	Claude Bernard, *La Science expérimentale*	mai : début du plan Freycinet Fin du bimétallisme monétaire Exposition universelle de Paris	
1879	5 janvier : élections sénatoriales 30 janvier : démission de Mac-Mahon ; Jules Grévy est élu président de la République 4 février : gouvernement Waddington 21 juin : réforme constitutionnelle ; retour des Chambres à Paris 28 décembre : ministère Freycinet	9 août : loi Paul Bert sur les écoles normales Zola, *Nana*	Berthelot, *Essai de mécanique chimique* Pasteur découvre le principe du vaccin		
1880	juillet : amnistie des communards	27 février 1880 : loi sur le Conseil supérieur de		12 juillet : loi supprimant l'obligation du repos	Annexion de Tahiti

	officielle de la fête nationale 25 septembre : premier gouvernement Ferry	18 mars : loi sur la collation des grades et liberté de l'enseignement supérieur 29 mars : décrets hostiles aux congrégations non autorisées 21 décembre : loi sur l'enseignement secondaire des jeunes filles Rodin, *Le Penseur*		Fondation de la Compagnie du canal de Panama	
1881	30 juin : loi sur les réunions publiques 29 juillet : loi sur la presse 21 août - 4 septembre : élections législatives 14 novembre : gouvernement Gambetta	16 juin : loi sur la gratuité de l'enseignement primaire Verlaine, *Sagesse* Offenbach, *Les Contes d'Hoffmann*	Exposition internationale d'électricité à Paris L'agence Havas relie Paris à Lyon par un fil télégraphique direct Pasteur vaccine des moutons contre le charbon Dr Roux, début de l'embryologie expérimentale Poincaré, *Traité des fonctions fuchsiennes*	14 novembre : création du ministère de l'Agriculture Construction des magasins du Printemps à Paris Fondation d'HEC J. Guesde lance *Le Cri du peuple*	12 mai : protectorat en Tunisie Guerre franco-chinoise à propos de l'Annam
1882	26 janvier : démission de Gambetta 29 juillet : chute du gouvernement à propos de l'intervention en Egypte 31 décembre : mort de Gambetta	28 mars : loi sur la laïcité de l'enseignement et son caractère obligatoire	E. Marey, « fusil photographique », ancêtre du cinéma, bobines de pellicules Kodak	Krach de l'Union générale Remise en cause du Plan Freycinet	Crise financière internationale d'origine française
1883	21 février : second gouvernement Ferry 24 août : mort du comte de Chambord	Fondation de *La Croix*	Les frères Tissandier, dirigeable électrique	juillet : ratification par la Chambre des conventions avec les compagnies de chemin de fer	La France est éliminée du condominium franco-britannique en Egypte 23 août : protectorat sur l'Annam Occupation de Madagascar Protectorat français sur l'Annam

ANNÉES	FAITS POLITIQUES	FAITS RELIGIEUX ET CULTURELS	FAITS SCIENTIFIQUES ET TECHNIQUES	FAITS ÉCONOMIQUES ET SOCIAUX	ÉVÉNEMENTS INTERNATIONAUX
1884	5 avril : loi municipale 14 août : révision constitutionnelle	Ouverture du salon des Indépendants Statue de la Liberté de Bartholdi à New York	Invention de la Rayonne par le comte Chardonnet Construction par Eiffel du viaduc de Garabit Moteur à vapeur de Dion-Bouton Dastve découvre le système nerveux sympathique	Grèves violentes à Anzin 21 mars : loi Waldeck-Rousseau autorisant les syndicats 27 juillet : loi Naquet autorisant le divorce Début des grèves de Decazeville	Guerre franco-chinoise à propos de l'Annam
1885	30 mars : chute du second gouvernement Ferry 4-18 octobre : élections législatives au scrutin de liste	Zola, *Germinal* Mort de V. Hugo	Peugeot fabrique des premiers vélocipèdes Première moissonneuse-batteuse Pasteur inocule le premier vaccin contre la rage Charcot étudie les fonctions du cerveau	28 mars : droits protecteurs sur les blés	9 juin : traité de Tien-Tsin : la Chine renonce à l'Annam Chemin de fer Dakar - Saint-Louis Protectorat français à Madagascar
1886	7 janvier : troisième gouvernement Freycinet (avec le général Boulanger comme ministre de la Guerre) 22 juin : loi interdisant le séjour en France aux chefs des familles ayant régné sur la France	29 mars : naissance de l'Association catholique de la jeunesse française 30 octobre : loi laïcisant le personnel des écoles publiques	Liaison téléphonique Paris-Bruxelles	Création de la Société Panhard & Levassor Grèves à Decazeville Ouverture de la Bourse du travail de Paris	
1887	2 décembre : démission de Jules Grévy après le scandale des décorations 3 décembre : élection de Sadi Carnot à la présidence de la République	Antoine fonde le théâtre libre	Première liaison en ballon entre Paris et la Corse		20-30 avril : affaire Schnaebelé Renversement des alliances européennes : Bismarck ferme le marché de Berlin aux emprunts russes. La France dénonce le traité de commerce avec l'Italie

					Indochine
1888	15 mars : Boulanger mis en non-activité par retrait d'emploi 15 avril : élection de Boulanger comme député du département du Nord		Première fonderie d'aluminium dans les Alpes		décembre : premier emprunt russe émis sur la place de Paris
1889	27 janvier : élection de Boulanger comme député de Paris 22 février : deuxième gouvernement Tirard 1er avril : fuite de Boulanger à Bruxelles 15 juillet : loi militaire 22 septembre - 6 octobre : élections législatives	Exposition universelle : la tour Eiffel Paul Bourget, *Le Disciple* Bergson, *Essai sur les données immédiates de la conscience*	Construction de la tour Eiffel Lenoir et Otto, le moteur à explosion	Faillite de la Compagnie du canal de Panama Exposition universelle de Paris	
1890	octobre : Congrès de Châtellerault : scission allemaniste au sein des socialistes français	12 novembre : « toast d'Alger » du cardinal Lavigerie	Premières courses automobiles Turbine à vapeur de Laval Branly, début de la TSF (télégraphie sans fil) Premier vol de l'Eole d'Ader Premier sous-marin	Suppression du livret ouvrier	
1891		15 mai : publication de l'encyclique *Rerum novarum* Monet, *Les Nymphéas*	Premières voitures à essence de Panhard & Levassor et de Peugeot Les frères Michelin, invention du pneu démontable	Grèves sanglantes de Fourmies	23 juillet : visite de la flotte française à Cronstadt
1892	Début de l'affaire du Panama	20 février : publication de l'encyclique *Au milieu des sollicitudes*	Premier grand immeuble en béton armé à Paris par Hennebique Four à arc industriel Poincaré, *Méthodes nouvelles de la mécanique céleste*	11 janvier : tarif douanier général 7-8 février : congrès constitutif de la Fédération des Bourses du travail à Saint-Etienne août : grève de Carmaux	18 août : convention militaire franco-russe

ANNÉES	FAITS POLITIQUES	FAITS RELIGIEUX ET CULTURELS	FAITS SCIENTIFIQUES ET TECHNIQUES	FAITS ÉCONOMIQUES ET SOCIAUX	ÉVÉNEMENTS INTERNATIONAUX
1892				Lois interdisant le travail des enfants de moins de treize ans, et limitant la durée du travail à dix heures pour les moins de seize ans, onze heures pour les femmes, douze heures pour les hommes	
1893	20 août - 3 septembre : élections législatives		Coignet, aqueduc d'Achères en béton armé E. Marey, premier projecteur de cinéma Commercialisation des premiers disques Premier salon de l'automobile	« Tuerie d'Aigues-Mortes » à l'encontre de travailleurs italiens Instauration du permis de conduire	
1894	27 juin : élection de Casimir Périer à la présidence de la République (par suite de l'assassinat de Sadi Carnot le 24 juin) 17 et 27 juillet : loi contre les anarchistes (dites par leurs adversaires « lois scélérates ») décembre : procès et condamnation du capitaine Dreyfus		Roux, sérum antidiphtérique	29 juin : loi sur les retraites ouvrières et les caisses maladie des mineurs 17-22 septembre : le congrès corporatif de Nantes adopte le principe de la grève générale Création des HBM par la loi Siegfried Tout à l'égout à Paris	Création d'un Gouvernement général de l'AOF
1895	17 janvier : élection de Félix Faure à la présidence de la République	Cézanne, *Les Grandes Baigneuses*	Les frères Lumière donnent la première séance du cinématographe, à Paris Boîte à vitesse Panhard	23-28 septembre : congrès constitutif de la CGT (Confédération générale du travail) à Limoges	1er octobre : protectorat de la France sur Madagascar
1896	La famille de Dreyfus demande la révision de son procès	10 juillet : loi relative à la constitution des universités	Première course automobile Paris-Marseille Hennebique, maisons		

	Saint-Mandé » d'Alexandre Millerand				
1897		Maurice Barrès, *Les Déracinés* Mort de Thérèse de Lisieux	Premier vol d'Ader		Début de la construction du chemin de fer Djibouti-Addis-Abeba (jusqu'en 1917) Gouvernement général de Madagascar
1898	13 janvier : publication par Zola de *J'accuse* 8-22 mai : élections législatives 4 juin : création de la Ligue des droits de l'homme 31 août : suicide du colonel Henry	Francis Jammes, *L'Angélus du soir*	Pierre et Marie Curie découvrent le radium Ballon-sonde de Teisserenc de Bord	9 avril : loi sur les accidents du travail Fulgence Bienvenüe commence les travaux du Métropolitain de Paris Echec de la grève des cheminots, première tentative de grève générale révolutionnaire	Delcassé, ministre des Affaires étrangères 10 juillet : le colonel Marchand s'installe à Fachoda 4 novembre : évacuation de Fachoda
1899	18 février : élection d'Emile Loubet à la présidence de la République 23 février : tentative de coup d'Etat de Déroulède 22 juin : gouvernement de Waldeck-Rousseau août-septembre : second procès de Dreyfus à Rennes	René Bazin, *La Terre qui meurt* George Méliès, *Le Miroir de Cagliostro*	Première liaison radio-télégraphique au-dessus de la Manche par Marconi	Fondation des caisses régionales de Crédit agricole Fondation de la Banque française pour le commerce et l'industrie (BFCI) Chaîne de magasins Goulet-Turpin à Reims	9 août : convention diplomatique secrète avec la Russie
1900		février : Jaurès, premiers fascicules de l'*Histoire socialiste de la Révolution française* 14 avril : inauguration de l'Exposition universelle Edmond Rostand, *L'Aiglon* Péguy fonde les *Cahiers de la Quinzaine*	Pont Alexandre III à Paris Villard, les rayons gamma	19 juillet : le premier tronçon du métro est mis en service	mai-septembre : participation de la France à l'expédition en Chine contre les Boxers

ANNÉES	FAITS POLITIQUES	FAITS RELIGIEUX ET CULTURELS	FAITS SCIENTIFIQUES ET TECHNIQUES	FAITS ÉCONOMIQUES ET SOCIAUX	ÉVÉNEMENTS INTERNATIONAUX
1901	21-23 juin : congrès constitutif du Parti Rép. radical et radical-socialiste 1er juillet : loi sur les associations	Anatole France, *Crainquebille* et *M. Bergeret à Paris*	Première course automobile internationale Paris-Madrid		
1902	24 mars : constitution du Parti socialiste français 27 avril - 11 mai : élections législatives 6 juin : gouvernement Combes 26-28 septembre : constitution du Parti socialiste de France	27 février : Debussy, *Pelléas et Mélisande* André Gide, *L'Immoraliste* Romain Rolland, premier tome de *Jean-Christophe*		Les Bourses du travail adhèrent à la CGT	30 juin 1902 : accord secret franco-italien
1903		juillet : premier Tour de France Ernest Lavisse, t. 1 de *L'Histoire de France*	Marie et Pierre Curie, prix Nobel de Physique	28 juillet : admission à la cote de l'emprunt ottoman pour le Bagdadbahn Grande grève dans le textile du Nord	
1904	18 avril : premier numéro de *L'Humanité*	5 juillet : vote de la loi interdisant l'enseignement à tous les congréganistes 30 juillet : rupture des relations diplomatiques avec le Vatican		Création de la Banque de l'Union parisienne Journée de dix heures 20 décembre : premier congrès du syndicalisme chrétien	8 avril : Entente cordiale avec l'Angleterre
1905	mars : service militaire réduit à deux ans 23-26 avril : fondation de la SFIO	Installation du Père de Foucauld à Tamanrasset 9 décembre : vote (par le Sénat) de la loi de séparation des Eglises et de l'Etat Cézanne achève *Les Grandes baigneuses*	Voisin, premier planeur	29 juin : journée de huit heures dans les mines juillet : loi sur l'assistance obligatoire	
1906	17 janvier : élection d'Armand Fallières à la présidence de la République	11 février : publication de l'encyclique *Vehementer nos* Henri Bergson, *L'Evolution*	Moissan reçoit le prix Nobel de chimie pour ses travaux sur l'acétylène et le fluor	Rachat par l'Etat des Chemins de fer de l'Ouest Viviani, premier ministre du Travail	janvier-avril : conférence d'Algésiras

	6-20 mai : élections législatives 25 octobre : gouvernement Clemenceau	*créatrice* Claudel, *Le Partage de midi* Picasso, *Les Demoiselles d'Avignon*		10 mars : catastrophe de Courrières Henri Bergson, *L'Evolution créatrice* Grèves du Pas-de-Calais Obligation du repos hebdomadaire Congrès de la CGT à Amiens : Charte d'Amiens	
1907		8 décembre : encyclique *Pascendi*	Laveran reçoit le prix Nobel de médecine pour ses recherches sur le paludisme Cornu, premier vol en hélicoptère	Emeutes à Béziers « Mouvement des gueux » en Languedoc Loi protégeant le salaire féminin	
1908		Jules Romains, *La Vie unanime* Colette, *Les Vrilles de la vigne*	Farman, premier kilomètre en circuit fermé sur un avion biplace Premier salon aéronautique Lippmann reçoit le prix Nobel de physique pour ses travaux sur l'électricité et la photographie	27-30 juillet : grèves sanglantes à Draveil et Villeneuve-Saint-Georges Arrestation des dirigeants de la CGT	Gouvernement général de l'AEF
1909	24 juillet : gouvernement Briand	Barrès, *Colette Baudoche* Diaghilev : les Ballets russes au Châtelet Matisse, *La Danse* A. Gide et J. Schlumberger fondent la *Nouvelle Revue française*	Blériot traverse la Manche en avion Premiers avions de Bréguet et des frères Caudron	Grèves des postiers Léon Jouhaux, secrétaire de la CGT	9 février : accord franco-allemand sur le Maroc
1910	24 avril - 8 mai : élections législatives	25 août : condamnation du Sillon par le pape	Fabre, premier hydravion français Machines à écrire Japy	Répression de la grève des cheminots 25 avril - 8 mai : vote de la loi sur les retraites ouvrières et paysannes	
1911		Saint-John Perse, *Eloges*	Marie Curie, prix Nobel de chimie	Grandes grèves des ouvriers du bâtiment	1er juillet : la canonnière Panther à Agadir 4 novembre : convention franco-allemande (Maroc, Congo)

ANNÉES	FAITS POLITIQUES	FAITS RELIGIEUX ET CULTURELS	FAITS SCIENTIFIQUES ET TECHNIQUES	FAITS ÉCONOMIQUES ET SOCIAUX	ÉVÉNEMENTS INTERNATIONAUX
1912		Paul Claudel, *L'Annonce faite à Marie* Charles Péguy, *Les Tapisseries* Maurice Ravel, *Daphnis et Chloé*	Grignard, prix Nobel de chimie pour ses travaux sur la reproduction des espèces animales Carrel, prix Nobel de médecine pour ses greffes de tissus et d'organes		30 mars : traité de protectorat avec le Maroc
1913	17 janvier : élection de Raymond Poincaré à la présidence de la République 7 juillet : vote de la loi militaire « dite des trois ans »	29 mai : *Le Sacre du printemps* de Stravinski au théâtre des Champs-Elysées Alain-Fournier, *Le Grand Meaulnes* Guillaume Apollinaire, *Alcools* Barrès, *La Colline inspirée* Blaise Cendrars et Sophie Delaunay, *Prose du transsibérien, premier livre simultané* Ernest Psichari, *Le Voyage du centurion* Marcel Proust, *Du côté de chez Swann*	Roland Garros, première traversée de la Méditerranée en avion Premier saut en parachute à partir d'un avion par Pégoud Richet, prix Nobel de médecine	*La Direction des ateliers*, de Taylor, est traduite en français La CGT préconise la grève générale Grève des métallurgistes de la Seine et des mineurs du Pas-de-Calais	
1914	26 avril - 10 mai : élections législatives 13 juin : gouvernement Viviani 31 juillet : assassinat de Jaurès	Louis Feuillade, *Fantomas* Gide, *Les Caves du Vatican*		15 juillet : vote de l'impôt sur le revenu	28 juin : attentat de Sarajevo 28 juillet : déclaration de guerre de l'Autriche à la Serbie 30 juillet : mobilisation générale russe 31 juillet : ultimatum allemand à la Russie et à la France 1er août déclaration de guerre de l'Allemagne à la Russie 1er août : mobilisation générale en Allemagne et en France 3 août : déclaration de guerre de l'Allemagne à la France

COLLECTION « QUADRIGE »

Abécassis Petite métaphysique du meurtre
Alain Propos sur l'éducation *suivis de* Pédagogie enfantine
Alain Propos sur des philosophes
Alain Propos sur les beaux-arts
Alain Stendhal *et autres textes*
Alland et **Rials** Dictionnaire de la culture juridique
Alquié Le Désir d'éternité
Alter L'Innovation ordinaire
Alter Sociologie du monde du travail
Altet Les Pédagogies de l'apprentissage
Althusser Montesquieu, la politique et l'histoire
Althusser et **Balibar** Lire *Le Capital*
Ambrière Balzac et *La Recherche de l'Absolu*
André Aux origines féminines de la sexualité
Andreas-Salomé Ma vie
Anzieu, Chabert Les Méthodes projectives
Arendt La Vie de l'esprit
Aron Les Sociétés modernes
Aron La Sociologie allemande contemporaine
Aron, Saint-Jacques, Viala Le Dictionnaire du littéraire
Arvon Le Bouddhisme
Assoun Freud, la philosophie et les philosophes
Assoun Freud et Nietzsche
Assoun Freud et Wittgenstein
Assoun Le Freudisme
Assoun Marx et la répétition historique
Attali et **Guillaume** L'Anti-économique
Aubenque Le Problème de l'être chez Aristote
Aubenque La Prudence chez Aristote
Audi Supériorité de l'éthique. De Schopenhauer à Wittgenstein
Auroux, Deschamps, Kouloughli La Philosophie du langage
Aymard et **Auboyer** L'Orient et la Grèce antique
Aymard et **Auboyer** Rome et son Empire
Bachelard La Philosophie du non
Bachelard La Poétique de l'espace
Bachelard La Poétique de la rêverie
Bachelard Le Nouvel Esprit scientifique
Bachelard La Flamme d'une chandelle
Bachelard Le Rationalisme appliqué
Bachelard La Dialectique de la durée
Bachelard Le Matérialisme rationnel
Bachelard Le Droit de rêver
Balandier Sens et puissance
Balandier Sociologie actuelle de l'Afrique noire
Balandier Anthropologie politique
Balibar Droit de cité
Barjot, Chaline, Encrevé La France au XIXe siècle
Barluet Édition de sciences humaines et sociales : le cœur en danger
Baron Histoire d'Israël, vol. 1
Baron Histoire d'Israël, vol. 2
Bastide Les Problèmes de la vie mystique
Bastide Sociologie et psychanalyse
Bauduin, Coblence Marcel Proust, visiteur des psychanalystes
Bauzon La Personne biojuridique
Beaufret Parménide. Le Poème
Bellemin-Noël Vers l'inconscient du texte
Bellemin-Noël Psychanalyse et littérature
Bély Dictionnaire de l'Ancien Régime
Bély La France moderne, 1498-1789
Bencheikh et **Didier** Dictionnaire de littérature de langue arabe
Bergson Essai sur les données immédiates de la conscience
Bergson L'Énergie spirituelle
Bergson L'Évolution créatrice
Bergson Le Rire
Bergson Les Deux Sources de la morale et de la religion
Bergson Matière et mémoire
Bergson La Pensée et le mouvant
Bergson Durée et simultanéité
Bernard Principes de médecine expérimentale
Bernstein Des idées capitales
Berthelot La Sociologie française contemporaine
Berthelot Les vertus de l'incertitude
Bideaud, Houdé, Pedinielli L'Homme en développement
Billig L'Hitlérisme et le système concentrationnaire
Blanché L'Axiomatique
Bloch, Wartburg Dictionnaire étymologique de la langue française
Blondel L'Action (1893)
Bodeus, Gauthier-Muzellec, Jaulin et **Wolff** La Philosophie d'Aristote
Boniface Le Monde contemporain
Bonte et **Izard** Dictionnaire de l'ethnologie et de l'anthropologie
Borlandi, Boudon, Cherkaoui, Valade Dictionnaire de la pensée sociologique
Borne Le Problème du mal
Bourricaud, Boudon, Cherkaoui, Valade Dictionnaire critique de la sociologie
Boudon Effets pervers et ordre social
Boudon La Place du désordre
Boudon Études sur les sociologues classiques I
Boudon Études sur les sociologues classiques II

Boudon Le Sens des valeurs
Bouglé Essais sur le régime des castes
Bouhdiba La Sexualité en Islam
Bouriau, Clavier, Lequan, Raulet et **Tosel** La Philosophie de Kant
Boutang Ontologie du secret
Boutinet Anthropologie du projet
Bouvier, George, Le Lionnais Dictionnaire des mathématiques
Brague Du temps chez Platon et Aristote
Brahami Introduction au « Traité de la nature humaine » de David Hume
Braudel et **Labrousse** Histoire économique et sociale de la France
T. I : 1450-1660
T. II : 1660-1789
T. III : 1789-années 1880
T. IV : Années 1880-1950
T. V : Années 1950-1980
Bréhier Histoire de la philosophie
Brisson, Fronterotta Lire Platon
Canguilhem Le Normal et le pathologique
Canguilhem Du développement à l'évolution au XIXe siècle
Canto-Sperber Éthiques grecques
Canto-Sperber Dictionnaire d'éthique et de philosophie morale (2 vol. sous coffret)
Carbonnier Sociologie juridique
Carbonnier Droit civil (2 vol. sous coffret)
Caron Précis de psycholinguistique
Carrilho Rhétoriques de la modernité
Cauquelin L'Invention du paysage
Cauquelin Le Site et le paysage
Chaîneau Mécanismes et politique monétaires
Chartier, Marchaisse Chine/Europe. À partir du travail de François Jullien
Châtelet, Duhamel et **Pisier** Dictionnaire des œuvres politiques
Chauvin Les Sociétés animales
Chebel Le Corps en Islam
Chebel L'Imaginaire arabo-musulman
Chiland L'Entretien clinique
Choulet, Folscheid, Wunenburger Méthodologie philosophique
Cobast, Robert Culture générale, 1
Cobast, Robert Culture générale, 2
Cohen-Tanugi Le Droit sans l'État
Colas Sociologie politique
Colas Le Léninisme
Comte-Sponville Traité du désespoir et de la béatitude
Conche Essais sur Homère
Cornu Vocabulaire juridique
Corvisier Histoire militaire de la France
T. I : Des origines à 1715
T. II : De 1715 à 1871
T. III : De 1871 à 1940
T. IV : De 1940 à nos jours
Cotteret Gouverner c'est paraître
Cournut Pourquoi les hommes ont peur des femmes
Crahay Psychologie de l'éducation
Crépieux-Jamin ABC de la graphologie
Crozet L'Art roman
Cusin, Benamouzig Économie et sociologie
Dagognet Le Catalogue de la vie
Dandrey Poétique de La Fontaine, I : La Fabrique des fables
Daumas Histoire générale des techniques
T. 1 : Des origines au XVIe siècle
T. 2 : Les Premières Étapes du machinisme
T. 3 : L'Expansion du machinisme
T. 4 : Énergie et matériaux
T. 5 : Transformation - Communication - Facteur humain
Davis et Wallbridge Winicott. Introduction à son œuvre
Davy La Connaissance de soi
De Koninck De la dignité humaine
Deleuze La Philosophie critique de Kant
Deleuze Proust et les signes
Deleuze Nietzsche et la philosophie
Deleuze Le Bergsonisme
Delmas-Marty Le Flou du droit
Demeulenaere *Homo œconomicus.* Enquête sur la constitution d'un paradigme
Denis Histoire de la pensée économique
Denis, Janin Psychothérapie et psychanalyse
Denis et **Schaeffer** Devenir psychanalyste ?
Derrida La Voix et le phénomène
Desanti Introduction à l'histoire de la philosophie
Descartes Méditations métaphysiques
Deutsch La Psychologie des femmes, t. I
Deutsch La Psychologie des femmes, t. II
Diatkine, Simon La Psychanalyse précoce
Dockès Ordre et désordres dans l'économie-monde
Douin Dictionnaire de la censure au cinéma
Droz Histoire générale du socialisme
T. 1 : Des origines à 1875
T. 2 : De 1875 à 1918
T. 3 : De 1918 à 1945
T. 4 : De 1945 à nos jours
Dumézil Du mythe au roman
Dupâquier Histoire de la population française
T. 1 : Des origines à la Renaissance
T. 2 : De la Renaissance à 1789
T. 3 : De 1789 à 1914
T. 4 : De 1914 à nos jours
Durand L'Imagination symbolique
Durand L'Enfant et le sport
Durkhteim Les Règles de la méthode sociologique
Durkheim Le Suicide
Durkheim Les Formes élémentaires de la vie religieuse
Durkheim Éducation et sociologie
Durkheim De la division du travail social
Durkheim L'Évolution pédagogique en France
Durkheim Leçons de sociologie
Durkheim Le Socialisme
Durkheim Sociologie et philosophie
Duvignaud Sociologie du théâtre
Eco Sémiotique et philosophie du langage
Einaudi Un rêve algérien

Ellul Islam et judéo-christianisme
Ellul Histoire des institutions. L'Antiquité
Ellul Histoire des institutions. Le Moyen Âge
Ellul Histoire des institutions. XVIe-XVIIIe siècle
Ellul Histoire des institutions. Le XIXe siècle
Enckell, Rézeau Dictionnaire des onomatopées
Esnault, Hoarau Comptabilité financière
Etner Microéconomie
Febvre Martin Luther, un destin
Ferry Philosophie politique
- 1 : Le Droit
- 3 : Des droits de l'homme à l'idée républicaine

Festugière Épicure et ses dieux
Fichte Fondement du droit naturel selon les principes de la doctrine de la science
Filliozat Dictionnaire des littératures de l'Inde
Flouzat Japon, éternelle renaissance
Focillon L'Art des sculpteurs romans
Focillon La Vie des formes
Foucault Maladie mentale et psychologie
Foucault Naissance de la clinique
Foulquié Dictionnaire de la langue pédagogique
Fraisse La Controverse des sexes
Freud Dora
Freud Le Petit Hans
Freud L'Homme aux loups
Freud L'Homme aux rats
Freud La Première Théorie des névroses
Freud Le Président Schreber
Freud L'Avenir d'une illusion
Freud Inhibition, symptôme et angoisse
Freud Le Malaise dans la culture
Frison-Roche, Bonfils Les grandes questions du droit économique. Introduction et documents
Fumaroli et **Zuber** Dictionnaire de littérature française du XVIIe siècle
Gallien Homo. Histoire plurielle d'un genre très particulier
Gandhi Autobiographie ou mes expériences de la vérité
Gauvard La France du Moyen Âge, du Ve au XVe siècle
Gauvard, Libera, Zink Dictionnaire du Moyen Âge
Genetiot Le classicisme
George, Verger Dictionnaire de la géographie
Giddens La Constitution de la société
Gisel Encyclopédie du protestantisme
Gorceix La Bible des Rose-Croix
Green Le Discours vivant
Grosskurth Melanie Klein
Grotius Le Droit de la guerre et droit de la paix
Guitton Justification du temps
Gutton Le Pubertaire
Gusdorf La Parole
Habermas Logique des sciences sociales
Halpérin Histoire du droit privé français depuis 1804
Hamon Texte et idéologie
Hamsun Faim
Harouel Culture et contre-cultures
Hauser Histoire sociale de l'art et de la littérature
Hayek La Route de la servitude
Hayek Droit, législation et liberté
- 1 : Règles et ordre
- 2 : Le Mirage de la justice sociale
- 3 : L'Ordre politique d'un peuple libre

Heers Le Clan familial au Moyen Âge
Hegel Principes de la philosophie du droit
Hegel Le Magnétisme animal. Naissance de l'hypnose
Heidegger Qu'appelle-t-on penser ?
Henry La Barbarie
Henry Voir l'invisible. Sur Kandinsky
Hirschman Les Passions et les intérêts
Houdé 10 leçons de psychologie et de pédagogie
Hyppolite Figures de la pensée philosophique, vol. I et II
Jaccard La Tentation nihiliste
Jankélévitch Philosophie première
Jankélévitch Henri Bergson
Jaquet L'Unité du corps et de l'esprit. Affects, actions et passions chez Spinoza
Johnston L'Esprit viennois
Jones La Vie et l'œuvre de Sigmund Freud
- Vol. I : Les Jeunes Années, 1856-1900
- Vol. II : Les Années de maturité, 1901-1919
- Vol. III : Les Dernières Années, 1919-1939

Joshua, Dupin Introduction à la didactique des sciences et des mathématiques
Jouanna La France du XVIe siècle, 1483-1598
Jullien La Valeur allusive
Jullien La Chaîne et la trame
Juranville Lacan et la philosophie
Kambouchner Les *Méditations métaphysiques* de Descartes, I
Kant Critique de la raison pratique
Kant Critique de la raison pure
Kaspi, Harter, Durpaire, Lehrm La Civilisation américaine
Kervegan Hegel, Carl Schmitt
Klein Développements de la psychanalyse
Klein La Psychanalyse des enfants
Kriegel L'histoire de l'âge classique
- T. I : Jean Mabillon
- T. II : La Défaite de l'érudition
- T. III : Les Académies de l'histoire
- T. IV : La République incertaine

Kriegel La Violence à la télévision
Labica, Bensussan Dictionnaire critique du marxisme
Labre, Soler Études littéraires
Laburthe-Tolra et **Warnier** Ethnologie, anthropologie
Lacoste Dictionnaire critique de théologie
Lacroix Histoire des États-Unis

Lafon Vocabulaire de psychopédagogie et de psychiatrie de l'enfant
Lagache La Jalousie amoureuse
Lagache L'Unité de la psychologie
Lalande Vocabulaire technique et critique de la philosophie, vol. 1 et 2
Lamarck Système analytique des connaissances positives de l'homme
Laplanche Nouveaux fondements pour la psychanalyse
Laplanche Problématiques
I : L'Angoisse
II : Castration Symbolisations
III : La Sublimation
IV : L'Inconscient et le Ça
V : Le Baquet. Transcendance du transfert
VI : L'Après-coup
VII : Le Fourvoiement biologisant de la sexualité chez Freud
VIII : Sexual. La sexualité au sens freudien
Laplanche et **Pontalis** Vocabulaire de la psychanalyse
Laplanche Entre séduction et inspiration : l'homme
Lauré, Babeau et **Louit** Les Impôts gaspilleurs
Larthomas Le Langage dramatique
Le Bon Psychologie des foules
Le Breton Anthropologie du corps et modernité
Le Breton Conduites à risque
Le Breton L'interactionnisme symbolique, de Blumer à Goffman
Le Glay, Le Bohec, Voisin Histoire romaine
Le Rider Modernité viennoise et crises de l'identité
Lebovici La Connaissance de l'enfant par la psychanalyse
Lebovici, Diatkine et **Soulé** Nouveau Traité de psychiatrie de l'enfant et de l'adolescent (4 vol. sous film)
Leclant Dictionnaire de l'Antiquité
Lecourt Lyssenko. Histoire réelle d'une « science prolétarienne »
Lecourt L'Amérique entre la Bible et Darwin
Lecourt Contre la peur
Lecourt Dictionnaire d'histoire et philosophie des sciences
Lecourt Dictionnaire de la pensée médicale
Lecourt La Science et l'avenir de l'homme. Grand angle sur l'avenir, 1
Lecourt, Kahn Bioéthique et libert
Lefebévre Le Matérialismé dialectique
Léonard Histoire générale du protestantisme
T. I : La Réformation
T. II : L'Établissement
T. III : Déclin et renouveau
Leroi-Gourhan Les Religions de la Préhistoire
Leroi-Gourhan Dictionnaire de la Préhistoire
Levinas Le Temps et l'autre
Lévi-Strauss L'Identité
Lévy-Bruhl L'Âme primitive
Lévy-Bruhl Carnets de notes
Lévy et Didier Dictionnaire de littérature chinoise
Libera de Philosophie médiévale
Liébert Nietzsche et la musique
Ligou Dictionnaire de la franc-maçonnerie
Locke Lettre sur la tolérance
Mac Intyre Après la vertu
Maïmonide Le Livre de la connaissance
Mâle Psychothérapie de l'adolescent
Marion Étant donné
Marion Dieu sans l'être
Marion Sur la théologie blanche de Descartes
Martin Comprendre la linguistique
Marty, M'Uzan, David L'Investigation psychosomatique
Marx Le Capital, livre I
Marzano Questions d'éthique sexuelle et médicale. Autonomie et consentement
Mattéi La Barbarie intérieure
Mattéi La Naissance de la raison en Grèce
Mattéi Platon et le miroir du mythe
Mattéi Philosopher en français
Mauss Sociologie et anthropologie
Meillassoux L'Anthropologie de l'esclavage
Mélèze-Modrzejewski Les Juifs d'Égypte de Ramsès II à Hadrien
Merleau-Ponty La Structure du comportement
Merlin, Choay Dictionnaire de l'urbanisme et de l'aménagement
Mesure, Savidan Dictionnaire des sciences humaines
Meyer Comment penser la réalité
Meyer Le comique et le tragique
Meyer Langage et littérature
Meyer Science et métaphysique chez Kant
Meyer Pour une histoire de l'ontologie
Michalet Le Capitalisme mondial
Michaud Hume et la fin de la philosophie
Michaud Locke
Michaud La Crise de l'art comtemporain
Mill L'Utilitarisme. Essai sur Bentham
Minkowski Le Temps vécu
Molinié La Stylistique
Montaigne Les Essais, livres I, II, III
Montbrial L'Action et le système du monde
Moreno Psychothérapie de groupe et psychodrame
Mossé La Tyrannie dans la Grèce antique
Moscovici Psychologie sociale
Mounin Dictionnaire de la linguistique
Mounin Histoire de la linguistique, des origines au XXe siècle
Mounin Les Institutitions de la France sous la monarchie absolue
Mousnier Les XVIe et XVIIe siècles
Mousnier Les Institutions de la France sous la monarchie absolue
Nemo Histoire des idées politiques aux Temps modernes et contemporains
Nemo Qu'est-ce que l'Occident ?
Nemo Histoire du libéralisme en Europe

Nielsberg Violences impériales et lutte de classes
Nietzsche, Rée, Salomé Correspondance
Nisbet La Tradition sociologique
Niveau et **Crozet** Histoire des faits économiques contemporains
Nozick Anarchie, État et utopie
Origas et **Didier** Dictionnaire de littérature japonaise
Orléan Analyse économique des conventions
Orrieux, Schmitt-Pantel Histoire grecque
Palier Gouverner la sécurité sociale
Pariente-Butterlin Le Droit, la norme et le réel
Pariset L'Art classique
Parot, Richelle Introduction à la psychologie
Paugam La Société française et ses pauvres
Paugam La Disqualification sociale
Perrin Les Praticiens du rêve
Perroy Le Moyen Âge
Piaget Sagesse et illusions de la philosophie
Piaget La Représentation du monde chez l'enfant
Piaget, Inhelder La Psychologie de l'enfant
Piéron Vocabulaire de la psychologie
Pinçon, Pinçon-Charlot Voyage en grande bourgeoisie
Pirenne Mahomet et Charlemagne
Pisier, Duhamel, Châtelet Histoire des idées politiques
Politzer Critique des fondements de la psychologie
Potte-Bonneville Michel Foucault, l'inquiétude de l'histoire
Poulain Sociologies de l'alimentation
Prigent Le Héros et l'État dans la tragédie de Pierre Corneille
Prigent Histoire de la France littéraire (3 vol.)
1 : Naissances, renaissances
2 : Les Classicismes
3 : Les Modernités
Quinodoz La Solitude apprivoisée
Radkowski Les Jeux du désir
Ravaisson De l'habitude
Rawls Libéralisme politique
Raynaud Max Weber et les dilemmes de la raison moderne
Raynaud, Rials Dictionnaire de philosophie politique
Revue Diogène Chamanismes
Revue Diogène Anthologie de la vie intellectuelle au XXe siècle
Rials Villey et les idoles
Riegel, Pellat, Rioul Grammaire méthodique du français
Robin Platon
Roché Sociologie politique de l'insécurité
Rodinson Les Arabes
Rodis-Lewis La Morale de Descartes
Romilly Dictionnaire de littérature grecque ancienne et moderne
Romilly La Tragédie grecque
Romilly Précis de littérature grecque
Rosolato Le Sacrifice
Rosset Schopenhauer, philosophe de l'absurde
Rosset L'Anti-Nature
Rosset Logique du pire
Roussillon Paradoxes et situations limites de la psychanalyse
Rue Descartes Emmanuel Levinas
Rue Descartes Gilles Deleuze
Saïd, Trédé, Le Boulluec Histoire de la littérature grecque
Salais, Baverez et **Reynaud** L'Invention du chômage
Sala-Molins Le Code Noir ou le calvaire de Canaan
Sansot Les Gens de peu
Sartre L'Imagination
Schnapper La Compréhension sociologique
Schnerb Le XIXe siècle
Schopenhauer Aphorismes sur la sagesse dans la vie
Schopenhauer Le Monde comme volonté et comme représentation
Schopenhauer De la volonté dans la nature
Schwartz Le Monde privé des ouvriers
Sen Éthique et économie
Senghor Anthologie de la nouvelle poésie nègre et malgache
Sfez La Politique symbolique
Sicard Travaux du Comité national d'éthique
Simmel Les Pauvres
Simmel Philosophie de l'argent
Simon Histoire de la sociologie
Singly Fortune et infortune de la femme mariée
Sirinelli La France de 1914 à nos jours
Smith Théorie des sentiments moraux
Soboul La Révolution française
Soboul Dictionnaire historique de la Révolution française
Souiller Études théâtrales
Soulez, Worms Bergson. Biographie
Sourdel L'Islam médiéval
Sourdel Dictionnaire historique de l'islam
Souriau Vocabulaire d'esthétique
Soutet Linguistique
Strauss Histoire de la philosophie politique
Supiot Critique du droit du travail
Supiot Pour une politique des sciences de l'homme et de la société
Suzuki, Fromm et **de Martino** Bouddhisme zen et psychanalyse
Tadié Le Roman d'aventures
Taton La Science antique et médiévale, t. I
Taton La Science moderne, histoire générale des sciences, t. II
Taton La Science contemporaine. Le XIXe siècle, t. 1
Taton La Science contemporaine. Le XXe siècle, années 1900-1960, t. 2
Tazieff Les Volcans et la dérive des continents

Teyssier et **Didier** Dictionnaire de littérature brésilienne
Tolstoï Qu'est-ce que l'art ?
Touchard Histoire des idées politiques, t. I
Touchard Histoire des idées politiques, t. II
Tulard La France de la Révolution et de l'Empire
Turpin Droit constitutionnel
Van Tieghem Dictionnaire des littératures
Vol. 1 : A-C
Vol. 2 : D-J
Vol. 3 : K-Q
Vol. 4 : R-Z
Van Tieghem Les Grandes Doctrines littéraires en France
Van Ypersele Questions d'histoire contemporaine
Vax La Séduction de l'étrange
Viala Lettre à Rousseau sur l'intérêt littéraire
Veltz Mondialisation, villes et territoires
Verger Les Universités au Moyen Âge
Vernant Les Origines de la pensée grecque
Vernette et **Moncelon** Dictionnaire des groupes religieux aujourd'hui
Villey La Formation de la pensée juridique moderne
Wallon Les Origines du caractère chez l'enfant
Wallon L'Enfant turbulent
Wallon Les Origines de la pensée chez l'enfant
Weil-Barais L'Homme cognitif
Widlöcher Le Psychodrame chez l'enfant
Widlöcher Traité de psychopathologie
Wolff L'Être, l'homme, le disciple
Wolff Dire le monde
Worms Bergson ou les deux sens de la vie
Zarka Hobbes et la pensée politique moderne
Zarka Comment écrire l'histoire de la philosophie ?
Zarka, Pinchard Y a-t-il une histoire de la métaphysique ?
Zazzo Les Jumeaux, le couple et la personne
Zehnacker, Fredouille Littérature latine
Zink Littérature française au Moyen Âge
Zink Phonétique historique du français
Zourabichvili, Sauvagnargues, Marrati La Philosophie de Deleuze
Zweig Montaigne

Cet ouvrage a été mis en pages
par Vendôme Impressions - Groupe Landais
73, avenue Ronsard - 41100 Vendôme

Imprimé en France par France Quercy
Z.A. des Grands Camps - 46090 Mercuès

Dépôt légal : septembre 2006 - N° d'impression : 62414/